MÉMOIRES

DU

DUC DE LUYNES

TYPOGRAPHIE DE H. FIRMIN DIDOT. — MESNIL (EURE).

MÉMOIRES

DU

DUC DE LUYNES

SUR LA COUR DE LOUIS XV

(1735 — 1758)

PUBLIÉS

SOUS LE PATRONAGE DE M. LE DUC DE LUYNES

PAR

MM. L. DUSSIEUX ET E. SOULIÉ

TOME QUATORZIÈME

1755 — 1756

PARIS

FIRMIN DIDOT FRÈRES, FILS ET Cie, LIBRAIRES

IMPRIMEURS DE L'INSTITUT, RUE JACOB, N° 56

1864

Tous droits réservés.

MÉMOIRES

DU

DUC DE LUYNES.

ANNÉE 1755.

JANVIER.

Réponse du Roi au premier président. — Exil de l'évêque de Troyes. — Chapitre de l'Ordre. — Manière de parler de l'abbé de Pomponne. — Nouvelles du Parlement. — Règlement de la succession du duc et de la duchesse du Maine. — Statue de Louis XV à Rennes. — Le plafond du salon d'Hercule. — Gouvernement donné. — La chambre des lords. — MM. de Taff. — La grande meute du cerf. — Grâces diverses. — Nouvelles du Parlement. — Mort et mariage. — M. de Séchelles déclaré ministre. — États de Provence. — Refus de sacrements; arrêt du Parlement. — Le spleen. — L'abbé de Laville rentre au bureau des Affaires-Étrangères. Appointements. — Mort de M. des Alleurs. — Affaires du Parlement. — Morts. — Suite des affaires du Parlement. — M. de Vergennes nommé ambassadeur à Constantinople. — Mort du Sultan. — Affaire de la duchesse de Perth. — Mme de Conserans. — La Reine à Saint-Cyr. — Un géant. — Arrêtés du Parlement. — Mariages. — Mort de la princesse de Bade. — Contrats de mariage. Réflexions du Roi au sujet de cet acte en général et à propos de celui du duc d'Ayen. — Nouvelles du Parlement. — Ordre donné par le Roi à des chanoines et prêtres décrétés de prise de corps et réfugiés à Versailles. — Suite des nouvelles du Parlement. — Réponse de l'archevêque de Paris au Parlement. — Mariage. — Appointements de l'ambassadeur français à Constantinople.

Du mercredi 1er, Versailles. — M. le premier président ayant été mandé à Versailles, le Roi lui a dit ce qui suit :
« Je me suis fait rendre un compte exact de la procédure faite au bailliage de Troyes contre l'évêque. J'ai vu

avec déplaisir la chaleur avec laquelle les officiers de ce bailliage se sont comportés dans cette affaire, au lieu d'user de la modération si nécessaire pour rétablir la paix dans mes États. J'ai chargé mon chancelier de leur faire savoir jusqu'à quel point ils m'ont déplu ; mais si je suis mécontent des officiers du bailliage de Troyes, je ne le suis pas moins de l'évêque. Je prends le parti de le punir (1) ; ainsi je compte que les procédures apportées au greffe de mon Parlement, le 30 de décembre dernier, ne seront pas suivies. Je vous charge de le faire savoir à mon Parlement. Je vous charge aussi de prendre les mesures les plus convenables pour que les bailliages du ressort imitent la modération que je vous ai recommandée. »

Du jeudi 2, Versailles. — Il y eut hier chapitre de l'Ordre, mais seulement pour lire les preuves de M. Bignon ; elles furent lues par M. l'abbé de Pomponne, et par conséquent personne ne les entendit. Il a toujours eu un son de voix peu intelligible, et il a quatre-vingt cinq ans ; il ne va plus aux processions de l'Ordre. Le Roi dit à M. de Nivernois que ce seroit lui et M. de Lautrec qui feroient cette année la réception des chevaliers de Saint-Michel. Il y a toujours deux commissaires de l'Ordre, l'un titré et l'autre non-titré. Il y a actuellement sept places de vacantes dans l'Ordre, dont cinq de l'année dernière. Ce fut le prince Constantin qui officia, et Mme de Lislebonne (la Feuillade) qui quêta ; elle quêta de très-bonne grâce. L'usage est sans difficulté que la quêteuse fasse la révérence à chaque chevalier en le quêtant ; elle va alors du côté du chœur et tourne le dos au Roi ; mais comme elle revient par derrière le Roi pour passer d'un côté à l'autre, plusieurs faisoient des révérences en passant aux chevaliers ; comme c'est en revenant vers le Roi, on a remarqué avec raison qu'il étoit plus respectueux de

---

(1) L'évêque de Troyes (Poncet de la Rivière) fut exilé dans une abbaye de son diocèse.

ne regarder que le Roi et de ne faire aucunes révérences ; c'est ce que Mme de Lislebonne fit très-bien. Mgr le Dauphin, qui a été incommodé, n'étoit ni à la cérémonie d'hier ni à celle d'aujourd'hui. C'est M. le duc d'Orléans à qui M. Bignon est venu apporter l'offrande et qui a suivi le Roi à l'autel. Tous les princes du sang y étoient, excepté M. le comte de Clermont qui a la goutte, et M. le duc de Penthièvre qui est en Italie (1). En les comptant il y avoit environ 50 chevaliers. Aujourd'hui la messe des Morts à l'ordinaire ; point de quêteuse ; et c'est M. l'évêque de Langres qui a officié (2).

Du vendredi 3, Versailles. — On trouvera ci-après les nouvelles de ce qui s'est passé au Parlement.

Ce lundi 30 décembre.

Les décrets d'ajournement personnel décernés pendant la chambre des Vacations contre les nommés Vallet, Guillerin et d'Imbercourt, chanoines d'Orléans, ont été convertis en décrets de prise de corps. Sur la requête présentée par M. le procureur général du Roi, on l'a reçu appelant comme d'abus de l'ordonnance rendue le 20 de ce mois par M. l'archevêque de Paris, par laquelle il défend à René Cerveau, prêtre habitué à Saint-Étienne du Mont, de s'immiscer dans le diocèse de Paris dans les fonctions curiales, notamment dans l'administration du saint viatique et de l'extrême-onction, à peine de suspens par ce seul fait et autres peines de droit.

La signification de cette ordonnance au sieur Cerveau étoit jointe à la requête de M. le procureur général. MM. les gens du Roi ont dénoncé la lettre de M. l'évêque de Boulogne, et on en a ordonné la suppression comme contraire à la soumission due à la déclaration du Roi par toutes sortes de personnes indistinctement.

On a demandé compte aux gens du Roi de l'affaire de Troyes ; mais comme la procédure n'étoit arrivée que ce matin, on a remis à jeudi.

---

(1) M. le comte de Charolois, avec une très-grosse perruque, se trouva au retour de la procession ; comme il est sujet à des étourdissements, il n'alla point avec le Roi à la chapelle. (*Note du duc de Luynes.*)

(2) C'est M. Rouillé qui signe actuellement, comme trésorier de l'Ordre, les ordres pour le payement des 1,000 écus pour la commande. (*Note du duc de Luynes.*)

Du samedi 4, Versailles. — M. le prince de Dombes me dit avant-hier que ses partages avec M. le comte d'Eu n'ont été finis que le 31 décembre. M. le prince de Dombes a payé seul les dettes de feu M. le duc du Maine, qui montoient à 1,800,000 francs; il n'en est plus rien dû. Il ne s'est point trouvé de dettes à la mort de Mme la duchesse du Maine, c'est-à-dire 30 ou 40,000 livres, ce qui s'appelle ne rien devoir. Deux ou trois ans avant sa mort, elle avoit fait un arrangement avec M. le prince de Dombes pour sa terre d'Anet ; je crois l'avoir marqué dans le temps; elle vouloit absolument vendre Anet pour payer ses dettes. Feu M. de Lassay en avertit M. le prince de Dombes qui aimoit dès lors beaucoup Anet et lui proposa de payer à Mme la duchesse du Maine une somme considérable, qui étoit au moins un million ou 1,100,000 livres, moyennant quoi Mme la duchesse du Maine lui feroit dans ce moment une donation entre vifs de la terre d'Anet. M. le prince de Dombes qui n'entend pas les affaires, accepta la proposition ; la somme fut remise et les dettes payées. Cet arrangement a fait une grande difficulté à la mort de Mme la duchesse du Maine. Suivant la loi on ne peut être donataire et héritier. On a représenté à M. le prince de Dombes que la donation qu'il avoit reçue de la terre d'Anet étoit un acte illusoire puisqu'il en avoit réellement payé le prix, et on lui a conseillé de renoncer à cette donation. L'exactitude scrupuleuse de M. le prince de Dombes à sa parole et à ses engagements lui a fait rejeter la proposition ; mais il ne s'agissoit que de M. le comte d'Eu, seul héritier avec lui; l'union intime des deux frères, la générosité et les sentiments de M. le comte d'Eu l'ont engagé de prier instamment M. le prince de Dombes à ne point s'arrêter à une considération personnelle, et à une forme d'acte qui étoit contre la justice et l'équité. M. le prince de Dombes y a enfin consenti et a renoncé à la donation ; par là il s'est trouvé à portée d'exercer tous ses droits d'héritier.

Toutes les nouvelles publiques ont parlé en détail de la cérémonie solennelle qui a été faite à Rennes, aux derniers États, à l'occasion de la statue du Roi érigée en mémoire de son heureuse convalescence. Lorsqu'il fut question de faire faire ce monument, ce fut par une délibération des États qu'on en chargea Lemoyne, fameux sculpteur, et on voulut savoir en même temps ce qu'il demandoit pour l'entière perfection de cet ouvrage. Le sieur Lemoyne, aussi habile dans son art qu'il l'est peu pour ses intérêts personnels, après avoir fait tous ses calculs demanda 130,000 livres pour tout. Deux ans se passèrent ; les 130,000 livres furent dépensées, et l'ouvrage assez peu avancé. Cette nouvelle fut reçue avec indignation par les États, dont plusieurs avoient eu assez de peine à consentir à ces 130,000 livres. Lemoyne fut traité de fripon, et l'on vouloit abandonner l'ouvrage. M. l'évêque de Rennes, de qui je sais ce détail, instruit par Lemoyne des raisons qu'il avoit de demander de nouveaux secours d'argent et sachant que la même aventure étoit arrivée à ce sculpteur pour la statue équestre du Roi qu'il a placée à Bordeaux, entreprit de ramener les esprits dans les États ; il leur représenta que puisqu'une ville comme Bordeaux n'avoit point voulu abandonner un projet dicté par le respect et la reconnoissance, et qu'elle avoit fourni de nouvelles sommes, il étoit de l'honneur et de la gloire d'une province comme la Bretagne de ne pas lui céder dans ces sentiments. Ce ne fut pas sans peine qu'il obtint des États un nouveau secours de 140,000 livres. L'ouvrage fini, il se trouvoit par le calcul des dépenses que Lemoyne y avoit peu de profit ; une gratification étoit bien convenable, mais comment la proposer dans la disposition où étoient les esprits. La cérémonie fut faite ; l'ouvrage vu de tout le monde et admiré ; les grâces accordées par le Roi aux États dont j'ai parlé ci-dessus annoncées et reçues avec applaudissement et reconnoissance. Les esprits étant dans une situation plus favorable, la gratification fut proposée; on demanda si 50,000 livres suffisoient, et elles furent accordées. Ces deux sommes ne font que 320,000 livres; mais M. de Rennes me dit, il y a quelques jours, qu'il croyoit que tout compté, la fête, illuminations, médailles et autres frais, toute la dépense iroit à peu de chose près à 500,000 livres.

Le nom de Lemoyne, sculpteur, rappelle celui du fameux Lemoyne, peintre, qui, après avoir peint le salon d'Hercule, se tua de désespoir, comme il a été dit dans le temps. Un homme instruit me contoit il y a quelques jours à cette occasion que lorsque Lemoyne entreprit le salon d'Hercule, il s'attacha à finir sa peinture avec autant d'exactitude et de perfection qu'il auroit pu en employer pour un tableau le plus à portée d'être examiné en détail; lorsqu'il eut presque fini cet ouvrage, il voulut en voir l'effet; il descendit de dessus l'échafaud; il remarqua d'en bas que la grande corniche dorée coupoit son dessein et ses figures, il en fut si frappé qu'il remonta en haut et effaça tout. Il refit ensuite le même ouvrage, mais à grands traits; et quoiqu'il n'y ait pas mis la même perfection que dans le premier ouvrage, il se trouva qu'il avoit fort bien réussi. M. d'Antin le fit premier peintre du Roi et lui donna 10,000 écus pour le salon d'Hercule; mais il se trouva que ses déboursés seuls alloient à 29,000 livres; il y avoit pour 24,000 livres d'outre-mer; ce calcul tourna la tête à Lemoyne et fut la cause de sa fin tragique.

Du lundi 6. — Le gouvernement de Verdun et du Verdunois, vacant par la mort de M. de Chabannes, fut donné le 27 ou le 28 du mois dernier à M. de Chazeron, lieutenant général et lieutenant des gardes du corps; ce gouvernement vaut au moins 15 à 16,000 livres de rentes.

M. Pajot de Villeperrat, maréchal de camp, est mort le 19 décembre, âgé de soixante et onze ans.

J'ai parlé dans le temps de la mort de milord Albemarle et de sa famille. Son fils aîné se nomme Berry et est dans la chambre basse; présentement il prend le nom de milord Albemarle et passe dans la chambre haute. Ce n'est point le second fils de milord Albemarle qui prendra le nom de Berry; il gardera celui de Keppel; ce sera le fils de milord Albemarle d'aujourd'hui, quand il en aura un.

On peut placer ici, à cette occasion, ce que Mme de Mirepoix vient de me dire sur les pairs d'Angleterre.

La chambre des pairs est composée de 23 ducs, 1 marquis, 83 comtes et 57 barons, ce qui fait 164 pairs; il faut ajouter à ce nombre les 16 pairs d'Écosse (1). Les enfants des ducs, filles et garçons, sont tous titrés; pour les enfants des comtes, il n'y a que le fils aîné seulement et toutes les filles. A l'égard des barons, il n'y a aucun de leurs enfants qui soit titré.

J'ai oublié de marquer dans le temps que milord Albemarle a présenté MM. de Taff, anglois. Ils sont deux frères en France; l'aîné fait souvent sa cour à M. le prince de Conty; le cadet, est un philosophe. Il vient ici assez rarement. Il vint hier souper chez moi, et il eut l'honneur de jouer à cavagnole avec la Reine. MM. de Taff ne sont qu'une branche cadette. L'aîné de la maison s'appelle milord Carlingford.

J'ai déjà marqué plusieurs fois que le Roi a deux meutes pour la chasse du cerf, la petite et la grande. Pendant tout le cours de l'année dernière, la grande n'est jamais rentrée sans avoir pris au moins un cerf. Les chasseurs font cette remarque et prétendent que cela n'est arrivé à aucune meute.

J'ai oublié de marquer la grâce accordée il y a environ un mois à M. le maréchal de Noailles. M. le maréchal de Noailles étoit gouverneur de Saint-Germain; M. le duc d'Ayen, son fils, en avoit la survivance. Le Roi

---

(1) Il y a encore outre cela 12 vicomtes et 26 évêques. (*Note du duc de Luynes.*)

a permis à M. le maréchal de Noailles de se démettre de ce gouvernement, et l'a donné à M. le duc d'Ayen. S. M. a aussi accordé au comte d'Ayen, mestre de camp du régiment de Noailles-Cavalerie, âgé d'environ quinze ans et fils aîné de M. le duc d'Ayen, la survivance de ce même gouvernement.

J'ai marqué la mort de M. de Chabannes, grand-croix de Saint-Louis, c'est-à-dire ayant la plaque; cette plaque vaut 3,000 livres de revenus de plus que le cordon. Le Roi vient de la donner à M. le marquis de Créquy, lieutenant général et commandeur de cet ordre; et le cordon qu'avoit M. de Créquy a été donné à M. le comte de Coëtlogon, lieutenant général.

Mme de Sabran (La Jaille) mourut à Paris le 23 décembre dernier, âgée d'environ quarante-cinq ans. Son mari est major de la gendarmerie.

M. de Nicolaï, premier président de la chambre des comptes, vient de perdre son fils aîné; il est mort à Paris âgé de vingt ans. C'étoit un jeune homme qui donnoit beaucoup d'espérances et promettoit beaucoup. On sait que Mme de Nicolaï est fille de M. du Luc et sœur de M. de Vintimille.

Il y a trois ou quatre jours que le gouvernement de Brest, dont M. de Chazeron avoit donné sa démission lorsqu'il a eu celui de Verdun, a été donné à M. le marquis de Langeron, frère de Mme de Bissy; et qui a épousé Mlle de Menou, sœur de Mmes de Lambert et de Jumilhac.

Du mercredi 8. — Je n'ai rien marqué sur les affaires du Parlement depuis la réponse du Roi à M. le premier président; on croyoit que cette réponse seroit enregistrée sur-le-champ, mais elle ne l'a point été, sur le prétexte que les procédures arrivées d'Orléans faisoient un volume considérable, et qu'on n'avoit pas eu le temps de les examiner. On trouvera ci-après l'extrait d'une lettre que je reçus hier d'une personne fort sensée et de beaucoup d'esprit.

Vous savez que l'on n'a pas voulu faire registre de ce que M. le premier président a rapporté de la part du Roi ; on veut examiner les procédures.

Dès le lendemain ou surlendemain de la réponse du Roi à M. le premier président, on sut que M. l'evêque d'Orléans avoit reçu une lettre de cachet avec ordre de se rendre à Meung-sur-Loire, à quatre lieues d'Orléans, où est sa maison de campagne. Il y a ici actuellement dans la maison des missionnaires de Notre-Dame, l'archidiacre d'Orléans et un autre ecclésiastique du même chapitre qui ont été décrétés de prise de corps ; il y a aussi deux prêtres de la paroisse de Saint-Étienne du Mont. L'archidiacre d'Orléans étoit à l'extrémité avant-hier.

Mme de Talleyrand se trouva mal à la messe de la Reine vendredi. Elle a été saignée et a pris de l'émétique. La petite vérole se déclara hier matin ; elle fut transportée l'après-midi dans la maison de M. de la Suze, son frère, qui est dans l'avenue de Saint-Cloud.

Du jeudi 9, Versailles. — Voilà les nouvelles qu'on vient de m'envoyer de Paris sur les affaires présentes.

A Paris le 9 janvier 1755.

Ce jourd'hui les chambres assemblées, M. le premier président a dit que l'intention du Roi dans ses derniers ordres n'est d'arrêter les poursuites sur les refus de sacrements que relativement aux personnes des évêques et non aux curés, vicaires et autres prêtres.

En conséquence, il a été arrêté par les chambres de faire registre des deux récits de M. le premier président, l'un du 30 décembre dernier et l'autre de ce jourd'hui et que les chambres se rassembleront mercredi prochain au sujet de l'affaire de Troyes, relativement aux curé et vicaire qui y sont impliqués.

Le Parlement vaquera à cause du froid demain et samedi.

Mme de Fontenille est morte à Paris depuis deux jours ; elle étoit très-vieille et logeoit aux Incurables. Elle laisse trois garçons : M. le marquis de Rambures, qui a épousé Mlle de Vérac ; M. l'évêque de Meaux, premier aumônier de Mme Adélaïde, et M. de Fontenille, qui a été marié deux fois ; il avoit épousé en premières noces Mlle Duché, et en secondes noces il a épousé Mme Ogilvy.

Il y eut hier un mariage à Paris ; M. de Sauzey, lieutenant aux gardes, qui a près de Lyon un fort beau château qui fut brûlé l'année dernière, épousa Mlle de Vauchelle, que l'on dit être fort jolie. On lui donne 100,000 livres à présent, et on prétend qu'elle aura encore outre cela beaucoup de bien. Sa mère, Mme de Vauchelle, avoit une figure fort agréable ; c'est elle à qui on avoit coupé le pied. Elle étoit fille de M. Le Gendre qui a été longtemps fermier général (1).

Du vendredi 10, *Versailles.* — M. le duc d'Ayen a demandé ce matin l'agrément du Roi pour le mariage de M. le comte d'Ayen, son fils aîné, avec la fille de M. de Fresne, conseiller d'État ; c'est une riche héritière.

Du mardi 14. — Mme la princesse d'Elbeuf a présenté aujourd'hui Mme de Kerouart ; elle est fille de Mme de Donges et sœur de feu Mme de Champagne, dame de Mme la Dauphine. M. de Kerouart, son mari, est Breton et héritier de feu M. de Coëtanfao. Elle a été présentée par Mme d'Elbeuf, parce que Mme d'Elbeuf (du Plessis-Bellière) avoit épousé en premières noces M. de Coëtanfao (2).

M. de Séchelles vient d'être déclaré ministre. Le Roi l'a fait en même temps entrer au conseil ; on sait qu'il

---

(1) Ce M. Le Gendre a encore outre cela un fils et une fille qui a épousé M. de Goville, capitaine aux gardes. Le fils est M. le président de Mainières. M. Le Gendre avoit quatre sœurs et un frère ; les quatre sœurs étoient Mme Rosac, Mme Doublet, Mme Bosc et Mme la présidente Duret de Vieuxcourt. Le frère étoit un M. d'Aremy, qui à force de chercher la pierre philosophale a fait banqueroute ; ce M. d'Aremy avoit fait bâtir, auprès des Capucines, une fort jolie maison, où a logé Mme la marquise d'Ancenis. M. Le Gendre avoit épousé Mlle Desvieux, dont la sœur Mme Ranchin est mère de Mme de La Chesnelaye. (*Note du duc de Luynes.*)

(2) M. de Kerouart a pris le nom de Coëtanfao, et sa femme a été présentée sous ce nom. (*Note du duc de Luynes.*)

n'y a pas d'autre forme. Le Roi fait avertir et entrer au conseil celui à qui il accorde cette grâce (1).

J'aurois dû marquer plus tôt que les États de Provence ont donné 700,000 livres de don gratuit.

Du 14. — Il y a eu assemblée des chambres sur la dénonciation d'un refus de sacrement par M. le curé de Sainte-Marguerite, faubourg Saint-Antoine, à Milady Perth, sa paroissienne.

On prétend qu'elle a refusé de déclarer avoir été confessée par un prêtre approuvé. Messieurs du Parlement ont ordonné une information dans laquelle la malade sera entendue et, si besoin est, répétée dans sa déposition. Les chambres se rassembleront à cinq heures. M. le curé de Sainte-Marguerite est mandé pour s'y trouver et rendre compte de sa conduite.

Du 14 *au soir.* — Le curé de Sainte-Marguerite décrété de prise de corps; injonction au vicaire et autres prêtres de la paroisse et successivement de procurer à la malade les secours spirituels.

Du mercredi 15. — Sur l'information faite au sujet du refus de sacrements à milady Perth par les curé et porte-Dieu de la paroisse Sainte-Marguerite, faubourg Saint-Antoine, les chambres assemblées ont décrété de prise de corps le porte-Dieu de ladite paroisse pour sa persévérance dans son refus, et avoir dit qu'il a des ordres de l'archevêque de Paris d'exiger la soumission à la Constitution et les billets de confession préalablement à l'administration des sacrements aux malades; qu'il ne connoît que lesdits ordres; et que son respect pour l'archevêque est tel, qu'il se feroit couper le col pour lui; qu'à l'égard de la dernière déclaration du Roi, elle mérite explication.

---

(1) Le Roi a envoyé avertir M. de Séchelles, qui a cru que c'étoit pour recevoir quelque ordre de Sa Majesté. M. de Séchelles a voulu se retirer dans le temps que le conseil d'État alloit commencer. Le Roi lui a dit de rester et de s'asseoir; il a dit en même temps à M. de Puisieux, M. de Saint-Florentin et Rouillé de se reculer, parce que M. de Séchelles est plus ancien conseiller d'État qu'eux, et c'est toujours cette ancienneté qui règle la séance en pareil cas. (*Addition du duc de Luynes.*)

Les chambres ont donné arrêt portant que les récollements (1) vaudroient confrontation sur la contumace contre Brunet et Meuriset, vicaires de Saint-Étienne du Mont, décrétés de prise de corps précédemment.

Du jeudi 16. — J'ai oublié de parler de la mort de M. Royer, mort le 11 à Paris presque subitement; il étoit maître de musique de la chambre et des Enfants de France. Il avoit la direction de l'Opéra; c'étoit un homme très-savant et qui avoit infiniment le goût du chant.

Il y a environ quinze jours qu'un Anglois nommé milord Montfort se tua d'un coup de pistolet à Londres. Il étoit jeune, riche et n'avoit aucun sujet de chagrin, mais il s'ennuyoit de vivre. C'est une maladie assez commune en Angleterre et surtout dans cette saison. Il envoya quérir un notaire, fit son testament, fit passer le notaire dans son cabinet, et pendant ce temps il se tira un coup de pistolet dans la tête. Cette maladie s'appelle le spleen.

Dimanche 12, il arriva ici un accident sur la pièce des Suisses; cinq jeunes enfants de la ville s'avisèrent de vouloir danser sur la glace; il avoit commencé à dégeler, la glace cassa sous eux, ils tombèrent tous cinq dans l'eau. Deux furent noyés sur-le-champ; on retira les trois autres mais ils sont morts depuis.

J'ai marqué ci-dessus la retraite de M. l'abbé de Laville, du bureau des affaires étrangères; il ne songeoit nullement à y rentrer. Il n'a point de bien, mais il a deux abbayes dont une de 12,000 livres de rentes dont il ne jouit point actuellement à cause qu'il y a 40 ou 50,000 livres de réparations à y faire. Il menoit une vie douce et tran-

---

(1) Procédure que l'on fait dans un procès criminel, lorsque l'on relit à un témoin la déposition qu'il avoit faite auparavant, pour voir s'il y veut persister, y ajouter ou diminuer. Le récollement se fait avant la *confrontation*. Un témoin ne peut plus varier après qu'on a fait le récollement, autrement il est puni comme faux témoin.

quille ; il s'étoit retiré fort peu de temps après que M. de Puisieux, qui lui marquoit beaucoup d'estime et de confiance, eût demandé la permission de se retirer, feu M. de Saint-Contest avoit donné le bureau de M. l'abbé de Laville à M. de la Chapelle. M. Rouillé ayant eu le département des affaires étrangères et connoissant tout le mérite de M. l'abbé de Laville, en parla au Roi, qui lui ordonna de savoir ce qu'il demanderoit pour y rentrer; M. Rouillé fit parler par différentes personnes à M. l'abbé de Laville, qui répondit toujours que si M. Rouillé avoit quelque chose à lui ordonner, il étoit prêt à se rendre chez lui. M. Rouillé lui dit la volonté du Roi et lui demanda quelles étoient les conditions qu'il souhaitoit; M. l'abbé de Laville répondit qu'il étoit très-content de son sort, que le plus grand plaisir qu'on pouvoit lui faire étoit de le laisser dans son état, mais qu'il ne savoit qu'obéir toutes les fois que le Roi ordonnoit ; qu'à l'égard des conditions il n'en avoit aucunes à proposer, que tout ce qu'il demandoit étoit que M. de la Chapelle fût bien traité. M. de la Chapelle a eu en effet une pension de 5,000 livres (1), et M. l'abbé de Laville est rentré dans les affaires étrangères. Les appointements ordinaires sont de 10,000 livres, sur quoi il faut payer non pas les commis, mais les frais de bureau, et le bois et la lumière. On a augmenté cette somme, et on donne 12,000 livres à M. l'abbé de Laville.

On apprit il y a environ huit jours la mort de M. des Alleurs; il est mort à Constantinople; il avoit environ cinquante-cinq ans. On prétend que c'est une ambassade fort utile que celle de Constantinople et qu'on peut, quand on y demeure plusieurs années, y gagner beaucoup en ne prenant que ce qui est dû légitimement. Cependant les affaires de M. des Alleurs sont en très-mauvais état,

---

(1) Ce qui est une récompense honnête n'ayant eu le bureau que trois ans. (*Note du duc de Luynes.*)

et il doit 4 ou 500,000 livres. Il vivoit très-honorablement et s'étoit fait aimer et 'estimer infiniment à cette cour où il est très-important d'avoir un homme d'esprit et qui se conduise bien. Il paroît qu'on le regrette beaucoup ici, et j'ai entendu dire à M. de Puisieux que pendant qu'il avoit les affaires étrangères, M. des Alleurs lui avoit écrit dans une circonstance très-délicate et embarrassante, et qu'ayant été obligé de prendre son parti avant que d'avoir pu recevoir de réponse, il s'étoit trouvé avoir fait de lui-même ce que M. de Puisieux lui mandoit de faire. M. des Alleurs laisse trois enfants, deux filles en couvent à Paris, et un petit garçon de trois ans, qui est à Constantinople. Il avoit été ambassadeur du Roi auprès du roi de Pologne qu'il avoit suivi à Varsovie; il y avoit épousé la fille du prince Lubomirski, grand porte-épée de la couronne de Pologne que nous avons vu ici avec M. Bielinski au mariage de Mme la Dauphine.

Je n'ai point encore parlé de la lettre des évêques de Languedoc au Roi, ni de celle de M. de Carcassonne. Je n'ai vu ni l'un ni l'autre, mais je sais que dans celle des évêques de Languedoc il est question du rappel de M. l'archevêque de Paris. Cette lettre est signée de tous les évêques, excepté de M. de Carcassonne (Bezons) qui en a écrit une; je ne sais si c'est au Roi ou à M. de Saint-Florentin; mais on ne la montre point.

J'ai marqué les nouvelles du Parlement du 9; on a prétendu qu'elles n'étoient point exactes; M. le contrôleur général disoit avoir été instruit par M. le premier président de ce qui s'étoit passé et que le mot relativement aux évêques n'étoit point dans l'arrêté, que même il n'y avoit point eu d'arrêté ce jour-là. M. le chancelier disoit la même chose. J'ai voulu m'informer encore plus exactement. Il est vrai qu'il y a eu grande division dans le Parlement; l'avis qui a passé n'a été que de 59 voix contre 58, et on a même engagé un des conseillers de l'avis contraire de se retirer; mais enfin l'arrêté a passé; il se peut bien faire qu'il n'ait pas été mis sur le registre, mais le fait n'est pas moins vrai (1).

On apprit il y a trois jours la mort de Mme la présidente de Lourailles, âgée d'environ soixante ans (2). Elle avoit un visage fort agréable ; elle laisse plusieurs enfants. Elle étoit sœur de Mme la marquise de Flavacourt. Leur nom est Bernières. Le fils aîné de Mme de Lourailles a épousé une Mlle de Torcy.

La fille de Mme d'Herbouville mourut le 12 à Paris d'une indigestion, après avoir été saignée; elle avoit six à sept ans; elle étoit fort jolie. Mme d'Herbouville est fille de Mme de Cambis (Gruyn).

M. le comte de Lauraguais épousa, le 11, Mlle d'Isenghein. La noce s'est faite chez M. d'Isenghein. Ils étoient quatre-vingt cinq à table (3).

L'on a ordonné que les procédures sur l'affaire de Troyes et les deux derniers récits de M. le premier président seroient communiqués aux gens du Roi pour donner leurs conclusions lundi. On les charge également d'en prendre le même jour sur un mandement de l'évêque de Troyes et une autre ordonnance de l'évêque d'Orléans pour renouveler le pouvoir des confesseurs et expliquer les cas réservés.

Milady Perth a été administrée hier par M. l'abbé Coquelin. Ce prêtre est interdit depuis plusieurs années, non-seulement pour sa doctrine mais pour ses mœurs. Il est si connu dans la paroisse pour avoir mérité cette in-

---

(1) Il y a eu même des propos peu agréables pour le premier président ; on a prétendu qu'il avoit été au delà de la commission dont il étoit chargé ; et en tout les esprits outrés de cette compagnie ne sont pas contents de lui. (*Note du duc de Luynes.*)

(2) Elle est morte à Rouen, son mari est président de ce Parlement. (*Note du duc de Luynes.*)

(3) Le Roi a accordé les honneurs du Louvre à M. le comte de Lauraguais à l'occasion de son mariage. C'est par un brevet pareil à celui qu'eut M. de Forcalquier pendant la vie de M. le maréchal de Brancas son père. (*Note du duc de Luynes.*)

terdiction, que lorsqu'il eut porté et rapporté le saint Sacrement il fut poursuivi par le peuple et se sauva en surplis avec assez de peine.

M. de Vergennes, neveu de M. de Chavigny, a fait aujourd'hui son remercîment; il vient d'être nommé ministre plénipotentiaire du Roi à la Porte. Il remplacera avec un caractère différent M. des Alleurs. M. de Vergennes est encore jeune, mais il a beaucoup d'esprit, de mérite et même d'acquit; il a été formé par M. de Chavigny, son oncle; il étoit actuellement employé auprès de l'électeur de Trèves, et avoit été chargé des affaires de France auprès du roi d'Angleterre dans le dernier voyage que ce prince fit à Hanovre. M. le duc de Mirepoix étoit revenu en France pendant ce temps.

Mmes de la Châtre et de Brezé sont venues ici aujourd'hui faire leur cour. Mme de Brezé n'avoit point paru depuis la mort de son mari.

Madame Victoire est malade depuis trois ou quatre jours; elle fut saignée hier deux fois du pied et a pris aujourd'hui l'émétique; on craignoit la petite vérole, mais il paroît que c'est une maladie comme celle qu'elle eut en 1753 à Fontainebleau.

Mme de Talleyrand est entièrement hors d'affaire.

On a appris ces jours-ci la mort du Grand Seigneur (1); il ne laisse point d'enfants, c'est son frère aîné qui lui succède.

Du vendredi 17, Versailles. — Voici ce qu'on m'a mandé de Paris, du 13. Il y a un refus de sacrements dans la paroisse de Sainte-Marguerite qui fait grand bruit; c'est à la femme ou à la fille de M. le duc de Perth, qui a été chez M. le premier président se plaindre. M. le premier président a parlé au curé qui a dit ne le pouvoir. M. le

---

(1) Il est mort le 13 décembre à Constantinople. Il s'appeloit Mahomet V. Il étoit né le 18 septembre 1696 et avoit été élevé à l'empire le 20 octobre 1730, jour que Achmet III, son oncle, fut déposé. (*Note du duc de Luynes.*)

duc de Perth a été chez le curé avec un huissier, lui a fait des sommations d'apporter le bon Dieu ; le curé a répondu par écrit ne pouvoir le faire. Ce curé est homme de condition et a un neveu dans les gardes françoises. M. le duc de Perth a été longtemps à la Bastille parce qu'il étoit convulsionnaire. Il est de même maison que M. de Melfort.

Le curé de Saint-Jacques du Haut-Pas a donné sa démission ; M. l'archevêque lui a dit que le Roi lui accordoit 1,500 liv. de pension ; il l'a refusé.

Du lundi 18, Versailles. — Mme de Modave mourut il y a trois ou quatre jours à Paris.

Mme de Modave a toujours été regardée comme la fille de Mme de Conserans, mais c'est sans fondement ; Mme de Conserans étoit Mme de Jean et fille de M. de Conserans. Le détail ci-après instruira davantage.

M. le marquis de Conserans, de la maison de Foix, étoit un grand seigneur très-riche, ayant des terres en Gascogne, entre autres le comté de Conserans, qui est très-étendu, très-magnifique en droits, avec même beaucoup de droits de souveraineté. Il n'avoit jamais servi ; il avoit épousé Mlle Pelot, sœur de M. le premier président de Rouen ; il mourut jeune et laissa une fille unique qu'on fit venir demeurer à Rouen. La mère mourut peu de temps après, et Mlle de Conserans eut pour tuteur M. Pelot, son oncle, et fut regardée avec raison comme une très-grande héritière faite pour épouser les plus grands partis. M. Pelot gouverna on ne peut pas plus mal ses affaires ; il ne songea qu'à la marier à quelqu'un qui lui donnât quittance du compte de tutelle et le laissât tranquille. Il la maria à un M. de Jean, homme d'affaires, de peu de chose, qu'il fit tout ce qui voulut. Ce M. de Jean étoit frère de M. de Manville qui a été colonel du régiment de Beauce et oncle de celui qui vient d'épouser la sœur de Mme de Chalut. M. de Jean, au lieu de raccommoder les affaires de Mlle de Conserans, fit beaucoup de dépenses, mangea son bien ; sa femme se sépara d'avec lui ; elle étoit fort jolie. M. de Jean se ruina au point qu'il fut mis à For-l'Évêque, d'où il n'est sorti qu'après soixante-dix ans, qui est l'âge que l'on sort de prison quand on y est seulement pour dettes. Il eut une fille avant sa séparation. Mme de Conserans étoit fort jolie, comme je l'ai déjà dit ; un M. de Mennevillette, homme fort riche, en devint amoureux, mangea beaucoup de bien avec elle, lui donna une terre bien bâtie de 7 à 8,000 livres de rentes, auprès de Champs, nommée Emmery, bien meublée, une orangerie superbe ; il lui donna un hôtel magnifique dans la rue Taranne, où loge M. Hesse. Ensuite M. le duc de la Force devint amoureux de Mme de Conserans et lui donna beaucoup. Malgré cela on a vu la vie que menoit Mme de Conserans. Elle étoit meublée superbement ; mais elle dégalonnoit ses meubles à mesure qu'elle en avoit besoin ; elle brûla ses orangers avec leurs caisses pour se chauffer et finit par laisser tomber Emmery. Sa fille n'eut pas une bonne conduite ; elle fit un mauvais mariage qu'on fit casser. Ensuite M. de Modave qu'on disoit gentilhomme suisse, frère de celui qui est à M. le prince de Conty, l'enleva et l'épousa. Il en est venu une fille qui a épousé M. de Polignac, attaché à M. le comte de Clermont. Il a obtenu une lettre de cachet quelque temps après pour faire enfermer Mme de Conserans, à qui on fit une pension dans un couvent. Il en a fait autant de Mme de Modave à qui on fit aussi une pension dans un couvent. Son mari étoit mort peu de temps après son mariage. C'est elle qui vient de de mourir ; Mme de Conserans est morte il y a quelques années. Par le soin que M. de Polignac a pris des affaires, il aura un bien considérable ; il vient même de gagner un procès de plus de 200,000 livres ; on lui demandoit un million (1).

---

(1) Ce détail est d'après un mémoire instructif sur Mmes de Conserans et de Modave. M. d'Aujony, ancien lieutenant des gardes du corps qui est retiré

Mme de Persan (la Frézelière), mourut hier ou avant-hier à Paris, le septième ou le huitième jour de sa petite vérole. Elle étoit fille de M. le marquis de la Frézelière, lieutenant général des armées du Roi à la tête de l'artillerie, qui a fait une figure et étoit regardé comme un homme principal pour la guerre. Mme de Persan a été fort riche ; elle a eu environ 20 ou 25,000 livres de rentes. Sa mère étoit Mlle d'Oisonville. Elle a un frère qui n'a point servi, qui est homme médiocre et a fait un mariage peu avantageux dont il a eu plusieurs enfants. Mme de Persan laisse deux enfants, l'un dans la robe qui a épousé la fille d'un conseiller au Parlement et riche ; le cadet est capitaine de cavalerie.

Du lundi 20; Versailles. — J'ai oublié de marquer que les présidents à mortier sont venus ici séparément, le 3 janvier, faire leurs compliments au Roi ; ils ne sont pas venus le dernier décembre ni les deux premiers jours de janvier parce qu'ils ont eux-mêmes beaucoup de compliments à recevoir ; c'est leur usage ordinaire de ne pas venir ici avant le 3 janvier.

Le Roi entendit la messe dans la petite chapelle en haut, le 13, pour recevoir le serment de M. de Con-

---

à Paris, a un procès actuellement avec Mme de Polignac par rapport à l'héritage de Mme de Conserans ; il prétend devoir prendre le nom de Foix et il l'a même toujours pris dans ses titres. Il dit avoir des droits en particulier sur la terre de Mardogne. Cette terre fut vendue il y a trente-trois ans à M. le prince de Conty ; M. d'Anjony prétend qu'elle n'a pas pu être vendue. M. d'Anjony prétend que Jean de Foix, seigneur de Conserans, aîné de la maison, n'avoit laissé qu'une fille qui épousa M. de Monléon, homme de condition, lequel fut obligé de prendre le nom et les armes de Conserans ; il soutient que cette fille mariée à M. de Monléon est la mère de Mme de Conserans et bisaïeule de Mme de Polignac ; mais on croit qu'il se trompe dans ce fait, et que certainement Mme de Conserans, mère de Mme de Modave et aïeule de Mme de Polignac, étoit fille de Mlle Pelot, comme il a été dit ci-dessus.

On sera peut-être étonné de ce que Mme de Conserans n'avoit pas conservé le nom de Mme de Jean, mais il est aisé de comprendre qu'étant maîtresse de ses volontés, elle aima mieux prendre le nom de Conserans. (*Addition du duc de Luynes.*)

dorcet, nouvel évêque d'Auxerre, qui succède à M. de Caylus.

J'ai oublié de marquer aussi la mort de Mme de Wignacourt; elle est morte à Paris, âgée d'environ trente et un ans; elle étoit fille de M. de Bonac et de Mlle de Biron, et sœur de MM. de Bonac, dont l'aîné est ambassadeur de France en Hollande.

La compagnie des gendarmes anglois, vacante par la démission de M. de Courtomer, fut donnée il y a environ quinze jours à M. le comte de Larmoy, capitaine-lieutenant de la compagnie des chevau-légers d'Orléans, et celle-ci fut donnée à M. de Tracy, sous-lieutenant des chevau-légers Dauphin.

Il y a déjà quelques jours que M. l'abbé de Gouyon, vicaire général de l'évêché de Saint-Pol de Léon, a été nommé aumônier de Madame Adélaïde.

La Reine a été ce matin à Saint-Cyr donner le voile blanc à deux demoiselles de cette maison; l'une est Mlle de Durfort, l'autre Mlle de Dormenan. Mlle de Durfort est de la même maison que MM. de Duras. Sa vocation paroît d'autant mieux assurée, qu'elle a refusé un parti considérable; son mariage étoit arrêté avec un homme qui a 40,000 livres de rentes et à qui on en assuroit autant, et les engagements doivent subsister jusqu'au mois de mai prochain. Le père de Mlle de Dormenan étoit capitaine dans le Mestre-de-camp-dragons; c'étoit un gentilhomme de Franche-Comté fort estimé et très-bon officier. Il fut fait lieutenant-colonel, je crois, du régiment de Septimanie et ensuite colonel d'un nouveau régiment de dragons qui fut formé d'une compagnie de chacun des autres régiments. Il a laissé un fils dont la conduite a été un peu dérangée, et qu'on avoit mis pour quelque temps à Vincennes.

La cérémonie a commencé aujourd'hui par une messe basse qu'a dite M. l'évêque de Chartres, ensuite le sermon qui a duré environ trois quarts d'heure. C'est un jésuite qui a prêché. Mme de Mornay, supérieure de Saint-Cyr, avoit écrit à Mme de Luynes, croyant que Mesdames iroient avec la Reine à Saint-Cyr. On sait que l'usage est que celle qui reçoit le voile blanc baise le bas de la robe de la Reine ; elle va ensuite embrasser toutes les religieuses. Mme de Mornay demandoit si ce respect devoit être rendu à Mesdames, la Reine y étant.

La question n'a point été proposée, Mesdames n'ayant point été à Saint-Cyr.

Mme Victoire est entièrement hors de danger.

Du mardi 21, *Versailles*. — Il y a trois ou quatre jours qu'on a fait voir ici un homme d'une taille singulière ; il a 7 pieds 2 pouces, il n'est âgé que de dix-neuf ans ; il est du Tyrol, fort bien fait, ayant un visage agréable ; on le porte dans une espèce de chaise ou boîte fermée.

Le Roi est parti aujourd'hui pour Bellevue, d'où il reviendra jeudi.

Voilà les nouvelles que je reçus hier du Parlement.

Du lundi 20. — L'assemblée des chambres s'est passée à lire les informations et procédures contre les curés et vicaire de Troyes. Il n'a été rien décidé. L'assemblée remise à mercredi.

Du jeudi 23, *Versailles*. — Voilà les nouvelles du Parlement d'hier :

Du mercredi 22. — M. le procureur général reçu appelant comme d'abus de l'interdit signifié à la requête de l'archevêque de Paris au sieur Coquelin, prêtre, qui a administré milady Perth.

Ordonné que les récollements des témoins vaudront confrontation contre Ansel, second vicaire de Saint-Étienne du Mont.

Ordonné que les papiers trouvés chez Brunet, premier vicaire de ladite paroisse, lors de la perquisition faite de sa personne, en vertu du décret de prise de corps, seront joints au procès pour y servir à telle fin que de raison.

L'assemblée remise à samedi.

Du vendredi 24, *Versailles*. — Il y a eu aujourd'hui deux demandes d'agrément de mariage, celui de M. d'Étampes avec Mlle de Flavacourt, et celui de M. de Maillé (Brézé) avec Mlle de Jarzé.

Celui de M. d'Étampes a été demandé par M. le marquis de Cany, son oncle et tuteur, et par M. de Puisieux son parent ; et de la part de Mlle de Flavacourt par M. de Flavacourt son père. M. d'Étampes est de la même maison que M. d'Étampes, père de M. de la Ferté-Imbault, mari de Mme de la Ferté-Imbault. On sait que M. de la Ferté-Imbault avoit épousé Mlle Geoffrin. Mme de la Ferté-Imbault, n'ayant point d'enfants, regarde M. d'Étampes comme son héritier ; elle lui donne actuellement 100,000 livres ; il a outre cela environ 27,000 livres de rentes. Mme Geoffrin, qui est fort riche, logera et nourrira les deux nouveaux mariés. M. d'Étampes a un frère.

L'agrément du mariage de M. de Maillé avec Mlle de Jarzé a été demandé par MM. de Maillé père et fils. On sait que Mme de Jarzé est dame de Mme la princesse de Condé. Mme de Renty restera toujours dame d'honneur, et Mme de Jarzé sera gouvernante de l'enfant dont Mme la princesse de Condé va accoucher. La nouvelle mariée sera dame de Mme la princesse de Condé. A l'occasion de ce mariage, M. de Maillé aura la première place qui vaquera dans les grands officiers de M. le prince de Condé, et le régiment de ceux de M. le prince de Condé qui se trouvera vacant. On sait que MM. de Maillé-Brézé ont l'honneur d'appartenir à la maison de Condé. Par cette raison, M. d'Anlezy, qui a été gouverneur de M. le prince de Condé, a assisté de sa part à la demande de l'agrément du mariage.

Du dimanche 26. — Le Roi reçut avant-hier la nouvelle de la mort de la princesse de Bade, par une lettre du prince de Bade qui lui en donnoit part. Ces princes de Bade sont Baden-Baden. Le prince de Bade (Hermann) avoit épousé une Soissons ; il eut pour fils le fameux prince Louis de Bade. Louis XIV fut son parrain ; depuis, il s'acquit une grande réputation en commandant les

armées contre ce prince. Le prince Louis avoit épousé
une Saxe-Lawembourg; il en eut deux garçons et une
fille, qui fut la mère de M. le duc d'Orléans d'aujourd'hui;
les deux garçons se sont mariés tous les deux; l'aîné avoit
épousé une d'Aremberg, il n'en a point eu d'enfants; et
le cadet a épousé une Schwartzemberg, fille de celui qui
fut tué à la chasse par l'empereur Léopold; c'est celle-ci
qui vient de mourir; elle ne laisse point d'enfants. Elle
avoit été fort jolie. Le prince de Bade, son mari, est parent
du Roi du quatrième au cinquième degré, par sa
grand'mère Soissons.

Hier le prince régnant de Nassau-Usingen, frère de
celui qui est au service de France, eut une audience particulière
du Roi dans le cabinet; il fut conduit par M. de
Verneuil, introducteur des ambassadeurs.

Du mardi 28, *Versailles.* — Le contrat de mariage de
M. le comte d'Ayen avec Mlle de Fresné a été signé ici aujourd'hui.
Le Roi dit qu'il n'a jamais vu un contrat de
mariage aussi épais et d'un aussi grand détail; et il a
remarqué, à cette occasion, que c'est l'acte dans lequel on
a plus de liberté de faire des dispositions de ses biens et
où il est plus important, par conséquent, de prévoir tous
les cas à venir; que cependant on néglige souvent ces
précautions, mais que MM. de Noailles n'en avoient pas
usé de même dans celui-ci.

Il y a eu encore aujourd'hui deux autres signatures
de contrats de mariage, celui de M. de Prulay, fils de la
dame d'honneur de Mlle de Sens, et celui de M. de Maillé.
Celui-ci épouse Mlle de Jarzé, comme je l'ai dit ci-dessus.
M. de Prulay épouse la fille de M. de Noinville. M. de
Noinville est Durey; il a eu trois frères: le président
Durey, M. de Sauroy et M. d'Arnoncourt. Il avoit une
sœur qui a été Mme de Laurency. Ce M. de Noinville
n'est pas regardé comme homme de lettres, mais il aime
les gens de lettres; il a fondé un prix à l'Académie des
sciences, qui est une médaille de la valeur de 400 livres.

C'est l'académie qui décide du sujet qui doit être traité. Une pareille fondation coûte 9 ou 10,000 livres, parce qu'il faut compter environ 900 ou 1,000 livres pour le coin de la médaille. L'Académie des sciences, par reconnoissance, a donné à M. de Noinville une place d'associé libre. Le président de Mainières, un des plus vifs aujourd'hui contre la Constitution dans les affaires du Parlement, est le fils de Durey. M. de Sauvigny, intendant de Paris, a épousé une fille de M. d'Arnoncourt. Ces Messieurs avoient aussi deux nièces, dont l'une étoit la première femme de M. Hérault, lieutenant de police, et l'autre étoit la mère de M. le président d'Aligre, lequel a épousé Mlle Talon.

On trouvera ci-après ce qui s'est passé au Parlement le 27.

Le rapport de l'affaire de Trozes est achevé, mais on n'opinera que mercredi 20.

Sur la plainte rendue ce jourd'hui par le procureur général du Roi du refus de sacrements fait à la demoiselle Coffin par un prêtre de de Saint-Étienne du Mont, il a été ordonné qu'il en sera informé et la malade entendue. Par un arrêté particulier, les gens du Roi sont chargés de s'informer de la situation actuelle de la paroisse de Saint-Étienne du Mont relativement à la célébration de l'office divin et à l'administration des sacrements.

La demoiselle Coffin est sœur de feu M. Coffin, principal du collége de Beauvais, et tante du conseiller au Châtelet du même nom, pour lesquels il y a eu des refus de sacrements et procédures en 1752. Le refus de sacrements fait à la demoiselle Coffin n'est constaté par aucune pièce juridique, elle a seulement fait une déclaration à deux notaires portant qu'elle avoit prié le sieur Brélu de la Grange, notaire, et Desaints, libraire, de requérir pour elle l'administration des sacrements qui lui ont été refusés par un prêtre de Saint-Étienne du Mont, faute de billet de confession. La même déclaration porte que le médecin de la malade étant lui-même indisposé sérieusement, n'a pas pu continuer de la voir et lui donner un certificat sur le danger de mort où elle se trouve.

Du mercredi 29. — Quelques-uns des chanoines d'Orléans décrétés de prise de corps et quelques-uns des prêtres de paroisses de Paris qui ont éprouvé le même traitement s'étoient retirés ici; il y en avoit qui logeoient chez les missionnaires de la paroisse de Notre-Dame. Le Roi leur fit dire il y a quelques jours, par M. le comte de Noailles, que son intention n'étoit pas qu'ils demeurassent ici. Ils vont chercher quelqu'autre lieu à habiter.

Du jeudi 30, *Versailles*. — On trouvera ci-après les nouvelles que je reçus hier sur les affaires présentes du Parlement.

Du 29. — Les gens du Roi entrés aux chambres ont commencé par rendre compte de l'état actuel de la desserte de la paroisse de Saint-Étienne du Mont, où il ne se trouve que six prêtres ayant des offices, quatre habitués et le séminaire de Lisieux chargé de l'office divin, différents prêtres envoyés par M. l'archevêque pour faire le prône et un seul prêtre inconnu qui change tous les deux ou trois jours, chargé aussi par M. l'archevêque de l'administration des sacrements.

Ensuite ils ont pris des conclusions tendantes au décret d'ajournement personnel contre deux prêtres de Saint-Étienne du Mont sur l'information dans l'affaire de la veuve Coffin.

Ensuite ils ont rendu plainte du refus fait du viatique au sieur Coquelin, prêtre, qui étant revenu à bonne connoissance dans une attaque d'apoplexie pendant laquelle il a reçu l'extrême-onction, a demandé le viatique qui lui a été refusé par les prêtres de Sainte-Marguerite, faute de billet de confession.

Ils ont aussi rendu compte d'une requête présentée au bailliage de Troyes dans laquelle on expose que la paroisse dont M. l'évêque de Troyes s'est chargé de la desserte ne se trouve plus servie; ladite requête renvoyée à la Cour par le bailliage de Troyes.

Arrête qu'un secrétaire de la Cour se transportera dans l'heure à Conflans à l'effet d'inviter de nouveau M. l'archevêque de Paris, de la part de la Cour, de faire cesser les scandales et abus qui continuent dans Paris par le refus de sacrements et de remédier aux singularités qui s'introduisent dans l'administration et desserte de plusieurs paroisses.

Les chambres devant s'assembler à sept heures ce soir pour entendre la réponse de M. l'archevêque à l'effet de prendre sur icelle tel parti qu'il appartiendra.

Réponse de M. l'archevêque.

M. l'archevêque a dit au secrétaire de la Cour qu'il n'est personne qui désire plus ardemment et plus sincèrement que lui le rétablissement de la paix; mais qu'il n'y a pas lieu d'espérer de la voir renaître tant que le Parlement persistera à donner des ordres dans ce qui concerne l'administration des sacrements; que la retraite des prêtres de Sainte-Marguerite et la forme singulière dans l'administration dont le Parlement se plaint sont l'effet des poursuites rigoureuses et des arrêts décernés contre les ecclésiastiques préposés à la desserte des paroisses; qu'au surplus il persiste dans la réponse qu'il a faite le 28 novembre dernier, à laquelle il ne peut rien ajouter, attendu que l'incompétence des tribunaux séculiers en matière de sacrements étant établie par les lois divines et ecclésiastiques, et même par une suite d'édits, déclarations et ordonnances du royaume, ce seroit de sa part donner atteinte aux droits de la religion que d'entrer dans aucun détail qui pût donner lieu de penser qu'il regarde le Parlement comme compétent dans une matière qui appartient uniquement à la puissance spirituelle que l'Église tient immédiatement de Jésus-Christ et de l'exercice de laquelle un évêque ne peut être comptable qu'à ses supérieurs dans l'ordre de la hiérarchie.

Du 29, à six heures et demie du soir. — On a remis demain à dix heures la délibération sur cette réponse.

Les chambres ont néanmoins décrété de prise de corps deux quidams prêtres qui ont refusé les sacrements à la demoiselle Coffin.

On a ordonné qu'il sera fait injonction, tant aux prêtres de Saint-Étienne du Mont qu'à ceux de Sainte-Marguerite, de faire cesser le scandale résultant des refus de sacrements à ladite demoiselle Coffin sur Saint-Étienne, et au sieur Coquelin, prêtre, sur Sainte-Marguerite.

Du vendredi 31, Versailles. — On trouvera ci-après la nouvelle du Parlement du 30 janvier.

L'assemblée a fini à deux heures.

On n'a point entamé la délibération sur la réponse de M. l'archevêque de Paris, elle est remise à demain dix heures du matin.

La demoiselle Coffin a été administrée par le sieur Deshayes, premier habitué de Saint-Étienne du Mont.

La désertion des prêtres de la paroisse Sainte-Marguerite étant telle qu'on n'a point pu en trouver un hier pour recevoir les injonctions ordonnées par le Parlement, les chambres viennent d'ordonner qu'attendu ladite désertion, le sieur Coquelin pourra faire demander les sacrements à une paroisse voisine dont le curé sera tenu de les lui administrer conformément aux canons reçus dans le royaume, les règles et usages autorisés dans le diocèse.

Mme de Ravignan épousa M. d'Ampus le 28 de ce mois. J'ai déjà dit ailleurs que MM. d'Ampus sont deux frères qui avoient épousé les deux sœurs, Mlles d'Estrées. M. d'Ampus dont c'est ici l'article avoit épousé en secondes noces, dans les îles, une vieille femme qui lui avoit donné son bien; il en est revenu avec 25,000 livres de rente. Mme de Ravignan est très-riche; son nom est Racine, non pas de la même famille que le fameux poète; son père étoit un homme d'affaires. Elle est sœur de M. du Jonquoy, père de la jeune veuve Mme de Resnel. Mme de Ravignan n'a jamais eu d'enfants; elle étoit veuve de M. de Ravignan qui étoit lieutenant-général et inspecteur d'infanterie. Elle a environ soixante ans.

M. de Montmartel vient d'obtenir la survivance de garde du trésor royal pour M. Mico, son neveu.

M. de Vergennes doit partir dans quinze jours ou environ pour Constantinople; ses appointements sont de 93,000 livres qui lui en vaudront plus de 100,000 à Constantinople; outre cela il a eu une gratification de 40,000 livres pour son établissement.

FÉVRIER.

Richesse de l'architecte de Cotte. — Cérémonie de l'Ordre. — Le P. Griffet. — Mort de M. Caraccioli. — Nouvelles du Parlement. — Refus de sacrements. — Trois prêtres condamnés au bannissement. — Affaire du chevalier de Villeneuve. — Accident à la chapelle. — Nouvelles du Parlement. — Réception du duc d'Uzès au Parlement. — Nouvelles du Parlement. — L'archevêque d'Aix exilé. — Mort de l'abbé Lenglet-Dufresnoy. — Mort de Montesquieu; sa fortune et son caractère. — Réponse du Roi au premier président. — Nominations au Parlement. — Mort de Mme de Bourbon-Busset — Nouvelles du Parlement. — Nouvelles diverses de la Cour. — Mort de Mme de Gourgues. — Affaire de M. de Plumartin. — Mariage de Mlle le Camus. — Nouvelles du Parlement. — M. de Ségur nommé prévôt de la ville, prévôté et vicomté de Paris. — Réponse du Roi au premier président. — L'archevêque de Paris exilé à Lagny. — La terre de la Meilleraye. — Morts. — L'automate. — Épidémie de rougeole. — Succession de Mme Desmaretz. — Présentations et audience. — Nouvelles du Parlement. — Audience du Roi aux cardinaux de Soubise et de la Rochefoucauld. — Mort de M. de Bellegarde. — L'archevêque de Paris à Lagny. — Mort de Mme de Hautefeuille. — Espérances de conciliation et difficultés. — Efforts du Roi pour rétablir la paix. Lettre du Roi à l'archevêque de Paris et réponse de celui-ci.

Du dimanche 2 février, Versailles. — Il y a eu aujourd'hui un agrément de mariage demandé ; c'est celui de M. de Saint-Fargeau avec Mlle Pelletier.

M. de Saint-Fargeau est fils de feu M. de Saint-Fargeau et de Mlle d'Aligre ; feu M. de Saint-Fargeau étoit fils de feu M. Pelletier des Fors, contrôleur général, et de Mlle de Courson (Lamoignon). Mlle Pelletier est fille de M. Pelletier qui a été longtemps intendant de Champagne, aujourd'hui conseiller d'État, et qui en cette qualité a présidé au grand conseil, et d'une des filles de M. de Cotte, architecte du Roi et contrôleur de ses bâtiments. M. de Cotte le père, frère de celui qui est mort contrôleur des bâtiments de Fontainebleau, avoit épousé une Launay ; c'est la mère de M. de Cotte d'aujourd'hui, lequel a eu deux filles. M. Bachelier, premier valet de chambre du Roi, en avoit épousé une, et M. Pelletier a épousé l'autre. Mme Bachelier avoit eu une fille qui avoit épousé M. Colbert, fils de M. de Linières ; elle est morte sans enfants.

Mme Pelletier est mère de celle qui va épouser M. de Saint-Fargeau. M. de Cotte, grand-père de la mariée, passe pour être extrêmement riche ; quelqu'un d'instruit assure qu'il paie 36,000 livres de dixième. On m'a même assuré 80,000 livres. J'oubliois de marquer que M. Pelletier est frère de M. le premier président de ce nom.

Il n'y a point eu de chapitre aujourd'hui. Nous étions quarante-huit chevaliers y compris les princes du sang. M. le comte de Charolois y étoit, mais n'a point été à la cérémonie. M. le comte de Clermont est venu faire sa cour, mais en habit ordinaire; il a eu la goutte, et il n'a point été à la cérémonie. Mgr le Dauphin eut encore hier un petit ressentiment de dévoiement, et n'a été à rien que chez le Roi au retour de la messe. La procession s'est faite dans l'église. C'est M. l'évêque de Langres qui a officié à la grande messe seulement; il n'y a jamais aujourd'hui d'évêque officiant à vêpres. C'est Mme de Coislin (Mailly-Rubempré) qui a quêté; elle a fait des révérences aux chevaliers en revenant du haut de l'église, mais seulement quelques-unes de temps en temps; elle a aussi quêté à vêpres. Le prédicateur a été le P. Griffet, jésuite, dont le sermon a été trouvé très-bon. Le compliment étoit fort bien, peut-être un peu trop long. Le Roi a entendu, immédiatement après le sermon, les vêpres chantées par la grande chapelle, et tout de suite le salut.

Le Roi prit mardi dernier, 28 janvier, le deuil pour la mort de la princesse de Baden-Baden; elle étoit tante de M. le duc d'Orléans. On quittera ce deuil mardi au soir.

La femme de M. de Turpin mourut le 25 du mois dernier; elle n'avoit que 25 ans; elle étoit Lusignan. Je l'ai déja marqué à l'occasion du mariage de M. de Lusignan, son frère, avec Mlle de la Rivière. Les deux mariages furent faits dans le même temps.

M. de Caraccioli mourut aussi le 26 janvier, âgé de cent trois ans; il étoit le plus ancien lieutenant général; il avoit été gouverneur de Briançon et commandant des villes de Mézières, de Charleville et de Sedan. Il parloit françois et italien, mais l'un et l'autre en même temps, de manière qu'on ne l'entendoit pas. Il étoit Napolitain et c'étoit un officier estimé (1).

---

(1) M. Caraccioli a fait un testament. Il avoit 18,000 livres de pension du Roi et 24,000 livres de rente de son bien de patrimoine. Il a laissé une boîte d'or à M. de Saint-Séverin, une crèche d'argent à Mme de Balbi. Il laisse tout

Voilà les nouvelles du Parlement du 31 du mois de janvier et du 1ᵉʳ février.

Du 31 janvier. — La Cour, en délibérant sur la réponse de l'archevêque de Paris du 29, et avant d'y statuer, ordonne que M. le premier président sera chargé de porter au Roi copie de ladite réponse, ensemble copie des arrêtés, arrêts et procédures concernant les deux derniers refus de sacrements dans les paroisses Sainte-Marguerite et Saint-Étienne du Mont.

L'assemblée des chambres continuée à demain dix heures sur l'affaire de Troyes.

M. l'abbé Coquelin fut hier administré, à dix heures et demie du soir, par le curé de Saint-Gervais qui retourna chez le malade ensuite pour le consoler; il y avoit environ trois cents personnes à la cérémonie. Le curé de Saint-Paul avoit refusé.

Du 1ᵉʳ février. — La Cour a décrété de prise de corps le sieur Franc, porte-Dieu de la paroisse Sainte-Marguerite pour les refus des sacrements faits par lui au sieur Coquelin; décrété de prise de corps le sieur Dubois, curé de la Magdeleine de Troyes et le sieur Roudin son vicaire.

On a averti le Parlement qu'il y a aujourd'hui un refus de sacrements dans la paroisse de Saint-Étienne, et que le sieur Deshayes, qui a administré la demoiselle Coffin, est interdit. Le curé de Saint-Louis dans l'île a donné les sacrements avant-hier, malgré le refus de billet de confession.

Du lundi 3, Versailles. — M. le premier président est venu ici aujourd'hui; il a été vingt-deux minutes tête à tête avec le Roi.

Mᵐᵉ de Guerhy est accouchée d'un garçon.

Voilà les nouvelles de ce qui s'est passé aujourd'hui au Parlement.

Les nommés Brunet, Meuriset et Ansel, vicaires et porte-Dieu de Saint-Étienne du Mont ont été condamnés par contumace au ban-

---

son mobilier à ses domestiques. Il laisse à sa sœur son bien de patrimoine; elle a épousé un homme de son nom; il substitue tout ce bien à son neveu le cadet, étant mécontent de l'aîné; il donne à M. de Verzure tout ce qui lui est dû par le Roi, M. de Verzure est exécuteur testamentaire. M. de Caraccioli avoit été chevalier de Malte et ne s'est jamais marié; on prétend cependant qu'il avoit épousé sa femme de charge. Il est enterré aux Capucins de la rue Saint-Honoré; il leur laisse 2,000 livres pour dire des messes (*Note du duc de Luynes.*)

nissement perpétuel hors du royaume, comme perturbateurs du repos public, leurs biens acquis et confisqués au profit de qui il appartiendra. Enjoint à eux de garder leur ban sous les peines de l'ordonnance.

Dudit jour, les gens du Roi ont rendu plainte du refus de sacrements fait au chevalier de Villeneuve par les nommés Dubois et Furelli, prêtres de Saint-Étienne du Mont et par un autre prêtre inconnu. Le chevalier de Villeneuve est mort hier sans sacrements. Les chambres ont ordonné une information. Les circonstances de ce refus de sacrements sont : 1° Que l'on n'a point trouvé d'huissier pour faire les sommations aux prêtres de Saint-Étienne du Mont, au défaut de quoi le malade a fait sa déclaration à deux notaires qui ont été appelés à cet effet ; 2° que le jour du refus des sacrements et dans le même temps que le chevalier de Villeneuve les demandoit, il falloit les porter à un domestique dans le même quartier, pourquoi il falloit passer devant la porte du chevalier de Villeneuve. Et comme les prêtres de Saint-Étienne étoient informés que ce refus de sacrements faisoit du bruit parmi le peuple, ils attendirent le soir pour donner les sacrements à ce domestique ; mais la précaution fut inutile ; beaucoup de monde attroupé devant la porte du chevalier de Villeneuve voulut engager les prêtres à entrer chez lui avant d'aller chez le domestique, et sur la résistance des prêtres, il n'y eut que le respect pour le Saint-Sacrement qui retint le peuple dont plusieurs se détachèrent pour aller chez le commissaire à l'effet de requérir son ministère pour obliger les prêtres à donner les sacrements à M. de Villeneuve, ce que le commissaire refusa comme n'ayant point de juridiction pour agir. En conséquence de quoi le menu peuple se rendit à la porte de Saint-Étienne pour y attendre les prêtres, mais par le même respect pour le Saint-Sacrement, on laissa entrer les prêtres dans l'Église qui sur-le-champ en firent fermer les portes.

Le chevalier de Villeneuve étoit chevalier de Saint-Louis, lieutenant de Roi de Châlons-sur-Saône, et ne s'occupoit depuis longtemps qu'à soulager les pauvres et les prisonniers. Il avoit quatre-vingts ans.

Du mercredi 5, Versailles. — M. de Macnemara, lieutenant-général de la marine, et M. de la Clue, capitaine de vaisseau, firent hier leurs révérences au Roi ; ils sont tous deux destinés pour l'escadre que l'on équipe à Brest. C'est M. Macnemara qui doit la commander. Il paroît que la destination de cette escadre est pour l'Amérique ; mais on croit que son départ dépend de l'événement de nos négociations avec l'Angleterre.

M. de Pange, fils de M. Thomas, trésorier de l'extraordinaire des guerres, épouse Mlle de l'Épinoy. L'agrément en fut demandé le 1er février.

Milord Clare demanda hier l'agrément de son mariage avec Mlle de Chiffreville, fille de feu M. de Chiffreville, qui étoit premier sous-lieutenant des mousquetaires noirs, et de Mlle de Breteuil (1). Mlle de Chiffreville a deux oncles, dont l'un a soixante-neuf ans et l'autre soixante-douze ; ils sont fort riches. Mlle de Chiffreville jouit présentement de 25,000 livres de rente ; elle a 18 ans ; elle est née la même année que M. de Tessé, premier écuyer de la Reine ; elle avoit une sœur qui est morte.

M. de Grimaldi, qui est de la même maison que l'abbé de Grimaldi, aumônier du Roi, fut présenté hier ; il est ambassadeur d'Espagne en Hollande ; il arrive de Parme où il a resté quelque temps chargé d'affaires particulières. C'est un homme d'environ quarante ans, grand, bien fait, poli et parlant bien françois sans aucun accent. Il a été présenté par M. de Massones.

Il arriva un accident ici à la chapelle le jour de la Purification. Les missionnaires, ce jour-là, chantent leur grande messe de bonne heure. M. Artaud, l'un d'eux, qui a cinquante-trois ou cinquante-quatre ans et qui est depuis vingt ans à la chapelle, étoit le célébrant ; il se trouva mal au *Pater* ; c'étoit une apoplexie ; il ne tomba pas, et même il put communier et achever la messe aidé par les diacre et sous-diacre. Il a été saigné et a pris de l'émétique ; on espère qu'il n'en mourra pas.

On a quitté le deuil aujourd'hui.

On trouvera ci-après les nouvelles du Parlement.

Du 4. — M. le premier président a rendu compte aux chambres de

---

(1) Cette Mlle de Breteuil, mère de Mlle de Chiffreville, a sa mère qui a quatre-vingt-quinze ou quatre-vingt-seize ans, sa grand'mère est morte à cent cinq ou six ans. (*Note du duc de Luynes.*)

ce qu'il a dit hier au Roi en lui remettant les pièces qu'il étoit chargé de porter à S. M. La Cour a ordonné qu'il en seroit fait registre.

Le Roi lui a donné ordre de revenir le mercredi des Cendres, sur les cinq heures, pour recevoir ses ordres.

On a décrété d'assigné pour être ouï le sieur Simonot, ancien curé de la Madeleine de Troyes, impliqué dans les derniers refus de sacrements de cette ville.

Du jeudi 6, Versailles. — M. le duc d'Uzès a été reçu aujourd'hui au Parlement. M. le prince de Condé y a aussi pris séance pour la première fois. Il y avoit à cette réception cinq princes du sang : M. le duc d'Orléans, M. le prince de Condé, M. le comte de Charolois, M. le comte de Clermont et M. le prince de Conty. Il y avoit deux pairs ecclésiastiques, M. l'évêque de Laon (Rochechouart) et M. l'évêque de Beauvais (Gesvres) et onze pairs laïcs : MM. les ducs d'Uzès, de Luynes, de Brissac, de Rohan, de Chaulnes, de Rohan-Soubise, de Villars-Brancas, de Nivernois, de la Vallière, d'Aiguillon et M. le maréchal de Belle-Isle. On sait que l'usage est d'avoir quatre témoins, deux pairs et deux non-pairs, dont le rapporteur lit les témoignages après celui du curé de la paroisse. Les pairs étoient M. le duc de Gesvres et M. le duc de Fleury, et les non-pairs M. le maréchal de Balincourt et M. de Senneterre. Le rapporteur étoit M. l'abbé d'Héricourt; c'est toujours un conseiller de grande chambre.

On a rapporté à la grande audience la cause d'une Mme Stringer, qui prétend être de la maison d'Aulède, et qui plaide contre Mmes d'Aulède et de Montsalais et contre M. de Fumel. Elle prétend avoir droit à partager la succession de M. d'Aulède, homme fort âgé qui mourut il y a quelques années; elle dit qu'on l'a traitée d'aventurière, et elle demande des dommages et intérêts. L'avocat qui a parlé pour elle s'appelle Dandasne; il a de l'éloquence et même du pathétique, mais il est fort diffus et ennuyeux par ses répétitions. On peut juger que si Mme Stringer obtient des dédommagements, ils ne seront pas considérables. A l'égard des disputes sur sa naissance, il y a apparence qu'on n'en fera pas beaucoup, parce que quand même elle seroit d'Aulède, elle est parente trop éloignée pour avoir part à la succession.

Il y a une Mme d'Aulède qui mourut il y a quelques jours; elle étoit Mlle de Lénoncourt et avoit été chanoinesse dans un chapitre en Lorraine. M. d'Aulède étoit fils d'un président de Bordeaux d'une richesse immense et fort connu pour la bonté de ses vins de Bordeaux et surtout de Margaux. Il avoit épousé en premières noces Mlle de Caumartin, sœur de Mme d'Argenson, femme du garde des sceaux; il n'en a point eu d'enfants. Il épousa à quatre-vingts ans passés Mlle de Lénoncourt qui étoit parfaitement belle; il est mort âgé de quatre-vingt-quinze ou quatre-vingt-seize ans; il n'a point eu d'enfants. Mme d'Aulède avoit environ soixante-cinq ou soixante-six ans; elle a fait un testament; elle fait son frère, le marquis de Lénoncourt, légataire universel, donne 50,000 livres à sa sœur, fait des legs à plusieurs de ses parents et des legs pieux. Elle laisse à Mlle de Videlune, fille de condition de Lorraine qui ne l'a jamais quittée, 4,000 livres de pension viagère; tous les meubles qui étoient dans l'appartement de Mlle de Videlune; l'usage sa vie durant d'une parfaitement belle tapisserie et de quelques autres meubles, et d'une partie de sa vaisselle d'argent spécifiée qui retournera à M. de Lénoncourt après la mort de Mlle de Videlune. Mme d'Aulède avoit de grandes reprises sur le bien de M. d'Aulède par son contrat de mariage; elle a toujours plaidé avec M. de Fumel, héritier de M. d'Aulède. Le procès n'est pas encore fini.

On trouvera ci-après les nouvelles du Parlement d'aujourd'hui.

Du 6. — Les chambres ont reçu le procureur général du Roi appelant comme d'abus de deux ordonnances de l'archevêque de Paris portant défense et interdit au curé de Saint-Gervais de faire fonction curiale hors de sa paroisse et de confesser des religieuses, le tout sous peine de suspense *ipso facto*.

On a ordonné qu'il sera fait injonction à tous les prêtres de la paroisse de Saint-Étienne du Mont, même à Cerveau, interdit pour avoir donné les sacrements à la demoiselle Lallemant, et à Deshayes, interdit pour avoir administré la demoiselle Coffin, de faire cesser, dans l'heure de la signification de l'arrêt, le scandale résultant du refus de sacrements fait hier dans ladite paroisse à la demoiselle Bellon (1).

L'assemblée continuée à demain à dix heures.

Du samedi 8. — Je viens d'apprendre que M. l'archevêque d'Aix est exilé à Lambesc, ville qui est à trois lieues d'Aix ; c'est là que s'assemblent les états de Provence.

L'abbé Lenglet-Dufresnoy, qui a écrit toute sa vie, mourut il y a deux jours par un accident bien tragique. Il avoit quatre-vingts ans ; il étoit fort à son aise, mais il avoit peu de domestiques ; il en avoit cependant assez pour le service le plus nécessaire. Il travailloit toujours seul, ne sortoit presque jamais et ne dînoit point hors de chez lui. Il étoit sorti par le grand froid et étoit rentré avec grand besoin de se chauffer ; il voulut accommoder son feu ; il étoit sur une chaise de paille, il s'avança et dans ce mouvement il tomba et se donna un coup à la tête contre la grille du feu ; il perdit connoissance ; il étoit seul. Quelque temps après on le trouva mort ayant la tête brûlée. Il étoit grand critique, et quelquefois avoit assez peu mesuré les expressions dans ses ouvrages. Il travailloit aux généalogies et en avoit une grande connoissance ; il a fait, en dernier lieu, celle de la maison de Rohan-Soubise. M. le cardinal de Soubise, l'ayant su, voulut le voir et lire son manuscrit dont il fut très-content, et des pièces qu'il lui montra, qu'on ne connoissoit point dans la maison de Rohan-Soubise ; il lui fit beaucoup d'amitiés et lui a donné plusieurs fois à dîner.

On trouvera ci-après les nouvelles du Parlement du 7.

Du 7. — Le sieur Cerveau, autorisé par l'arrêt du Parlement, a administré hier les sacrements à la demoiselle Bellon, malade sur la pa-

---

(1) Barbier l'appelle Lebreton.

roisse de Saint-Étienne du Mont, nonobstant l'interdit à lui précédemment signifié de la part de M. l'archevêque de Paris, qui lui défendoit de faire fonction curiale et notamment d'administrer les sacrements.

On a aussi rendu arrêt ce matin pour ordonner que demain celui qui condamne les trois prêtres au bannissement perpétuel sera exécuté par effigie à la place Maubert.

Mme de Bernières (Lourailles), sœur du président de Lourailles, a épousé M. Prudhomme, qui a été garde du corps. Mme de Bernières garde son nom.

Du samedi 15, Versailles. — M. le président de Montesquieu mourut le 10 de ce mois à Paris, âgé de soixante-quatre ans, après une maladie de plusieurs jours. Il étoit président à mortier du parlement de Bordeaux; il étoit marié et a trois enfants au moins, dont deux filles qu'il a bien mariées. Il avoit environ 60,000 livres de rente, sur quoi ôtant ce qu'il avoit fait pour ses enfants il ne lui restoit que 25 ou 30,000 livres de rente, mais c'étoit beaucoup plus qu'il ne dépensoit. Il avoit deux assez mauvais chevaux de carrosse et ne mangeoit jamais chez lui, ce qui a fait juger qu'il étoit un peu avare. C'étoit un homme de beaucoup d'esprit; il étoit de l'Académie françoise et de celle de Berlin. Son traité de *l'Esprit des lois*, ouvrage fort estimé, avoit donné lieu de croire qu'il pouvoit y avoir quelque chose à blâmer sur ses sentiments par rapport à la religion. M. de Montesquieu n'a voulu laisser dans sa dernière maladie aucun doute sur cet article. M. de Bulkeley étoit fort de ses amis; il l'envoya prier de le venir voir et lui demanda de lui parler naturellement sur son état. M. de Bulkeley lui dit que les médecins n'avoient pas perdu l'espérance de le guérir, mais qu'il regardoit sa maladie comme considérable. « Cela suffit, dit M. de Montesquieu; j'entends ce langage; je voudrois bien avoir un confesseur. » On lui en proposa plusieurs, entre autres le P. Neuville, jésuite. « C'est un homme trop fameux, répondit-il, je ne veux rien de si brillant. Le P. Castel est mon ami depuis longtemps, faites-le-moi venir, je vous prie. » Le P. Castel vint en effet, mais il ne voulut pas se charger de le confesser et lui envoya le P. Routh, autre jésuite de grande réputation. Non-seulement M. de Montesquieu s'est confessé et a reçu tous ses sacrements avec beaucoup d'édification, mais il a fait une déclaration publique qu'il ne vouloit point que sa foi pût être soupçonnée et que si l'on trouvoit quelque chose de répréhensible dans ses écrits, il le désavouoit entièrement. Avec beaucoup d'esprit et des connoissances immenses en tout genre, c'étoit l'homme du monde le plus simple, et en même temps le plus distrait. Quand on lui parloit des *Lettres Persanes* dont il est l'auteur, à peine convenoit-il de les avoir faites; il paroissoit presque étonné qu'on en fût content et disoit qu'il n'en avoit pas un seul exemplaire chez lui. Il avoit fait la vie de Louis XI; lorsque son brouillon fut achevé, il le donna à un secrétaire pour le mettre au net; il n'étoit pas encore levé lorsque le secrétaire lui apporta sa copie pour qu'il l'examinât; après qu'il l'eut confrontée, il dit au secrétaire de mettre la copie sur sa cheminée et de jeter le brouillon au feu. Le secrétaire s'en va. M. de Montesquieu se lève, trouve un papier sur la cheminée et le jette au feu, ne doutant point que ce ne soit le brouillon; il redemande la copie au net au secrétaire qui dit l'avoir mise sur la cheminée. M. de Montesquieu prétendit que c'étoit la faute du secrétaire qui avoit jeté la copie au feu au lieu du brouillon; quoi qu'il en soit, l'ouvrage a été perdu sans ressource, et il n'a jamais voulu le recommencer. Il avoit beaucoup d'amis et voyoit souvent M. le président Hénault. Un jour qu'il devoit dîner chez lui avec M. d'Argenson, il y arriva à deux heures; il dit qu'il mouroit de faim et demanda pourquoi on ne servoit pas; on lui dit qu'on attendoit M. d'Argenson et qu'il alloit arriver. M. de Montesquieu sort dans la cour pour satisfaire un petit besoin. Il avoit oublié de renvoyer son carrosse; ses gens le voyant dans la cour croient qu'il ne dîne pas dans cette maison; le carrosse avance, on ouvre la portière, M. de Montesquieu monte et arrive chez lui.; il est tout étonné de s'y trouver; il y avoit trop loin pour retourner; il envoye quérir un morceau à manger au premier endroit. Ces détails peignent son caractère.

M. le premier président vint ici le mercredi des Cendres, suivant l'ordre qu'il en avoit reçu; il alla droit chez le Roi. On prétend qu'il y resta près d'une heure. On trouvera ci-après la réponse du Roi dont M. le premier président rendit compte le lendemain aux chambres assemblées; elle contenoit :

« J'ai examiné avec la plus grande attention les pièces que mon Parlement vous a chargé de me remettre. Plus je réfléchis sur l'importance des objets dont vous m'avez rendu compte, plus je juge nécessaire de prendre encore quelques jours pour me décider; revenez vendredi 21 de ce mois, à pareille heure, recevoir les ordres positifs que je compte lui donner. »

Le sieur Caillard, chanoine d'Orléans, qui a été nommé député par son chapitre pour l'exécution des arrêts du Parlement, est arrivé le 13 pour répondre aux conclusions que M. le procureur général prendra contre son chapitre, aux termes desdits arrêts. On assure que M. le doyen d'Orléans est arrivé en même temps pour se faire interroger sur le décret d'ajournement personnel décerné contre lui.

On me mande d'hier de Paris que M. le chancelier a écrit à M. le premier président; il lui marque que le Roi donne la charge de président à mortier à M. Bochard de Saron, 2,000 écus de pension à M. Joly de Fleury, premier avocat général, et les deux autres places d'avocats généraux à MM. de Séguier (1) et de Saint-Fargeau (2).

---

(1) M. de Séguier, avocat général du grand conseil.
(2) M. de Saint-Fargeau, avocat du Roi au Châtelet.

Pour entendre tout ce détail il faut savoir que les trois avocats généraux étoient MM. d'Ormesson, fils du conseiller d'État, M. Joly de Fleury, fils de l'ancien procureur général, et M. Bochard de Saron, fils du conseiller de grand-chambre. J'ai marqué dans le temps qu'il est mort à Soissons deux présidents à mortier, M. Chauvelin et M. Gilbert de Voisins, fils du conseiller d'État. M. d'Ormesson a été nommé président à mortier à la place de M. Chauvelin. La dernière cause qu'il a plaidée comme avocat général a été le procès de Mme Le Brun contre sa fille, cause dans laquelle il a parlé avec beaucoup d'éloquence et en faveur de Mme Le Brun, conclusions qui ont été suivies. La place de président à mortier, vacante par la mort de M. Gilbert de Voisins, n'étoit point remplie; c'est celle-là à laquelle vient d'être nommé M. Bochard de Saron. Par cet arrangement il restoit deux places d'avocats généraux à nommer, et M. Joly de Fleury s'est trouvé le premier des trois. M. de Saron ne sera reçu qu'après Pâques, M. de Séguier de même, à cause qu'il a la petite vérole (1).

Tout Paris veut qu'il soit question de voies de conciliation. Il paroît certain que M. l'archevêque de Paris a eu l'honneur d'écrire au Roi et que le Roi lui a fait réponse. La réponse du Roi à M. le premier président fait juger que S. M. a voulu laisser écouler quelques jours pour voir si les mesures qu'elle a cru devoir prendre pour la paix auront le succès qu'elle en espère.

Mme de Bourbon-Busset mourut hier aux Récollettes; il y avoit longtemps qu'elle traînoit d'un cancer. Elle s'étoit démis l'épaule il y a quelque temps dans son lit; un chirurgien, en la lui remettant, lui cassa le bras, et elle se cassa la cuisse il y a très-peu de jours dans son lit. Elle

---

(1) M. de Saint-Fargeau sera reçu après M. de Séguier pour lui conserver son rang; mais il n'exercera la charge d'avocat général que lorsqu'il aura vingt et un ans accomplis. (*Note du duc de Luynes.*)

laisse M. le marquis de Bourbon-Busset qui a épousé la fille du maréchal de Tonnerre et Mme d'Auroy, veuve sans enfants, belle-mère de M. d'Auroy qui a épousé Mlle de Saint-Germain-Beaupré.

Mme la duchesse de Nivernois et M. le marquis de Villeroy, qui ont la rougeole sont aussi bien qu'il est possible.

Du dimanche 16, Versailles. — On trouvera ci-après ce qui s'est passé hier au Parlement.

Du 15. — Les chambres ont décrété de prise de corps les nommés Ferelli et Dubois, prêtres de Saint-Étienne du Mont, et un autre quidam, prêtre de la même paroisse, pour les refus de sacrements par eux faits au chevalier de Villebouse.

M. Colbert, doyen d'Orléans, et le sieur Caillard, chanoine de la même église, député nommé par son chapitre, seront interrogés lundi matin en exécution des arrêts de la Cour.

J'ai toujours oublié de marquer que le Pape ayant bien voulu accepter la démission de l'Infant de son chapeau de cardinal, S. S. a accordé cette dignité au doyen de l'Église métropolitaine de Tolède, qui a été en même temps nommé à cet archevêché.

M. de Valory, lieutenant-général et ci-devant ministre plénipotentiaire à Berlin, a obtenu le gouvernement de la citadelle de Lille. Ce gouvernement vaut 14,000 livres de rente tous frais faits, sur quoi il y a une pension de 2,000 livres pour Mme de Pezeux; il est devenu vacant par la mort de M. de la Bazèque qui l'avoit eu à la mort de M. le chevalier de Pezeux, et M. le chevalier de Pezeux l'avoit eu après M. de la Badïe. M. le maréchal de Vauban est le premier qui a eu le gouvernement de cette citadelle qu'il avoit fait bâtir; il avoit eu auparavant celle de Douai.

Le Roi a envoyé par M. Dufort, introducteur des ambassadeurs, son portrait enrichi de pierreries à M. Ruvigny de Cosne, secrétaire d'ambassade de milord Albemarle, pour le remettre à Mme la comtesse douairière d'Albemarle; ce présent étoit destiné pour milord Albemarle à la fin de son ambassade.

Mme la princesse de Condé est accouchée aujourd'hui, à quatre heures et demie après midi, d'une princesse; elle étoit en travail depuis trois heures du matin. M. le prince de Condé en est venu rendre compte ce soir au Roi.

L'intendance de la Rochelle vient d'être donnée à M. Baillon, maître des requêtes. M. de Boismont, qui y étoit intendant depuis 1736, passe à celle du Hainaut.

Du lundi 17, *Versailles.* — Mme la comtesse de Lauraguais fut présentée hier par Mme de Forcalquier (Canisy) comme aînée de la maison de Brancas. Il y avoit huit dames assises: Mme de Forcalquier comme ayant un brevet d'honneur, la nouvelle mariée comme ayant un brevet que le Roi a bien voulu accorder à l'occasion du mariage, grâce d'autant plus grande qu'elle a été refusée à M. de Crussol en épousant Mlle d'Antin et tout à l'heure à M. le comte d'Ayen; la troisième titrée étoit la grande Mme de Brancas (Clermont), ensuite sa belle-fille, l'ancienne dame d'honneur de Mme la Dauphine, Mme d'Egmont (Duras), Mme la marquise de Brancas (Gizeux de Grandhomme) comme grande d'Espagne, Mme la marquise de Duras (Bournonville) et Mme la duchesse de Boufflers (Montmorency). Mme la duchesse de Lauraguais n'étoit pas à la présentation; elle est malade à Paris. La mariée a une figure agréable, un très bon maintien; elle est fort accoutumée au monde, ayant toujours été élevée chez M. d'Isenghien, son oncle, qui tient grand état soir et matin.

Du mardi 18, *Versailles.* — On trouvera ci-après les nouvelles du Parlement d'hier.

Du 17. — M. Colbert, doyen d'Orléans, a subi un interrogatoire de sept quarts d'heure devant M. Lamblin (1).

Le député du chapitre se présentera aussi demain pour être inter-

---

(1) Conseiller de grand'chambre, rapporteur de l'affaire d'Orléans.

rogé et après-demain les chambres s'assembleront sur leurs interrogatoires.

Mme de Gourgues est morte; elle étoit Lamoignon, sœur de M. le président de Morveau, de Mme la première présidente et de Mme de Périgny ; elle étoit fille de feu M. de Courbon. M. de Gourgues, son mari, étoit très-riche; sa mère étoit une d'Aunay, héritière de Normandie, sœur de Mme la présidente d'Enneval. Mme de Gourgues laisse un fils et une fille. Il y avoit un M. de Gourgues, évêque de Bazas, qui étoit grand-oncle de son mari, et un vieux M. de Gourgues, doyen des maîtres des requêtes, grand-père de son mari, qui avoit épousé en premières noces une Boucherat; il en avoit eu une fille qui étoit riche et qui avoit épousé M. de Sandricourt. Elle mourut singulièrement, il y a environ un an, à Saint-Germain ; soit qu'elle cherchât la pierre philosophale ou qu'elle fît des remèdes pour les malades, elle étoit dans le goût de la chimie; on la trouva dans un cabinet étouffée par la vapeur d'un fourneau.

Du mercredi 19, à Versailles. — On accuse M. de Plumartin de plusieurs vexations et de plusieurs horribles actions de vengeance, comme d'avoir fait brûler les pieds à un huissier, un autre roulé dans un tonneau. Il a été pris par un détachement du régiment du Roi. Il est au cachot à Poitiers ; il arrivera bientôt à Paris. Il est neveu de M. de Guébriant et a épousé une sœur de M. de Bonac, dont la mère étoit sœur de M. le duc de Biron. Le Roi a ordonné qu'on fît juger M. de Plumartin au parlement de Paris, et on a dressé ce qu'il falloit pour que les chambres le jugeassent (1).

M. le Camus, ancien premier président de la cour des aides, maria hier Mlle sa fille, qui étoit par lettre de cachet à Bonsecours, à un M. le chevalier le Camus, homme

---

(1) L'affaire de M. de Plumartin n'est point encore finie ; il est toujours en prison. (*Addition du duc de Luynes*, datée du 6 février 1756.)

de son nom, parent éloigné, qui n'a rien. Cette branche est établie en Provence. Ils ont bien un millier d'écus de rentes entre eux. Celui-ci est capitaine en pied dans le régiment de Conty-Infanterie et neveu du chevalier de Causans. Le Roi a levé la lettre de cachet hier matin. Le gouvernement du fort de Menouillon en Dauphiné, que M. le cardinal le Camus avoit fait créer pour un de ses frères qui avoit épousé Mlle de Pontevès en Provence, dont est issu M. le Camus, capitaine au régiment de Conty-Infanterie et qui épouse Mlle le Camus, vient d'être donné au nouveau marié sur la démission de son frère aîné; ce gouvernement vaut 1,000 livres de rente. Mme la première présidente le Camus n'a pas voulu consentir à ce mariage; elle a fait tout ce qu'elle a pu, par elle et ses amis, pour l'empêcher. Mme la présidente le Camus est Mlle le Maître, fille de condition dans la robe, qui a eu 60,000 livres de rente. M. le président le Camus donne dès à présent 6,000 livres de rente à sa fille; outre cela il loge et nourrit les nouveaux mariés, même les domestiques et les chevaux. M. le chevalier de Causans a donné des boucles d'oreilles à girandoles de diamant; Mme le Camus n'a point fait d'opposition. Au sortir de l'église, Mme la comtesse de Bligny, dont le mari étoit oncle de M. le Camus, a mené les mariés chez Mme la présidente le Camus, qui demeure à Notre-Dame de Liesse, couvent au-dessus de l'Enfant-Jésus à Paris; elle n'a pas voulu les voir. La nouvelle mariée a demandé permission de ne mettre ni rouge ni mouches, et n'ira pas aux spectacles, sachant que cela déplaît à sa mère.

Voilà ce qu'on me mande du Parlement.

Du 18. — Le sieur Huart, sous-chantre d'Orléans, décrété d'ajournement personnel, a été interrogé ce matin.

Caillard, syndic du chapitre d'Orléans, ne sera interrogé que demain.

On assure que les trois décrétés de prise de corps du chapitre d'Orléans arrivent pour se mettre en état de se faire interroger.

Demain, assemblée des chambres.

Du jeudi 20, *Versailles.* — On trouvera ci-après les nouvelles du Parlement d'hier.

Du 19. — La Cour, en délibérant sur les requêtes de Colbert, doyen d'Orléans, et Huart, sous-chantre, afin d'être déchargés des accusations intentées contre eux à la requête du procureur du Roi, a renvoyé ledit Huart en état d'assigné pour être ouï ; et à l'égard dudit Colbert a ordonné qu'il subira nouvel interrogatoire devant le conseiller rapporteur.

Le syndic du chapitre d'Orléans attend pour se faire interroger que le chapitre ait répondu à une lettre qu'il lui a écrite..

M. le chevalier de Tourville et M. de Rochechouart, tous deux lieutenants de vaisseau, prirent congé il y a deux ou trois jours; ils s'en vont à Brest. Il y a plusieurs régiments destinés à s'embarquer sur les vaisseaux que l'on prépare dans ce port. Il y a 10 vaisseaux entièrement armés, 10 armés en partie, et 19 frégates. M. Dieskau, lieutenant-colonel du régiment de Saxe, commande les troupes de terre et a sous lui M. de Rostaing, qui est dans le régiment du Roi.

J'ai toujours oublié de marquer que M. de Ségur, président au parlement de Bordeaux, a obtenu la charge de prévôt de la ville, prévôté et vicomté de Paris. Cette charge vaquoit par la démission de M. de Montplaisant, président du parlement de Dijon. M. de Ségur fut reçu, le 7 de ce mois, au Parlement en cette charge; il fut ensuite installé au Châtelet par les commissaires de cette compagnie dans les différents siéges de la juridiction. Ce fut M. Molé, président à mortier, et quatre conseillers de la grande chambre qui l'installèrent le même jour au Châtelet. M. de Ségur avoit un fort beau cortége à sa suite. Cette cérémonie ne s'étoit point faite depuis 1723.

Du samedi 22, *Versailles.* — M. le prince de Conty arriva hier ici et fit remettre des lettres au Roi. M. le premier président arriva aussi, toujours comme il fait chez M. le prince de Conty ; il entra entre sept heures et demie et sept heures trois quarts avec le Roi, y resta jusqu'à neuf et retourna après chez M. le prince de Conty.

On trouvera ci-après la réponse du Roi à M. le premier président.

« Je suis de plus en plus mécontent de la conduite de l'archevêque de Paris et de sa dernière réponse. Je viens de lui en donner des marques certaines en l'éloignant des mauvais conseils qu'il a suivis jusques à présent; mais dans l'espérance qu'il rentrera enfin dans le devoir dont il s'est écarté, j'ordonne à mon Parlement de ne point faire contre lui les poursuites auxquelles il s'est exposé. Mes intentions sont toujours les mêmes pour procurer aux lois de mon royaume leur entière exécution, et particulièrement à ma déclaration du 2 septembre dernier. Que mon Parlement entre toujours dans mes vues en faisant exécuter cette déclaration avec autant de modération que de vigilance. »

M. l'archevêque est envoyé à Lagny.

On a réglé aujourd'hui 22, à l'extraordinaire, le procès sur les refus de sacrements de Sainte-Marguerite, et ordonné que les témoins seront récollés dans leurs dépositions, et que les récollements vaudront confrontation contre les accusés.

Le doyen d'Orléans a été interrogé hier; on croit que le curé de Sainte-Marguerite se présentera aussi pour subir l'interrogatoire.

M. l'abbé d'Estrées fut arrêté hier, 21, à Paris, à cause de la préface qu'il a mise à son almanach.

M. de Souvré et M. de Montmorin ont demandé ce matin l'agrément du Roi pour le mariage du fils de M. de Montmorin avec la seconde fille de M. de Souvré et de Mlle Dauvet des Marets, sa seconde femme; c'est une sœur de Mme de Saint-Chamant.

Du dimanche 23. — Mme de Verneuil (d'Harville) est accouchée d'une fille; elle en a déjà deux et n'a point de garçon.

Mme de Joyeuse est accouchée d'un garçon.

Mme de Bezons (Briqueville la Luzerne) est aussi accouchée d'un garçon.

M. l'archevêque partit hier après midi de Conflans.

Il y a environ quinze jours que M. et Mme de Chaulnes ont acheté la terre de la Meilleraye sur les bords de la Seine, diocèse de Rouen. Mme de Chaulnes a de son bien ou de la succession de son frère pour 12 ou 1,500,000 livres de terres en Normandie, qu'elle compte vendre pour payer celle-ci; elle avoit outre cela quelque argent à placer. Elle a voulu avoir une habitation agréable pour en faire usage, en cas que quelque circonstance, comme seroit celle de la guerre, l'empêchât d'habiter Chaulnes. La Meilleraye vaut 15 à 16,000 livres; il y a un château fort habitable, de beaux jardins, et fort proche une forêt qui à la vérité est au Roi, mais qui donne de l'agrément pour la chasse. Cette forêt s'appelle la forêt de Brotonne. Outre la paroisse de la Meilleraye, il y en a encore trois autres qui en dépendent. Cette terre appartenoit à MM. d'Harcourt; après la mort du dernier maréchal, la succession l'a vendue à M. d'Houdetot environ 650,000 livres; M. de Chaulnes l'achète au moins 900,000 livres, mais dans cette acquisition est comprise une petite terre d'environ 1,000 écus de rentes que M. d'Houdetot avoit achetée depuis la Meilleraye. MM. d'Houdetot sont de noblesse de Normandie. Celui-ci, qui a épousé la fille de M. de la Live, fermier général, est fils de feu M. d'Houdetot, lieutenant général et de Mlle Carrel. Ce M. d'Houdetot, lieutenant général, étoit frère aîné du premier mari de Mme de Saint-Séverin, père de Mme de Chazeron.

Du lundi 24. — Il paroît sûr qu'on a fait demander à M. l'archevêque dans quel endroit de son diocèse il aimoit mieux être transféré; que M. l'archevêque a répondu que les affaires qu'on lui a suscitées l'ayant empêché de faire des visites, il ne connoissoit nul endroit de son diocèse et que tous lui étoient égaux. C'est M. de Lostanges, son neveu, qui lui a porté la lettre de cachet. M. l'archevêque est parti de Conflans pour Lagny à six heures du soir, en chaise, avec un valet de chambre et un laquais; M. de Lostanges, qui étoit allé devant, y est encore. Il n'y a pas défense d'aller voir M. l'archevêque, et M. l'archevêque n'a pas défense de voir du monde.

Mme Rouillé d'Orfeuille est morte; elle étoit Mlle Caze; elle étoit sœur de Mme de Cauvisson, de Mme d'Oppède et belle-sœur de Mme de la Bauve, fille de M. Boulogne; elle étoit aussi belle-sœur de Mme Caze. Il y avoit longtemps qu'elle traînoit de la même maladie que Mme la duchesse de Gramont douairière. Elle avoit épousé un M. Rouillé, fort proche parent du ministre. Il étoit maître des requêtes. Il mourut fort jeune de la petite vérole et a laissé deux garçons dont l'un maître des requêtes, et l'autre officier aux gardes.

Mme des Marets, la grande fauconnière, vient de mourir à soixante-treize ou quatorze ans. Il y avoit quarante ans qu'elle se mouroit; elle étoit fort riche; elle étoit fille du président Robert, de la chambre des comptes. Mme des Marets étoit sœur de Mme de Livry, mère de M. de Livry. Elle avoit eu trois enfants, l'un M. des Marets, grand fauconnier qui avoit épousé Mlle de Lamoignon, à présent Mme des Tournelles; il est mort sans enfants. Le second étoit Mme de la Chesnelaye, morte sans enfants, et le troisième, Mme de Souvré, qui a laissé quatre filles dont une est religieuse, deux autres mariées dont l'une à M. de Saint-Chamant, l'autre à M. de Sailly, et une autre qui va épouser M. de Saint-Hérem, fils du gouverneur de Fontainebleau. Mme des Marets laisse une fort belle maison dans la rue Neuve-Saint-Augustin, entre l'hôtel de Gramont et M. de Betz. Elle doit laisser beaucoup d'argent, car elle jouissoit d'un gros revenu, n'avoit point de carrosse et ne dépensoit rien.

M. de Lucé, intendant de Strasbourg, est ici; il a conté aujourd'hui à Mme de Luynes l'histoire de l'automate que nous avons vu ici. L'homme qui le montre a été à Bordeaux. M. de Tourny, qui en est intendant, a fait mettre deux sentinelles pour garder la figure. L'homme a pris le parti d'avouer son secret à M. de Tourny et l'a seulement prié de n'en rien dire ; M. de Tourny le lui a promis, excepté pour le Roi. On croyoit que le Roi l'avoit su pendant que cette figure étoit ici ; il ne l'a appris que par la lettre de M. de Tourny. Le Roi n'en a rien dit. Le même homme étant allé à Strasbourg, M. de Lucé lui a dit qu'il vouloit examiner cette machine dans le plus grand détail ; l'homme lui a offert de la faire porter chez lui et de l'y laisser trois semaines s'il vouloit lui donner 75 louis ; M. de Lucé a répondu qu'il lui en donneroit 25 s'il vouloit seulement la lui laisser huit jours ; l'homme y a consenti. L'automate a été porté chez M. de Lucé, qui a fait sceller les portes et fenêtres de la chambre où on l'a placé, et outre cela le tonneau. De ce moment l'homme n'a pu garder son secret. Il a dit à M. de Lucé qu'il y avoit un jeune homme dans le tonneau, que s'il n'y avoit eu que les portes et fenêtres scellées, il n'auroit rien dit, qu'il auroit donné à manger au jeune homme pour le temps convenu et une vessie de cochon pour mettre ce qui sortiroit de son corps, mais que le tonneau scellé lui avoit paru sans remède. On a été dans la chambre et on a trouvé un jeune homme de quinze ou seize ans qui dormoit sur un lit de repos, ayant mis le matelas sur lui à cause du grand froid.

M. de Chalabre, exempt des gardes du corps, gros joueur et beau joueur, avoit eu l'honneur de jouer plusieurs fois au lansquenet avec le Roi, mais non pas au tri ; il y a joué dans ce dernier voyage de Choisy dont le Roi est arrivé ce matin.

M. le duc de Montmorency étant tombé malade de la rougeole à Choisy, cet événement n'a rien dérangé au voyage de S. M., qui a même permis que M. de Montmorency restât dans la chambre qu'il occupoit au château.

Mme de Nivernois vient d'avoir la rougeole, ainsi que M. le marquis de Villeroy. Ils sont guéris. Mme de Gisors l'a actuellement, et Mme la maréchale de Belle-Isle est malade de la même maladie depuis avant-hier.

M. d'Henrichemont a la rougeole boutonnée. Sa femme (Châtillon) est enfermée avec lui.

Mme de Perseval, femme d'un homme d'affaires, riche, jeune et jolie, est morte ce matin.

M. Dufort, introducteur des ambassadeurs, épouse Mlle le Gendre qui est très-jolie et riche ; elle est petite-fille de M. le Gendre qui avoit été intendant de Montauban. Mlle le Gendre est héritière de M. d'Ons en Bray en partie et parente de M. Boulogne.

Mme des Marets laisse honnêtement au peu de domestiques qu'elle a ; et le reste de son bien qui est considérable est partagé également entre les enfants de M. de Souvré ; M. de Saint-Hérem fait une meilleure affaire qu'il ne croyoit ; car Mlle de Souvré, au lieu de 8,000 livres de rente, va entrer en jouissance de 30,000 livres.

M. de la Chesnelaye, qui sait aussi bien compter que qui que ce soit, dit que la succession de Mme des Marets ne donnera qu'environ 15 à 16,000 livres de rente d'augmentation à chacune de Mlles de Souvré ; elles en avoient 8,000 ; ce seroit 23 ou 24,000 en tout.

Mme des Marets a laissé 40,000 livres de rente en fonds, une maison qui vaut plus de 300,000 livres, 50,000 livres de mobilier ; elle ne laisse pas un sol de dettes ; elle laisse 18,000 livres en legs pieux, 1,200 livres en rentes viagères dont 600 livres à son maître d'hôtel, mort deux ou trois heures avant elle, à Mme de Livry la jouissance d'une maison qui leur appartenoit en commun, à condition qu'elle payera 3,000 livres de loyer comme elle le payoit ci-devant.

Du mardi 25, Versailles. — Mme de Luynes a présenté ce matin à la Reine M. le comte de Weid d'Issembourg, Runkel et de Créhange (il porte tous ces noms) et

M. le baron de Koppel; ils sont tous deux au service de France. Elle a présenté aussi à la Reine M. de Coëtlogon, qui va commander en Bretagne, et M. du Barail, maréchal de camp, qui a succédé à feu M. de la Tour dans le commandement de Dunkerque. Ce n'est point le même nom que celui du vice-amiral. Le vice-amiral se nomme de Barail, et celui qui commande à Dunkerque est du Barail. Elle a présenté aussi M. Rozen, qui est capitaine de cavalerie dans le régiment de Wirtemberg. M. Rozen a son père sénateur suédois, et qui a servi sous Charles XII, roi de Suède. M. Rozen et les autres présentés sont tous au service de France.

M. le prince de Nassau-Sarrebrück a eu aujourd'hui audience. C'étoit une audience particulière dans le cabinet. Il faut remarquer qu'il n'y a que les princes souverains ou les fils aînés des souverains qui ont des audiences particulières dans le cabinet. M. de Nassau n'est cependant que cadet; mais il l'avoit eu du temps de M. de Saint-Contest.

Du mercredi 26. — Voilà les nouvelles de ce qui s'est passé hier au Parlement.

Du 25. — M. l'abbé Colbert, doyen d'Orléans, s'est présenté pour subir un second interrogatoire, mais il n'a pas voulu s'expliquer plus clairement que la première fois sur la reconnoissance de la compétence du Parlement.

Du vendredi 27. — On trouvera ci-après les nouvelles du Parlement d'hier.

Du 26. — Les chambres assemblées en délibérant sur l'interrogatoire du jour d'hier subi par le sieur Colbert, doyen d'Orléans, ensemble sur un acte par lui mis ce matin au greffe du Parlement contenant rétractation et désaveu par lui de ce qu'il a dit dans son dit interrogatoire de contraire à la soumission due aux arrêts de la Cour et reconnoissance par lui de la soumission aux dits arrêts, notamment à ceux rendus sur les refus de sacrements, la Cour a ordonné que ledit Colbert subira un troisième interrogatoire par-devant maître Lamblin, conseiller rapporteur.

Il y avoit des conclusions du parquet tendantes à décret de prise de corps contre M. Colbert sur son interrogatoire.

La Cour a ordonné que les récollements des témoins entendus contre les trois chanoines d'Orléans décrétés de prise de corps vaudront confrontation.

La Cour a permis au receveur des domaines de Paris de faire vendre les meubles de Brunet, Meuriset et Anselme, tous trois bannis à perpétuité, pour les deniers en provenant être déposés entre les mains dudit receveur, jusqu'après les cinq ans de la coutume expirés.

La Cour a déclaré qu'il y a abus dans l'interdit signifié à Cerveau, ancien habitué de Saint-Étienne du Mont à la requête du promoteur du diocèse de Paris ; fait défense audit promoteur de faire faire pareilles significations.

Il sera question incessamment de revendiquer les affaires de l'hôpital.

On voit, par tout ce qui est marqué ci-dessus, que le Parlement s'occupe principalement à établir la compétence de la juridiction séculière par rapport aux refus de sacrements. Il paroît aussi que cet article, beaucoup plus essentiel que celui des billets de confession, va occuper le Clergé. Il y a actuellement une lettre de l'assemblée provinciale d'Auch au Roi qui est très-forte. Elle a déjà été dénoncée au procureur général.

Hier 26, MM. les cardinaux de Soubise et de la Rochefoucauld eurent une audience du Roi qui dura une demi-heure ; ils devoient dîner à Versailles, mais ils parurent fort pressés de partir pour Paris.

J'ai marqué la dernière réponse du Roi. On ne peut pas comprendre qu'il y ait eu dans l'assemblée des chambres, à la réception de cette réponse, un très-grand nombre de voix pour ne la pas enregistrer sur-le-champ. Cependant ce fait est vrai ; on me mande même 40 voix contre l'enregistrement. Je ne crois pas qu'il y en ait eu autant.

M. de Bellegarde, envoyé du roi de Pologne, électeur de Saxe, mourut hier à Paris d'une fièvre violente. Il avoit une bonne santé et avoit été pendant huit heures à la chasse ; il avoit beaucoup soupé ; il étoit très-grand mangeur; il n'avoit que cinquante-quatre ans. Il a trois frères. Ils sont de Piémont. Leur frère aîné avoit eu quelque mécontentement et avoit passé au service de Saxe. Il a été fait gouverneur des enfants du roi de Pologne, électeur de Saxe. Il a engagé celui qui vient de mourir, qui étoit le cadet des quatre frères, à passer à ce même service. M. d'Entremont de Bellegarde (Entremont est leur nom) laisse une veuve et deux enfants sans bien; la veuve, qui es tactuellement à Chambéry, est bâtarde du roi Auguste, sœur cadette du feu maréchal de Saxe, à qui elle ressemble beaucoup. On dit que c'est une femme de beaucoup de mérite et qui a une grande considération.

M. l'archevêque, en arrivant à Lagny vers les huit heures, alla loger chez un curé et prit son lit. Ce curé, qui n'a qu'un lit, alla coucher en ville. Tous ceux qui ont des maisons commodes à Lagny s'y sont rendus exprès pour les offrir à M. l'archevêque. M. l'archevêque a reçu une grande députation du chapitre. Sa maison n'étant point encore arrivée, il a pris à l'auberge ce qu'il falloit pour donner à dîner à la députation. Ils étoient 22 à table. M. l'archevêque a dit aux curés qu'il donneroit 50 livres par semaine pour les pauvres à chacune des deux paroisses.

M. l'archevêque a accepté la maison d'un nommé Ausonne, avocat au conseil.

M. l'archevêque donnoit environ 80 ou 90,000 livres tous les ans aux pauvres de son diocèse; il compte employer une partie de cette somme pour secourir les prêtres de son diocèse qui seront poursuivis par le Parlement. Il donne 50 louis par an à chacun des trois prêtres qui sont exilés.

Du vendredi 28, *Versailles.* — On a appris aujourd'hui que Mme d'Hautefeuille est morte dans ses terres des suites d'une couche. Elle étoit jeune et jolie. Elle étoit accouchée d'un enfant mort; c'étoit son premier enfant.

Il paroît qu'il y a quelque espérance de conciliation

sur les affaires du temps. Le plus grand embarras est la compétence que le Parlement veut s'attribuer et aux juges séculiers sur les matières ecclésiastiques, et en particulier sur les refus de sacrements; compétence qu'il a eu grand soin de faire reconnoître par le doyen du chapitre d'Orléans comme on verra par le détail des nouvelles ci-dessus. Mais comme l'affaire du moment qui sert vraisemblablement de prétextes aux entreprises de la justice séculière et les billets de confession, il s'agit de voir s'il n'y a point quelque tempérament à prendre sur cette règle observée dans le diocèse de Paris, ainsi que dans celui de Marseille, et vraisemblablement dans quelques autres. Le Roi prend infiniment à cœur cette affaire; il a écrit à Conflans et à Lagny sur cela à M. l'archevêque; la dernière lettre de S. M. est remplie d'expressions les plus pressantes et les plus propres à faire sentir combien il désire de voir la paix se rétablir. C'est de la réponse à cette lettre que le Roi a paru très-mécontent. Il en a parlé à M. de Séchelles, qui lui a répondu avec la vérité et l'attachement pour la bonne doctrine que l'on connoît à ce ministre; le Roi en a paru frappé. Il donna avant-hier une audience d'une demi-heure à MM. les cardinaux de Soubise et de la Rochefoucauld. Celui-ci, qui part pour son diocèse de Bourges, étoit venu pour prendre congé; il les chargea d'aller sur-le-champ à Lagny parler à M. l'archevêque. Tout ce que l'on sait jusqu'à présent, c'est qu'ils ont rendu compte à S. M. de cette conférence avec M. l'archevêque, et que les agents du Clergé ont eu ordre d'assembler les évêques qui sont à Paris et qui se trouvent au nombre de 22 ou 23 pour concerter avec eux les moyens que l'on peut prendre pour parvenir à la paix, au moins en attendant l'assemblée du Clergé. On avoit proposé d'attendre le moment de cette assemblée, mais le Roi a trouvé que ce moment seroit trop éloigné.

MARS.

Morts. — Abbayes vacantes. — Comment le Roi nomme à l'abbaye des Sept-Fontaines. — Abbaye destinée à être unie à la chapelle de l'École Militaire. — Mort du duc de Saint-Simon. — Conférence de divers prélats à Lagny. — Mort de Mme de Roissy. — Assemblée de 27 évêques au sujet des billets de confession. — Testament du duc de Saint-Simon. — Nouvelles du Parlement. — Lettre de l'évêque de Marseille au président Hénault. — Mémoire de l'évêque de Marseille au chancelier. — Lettre de l'évêque de Marseille à l'évêque de ***. — Lettre de l'archevêque d'Auch et de ses suffragants au Roi. — Réquisitoire de M. d'Ormesson contre la lettre de l'archevêque d'Auch et arrêt du Parlement. — Mort de la maréchale de Belle-Isle ; son caractère. — Lettres de la Reine à la duchesse de Luynes. — Nouvelles du Parlement. — Présentations. — Affaires du Parlement de Paris. — Le parlement d'Aix et l'évêque de Marseille. — Mariages. — L'archevêque de Paris revient à Conflans. — Nouvelles du Parlement. — Affaire de l'évêque de Marseille. — Nouvelles du Parlement. — Audience du Roi aux cardinaux de Soubise et de la Rochefoucauld. — Travail du Roi avec le prince de Conty. — Nouvelles du Parlement. — Affaire du curé de Saint-Vrin. — Affaire de Saint-Médard. — Arrêt du Parlement sur la bulle *Unigenitus*. — Réception de cinq ducs au Parlement. — Procès plaidé devant les pairs. — Affaire du procureur du Roi du bailliage de Troyes. — Les curés de Paris cités devant le Parlement. — Assemblée de Lagny. — La princesse de Carignan. — Détails sur l'assignation des curés de Paris. — Mort de la duchesse de Ruffec. — Affaires du Parlement. — Élection de M. de Châteaubrun à l'Académie. — Audience du Roi au premier président. Discours du premier président et réponse du Roi. — La Reine et le Dauphin font leurs dévotions. — Affaires d'Amérique. — Résolution du gouvernement. — Nouvelles du Parlement. — Lettre du cardinal d'Alsace sur les affaires religieuses de France. — Nouvelles de l'Inde. — Morts. — Cène du Roi et de la Reine.

Du samedi 1er, Versailles. — On a eu nouvelles ces jours-ci de la mort du cardinal Coscia (1) ; c'est le neuvième chapeau vacant ; mais le Pape n'en compte que huit pour les Couronnes, parce qu'il s'en étoit réservé deux à remplir dans sa dernière promotion, desquels un a été donné à M. Spinelli, archevêque de Naples.

Mme de Fimarcon est morte ; elle étoit Mlle Haillet, fille que l'on avoit crue fort riche ; elle n'a point d'enfants. Son

---

(1) Il est mort à Naples, le 7 février, âgé de soixante-treize ans. Il avoit été fait cardinal en 1725. Il étoit le sous-doyen des cardinaux prêtres, et le quatrième qui restoit de la création de Benoît XIII. (*Note du duc de Luynes.*)

frère étoit maître des requêtes ; il a mal fait ses affaires, et a été obligé de vendre sa charge ; il est allé aux îles. Ce sont des gens de Rouen.

Du dimanche 2. — M. l'évêque de Mirepoix, qui a été considérablement malade, doit travailler aujourd'hui avec le Roi. Il y a peu de bénéfices vacants. Le Roi n'a à nommer présentement qu'à l'abbaye de Liessy, diocèse de Cambray, et à celle de Saint-Jean de Laon qu'avoit feu M. l'évêque d'Auxerre (Caylus) et à un petit prieuré de peu de valeur. Il y a aussi l'abbaye des Sept-Fontaines en Bourgogne (même règle que La Trappe) ; elle est vacante et le Roi y nomme ; mais l'usage est que M. de Mirepoix s'en fait envoyer dans une cassette toutes les voix par écrit ; il les porte au Roi, qui prend la peine de les lire, et qui y voit souvent le détail en abrégé des raisons de chaque votant, et nomme sur la pluralité des suffrages.

Des deux abbayes de Liessy et de Saint-Jean, le Roi destine celle-ci à être unie à perpétuité à la chapelle de l'École militaire pour l'entretien des prêtres qui la desserviront ; elle n'est mise que pour 11,000 livres dans l'*Almanach ;* elle en valoit 13 à feu M. d'Auxerre et depuis qu'elle est aux OEconomats, M. du Muy l'a fait monter à 21 ou 22,000 livres. Outre cela il faut bâtir cette chapelle ; pour les frais de ce bâtiment, le Roi désire qu'il soit pris par an 20,000 livres, et ce pendant vingt ans, sur l'abbaye de Liessy qui en vaut 80 et qui sera donnée à un régulier.

MM. les cardinaux ont eu une audience du Roi ce matin, après la messe ; elle a duré environ un quart d'heure.

M. le prince de Conty a vu aussi le Roi deux ou trois fois.

M. le duc de Saint-Simon est mort aujourd'hui à sept heures du matin ; il avoit quatre-vingts ans du 15 janvier (1).

---

(1) « Je suis né la nuit du 15 au 16 janvier 1675, de Claude, duc de Saint-

MM. les cardinaux allèrent hier à Lagny avec M. l'archevêque de Cambray et M. l'évêque de Bayeux; tout a été de même avis sur les billets de confession.

Mme de Roissy mourut hier; elle étoit fort jeune et fort jolie; elle étoit fille de Mme de Villette et sœur de Mme de Prie, et petite-fille de Mme de Launay. M. de Roissy, son mari, est fils de M. de Roissy, receveur général, qui est mort il y a deux ans et demi, et d'une nièce de M. Paris du Vernay, morte il y a dix ans.

Du lundi 3. — La résolution prise avant-hier dans l'assemblée des 27 évêques a été de suspendre la nécessité des billets de confession jusqu'à l'assemblée prochaine du Clergé; il n'y a eu que trois voix différentes de cet avis. On a agité quelques autres questions sur les affaires présentes; mais comme il ne s'agissoit que de celle-là dans le moment, la délibération a été formée sur cet article et à la très-grande pluralité. On verra que dans ce

---

Simon, pair de France, et de sa seconde femme Charlotte de l'Aubépine. » C'est ainsi que Saint-Simon commence ses *Mémoires*. Il aurait pu ajouter que deux ans plus tard, le 29 juin 1677, il fut nommé Louis par le Roi et la Reine, qui le tinrent sur les fonts de baptême, au château de Versailles; mais Saint-Simon a sans doute eu honte de s'avouer, dès le début de son livre, le filleul de celui qu'il allait déchirer avec tant d'acharnement. Voici l'acte de baptême de Saint-Simon, tel qu'il existe sur les registres de la paroisse de Notre-Dame de Versailles :

Louis de St Simon filz de hault et puissant seig^r messire Claude, duc de St Simon, pair de France, cheuallier des ordres du Roy, gouuerneur des ville, ch^au et comté de Blaye, et de Dame Charlotte de Laubespine sa femme, né le seiziesme januier mil six cens soix^te et quinze ayant esté baptisé à la maison ce susd. jour et an que dessus, par permission de Monseig^r l'archeuesque de Paris, par Messieurs de St Sulpice, suiuant le certificat de monsieur le curé de lad. parro^e du huictiesme juin 1677; les ceremonies du Baptesme luy ont esté supplées ce jourdhuy vingt et neuf^e du p^nt mois de juin 1677 par monseig^r l'Eminentissime cardinal de Bouillon, grand aumosnier de France dans la chappelle du ch^au de Versailles, le parrain et marraine ont esté Leurs Majestez, qui ont bien voulu signer. Le tout fait en presence de moy soubsé sup^r de la cong^on de la maison de Versailles et curé dud. lieu.

  Louis   N. Thibault   Le duc de St Simon
  Marie Terese   Charlotte de Laubespine.

nombre de 27 ne sont point compris M. l'archevêque de Paris, M. l'ancien évêque de Mirepoix, M. l'évêque d'Agen qui est à Paris, mais qui ne put pas se trouver à l'assemblée, et M. l'évêque de Laon qui n'est venu à Paris que le jour de l'assemblée (1).

On trouvera ci-après les noms des 27 évêques assemblés : M. l'évêque de Blois (de Termont), M. l'évêque d'Autun (de Montazet), M. l'archevêque de Rouen (de Saulx-Tavannes), M. l'évêque de Bayeux (de Rochechouart), M. l'évêque d'Avranches (de Missy), M. l'évêque d'Évreux (Dillon), M. l'évêque de Séez (Neel de Cristot), M. l'archevêque de Rheims (Rohan), M. l'évêque de Soissons (Fitz-James), M. l'évêque de Senlis (Roquelaure), M. l'évêque de Beauvais (Gesvres), M. l'évêque de Rennes (Vauréal), M. l'archevêque de Bourges (La Rochefoucauld), M. l'évêque de Cahors (du Guesclin), M. l'évêque de Bazas (Saint-Sauveur), M. l'évêque de Lescar (Hardouin de Chaslon de Maisonnoble), M. l'évêque de Gap (de Pérouse), M. l'évêque de Digne (Jarente de la Bruyère), M. l'évêque de Die (des Augiers), M. l'archevêque de Cambray (Saint-Albin), M. l'évêque d'Arras (Bonneguise), M. l'évêque de Saint-Omer (Montlouet), M. l'évêque de Metz (Saint-Simon), M. l'ancien évêque de Quebec (Dosquet), M. l'archevêque de Besançon (Choiseul-Beaupré) non sacré, M. l'évêque de Strasbourg (Rohan-Soubise), M. l'évêque de Vence (de Grasse) non sacré.

Hier dimanche, le Roi travailla avec M. de Mirepoix, deux ou trois fois avec M. le prince de Conty, tint conseil d'État, travailla avec M. de Séchelles et outre cela avec M. le garde des sceaux.

M. le duc de Saint-Simon fait M. de Fresne-Daguesseau

---

(1) Il est fort ami de M. et de Mme la maréchale de Belle-Isle. Il y est venu à l'occasion de l'état de Mme la maréchale de Belle-Isle, état qui devient tous les jours plus triste, l'humeur de la rougeole s'étant jetée sur la poitrine et les médecins voyant peu de ressource. (*Note du duc de Luynes.*)

son exécuteur testamentaire, et lui laisse un beau tableau. Il ordonne qu'on ne l'enterre que trente heures après sa mort, qu'on lui ouvre la tête pour voir d'où procédoit l'enchifrènement dont il a été tourmenté et que l'on porte son corps à la Ferté-au-Vidame, auprès de celui de Mme de Saint-Simon, sa femme, dont il fait un grand éloge et fort long. Il ordonne encore que l'on attache les deux cercueils ensemble avec des barres de fer. Il laisse tous ses manuscrits à M. l'évêque de Metz qu'il n'a pas cependant voulu voir pendant sa dernière maladie. Il fait des legs à ses domestiques (1).

Du mardi 4. — On trouvera ci-après une lettre de M. l'évêque de Marseille (2) à M. le président Hénault, avec un mémoire manuscrit qui y étoit joint. Le mémoire manuscrit est à l'occasion d'un jugement du bailliage de Marseille qui a supprimé la dernière lettre de M. l'évêque de Marseille à un de ses confrères (3).

Voilà les nouvelles du Parlement de Paris.

3 mars. — Les chambres assemblées, la Cour a ordonné qu'à la requête du procureur général du Roi sommation sera faite au curé de Saint-Médard de faire pour les défunts curés de ladite paroisse les services requis par les marguilliers et mentionnés dans les précédentes sommations à lui faites par les marguilliers.

Il a été ordonné, conformément aux conclusions du procureur général du Roi, que la lettre imprimée sous le nom de *Lettre du clergé*

---

(1) Le testament du duc de Saint-Simon a été publié pour la première fois par M. Chéruel dans son édition des *Mémoires de Saint-Simon.*

(2) Henri-Xavier de Belzunce de Castelmoron, nommé évêque de Marseille en 1709, et qui se rendit si célèbre, pendant la peste de Marseille, par son dévouement et sa charité.

(3) Ces trois pièces se trouveront un peu plus loin. Quoique imprimées en partie, nous avons cru devoir les publier, en ce sens qu'elles font partie intégrante de ces analyses si précieuses des débats du Parlement que contient le journal du duc de Luynes. Barbier, janséniste comme l'était tout Paris, et le duc de Luynes, entièrement opposé aux idées du jansénisme, nous donnent dans leurs journaux les matériaux les plus utiles pour l'histoire de ces importantes querelles où se discutait une grave question que l'on allait décider quelques années plus tard, l'établissement d'une société purement civile.

d'*Auch* (1) seroit brûlée par la main du bourreau comme contenant des imputations calomnieuses et des principes séditieux, contraires aux dispositions des canons reçus dans le royaume et à l'autorité du Roi et de ses cours.

L'abbé Colbert, doyen d'Orléans, a été renvoyé en état d'assigné pour être ouï.

L'assemblée remise à vendredi.

LETTRE DE M. L'ÉVÊQUE DE MARSEILLE A M. LE PRÉSIDENT HÉNAULT.

Le Parlement, Monsieur, n'a rien voulu faire contre ma lettre au sujet des faussetés débitées contre moi dans *les Nouvelles Ecclésiastiques*; mais le siége (2) de Marseille n'a pas cru devoir imiter sa modération. Il vient de supprimer cette lettre et, la supprimant, de me représenter à Marseille comme un perturbateur du repos public, qualification qui me devient honorable par l'indignation qu'elle y a causée. Aidez-moi, Monsieur, et vous le pouvez, à repousser l'envie. On me flatte qu'une réponse honnête de la part de M. le chancelier pourra donner lieu de la maintenir en quelque sorte, mais j'espère tout de vos bontés. Le mémoire que je joins à cette lettre mérite un peu votre attention. Je vous la demande avec instance, et la justice d'être convaincu du respect infini avec lequel j'ai l'honneur d'être, Monsieur, etc.

HENRY, évêque de Marseille.

A Marseille, le 25 février 1755.

MÉMOIRE DE M. L'ÉVÊQUE DE MARSEILLE A M. LE CHANCELIER.

L'évêque de Marseille, attaqué dans sa foi, dans sa conduite, dans son ministère, dans sa manière même de raisonner, par *les Nouvelles Ecclésiastiques* du 31 décembre 1754, et averti par ses diocésains et par une foule de lettres venues de Paris, de Toulouse et de plusieurs autres endroits du royaume des fâcheuses impressions que causoit la calomnie et de l'abus que l'on faisoit de son silence, ne pouvoit se dispenser d'en démontrer la fausseté, sans manquer à ce qu'il doit à la religion, à son ministère, à son peuple, et à lui-même. Sa réponse,

---

(1) Cette lettre ne devoit point être imprimée ; c'étoit si peu le projet de la rendre publique qu'on n'en a point envoyé aux évêques. On ne doute point que ce ne soit quelques membres du Parlement qui l'ont fait imprimer. (*Note du duc de Luynes.*) On la trouvera un peu plus loin.

(2) Le siége de la sénéchaussée.

renfermée dans les bornes précises d'une juste défense a été applaudie; des personnes mêmes les plus prévenues, et le parlement d'Aix, qu'on ne peut pas soupçonner d'être trop favorable aux évêques, n'a pas cru devoir faire contre elle la moindre démarche.

Cependant le sieur Serein, avocat du Roi, noté presque dès l'enfance pour ses mauvais sentiments, la déféra le 21 février, de concert avec le sieur Demende, procureur du Roi au tribunal du siége de Marseille, qui depuis l'absence de M. de Saint-Michel tombe de jour en jour dans un plus grand avilissement.

Ce tribunal n'étoit composé ce jour-là que de trois juges, savoir le sieur Catelin, qui a été enfermé longtemps par ordre du Roi, dans un des forts de Salins, et qu'on n'a vu ensuite qu'avec une surprise extrême revêtu de la charge de lieutenant particulier civil et des soumissions dans cette ville; le sieur Duroure, contre lequel presque tous les officiers du siége portèrent autrefois de très-grièves plaintes au prédécesseur de M. le chancelier; et le sieur Taurelle, dont tout le monde connoît ici la capacité.

Ces trois juges rendirent une sentence qui supprimoit la lettre de l'évêque, avec permission au procureur du Roi de faire informer contre l'auteur comme perturbateur du repos public.

C'est contre cette sentence que l'évêque de Marseille réclame et implore la protection et la justice de Mgr le chancelier; elle mérite l'indignation et l'animadversion de ce chef illustre de la justice par plusieurs endroits :

1° C'est une nouveauté sans exemple dans cette ville, où il est inouï que depuis son établissement le siége de Marseille ait jamais pris connoissance des écrits d'aucun évêque, et ne l'ait pas laissé au Parlement.

2° Cette nouveauté seroit d'une très-dangereuse conséquence, si elle étoit soufferte; des juges de l'espèce de ceux qui ont prononcé la sentence dont il s'agit se croiroient en toute occasion en droit d'examiner et de censurer les écrits, les instructions pastorales et même les statuts synodaux de leurs évêques, Mgr le chancelier souffriroit-il que la dignité épiscopale fût soumise à un pareil avilissement?

3° Cette sentence est un attentat contre la déclaration du Roi qui y est citée et contre le Parlement même auquel seul, et non à des juges inférieurs, cette déclaration enjoint de faire observer le silence. C'étoit donc au Parlement seul et non au siége de Marseille à examiner si la lettre de l'évêque de Marseille étoit contraire ou non à la déclaration.

4° C'est par rapport à la circonstance qu'elle relève de l'omission du nom de l'imprimeur une entreprise contre les droits du lieutenant général de police, auquel et non au siége de la sénéchaussée il appartient d'en connoître en première instance.

5° On y voit une dissimulation indigne de la droiture et de la sincérité qui doivent régner dans les tribunaux; on affecte, dans la sentence et dans le réquisitoire, de regarder la lettre signée et avouée de l'évêque de Marseille comme un ouvrage supposé par un perturbateur du repos public.

6° Mais ce n'est que pour attribuer plus impunément à cet évêque, qui depuis plus de quarante-quatre ans gouverne son diocèse dans une profonde paix, l'odieuse qualification de perturbateur du repos public, qualification qui a causé une indignation générale dans cette ville.

7° Depuis que cette sentence a été mise sous la presse et que l'évêque de Marseille s'est cru obligé de notifier au sieur Catelin, lieutenant général, et au sieur Demende, procureur du Roi, qu'il étoit l'auteur de la lettre, on a déjà fait un retranchement considérable dans la sentence, comme on est en état de le prouver par le témoignage de ceux qui l'ont vue chez l'imprimeur avant et après le retranchement. C'est une liberté qu'on accuse ces magistrats de se donner souvent pour rectifier les jugements qu'ils ont prononcés; mais ce retranchement et ceux que leurs réflexions ou celles de leurs conseils pourront leur faire faire ne peuvent pas empêcher que la sentence ne soit une entreprise qu'il est très-important de réprimer.

8° On y remarque une partialité indigne d'un tribunal de justice et qui suffiroit seule pour faire casser et flétrir la sentence; on y épargne l'écrit calomnieux contre lequel l'évêque de Marseille a été obligé de se justifier, quoique cet écrit soit injurieux non-seulement à cet évêque, mais encore au pape, à plusieurs prélats illustres de ce royaume, au premier président du Parlement d'Aix et au parlement lui-même, et à la réfutation de la calomnie qui est supprimée comme l'ouvrage d'un perturbateur du repos public.

Toutes ces raisons engageront M. le chancelier, qui s'est toujours servi de son autorité pour protéger la religion et maintenir le bon ordre dans le royaume, à réprimer l'entreprise des trois juges auteurs de la sentence et à faire contenir les juges subalternes dans les bornes de leur devoir.

LETTRE DE M. L'ÉVÊQUE DE MARSEILLE A M. L'ÉVÊQUE DE ***

Au sujet des *Nouvelles Ecclésiastiques* du 31 décembre 1754.

Vos bontés pour moi, Monseigneur, vous font désirer quelques éclaircissements sur ce qui regarde Marseille dans la suite des *Nouvelles Ecclésiastiques* du 31 décembre 1754, article d'Aix en Provence. Je ne vous en dirai rien qui ne vous confirme dans le jugement que vous me faites l'honneur de me mander que vous en avez déjà porté vous-même. C'est réellement un amas monstrueux de calomnies et de noirceurs.

Plus hardi et plus faux que ne l'avoit encore paru l'auteur de ces sortes de nouvelles, il se surpasse ici lui-même et attaque indifféremment tout ce qui ne favorise pas à son gré son fanatisme. Vous avez sans doute remarqué, Monseigneur, qu'il n'épargne ni le Parlement de Provence, ni le chef de sa respectable compagnie et qu'il ne craint pas de leur donner des leçons.

Tout ce qui m'intéresse personnellement dans ces nouvelles et qui excite principalement votre curiosité, est non-seulement faux et calomnieux, mais si mal inventé qu'il se détruit ici de lui-même. Il l'a aussi bien moins écrit pour Marseille, où mes sentiments sont connus, où l'on est témoin de ma conduite, où l'on m'entendit dernièrement encore le jour des Rois dans l'église des Acoules, exhorter le Clergé et le peuple à être fermes et inébranlables dans la foi de l'Église, que pour les endroits éloignés de Marseille, où l'écrivain a espéré que l'on y ajouteroit foi.

La tranquillité et la paix qui par la miséricorde de Dieu règnent encore dans mon diocèse, l'affligent et excitent son faux zèle. Pour s'en venger en quelque manière et en tirer s'il lui étoit possible quelque avantage pour la cause qu'il est accoutumé de soutenir par toutes sortes de voies, il m'attribue un lâche et honteux changement; il me représente comme un homme dont la religion est suspecte, dont la foi est chancelante et qui, selon l'expression de saint Jacques, est semblable aux flots de la mer que les vents différents agitent et poussent à leur gré, tantôt d'un côté, tantôt de l'autre; il attaque ma conduite dans l'exercice du saint ministère. Auroit-il voulu par là susciter et enhardir dans cette ville quelque perturbateur du repos public? ou se seroit-il flatté de me faire perdre sur la fin de mes jours l'estime et la confiance de mes diocésains, qui n'ont cessé de m'en donner les marques les plus touchantes?

Quelque graves que soient les accusations par lesquelles l'auteur a voulu noircir ma réputation, il a compté sans doute sur le ton affirmatif avec lequel il les a avancées. Je suis persuadé, Monseigneur, que ce ton, qui lui est familier, ne vous en a pas imposé, mais je ne m'en crois pas moins obligé d'en démontrer l'insigne fausseté, et de vous rendre compte de mes sentiments et de ma conduite. Je vous supplie même de permettre que je rende publique la réponse que j'ai l'honneur de vous faire, afin d'effacer les mauvaises impressions que la lecture de la feuille calomnieuse dont il s'agit pourroit avoir faites sur ceux qui ignorent ce qui se passe dans mon diocèse.

Non, Monseigneur, non, par la grâce de Dieu, je n'ai point eu le malheur de déshonorer ma vieillesse par un indigne changement de sentiments, de langage et de conduite; et j'espère de son infinie miséricorde que ce malheur ne m'arrivera jamais. Je n'ai point abandonné et je n'abandonnerai jamais les vérités que j'enseigne ici depuis plus de quarante-quatre ans; j'y suis et j'y serai attaché jusqu'à la mort. Toutes les erreurs que j'ai proscrites de concert avec le chef de l'Église et le corps des premiers pasteurs, je les proscris encore et je les proscrirai toujours; je n'ai jamais révoqué et je déclare que je ne révoquerai jamais les anathèmes dont je les ai frappées. Je regarderai toujours la constitution *Unigenitus* comme un jugement irréformable de l'Église universelle, devenu une loi de l'État.

Rien de plus faux que les prétendus ordres ou les prétendues défenses donnés aux curés et confesseurs de mon diocèse. Comme je n'ai point varié dans ma foi, je n'ai point varié dans ma conduite. Je condamne aussi hautement que je l'ai jamais fait les prévarications dans le sacré ministère, et je condamnerois également les prévaricateurs, s'il y en avoit parmi les ministres du Seigneur qui me sont subordonnés. Mais grâces immortelles en soient rendues à Dieu, il n'y a aucun curé, ni aucun confesseur approuvé dans mon diocèse, qui ne m'ait donné des preuves non équivoques de la pureté de sa foi et de sa doctrine, et je n'ai jamais eu lieu d'en soupçonner aucun de manquer de zèle et de fidélité dans le saint ministère.

Mais à quelle cause l'audacieux nouvelliste attribue-t-il le prodigieux et subit changement dont il m'accuse, et auquel il donne le nom de conversion? « Il a, dit-il, été converti, qui l'auroit cru? » c'est à un bref de N. S. P. le Pape; bref qu'il ne craint point d'assurer être certain, bref cependant que je n'ai point reçu et qui n'a jamais pu exister que dans l'imagination de cet écrivain, fertile en pareilles suppositions. C'est-à-dire que pour donner quelques couleurs à la calomnie qu'il débite contre moi, il calomnie encore plus indignement le chef de l'Église. Mais comment a-t-il osé se flatter que sur un témoignage tel que le sien, on pourroit imaginer que le successeur de saint Pierre a trahi la cause de la foi et de la religion et a voulu engager les évêques à la trahir? Ce grand pontife, si distingué par ses vertus et par ses lumières, a-t-il donné quelque lieu de former le moindre soupçon contre la pureté et la droiture de ses sentiments? avec quelle force ne s'est-il pas expliqué sur cet article, toutes les fois que l'occasion s'en est présentée, et en particulier dans le bref adressé à S. M. le 20 février 1745, qui est imprimé dans le premier tome de son *Bullaire*?

J'ai eu l'honneur de recevoir plusieurs brefs de ce pontife; ils sont dignes du vicaire de Jésus-Christ, et il n'en est aucun qui ait le moindre rapport à celui que l'infidèle gazetier prétend avoir donné lieu à ma prétendue conversion et qui est aussi mal imaginé que le pitoyable raisonnement qu'il lui a plu de me prêter à cette occasion.

A la prétendue cause de mon changement, il joint une preuve qui lui paroît triomphante : « Ce changement de M. de Belzunce s'est, dit-il, principalement manifesté dans la longue maladie de Mme d'Artigues, dont on a parlé plus haut ; quoique extrêmement notée, elle fut, dit-il encore, confessée sans mystère et sans difficulté, et administrée jusqu'à trois fois par son curé avec l'approbation de l'évêque. » Il n'y a point eu de dame d'Artigues à Marseille ; le curé des Acoules, que j'ai consulté sur cela, m'a appris que sous ce nom le nouvelliste a voulu parler d'une nommée Jeanne Ortigues, vieille fille d'un simple naviguant, qui fut en effet malade dans le mois de mai dernier et administrée sur sa paroisse, sans mystère assurément et sans difficulté, après s'être confessée au P. Calamara, religieux Servite, à qui elle donna des preuves non équivoques de sa soumission, qui lui donna un billet qui fut remis au curé. Telle est la prétendue dame d'Artigues. Si elle fut extrêmement notée, ce que j'avois ignoré, elle effaça par une déclaration nette et précise de ses véritables sentiments les soupçons que l'on pouvoit avoir eus contre elle ; on ne me demanda point mon approbation pour l'administrer, parce que les curés n'en demandent point pour confesser et administrer les malades de leurs paroisses, et on n'auroit pu me la demander, parce que j'étois alors absent de Marseille. D'ailleurs quelles raisons auroit-on eu de me consulter, puisque la malade avoit eu le soin de prévenir elle-même tout doute et toute difficulté ? Fertile en inventions, le même nouvelliste fabrique au gré de son imagination des lettres sous le nom de M. l'archevêque d'Aix, et des réponses sous le mien ; il assure hardiment que cet illustre archevêque (1) m'avoit écrit fortement contre le P. Brémond, Oratorien, l'accusant également d'avoir confessé la prétendue Mme d'Artigues et Mme de Charleval, et m'exhortant en conséquence à me défier de tous les PP. de l'Oratoire « gens à double visage ». A cette lettre singulière, il me prête une réponse qui ne l'est pas moins ; il me fait dire que c'est par mon ordre qu'un P. Servite avoit entendu cette supposée dame d'Artigues en confession, « et que tout ce que cet archevêque disoit contre le P. Brémond et ses confrères étoit l'effet de sa mauvaise humeur contre les PP. de l'Oratoire » Après cette longue suite de faussetés, où l'on reconnoît parfaitement son style et où je me flatte que personne ne reconnoîtra le mien, il s'écrie : « Quel changement ! ou dans M. de Belzunce ou dans les PP. de l'Oratoire ! »

Il seroit grand dans moi, assurément, si j'étois capable d'écrire avec si peu de politesse à M. l'archevêque d'Aix, pour qui je fais profession d'être rempli d'estime et de vénération.

Quant aux PP. de l'Oratoire de cette ville, dont cet indigne écrivain voudroit révoquer en doute la soumission, ou faire soupçonner

---

(1) Jean-Baptiste-Antoine de Brancas.

la sincérité, je vous prie, Monseigneur, de me permettre ici un petit détail; il est nécessaire et il vous édifiera.

Le P. d'Ardenne, honoré de l'estime et de la confiance de M. l'évêque de Sisteron (1), dans le diocèse duquel il vivoit à la campagne dans la retraite et dans le continuel exercice des œuvres de piété et de charité envers les pauvres, ayant été placé, par sa congrégation, à la tête du collége qu'elle a dans cette ville, me donna d'abord les preuves les plus consolantes, les plus fortes et les plus détaillées de la pureté de sa foi et de sa soumission; presque tous les membres de son collége en firent autant dans la suite, et entre autres le P. Brémond. Ceux qui ne voulurent pas les imiter furent envoyés ailleurs. Tel fut l'heureux changement qui a étonné les ennemis de la religion et qui leur déplaît, mais qui fait ma consolation et ma joie. Incapable de faire acception des personnes, avec quelle satisfaction n'ai-je pas conféré les ordres sacrés et confié mes pouvoirs à ceux d'entre eux qui s'en sont montrés dignes par leur doctrine et par leurs sentiments. Depuis ce changement, avec quelle édification ne voit-on pas entre les deux colléges de l'Oratoire et des Jésuites régner la paix et l'union, l'estime et l'amitié réciproques!

Je ne m'arrêterai point ici, Monseigneur, à réfuter ce que le calomniateur a encore imaginé sur un complot d'évêques, auquel M. l'évêque de Fréjus (2) et moi nous nous sommes refusés, et sur les mouvements de M. l'évêque de Lodève (3) pour y engager avec nous les autres prélats. Vous savez parfaitement que ce sont là autant de fables qui n'ont pas même la moindre vraisemblance.

Nous ne devons pas être surpris, Monseigneur, de voir les ennemis de la religion se servir de pareilles armes pour la combattre; ils en ont usé ainsi dans tous les temps; ils ont toujours été et ils seront toujours tels que saint Paul les a dépeints : « Des hommes indociles et désobéissants qui débitent des fables et qui séduisent les âmes. » C'est par ces sortes de fables qu'ils entraînent après eux dans le précipice un si grand nombre de personnes qui « ne peuvent souffrir la saine doctrine. « Ils s'en font écouter parce qu'ils flattent leurs oreilles avides d'entendre des nouveautés favorables à leurs désirs. C'est ainsi qu'une infinité d'âmes, dont nous pleurons la perte, accomplissent de nos jours et sous nos yeux la prédiction du saint apôtre : « Ils ne voudront plus entendre la vérité, et ils ouvriront les oreilles aux fables. » Prions Dieu, Monseigneur, qu'il préserve le royaume d'une pareille séduction; ayez la charité de lui demander pour moi la grâce de

---

(1) Pierre-François Lafitau.
(2) Martin du Bellay.
(3) Jean-Félix-Henri de Fumel

remplir jusqu'à ma mort, avec fidélité, le saint et redoutable ministère qu'il m'a confié dans sa miséricorde.

J'ai l'honneur d'être avec respect, Monseigneur, votre très-humble et très-obéissant serviteur,

HENRY, évêque de Marseille.

A Marseille, le 5 février 1755.

LETTRE DE M. L'ARCHEVÊQUE D'AUCH ET DE SES SUFFRAGANTS AU ROI (1).

Sire, la métropole d'Auch, composée de onze diocèses, assemblée par la permission de V. M., est comme toutes les autres provinces ecclésiastiques de votre royaume, dans l'abattement, dans la consternation, à la vue des malheurs qui affligent l'Église et des événements qui étonnent la France et l'Europe entière.

V. M. aime la religion; depuis Clovis elle fleurit dans votre royaume; elle assura dans ses mains, comme elle fait briller dans les vôtres, le plus beau sceptre du monde. Vous estimez, Sire, ainsi que vos illustres prédécesseurs, la qualité glorieuse de fils aîné de l'Église. Vous devez votre protection royale à cette mère affligée; elle la réclame au milieu des maux qui la désolent de toutes parts.

Que d'entreprises inouïes, Sire, contre les ministres de la religion, seuls dépositaires des saints mystères! Nous n'entendons parler que de procédures, que de décrets, que de saisies! On nous peint sous des couleurs les plus noires, on nous traite de schismatiques, de fauteurs du schisme, de perturbateurs du repos public, de tyrans des consciences, et pour comble de maux, on ose en imposer à V. M. On met tout en œuvre pour surprendre sa religion et rendre haïssables à ses yeux de saints évêques, parce qu'ils ont rempli leur ministère avec la plus exacte et la plus indispensable fidélité. La disgrâce de M. l'archevêque de Paris, autrefois par la douceur de son caractère les délices de cette province (2), aujourd'hui l'ornement de l'Église de France dans une place plus éminente où le choix et les ordres réitérés de V. M. l'ont élevé, nous avoit déjà pénétré de la plus sensible affliction, lorsque de nouveaux coups ont presque mis le comble à notre douleur.

Nous seroit-il permis de demander aux ennemis de l'Église quel est

---

(1) L'archevêque d'Auch était Jean-François de Montillet. Ses suffragants étaient les évêques de Dax, de Lectoure, de Comminges, de Conserans, d'Aire, de Bazas, de Tarbes, d'Oléron, de Lescar et de Bayonne.

(1) Mgr Christophe de Beaumont, nommé archevêque de Paris en 1746, avait été évêque de Bayonne de 1741 à 1745. En 1745, il fut promu à l'archevêché de Vienne.

le crime de ces évêques, et pourquoi ils veulent nous rendre si odieux à nos brebis et à notre souverain. On a refusé, il est vrai, les sacrements à quelques mourants qui les ont demandés ; cette conduite étoit-elle capable d'exciter des troubles dans le royaume? Ces refus ne seroient-ils pas toujours demeurés secrets si on ne les avoit ou insidieusement ménagés ou malicieusement relevés pour introduire le désordre, éclater contre de saints et fidèles ministres, et favoriser ouvertement la révolte?

A qui les sacrements ont-ils été refusés? à des appelants, à des femmes autrefois connues par le spectacle odieux des convulsions, et à des personnes notoirement révoltées contre l'Église, obstinées dans leur révolte, qui protestoient vouloir y mourir, à des brebis qui, non contentes d'avoir été pendant toute leur vie indociles à la voix de leurs pasteurs, cherchoient à l'heure de la mort des guides étrangers, des prêtres interdits qui ne pouvoient que les conduire avec eux dans le précipice. A-t-on pu, a-t-on dû, dans le cas d'une obstination si publique, les admettre à la participation des saints mystères? Non, Sire, on ne le pourra jamais ; ce seroit renverser les règles les plus immuables de l'Église, ce seroit faire un jeu de la religion, ce seroit désobéir à Jésus-Christ et le trahir dans sa propre personne.

La constitution *Unigenitus*, jugement de l'Église universelle en matière de doctrine, est une loi de l'Église et de l'État. V. M. s'est servie elle-même de ces propres expressions. Il est évident que ceux qui sont formellement opposés à cette loi sacrée et qui blasphèment contre elle, péchent contre l'Église et contre l'État, en matière très-grave ; le péché est mortel de sa nature ; par conséquent, ceux qui sont notoirement obstinés dans leur révolte doivent être traités comme pécheurs publics. Des ministres éclairés ne peuvent et ne doivent leur accorder les sacrements : « Je parle à vous qui communiez, disoit saint Chrysostome dans son homélie 73, mais je parle à vous aussi, ministres de la communion ; avec quel discernement ne devez-vous pas distribuer ce don céleste? quels horribles châtiments vous préparez-vous, si vous osez admettre à la sainte table un pécheur que vous connoissez indigne? C'est votre Dieu qui vous demandera compte de son sang. Fût-il un commandant d'armée, fût-il préfet de province, portât-il même le diadème, s'il s'approche indignement, arrêtez-le ; vous avez en ce point une autorité supérieure à la sienne. Prêtres du Seigneur, c'est là votre dignité, votre sûreté, votre couronne. »

Ainsi pensoit-on, Sire, dans les premiers siècles de l'Église, qui se conduisit toujours par les maximes de l'Évangile. Ces règles n'ont ni vieilli, ni varié ; elles se sont conservées par une tradition universelle ; nous n'en avons jamais eu d'autres dans tous nos rituels ; fidèles dépositaires des lois et des usages de l'Église pour l'administration des sacrements, nous n'en donnons point d'autres à ceux que nous élevons au sacerdoce. « Prenez garde, leur disons-nous avec Jésus-Christ, de ne pas donner aux chiens celui qui est le saint par excellence. » Nous les chargeons, en leur donnant leur mission, d'exclure, à l'exemple du fils de Dieu, ceux qui seroient assez téméraires pour entrer dans la salle du festin sans la robe nuptiale. Nous sommes en possession de cette conduite depuis la prédication de l'Évangile ; on n'a pensé à former des doutes sur ce point que lorsqu'il s'est agi de la cause des appelants.

Quel est donc le crime des pasteurs que nous voyons punis ? Leur exactitude à remplir un devoir si indispensable a-t-elle dû, a-t-elle pu, les rendre coupables ? Si des ministres imprudents portoient la chose au delà des justes bornes, à qui seroit-ce à contenir, à modérer l'excès de leur zèle ? quels seroient leurs juges ? fut-il jamais de cause plus purement spirituelle ? Il ne s'agit que de l'administration des sacrements et des dispositions de ceux à qui ils doivent être donnés ou refusés.

Tous vos prédécesseurs, et V. M. elle-même, ont reconnu que selon la disposition du souverain législateur, les causes qui concernent les sacrements appartiennent uniquement aux juges d'Église ; les édits et déclarations de François Ier, de Louis XIII et de Louis XIV en sont des preuves sans réplique ; ce sont des lois dont on ne peut s'écarter. C'est donc une entreprise de la part de tous les juges séculiers contre l'autorité royale, de vouloir connoître de pareilles matières. Les jugements de ces causes n'appartiennent qu'à nous seuls. Pourrions-nous, sans nous rendre coupables de prévarication livrer un dépôt si sacré ?

L'autorité spirituelle des évêques, émanée de Dieu seul, seroit-elle plus bornée dans un État catholique que celle des ministres sans caractère dans des États protestants, où les magistrats qui ont si prodigieusement envahi sur l'autorité ecclésiastique, ne se mêlent pas de ce qui a rapport à l'administration des sacrements ? Souffrirez-vous, Sire, que dans le sein de l'Église catholique, les ministres de Jésus-Christ y soient moins libres dans leurs fonctions ? que les rebelles et les indociles y trouvent des appuis qu'ils n'auroient pas dans des pays hérétiques, et que les magistrats donnent la loi dans les causes qui sont purement de Dieu, tandis qu'ils font profession d'être soumis à l'Église et de nous avouer pour leurs pasteurs ? Mais quel surcroît de douleur pour nous, lorsque nous voyons le triomphe indécent des ennemis de l'Église, à l'occasion de la dernière déclaration de V. M. sur les affaires présentes ! Ne sembleroit-il pas qu'on auroit voulu abuser de l'amour généreux que V. M. a toujours témoigné pour la paix, et faire servir contre la religion même une des plus héroïques vertus qui ont caractérisé les grands Rois.

Voudroit-on, Sire, vous faire entendre que l'unique moyen de tout pacifier, seroit d'imposer un égal silence en matière de religion aux pasteurs de l'Église et aux simples fidèles? Jamais, Sire, ces tempéraments, qui semblent d'abord suggérés par la prudence, n'ont eu les effets qu'on avoit espérés; les esprits malintentionnés s'en sont toujours prévalus pour accréditer leurs erreurs et en accélérer les progrès; ces pacifications, en effet, supposeroient des doutes sur des points que l'Église a déjà décidés, ce qui est contre les intentions connues de V. M.

Vous vous en êtes expliqué, Sire, plus d'une fois, et vos sentiments n'ont point changé, parce que votre religion est invariable. Ce ne fut jamais votre intention de fermer la bouche à ceux à qui Jésus-Christ a voulu l'ouvrir, pour en faire des hommes puissants en parole, capables d'instruire dans la saine doctrine et de confondre ceux qui la contredisent. Le silence des premiers pasteurs de la religion seroit l'extinction du ministère, l'anéantissement de la religion, le silence de Dieu même. V. M. n'a voulu ordonner ce silence qu'aux enfants révoltés contre l'Église leur mère. Mais vit-on jamais de leur part d'entreprises plus téméraires que depuis la déclaration qu'elle a donnée, dans l'idée qu'on lui avoit inspirée que par ce moyen elle pourroit procurer la paix?

Nous désirons, Sire, avec la plus vive ardeur, cette paix précieuse que le monde ne peut donner; nous la demandons au ciel avec toutes les instances possibles; comment peut-on nous accuser de la troubler? Nous différons de donner à des malades une paix solide, qui, dans les dispositions où ils se trouvent, leur donneroit la mort. Nous travaillons de toutes nos forces à les guérir, pour leur donner ensuite la vraie nourriture des âmes fidèles. La charité que nous avons pour eux, les épreuves que nous exigeons d'eux pour qu'ils ne mangent pas leur propre condamnation, fait-elle de nous des coupables? Le pain sacré qu'ils nous demandent par un langage si insolite, par des actes judiciaires jusqu'à présent inouïs, par des éclats d'une révolte marquée, est le corps et le sang de Jésus-Christ; pouvons-nous le livrer à des pécheurs publics sans nous en rendre coupables? Loin de nous, Sire, cette meurtrière et sacrilége lâcheté! Que les juges séculiers nous traitent, s'ils le veulent, avec encore plus de rigueur; nous dirons avec l'apôtre saint Paul : « Qui nous séparera de l'amour et de la fidélité que nous avons voués au Seigneur notre Dieu? » Nous ne pouvons rien changer dans la conduite que notre conscience nous dicte; nous sommes prêts aux plus généreux sacrifices. Fallût-il même verser notre sang, donner nos vies pour nos brebis; à ces traits elles reconnoîtront encore mieux leurs pasteurs. Nous avons une ferme confiance que celui qui opère en nous ces sentiments les perfectionnera.

Il s'agit, Sire, de la cause de Jésus-Christ. Il s'agit de Jésus-Christ lui-même. Tous les évêques et le clergé de France seront toujours prêts de prodiguer leurs biens et de se sacrifier eux-mêmes pour le service de V. M. Le premier corps de votre royaume donnera à jamais à vos sujets des leçons et des exemples de ces sentiments. Nous naissons avec eux ; notre religion nous les rappelle sans cesse; la reconnoissance nous ne fait un devoir précieux ; mais, Sire, nous devons encore infiniment davantage à Dieu, à qui vous devez tout vous-même. Suspectez notre fidélité, si nous sommes assez lâches pour manquer à celle que nous devons à notre Dieu dans une cause où il s'agit de son adorable personne ; mais aussi faites-nous la grâce de nous regarder comme sujets fidèles à proportion que vous nous verrez inébranlables sur les maximes anciennes et toujours immuables, toujours invariables, de notre sainte religion. Daignez, Sire, calmer les justes alarmes et la vive douleur que nous causent les disgrâces de nos confrères dans le sacerdoce et dans l'épiscopat, dont la fidélité à V. M. et à leur devoir est à toute épreuve. Daignez employer l'autorité que vous ne tenez que de Dieu pour arrêter les entreprises des magistrats ; ne permettez pas qu'ils donnent atteinte à l'obéissance qui est due à une décision de l'Église et à une loi de l'État, qu'ils s'attribuent une puissance qui, selon le langage de M. Talon, autrefois avocat général, « ne vient d'autre source que de l'infinie plénitude de Dieu, ne dépend que de la seule autorité de Jésus-Christ et n'est soumise qu'à ses ordres. »

Nous sommes avec le plus profond respect et avec la soumission la plus parfaite de V. M., les très humbles, très-obéissants serviteurs et fidèles sujets.

A Auch, le 27 janvier 1755.

EXTRAIT DES REGISTRES DU PARLEMENT.

Du 3 mars. — Ce jour, toutes les chambres assemblées, les gens du Roi sont entrés, et maître Louis-François de Paule Lefèvre-d'Ormesson, avocat dudit seigneur Roi, portant la parole, a dit : « Messieurs, le silence que nous nous sommes imposé sur les écrits anonymes qui se reproduisent tous les jours, ne sauroit nous fermer la bouche sur un imprimé qui porte pour titre : *Lettre de M. l'archevêque d'Auch et de ses suffragants au Roi.*

Que des auteurs inconnus s'exercent encore sur des matières aussi épuisées que l'est à présent la curiosité publique; que des plumes mercenaires vendent leur vain secours à ceux qui veulent perpétuer le trouble, nous laissons leurs ouvrages se détruire eux-mêmes, par leur propre caractère ou par leur inutilité ; l'oubli où ils périssent succède de si près au mystère où ils naissent, que souvent notre censure pourroit à peine atteindre le moment de leur courte existence.

Mais que sous des noms respectables et imposants, on présente au public un écrit qui avance hardiment qu'une loi du souverain est le triomphe des ennemis de l'Église; qu'on annonce une association formée à l'extrémité du royaume pour conspirer contre la sagesse qui a dicté cette loi et contre la justice qui en maintient l'exécution; qu'on appelle, qu'on essaye d'engager tous les autres évêques dans la même union en affectant d'avance de parler en leur nom, c'est une entreprise séditieuse et que notre ministère ne nous permet pas de tolérer.

Cet ouvrage devenu public est capable de mettre en péril la fidélité des sujets ecclésiastiques par les principes de désobéissance qu'il leur suggère, de tromper la bonne foi des citoyens par les systèmes et les autorités qu'il hasarde au nom de l'ordre entier du Clergé.

On y menace les Rois; on y calomnie les magistrats; on y récuse toute juridiction; l'auteur se déclare l'ennemi des pacifications; il ne veut ni adopter ni connoître le silence convenu tant de fois avec les évêques; déjà même il se hâte de l'enfreindre.

Pour justifier les refus de sacrements qui ont donné lieu à tant de procédures, il s'emporte contre les personnes devenues malheureusement célèbres par la tache de cette espèce d'excommunication; il recueille avec crédulité, il répand avec complaisance ses imputations odieuses, qui souvent n'ont eu d'autre notoriété que le témoignage obscur et servile de quelques délateurs. Aussi lorsqu'il parle de la notoriété requise pour exclure les pécheurs publics de la participation des sacrements, il n'a garde de recourir à cette notoriété de droit qu'exigent les canons, les décrets du concile de Constance, le titre 20 de la pragmatique, le titre 14 du concordat, et les maximes d'un royaume où la notoriété de fait n'est reçue en aucun cas. Il paroît s'en tenir à cette espèce de publicité, pour ainsi dire arbitraire et douteuse, que le ministre des sacrements trouve ou évite suivant qu'il lui plaît, et qu'il est maître de faire éclore quand il veut par des questions indiscrètes et insidieuses.

Rendons justice au Clergé, à qui cet auteur attribue des principes si dangereux. Les évêques mêmes sous le nom desquels on les produit aujourd'hui, attachés au véritable esprit et aux règles de leur ministère, ne donnent point à leur diocèse le scandale des refus de sacrements. Le clergé de France a pour chefs plusieurs prélats vénérables, vrais témoins de la discipline de l'Église, conservateurs attentifs de ses saintes et précieuses traditions, amis sincères des maximes et des libertés de la monarchie, qui dans les rituels qu'ils ont donnés à leur diocèse ont eu soin d'écarter cette notoriété dangereuse. Sous les yeux du public existent même des collections des rituels de tous les temps, où nous pouvons assurer qu'il ne s'en trouve pas un qui renferme rien de contraire.

Telle est cependant la légèreté du rédacteur de cette lettre, qu'il ose invoquer sur ce point en sa faveur l'autorité de tous les rituels.

Il combat fortement la compétence des juges séculiers en matière de refus de sacrements; mais il n'a d'autres principes à produire que les expressions vagues et générales du pouvoir de l'Église, d'une autorité émanée de Dieu seul, des matières purement spirituelles, idées vraies et incontestables, mais fautives et impuissantes lorsqu'on les emploie indifféremment, sans distinction des causes et des poursuites criminelles, et qu'on les sépare des applications et des développements qui leur ont été donnés par les lois, la jurisprudence et la pratique ordinaire des officialités mêmes.

S'il falloit se borner à ces notions confuses, et aux conséquences directes que cette lettre en fait sortir, on seroit bientôt conduit à méconnoître le pouvoir constant des Rois sur les matières de discipline et de police ecclésiastiques, leurs droits évidents sur les choses de cet ordre qui sont extérieures et publiques. Oseroit-on avancer cependant, ou que le refus public des sacrements ne soit pas une injure ou un scandale, ou qu'une injure et un scandale ne soient pas des délits, ou que des délits ne doivent pas être poursuivis par la voie extraordinaire ? Prétendroit-on, contre l'usage universel et contre l'évidence du fait, que les pénitences et les censures qu'il appartient aux officiaux de prononcer puissent être des réparations suffisantes d'une diffamation personnelle et d'un trouble de l'ordre public? C'est sur quoi s'expliquent assez les ordonnances que l'auteur de la lettre ose encore citer pour appuyer ses systèmes.

Aussi religieux envers la puissance spirituelle que l'illustre prédécesseur que cet écrit nous propose pour exemple (1), nous reconnoîtrons volontiers, avec lui, « qu'elle ne vient d'autre source que de l'infinie plénitude de Dieu, qu'elle ne dépend que de la seule autorité de Jésus-Christ, et qu'elle n'est soumise qu'à ses ordres ; en même temps nous défendrons toujours, comme ce grand homme, les droits de cette autre puissance, descendue de la même source, posée dès le commencement du monde sur les fondements de la société même et conservée par la religion dans son indépendance absolue sur la terre, dont l'empire appartient à elle seule ; puissance qui bien loin de nuire à l'autorité spirituelle, en est l'appui nécessaire; non, à la vérité, pour favoriser contre l'honneur et le repos des citoyens les innovations et les entreprises contraires aux formes de droit, mais pour maintenir les règles communes et authentiques et l'exécution légitime que leur donnent sous le caractère de l'unité la plupart des pasteurs. C'est ainsi que ces deux puissances, dont l'une vient dans la société dispenser aux

---

(1) M. Talon.

citoyens les biens spirituels, et l'autre reçoit la religion dans son sein pour consacrer de concert avec elle au culte divin les choses corporelles et les actions extérieures des hommes, savent s'unir comme deux sœurs sorties du même père pour régner ensemble sur les mêmes sujets. Différentes dans leurs fins, inséparables dans leurs moyens, ne les verrons-nous pas enfin exercer leurs droits mutuels sans discorde et sans division?

Il est un Roi digne de donner ce bonheur à ses États et ce spectacle à l'univers. Instruit lui-même des droits de sa puissance, il possède cette prudente fermeté qui les soutient sans aliéner les esprits, cette bonté inépuisable qui les tempère sans les altérer. Une sage prévoyance a mis d'avance dans ses lois tous les moyens de pourvoir à tous les maux. Sous ses ordres, les magistrats y emploieront toutes leurs forces et toute leur modération; encore plus glorieux de suivre les vues de leur souverain que d'exercer son autorité suprême. Par les marques réitérées de son approbation, ils se croiront aujourd'hui assez vengés de toutes les calomnies dont les charge un écrit téméraire; mais leur zèle pour sa personne ne le croira jamais assez vengé lui-même de la publication d'un ouvrage qui ose attaquer sa sagesse, offenser son amour pour la paix et diminuer dans le cœur de ses sujets la reconnoissance et la soumission qui lui sont dues.

Tels sont les sentiments dont nous nous empressons de donner l'exemple par les conclusions que nous laissons à la Cour, avec l'exemplaire de l'imprimé.

Eux retirés :

Vu l'imprimé intitulé : *Lettre de M. l'archevêque d'Auch et de ses suffragants*, finissant par ces mots : *A Auch, le 25 janvier* 1755, contenant 5 pages et demie in-4°, ensemble les conclusions du procureur général du Roi, la matière mise en délibération :

La Cour ordonne que ledit imprimé sera lacéré et brûlé dans la cour du palais, au pied du grand'escalier d'icelui, par l'exécuteur de la haute justice, comme contenant des imputations calomnieuses, des principes faux, séditieux, contraires aux dispositions des canons reçus dans le royaume et à l'autorité du Roi et de ses cours;

Enjoint à tous ceux qui en ont des exemplaires de les apporter incessamment au greffe de la Cour pour y être supprimés;

Fait défenses à tous imprimeurs, libraires, colporteurs et autres, de l'imprimer, vendre, débiter, ou autrement distribuer, sous telles peines qu'il appartiendra;

Ordonne pareillement que le présent arrêt sera imprimé, publié et affiché partout où besoin sera.

Fait au Parlement, toutes les chambres assemblées, le 3 mars 1755.

Signé Ysabeau.

Et le mardi 4 mars audit an 1755, à la levée de la Cour, l'imprimé mentionné en l'arrêt ci-dessus, ayant pour titre : *Lettre de M. l'archevêque d'Auch et de ses suffragants au Roi,* a été lacéré et brûlé au pied du grand escalier du palais par l'exécuteur de la haute justice, en présence de moi, DAGOBERT ÉTIENNE YSABEAU, l'un des trois premiers et principaux commis pour la grande chambre, assisté de deux huissiers de la Cour.

Du jeudi 6. — Le Roi rendit réponse hier aux deux cardinaux. Tout ce que l'on sait jusqu'à présent, c'est que M. l'archevêque de Paris revient à Conflans.

La lettre de M. l'évêque de Marseille à un de ses confrères a été supprimée par un jugement du bailliage de Marseille, comme écrite par un perturbateur du repos public. Cette entreprise d'un tribunal particulier pendant que le parlement d'Aix a cru devoir garder le silence, a déterminé M. de Marseille à se plaindre ; il a déclaré que la lettre étoit de lui, il a demandé justice à M. le Chancelier, et M. le chancelier en a rendu compte au Roi. La lettre de l'assemblée d'Auch a été brûlée. On vient de faire imprimer le réquisitoire de M. d'Ormesson par lequel il a conclu à faire brûler cette lettre. Le présidial de Marseille a envoyé aussi à M. le Chancelier un mémoire en justification de sa conduite. M. le Chancelier a remis le tout au Roi, qui a porté ces papiers dans son cabinet. Par les nouvelles que M. le Chancelier a reçues du premier président d'Aix, il semble que ce parlement auroit quelque dessein d'agir sur la dernière déclaration imprimée de M. de Marseille.

Mme la maréchale de Belle-Isle mourut de la rougeole lundi dernier, à onze heures et demie du soir (1). Elle a

---

(1)   LETTRE DE LA REINE

Adressée à Paris à la duchesse de Luynes, le 5 mars 1755.

Je suis dans l'impatience de savoir de vos nouvelles. Je vous prie de m'en dire du pauvre Maréchal et de l'assurer de toute la part que je prends à son malheur et à sa juste douleur. J'ai été tentée de lui écrire pour le lui dire moi-même ; la discrétion m'a retenue ; j'ai cru qu'il valoit mieux vous en charger.

reçu tous ses sacrements avec la plus grande piété. M. l'évêque de Laon (1), qui étoit fort de ses amis, ne l'a point quittée; elle prioit Dieu continuellement avec lui ou toute seule.

Le jour même de sa mort elle feuilletoit son livre et y trouvoit encore sans peine les prières qui convenoient à son état; enfin un instant avant que de mourir elle pria M. de Laon d'aller se reposer et dit qu'elle avoit elle-même envie de dormir; comme le pouls désignoit le dernier moment, M. de Laon lui dit les prières des agonisants; elle s'y joignit et répondit à tout avec une tranquilité d'esprit et une piété admirable, et en prenant un peu de lilium, elle expira. Elle n'avoit que quarante-six ans et avoit eu toujours un courage au-dessus de ses forces. Jamais personne ne fut plus occupé de ses devoirs et de tous les exercices de piété; elle comptoit toujours sa santé pour rien. Pendant les différents événements de la vie de M. de Belle-Isle, ses soins, son occupation de lui, sa vivacité à faire tout ce qui pouvoit lui être utile, ne peuvent

---

Je ne doute pas de la justice que vous me rendrez auprès de lui. Je vous prie de vous bien ménager; j'ai peur que tout cela ne vous fasse mal. Le président vous rendra compte de notre soirée. Je vous embrasse de tout mon cœur avec grande impatience de vous revoir.

Dites bien des choses à M. de Luynes de ma part, je vous prie.

SECONDE LETTRE DE LA REINE

Adressée à Paris à la duchesse de Luynes, du 6 mars 1755.

Enfin je vous reverrai demain. On n'a trouvé aucun inconvénient à votre retour. En effet Dufour a vu le Maréchal tout comme vous, et en a rendu réponse au Roi; ainsi il seroit singulier que vous ne puissiez pas revenir; c'est la judicieuse réflexion de M. de La Mothe. Mon pauvre archevêque vient de partir, dont je suis bien fâchée. Je ne sais rien de nouveau. Je ne savois pas même le grand couvert, c'est vous qui me l'avez appris (*). Répétez encore, je vous prie, au pauvre Maréchal, toute ma peine de son triste état. Bonjour à M. de Luynes. Je vous embrasse de tout mon cœur.

Dites quelque chose de ma part à mon pauvre Président.

(1) Jean-François-Joseph de Rochechouart.

(*) « Le Roi, dit la *Gazette*, soupa le 9 et le 11 au grand couvert chez la Reine. » La duchesse de Luynes, comme dame d'honneur de la Reine, en avait sans doute été prévenue à l'avance.

s'exprimer. Elle étoit partout, elle voyoit tous ceux qu'il falloit voir ; sa timidité naturelle disparoissoit ; elle étoit de même pour ses amis. Aussi étoit-elle affectée vivement de leurs intérêts ; elle l'étoit de leur perte jusqu'à en tomber malade. M. de Bernstorff, envoyé de Danemark, qu'elle voyoit beaucoup, disoit d'elle que ce n'étoit pas un corps que le sien, mais une gaze qui couvroit son âme. A Metz, à Francfort, à Bizy, elle faisoit les honneurs de sa maison avec une politesse et une dignité admirables. Elle suffisoit à tout, ordonnoit de tout avec une présence d'esprit singulière. Enfin elle étoit aimée et respectée de tous les officiers tant généraux que particuliers de nos troupes et de tous les étrangers.

M. de Gisors vient d'éprouver dans ses voyages les effets de cette considération des étrangers pour Mme sa mère, indépendamment de celle qu'on lui a marquée de toutes parts pour M. le maréchal. Mme la maréchale de Belle-Isle étoit née le 14 février 1709 ; elle étoit fille de M. de Béthune, grand chambellan du roi de Pologne, duc de Lorraine et de Bar. Elle fut mariée en premières noces, le 5 mai 1727, à M. de Granay, mort le 30 juillet 1729 ; elle épousa M. de Belle-Isle en secondes noces, le 15 octobre de la même année 1729.

Du samedi 8, Versailles. — Voilà les nouvelles que j'ai reçues aujourd'hui de Paris au sujet du Parlement.

Du 7. — Le sieur Cerveau (1), ci-devant habitué de Saint-Étienne du Mont et précédemment interdit par M. l'archevêque de Paris par ordonnance qui avoit été déclarée abusive par la Cour, est venu faire part à M. le premier président d'une nouvelle signification, à lui faite ce matin à la requête de M. l'archevêque de Paris, d'une ordonnance qui l'interdit de nouveau et lui fait défense de s'immiscer dans l'administration des sacrements dans le diocèse de Paris. Sur quoi les gens du Roi entrés aux chambres et y ayant pris leurs conclusions, la Cour a reçu le procureur général appelant comme d'abus de ladite ordonnance et de la signification d'icelle ;

---

(1) Le nom de ce prêtre est souvent écrit sur notre manuscrit *Servout*.

Ordonné que l'expédition du présent arrêt sera remise au sieur Cerveau. L'huissier de l'officialité qui a fait ladite signification a été décrété d'ajournement personnel.

M. le premier président a été chargé de se retirer par devers le Roi à l'effet de lui porter les pièces relatives à cette affaire, qui sont : le premier interdit donné contre ledit Cerveau, le premier arrêt intervenu sur icelui, la nouvelle ordonnance et signification d'icelle avec le présent arrêt, et de représenter audit seigneur Roi que l'impunité des délits multipliés de l'archevêque de Paris l'enhardit de plus en plus à méconnoître l'autorité souveraine dudit seigneur dans les cours.

La Cour a déclaré qu'il y a abus dans l'interdit signifié à Coquelin.

Les gens du Roi ont présenté les conclusions tendant à trois ans de bannissement contre le curé de Sainte-Marguerite, mais il n'y a rien eu de statué sur cela aujourd'hui faute de temps. Il y a aussi des conclusions sur l'affaire des trois chanoines d'Orléans, tendantes à faire juger l'appel comme d'abus des délibérations capitulaires du chapitre avant de juger la contumace. On n'a rien fait non plus sur cet article.

L'assemblée remise à demain.

Du dimanche 9, Versailles. — On trouvera ci-après les nouvelles du Parlement.

Du 8. — Les chambres assemblées, la Cour a déclaré la contumace bien instruite contre le curé de Sainte-Marguerite et a banni ledit curé (1) à perpétuité hors du royaume, ses biens acquis et confisqués.

La Cour a ordonné un plus amplement informé contre Fitz, contumace, prêtre de Sainte-Marguerite.

On a jugé à propos de corriger quelques termes dans l'arrêté d'hier qui ne subsiste que dans l'état ci-après :

« Ordonné que M. le premier président sera chargé de porter au Roi les pièces, etc..... et de représenter audit seigneur Roi que la clémence dont S. M. a usé envers l'archevêque de Paris, malgré ses délits multipliés, ne sert qu'à l'enhardir de plus en plus à méconnoître l'autorité souveraine dudit seigneur Roi dans ses cours. »

Mme de Bournelle a été présentée aujourd'hui par Mme la duchesse de Brancas. M. de Bournelle, qu'elle avoit épousé en secondes noces est mort; il étoit fils de M. Ceberet

---

(1) Laugier de Beaurecueil.

(Forcadel) de son premier mariage avec Mme de Mouchy. Le nom de Mme de Bournelle est Ménage ; elle est nièce de M. de Villemur et par conséquent cousine germaine de Mme de Sainte-Séverin. Son premier mari, M. le Breton, étoit sous-fermier.

Du lundi 10, *Versailles.* — Voilà les nouvelles du Parlement d'aujourd'hui.

Les chambres assemblées ont rendu arrêt qui a déclaré qu'il y a abus dans les interdits signifiés au curé de Saint-Gervais et Deshayes, prêtre de Saint-Étienne du Mont, de la part de l'archevêque de Paris à la requête de son promoteur ; Fait défense audit promoteur de faire faire pareilles significations ;

Ordonné que le mardi 18 mars l'appel comme d'abus du procureur général des délibérations du chapitre d'Orléans sera porté à l'audience des chambres assemblées. Les chanoines ont constitué un procureur sur ledit appel, et maître Coquereau, avocat, doit plaider pour eux.

Le curé de Saint-Médard, à qui il avoit été fait sommation en vertu d'arrêt de la Cour, et à la requête du procureur général, d'annoncer ou faire annoncer au prône de sa paroisse le dimanche 9 mars, les services requis par les marguilliers pour les curés défunts, a jugé à propos de ne faire ni faire faire aucun prône ; ainsi point d'annonce.

J'ai déjà parlé de la lettre de M. l'évêque de Marseille et de sa déclaration imprimée ; ces différentes démarches ont échauffé les esprits dans le parlement d'Aix dont les dispositions étoient déjà favorables aux évêques. On verra par le détail ci-après que le respect dû à l'âge et la vertu de M. l'évêque de Marseille leur a fait quelque impression, puisqu'ils ont cherché à lui faire de la peine en agissan d'une manière violente contre son secrétaire.

Du lundi, 3 *février.* — M. de Galliffet, commissaire député par le Parlement pour informer en exécution de l'arrêt rendu par ledit parlement au sujet de la lettre de M. de Marseille qui avoit été supprimée par le siége de cette ville, M. le Blanc de Castillon, avocat général, le Sr Regibaud, greffier, et un huissier arrivèrent à Marseille et sur-le-champ leur arrivée fut annoncée dans toute la ville.

Le lendemain, ils allèrent le matin au palais accompagnés de la maréchaussée, et ils y entendirent le sieur Catelin, qui y resta en conférence avec eux durant trois heures. Par ce qui a transpiré de cette conférence on a jugé que le dessein de ces Messieurs étoit d'impliquer dans cette affaire, s'ils le pouvoient, les personnes les plus attachées à M. l'évêque, et en particulier deux jésuites qu'il honore de sa bienveillance. Pour y parvenir et tâcher de trouver quelque charge contre quelqu'un de la maison du prélat, il fut déterminé qu'on feroit assigner les chefs et les administrateurs des chapitres, les supérieurs des maisons religieuses et les particuliers qu'on croiroit pouvoir avoir ouï parler à l'avantage de la lettre, ou sur quelqu'autre matière qui pût fournir un prétexte de porter quelque décret contre les personnes qu'on avoit en vue.

L'après-dînée, ils entendirent deux témoins. Quoique la procédure soit fort secrète, on a su, et c'est sans doute sur le rapport des témoins eux-mêmes, qu'ils avoient chargé l'imprimeur du prélat, et qu'ils avoient dit qu'en toute occasion il en prenoit fortement le parti et le soutenoit en marquant de l'opposition pour les démarches du Parlement. Ces deux témoins, dont ceux qui ont fait connoître les dépositions n'ont pas voulu dire les noms, n'ont rien dit contre aucun autre.

Tandis qu'on les entendoit, un huissier du siége vint demander au sous-secrétaire de M. l'évêque, à l'évêché, si M. Condonneau, secrétaire, y étoit; et le sous-secrétaire ayant répondu qu'il étoit en campagne depuis deux ou trois jours, l'huissier demanda s'il avoit laissé la clef de sa chambre, et ajouta que la maréchaussée alloit venir pour chercher ledit Condonneau. Berger, c'est le nom du sous-secrétaire, lui représenta que s'ils venoient, alors la populace s'assembleroit et les suivroit, et qu'il conviendroit mieux d'attendre à faire cette perquisition le soir.

A six heures du soir, deux huissiers, accompagnés de deux cavaliers de la maréchaussée, vinrent se présenter à la porte; le portier, qui n'étoit pas prévenu, laissa entrer les deux huissiers et refusa de laisser entrer les deux cavaliers; mais sur l'ordre que le maître d'hôtel lui donna de les laisser entrer, il leur ouvrit la porte. Un des huissiers ayant demandé et attendu quelque temps le sous-secrétaire qui étoit sorti, signifia le décret de prise de corps porté contre le secrétaire au portier. Ils demandèrent ensuite la clef de la chambre que le secrétaire occupe à l'évêché, mais comme on ne l'avoit pas, ils se retirèrent.

Dès les trois heures de l'après-midi, le bruit s'étoit répandu dans la ville que la maréchaussée conduite par quatre magistrats en robe étoit à l'évêché, et quelques personnes y étoient accourues pour s'instruire de ce fait.

Ce matin mercredi, 5 du même mois, M. le prévôt et M. l'administrateur du chapitre de Saint-Martin sont venus à l'évêché avertir qu'ils avoient été assignés pour répondre sur ce qu'ils seroient enquis et interrogés pardevant le commissaire, et ils en ont fait politesse au prélat. On a appris en même temps qu'on avoit assigné pour la même fin plusieurs supérieurs de religieux, et qu'on devoit assigner les autres.

L'indignation est générale dans la ville contre cette procédure singulière au sujet d'une lettre que M. de Marseille a avouée par écrit et dans une cause où son secrétaire et son imprimeur ont été décrétés de prise de corps. Quel éclaircissement le Parlement veut-il encore avoir, après avoir porté un semblable jugement?

Du mardi 11, *Versailles.* — M. Moreau de Saint-Just, conseiller au Parlement, épouse Mlle de la Ribellerie; elle est de Lyon et est fort riche; M. de Saint-Just est neveu du feu procureur général du Roi du Châtelet; il est aussi neveu de M. le prévôt des marchands, qui avoit épousé une Mlle Moreau, sœur de Mme Bignon; M. de Saint-Just, père de M. de Saint-Just dont c'est ici l'article, étoit aussi conseiller au Parlement.

M. de Balainvilliers épouse Mlle de Chaumont, nièce de M. le prévôt des marchands. M. de Balainvilliers est fort riche; on lui assure 60,000 livres de rentes; on lui en donne 20,000 et outre cela on le loge et nourrit. On lui donne le château de Balainvilliers, auprès de Longjumeau, avec tous les meubles. Sa mère s'appelle Mlle Labbé; elle est sœur de la première femme de M. de la Reynière. On donne à Mlle Chaumont 50,000 écus; on lui en assure autant.

Mme d'Albesat est morte; elle avoit épousé M. d'Albesat, avocat général du Parlement de Bordeaux; elle étoit fort jolie, et étoit de Falaise.

On a douté tous ces jours-ci si M. l'archevêque de Paris étoit à Lagny ou à Conflans. Enfin il est certain qu'il reçut hier, à cinq heures du soir, la nouvelle lettre de cachet par laquelle il lui est permis de revenir à Conflans. En conséquence il est parti ce matin de Lagny pour se rendre à ce dernier lieu de son exil.

M. le premier président est venu ici ce soir et a eu une audience du Roi qui a duré une demi-heure; c'est tout ce que l'on sait dans ce moment, mais il doit demain rendre compte de la réponse du Roi aux chambres assemblées.

Du mercredi 12, *Versailles.* — M. le comte d'Ayen a été présenté ce matin pour faire son remercîment. Enfin le Roi lui a accordé un brevet d'honneur; ainsi Mme la comtesse d'Ayen sera présentée assise.

Voilà les nouvelles du Parlement d'aujourd'hui.

Assemblée des chambres. — Il a été rendu arrêt portant que les récollements vaudront confrontation aux nommés Franc et Gueron, prêtres de Sainte-Marguerįtte, décrétés de prise de corps pour avoir refusé les sacrements au sieur Coquelin.

Le curé de Saint-Médard n'ayant point annoncé au prône de dimanche dernier le service pour les quatre curés dont il est question conformément aux sommations faites tant à la requête de M. le procureur général qu'à la requête des marguilliers, MM. les gens du Roi ont donné requête pour faire assigner le curé pour voir dire qu'il seroit tenu de faire les services conformément auxdites sommations.

On n'a point eu d'égard à ces conclusions, on a ordonné que le curé seroit mandé vendredi aux chambres assemblées qui le décréteront de prise de corps s'il ne s'y trouve pas.

On a renvoyé le sieur Farelli, décrété de prise de corps au sujet du sieur Valibour de la paroisse de Saint-Étienne du Mont, en état d'assigné pour être ouï.

M. le premier président a dit aux chambres assemblées que le Roi l'avoit remis à lundi sept heures du soir pour recevoir sa réponse.

Du vendredi 14, *Versailles.* — Ce que j'ai marqué sur Marseille n'est pas le seul événement de la persécution commencée par la justice séculière contre M. l'évêque. On verra par la copie ci-jointe d'une lettre de M. de Marseille, du 7 de ce mois à un de ses amis, que les esprits sont plus échauffés que jamais. Les parlements se servent continuellement des grands mots de *déclaration du Roi* qu'ils veulent, disent-ils, faire exécuter, et de *punir* pour marquer leur zèle à suivre, disent-ils, les intentions de S. M. Dans cette occasion-ci, le parlement d'Aix, sous le prétexte d'ôter à M. de Marseille ce qu'il a appelé *ses mauvais conseils*, a cherché tous les moyens de trouver coupable quelqu'un des PP. Jésuites, et surtout deux qui sont attachés plus particulièrement à M. l'évêque; on a mis tout en œuvre, on a entendu des témoins, et lorsque ces témoins ne déposoient pas ce qui convenoit à ceux qui les interrogeoient, on n'écrivoit point leurs dépositions. Il y en eut un entre autres à qui l'on demanda (c'étoit un colporteur) s'il n'avoit rien porté à l'imprimeur de la part de M. l'évêque; il répondit qu'il ne se souvenoit pas d'y avoir porté autre chose qu'une lettre du Roi à M. l'évêque. On peut juger que cette réponse ne fut point écrite. La ville de Marseille, accoutumée à respecter son évêque, est dans une juste indignation de voir tous ces traitements.

LETTRE DE M. DE MARSEILLE.

Je suis outragé, Monsieur, persécuté et traité comme un criminel de lèse-majesté, à l'occasion d'une lettre que vous avez honorée de votre approbation. Soutenez-moi, et ceux qui sont auprès de moi, contre la fureur la plus cruelle, et obtenez-moi la permission de faire connoître l'innocence de ma cause et l'injustice de la persécution dont on veut se servir pour m'opprimer. Je compte autant sur vos bontés pour moi que sur votre crédit.

HENRY, évêque de Marseille.

Le 7 mars 1755.

P. S. Je viens d'apprendre qu'on a interrogé tout le chapitre et le clergé de l'église des accoules pour savoir ce que j'avois dit le dernier jour, du Roi, en y prêchant.

Voilà les nouvelles du Parlement d'aujourd'hui.

Du 14. — Les chambres ont ordonné que le curé de Saint-Médard sera mandé de nouveau pour lundi onze heures, pour rendre compte de sa conduite, à l'effet de quoi l'arrêt lui sera signifié dans le jour.

M. le premier président a dit aux gens du Roi que les chambres les chargent de les instruire lundi si ledit arrêt aura été signifié dans le jour, et si les services requis par les marguilliers de Saint-Médard auront été annoncés au prône dimanche 16.

Du dimanche 16. — Mme de Beringhen a présenté aujourd'hui Mme le Danois, fille de M. de Cernay. M. le Danois est Jeoffreville, neveu de celui qui est mort lieutenant général, et qui étoit un officier de beaucoup de vertu et de mérite.

MM. les cardinaux de la Rochefoucauld et de Soubise ont eu aujourd'hui une audience du Roi au retour de la messe; elle n'a duré qu'environ un quart d'heure.

M. l'évêque de Mirepoix travaille actuellement avec le Roi; c'est son jour. M. le prince de Conty attend que ce travail soit fini pour travailler aussi avec S. M. en conséquence des ordres qu'il en a reçus.

Du mardi 18, *Versailles.* — Voilà les nouvelles du Parlement d'hier.

Du 17. — Les gens du Roi sont entrés et ont dit avoir fait signifier l'arrêt au curé de Saint-Médard (1) qui ne s'étoit pas trouvé chez lui. Ils ont dit qu'il n'y avoit point eu de service annoncé hier à Saint-Médard au prône, et se sont retirés après avoir pris des conclusions au décret d'ajournement personnel contre le curé. Les chambres l'ont décrété de prise de corps. L'huissier de l'officialité, qui avoit été décrété d'ajournement personnel, s'est présenté, a été interrogé et renvoyé en assigné pour être ouï.

M. le premier président a dit qu'hier plusieurs habitants de Saint-Médard, hommes et femmes, étoient venus lui présenter un placet pour demander grâce pour le curé, et l'assurer que le service seroit fait.

Un de Messieurs a dit qu'il avoit été informé le matin que M. l'archevêque de Paris avoit, hier au soir, fait avertir un marguillier de Saint-Médard de venir lui parler; que ce marguillier s'y est rendu ce matin; que M. l'archevêque lui a dit de s'arranger avec ses confrères pour les engager à se contenter d'un seul service pour les curés décédés en général, sans aucune dénomination particulière; que quand il seroit d'accord avec eux, il en feroit part à M. le procureur général et en viendroit rendre compte à mon dit seigneur l'archevêque; que le marguillier avoit dit à M. l'archevêque que le curé de Saint-Médard avoit grand tort de s'aheurter si opiniâtrement à refuser de prier Dieu pour un ancien curé dont la mémoire seroit toujours chère et respectée dans la paroisse; à quoi M. l'archevêque avoit répondu : « C'est moi qui ai défendu au curé de faire le service pour un curé qui n'est pas mort dans sa paroisse ni dans le diocèse; » qu'il en avoit été tiré par ordre du Roi, et étoit mort en exil désobéissant aux ordres de Sa Majesté (2).

---

(1) Frère Hardy, religieux de Sainte-Geneviève.
(2) Le dernier curé de Saint-Médard dont il s'agit, était janséniste; c'est pour cela que le curé actuel de cette paroisse refusait de faire un service pour lui.

6.

Après ce récit on a fait rentrer les gens du Roi pour leur demander s'ils étoient informés, et par qui, de ce qui s'étoit passé au sujet des marguilliers de Saint-Médard. Sur quoi les gens du Roi ont dit que les marguilliers étoient dans le parquet; que si la Cour le souhaitoit ils alloient y rentrer après avoir su d'eux-mêmes toutes les circonstances, ce qui a été exécuté sur-le-champ, et les gens du Roi rentrés aux chambres y ont rendu un compte pareil à celui qui avoit été rendu par un de Messieurs. Sur quoi les chambres ayant délibéré, M. le premier président a été chargé de rendre compte ce jourd'hui au Roi des faits ci-dessus.

Il y a eu hier au prône de Saint-Médard, fait par le sieur Bélanger, chapelain des Gobelins, un service annoncé pour un particulier, membre d'une confrérie de la paroisse. Il paroît que sans la circonstance de la proximité des Pâques, on auroit enjoint aux prêtres d'annoncer et de faire les services requis.

ARRÊT DUDIT JOUR A LA TOURNELLE.

Défenses au curé de Saint-Vrin de récidiver; condamnation contre lui de 100 livres de dommages-intérêts et aux dépens. Ordonné qu'il sera tenu de faire faire un service à ses frais pour défunt Boileau, et qu'il sera tenu de réformer le registre des baptêmes et sépultures et d'y inscrire à l'ordinaire la mort dudit Boileau. Les mémoires respectifs supprimés.

L'affaire du curé de Saint-Vrin dont il est parlé dans cet article demande explication. Saint-Vrin est une petite paroisse, à l'extrémité du diocèse de Paris, du côté de la Ferté-Alais et de Villeroy. On prétend qu'il y a dans cette paroisse plusieurs habitants peu soumis aux lois de l'Église; un entre autres qui étoit connu par beaucoup de discours peu mesurés sur la religion et qui n'avoit point rempli ses devoirs à Pâques dernier, tomba dangereusement malade, et comme l'usage dans les campagnes est d'avertir toujours fort tard pour les sacrements, lorsqu'on alla chez le curé, le malade étoit dans un délire presque continuel. Comme on n'attendoit que le moment de sa mort, on demanda l'extrême-onction. Le curé refusa d'y aller; le malade mourut; il fut question de l'enterrer, le curé dit qu'il ne l'enterreroit point en terre sainte, et envoya des gens pour porter le corps dans un lieu où l'on met les enfants morts sans baptême. Les parents refusèrent de laisser prendre le corps et portèrent leurs plaintes à la justice du lieu, qui ordonna la sépulture en terre sainte. En conséquence, le corps fut porté sans prêtre et sans cérémonie dans le cimetière. Ce jugement des premiers juges ayant été porté par appel à la Tournelle, au rapport de M. Titon, il y a été dit que le malade, dans les intervalles que lui donnoit sa maladie, avoit répété plusieurs fois : « Mon Dieu, ayez pitié de moi ! » D'ailleurs n'y ayant nulle preuve testimoniale de l'impiété reconnue de cet homme, le curé a été assigné pour être ouï, d'autant plus que l'on a prétendu qu'il y avoit une ancienne inimitié entre lui et cet habitant. Interrogé par M. Titon, il fut longtemps sans vouloir parler de M. l'archevêque ; enfin il déclara qu'il n'avoit agi que par les ordres de son supérieur, et pour preuve montra la lettre de M. l'archevêque en réponse à celle qu'il lui avoit écrite pour lui rendre compte de cette affaire. Cette lettre fut lue à la Tournelle et reconnue pour être très-sage, mesurée et digne d'un évêque. M. l'archevêque lui mande que si les faits sont tels qu'il les lui expose, qu'il faut les faire constater par un procès-verbal en règle ; qu'il auroit dû le faire d'abord ; que s'il a manqué à cette formalité, il faut y avoir recours aussitôt sa lettre reçue, ce qui n'aura pas cependant la même force que s'il s'y étoit conformé dans le premier moment. C'est en conséquence qu'est intervenu le jugement dont est parlé ci-dessus. Je sais ce détail de M. Titon lui-même.

J'ai parlé ci-dessus de la sentence d'interdiction signifiée par un huissier de l'officialité au sieur Cerveau, prêtre. Au bas de la signification il est écrit : *Par ordre de M. l'archevêque.* Ceci a donné occasion au Parlement d'examiner si cet ordre étoit réel et d'en demander la preuve. L'huissier a rapporté une lettre de M. l'archevêque qui ne contenoit aucun ordre ; il a dit pour raison de ce qu'il avoit mis, qu'un des grands vicaires, en lui remettant cette lettre, lui avoit dit : « Voilà l'ordre de M. l'archevêque, » expression qui s'est trouvée fausse par la lecture de la lettre.

Il y a aussi quelques détails à ajouter sur l'affaire de Saint-Médard. Le décret de prise de corps étoit prononcé contre le curé, lorsqu'un marguillier de Saint-Médard demanda à parler au procureur général ; il lui montra la lettre qu'il avoit reçue de M. l'archevêque pour aller à Conflans, lettre extrêmement honnête ; et il paroît que l'intention de M. l'archevêque étoit de tâcher d'accommoder cette affaire en engageant le principal marguillier qui a dénoncé le curé, à ramener les esprits à des voies de douceur et de paix, et que la volonté de M. l'archevêque étoit que lorsque les esprits se seroient radoucis, M. le procureur général en fût aussitôt instruit. Au lieu de cela, on a dit que le marguillier avoit déclaré à M. l'archevêque que la confrérie du Saint-Sacrement avoit déjà fait faire un service pour le curé ; que l'usage de Saint-Médard et de toutes les autres paroisses étoit de faire faire un service nommément pour chaque curé ; que lui-même avoit été de cet avis ; qu'il ne pouvoit espérer de réussir à persuader le contraire à ses confrères ; qu'il ne lui convenoit pas même de le proposer, et que par conséquent il ne pouvoit promettre à M. l'archevêque de se charger de cette commission. On ajoute que malgré cela M. l'archevêque lui avoit dit d'aller instruire du tout M. le procureur général, ce qui n'est pas vraisemblable.

Du mercredi 19, *Versailles.* — Voilà les nouvelles que je reçois du Parlement, d'hier.

Du 18. — Donné acte au chapitre d'Orléans, tant de sa déclaration que sur les appels comme d'abus du procureur général du Roi, ensemble sur les défenses réservées dudit chapitre qui s'en rapporte à la prudence de la Cour. Déclare qu'il y a abus dans les délibérations dudit chapitre, et néanmoins ordonne que lesdites délibérations demeureront jointes au procès pour y servir ce que de raison ; et attendu les faits de la cause reçoit le procureur général incidemment appelant comme d'abus de l'exécution de la constitution *Unigenitus*, et notamment en ce qu'aucuns ecclésiastiques prétendent lui attribuer et lui donner les effets de règle de foi. Faisant droit sur ledit appel, dit qu'il y a abus ; en conséquence, enjoint à tous ecclésiastiques de quelque ordre, qualité et dignité qu'ils soient, et à tous autres, de se renfermer à l'égard de ladite bulle dans le silence général, respectif et absolu prescrit et ordonné par la déclaration du 2 septembre 1754, enregistrée en la Cour le 5 du même mois, et ce sous les peines y portées. Ordonne que le présent arrêt sera imprimé, lu, affiché partout où besoin sera.

M. le premier président a été remis à lundi prochain pour recevoir la réponse du Roi.

Il y eut avant-hier cinq ducs reçus au Parlement : MM. de Mortemart, Harcourt, Fitz-James, Antin et Valentinois. M. l'abbé d'Héricourt a été le rapporteur des quatre premiers, et M. l'abbé Macé du cinquième. Il y avoit trois princes du sang : M. le duc d'Orléans, M. le prince de Condé et M. le prince de Conty, et outre cela dix-neuf pairs en comptant les nouveaux reçus. On sait que l'usage est d'avoir quatre témoins, deux pairs et deux non-pairs, dont le rapporteur lit les témoignages.

Témoins de M. le duc d'Harcourt : MM. le duc de Brissac, le duc de Fleury, le marquis de la Tour-Maubourg, le comte de la Luzerne.

Témoins de M. le duc de Rochechouart : MM. le duc de Rohan-Chabot, le duc de Brissac, le comte de Périgord, le marquis de Simiane.

Témoins de M. le duc d'Antin : MM. le duc de Gesvres, le duc de Fleury, le maréchal de Balincourt, le marquis de Senneterre.

Témoins de M. le duc de Fitz-James : MM. le duc de Gesvres, le duc de Fleury, le prince de Tingry, le marquis d'Hautefort.

Témoins de M. le duc de Valentinois : MM. le duc de Rohan-Rohan, le duc d'Aiguillon, le comte d'Estrées, le comte du Luc.

Quelques-uns des pairs comptoient le nombre des

pairs qui étoient à cette réception, M. le prince de Conty prit la parole et dit : « Nous sommes vingt-deux. » On lui répondit qu'on n'osoit pas compter ainsi, mais trois princes et dix-neuf ducs, et il répliqua avec politesse qu'on ne pouvoit compter autrement. Les trois princes s'en allèrent après la réception comme à l'ordinaire. Il resta seize pairs à la grande audience ; on y plaida une cause qui ne fut point jugée (1) ; c'étoit le célèbre avocat la Monnoye qui plaidoit pour Mme la marquise de Pont-Chavigny, contre M. Turgot de Saint-Clair et Mme de Montesson. Il s'agissoit d'une question curieuse. C'est par rapport à un testament d'une Mme Berthier (Massenot) fait en 1703. Elle avoit trois enfants, deux garçons et une fille ; les deux garçons, morts avant elle, ont laissé des enfants ; le seul fils de l'aîné qui ait vécu étoit le père de M. de Sauvigny, intendant de Paris. La fille avoit épousé M. le Gouz-Maillard, président à Dijon. La testatrice ne fait que des legs particuliers aux cadets et aux filles de ses deux enfants mâles qui sont morts, elle laisse 156,000 livres et deux métairies au fils aîné de la seconde branche, et après avoir fait encore quelques autres legs, elle nomme héritiers du surplus de ses biens M. Berthier, son petit-fils aîné pour moitié, Mme la présidente le Gouz, sa fille, pour l'autre moitié, et à son défaut les siens. La même condition est pour la moitié de M. Berthier. Il y a une substitution de l'un à l'autre desdits deux héritiers. La question tombe sur le mot *les siens ;* Mme la marquise de Pont est fille unique de Mme le Gouz-Maillard, mais il y a deux petits-enfants de Mme le Gouz-Maillard, M. Turgot et Mme de Montesson. L'expression *les siens* comprend-elle les petits-fils aussi bien que la fille, et doivent-ils partager par tiers la moitié donnée à Mme le Gouz-Maillard, ou bien Mme de Pons doit-elle exclure son neveu et sa nièce ? C'est une question curieuse et difficile. On prétend

---

(1) On me mande depuis qu'elle a été appointée. (*Note du duc de Luynes.*)

que le droit de primogéniture est en faveur de Mme de Pons, et que dans le cas de ce que l'on appelle *fidéicommis*, la représentation n'a point lieu.

La grande audience dura jusqu'à onze heures, ensuite il y eut assemblée des chambres qui dura jusqu'à trois heures et demie. On trouvera ici ce qui fut arrêté dans cette assemblée.

Ce même jour, M. le premier président vint ici à sept heures pour recevoir les ordres du Roi et lui remettre plusieurs papiers, en conséquence de la délibération qui avoit été prise dans l'assemblée des chambres. On verra aussi dans le résultat de l'assemblée du mardi que le Roi a donné ses ordres à M. le premier président au lundi 24 de ce mois.

Ce même jour 17, MM. les cardinaux de la Rochefoucauld et de Soubise avoient eu une audience du Roi d'environ un quart d'heure.

L'arrêt du Parlement du 18, qui est aussi rapporté dans ce journal, a été imprimé et fut publié partout hier. M. le Chancelier le remit hier matin au Roi.

MM. les cardinaux devoient parler aujourd'hui tous deux au Roi, mais il n'y a eu que M. le cardinal de la Rochefoucauld qui ait eu une audience ; M. le cardinal de Soubise a été obligé de partir promptement pour Paris aussi bien que Mme de Marsan, à cause de l'état de Mme la princesse de Condé, qui a une fièvre considérable depuis quelques jours, par l'effet d'un lait remonté, et qui a été saignée du pied.

Du jeudi 20, *Versailles*. — Voilà les nouvelles que je reçois du Parlement d'hier.

Du 19. — Sur la dénonciation faite aux chambres qu'un capucin de Troyes a refusé d'entendre en confession le procureur du Roi du bailliage de Troyes, sous prétexte qu'il étoit connu notoirement pour être opposé à la Constitution et pour avoir été cause des troubles excités contre l'évêque, il a été ordonné qu'il en seroit informé par le lieutenant criminel du bailliage de la même ville.

Du vendredi 21, *Versailles.* — Voilà ce que l'on me manda hier de Paris.

Tous les curés de Paris ont ordre de se rendre à six heures du soir, aujourd'hui 20, aux chambres assemblées pour répondre aux faits dont la lecture leur sera faite.

Vingt-quatre s'y sont présentés, dont six ont été interrogés, savoir : ceux du Roule, la Ville-l'Évêque, Bonne-Nouvelle, Saint-Benoît, Sainte-Marine et Saint-Landry.

L'assemblée pour interroger les autres curés a été remise à demain à onze heures.

On a vu par ce qui est écrit ci-dessus que M. l'archevêque ayant consenti à s'en rapporter au sentiment des évêques qui se trouveroient à Paris, il y a eu, avec la permission du Roi, une assemblée chez M. le cardinal de la Rochefoucauld, et que le résultat de cette assemblée fut porté à Lagny par les deux cardinaux avec deux évêques. En conséquence, M. l'archevêque a mandé à douze curés de Paris de venir le trouver à Lagny pour leur communiquer ses intentions. C'est en conséquence de cette assemblée de Lagny qu'est intervenu l'arrêté ci-dessus. Les chambres étoient encore assemblées hier à huit heures. Le curé de Saint-Landry qui a été interrogé, n'a rien dit, n'ayant pas été à Lagny. Nous verrons quelle sera la suite de cette affaire. Cette démarche du Parlement est encore plus singulière que les autres.

Mme la princesse de Carignan, que nous ne connoissons ici que sous le nom de marquise de Buscq à cause de l'incognito, vient de temps en temps ici faire sa cour ; elle voit la Reine à son jeu, et le Roi à la conversation chez la Reine, après le grand couvert. C'est dans un de ces voyages qu'elle est tombée malade ici considérablement. Outre le nom qu'elle porte, sa vertu, sa douceur, lui ont attiré l'estime et l'amitié de tous ceux qui la connoissent. Tout ce qui est ici lui en a donné des preuves. La Reine, M. le Dauphin et Mme la Dauphine lui firent l'honneur de l'aller voir hier, et Mesdames y ont été aujourd'hui. Elle est guérie et retourne aujourd'hui à Paris.

Du dimanche des Rameaux, 23 mars, Versailles. — On a vu par ce qui est écrit ci-dessus la déférence de M. l'archevêque pour l'avis de ses confrères ; je crois même avoir marqué qu'en conséquence il a mandé à plusieurs curés de Paris de venir lui parler. Ce qu'il leur a prescrit s'est dit en conversation, et il n'y a rien eu d'écrit. On n'imagineroit pas qu'un tribunal comme le Parlement se crût en droit de demander compte des conversations ; il sembleroit que les principes dans lesquels il est devroient tout au plus le conduire à sévir rigoureusement contre tout refus de sacrements, lorsque la raison de ces refus est le défaut de billet de confession ou le manque de soumission à la constitution *Unigenitus;* mais ils ont été plus loin ; ils ont voulu pénétrer les plus secrètes pensées de M. l'archevêque et faire déclarer, en présence de toutes les chambres assemblées, ce que ce digne pasteur avoit dit à ses curés. Ils ont donc fait assigner tous les curés de Paris pour venir comparoître ; plusieurs, par crainte ou par foiblesse, ont déféré à cette assignation et se sont présentés. Les uns ont dit qu'ils n'avoient pas été à Lagny ; d'autres qu'ils avoient entendu une conversation, et qu'ils n'étoient pas obligés d'en rendre compte ; mais quelques-uns ont dit tout ce qu'ils savoient. On a eu grand soin d'écrire ces dépositions. On en trouvera le détail ci-après.

Hier étoit un jour consacré au repos, à cause de l'anniversaire de la reddition de Paris (1) ; malgré cela, les chambres furent encore assemblées hier au soir, et l'on auroit interrogé encore des curés, s'ils n'avoient représenté qu'ils ne pouvoient s'absenter de leurs paroisses dans ce temps-ci. On commence à croire que le Parlement en sait assez, et qu'il ne fera plus subir d'interrogatoire.

Mme la duchesse de Ruffec mourut avant-hier matin à

---

(1) Henri IV entra à Paris le 22 mars 1594.

Paris, rue de Bourbon, dans une petite maison de 1,800 livres de loyer qu'elle avoit prise parce que ses affaires étoient en fort mauvais état. Ce n'est pas qu'elle n'eût au moins 30,000 livres de rente, mais elle avoit été mal payée du côté de M. de Saint-Simon. On prétend qu'elle avoit fait beaucoup de remèdes pour sa santé qui lui avoient coûté fort cher. Elle avoit environ quarante-huit ans; elle étoit fille de feu M. le maréchal de Gramont et sœur de feu Mme de Gontaut. Elle avoit épousé, le 27 mars 1719, le prince de Bournonville, mort le 5 janvier 1725, et le 6 mars de cette même année, elle épousa M. le duc de Ruffec, fils aîné de M. de Saint-Simon. Elle avoit eu une figure très-noble et très-belle. On trouvera ci-après un détail de son testament.

Mme la duchesse de Ruffec laisse 20,000 francs à son intendant qu'il y a dix-huit mois qu'elle a. Elle fait sa fille sa légataire universelle, laisse son nœud de diamants à Mlle de Raffetot; elle donne 4,000 livres à Mme Bontemps, 2,000 livres à une fille de Mme Bontemps, et des pensions considérables à ses domestiques. M. l'évêque de Metz est exécuteur testamentaire, elle lui fait un présent. Elle ordonne qu'on ne l'enterre que deux jours après sa mort (1).

Aujourd'hui il n'y a point d'évêque officiant. Mme du Châtelet (Rochechouart) a quêté.

Du lundi 24, Dampierre. — Voilà les nouvelles que je reçois du Parlement, du 21.

Du 21. — Il y a eu quinze curés qui ont fait leur déclaration, par lesquelles il est prouvé : 1° Que M. l'archevêque leur a dit d'avoir des conférences secrètes avec les malades, et en cas qu'on ne voulût pas le permettre, de refuser les sacrements; 2° De refuser les sacrements à tous ceux qui ne diroient pas qu'ils se sont confessés à un prêtre

---

(1) Elle avoit pris Mme Bontemps auprès d'elle, et on prétend qu'elle faisoit avec elle la composition de plusieurs remèdes; on dit même que ces remèdes étoient pour lui rendre sa première beauté, qui étoit fort diminuée. Quoi qu'il en soit, elle appelle Mme Bontemps sa femme de chambre, mais on croit que celle-ci n'en sera pas contente. (*Note du duc de Luynes.*)

approuvé ; 3° De les refuser aux appelants qui ne rétracteroient pas leur appel ; 4° Que l'assemblée du Clergé décideroit des billets de confession non pas comme supérieure dans l'ordre hiérarchique, mais par la déférence qu'on doit avoir pour des confrères.

La Cour a arrêté que M. le premier président retournant vers le Roi sera chargé de lui porter copie des faits sur lesquels son Parlement a cru ne pouvoir se dispenser d'entendre les curés de la ville et faubourgs de Paris, et des déclarations de ceux qui ont pu être entendus jusqu'à ce jour ; comme aussi lui représenter les conséquences importantes qui en résultent contre l'autorité dudit seigneur Roi, sa souveraineté et l'exécution de la déclaration du 2 septembre dernier.

Les curés qui ont été entendus ce soir sont ceux de Saint-Sauveur, Saint-Jacques de la Boucherie, et Saint-Méry. Ceux qui l'ont été ce matin sont ceux de Saint-Séverin, de Saint-Côme, de Saint-Barthélemy, le cardinal Lemoine et des Innocents.

Du mardi 25, Dampierre. — Il y eut samedi dernier assemblée de l'Académie françoise pour élire un successeur au président de Montesquieu. Toutes les voix ont été unanimes pour M. de Châteaubrun, auteur de *Philoctète* et des *Troyennes*, pièces qui ont fort bien réussi ; il n'a pas eu une seule boule noire. Il est attaché à M. le duc d'Orléans. Feu M. le duc d'Orléans, par principe de piété, avoit désiré qu'il ne composât plus de pièces de théâtre ; mais *Philoctète* qu'il vient de donner depuis peu étoit composé depuis plusieurs années.

L'Académie vient de faire imprimer un petit livret contenant la liste de tous les académiciens depuis l'origine, en distinguant ceux à qui chacun a succédé. Les années de réception y sont marquées avec les années de la mort. On trouve ensuite la même liste par ordre alphabétique. On a ajouté une délibération de l'Académie de 1721 au sujet de l'élection ; les statuts et règlements composés de 50 articles faits par le cardinal de Richelieu ; d'autres règlements faits par le Roi en 1752 ; enfin la confirmation du droit de *committimus* accordé en 1720. Ce petit ouvrage est assez digne de curiosité.

Mme la duchesse de Ruffec fut enterrée hier au soir, à Saint-Sulpice, auprès de M. le duc de Ruffec.

J'avois marqué ci-dessus que le Roi avoit remis au lundi 24 à rendre réponse au premier président; soit que je me sois trompé, ou que cette réponse ait été avancée d'un jour (1), c'est avant-hier au soir que le premier président se rendit à Versailles. L'audience fut dans le cabinet, toutes les portes ouvertes, ce qui a été très-remarqué aussi bien que la durée qui fut fort courte; les uns disent sept, les autres neuf minutes (2). Le premier président remit des papiers au Roi, que l'on juge être les dépositions des curés.

La réponse du Roi, dont le premier président rendit compte hier aux chambres, a été qu'il donneroit ses ordres avant la fin de la quinzaine de Pâques.

M. l'évêque de Chartres et mon frère étoient ce jour-là au grand couvert et à la conversation; le Roi les traita l'un et l'autre avec beaucoup de bonté.

Il paroît une brochure intitulée : *Plaidoyer pour le chapitre d'Orléans;* elle est signée : « Maître Coquereau, avocat. » C'est un petit ouvrage fort court, mais fort bien fait.

DISCOURS DE M. LE PREMIER PRÉSIDENT.

Du lundi, 24 mars 1755.

Ce jour, toutes les chambres assemblées suivant les indications des jours précédents, M. le premier président a dit qu'il s'étoit rendu hier à Versailles, suivant les ordres du Roi, et s'étoit acquitté de la commission dont la Cour l'avoit chargé vendredi dernier de relevée ; qu'en présentant au Roi les copies qu'il étoit chargé de lui porter, il avoit pris la liberté de lui témoigner combien il étoit affligé d'avoir à mettre sous ses yeux des objets tels que ceux contenus dans les déclarations des curés de la ville et faubourgs de Paris, dont il avoit l'honneur de lui remettre des copies ;

---

(1) Le duc de Luynes s'était trompé. Le Roi avait remis, dit Barbier, M. le premier président au dimanche des Rameaux (c'est-à-dire au 23) pour lui donner ses ordres.

(2) « Je sais positivement, dit Barbier, qu'il n'a été que dix minutes avec le Roi. » — Ce qui nous paraît fort oiseux aujourd'hui préoccupait alors, comme on le voit, des esprits fort différents.

Que le nombre de ces déclarations auroit été beaucoup plus considérable, si l'expédition des affaires eût permis de prendre le temps nécessaire pour entendre tous les curés qui se sont présentés;

Qu'à la lecture de ces déclarations, S. M. sentiroit quelles alarmes pourroient causer à ses peuples les faits qu'elles contiennent, s'ils en avoient connoissance, et quelles impressions ils ont dû faire sur le cœur et sur l'esprit des magistrats déterminés par amour à s'intéresser à sa gloire et obligés par état à s'opposer aux atteintes qui pourroient être portées à ce pouvoir suprême qu'Elle a le droit le plus légitime et le plus incontestable d'exercer sur tous ses sujets indistinctement;

Que si S. M. vouloit prendre la peine de donner quelque attention aux déclarations de ces curés, il ne lui seroit pas difficile d'apercevoir le motif de la forme irrégulière dans laquelle M. l'archevêque a donné aux curés ses nouvelles instructions, et se convaincroit indubitablement que le principal but qu'il s'est proposé, en parlant à ses curés, a été de faire triompher sa vanité en leur présence, en leur donnant à entendre qu'il n'a jamais fait un pas vers S. M.; que ce sont MM. les cardinaux de la Rochefoucauld et de Soubise qui sont venus le trouver de sa part, et que l'arrangement dont il étoit convenu avec eux n'auroit de véritable stabilité qu'après une décision définitive de la prochaine assemblée du Clergé;

Que S. M. remarqueroit indubitablement que M. l'archevêque, dans les conférences qu'il a eues avec ses curés, a toujours affecté de leur présenter le parallèle de sa déférence pour ses confrères et de la fermeté avec laquelle il résiste aux tribunaux séculiers, et de ne faire aucune mention de la déclaration du 2 septembre dernier; réticence qui ne pouvoit présenter à l'esprit qu'une résolution bien déterminée de sa part de suivre son système d'indépendance, qu'il lui seroit impossible de concilier avec la soumission à une loi qu'il regarde comme un obstacle invincible à la réussite de ses projets; loi néanmoins reconnue en France et considérée dans l'Europe entière comme le fruit de la sagesse et des soins du souverain, et comme le plus précieux gage de son véritable amour pour ses peuples;

Que S. M. verroit encore par ces déclarations que M. l'archevêque de Paris, loin de vouloir seconder le désir qu'elle a si souvent et si authentiquement marqué pour le rétablissement de l'ordre et de la tranquillité dans ses États, sembloit au contraire s'être ménagé des moyens de renouveler des troubles qui pourroient devenir plus violents encore que les premiers, en transmuant la forme d'inquisition qu'il avoit imaginée dans une autre non moins dangereuse et également capable d'alarmer des peuples accoutumés de vivre à l'abri de ces saintes libertés qui se sont si précieusement conservées dans le royaume depuis tant de siècles;

Que M. l'archevêque de Paris, en paroissant consentir à surseoir la rigoureuse exaction des billets de confession, sous peine d'être privé des derniers sacrements, persistoit à ordonner aux curés de ne point cesser l'usage de les demander, d'employer pour les obtenir tous les moyens possibles, et dans le cas où on ne pourroit y parvenir, d'attendre que le malade soit à la dernière extrémité avant de l'administrer, au risque, qui ne seroit que trop fréquent, de le laisser mourir privé de la consolation de recevoir le saint viatique ;

Qu'enfin, par les ordres donnés par M. l'archevêque aux curés relativement aux appelants connus notoirement, et aux personnes connues d'une certaine façon pour suspectes, S. M. reconnoîtroit avec la dernière évidence le projet de faire admettre en France cette notoriété de fait si dangereuse dans ses conséquences et toujours rejetée avec indignation toutes les fois qu'elle a été proposée ;

Qu'il avoit fini en suppliant le Roi de lui permettre une réflexion d'autant plus digne de son attention, qu'elle lui feroit connoître toute l'illusion du prétexte dont s'est aidé M. l'archevêque pour justifier sa résistance aux ordres de S. M. ; que cette réflexion se puisoit même dans la conduite de ce prélat ; qu'il avoit perpétuellement mis en avant le motif de sa conscience ; que si ce motif eût été réel et sincère, il ne lui auroit jamais permis d'accorder à l'avis de ses confrères une déférence qu'il avoit constamment refusée à son souverain ; d'où il résultoit qu'il s'étoit condamné lui-même à d'éternels remords d'avoir laissé subsister si longtemps les maux qui ont affligé tout son diocèse et d'avoir perpétué des troubles aussi nuisibles au bien de la religion qu'à celui de l'État pour faire prévaloir son sentiment dans une matière sur laquelle le souverain a une telle autorité, que la décision d'un concile, même œcuménique, ne pourroit avoir lieu dans son royaume sans son consentement et sans l'observation des formes usitées en pareil cas ;

Que le Roi avoit eu la bonté de l'écouter sans l'interrompre ; qu'il avoit reçu les copies que la Cour l'avoit chargé de lui présenter, et qu'il lui avoit fait l'honneur de lui dire qu'il trouvoit les papiers qu'il lui présentoit d'un plus gros volume que ceux qu'il lui avoit remis précédemment ; qu'il les examineroit et lui feroit savoir ses ordres avant l'expiration de la quinzaine.

Du mercredi 26, Dampierre. — La Reine fit ses Pâques lundi dernier à la paroisse Notre-Dame ; elle avoit à sa suite huit de ses dames. Mme de Luynes et Mme de Boufflers tinrent la nappe, Mme de Luynes à droite, non comme dame d'honneur, mais par l'ancienneté de duché, c'est le seul titré pour la préséance en pareil cas; les charges n'en donnent point.

Mgr le Dauphin fit ses Pâques hier. C'est le premier gentilhomme de la chambre en année qui nomme les ducs qui servent à cette cérémonie. M. de Gesvres m'avoit nommé, mais en faveur de mon petit voyage ici, il a bien voulu jeter les yeux sur un autre; c'est mon fils qui a rempli cette fonction avec M. le comte de Noailles. Tout a été en règle, la place sur le devant du carrosse, le carreau derrière le fauteuil, et la droite à l'ancienneté de titre; c'est en conséquence que mon fils a eu cette place.

Il arriva hier un courrier de M. de Mirepoix, mais on n'en dit encore aucunes nouvelles. Tout ce qu'on peut présumer jusqu'à présent, c'est que la disposition du Roi et de ses ministres est de répondre dignement et convenablement à la hauteur des Anglois. Nos troupes se disposent à s'embarquer. Il paroît que l'intention n'est pas d'embarquer les régiments en entier, mais seulement un bataillon de ceux qui en ont deux. A la vérité, ce bataillon est bien complet et composé de gens bien choisis. Les entreprises des Anglois nous ont déjà fait perdre beaucoup de terrain en Amérique, et leur projet seroit de nous enlever peu à peu tout ce que nous y possédons.

Voilà les nouvelles que je reçois de Paris au sujet des affaires présentes.

Du 25. — M. le premier président passe pour être content, et le Roi a écouté avec bonté tout ce qu'il a cru devoir lui dire dans la conjoncture présente. Sur quoi S. M. lui a dit qu'il lui feroit savoir ses intentions dans la quinzaine, raison qui empêchera M. le premier président d'aller à Brières. Après le récit de M. le premier président à l'assemblée des chambres d'hier, M. Robert, conseiller des enquêtes, proposa de faire entendre dans la journée d'autres curés de Paris pour compléter la preuve de quelques faits qui pouvoient n'être pas suffisamment établis. Les chambres n'ont point adopté la proposition. Il y a eu deux tiers de voix contre, attendu que le Roi se trouve saisi des faits et des pièces.

Ensuite on a dénoncé une lettre de M. l'évêque de Troyes dans laquelle il crie tout au plus haut à la persécution que l'Église essuye de la part des magistrats. On a à cet égard renvoyé au bailliage de Troyes pour instruire.

Du vendredi 28, Dampierre. — On trouvera ci-après une lettre de M. le cardinal d'Alsace, et une autre du curé du diocèse de Troyes qui prouvent combien les sentiments en Flandre sont différents de ce qui se passe actuellement dans le diocèse de Paris.

Extrait d'une lettre écrite à M. l'abbé Gouault, vicaire général du diocèse de Troyes, par M. le cardinal d'Alsace.

La lettre, Monsieur, que vous m'avez fait l'honneur de m'écrire du 8 m'a été rendue hier par l'ecclésiastique à qui vous l'aviez consignée. Je vous rends grâce de ce que vous me l'avez adressée, car j'en ai un vrai plaisir. J'en ai rendu compte dès hier à M. l'ancien évêque de Mirepoix; il a le logement dans ma maison et mange avec moi dans mon réfectoire. Si vous m'envoyez son vicaire je le recevrai de même et ils ne me seront pas assurément à charge. Eh! comment puis-je mieux marquer le respect que j'ai pour les évêques de France dont les sujets sont persécutés pour le zèle qu'ils ont pour le maintien de la religion? et je suis bien assuré que le Roi même qui a tant de bonté pour moi, ne m'en saura que bon gré quand il verra à quel risque les excès scandaleux du Parlement mettent son royaume; j'étois flatté que ce temps étoit arrivé, car une nièce que j'ai religieuse à Paris m'écrivit du 9 que l'archevêque de Paris étoit rappelé de son exil; je suis impatient d'en avoir des nouvelles ultérieures, car je voudrois que cela fût vrai et que les autres fussent rappelés en même temps, entre autres le vôtre que j'honore infiniment. Ces Messieurs ne pourront pas être employés ici où on parle flamand; il n'y a qu'en carême qu'on prêche en françois à Bruxelles, mais ils pourront préparer des matières pour leur retour en France; il ne leur manque pas de livres, ayant ici une très-grande bibliothèque dans ma maison. Il ne me reste que de vous assurer, Monsieur, qu'avec le plaisir d'exercer cette hospitalité, j'ai celui d'avoir votre confiance et que je vous honore plus que personne.

JHO. CARDINAL D'ALSACE.

A Malines, le 15 mars 1755.

Extrait d'une lettre de Bruxelles, à M. l'abbé Gouault.

Du 15 mars 1755.

En entrant à Bruxelles (de même à Mons), il a fallu décliner mes noms et qualités, ce que j'ai fait avec exactitude et sincérité. J'ai été très-surpris de voir qu'on m'y connoissoit de réputation. Il n'y a pas jusqu'au commis de la poste qui versa des larmes au récit que lui fit pour moi le curé de Tubis des excès de la persécution, qu'on suscite en France aux ministres de Jésus-Christ. J'aurois à vous raconter mille particularités qui font connoître combien on est attaché ici à la foi. On trouve sur la route, de demi-lieue en demi-lieue, une chapelle ou un calvaire, et en passant devant l'église de Notre-Dame de Halle, le cocher a arrêté en nous disant que les voyageurs avoient coutume de descendre pour aller saluer la Sainte-Vierge, ce que j'ai fait avec une grande joie.

Signé Dijoine.

M. l'évêque de Beauvais sacra, il y a quelques jours, dans la chapelle du séminaire de Saint-Sulpice, M. l'abbé de Grasse, évêque de Vence. M. l'évêque de Soissons (Fitz-James) et M. l'évêque de Bazas furent assistants. M. de Beauvais (Gesvres) donna un grand dîner.

On trouvera ci-après la liste de la cène du Roi et de la Reine. Le prédicateur de la cène du Roi a été M. l'abbé de Trémouilhe, théologal de Tours. C'est M. l'évêque de Gap (de Pérouse) qui a fait l'absoute. M. l'abbé de Trémouilhe a prêché aussi à la cène de la Reine.

On a eu des nouvelles de l'Inde. M. Godeheu y est arrivé; aussitôt que M. Dupleix a vu les ordres dont il étoit chargé, il n'a pas fait la moindre difficulté; il lui a remis tout entre les mains, et s'est embarqué avec toute sa famille; il est en chemin pour revenir en France. M. Dupleix avoit succédé à M. Damas en 1741.

Le Grand Mogol est mort. Une puissante faction dans cet État ne pouvant élever son chef à l'empire, y a placé un prince de la maison régnante. Le chef de la faction, que l'on dit fort attaché aux Anglois, a été fait premier ministre. Jusque là la nouvelle est mauvaise pour nous, mais on assure que le nouveau souverain veut que les François soient bien traités, et a donné des ordres en conséquence.

On vient d'apprendre la mort du prince Georges de Hesse-Cassel, le 5 de ce mois, âgé de soixante-quatre ans.

Il étoit frère du landgrave de Hesse et du feu roi de Suède; il étoit chevalier de l'ordre de l'Aigle noir, lieutenant général des armées du roi de Prusse et commandoit en chef les troupes de Hesse.

On vient d'apprendre aussi la mort de M. le comte de de Rohan; il est mort à Parme, le 7 de ce mois; il étoit chambellan, grand écuyer et grand veneur de l'infant don Philippe.

Cène du Roi.	Cène de la Reine.
Mgr le Dauphin.	Mme Adélaïde.
Mgr le duc d'Orléans.	Mme Victoire.
M. le prince de Conty.	Mme Sophie.
M. le comte de la Marche.	Mme la duchesse d'Orléans.
M. le comte d'Eu.	Mme d'Aiguillon.
M. de la Chesnaye, premier écuyer tranchant.	Mme de Mirepoix.
	Mme de Périgord.
M. le marquis de Sourches.	Mme de Flavacourt.
M. le marquis de Croissy.	Mme de Goësbriant.
M. le marquis de Flamarens.	Mme de Brissac.
M. le comte de la Suze.	Mme du Châtelet.
M. le marquis d'Armentières.	Mme de Talaru.
M. d'Apchon.	Mme de Voyer.
M. de Maillé.	Mme de Durfort.
M. le comte du Roure.	Mme la marquise de Boufflers.
Un gentilhomme servant.	

C'est Mme de Belestat, fille de Mme de Châteaurenaud, qui a quêté hier.

Du samedi 25, Dampierre. — Voilà les nouvelles que je reçus hier de Paris du 26. M. le président de Ségur, président à mortier au parlement de Bordeaux, est mort. Il étoit fort riche et avoit des vins pour beaucoup d'argent à Bordeaux. Il laisse une veuve, qui est Mlle de Caumartin, et trois filles à marier, qui seront fort riches. Il en a déjà marié deux. M. le président de Ségur avoit une belle maison à Villeneuve auprès de Choisy; il l'a eue de M. le président Le Pelletier.

Mme de Monteynard, fille de M. Aubais, est morte. Les Aubais sont Baschi.

AVRIL.

Morts et mariage. — Mort du comte de Frise. — Arrêt du conseil d'État. — Nouvelles diverses de la Cour. — Réponse du Roi au premier président. — Nouvelles du Parlement. — Nouvelles de l'embarquement des troupes envoyées en Amérique ; ardeur des soldats. — Chambord. — Nouvelles du Parlement. — Mme de Torcy. — M. de Gisors. — Les remontrances du Parlement tenues secrètes. — Nouvelles de la Cour. — Nouvelles du Parlement. Le chapitre d'Orléans reconnaît la compétence du Parlement. — Arrêt du Parlement contre l'évêque de Troyes. — Remontrances du Parlement. — Audience du Roi au Parlement. Discours du premier président et réponse du Roi. — Morts et grandes successions. — Nouvelles diverses de la Cour. — Opinions du Parlement en 1747 et en 1755. — Mort de M. de Baudry. — Nouvelles diverses de la Cour. — Arrêts du Parlement. — Embarquement des troupes qui passent en Canada ; mauvais état de leurs armes ; bonne volonté des soldats. — État des escadres de Brest. — Nouvelles diverses de la Cour. — Affaire des Capucins de Troyes. — Ouvrages des élèves de l'Académie de peinture présentés au Roi. — Arrêts du Parlement.

Du mardi 1er avril, Dampierre. — M. de Vaucresson, qui avoit été avocat général de la cour des aides, est mort de la petite vérole. Il laisse plusieurs enfants ; il a des frères au service. Sa sœur a épousé M. de Chaumont, frère du prévôt des marchands. Leur père étoit caissier de M. Bernard.

Mme la marquise de Sailly fut présentée, il y a environ dix à douze jours, par Mme de Souvré, sa belle-mère, et sa belle-sœur. On sait que Mme de Sailly est fille de M. de Souvré, de son premier mariage, et que Mme de Souvré est sœur de M. de Sailly.

M. Molin (1) est mort le 21 du mois dernier, âgé de quatre-vingt-douze ans. Il étoit médecin de la faculté de Montpellier, et l'un des médecins consultants du Roi. M. Molin laisse 800,000 livres. Il laisse 2,000 écus une fois payés à tous ses héritiers chacun, fait son légataire universel M. de Saint-Romain, maître des comptes, qui a épousé Mlle Le Noir de Cindré, sœur de celui qui a été

---

(1) Jacques Molin, dit Dumoulin.

dans les Menus; il lui avoit donné la terre de Juvisy.

Du jeudi 3, Dampierre. — Othman III, empereur de Constantinople, a déclaré sa mère sultane validé et a ordonné qu'on lui rendît les honneurs dus à ce rang. Cette sultane est fille d'un gentilhomme hongrois. Ali-Pacha, commandant les troupes ottomanes dans la guerre des Turcs en Hongrie, sous le règne de Mustapha, père d'Othman III, fit beaucoup d'esclaves, entre autres cette fille ; voyant qu'elle étoit fort bien faite, et qu'elle avoit beaucoup d'esprit, il la mena à Constantinople, et en fit présent à Mustapha.

Du samedi 5, Dampierre. — On me mande de Paris que le mariage de Mme de Chabot (Vervins) est enfin conclu et arrêté avec M. de Coigny. On sait qu'elle est jeune et jolie et qu'elle a 80,000 livres de rentes. Il avoit été fort question d'elle pour le fils aîné de M. de Brissac; on a même dit pendant longtemps ce mariage tout arrangé ; les deux mariés devoient louer une maison, y tenir leur ménage et ne point loger avec M. de Brissac. On a trouvé avec raison qu'ils étoient bien jeunes; le mariage a été rompu, et sur-le-champ la demande a été faite pour M. de Coigny. Nouvelle difficulté à cause du rang. Quoique Mme de Chabot n'ait point eu de rang et n'ait pas même été présentée à son premier mariage, elle a voulu un rang à celui-ci. On est donc venu demander cette grâce. Madame Victoire a eu la bonté de s'y intéresser et enfin le Roi a répondu qu'il donneroit le rang dans un an. Malgré cela, Mme de Chabot avoit encore peine à donner son consentement; c'est M. de Séchelles, son grand-oncle, qui l'a déterminée, il lui a représenté que jamais sa famille ne consentiroit qu'à son âge elle allât tenir une maison.

J'ai oublié de parler de la mort du fils de M. le président Molé ; il est mort de la poitrine, le 29 du mois dernier, après une longue maladie. Il avoit six ans et demi. M. le président Molé n'avoit d'autre enfant que ce garçon, et une fille qui étoit déjà une grande héritière, et qui par cette mort aura des biens immenses, si Mme Molé, qui a eu au moins sept à huit millions de biens, n'a point d'autres enfants.

M. le comte de Frise est mort le 31 du mois dernier; il étoit maréchal de camp; 'il avoit vingt-sept ans. Il a été enterré, à la Magdeleine, sa paroisse; il étoit catholique et le Roi le savoit. Il avait mangé un million de son bien et il avoit encore 25,000 écus de rentes de son bien en Saxe, et outre cela 20,000 écus de bienfaits du Roi; malgré cela ses affaires sont dérangées. Il n'étoit point de la maison de Frise, son nom étoit Friès. Il étoit neveu du feu maréchal de Saxe, et avoit eu à sa mort la capitainerie de Chambord comme le maréchal, et le régiment de dragons du maréchal. Outre cela il avoit le régiment de cavalerie de Mme la Dauphine. M. de Saumery avoit toujours conservé le titre de gouverneur de Chambord, et son neveu, fils de M. de Pifon, son frère, avoit obtenu la survivance. M. de Saumery avoit eu 17,000 livres de pension du Roi pour dédommagement de la jouissance du gouvernement de Chambord, aujourd'hui on lui rend ce gouvernement. Le régiment de dragons, lorsqu'il fut formé par M. le maréchal de Saxe, ne dépendoit ni du colonel général de la cavalerie, ni de celui des dragons; il étoit joint avec celui des houlans. Lorsque le Roi alla en campagne, le maréchal de Saxe voulut que ses dragons eussent l'honneur de monter la garde chez le Roi; ce ne pouvoit être que comme cavalerie, parce que les dragons n'ont pas eu cette distinction; il les fit donc décider cavalerie, et voulut avoir le visa du colonel général de la cavalerie. Le régiment de cavalerie qui étoit sur le pied étranger est remis sur le pied françois.

Le logement de feu Mme de Ruffec, dans l'aile de la chapelle, qui faisoit la moitié de celui de feu M. et Mme de Saint-Simon, vient d'être donné à Mme de Talleyrand, qui le prêtera à Mme de Chimay jusqu'à ce qu'elle ait un logement.

Du dimanche 6, *Dampierre*. — Il y eut avant-hier conseil d'État; on trouvera ci-après l'arrêt qui y fut rendu. Ce jugement n'est que la déclaration de 1730, enregistrée dans un lit de justice, à Paris, au sujet de la Constitution. Le préambule de cette déclaration mérite d'être lu; elle ordonne l'exécution des bulles des papes Innocent X, Alexandre VII et Innocent XI contre Jansénius, et sur la signature du formulaire; elle ordonne aussi l'observation de la constitution *Unigenitus*, et veut qu'étant loi de l'Église elle soit regardée comme loi de l'État; elle explique que le silence imposé par S. M. ne doit point s'étendre jusqu'aux archevêques et évêques, qui doivent malgré cela avoir tout droit d'instruire sur la soumission à la Constitution. A l'égard des appels comme d'abus, elle veut qu'ils ne puissent avoir aucun effet suspensif, mais seulement dévolutif (1). Il y est bien expliqué que les refus de visa, etc., pour les causes expliquées dans ladite déclaration, c'est-à-dire pour la résistance aux bulles, ne puissent être regardés comme des moyens d'abus, et que l'abus dont est appel ne puisse tomber que sur d'autres causes qui se trouveroient jointes à celles dont il vient d'être parlé; enfin elle défend, sous toutes peines de droit, tous ouvrages, écrits, lettres ou libelles qui attaqueroient les constitutions des papes, et notamment la bulle *Unigenitus*, etc.

ARRÊT DU CONSEIL D'ÉTAT DU ROI DU 4 AVRIL 1755.

(*Extrait des registres du conseil d'État.*)

Le Roi s'étant fait représenter l'arrêt que son parlement de Paris a rendu le 18 du mois dernier, toutes les chambres assemblées, par lequel, après avoir déclaré qu'il y a abus dans différentes délibérations prises par le chapitre d'Orléans, et attendu les faits de la cause, le procureur général de S. M. auroit été reçu incidemment appelant comme

---

(1) Pour comprendre le sens de ces mots, *voy.* les judicieuses réflexions de Barbier sur l'arrêt du Parlement du 6 février 1755, t. VI, p. 116-117.

d'abus de l'exécution de la bulle *Unigenitus* (1), notamment en ce qu'aucuns ecclésiastiques prétendent lui attribuer le caractère ou lui donner les effets de règle de foi, et faisant droit sur ledit appel il auroit été dit qu'il y a abus; en conséquence, il auroit été enjoint à tous ecclésiastiques de quelque ordre, qualité ou dignité qu'ils soient, et à tous autres, de se renfermer, à l'égard de ladite bulle, dans le silence général, respectif et absolu, prescrit et ordonné par la déclaration du 2 septembre dernier, et ce sous les peines y portées; S. M. auroit reconnu que si les dispositions de cet arrêt, en ce qui concerne les délibérations du chapitre d'Orléans, ne contiennent rien qui ne soit conforme aux vues et aux intentions de S. M., il n'en est pas de même de la partie dudit arrêt où son Parlement auroit dit dans les termes les plus généraux et les plus indéfinis qu'il y a abus dans l'exécution de la bulle *Unigenitus*; que par là les magistrats à qui S. M. confie l'exécution de sa déclaration s'écartent ouvertement des règles qu'elle prescrit; qu'ils s'élèvent même contre une décision acceptée unanimement par les évêques de France, reçue dans toute l'Église, revêtue de lettres patentes enregistrées dans tous les parlements et devenue par le concours de l'autorité des pasteurs et de celle de S. M. loi de l'église et de l'État; que d'ailleurs, sous prétexte d'ordonner l'exécution de ladite déclaration du 2 septembre dernier, les juges qui ont rendu ledit arrêt ont affecté d'en étendre les dispositions comme s'il appartenoit à d'autres qu'à S. M. d'interpréter les lois qui sont émanées d'elle et des Rois ses prédécesseurs; que dans ces circonstances S. M. a cru devoir distinguer ce qu'il y a d'irrégulier et d'excessif dans l'arrêt du Parlement, de ce qui est renfermé dans les bornes légitimes du pouvoir qui lui est confié.

C'est ainsi qu'en maintenant le respect et la soumission qui est due aux décisions de l'Église, S. M. entend procurer en même temps la paix et la tranquillité à ses sujets. A quoi désirant pourvoir, le Roi étant en son conseil a cassé et annulé, casse et annule ledit arrêt du Parlement de Paris, en ce que son procureur général auroit été reçu

---

(1) Un conseiller de grand'chambre, M. Anjorant, le 18 mars, dit qu'au lieu de s'amuser à couper les branches d'un arbre qui en reproduisait toujours de nouvelles, il fallait couper le tronc, et en conséquence il proposa, ce qui fut adopté, de déclarer que l'exécution de la Constitution était abusive. L'arrêt du 18 mars, salué par les acclamations du public, qui en général est janséniste, dit Barbier, fut regardé comme anéantissant et détruisant la bulle *Unigenitus*. Le parti janséniste remportait une victoire décisive, contre laquelle Louis XV lança, le 4 avril, son arrêt du conseil qui fit commencer une nouvelle lutte bien plus grave que la précédente, à laquelle la déclaration du 2 septembre et le rappel du Parlement semblaient avoir mis fin.

incidemment appelant comme d'abus de l'exécution de la bulle *Unigenitus* et qu'il auroit été dit qu'il y a abus dans ladite exécution, comme aussi en ce que, sous prétexte d'ordonner l'exécution de la déclaration du 2 septembre dernier, ledit Parlement en auroit, contre les vues et les intentions de S. M., étendu et interprété les dispositions ; Ordonne que lesdites dispositions dudit arrêt seront regardées comme nulles et non avenues ; Fait défenses de les exécuter et de rendre aucuns jugements en conséquence, à peine de nullité ; et sera le présent arrêt imprimé, etc. Fait au conseil d'État du Roi, S. M. y étant, tenu à Versailles, le 4 avril 1755.

Du lundi 7, Versailles. — M. de Schomberg est chambellan de M. le duc d'Orléans ; on compte qu'il aura les dragons volontaires où étoient autrefois les houlans, et M. de Lewenhaupt le régiment de cavalerie de Mme la Dauphine ; il est fils du général de Lewenhaupt qui a eu le cou coupé en Suède. Il a épousé une comtesse de Linange, cousine de Mmes de Linange et d'Hamilton, qui vinrent ici il y a quelques années.

Les États de Bretagne présentèrent hier à la Reine, à sa toilette, une médaille et une estampe de la statue pédestre du Roi qui est dans la place de Rennes. M. l'évêque de Rennes fit un petit compliment fort court et fort bien.

L'agrément du mariage de Mme de Chabot (Vervins) avec M. de Coigny fut demandé hier, et le Roi signa le le contrat de mariage de M. de Montmorin avec Mlle de Souvré.

C'est Mme de Talleyrand la jeune qui a eu un logement (1) ; elle en avoit un fort vilain au-dessus de sa mère.

On me mande de Paris la mort M. l'abbé Rosily, homme de condition, qui avoit quarante-neuf ans ; il avoit de l'esprit et étoit aimable ; il a un frère major de la marine, et son aîné, conseiller au parlement de Bretagne, qui est fort riche.

---

(1) Celui de Mme de Ruffec.

Du mardi 8, Versailles. — Mme de Torcy mourut avant-hier; elle avoit soixante-seize ans, dix ans moins que M. l'abbé de Pomponne, son frère, aujourd'hui chancelier de l'ordre du Saint-Esprit; elle étoit fille de M. de Pomponne, ministre d'État. Elle logeoit dans la belle maison de Bourbon que M. de Torcy, son mari, ministre et secrétaire d'État, avoit fait bâtir. Elle a eu trois filles et un garçon : feu Mme d'Ancezune, feu Mme de Mailly, la première femme de M. de Mailly-d'Harcourt; il reste une fille vivante qui est Mme du Plessis-Châtillon, et M. de Croissy, qui de Mlle de Coigny a quatre garçons et une fille vivants.

Il y a eu ce matin deux agréments de mariage demandés. L'un est celui de M. de Lastic, fils de M. de Lastic, maréchal de camp et chef de brigade, avec la fille de Mme de Ménars, sœur de Mme de Castellane. Le second mariage est celui de M. le marquis de Béthune, frère de Mme de Montmartel, avec la troisième fille de M. de Thiers (Crozat). Les deux autres filles de M. de Thiers sont mariées, l'une à M. le comte de Béthune, frère de feu Mme la maréchale de Belle-Isle, et l'autre à M. le duc de duc Broglie.

M. de Rambures, frère de M. l'évêque de Meaux, marie sa fille à M. de Ligny, neveu de Mme de Stainville; il lui donne 7,000 livres de rentes et lui assure en tout 100,000 écus.

Je n'ai point marqué la quêteuse du jour de Pâques; ç'a été Mme de Paulmy (la Marche); il n'y en a point le jour de Quasimodo. Le compliment du P. Griffet le jour de Pâques a été trouvé extrêmement beau.

M. le maréchal de Belle-Isle, qui a fait ses révérences dans la semaine sainte, les a faites en habit ordinaire; il a demandé dispense du grand manteau.

M. le premier président vint ici hier; il attendit longtemps dans le cabinet du premier valet de chambre. Tout ce qu'on sait jusqu'à présent, c'est qu'il a été sept minutes chez le Roi, la porte fermée, mais que l'audience que le Roi lui a donnée n'a été que de trois minutes. Quoique le Clergé puisse être content de la plus grande partie du dernier arrêt du conseil, vraisemblablement il ne pensera pas de même sur le commencement de cet arrêt. Le Roi, en approuvant la conduite du Parlement par rapport à l'affaire d'Orléans, paroît confirmer de plus en plus la compétence de ce tribunal sur pareilles matières.

Voilà la réponse du Roi à M. le premier président, que je viens de recevoir :

« J'ai examiné les pièces que vous m'avez remises ; l'archevêque de Paris auroit dû défendre à l'appel comme d'abus interjeté par mon procureur général de l'ordonnance qu'il a rendue contre le nommé Cerveau, et dont il auroit pu justifier les dispositions ; mais cette affaire auroit dû être portée à la grande chambre seule, conformément aux règles et usages anciens, et je ne saurois approuver qu'elle l'ait été aux chambres assemblées.

« A l'égard des services demandés par les marguilliers de la paroisse de Saint-Médard pour les anciens curés, je regarde cette constatation comme une affaire particulière dans laquelle il n'est question que de bien approfondir les usages de cette paroisse, après quoi personne ne doit faire difficulté de s'y conformer, et je vous charge de faire sentir l'un et l'autre à mon Parlement.

« J'ai vu avec étonnement, dans les dernières pièces que vous m'avez remises, la forme aussi injuste qu'irrégulière que mon Parlement a prise pour forcer les curés de Paris à rendre compte des conversations particulières que leur archevêque a eues avec eux, et que sans appeler mon procureur général ils aient été mandés ; je désapprouve en tous points cette conduite, qui ne tend qu'à altérer la subordination que les curés doivent à l'archevêque et qu'à entretenir et augmenter le trouble.

« Au surplus, que mon Parlement se rappelle continuellement l'esprit de paix, de modération et de prudence que je vous ai chargé déjà plusieurs fois de lui recommander, et qu'il songe que pour peu qu'il s'en éloigne, il ne suit pas les intentions que j'ai eues dans ma déclaration du 2 septembre dernier, dont je lui ai confié l'exécution. »

On trouvera ci-après les nouvelles du Parlement d'aujourd'hui.

On a décrété de prise de corps le vicaire (1) de Sainte-Marguerite pour avoir refusé les sacrements au sieur Coquelin.

On a remis à délibérer sur la réponse du Roi à vendredi prochain.

Du mercredi 9, Versailles. — Dans la procédure qui a été faite contre le vicaire de Sainte-Marguerite, la forme n'a pas été observée fort régulièrement. On avoit ordonné une information et on n'a pas attendu qu'elle fût finie pour prononcer le décret de prise de corps.

Voilà les nouvelles que je reçois de Paris. :

Ce matin les mercuriales, après les mercuriales, les chambres sont restées assemblées et les gens du Roi y ont rendu compte de toutes les affaires concernant les refus de sacrements sur lesquels il y a eu des procédures extraordinaires.

A l'égard des carmélites de Riom auxquelles la confession a été refusée, les gens du Roi ont requis la continuation de l'information commencée à Riom, dans laquelle seront entendues les religieuses qui ne l'ont point été ; et que cependant les confesseurs qui ont refusé de confesser les religieuses soient décrétés d'assigné pour être ouïs. Les gens du Roi ont requis pareil décret contre le P. Thomas, capucin de Troyes, et contre Vavré, curé, et Henry, vicaire de Saint-Jean de Troyes, pour refus par eux fait de confesser le maire de Troyes. Les chambres n'ont point délibéré sur ces objets.

On ne sait encore rien de positif sur la détermination des Anglois, mais notre embarquement avance. On trouvera ci-après l'extrait d'une lettre de M. le chevalier de Brienne relative à cet embarquement.

---

(1) Le vicaire exerce en l'absence du curé, lequel a été banni. (*Note du manuscrit.*)

De Saint-Brieuc, le 3 avril 1753.

Nous sommes arrivés ici le 2, et j'ai trouvé en arrivant des ordres pour nous faire repartir le 5 et arriver à Brest le 11. Il paroît très-décidé qu'il n'y a que les seconds bataillons qui s'embarquent, mais nous ne savons pas encore positivement le détail qui regarde l'intérieur de nos corps. M. de Crémille m'a mandé de me rendre à Brest à l'avance, afin de prendre avec moi les arrangements nécessaires. Je compte y être le 7. Voilà l'ordre qui sera observé dans l'embarquement. Le régiment de Guyenne arrive le 3 pour s'embarquer le 5. Languedoc arrive le 5 et s'embarque le 7. Béarn arrive le 7 et s'embarque le 9. Bourgogne arrive le 9 et s'embarque le 11. Artois arrive le 11 et s'embarque le 13. La Reine arrive le 13 et s'embarque le 15. Nous ne savons encore rien du sort des bataillons qui ne s'embarqueront pas. Notre joie continue toujours; elle est pourtant un peu diminuée par le chagrin d'être séparés, et tous nos désirs auroient été de nous embarquer tous. Le zèle des soldats est si grand, que j'en ai rencontré à Rennes deux en poste et qui m'assurèrent, devant un grand nombre de personnes qui s'étoient assemblées sur la place, qu'ils auroient fait toute la route comme cela, s'ils en avoient eu le moyen, pour prouver leur zèle pour le service du Roi. Tout le régiment pense de même; il est complet, à quatorze hommes près. Il n'en a déserté que sept dans toute la route, et tous sept soldats de recrue engagés depuis la nouvelle de l'embarquement, et n'étant pas à leur apprentissage de désertion. Tous les officiers sont ici à la réserve d'un qui se meurt, de sorte qu'officiers et soldats ont tous donné des preuves de la plus grande volonté.

Du jeudi 10, *Versailles.* — Depuis que M. de Grimberghen a remis à l'électeur de Bavière les détails des affaires dont il étoit chargé comme son ministre, M. de Grevenbroch, ministre de l'électeur palatin en France, a été chargé des affaires de Bavière en notre cour. Cet arrangement vient d'être changé : c'est actuellement M. de Van Eick, résident de Liége à Paris, que l'électeur de Bavière vient de charger de ses affaires. Ce changement est la suite des négociations de M. Guébriant auprès de l'électeur de Cologne. Cet électeur paroît avoir un crédit très-décidé à la cour de Munich.

M. le prince de Conty vint avant-hier matin chez le Roi; mais s'il eut audience elle fut fort courte.

Du vendredi 11, *Versailles.* — M. de Saumery, gouverneur de Chambord, est arrivé ici depuis quelques jours; il est vraisemblable que la jouissance du parc de Chambord lui sera rendue, mais il n'y a encore rien de décidé. J'avois marqué ci-dessus, au 5 avril, qu'il avoit eu 17,000 livres pour dédommagement de cette jouissance; cet article n'est pas exact. M. de Saumery lui-même m'a conté des détails que j'avois oubliés. M. de Saumery a une ancienne pension de 3,000 livres. On sait que cette famille est attachée au Roi depuis longtemps, j'en ai parlé en d'autres occasions. Il a outre cela les appointements de gouverneur de Chambord, qui valent environ 4,000 livres, et il avoit encore la jouissance du parc de Chambord dont il tiroit des revenus 14 à 15,000 livres. Cette jouissance lui avoit été accordée avec d'autant plus de raison, que c'étoit son grand-père qui avoit fait construire différentes fermes dans le parc de Chambord, où l'on cultivoit plusieurs pièces de terre qu'il avoit fait entourer de haies. Lorsque le Roi donna la jouissance de Chambord à M. le maréchal de Saxe, il voulut bien accorder 10,000 livres par an à M. de Saumery pour dédommagement de la jouissance du parc, mais le parc n'est plus dans le même état où M. de Saumery l'avoit laissé. M. le maréchal de Saxe n'a point été occupé des mêmes objets d'économie et d'utilité, il y a entretenu un grand nombre de daims et de sangliers, et il faut plusieurs années pour rendre la même valeur au parc de Chambord; c'est ce qui donne lieu d'espérer à M. de Saumery que si le Roi lui rend le gouvernement, comme il y a lieu de le croire, S. M. voudra bien lui donner encore quelques marques de bonté par rapport aux circonstances.

Voilà les nouvelles du Parlement d'aujourd'hui :

> Les chambres, après six heures de délibération, ont arrêté qu'il sera fait une députation au Roi pour faire à S. M. de très-humbles et très-respectueuses représentations sur sa réponse du 7 à son Parlement.

Ces représentations ont quatorze objets qu'on ignore.

Les gens du Roi ont reçu ordre de se retirer vers le Roi pour savoir le jour et l'heure que S. M. voudra recevoir la députation.

Du samedi 12, *Versailles.* — M. de Croissy vint ici il y a deux ou trois jours; le Roi a trouvé bon qu'il ne fît point de révérences. Il m'a conté quelques détails sur les dispositions de Mme de Torcy ; elle jouissoit au moins de 60,000 livres de rentes et elle ne les dépensoit pas, mais elle avoit fait plusieurs remboursements qui font un grand avantage dans sa succession. Elle donnoit à l'aîné de ses petits-fils 2,000 livres de pension, elle lui continue cette même pension. Elle ne donne rien au second parce qu'il a hérité de Mme d'Ancezunce, sa tante. A l'égard des deux cadets, qui sont jumeaux et fort jeunes, elle leur donne à chacun 1,000 livres de pension viagère reversible de l'un à l'autre. Elle donne à Mme du Plessis-Châtillon, sa fille, et à Mme de Rians, sa petite-fille, sa bibliothèque à partager. Elle donne au second de ses petits-fils des boutons de manches de diamants, et je crois une petite bague à Mme de Voyer, sa petite-fille. Pour M. de Croissy, elle lui donne le choix de prendre la qualité de légataire universel ou d'héritier. M. de Croissy compte que cette succession n'augmentera son bien que de 15 à 20,000 livres de rentes, à cause du partage avec ses cohéritiers suivant les coutumes. Mme de Torcy jouissoit d'une pension du Roi, je crois de 10,000 livres.

M. de Gisors est venu ici aujourd'hui et a fait ses révérences sans manteau. Il arriva il y a trois ou quatre jours et demi. Ce n'est pas sans peine qu'il a passé le Grand-Belt, il y avoit encore beaucoup de glaces. Il avoit appris la mort de Mme la maréchale de Belle-Isle, et avoit grande impatience de se rendre auprès de M. son père. Les bâtiments ne pouvant passer, il se mit dans une petite chaloupe avec des matelots fermes et adroits qui montoient sur les glaces quand elles pouvoient les soutenir et y faisoient monter la chaloupe, et lorsque les glaces n'étoient pas assez fortes, ils remontoient dans la chaloupe pour la faire percer au travers desdites glaces.

Il est très-décidé que M. et Mme de Nivernois viennent s'établir à l'hôtel de Belle-Isle avec leur fille; ils y seront lundi prochain. Mme de Gisors logera dans le grand appartement. Celui où couchoit Mme la maréchale sera appartement de compagnie. M. de Gisors loge dans les entre-sols, où il y a des cuisines particulières qui serviront à M. et à Mme de Nivernois; M. et Mme de Nivernois logent au second étage.

Voilà ce qu'on me mande de Paris d'aujourd'hui :

Il n'a pas été possible d'avoir ce matin les fameux articles arrêtés pour les représentations que le Parlement demande la permission de faire au Roi. M. le premier président a pris toutes les mesures qui ont dépendu de lui pour empêcher ces articles de devenir publics avant la députation, et cela fondé sur ce que dans le temps des remontrances que le Roi a refusé de recevoir en 1753, l'on reprochoit au Parlement que les objets des remontrances avoient couru Paris auparavant que le Parlement ait été en état de présenter ses remontrances.

Du dimanche 13. — Mlle de Sens a présenté aujourd'hui Mme de Prulé (Noinville); Mme de Prulé est mariée depuis trois mois.

Mme la comtesse d'Ayen (de Fresne-Daguesseau) a aussi été présentée aujourd'hui par Mme la duchesse d'Ayen (Brissac), sa belle-mère.

Le Roi a donné aujourd'hui audience aux députés des États de Bourgogne; ils ont été présentés par M. le prince de Condé et par M. de Saint-Florentin. C'est l'abbé de Cîteaux qui a porté la parole.

Il y a eu cinq signatures de contrats de mariage, celui de M. de Coigny avec Mme de Chabot (Vervins), de M. le marquis de Béthune, frère de Mme de Montmartel, avec Mlle de Thiers, de M. de Ligny avec Mlle de Rambures, de M. de Boismont, intendant de Valenciennes, avec Mlle de Flesselles, et celui de M. Dufort, introducteur des ambassadeurs, avec Mlle Le Gendre.

Le Parlement a nommé quatre commissaires pour examiner les articles des remontrances; ces commissaires sont MM. Molé, de Salabéry, Clément et Drouin. Ils ont jugé à propos d'en retrancher deux; ainsi il n'y en aura que douze.

Mme Ricouart (Pontcarré) est morte; elle étoit sœur du premier président du parlement de Rouen, de M. de Viarmes, de Mme d'Urfé et de Mme de Marteville, mère de Mme la comtesse de Montmorency. M. Ricouart a été intendant de marine.

Du lundi 14, *Versailles.* — MM. les gens du Roi vinrent ici hier matin, suivant l'ordre qu'ils avoient reçu. L'audience que le Roi leur donna fut fort courte, et la réponse ne fut autre chose que : « Samedi à onze heures, » prononcé d'un ton assez sec.

Voilà les nouvelles du Parlement d'aujourd'hui :

Le sieur Caillard, syndic du chapitre d'Orléans, a été interrogé ce matin, et a reconnu pour son chapitre et pour lui la compétence du Parlement dans tous les arrêts rendus sur le refus de sacrements fait au défunt Coyniou, chanoine, auxquels arrêts il a déclaré que le chapitre est et sera toujours soumis.

Cinq prêtres, accusés d'avoir refusé de confesser des religieuses de Riom, la supérieure desdites religieuses et l'abbé de la Batisse, supérieur ecclésiastique desdites religieuses, accusés de favoriser lesdits refus de confession, ont été décrétés d'assignés pour être ouïs.

Du mercredi 16, *Versailles.* — M. Le Maire, président de la chambre des comptes, est mort hier; il étoit très-riche. Il étoit neveu de M. Le Maire, maître des requêtes, et de Mme la première présidente Pelletier, mère de Mme de Fénelon (1). M. Le Maire, qui vient de mourir, avoit épousé Mlle Le Vallier, fille de M. le président Le Vallier, qui avoit été fermier général, dont il a eu des biens considérables. M. Le Maire avoit soixante-quatorze ans; il

---

(1) Mme la première présidente Pelletier s'appelle Le Maire; elle a eu deux millions de biens. (*Note du duc de Luynes.*)

laisse deux garçons et deux filles. L'aîné des garçons, qui a épousé Mlle Pequot de Saint-Maurice, aura sa charge de président. Le cadet des garçons de M. Le Maire est officier aux gardes. Les deux filles sont Mme la présidente de Besigny et Mme la marquise d'Ons-en-Bray.

Du jeudi 17, *Versailles.* — Voilà les nouvelles que je reçois du Parlement d'aujourd'hui :

Arrêt des chambres assemblées par lequel il a été donné acte au procureur général du Roi de sa prise de fait et cause pour son substitut au bailliage de Troyes, sur l'appel comme d'abus du mandement de l'évêque de Troyes du 27 décembre 1754.

Le procureur général reçu en outre appelant comme d'abus d'une ordonnance dudit évêque de Troyes du 3 janvier 1755 ;

Permis d'intimer l'évêque de Troyes sur lesdits appels ; et néanmoins ordonné dès à présent que ledit évêque de Troyes sera tenu d'indiquer et nommer dans le mois au procureur général du Roi les prêtres qui n'ayant jamais été approuvés dans le diocèse de Troyes, ou y étant interdits, y auroient, ainsi que ledit évêque prétend l'avoir appris, administré le sacrement de pénitence hors le cas de nécessité, pour, sur ladite indication et nomination, être requis par le procureur général du Roi, et par la Cour ordonné, ce qu'il appartiendra.

Ordonné que ledit arrêt sera imprimé et affiché dans le diocèse de Troyes.

Autre arrêt dudit jour qui a reçu le procureur général du Roi appelant comme d'abus de l'interdit prononcé par l'évêque de Troyes contre différents prêtres de la Magdeleine de Troyes. Les gens du Roi ont été chargés de rendre compte lundi prochain aux chambres de l'état de ladite paroisse de la Magdeleine de Troyes.

Ordonné qu'un imprimé contenant les pouvoirs que l'évêque d'Autun donne aux confesseurs de son diocèse sera remis aux gens du Roi pour par eux prendre des conclusions lundi matin sur la limitation desdits pouvoirs.

Du vendredi 18, *Versailles.* — M. le chancelier présenta il y a trois ou quatre jours au Roi les remontrances que le Parlement doit faire ; on en trouvera ci-après la copie.

10 avril 1755.

Arrêté qu'il sera fait au Roi une députation en la forme ordinaire, à l'effet de lui représenter :

1° Que son Parlement a été tellement pénétré à la lecture de la

8.

réponse dudit seigneur Roi du 7 du présent mois, qu'il se seroit abandonné à sa juste douleur et garderoit le plus profond silence, si le zèle qui l'anime, son respect et sa fidélité ne le forçoient de parler dans une circonstance où la gloire dudit seigneur Roi et le bien de ses peuples se trouvent si essentiellement intéressés.

2° Que son Parlement, instruit de l'attention particulière avec laquelle ledit seigneur Roi s'est appliqué à chercher les moyens les plus convenables pour assurer la paix et la tranquillité publique, et frappé de la différence marquée de ladite réponse et des dispositions de la déclaration du 2 septembre dernier; ainsi que des témoignages réitérés que ledit seigneur Roi a donnés à son Parlement de la ferme résolution où il étoit d'en maintenir l'exécution, ne peut regarder ladite réponse que comme une surprise faite audit seigneur Roi et comme l'effet des sollicitations importunes des ennemis de la paix et du silence prescrit par ladite déclaration.

3° Qu'en entrant dans le détail des différents objets contenus dans ladite réponse, on reconnoît partout le dessein formé de la part de ceux qui l'ont surprise de rendre, s'il étoit possible, la déclaration du 2 septembre dernier entièrement inutile.

4° Que son Parlement n'a pu voir sans en être alarmé que dans le temps même où l'archevêque de Paris persiste à se rendre coupable du mépris de l'autorité royale, le Roi semble annoncer que ledit archevêque auroit pu justifier une ordonnance qu'il n'a rendue que pour punir un ecclésiastique d'avoir fait cesser un scandale occasionné par ses ordres et d'avoir obéi à un arrêt qui n'étoit que l'exécution nécessaire de la déclaration du 2 septembre, ordonnance nulle en elle-même, contraire à toutes les règles et déférée au Parlement assemblé par le procureur général.

5° Que l'appel comme d'abus de ladite ordonnance a été régulièrement porté aux chambres assemblées, que la compagnie entière en qui résident tous les droits que chaque partie du corps peut exercer a droit de connoître par l'appel comme d'abus, ainsi que par toute autre voie, de tout ce qui concerne l'ordre public et la police générale du royaume; que l'on n'a pu dissimuler au Roi ce droit du Parlement; que faute d'être instruit des vrais principes, ou dans la vue de faire naître dans le Parlement une division qui seroit aussi funeste pour les droits du souverain lui-même que le projet en est injurieux à des magistrats qu'un même esprit animera toujours pour la défense de la gloire et l'autorité dudit seigneur Roi et pour le bien de l'État.

6° Que le refus des prières est l'acte de schisme le moins tolérable ; que la surprise faite au Roi est évidemment marquée dans une réponse qui présente comme une contestation ordinaire et comme une affaire particulière un refus de prières que le curé de Saint-Médard et l'archevêque de Paris n'ont pas craint de fonder sur un motif qui renferme la contravention la plus manifeste à la déclaration du 2 septembre.

7° Que la forme irrégulière prise par l'archevêque pour notifier ses ordres aux curés de ladite ville sous la foi du secret, tendoit à former une véritable association contre l'exécution de la déclaration du 2 septembre ; que toute association intéresse la sûreté publique et peut intéresser même la sûreté de la personne du souverain, et que son Parlement ne peut croire que ledit seigneur Roi voulût abandonner, en faveur de l'archevêque de Paris, jusqu'aux droits de réprimer de pareilles manœuvres et faire prévaloir la subordination des curés à l'archevêque de Paris, sur l'obligation où sont lesdits curés et l'archevêque lui-même de rendre compte audit seigneur Roi et aux magistrats qui le représentent de tout ce qui peut intéresser l'ordre public et l'exécution des lois du royaume.

Que le Parlement, en demandant ce compte aux curés, a pris la forme la plus capable de prouver sa modération et le désir qu'il avoit de se conformer aux intentions que ledit seigneur Roi a paru marquer jusqu'à présent de suspendre les poursuites rigoureuses qui eussent constaté juridiquement les entreprises multipliées dudit archevêque ; que cette forme, autorisée dans tous les temps, a été récemment employée par son Parlement sous ses yeux et n'a point paru irrégulière audit seigneur Roi.

8° Qu'au fond, les pratiques dudit archevêque de Paris ne tendent qu'à perpétuer le trouble et à continuer des délits déjà condamnés par ledit seigneur Roi ;

Que son Parlement ne peut voir qu'avec la plus grande peine que presqu'au moment que le Roi vient d'annoncer son mécontentement de la désobéissance de l'archevêque de Paris, le silence que garde le Roi dans sa dernière réponse sur les nouveaux délits dudit archevêque sembleroit en être une espèce de justification ; que l'improbation qu'il paroît même donner aux mesures prises par son Parlement pour prévenir les efforts que faisoit ledit archevêque pour rendre ses curés complices de ses délits, pourroit l'enhardir à faire de nouveaux efforts, comme si l'on pouvoit supposer que le Roi pût jamais changer de dispositions, sur l'exécution d'une déclaration qui est le monument le plus signalé de son amour pour ses peuples.

9° Que les différentes surprises faites à la religion du Roi ne pourroient être envisagées que comme l'effet d'une négociation que des personnes ou trop favorables aux coupables, ou peu instruites du fond d'une matière aussi importante, ou trompées et séduites elles-mêmes, ont présentée comme le moyen de tout pacifier, quoiqu'elle n'eût pour objet que de parvenir à rendre les évêques assemblés juges de ce qui est évidemment décidé par la déclaration du 2 septembre dernier et à soumettre la discussion de l'étendue de l'autorité dudit seigneur Roi à des sujets et à ceux même qui osent la méconnoître.

10° Que son Parlement ne peut lui dissimuler que l'excès de sa clémence n'a servi qu'à augmenter et affermir la témérité de quelques ecclésiastiques ; qu'une juste sévérité devient plus nécessaire que jamais ; que cependant son Parlement ne s'écartera pas de cet esprit de vigilance et de modération par lequel il se flatte de mériter toujours l'approbation de son souverain.

11° Que son Parlement ne peut donner audit seigneur Roi des preuves plus certaines de son inviolable fidélité, qu'en maintenant avec la plus grande exactitude le silence imposé par la déclaration du 2 septembre.

12° Que son Parlement, en portant audit seigneur Roi les vœux de tous ses peuples et le gage de son inviolable fidélité, ose le supplier d'assurer le bonheur de ses sujets par le rétablissement de la paix dans l'Église et dans l'État en continuant de s'occuper d'une entreprise si digne de lui et de son amour pour ses peuples.

Du samedi 19, Versailles. — Mme de la Chabrerie mourut avant-hier à Paris ; son nom étoit Touzard ; elle étoit femme de M. de la Chabrerie, fermier général.

Mme de Perigny (de Lorne) mourut aussi le même jour à Paris ; elle avoit environ soixante et onze ans.

On trouvera ci-après la réponse du Roi d'aujourd'hui à la grande députation du Parlement. L'ordre étoit donné pour les onze heures du matin ; ils n'arrivèrent dans la salle des ambassadeurs qu'à onze heures un quart. Le Roi alla à la messe avant de les faire avertir ; après la messe il y eut conseil de dépêches. Mgr le Dauphin, qui étoit monté à cheval, n'y assista pas ; M. de Saint-Séverin étoit à Paris. Le Roi dit le matin à M. le duc de Gesvres qu'il recevroit la députation dans sa chambre ; en conséquence, M. le duc de Gesvres fit découvrir le fauteuil et le fit mettre le dos à la cheminée. Après le conseil, le Roi vint dans sa chambre ; il étoit près d'une heure ; M. d'Argenson, M. le chevalier de Dreux, grand-maître des cérémonies, M. de Gizeux, maître des cérémonies, M. de Bourlamaque, aide des cérémonies, allèrent chercher le Parlement. Le Roi s'assit dans son fauteuil ; MM. les ducs de Bouillon, de Gesvres, et de Béthune étoient derrière le fauteuil. MM. du conseil des dépêches y assistèrent ; M. le chancelier étoit à droite du fauteuil. Lorsque le Parlement fut arrivé, M. d'Argenson se mit après M. le chancelier ; les autres se mirent de l'autre côté du fauteuil. M. de Maillebois étoit dans la chambre auprès de la cheminée, le premier valet de chambre auprès de la porte du cabinet. Lorsque le Parlement fut entré, l'huissier ferma la porte et se retira dans l'OEil-debœuf. Les trois officiers restèrent dans la chambre du Roi.

M. le premier président fit un discours. Quand il commença à parler, le Roi mit son chapeau sur sa tête. Après que tout le Parlement fut retiré, le Roi reprit le conseil et envoya par M. de Paulmy sa réponse à M. le premier président qui l'avoit demandée et l'attendoit dans la salle des Ambassadeurs.

Discours de M. le premier Président.

Du 19 avril 1755.

« Sire, qu'il en coûte à mon cœur d'être obligé de faire des représentations à V. M. sur les différents objets contenus en la réponse qu'elle m'a chargé, il y a déjà quelques jours, de porter à son Parlement. Mais, Sire, l'intérêt de votre gloire et la fermeté avec laquelle vous avez pris le parti de maintenir l'ordre et la tranquillité dans vos États, soutiendront toujours mon courage quand j'aurai l'honneur de vous exposer des vérités dont vos sujets sont persuadés que vous voulez être exactement informé. Jamais, Sire, votre Parlement, n'a été plus consterné qu'au moment que je lui ai fait la lecture de cette réponse. Hé ! comment n'auroit-il pas été alarmé du prétexte qu'elle peut fournir aux auteurs des dangereuses divisions qui tourmentent les esprits depuis si longtemps, pour se soustraire à votre autorité souveraine.

Qu'elle est affligeante, en effet, cette réponse ! Permettez-moi, Sire, d'oser vous le dire. Qu'elle est différente de celles qui l'ont précédée ! Combien même ne seroit-elle pas coupable de refroidir le zèle de votre Parlement s'il n'étoit déterminé par son inviolable attachement à votre service à se sacrifier lui-même pour faire respecter votre suprême pouvoir par tous vos sujets et pour préserver votre royaume des suites dangereuses de la fermentation dont il est agité.

Hélas! Sire, comment ne seroit-il pas autorisé, après les témoignages réitérés que vous lui avez donnés de l'inébranlable résolution où vous êtes de maintenir l'exécution de la déclaration du 2 septembre dernier, à regarder cette réponse comme ayant été surprise à votre religion et comme l'effet des sollicitations importunes des ennemis de la paix et du silence que vous avez si sagement imposés?

Quoi, Sire, seroit-il bien possible que V. M. fût persuadée que son Parlement auroit été assez imprudent pour s'écarter de la règle et pour passer par-dessus les anciens usages lorsqu'il a statué sur l'appel comme d'abus interjeté par son procureur général de l'ordonnance rendue par l'archevêque de Paris contre le nommé Cerveau! Si vous daignez, Sire, considérer que cet appel comme d'abus étoit incident à une procédure, qui par sa nature et par le fait étoit de la compétence des chambres assemblées, et que l'ordonnance de l'archevêque de Paris n'avoit été rendue qu'en conséquence de l'exécution faite par cet ecclésiastique d'un arrêt précédemment rendu dans ce même tribunal, vous reconnoîtrez au premier coup d'œil que votre procureur général a régulièrement porté son appel aux chambres assemblées, parce que la compagnie entière en qui réside éminemment tous les droits que chaque partie du corps a droit d'exercer doit avoir nécessairement celui qu'elle a de connoître par la voie de l'appel comme d'abus, ainsi que par toute autre voie, de tout ce qui concerne l'ordre public et la police générale.

Vérité, Sire, qui ne vous a pas été vraisemblablement présentée, faute d'une connoissance exacte et suffisante des vrais principes, ou dans la vue de faire naître dans le sein du Parlement une division qui ne seroit pas moins contraire à vos véritables intérêts que le projet en seroit injurieux à des magistrats qu'un même esprit animera toujours pour la défense de votre autorité et pour le bien de l'État.

Si la conduite de votre Parlement à cet égard est hors de toute atteinte, il s'en faut bien, Sire, que celle de l'archevêque de Paris soit excusable; son refus de défendre à cet appel comme d'abus prouve évidemment sa persévérance dans le système qu'il s'est fait de ne pas reconnoître la compétence de V. M. et des tribunaux de sa justice souveraine, et de ne jamais se soumettre aux dispositions d'une loi qui fait le bonheur de ses peuples et l'admiration des étrangers.

Cependant, Sire, votre Parlement a eu la douleur d'entendre, lors de la lecture de votre réponse, que l'archevêque de Paris auroit pu justifier son ordonnance; un seul mot suffit pour vous en développer le motif; cet archevêque a voulu punir l'ecclésiastique dont il s'agissoit d'avoir fait cesser un scandale occasionné par ses ordres et d'avoir obéi à un arrêt qui n'étoit que l'exécution nécessaire de la déclaration du 2 septembre dernier. D'après cela, Sire, il n'est pas difficile de juger de la solidité ou de la foiblesse des raisons que l'archevêque de Paris, s'il se fût présenté aux yeux de la justice, auroit pu opposer à toutes celles qui s'élevoient en foule contre l'abus énorme qu'il avoit fait de son pouvoir qui lui auroit été reproché. Au surplus, Sire, s'il eût été possible d'imaginer en sa faveur quelques moyens légitimes de défense, ils n'auroient certainement pas échappé aux lumières et à l'impartialité du ministère public qui les auroit suppléés.

Qu'il nous soit permis encore de représenter au plus équitable des rois combien son Parlement a été affligé du peu d'impression qu'a faite une démarche dont il s'étoit néanmoins promis un plus heureux succès. Lorsqu'il a fait présenter à V. M. les pièces qui concernent le refus fait par le curé de Saint-Médard, de concert, ou pour mieux dire, par ordre de son archevêque, de faire célébrer des services pour quelques-uns des anciens curés de cette paroisse, il n'a eu pour objet, Sire, que de vous donner une nouvelle preuve de son respect et de sa modération, en cherchant à éviter par cette démarche l'appareil d'une procédure judiciaire dont l'éclat auroit été d'autant plus grand dans la capitale de votre royaume, qu'un refus de prières pour des morts, loin d'être regardé comme une simple contestation entre particuliers, auroit été pris généralement pour un acte de schisme des moins tolérables, et que le public même le plus sensé, aussitôt qu'il auroit été instruit des motifs de ce refus, n'auroit pas manqué de se récrier contre une contravention aussi manifeste à votre déclaration.

Quelque importants que soient les objets que nous venons de faire passer sous vos yeux, il en est d'autres encore non moins sensibles à votre Parlement et qui sont aussi dignes de votre attention.

La manière dont V. M. s'est expliquée dans sa réponse par rapport aux déclarations des curés de Paris dont j'ai eu l'honneur de lui porter des copies, semble mettre son Parlement dans la nécessité de lui faire connoître la pureté de ses intentions, et il ose, Sire, se flatter qu'aussitôt qu'elles seront connues, V. M. s'apercevra que son zèle n'a pas été excessif dans une occasion aussi importante. Il ne s'est déterminé à recevoir les déclarations de ces curés que par la crainte dont il a été saisi que la forme irrégulière prise par l'archevêque de Paris pour leur notifier ses ordres sous la foi du secret, ne tendît à quelque association téméraire et dangereuse contre l'exécution de la déclaration du 2 septembre dernier, et dès lors il se seroit rendu coupable s'il s'étoit tenu dans l'inaction, parce que toute association dans l'État intéresse non-seulement la sûreté publique mais même celle de la personne du souverain.

Il s'est cru d'ailleurs d'autant plus autorisé à faire cette démarche, qu'il ne se persuadera jamais que V. M. veuille abandonner en faveur de l'archevêque de Paris jusqu'au droit de pénétrer de pareilles manœuvres, ni qu'elle puisse jamais être dans l'intention de faire prévaloir la subordination des curés à leur archevêque sur l'obligation constante où il est lui-même de rendre compte à V. M. et aux magistrats qui ont l'honneur de la représenter de tout ce qui peut intéresser l'ordre public et l'exécution des lois du royaume. Du moment, Sire, où votre Parlement jugeoit qu'il étoit très-important de prendre connoissance des ordres particuliers et secrets que ces curés avoient reçus de leur archevêque, il lui eût été bien difficile de choisir une forme plus décente que celle qu'il a prise et plus capable de vous prouver sa modération et son exactitude à se conformer à vos intentions que vous lui aviez fait connoître en lui ordonnant de ne point faire contre cet archevêque les poursuites auxquelles il s'étoit tant de fois exposé, forme d'ailleurs d'autant moins suspecte de singularité qu'elle se trouve autorisée par des exemples de tous les temps et qu'elle a été récemment employée sous les yeux de V. M. sans qu'elle ait été trouvée irrégulière.

Nous mettons, Sire, toute notre confiance dans cette pénétration d'esprit qui vous a déjà fait tant de fois apercevoir la vérité à travers les nuages épais dont elle étoit enveloppée; mais nous espérons que vous reconnoîtrez que la conduite qu'a tenu votre Parlement dans une conjoncture aussi intéressante étoit devenue véritablement nécessaire, si vous avez la bonté de faire attention à tout ce qui a été pratiqué dans ces derniers temps par l'archevêque de Paris, qui ne va pas à moins qu'à perpétuer le trouble dans l'État et qu'à consommer des délits que vous avez déjà condamnés.

Il est vrai, Sire, que V. M. dans sa réponse garde le silence sur ces nouveaux délits et semble désapprouver les mesures prises par son Parlement dans la vue de prévenir les efforts qu'il pourroit faire pour entraîner à lui ses curés et les engager à devenir ses complices. Mais, Sire, qu'il est à craindre qu'il ne profite de ce silence pour pallier sa conduite vis-à-vis du public, et qu'il ne cherche à lui donner un air de justification en inspirant des doutes sur les dispositions de V. M. par rapport à l'exécution de la déclaration du 2 septembre dernier, monument éternel de sa sagesse et de son amour pour ses sujets.

Votre Parlement, Sire, craindroit de trahir son devoir, s'il ne prenoit la liberté de vous observer que ces nouvelles grâces arrachées à vos bontés peuvent être envisagées comme autant de surprises faites à votre religion, et comme le fruit d'une négociation que des personnes ou trop favorables aux coupables qui se roidissent contre votre pouvoir, ou peu instruites du fond d'une matière aussi délicate et aussi importante que l'est celle dont il s'agit, ou peut-être trompées ou séduites elles-mêmes, vous ont présentée comme le moyen le plus efficace de tout pacifier, quoiqu'elle n'eût véritablement pour objet que de parvenir à rendre les évêques assemblés juges de ce qui est évidemment décidé par votre déclaration et à soumettre la discussion de l'étendue de votre autorité à des sujets qui osent la méconnoître ouvertement.

Dans ces circonstances, Sire, où votre gloire et le bien de l'État sont si essentiellement intéressés, votre Parlement se reprocheroit encore de vous dissimuler que l'excès de votre clémence n'a servi jusqu'à présent qu'à enhardir et qu'à affermir davantage la témérité de ceux d'entre les ecclésiastiques qui s'opposent à vos volontés par un esprit d'indépendance intolérable, et qu'une juste sévérité devient de jour en jour de plus en plus nécessaire pour les forcer de rentrer dans le devoir dont ils se sont si fort écartés.

Ces représentations, Sire, dictées par l'amour et par le respect, vous répondent que votre Parlement ne s'écartera jamais de l'esprit de vigilance et de modération que vous lui avez recommandé, par lequel il se flattera toujours de mériter votre approbation, et qu'il continuera de vous donner les marques les plus certaines de son inviolable fidélité en maintenant le silence que vous avez imposé comme le moyen le plus sûr de faire cesser des disputes aussi nuisibles au bien de la religion qu'à celui de l'État.

C'est d'après des sentiments aussi respectueux, Sire, et en vous portant les vœux de tous vos sujets, que votre Parlement vous conjure d'assurer leur bonheur par le rétablissement de la paix dans l'Église et dans l'État, en continuant de vous occuper d'une entreprise si digne de vous et dont la fin vous couronnera d'une gloire immortelle. »

RÉPONSE DU ROI.

« Je veux maintenir ma déclaration du 2 septembre dernier, et je l'ai assez dit à mon Parlement pour qu'il n'en puisse douter. Je connois tous les droits de l'autorité que je tiens de Dieu; il n'appartient à aucun de mes sujets d'en limiter ou décider l'étendue; que mon Parlement se conduise selon les assurances que vous me donnez de sa part, et qu'il se conforme à mes véritables intentions de modération et de clémence. »

Du dimanche 20, Versailles. — Il vient de mourir à Paris une riche héritière; c'est une Mlle de Levignan, tante de M. Dodun. C'est un nommé Lopès, ancien avocat, qui est son héritier; il étoit déjà fort riche. MM. de Levignan ne sont point parents de celui qui étoit intendant d'Alençon, qui avoit acheté une terre d'eux; le nom même de ceux-ci n'est pas Levignan. M. Dodun, contrôleur général, étant mort sans enfants, Mlle de Levignan partagea la succession avec son frère; ce frère étoit marié, mais il est mort sans enfants. Sa veuve eut la jouissance du bien, mais à la condition qu'il reviendroit à sa belle-sœur, de sorte qu'elle hérita de la succession entière. On estime qu'elle avoit trois millions de bien. Elle laisse par testament 180,000 livres à un M. de Noé, desquelles elle lui en avoit déjà assuré 100,000. La femme de ce M. de Noé est La Palun; elle a été élevée à Saint-Cyr; elle est une des dames de Mme la duchesse d'Orléans qui a eu la bonté pour elle d'aller exprès rendre visite à Mlle de Levignan. Il est vraisemblable que cette visite a valu 80,000 livres de plus à M. de Noé. Cette Mme de Noé (La Palun) est la nièce de M. de La Palun qui avoit épousé la veuve de M. Trudaine, frère de feu M. l'évêque de Senlis. Mme de Noé a toujours demeuré chez Mme de La Palun, sa tante, depuis qu'elle a sorti de Saint-Cyr jusqu'à son mariage.

Mme de La Palun, auparavant Trudaine, est Charmont; son père avoit été ambassadeur à Venise.

J'ai marqué la mort de M. Molin que l'on nommoit communément du Moulin, fameux médecin; il étoit extrêmement riche; sa femme hérite de tout son bien; elle est vieille et imbécile. Son héritier le plus proche est M. le maréchal de Noailles, parce qu'elle est la plus proche parente de feu Mme d'Aubigné, belle-sœur de feu Mme de Maintenon et mère de feu Mme la maréchale de Noailles, femme de M. le maréchal de Noailles.

Du lundi 21, *Versailles*. — Voilà les nouvelles que je reçois du Parlement d'aujourd'hui :

<small>Il a été fait registre de la réponse du Roi conforme à celle qui paroît et qu'on rapporte en entier.</small>

<small>On a décrété de prise de corps le frère Thomas, capucin de Troyes,</small>

pour avoir refusé d'entendre en confession le maire de cette ville, sous prétexte qu'il ne vouloit pas recevoir la Constitution.

L'assemblée des chambres remise à samedi.

Du mardi 22, *Versailles.* — Il y a déjà plusieurs jours que la liste de Marly paroît. Je n'ai point été étonné d'y voir M. l'archevêque de Rouen, qui n'ira cependant point ce voyage-ci, ni mon frère qui compte y aller ; ils ont l'un et l'autre des fonctions à faire de leurs charges ; mais ce qui m'a surpris, c'est d'y voir M. l'évêque de Rennes, sa charge de maître de la chapelle n'ayant aucune fonction à Marly où il n'y a d'autre musique que celle des concerts de la Reine.

Je viens d'apprendre que M. le président Hénault a une permission d'y aller tant qu'il voudra comme surintendant de la maison de la Reine ; c'est vraisemblablement une grâce accordée plutôt à la personne qu'à la charge.

Mme de Bouzols présenta avant-hier Mme de Thomond (c'est ainsi qu'on l'appelle). Son mari, à l'appel de l'Ordre, n'est connu que sous le nom de milord Thomond ; mais tout le monde le nomme milord Clare, et la Reine dit Mme Clare ; ce nom prévaudra vraisemblablement par l'usage. Elle n'est ni grande, ni jolie, mais elle est bien faite, et on en dit beaucoup de bien. Mme de Fitz-James, qui a fait une fausse couche, n'a pas pu la présenter comme cela devoit être.

Du mercredi 23, *Versailles.* — On a crié ce matin dans les rues le discours de M. le premier président au Roi du 24 de mars ; il est imprimé ; au bas du discours est la réponse du Roi.

On trouvera ci-après l'extrait d'un arrêt du Parlement du 1er février 1747, qui condamne les feuilles ecclésiastiques. On peut voir si les principes par lesquels on se conduit sont conséquents à ceux ci-dessous.

Non content de parler d'une manière injurieuse d'un prélat (M. l'évêque d'Amiens) dont nous chérissons la mémoire, l'auteur s'arme ici d'une nouvelle violence contre une constitution affermie tant de fois pour le concours des deux puissances et devenue par là une loi de l'Église et de l'État. Justement occupés du soin de faire jouir l'Église de la protection que lui doit et lui accorde un Roi très-chrétien, les magistrats ne se rendent point juges de la doctrine concernant la religion et l'administration des sacrements. Attentifs à conserver dans toute son intégrité l'exercice de la puissance spirituelle, ls maintiennent l'exécution des articles 30 et 34 de l'édit de 1695 sans cesser néanmoins de veiller, suivant l'esprit et la lettre même de cet édit, à prévenir tout ce qui pourroit être une occasion de trouble et de scandale.

Du jeudi 24, Versailles. — M. de Baudry, intendant des finances, est mort d'apoplexie. Il avoit environ quatre-vingts ans; son nom est Tachereau. Il étoit conseiller d'État ordinaire. Il a eu trois filles; l'une a épousé M. de Bercy; une autre a épousé M. le président de Novion; la troisième n'est point mariée, son mariage est arrêté avec M. de Bréhant. M. de Bréhant est veuf; il avoit épousé en premières noces une fille de M. Delpech. Mme de Baudry est Taboureau d'Orval, M. de Bréhant a une fille de son premier mariage avec Mlle Delpech.

Le Roi a donné aujourd'hui à M. de Séchelles la place de conseiller d'État ordinaire qu'avoit M. de Baudry, et à M. de Tourny, intendant de Bordeaux, la place de conseiller d'État qu'avoit M. de Séchelles.

Avant-hier M. de Verneuil présenta au Roi M. le prince de Nassau-Usingen, dont le fils est au service de France. Il peut avoir quarante-cinq ou cinquante ans.

Du samedi 26, Versailles. — Le Roi a donné depuis plusieurs jours le gouvernement de Blaye à M. le duc de Randan, lieutenant général et commandant en Franche-Comté; ce gouvernement vaquoit par la mort de M. le duc de Saint-Simon.

M. de la Tour-Dupin, qui est colonel dans les grenadiers de France, épousa avant-hier Mlle de Monconseil.

Le contrat de M. le comte de Lastic avec Mlle de Ménars a été signé ce matin.

Voilà les nouvelles que je reçois du Parlement d'aujourd'hui :

Les chambres assemblées ont rendu ce matin trois arrêts.

Le premier sur une requête de l'exécuteur testamentaire du feu sieur Coigniou, chanoine d'Orléans, à qui les sacrements ont été refusés par le chapitre, à fin de main-levée de la part et portion du défunt dans le temporel saisi, a fait main-levée définitive audit exécuteur et ordonné que la succession Cogniou sera payée.

Le second, sur la requête des cinq chanoines d'Orléans qui ont reconnu la compétence du Parlement et protesté dans le temps contre le refus de sacrements fait par le chapitre à Cogniou, a donné main-levée provisoire auxdits cinq chanoines de leur part dans le temporel saisi et a renvoyé à l'audience sur la mainlevée définitive.

Le troisième arrêt, rendu sur la requête du chapitre en corps, à fin de main-levée de son temporel, a ordonné seulement mainlevée provisoire jusqu'à concurrence des honoraires des officiers du chœur, et renvoyé le surplus à l'audience.

Du dimanche 27. — On trouvera ci-après l'extrait d'une lettre de Brest, du 16 de ce mois, au sujet de l'embarquement.

M. de Macnemara fit signal hier après dînée pour se sentir prêt à partir. Ce signal consiste à tirer un coup de canon et défréter le petit hunier. *Défréter*, en terme de marine, signifie déplier un peu. Le petit hunier est la voile de hune du mât de misaine. Son intention est de partir le plus tôt qu'il pourra, et ce sera peut-être dès demain.

DÉTAIL DE CE QUI S'EST PASSÉ A BREST POUR L'EMBARQUEMENT DES TROUPES QUI PASSENT EN CANADA (1).

A Brest, le 16 avril 1755.

Les régiments de Guyenne, de Languedoc, de Béarn, de Bourgogne, d'Artois et de la Reine reçurent leurs ordres au mois de février pour partir de leurs garnisons et se rendre en Bretagne dans différents entrepôts, savoir Guyenne à Quimper, le 28 mars, Languedoc à Hennebon dans le même temps, Béarn à Morlaix le 2 avril, Bourgogne à Quingamp le 2 avril, Artois le 2 avril à Saint-Brieuc, et la Reine à Lamballe le 3 du même mois. Ces régiments étoient partis, Guyenne

---

(1) Cette relation, qui contient de si curieux détails, est bien évidemment du chevalier de Brienne. (*Voyez* plus haut au 9 avril.)

de l'île de Ré, Languedoc de Bordeaux et Blaye, Béarn de Douai, Bourgogne de Saint-Omer, Artois de Lille et la Reine de Calais. Ils marchèrent par des temps et chemins effroyables. La bonne volonté des soldats soutint leur gaieté, malgré tous ces obstacles ; mais leur zèle ne put empêcher qu'il n'en restât un grand nombre dans les hôpitaux. Ils trouvèrent en arrivant de nouveaux ordres pour se rendre à Brest successivement, savoir : Guyenne pour y arriver le 3 avril, Languedoc le 5, Béarn le 7, Bourgogne le 9, Artois le 11, et la Reine le 13. Tous ces régiments, à leur arrivée à Brest, passèrent la revue de M. de Crémille et logèrent le premier bataillon dans la ville et le second au quartier de la marine que l'on avoit fait évacuer et d'où les troupes de la marine étoient sorties pour aller loger à différents villages à portée de Brest, afin de faire place aux troupes de terre. Le lendemain, M. de Crémille fit l'arrangement de l'embarquement en cette forme ; chaque régiment prit les armes en totalité, le second bataillon bordant la haie par compagnies et ayant à la queue de chaque compagnie les hommes de bonne volonté. On prit des soldats tirés du premier bataillon pour compléter le second. La volonté des soldats étoit si grande, que l'on ne savoit auquel entendre, et que nous étions obligés de faire sortir des rangs des compagnies du second bataillon des soldats du premier qui s'y glissoient malgré nous. A mesure que chaque compagnie fut complétée au nombre de 40, elle alla à un magasin d'armes déposer ses fusils et en reprendre d'autres à la place, qui, par malheur, ne sont pas beaucoup meilleurs ; de là elle se mit en marche pour aller s'embarquer. En arrivant sur le port, elle trouvoit un déjeûner tout prêt à l'endroit où l'on mâte les vaisseaux ; ce déjeuner consistoit en pain, vin et viande, le tout fort bon. A mesure que chaque compagnie eut déjeûné, elle s'embarqua et alla à bord du vaisseau qui doit la transporter. On avoit fait venir tous les canots de l'escadre pour porter les troupes à bord des vaisseaux. M. de Crémille avoit ordre de nommer à tous les emplois des officiers absents sous quelque prétexte qu'ils le fussent, et de nommer pareillement aux compagnies des capitaines qui refuseroient de s'embarquer, à moins qu'ils n'eussent les raisons les plus fortes de ne pas s'embarquer, et que quelques-uns de leurs camarades voulussent aller à leur place. Les lieutenants qui se trouveroient dans le cas de ne pouvoir s'embarquer pour raisons suffisantes et bonnes étoient libres de changer avec un de leurs camarades. Le changement qui pouvoit arriver dans les compagnies n'influoit point sur la composition des bataillons. Ils restoient dans le même ordre qu'ils étoient arrivés à Brest. Il y a plusieurs régiments où il s'est fait beaucoup de changements. Le régiment d'Artois est celui qui en a le moins éprouvé, aucun officier n'ayant voulu laisser marcher un de ses camarades à sa place, à la réserve d'un lieutenant qui avoit des raisons les plus essentielles, et qui auroit trouvé dix lieutenants qui demandoient à toute force de le remplacer. Un capitaine de ce régiment, qui étoit mourant à Lille, a été remplacé par le premier lieutenant qui a passé à sa compagnie, et il passera capitaine en second au premier bataillon. M. de Crémille a paru extrêmement content de la volonté que les officiers de ce régiment avoient montrée et de ce qu'il n'avoit reçu aucunes représentations d'eux, quoiqu'il y en eût plusieurs (MM. de la Tour, d'Aligny, Teiffon) qui fussent dans le cas d'avoir des regrets bien légitimes de s'embarquer, et que le zèle seul pour le service du Roi y déterminoit avec autant de joie que s'ils n'avoient eu rien à faire. Le lendemain de l'embarquement de chaque régiment, le premier bataillon est parti pour son nouveau quartier, et il est arrivé un nouveau régiment. Tous les premiers bataillons des régiments embarqués ont été placés dans de très-bons quartiers, savoir : Guyenne au Mans, Languedoc à Niort, Béarn à Saintes, Bourgogne à Saumur, Artois à Alençon et la Reine à Avranches. Il a été distribué en arrivant à bord, à chaque soldat : un bonnet, un gilet, une paire de bas, une paire de souliers et quatre chemises. On leur a donné un hamac et une couverture de deux en deux, afin qu'il y en eût toujours la moitié de levés et que par là ils pussent éviter les maladies. L'on a distribué à chaque officier : six serviettes, deux paires de draps, deux toiles d'oreiller et une couverture. Les capitaines sont logés chacun dans une chambre, les lieutenants à la sainte-barbe avec les gardes de la marine ; tout le monde est nourri à bord et fort bien. En arrivant au Canada, les soldats auront un habit neuf complet, trois chemises, une paire de souliers, une paire de bas, une paire de guêtres et une culotte ; ces fournitures seront renouvelées quand il sera besoin ; ils seront nourris en détachement et en garnison comme les troupes de la colonie et auront leur paye franche ; on leur fournira des cuillers, des fourchettes, des bidons, des gamelles, des tasses, des ciseaux, des couteaux, des aiguilles, du fil et généralement tout ce qui pourra leur être utile. Les officiers auront d'appointements à commencer du jour de l'embarquement, savoir : les commandants de bataillons 5,300 livres par an et la commission de lieutenant-colonel en partant, les capitaines de grenadiers 3,000 livres, les capitaines ordinaires et les aides-majors 2,700 livres, les lieutenants de grenadiers 1,500 livres, les lieutenants ordinaires 1,360 livres, les sous-lieutenants et enseignes 1,200 livres ; ils vivront dans les garnisons de Québec, Montréal et des Trois-Rivières au moyen de leurs appointements. Toutes les fois qu'ils iront en détachement ou que les troupes seront en campagne, on leur fournira tous les ustensiles nécessaires ; ils seront nourris, comme les officiers des colonies, sans que pour cela on leur retienne rien de leurs appointements. Les vieux habits des soldats seront mis en magasin pour les reprendre au retour. Les uniformes qu'on leur donnera là seront différents des nôtres. Ils les laisseront quand ils repartiront. Il y en a deux tout blancs, deux à parements rouges, deux à parements bleus, un de chaque espèce à boutons blancs, et l'autre à boutons jaunes. Le régiment d'Artois sera tout bleu et boutons jaunes ; ainsi à la poche près il sera le même.

L'on n'avoit jamais vu un armement où il régnât tant d'ordre et de magnificence. Brest fournit le plus beau coup d'œil du monde ; le port est chargé de matelots et de canots ; la rade a un air de majesté imposant. Elle est meublée par vingt vaisseaux de guerre ou frégates et deux gabarres dont on verra le détail ci-après :

ESCADRE DE M. DE MACNEMARA

toute armée en guerre.

Vaisseaux.	Nombre de pièces de canons.	Capitaines.
Le Formidable	80 pièces.	Macnemara, lieutenant général.
Le Héros	74	Monlhouet, chef d'escadre.
Le Palmier	74	Bauffremont, capitaine.
L'Inflexible	64	Guébriant, capitaine.
L'Éveillé	64	Fontes, capitaine.
L'Aigle	50	Couzages, capitaine.
L'Héroïne	30	Bary, lieutenant.
L'Améliste	30	Dubot, lieutenant.
La Fleur de lys	30	Marinière, lieutenant.

ESCADRE DE M. DUBOIS DE LA MOTHE,

chef d'escadre.

Vaisseaux.	Canons.		Capitaines.
L'Entreprenant	74.	En guerre.	Dubois de la Mothe, chef d'escadre.
Le Bizarre	64.	En guerre.	Salvert, chef d'escadre.
L'Alcide	64.	En guerre.	Hocquart, capitaine.
Le Défenseur	74.	En flûte (1).	Boissier, capitaine.
Le Dauphin royal	70.	En flûte.	Montalet, capitaine.
L'Algonquin	74.	En flûte.	Villéon, capitaine.
L'Espérance	74.	En flûte.	Bouville, capitaine.
L'Illustre	64.	En flûte.	Choiseuil, capitaine.
Le Lys	64.	En flûte.	Lorgeril, capitaine.
L'Actif	64.	En flûte.	Caumont, capitaine.
L'Opiniâtre	64.	En flûte.	Molien, capitaine.

---

(1) Tous les vaisseaux armés en flûte n'ont tout au plus que le tiers de leur artillerie.

AVRIL 1755.

VAISSEAUX.	Canons.	Capitaines.
Le Léopard	64. En flûte.	Chiffreva, capitaine, ou de l'Angle (1).
L'Apollon	50. Hôpital.	Gaussin, lieutenant de port.
L'Aquilon	46. Hôpital.	Rigaudière, lieutenant.
La Comète	30. En guerre.	Druys, lieutenant.
La Sirène	30. En guerre.	Tourville, lieutenant.
La Diane	30. En guerre.	De L'Équille, lieutenant.
La Fidèle (2)	40. En guerre.	De La Jonquière, lieutenant.

Les deux gabarres sont *la Fauvette* et *la Macreuse*.

Tous les vaisseaux ont été armés à Brest, à l'exception de cinq, savoir : *l'Inflexible*, *l'Éveillé*, *l'Aigle*, *la Diane* et *la Fidèle* qui sont venus de Rochefort. Ils ont éprouvé un coup de vent qui a démâté *l'Inflexible* de ses trois mâts ; il a été remâté ici avec la plus grande promptitude. Les troupes se sont embarquées sur l'escadre de M. Dubois de la Mothe, dans les vaisseaux armés en flûtes, dans cet ordre, savoir :

Le 4 avril, GUYENNE...	La compagnie de grenadiers et les 3 dernières sur *le Léopard*, les 9 autres sur *l'Illustre*.
Le 6, LANGUEDOC.	La compagnie de grenadiers et les 3 dernières sur *le Lys*, les 9 autres sur *l'Actif*.
Le 8, BÉARN	La compagnie de grenadiers et les 3 dernières sur *le Léopard*, les 9 autres sur *l'Opiniâtre*.
Le 10, BOURGOGNE.	La compagnie de grenadiers et les 3 dernières sur *l'Espérance*, les 9 autres sur *le Dauphin Royal*.
Le 12, ARTOIS.	La compagnie de grenadiers et les 3 dernières sur *l'Espérance*, et les 9 autres sur *le Défenseur*.
Le 14, LA REINE.	La compagnie de grenadiers et les 3 dernières sur *le Lys* et les 9 autres sur *l'Algonquin*.

Les commandants des bataillons et les aides-majors sont embarqués avec les neuf compagnies de leurs régiments. L'on n'attend que le moment du départ des deux escadres. Si le vent n'est pas absolument trop contraire, l'on est persuadé qu'elles partiront du 17 au 20, et il faudra que les vents soient très-forts et très-contraires ; si elles attendent le 20, M. de Macnemara, à ce qu'on dit, doit escorter l'escadre

---

(1) Il y a déjà deux capitaines désarmés de ce vaisseau, M. de Saint-Lazare de Kervaloit ; M. de Chiffreva a un crachement de sang qui pourroit bien l'empêcher d'armer, alors ce sera M. de l'Angle.

(2) Ces deux frégates sont parties il y a environ quinze jours ; on ne sait pas positivement leur destination.

de M. Dubois de la Mothe jusqu'à une certaine hauteur à laquelle il se séparera et fera route d'un autre côté. On soupçonne qu'il ira à Lisbonne et à Cadix. M. de Macnemara a fait, hier 15, signal de se tenir prêt à partir ; au moyen de quoi l'on ne doute point que les deux escadres n'appareillent demain matin, d'autant que les vents paroissent un peu moins contraires ce matin.

Mme de Croissy, Mme de Rians, sa fille, Mme du Plessis-Châtillon et Mme de Château-Mélian firent avant-hier leurs révérences sans mantes.

M. le duc de Penthièvre, qui est arrivé d'Italie depuis deux ou trois jours, vint ici hier et fit ses révérences ; il paroît en bonne santé et même engraissé, cependant il est toujours dans la même tristesse qu'avant son départ.

M. Bart vient de mourir ; il étoit vice-amiral du Levant. Cette place sera donnée à M. de Barailh, qui est vice-amiral du Poent. On croit que M. le chevalier de Crennay aura cette dernière place de vice-amiral du Ponent. M. Bart laisse un fils qui est extrèmement estimé dans la marine et dont le Roi a parlé avec beaucoup d'éloges. M. Bart est mort au Havre ; il avoit environ quatre-vingt-deux ans.

Du mardi 29, Versailles. — Il y a eu aujourd'hui trois présentations. Celle de Mme de Coigny (Vervins) par Mme de Coigny (Nevet), sa belle-mère, celle de Mme de la Tour-du-Pin (Monconseil) par Mme de Monconseil (Curzay), sa mère, et celle de Mme de Ligny (Rambures) par Mme la princesse de Beauvau.

M. le contrôleur général a présenté aujourd'hui au Roi, dans le salon d'Hercule, la mâchoire inférieure d'un poisson qu'on nomme cachalot. Il a été pris à l'entrée de la rivière d'Adour, près la baie de Bayonne, il y a environ quinze jours ; il a en tout quarante-neuf pieds de long et vingt-sept pieds de circonférence. Sa mâchoire supérieure a dix-huit grosses dents, la mâchoire inférieure, qui n'a que des cavités vis-à-vis les dents, a de longueur environ dix pieds.

Le Roi est parti mardi pour Trianon, d'où il revint vendredi. Il alla samedi à Bellevue, d'où il revint hier au soir après souper. Il a reçu aujourd'hui les présentations à trois heures; il part à quatre heures et demie pour Choisy, d'où il revient demain, et va jeudi à Marly.

Il est arrivé ces jours-ci une petite aventure à Troyes qui peut-être fera du bruit dans le Parlement. J'ai marqué ci-dessus qu'un capucin avoit été dénoncé pour refus de sacrements; en conséquence il a été décrété. Un huissier a été chargé de porter le décret à la maison des Capucins; il s'y est rendu accompagné de deux autres huissiers. Le gardien lui a arraché des mains le décret, et l'a chiffonné disant qu'il ne reconnoissoit ni le décret ni la compétence du Parlement. En même temps il a fait sonner la cloche du couvent en tocsin, tous les capucins de la maison sont venus à la porte, le peuple s'est assemblé, l'huissier n'a pas été battu, mais il a été menacé de l'être. Il prétend qu'un des capucins, tenant à la main une grosse clef, lui a dit en levant le bras : « Ta vie dépend de moi. » L'huissier a pris le parti le plus sage, il s'est retiré, mais il a verbalisé.

J'ai toujours oublié de marquer que M. de Marigny présenta au Roi, le 13, les ouvrages de peinture et de sculpture faits par les jeunes élèves de l'académie dans le courant de l'année dernière; on en trouvera ci-après le détail. Ces ouvrages ont été exposés dans l'appartement.

Le Sauveur lavant les pieds à ses apôtres, par Fragonard, âgé de vingt-deux ans et depuis deux ans dans l'école.

Armide prête à poignarder Renaud et arrêtée par l'Amour, par Monet, âgé de vingt-trois ans; dans l'école depuis dix-huit mois.

Mercure qui endort Argus pour enlever Io métamorphosée en génisse,, de Brenet l'aîné, âgé de vingt-six ans, dans l'école depuis quinze mois.

Saint-Jérôme en méditation, du même Brénet.

Un modèle dont le sujet représente *le Temps qui enchaîne l'Amour*, de Brenet le jeune, âgé de vingt ans, depuis six mois dans l'école.

Une figure allégorique représentant *la Noblesse*, par d'Huez, âgé de vingt-quatre ans, aussi depuis six mois dans l'école.

Alexandre s'endormant avec une boule d'or dans sa main, afin de s'éveiller au bruit qu'elle fera en tombant, par Chardin, âgé de vingt-deux ans, et qui n'est que depuis cinq mois dans l'école.

Mathias tuant un juif qui avoit sacrifié aux idoles et le ministre d'Antiochus qui l'y avoit forcé, aussi de Chardin (1).

Du mercredi 30, Versailles. — Voilà les nouvelles du Parlement d'aujourd'hui :

Arrêt des chambres assemblées qui ordonne qu'il sera informé pardevant le lieutenant criminel de Troyes sur la plainte rendue par le procureur général, au sujet de la rébellion à justice faite par les capucins de Troyes, dans laquelle information l'huissier et les recors seront répétés en leur procès-verbal, et pour l'exécution de l'arrêt de décret de prise de corps ordonné qu'il en sera remis une seconde expédition à l'huissier, qui se fera assister de manière que force demeure à justice.

Arrêté que le substitut du procureur général au bailliage de Troyes enverra à la cour la liste des capucins qui étoient dans le couvent lors de la rébellion et celle de ceux qui y sont actuellement.

Ordonné que sur l'affaire des religieuses de Saint-Loup et Saint-Charles d'Orléans, il sera fait continuation d'information sur nouveaux faits survenus depuis la visite des grands vicaires, dans laquelle toutes les religieuses seront entendues.

Sur la demande de l'huissier de l'officialité de Paris qui avoit été décrété d'ajournement personnel pour signification d'ordonnance de

---

(1) Chardin, dit Haillet de Couronne dans l'éloge de cet artiste, « eut un fils à qui tout annonçoit une destinée heureuse; il réunissoit raison, talent, esprit. Il se noya à Venise. » (*Mémoires inédits sur la vie et les ouvrages des membres de l'Académie royale de peinture et de sculpture*; Paris, 1854, in-8°, tome II, p. 435.)

M. l'archevêque au sieur Cerveau, la dite demande afin d'être déchargé de l'accusation, les parties renvoyées à l'audience et la requête jointe aux appels comme d'abus.

Ordonné que les gens du Roi donneront mardi prochain des conclusions sur une affaire d'Auxerre au sujet d'une espèce de dénonciation faite au bailliage d'Auxerre par un conseiller dudit siége sur un prône du curé de Montigny, le Roi accusé d'avoir déclamé contre la mémoire de M. de Caylus, évêque d'Auxerre.

MAI.

Un conseiller au Parlement qui a la croix de Saint-Louis. — Vice-amiraux. — État de la marine française et de la marine anglaise. — Développement considérable des forces navales de la France. — M. Faure. — Origine des contestations avec l'Angleterre. — Morts et mariage. — Le jeu à Marly. — Départ de la flotte de Brest. — Nouvelles du Parlement. — Affaire de la Sorbonne. — Frayeur de Mme de Mirepoix. — Caractère et manuscrits du duc de Saint-Simon. — Les créanciers du duc de Saint-Simon frustrés de la moitié de leurs créances. Revenus du duc de Saint-Simon. — Méthode du maréchal de Belle-Isle pour la fourniture des fourrages. — Grandes dépenses du maréchal de Belle-Isle. — Nouvelles de Marly ; pertes et gain du prince de Tingry. — Nouvelles du Parlement. — Affaire de Langres. — Affaire de la Sorbonne et lettre du Roi. — Prêtres condamnés par le Parlement au bannissement perpétuel et aux galères perpétuelles. — La Sorbonne refuse d'enregistrer l'arrêt du Parlement. — Le Parlement fait inscrire son arrêt sur les registres de la Sorbonne. — Arrestation de Mandrin. — Nouvelles de la Cour. — Usages pour les dispenses. — États d'Artois. — Nouvelles de la Cour. — Audience du Roi au premier président. — Mort, richesses et testament de M. Grimod de Beauregard. — Mort du duc de Châteauvillain. — La Dauphine à Marly. — Mariages. — Le conseil souverain de Lorraine refuse d'enregistrer un arrêt du conseil du duc de Lorraine. — Nouvelles de la flotte de Brest. — Nouvelles du Parlement. — Nouvelles de Marly. — Ordre de faire la place Louis XV. — Voyages du Roi. — Assemblée du Clergé. — Mémoire de la Sorbonne au Roi. — Mort du maréchal de Lowendal.

Du jeudi 1er mai, Versailles. — MM. les intendants qui sont ici prennent congé pour retourner dans leurs provinces. M. de Fontette, intendant de Caen, a pris congé ce matin. Le père de M. de Fontette s'appeloit Orceau.

J'ai parlé de la grande députation du Parlement du 19 du mois dernier. Il y avoit, entre autres conseillers, un M. Ferrand qui a une croix de Saint-Louis avec sa grande robe. Il a été officier aux gardes; il étoit à la bataille de Fontenoy, il y eut une cuisse emportée; se trouvant hors d'état de servir le Roi dans ses armées, il voulut lui marquer son zèle d'une autre manière; il se fit recevoir conseiller au Parlement, et il demanda pour toute grâce de pouvoir porter la croix de Saint-Louis.

J'ai marqué que Mme la princesse de Beauvau a présenté Mme de Ligny; cet article demande explication : c'est à titre de parenté, et cette parenté est du côté de Craon, M. de Ligny est fils d'une Bassompierre, sœur de Mme de Stainville dont la mère étoit Craon. M. de Ligny a de belles terres dans le Valois et de grands biens en Lorraine. Il a été officier de gendarmerie et a quitté le service. Il a déjà été marié, mais il n'a point eu d'enfants. Sa première femme étoit nièce de l'électeur Palatin ou de celui de Mayence; on la regardoit comme une grande héritière, n'ayant qu'un frère qui étoit abbé et maître de l'oratoire du Roi; mais cet abbé quitta le petit collet et épousa la fille de M. de Martinville, exempt des gardes du corps, petite-fille de Mme de Bouteville, qui demeure à Metz, et à qui appartient la belle terre de Hombourg. Cette Mlle de Martinville a eu ou aura 60,000 livres de rentes. Il avoit été question du mariage de Mlle de Martinville pour M. de la Billarderie, neveu du major, et aussi pour M. le président Turgot.

Du vendredi 2, Dampierre. — J'ai marqué la mort de M. Bart. La place de vice-amiral n'est pas encore donnée, parce que M. le garde des sceaux, qui est toujours incommodé n'a pas travaillé avec le Roi, mais il n'est pas douteux que ce sera M. le chevalier de Crenay; il est le plus ancien lieutenant général de marine. Ce n'est pas que M. le bailli de Langeron ne soit plus ancien lieutenant-général que lui, mais M. de Langeron est lieutenant-général des galères. Depuis la réunion du corps des galères à la marine, tous les officiers de galères peuvent également parvenir aux grades de la marine, suivant leur rang; mais comme avant ce temps un lieutenant-général de galères ne pouvoit être vice-amiral, ce grade n'étant que dans la marine et non dans les galères, il fut dit dans le temps de la réunion que la date des grades des officiers de galères ne se compteroit que du jour de ladite réunion; ainsi M. de Crenay, par ses services dans la marine, se trouve l'ancien de M. de Langeron. Il y a deux vice-amiraux l'un du Levant et l'autre du Ponent; ces places valent chacune 24,000 livres d'appointements, sur quoi il y a les retenues ordinaires; mais outre cela ils ont le cordon rouge, ce qui vaut 3,000 livres; le plus ancien des deux a outre cela la grande croix de Saint-Louis, ce qui est encore une augmentation de 1,000 écus. Il n'y avoit qu'une grande croix attachée à la marine : le Roi eut la bonté, il y a quelques années, d'en donner une de plus à un corps aussi digne d'être bien traité; M. de Barailh fut nommé grand-croix, quoique M. de Bart, son ancien, le fût déjà. M. de Barailh devient l'ancien, et M. de Crenay, qui est cordon rouge, aura la seconde grande croix.

Du samedi 3, Dampierre. — La flotte d'Angleterre, commandée par l'amiral Boscawen et composée de quatorze vaisseaux et quelques frégates, est partie pour aller à l'Amérique, et la nôtre est encore retenue à la rade de Brest par les vents. Quoique notre flotte ne soit que de quatorze vaisseaux et aussi de quelques frégates, on peut être assuré que les Anglais n'oseront pas l'attaquer. Notre marine est déjà dans un état capable de se faire respecter, et on ne doute point qu'elle ne soit d'ici à deux ans dans la situation la plus désirable. Nous avons actuellement 60 vaisseaux de ligne en bon état, sans compter les frégates et autres bâtiments (1). On peut être

---

(1) Des mémoires sur la marine que le duc de Luynes avait réunis, on peut

étonné d'une réparation aussi prompte, après ce que j'ai marqué ci-dessus, que lorsque M. de Maurepas se retira,

extraire les chiffres suivants qui n'expliquent que trop les désastres de la guerre de Sept ans :

EN FRANCE.

VAISSEAUX. Canons.	A BREST.	A ROCHEFORT.	A TOULON.	Total.
80	3	1	2	6
74	10	4	6	20
70	4			4
64	11	5	9	25
60	2			2
59		1		1
50	4	1	2	7
46	1			1
	35	11	20	66

FRÉGATES.				
38			1	1
34		1		1
32		1		1
30	8	1	3	12
28	1			1
26		2	3	5
24	4	1	2	7
20		1	1	2
	13	7	10	30

FLUTES.				
46			1	1
40		1		1
36		1		1
30		1		1
20		2		2
18		4		4
		9	1	10

CORVETTES.				
12	2			2

GALIOTES A BOMBES.				
8	2			2
6			1	1
				3

GALÈRES.				
5			2	2
3	2		9	11
				13

Petits bâtiments...................................... 9

il étoit dû 21 millions pour la marine. M. de Maurepas disoit volontiers qu'il avoit demandé plusieurs fois à

EN TOUT.

Vaisseaux.... 66   4,116 canons.
Frégates..... 30   830   »
Flûtes....... 10   248   »
Corvettes.... 2   24   »
Galiotes...... 3   22   »
Divers....... 20
                 131 bâtiments,
             5,200 canons environ.

EN ANGLETERRE.

VAISSEAUX.		FRÉGATES.	
Canons		Canons	
100	7	25	4
90	16	24	17
80	12	de 12 à 8	20
70	23		
60	25		
50	31		
44	22		

En construction.		Frégates aux colonies.	
112	1	de 50 à 22	20
90	1	BRULOTS.	
80	6	19	
70	5		
60	6	GALIOTES A BOMBES.	
40	1	9	
20	1		

Pris aux Français, de 1741 à 1746.

74	5
64	7
54	2
50	3
32	2
22	1

EN TOUT.

Vaisseaux. 177
Frégates.. 114
Brûlots...   19
Galiotes...   9
            319 bâtiments,
         12,000 canons environ.

M. le cardinal de Fleury des secours extraordinaires pour payer l'ancien et faire de nouvelles constructions, et qu'il n'avoit jamais pu l'obtenir. Mais enfin on a senti l'importance de faire respecter le pavillon françois et de soutenir et protéger le commerce du royaume; et depuis 1749, au lieu de 9 millions qu'on donnoit par an pour la marine, on en a donné 20 chaque année. Aussi depuis ce temps a-t-on fait grand nombre de constructions. Il y a eu quelques bâtiments qui se sont sentis de la promptitude avec laquelle ils ont été construits, mais enfin nous avons 60 vaisseaux de guerre. Ce qui manque le plus présentement pour que tout soit en état, c'est l'artillerie. Il ne faut que du temps pour cela, l'argent ne manquera pas, et d'ailleurs ce n'est pas un objet aussi considérable qu'on pourroit se l'imaginer en le comparant au service de terre, parce qu'il n'y a dans un vaisseau que la batterie d'en bas où il soit nécessaire d'avoir des pièces de fonte, toutes les autres sont de fer; et lorsqu'une pièce de fonte coûte 2,000 écus, une de fer coûte 7 ou 800 francs.

M. Faure a acheté une charge de médecin ordinaire du Roi. Ces charges, qui sont au nombre de douze, coûtent 15,000 livres et ne rapportent que 7 ou 800 livres de revenu par an, mais elles donnent le droit d'exercer la médecine partout où l'on veut. M. Faure étoit professeur de médecine à Aix; il pratiquoit peu, mais cependant plusieurs personnes avoient confiance en lui. Dans le temps que M. le maréchal de Belle-Isle commandoit l'armée du Roi en Provence, un grand nombre de malades, et surtout une maladie épidémique, remplirent les hôpitaux; ils s'y trouvèrent environ 12,000 malades. La plupart des médecins et chirurgiens tombèrent malades eux-mêmes et plusieurs moururent. Dans cette situation critique, l'intendant proposa M. Faure à M. le maréchal de Belle-Isle; il fut mis à la tête des hôpitaux, il y pensa mourir mais il guérit, et on fut fort content de lui. Il vint quelque temps après à Paris pour un procès. Il y exerça la médecine pour quelques amis et connoissances. Comme il s'est appliqué plus particulièrement à l'hydropisie, il fut appelé auprès de M. de Lussan, qui étoit asthmatique et hydropique, et presque abandonné des médecins M. Faure assista à une consultation à la tête de laquelle étoit M. Molin et plusieurs autres célèbres médecins; il fut d'un sentiment contraire aux autres, et leur dit que s'ils vouloient revenir dans cinq jours ils trouveroient M. de Lussan fort soulagé, s'il n'étoit pas guéri. M. Molin l'exhorta à suivre son projet, parce que pour eux ils ne voyoient aucuns bons remèdes. M. Faure écrivit son ordonnance devant eux et l'envoya chez l'apothicaire, ce qu'il a toujours continué depuis, ne voulant point user de remèdes inconnus; dans vingt-quatre heures, M. de Lussan rendit sans ponction dix-sept pintes d'eau. Le troisième jour il vint au-devant de M. Faure et le cinquième il étoit guéri. M. Molin et les autres médecins en furent témoins. Ils ont adopté cette même méthode de traiter l'hydropisie et rendu justice aux lumières de M. Faure. M. Faure, qui est du lieu même de Tallard, fut appelé par M. le duc de Tallard en consultation pour Mme de Tallard; il dit un peu trop librement son sentiment sur la manière dont elle étoit traitée et se brouilla avec la faculté; mais heureusement il avoit traité et guéri plusieurs gens de finances et fort riches, et il convient même que les honoraires qu'il a eus d'eux montent à 1,700 louis. Il a environ cinquante-cinq ans; il s'établit à Paris.

Du lundi 5, Dampierre. — La situation dans laquelle se trouva la France avec l'Angleterre, les grands armements sur mer de ces deux puissances et les suites que peuvent avoir les circonstances présentes, sont des sujets trop importants pour ne pas parler de l'origine de ces contestations. Je ne mettrai pas un détail plus court, plus clair et plus vrai que ce qu'on en trouve dans les nouvelles publiques dont je joins ici l'extrait.

Les différends de l'Angleterre avec la France sont encore dans une situation tellement critique, qu'il y a autant de sûreté à parier pour la guerre que pour la paix. Cependant, à bien examiner les choses dans leur principe, il ne s'agit, à proprement parler, que d'un mal entendu, et dans le fond c'est faute d'avoir porté la discussion des articles contentieux jusqu'à un point d'éclaircissement convenable qu'on s'est animé de part et d'autre, et qu'on est enfin venu à des préparatifs qui semblent indiquer aujourd'hui une rupture certaine. On fait sonner bien haut à Londres des griefs qu'on regarde néanmoins en France comme dénués même de toute sorte d'apparence d'un prétexte tant soit peu spécieux ; car en premier lieu personne n'ignore que le naboth d'Arcatte étoit autrefois nommé par le roi de Golconde, qui devoit lui-même prendre investiture du Grand Mogol dont l'empire étoit divisé en vingt-trois grandes provinces ou royaumes. Le royaume de Golconde étoit héréditaire, ce que n'étoit point la nabothie d'Arcatte. Avant l'expédition de Thomas-Kouli-Kam dans l'Inde, tout s'observoit à la lettre ; la subordination régnoit parmi les différents princes, et il n'y avoit jamais la moindre difficulté ; mais les rapides succès de Kouli-Kam ayant jeté l'Indostan dans une espèce d'anarchie, tout est resté depuis dans la plus grande confusion ; on y a vu quantité de différentes révolutions, et plusieurs naboths d'Arcatte, ainsi que divers rois de Golconde, ont été successivement détrônés et même assassinés.

Le roi qui règne aujourd'hui à Golconde a pour ainsi dire été placé sur le trône par la main des François ; car quoiqu'il eût un droit certain à la couronne, il n'y est parvenu que par leur secours.

Ce prince a été reconnoissant du service qu'on lui a rendu, et pour engager encore plus les François à lui prêter leur secours dans les occasions, il leur a donné dans le Décan des terres pour la valeur de 5 à 6 millions de revenus, et en particulier la ville de Masulipatan, ville très-peuplée sur la côte de Coromandel, où les toiles peintes qui s'y fabriquent sont les plus estimées de toutes les Indes, ville où il se fait un commerce prodigieux et où toutes les nations de l'Europe avoient des comptoirs. Quelque avantageuse que fût la cession du roi de Golconde, les François offrirent aux Anglois de leur abandonner tout le pays cédé, à la réserve de Masulipatan, où néanmoins ils promettoient de laisser subsister les comptoirs anglois et hollandois, et leur demandoient en compensation de leur céder ce qu'ils avoient eux-mêmes acquis dans le district appartenant au naboth d'Arcatte, quoique beaucoup moins considérable que ce qu'ils cédoient, mais cela parce que les acquisitions des Anglois les rapprochoient de Pondichéry, leur comptoir général.

Les Anglois ayant rejeté des offres si avantageuses, M. Dupleix, gouverneur des établissements de la Compagnie françoise des Indes, s'attacha d'assurer la cession qu'avoit faite le roi de Golconde et agit en cette occasion sur deux principes incontestables en fait de commerce, qui sont, en premier lieu, qu'une compagnie ne sauroit se soutenir sans avoir des possessions qui fournissent aux frais de ses établissements, et en second lieu qu'il faut, autant qu'il est possible, empêcher l'exportation de l'or et de l'argent d'un État lorsqu'on en trouve l'occasion.

Sur ce qui est de l'Amérique, on prétend en France que tout le mal vient des Anglois; ils n'ont jamais cessé, disent les François, de donner à l'Acadie ou Nouvelle-Écosse une étendue au delà de ses bornes naturelles. Cette presqu'île de l'Amérique septentrionale, sur la frontière orientale du Canada, entre Terre-Neuve et la Nouvelle-Angleterre, a environ cent vingt lieues de long sur quarante de large, et depuis 1604 avoit uniquement appartenu à la France; elle lui fut ensuite enlevée par les Anglois et rendue en 1661 par le traité de Bréda. Les Anglois la reprirent en 1690 et enfin la France la leur céda en 1713 par le traité d'Utrecht. Il importoit trop aux François de ne pas voir étendre les limites de cette colonie pour ne pas s'y opposer; et lorsqu'ils ont voulu agir en conséquence, les Anglois ont publié que la France cherchoit à empiéter sur un terrain qui appartenoit à la Grande-Bretagne. De là ces prétendus actes d'hostilité qui, à bien considérer, ne peuvent jamais être regardés que comme une juste revendication d'un bien qui appartient de droit aux anciens propriétaires.

On me mande la mort de M. de Lironcourt, homme de beaucoup d'esprit, qui avoit été treize ou quatorze ans consul au Caire et qui alloit partir pour remplir le même emploi à Lisbonne.

On me mande aussi la mort d'un chevalier de Polastron, apparemment frère de celui qui étoit sous-gouverneur de Mgr le Dauphin, et celle du fameux Oudry, peintre célèbre pour les animaux. Oudry avoit soixante-quatorze ans.

La fille de M. de la Biblerie, parente de Mme de Baudry par sa mère, épouse M. Moreau de Saint-Just, neveu de M. de Séchelles; lequel M. de Saint-Just achète la charge de maître des requêtes de M. de Moras.

On joue gros jeu à Marly (1). Le trente et quarante est

---

(1) Le milieu de l'édifice (le château de Marly) est occupé par un des plus

fort beau. On joue aussi au trictrac chez M. de Livry toute la journée; il y a beaucoup de paris.

Du mardi 6, Dampierre. — On prétend qu'on a trouvé chez M. de Baudry 500,000 écus en or. M. de Baudry, en arrivant à Paris, fut secrétaire des commandements de Mme la duchesse d'Orléans; il acheta ensuite une charge de maître des requêtes; il fut fait lieutenant de police, enfin intendant des finances. Avant de venir à Paris il étoit lieutenant particulier du présidial de Tours.

Du mercredi 7, Dampierre. — Le jeu est fort gros à Marly, non-seulement le lansquenet, mais les trictrac, et des piquets où l'on peut perdre 1,000 louis en peu de temps. Il y a de coupeur extraordinaire, M. de Genoin; M. de Villegagnon joue très-gros jeu au jeu de commerce, mais ne coupe point. Le Roi va demain coucher à la Meutte, et fait la revue de ses gardes vendredi.

Il arriva hier un courrier à Marly avec la nouvelle que notre flotte est partie de la rade de Brest le 3 de ce mois; trois heures après il est arrivé un second courrier pour dire qu'on l'avoit perdue de vue. La flotte angloise est partie avant la nôtre, mais on ne craint pas qu'elle nous attaque en chemin. Les nouvelles de cette route, et surtout de l'arrivée en Amérique, sont présentement les plus importantes, mais il ne faut pas les espérer de longtemps.

Voilà les nouvelles du Parlement d'hier :

<small>*Du 6.* — MM. les gens du Roi sont entrés à l'assemblée des chambres pour faire lecture d'une lettre du procureur du Roi du bailliage d'Auxerre par laquelle il s'excuse beaucoup sur la procédure qu'il a faite au sujet de la dénonciation qu'un conseiller du siége a faite d'un sermon prêché par le curé de Montigny-le-Roi, dans lequel ce curé avoit déclamé contre M. de Caylus, ancien évêque d'Auxerre. Il demande excuse au Parlement et promet de faire une telle réparation</small>

<small>beaux salons qu'il soit possible d'imaginer. J'y entrai, et quand je fus au centre, je pensai que c'étoit là que tous les ans le monarque se rendoit une fois pour renverser avec une carte la fortune de deux ou trois seigneurs de sa cour. (Diderot, *Lettre à Mlle Voland*, 23 septembre 1762.)</small>

que la Cour jugera à propos au bailliage d'Auxerre et audit conseiller. MM. les gens du Roi ont requis le dépôt de cette letre au greffe, pour ensuite en être envoyé audit bailliage une expédition.

Par arrêt le procureur du Roi a été mandé pour se rendre au pied de la Cour.

MM. les gens du Roi ont rendu compte de trente-quatre thèses soutenues à la faculté de théologie en Sorbonne depuis la déclaration du 2 septembre dernier, qui paroissent contenir des expressions indiscrètes sur les droits de l'autorité temporelle et capables de renouveler les troubles et le silence imposé par la déclaration du 2 septembre; ils ont proposé d'envoyer ladite déclaration pour être enregistrée en Sorbonne.

La Cour a ordonné que le syndic de la faculté de théologie de Paris sera mandé aux chambres assemblées demain à dix heures du matin, à l'effet de lui enjoindre d'être plus attentif que par le passé, à ne pas souffrir qu'il soit soutenu aucune thèse qui puisse être contraire aux lois et maximes du royaume; arrêts et règlements de la Cour, et notamment à la déclaration du 2 septembre dernier et arrêt d'enregistrement d'icelle, et qui puisse porter atteinte directement ou indirectement au silence prescrit par la déclaration sur des matières qui ne peuvent être agitées sans nuire également au bien de la religion et à celui de l'État, et ce sous les peines portées par la déclaration. Ordonne en outre que le présent arrêt sera envoyé en la faculté de théologie pour y être inscrit sur les registres d'icelle; à l'effet de quoi enjoint audit syndic de convoquer une assemblée, le mardi 13 du présent mois, et de remettre entre les mains du procureur général du Roi une expédition de l'acte d'assemblée qui aura été tenue en exécution du présent arrêt. Enjoint à ladite faculté de se conformer à ladite déclaration du 2 septembre dernier et arrêt d'enregistrement d'icelle, et au syndic d'y tenir la main. L'arrêt imprimé, publié et affiché.

Du jeudi 8, Dampierre. — On trouvera ci-après les nouvelles que je reçois du Parlement d'hier.

Du 7. — En exécution de l'arrêt d'hier, le sieur Lefèvre, syndic de la faculté de théologie de Paris, s'est présenté ce matin aux chambres assemblées, et M. le premier président, après lui avoir fait les injonctions ordonnées par la Cour, lui a dit que la signification qui sera faite de l'arrêt à la faculté lui apprendra le surplus des intentions et ordres de la Cour. Le syndic a répondu qu'il exécutera avec respect et soumission les intentions et les ordres du Parlement et s'est retiré.

Dans le discours fait par M. le premier président, avant d'en venir aux injonctions, il a dit que le Parlement a toujours eu beaucoup d'estime pour la faculté de théologie de Paris, qui a été pendant si longtemps l'objet de la vénération de l'univers par la pureté de ses sentiments et de sa doctrine.

Ce matin, les gens du Roi ont rendu plainte de refus de sacrements prétendu fait à des religieuses de la Ferté-Gaucher, diocèse de Meaux, qui depuis quelques années ont été transférées dans d'autres couvents du diocèse en conséquence du simple décret de suppression de leur couvent et réunion à d'autres maisons donné par la commission établie sur les réunions, mais non autorisé de lettres patentes enregistrées. On prétend que ces religieuses ayant consenti originairement à l'extinction de leur maison, ont été engagées par M. Courtenvaux à révoquer leur consentement, et qu'aujourd'hui les sacrements leur sont refusés jusqu'à ce qu'elles ratifient leur consentement. M. de Courtenvaux, comme seigneur de la Ferté-Gaucher, s'oppose à la suppression du couvent, et est en instance au Parlement contre M. l'évêque de Meaux à ce sujet. Sur cette affaire on a ordonné aux gens du Roi de donner plus de détail aux faits de leur plainte et de la remettre aux chambres samedi prochain.

Le mariage de M. de Conflans est arrêté avec Mlle Portail ; en faveur de ce mariage le Roi a bien voulu que sur la pension de 10,000 livres que S. M. a accordée à Mme la présidente Portail, il en passât 6,000 livres à M. de Conflans après la mort de Mme Portail.

Du vendredi 9, Dampierre. — Mme la Dauphine jouoit hier au cavagnole avant souper à la même table où la Reine joue après souper ; il tomba pendant le jeu une des boules du balcon qui est au-dessus ; heureusement cette boule tomba au milieu de la table. Le moment de frayeur auroit pu être dangereux dans l'état où est Mme la Dauphine, mais elle n'en eut point. Mme la maréchale de Maillebois, qui jouoit avec elle, en eut beaucoup, mais non pas assez pour ne pas emporter tout son argent en se levant. On donna ordre sur-le-champ de faire fermer les balcons pour que personne n'y entrât.

Il paroît depuis quelques jours un mémoire de M. de Metz contre les héritiers et créanciers de M. le duc de Saint-Simon. Je crois avoir marqué que M. le duc de Saint-Simon a laissé par son testament tous ses manuscrits à M. de Metz. Ces manuscrits sont de plusieurs espèces. M. de Saint-Simon avoit écrit toute sa vie : détails de généalogie, mémoires particuliers, observations, remarques, notes en grand nombre sur des livres imprimés, beaucoup de lettres particulières. Il avoit eu la confiance de M. le duc d'Orléans ; il avoit été dans le conseil de régence. Il avoit beaucoup lu, avoit une mémoire fort heureuse, mais il étoit sujet à prévention. Il exprimoit fortement ses sentiments dans la conversation et écrivoit de même ; il se servoit de termes propres à ce qu'il vouloit dire, sans s'embarrasser s'ils étoient bien françois. On peut juger qu'avec l'esprit critique il doit se trouver dans ses écrits plusieurs papiers qui ne sont pas faits pour voir le jour et qui ne peuvent être remis qu'entre les mains d'un ami sage et prudent. C'est ce qui a déterminé M. de Saint-Simon à vouloir que ses manuscrits fussent remis à M. l'évêque de Metz. Si M. de Saint-Simon avoit donné, de la main à la main, ses manuscrits à M. l'évêque de Metz, et qu'ils se fussent trouvés à sa mort hors de chez lui, il n'y auroit eu nulle difficulté, mais il s'est trouvé grand nombre de créanciers qui ont été affligés et piqués de voir qu'ils perdroient au moins la moitié de ce qui leur étoit dû, parce qu'il y a pour 40,000 livres de rentes de terres substituées qui passent à Mme de Valentinois sans être tenues des dettes. Ils ont demandé que les manuscrits fussent examinés et inventoriés comme le reste ; ils ont donné pour raison que ces manuscrits pouvoient contenir des titres de la maison ou quelques papiers utiles aux intérêts de M. de Saint-Simon, et par conséquent aux leurs, ou bien qu'ils pouvoient avoir une valeur considérable qui augmenteroit les biens de la succession. Ils ont ajouté que l'usage ordinaire étoit que l'exécuteur testamentaire fût chargé de la délivrance des legs sans que les légataires y assistassent, et se sont opposés à la prétention de M. de Metz d'assister à cet inventaire par procureur ou du moins en personne. M. de Metz a représenté qu'il avoit toute confiance dans un ami aussi sage et aussi éclairé que M. de Fresne, mais que c'étoit par M. de Fresne lui-même qu'il avoit été averti du moment où il seroit question des manuscrits dans l'inventaire, et que sachant que les occupations de M. de Fresne ne lui permettroient pas toujours d'assister audit inventaire, on ne pouvoit le blâmer de n'avoir pas une confiance aussi entière dans le procureur que M. de Fresne mettroit à sa place. Il a été d'abord décidé à l'amiable et de concert avec les héritiers, qui avaient la même prétention que les créanciers, que les manuscrits seroient remis entre les mains de M. le lieutenant civil. Mais comme il falloit examiner ces manuscrits et voir s'ils étoient tous dans le cas du legs fait à M. de Metz, cela a formé une question qui fait l'objet du mémoire. Cette question a d'abord été portée à M. le lieutenant civil, qui a jugé que cet examen des papiers pouvoit se faire en l'absence de M. de Metz; M. de Metz a appelé de cette sentence à la grande chambre; l'affaire a été plaidée. L'avocat des créanciers est créancier lui-même. Il y eut hier arrêt qui jugea que M. de Metz en personne seroit présent à l'inventaire. Les livres imprimés où il y a des notes ne peuvent faire partie des manuscrits. On est un peu étonné que les créanciers de M. de Saint-Simon se trouvent dans le cas de perdre plus de moitié. A la mort de Mme la duchesse de Saint-Simon on fit un inventaire des biens de M. de Saint-Simon qui se trouvèrent monter à 173,000 livres de rentes.

Du samedi 10, Dampierre. — M. le maréchal de Belle-Isle me contoit hier qu'en 1734 il fut fourni pour l'armée du Roi, en Alsace, des fourrages pour 2 millions, mais qu'il en coûtoit 800,000 francs pour les différents frais de cette livraison, et que lui s'étant trouvé dans le même cas, avoit fait fournir dans le Hundsruck au corps qu'il commandoit pour 3 millions de fourrages sans aucuns frais, et la méthode dont il s'étoit servi avoit été de faire publier une défense à qui que ce soit de vendre et à qui que ce soit d'acheter du fourrage ; qu'il avoit ensuite fait prendre un état de tous les chevaux effectifs, sans crainte qu'on le trompât, parce que ceux qui auroient pris du fourrage de surplus n'auroient pu trouver à le vendre ; qu'il avoit ensuite fait distribuer du fourrage à proportion de ce nombre effectif de chevaux, sur les ordres d'un commissaire des guerres qui en tenoit l'état le plus exact, et que lorsqu'il arrivoit des étrangers, on leur fournissoit des rations de fourrage sur les ordres du même commissaire pour le nombre de chevaux qu'ils amenoient et le temps de leur séjour ; tout cela étoit enregistré, et le surplus des places de fourrages dues aux officiers leur étoit payé en argent.

M. le maréchal de Belle-Isle nous parloit aussi hier des grandes dépenses qu'il a été obligé de faire. La première année qu'il demeura à Francfort pour l'élection de l'Empereur, coûta 1,700,000 livres, voyages, transports, construction de salle à manger et de cuisines, fêtes, présents, livrée, etc. Il comptoit de clerc à maître ; c'étoit le Roi qui payoit la dépense, et Saint-Quentin, aujourd'hui garçon de la chambre du Roi, qui étoit chargé de la dépense de bouche, et qui s'en acquitta avec grande distinction. M. de Belle-Isle, avant que de partir, demanda à Saint-Quentin combien il comptoit prendre d'hommes pour la cuisine ; Saint-Quentin lui donna un état montant à 80 personnes ; M. de Belle-Isle le porta à M. le cardinal de Fleury, qui en fut effrayé et dit qu'il vouloit parler à Saint-Quentin. Saint-Quentin dit qu'il ferait son état autrement parce qu'il n'avoit mis que l'absolument nécessaire. Il le présenta le lendemain à M. le cardinal, et fut une heure et demie avec lui ; ce travail finit par arrêter l'état non à 80 mais à 101. M. le cardinal, que nous avons toujours vu aimer l'économie, vouloit que dans cette occasion tout fût au plus grand. M. de Belle-Isle lui présenta un état de sa livrée ; M. le cardinal ne la trouva pas assez magnifique et y fit faire des changements en conséquence. Toutes les tables étoient servies par des gens de livrée de M. de Belle-Isle. On avoit établi l'ordre le plus grand, et il n'y eut pas en un an une douzaine de serviettes de perdues, pendant que chez M. de Montijo dans une seule fête il y en eut un grand nombre de douzaines qu'on ne retrouva jamais.

Lorsque M. de Belle-Isle fut pris dans les États de Hanovre et conduit en Angleterre, il avoit une somme d'argent assez considérable à laquelle on ne toucha point; lorsqu'il fut arrivé en Angleterre avec les 56 personnes qui l'accompagnoient, il fut traité et défrayé lui et sa suite, pendant trente-huit jours, aux dépens du roi d'Angleterre qui donnoit pour cela 6,000 livres par jour. M. le maréchal de Belle-Isle crut devoir faire des présents à tous ceux qui avoient eu soin de lui, et il donna 1,500 guinées. En dernier lieu, les voyages que M. de Gisors vient de faire coûteront à M. de Belle-Isle entre 90 et 100,000 livres. La campagne de Provence lui a coûté aussi beaucoup; d'autant plus, comme je l'ai marqué dans le temps, qu'il ne croyoit pas devoir faire des sauvegardes l'usage qu'en font ordinairement les généraux.

On trouvera ci-après l'extrait d'une lettre de Marly, du 9.

Le Roi a donné ses ordres pour aller chasser la semaine prochaine à Rambouillet et visiter en même temps les environs de l'étang de Pouras, où il projette de faire bâtir un pavillon.

Le Roi vient d'arriver de la revue avec Mesdames; les gardes françoises ont parfaitement bien fait l'exercice.

Mgr le Dauphin paroît toujours dans le même état, quoique la faculté ne se soit point aperçue qu'il ait rendu de vers depuis le dernier.

M. le cardinal de la Rochefoucauld eut hier une audience du Roi; elle dura environ dix-huit minutes.

M. de Malezieu, fils de M. de Malezieu, lieutenant général et commandeur de l'ordre de Saint-Louis, est mort; il avoit trente-quatre ans; il étoit major de carabiniers.

M. le prince de Tingry a perdu hier 1,500 louis et aujourd'hui 1,000; il en avoit gagné 1,600 avant hier au tric-trac et au piquet.

M. le garde des sceaux vint le 5 au soir apporter la nouvelle que la flotte de Brest étoit partie le 3 de ce mois.

Du dimanche 11, *Dampierre.* — Voilà les nouvelles que je reçois de ce qui s'est passé hier au Parlement :

En exécution du dernier arrêt, les gens du Roi ont présenté aujourd'hui aux chambres assemblées un détail plus circonstancié des faits relatifs à leur plainte au sujet du refus de sacrements aux religieuses de la Ferté-Gaucher, diocèse de Meaux, qui sont depuis quelques années dans d'autres couvents du même diocèse.

Sur cette plainte, on vient d'ordonner une information.

On en a encore ordonné une autre sur une affaire arrivée à Langres dont les circonstances sont singulières ; voici ce dont il s'agit :

Une fille nommée Renault se présenta à confesse, sur la fin du carême dernier, à un prêtre de Langres nommé Juré. La confession étant à moitié entendue, le prêtre proposa à la pénitente d'interrompre la confession et de le suivre chez un des grands vicaires de M. l'évêque de Langres. La pénitente ayant obtempéré à la proposition du confesseur, celui-ci, arrivé chez le grand vicaire, a causé un peu de temps avec lui en particulier et après la conversation ayant dit à la pénitente de venir chez lui, qu'il achèveroit de la confesser dans l'église des Ursulines, la fille le suivit ; mais comme le chemin pour aller aux Ursulines étoit de passer devant la prison de la justice de M. l'évêque de Langres, le confesseur engagea la pénitente d'entrer dans la prison avec lui sous prétexte qu'il y avoit affaire pour un instant ; mais son objet étoit de faire constituer sa pénitente prisonnière ; comme de fait elle resta en prison par ordre du confesseur ou du grand vicaire. Pendant plusieurs jours il ne fut pas possible aux parents de la fille de parvenir à la voir ; mais enfin une des sœurs de cette fille étant parvenue à savoir de quoi il étoit question, en a averti le procureur du Roi de Langres, qui en a rendu plainte au bailliage. On a ordonné la liberté provisoire de la fille, et sur le fond le bailliage a renvoyé au Parlement qui a ordonné aujourd'hui l'information. On a ordonné en même temps qu'il sera fait procès-verbal de l'état de la prison et du registre de la geôle pour savoir si cette fille a été écrouée, et si dans cette prison il n'y a pas d'autres prisonniers dans le même cas. On dit que cette fille a été traitée ainsi pour s'être accusée d'avoir mal parlé de M. l'évêque de Langres.

La Sorbonne refuse de se soumettre à l'arrêt du Parlement par rapport aux thèses. M. le chancelier vint hier apporter un mémoire de la Sorbonne au Roi. Voilà en gros et presque dans les mêmes termes ce que contient la lettre du Roi à M. le chancelier qui en a envoyé une copie au syndic.

J'ai examiné le mémoire du syndic de la faculté de théologie de Paris que vous m'avez remis. Je ne veux rien faire quant à présent; mais assurez la faculté et le syndic en particulier que je suis très-content d'eux et que je les assure de ma protection; qu'ils se conduisent avec modération et selon mes principes.

Du lundi 12, *Dampierre.* — On trouvera ci-après l'extrait d'une lettre de Marly d'aujourd'hui.

Les personnes qui composent le lansquenet après la maison royale sont : M*me* la marquise de Pompadour et M*me* la maréchale de Maillebois, MM. de Luxembourg, de la Vallière, de Soubise, de Livry, de Chalabre, d'Houdetot, d'Estrées, de Castries, le prince de Beauvau, le baron de Vangle et MM. de Jansen et Laffe, Anglois.

Du mardi 13, *Dampierre.* — M. le prévôt des marchands a présenté ce matin au Roi l'opéra d'*Ajax* que l'on va représenter.

Voilà les nouvelles du Parlement d'aujourd'hui :

Les chambres viennent de condamner au bannissement perpétuel hors du royaume, par contumax, les nommés Franc et Duquerrou, prêtres de Sainte-Marguerite, pour raison de refus de sacrements par eux fait à Coquelin. Ordonné que l'arrêt sera exécuté par effigie dans le faubourg Saint-Antoine, imprimé, publié, etc.

On a ordonné que le nommé Farelli, prêtre de Saint-Étienne du Mont, impliqué dans le refus de sacrements au chevalier de Vabouse (*sic*), seroit sommé de se rendre demain dix heures du matin aux chambres assemblées.

Du mercredi 14, *Dampierre.* — On trouvera ci-après les nouvelles du Parlement d'aujourd'hui.

Les chambres viennent de condamner aux galères par contumace, à perpétuité, le nommé Dubois, diacre, qui étoit à Saint-Étienne du Mont lors du refus de sacrements fait au chevalier de Valibouse (*sic*).

L'assemblée est continuée à cinq heures après midi, pour délibérer sur la réponse de la Sorbonne que le syndic doit donner à M. le procureur général à quatre heures.

Du jeudi 15, *Dampierre.* — On trouvera ci-après l'extrait d'une lettre que je reçois sur les affaires présentes. Cette lettre est datée de Paris d'aujourd'hui.

MAI 1755.

Mardi 13 du présent mois, on a lu la réponse du Roi à la Faculté assemblée. On a délibéré aussitôt (1) ; les deux plus anciens docteurs, qui étoient un Carme et un nommé Deshayes, connu pour avoir administré Mlle Coffin à Saint-Étienne du Mont, ont opiné qu'il falloit enregistrer (2). De cent trente-sept docteurs qui composoient l'assemblée, il ne s'en est trouvé que cinq qui aient suivi cet avis, et de ces cinq il y en a eu trois qui ont rétracté leur opinion. Le P. Richer, cordelier, a opiné le premier pour ne pas enregistrer. Il y a eu des docteurs qui ont parlé de la manière la plus forte au sujet de la religion. La conclusion a été qu'on n'enregistreroit pas. Voici les motifs sur lesquels ils se sont fondés :

1° Que l'arrêt ne citoit aucune proposition, pas même aucune thèse dans laquelle on eût trouvé quelque chose de répréhensible et qui pût servir de règle à la Faculté pour la conduite qu'elle avoit à tenir dans l'examen des thèses.

2° Que ce qui est contenu dans l'arrêt est contraire à la doctrine que la Faculté a toujours enseignée et qu'elle espère avec la grâce de Dieu enseigner tant qu'elle subsistera.

3° Que l'arrêt ne peut se concilier avec les ordres du Roi adressés en différents temps immédiatement à la Faculté, reçus avec respect et exécutés avec fidélité.

4° Que cet arrêt est contraire à l'honneur de la Faculté, qu'il accuse de peu de vigilance.

En conséquence, hier 14, assemblée des chambres à cinq heures, dans laquelle a été statué qu'on manderoit pour comparoître aujourd'hui, à dix heures du matin, le syndic, le doyen, les six plus anciens docteurs et professeurs de la maison de Sorbonne, avec le grand maître et les professeurs de Navarre, et l'on a ordonné au scribe de la Faculté d'y apporter les registres.

Ce matin ils ont comparu à l'heure marquée, au nombre de dix-sept, qui, n'étant que des deux maisons, ne pouvoient être censés représenter la Faculté. M. le premier président leur a dit : « La Cour vous a mandés pour vous témoigner son extrême mécontentement et vous reprocher l'étrange égarement dans lequel vous êtes tombés en désobéissant à l'autorité souveraine et en méconnoissant une loi qui fait la gloire du monarque et le bonheur des sujets, bien éloignés de suivre les exemples de vos célèbres prédécesseurs qui ont toujours donné des marques de leur sagesse et de leur soumission. La Cour ne peut s'empêcher de s'en venger ; elle vous donne le temps d'y réfléchir, et

---

(1) Sur l'arrêt du Parlement du 6 mai.
(2) L'arrêt du Parlement du 6 mai.

cependant vous défend de tenir aucune assemblée jusqu'à ce qu'il en ait été par elle autrement ordonné. Scribe, passez au greffe avec vos registres, afin qu'on y inscrive l'arrêt de la Cour. Retirez-vous. » Les docteurs se sont retirés, et on a inscrit l'arrêt, qui y restera jusqu'à la première protestation.

Du vendredi 16, Dampierre. — Mandrin a été arrêté à un endroit appelé Rochefort, sur les terres du roi de Sardaigne; il a été conduit à Valence, où vraisemblablement il sera jugé.

Mandrin, homme entreprenant, qui a fait tant de mal, étoit entrepreneur pour fournir des mulets lorsque M. de Belle-Isle commandoit l'armée de Provence. Pressé par les troupes détachées à sa poursuite, il s'étoit retiré sur les terres du roi de Sardaigne dans un lieu appelé Rochefort, à trois lieues en avant dans lesdites terres; il falloit, pour pouvoir y aller, passer un ruisseau qui sépare la Savoie du Dauphiné; 150 hommes habillés en paysans ont passé ce ruisseau ayant de l'eau jusque sous les bras. Ces 150 hommes qui avoient l'attention de ne pas marcher ensemble, investirent le château; la porte fut enfoncée, sept ou huit de ceux qui accompagnoient Mandrin qui voulurent résister furent tués, trois de ses principaux chefs furent pris, et lui-même fut saisi, ayant ses deux pistolets à la main, n'ayant point eu le temps d'en faire usage. On dit que cette troupe étoit composée de gens des fermes qui ont agi sans ordre; qu'ils seront désavoués et même peut-être punis. Il convient de tenir ce langage puisque c'est sur les terres du roi de Sardaigne qu'il a été pris.

M. le comte de Coigny vient d'obtenir le gouvernement de Caen, qu'avoit M. le maréchal de Coigny son grand-père.

Du lundi 19, Versailles. — Mme de Montmorin (Villette) présenta hier sa belle-fille (Souvré), qui s'appelle la marquise de Saint-Hérem; elle est grande et bien faite.

M. de l'Hôpital fit signer hier le contrat de mariage

de sa seconde fille avec M. de Mérinville. Ce qui a retardé cette signature, c'est que M. de Mérinville est parent de M. de l'Hôpital, et assez proche pour que les dispenses n'aient pu être données par M. l'archevêque. Les usages ne sont pas égaux dans les diocèses pour les dispenses de parenté. Par exemple, dans le diocèse d'Autun, l'évêque les donne du deux au trois, et cet usage ne se pratique point à Paris; je crois que ce n'est que du trois au quatre. Il est à observer, par rapport aux dispenses, que le degré inférieur emporte le supérieur, c'est-à-dire que du deux au trois est comme du trois au trois, etc.; mais il y a des degrés où les évêques donnent des dispenses à ceux qui ne sont pas en état d'aller à Rome et les refusent à ceux qui ont le moyen de faire cette dépense. Ce qu'on appelle envoyer à Rome n'est pas faire partir un courrier, mais s'adresser à un banquier qui écrit à Rome et en reçoit les expéditions.

M. le duc de Chaulnes présente aujourd'hui les États d'Artois. Ces États se tiennent au mois de septembre; ils sont venus apporter les cahiers de l'année passée. C'est M. l'évêque d'Arras (Bonneguise), ci-devant aumônier de Mme la Dauphine, qui porte la parole; M. le comte d'Houchin est député de la noblesse. C'est M. Gosse, avocat au Parlement, qui est député pour le tiers état.

Hier (1) il n'y eut ni promotion ni réception de chevaliers. Il y avoit environ 38 chevaliers à la cérémonie, sans compter Mgr le Dauphin, ni la maison royale, Mgr le Dauphin, qui est resté à Marly avec Mme la Dauphine, vint le matin pour la cérémonie et s'en retourna dîner à Marly. M. le comte de Charolois, M. le comte de Clermont n'y étoient point, ni M. le prince de Dombes, qui est incommodé, ni M. de Penthièvre, qui est toujours dans la plus grande affliction. La quêteuse fut Mme de Talleyrand

---

(1) 18 mai, dimanche de la Pentecôte.

(d'Antigny). Il y eut sermon l'après dîner à l'ordinaire ; le prédicateur étoit un chanoine de Saint-Quentin nommé Berthier ; on dit qu'il est grand vicaire de Troyes, cela est peu important. On l'entendit difficilement parce qu'il a peu de voix ; son sermon cependant, autant qu'on put en juger, parut assez bon, et même le compliment qu'il fit au Roi à la fin de l'exorde.

Je n'ai point marqué la mort de M. de la Cerda, envoyé de Portugal ; il avoit soixante ans, il est mort le 9. M. de Cartéja est mort aussi le 10, âgé de soixante et douze ans ; il avoit été ambassadeur du roi de Suède, et étoit gouverneur de Toul et de Saint-Dizier.

M. le premier président a travaillé aujourd'hui cinq quarts d'heure avec le Roi.

Du mardi 10, *Versailles.* — On trouvera ci-après les nouvelles du Parlement d'hier.

Le Roi a mandé M. le premier président au sujet de la condamnation aux galères prononcée par contumace contre le sieur Dubois, ce qui a donné lieu à M. le premier président de lui rendre compte des charges.

S. M. a dit ensuite à M. le premier président qu'elle approuvoit le sursis que l'on avoit prononcé sur l'information faite contre l'évêque de Troyes à l'occasion des lettres circulaires qu'il avoit écrites aux curés de son diocèse ;

Qu'Elle approuvoit également la conduite que le Parlement avoit tenue au sujet de la Sorbonne, et que c'étoit la même chose qu'en 1682 ; qu'Elle étoit plus que jamais dans l'intention de faire exécuter sa déclaration du 2 septembre dernier ; qu'Elle ne souffriroit qu'aucun de ses sujets entreprît sur son autorité et lui permettoit de le dire aux membres de la Compagnie.

M. Grimod de Beauregard, frère de M. de la Reynière et de M. Dufort, est mort ; il laisse environ 6 millions. M. Dufort, son neveu, est légataire universel. Au défaut d'enfant du légataire, il substitue son bien à l'Hôtel-Dieu, avec clause expresse que la mère ni aucuns des parents maternels ne pourront profiter dudit legs à titre de garde-noble ou autrement. Il est stipulé en outre que les parents paternels feront nommer un tuteur pour la régie desdits biens, n'entendant point, le testateur, que la mère ni aucun parent paternel s'en mêlent.

Il donne 800,000 livres à l'Hôtel-Dieu, 100,000 livres à la Salpêtrière, désignée sous le nom de la maison dont Mme de Moëssan est supérieure ; 100,000 livres pour les Enfants-Trouvés ; 100,000 francs aux Incurables, avec fondation de lits ; 100,000 francs à la Charité, avec pareille fondation de lits ; 100,000 francs pour la rédemption des captifs, à la charge que si quelqu'un de la famille demande la préférence pour des délivrances, elle l'aura ; même chose pour les Capucins de Paris, pour ceux de Marseille et pour l'abbaye de la Trappe. Il laisse quelque chose aux Chartreux de Marseille. Tous ces legs sont chargés d'un nombre considérable de messes. Il donne 100,000 francs au curé de Saint-Eustache pour bâtir son portail, à la charge de faire un fonds de cette somme, duquel fonds les revenus seront employés à la construction du portail, et d'autres legs aux pauvres de sa paroisse, et nommément pour marier cinquante filles. Le testateur n'avoit de propre qu'un contrat de 2,500 livres sur la Ville, de la moitié duquel sa mère avoit la jouissance ; il lui laisse la jouissance de la totalité, et le fonds à ses sœurs, neveux et nièces, qui partageront par souches. Il laisse à sa mère 16,000 livres de rentes viagères, dont 12,000 livres payables par l'Hôtel-Dieu, 2,000 par la Salpêtrière et 2,000 livres par les Enfants-Trouvés, plus 10,000 livres payables le jour de sa mort par le légataire universel. Il donne à Mme Dumas 10,000 francs, substitués à Mme de Montgeron, à ses enfants, et après eux au légataire universel ; à Mlle de Boynes, 30,000 livres substituées aux enfants de Mme de Montgeron, et après eux au légataire universel ; à Mme de Malesherbes, 30,000 livres, substituées après elle et ses enfants à Mme de Beaumont, et ensuite au légataire universel ; à Mme de Beaumont, pareille somme, avec substitution réciproque avec Mme de Malesherbes, aux mêmes clauses ; à Mme de la Reynière, 20,000 livres, sans autre substitution que la substitution générale en faveur du légataire universel ; à Mlle de la Reynière, 20,000, substituées à son frère et ensuite au légataire universel ; à Mme de Saint-Père, sa nièce, fille d'une sœur morte depuis longtemps, 60,000 livres avec la substitution au légataire universel ; à un M. Grimon, 50,000 livres ; à une Mlle Grimod, 10,000 livres ; à une autre Mlle Grimod, 6,000 livres ; à Mlle de la Broise, sœur de ces Grimod, 6,000 livres ; le tout avec la substitution ; à Mme d'Orval, ancienne amie ; à une Mme Campion de Marseille ; à l'abbé de la Théraudière, ancien ami de son frère Dufort et le sien, quelques diamants, montres, pendules, etc.; ou s'ils ne se trouvent en nature, l'évaluation en argent ; ces objets ne montent pas à 15,000 francs. Il donne à trois de ses domestiques et à une femme de chambre de sa mère 12 ou 1,500 francs d'argent en rentes viagères dont l'Hôtel-Dieu est chargé, et 12 à 15,000 francs d'argent comptant dont il charge le légataire universel ; 1,500 livres au P. Eustache, à prendre en argent ou à son choix ; à MM. Péan de Monac et Patu, notaires exécuteurs testamentaires, au premier un diamant de 100,00 livres, et au second un diamant de 6,000. Le pouvoir des exécuteurs continué jusqu'à la fin de l'exécution du testament, et clause portant que les héritiers et légataires ne jouiront de rien qu'après l'exécution du testament. Injonction au légataire et autres de n'employer d'autre notaire que le sieur Patu, et dans le cas où il ne seroit plus notaire, ou dans celui où il seroit mort, ordre de choisir, pour le remplacer, celui qui sera le quinzième en date dans le tableau des notaires du jour du décès du testateur. Le testateur déclare que si aucun des légataires et des héritiers veut se pourvoir contre le testament, ne fût-ce que par la moindre assignation, il sera réduit au quart de son legs ; et que si c'est sa mère, il décharge les hôpitaux des 16,000 livres de rentes viagères et lui ôte même la moitié de la jouissance du contrat sur la Ville. De peur qu'on ne trouve les legs faits aux hôpitaux excessifs, il déclare que c'est à titre de restitution et pour l'acquit de sa conscience. Il demande à n'être enseveli que trois jours après sa mort, et défend qu'on l'ouvre sous aucun prétexte. Il y a encore des choses bien extraordinaires dans le testament; il ordonne qu'on vende ses chemises garnies de dentelle; il dit qu'il seroit damné ayant mal acquis son bien.

Mme Grimod a eu trois fils. M. de la Reynière, qui avoit épousé en premières noces Mlle Labbé; a eu de ce premier mariage Mme de Beaumont, belle-fille de M. de Massigny. Il a épousé en secondes noces Mlle Mazade, qui est Mme de la Reynière d'aujourd'hui, dont il est resté un fils, Mme de Malesherbes, et une fille à marier prodigieusement riche qui a 1,200,000 livres.

M. Dufort, qui étoit le second des garçons de Mme Grimod, a été marié trois fois, la première à Mlle de Reims, nièce de Mme Savalette et amie intime de Mlle de Tourbes; il n'en a point eu d'enfants; en secondes noces il a épousé Mlle de Courten, dont il n'a point eu d'enfants, et en troisièmes Mlle de Caulaincourt, dont il a un fils; c'est ce fils qui est héritier de M. de Beauregard. Les Grimod sont de Lyon et Mme Grimod aussi. C'est elle qui a contribué à la fortune de ses enfants; elle a eu une figure agréable; c'est M. de la Vallière qui a fait sa fortune. Celui qui vient de mourir étoit le troisième et n'étoit point marié. Il y a eu une fille qui est encore vivante et qui s'appelle Mme Dumas, dont le mari fut tué dans la rue des Bernardins par une botte de foin qui lui tomba sur la tête.

Il est mort ces jours-ci un conseiller du grand conseil qui s'appeloit Bréhan, de même nom que Mme d'Aiguillon; il étoit fort riche et fort intéressé.

Du mercredi 21, Dampierre. — M. le prince de Dombes rendit compte avant-hier au Roi de la mort de M. le duc de Châteauvillain (1); il étoit né le 17 novembre 1748. Il ne reste plus à M. le duc de Penthièvre que M. le prince de Lamballe, né le 6 septembre, 1747 et une fille née le 13 mars 1753 (2). M. le duc de Penthièvre a enfin pris le parti de retourner à l'hôtel de Toulouse, mais il n'a point voulu occuper ni son ancien appartement, ni celui de feu Mme la duchesse de Penthièvre, ni que Mme la comtesse de Toulouse y logeât. Ils logent tous deux au rez-de-chaussée.

Mme la Dauphine est restée à Marly parce qu'on a voulu éviter de lui faire faire un voyage inutile à cause de sa grossesse. Mgr le Dauphin n'est venu à Versailles que pour la cérémonie, comme je l'ai marqué. Pendant l'absence du Roi, il n'est point resté de gardes françoises ni de Suisses à Marly. C'est une question qui a été agitée; on a cherché des exemples et on a trouvé qu'il n'en étoit point resté en pareil cas pour Mgr le duc de Bourgogne ou Mgr le duc de Berry, je ne sais lequel des deux. Mon frère a resté à Marly pendant tout le premier voyage, et même après le départ du Roi. Mme la Dauphine, qui y fit ses dévotions avant-hier, a désiré que mon frère officiât pontificalement dans la chapelle le jour de la Pentecôte. J'ai marqué dans le temps l'arrangement qui a été fait pour que le saint Sacrement fût dans cette chapelle où les cordeliers de Noisy font l'office pendant les séjours de la Cour. Toute la cérémonie s'est très-bien passée. Il y a eu outre cela une quêteuse; ç'a été Mme du Châtelet (Rochechouart). La cour de Mme la Dauphine n'étoit pas fort nombreuse, ainsi la quête n'a été qu'à 15 louis.

Du vendredi 23, Dampierre. — M. de Sassenage et M. de Bérenger demandèrent hier l'agrément du Roi. M. de Bérenger est fils du feu chevalier des ordres et lieutenant général des armées du Roi et de Mlle d'Orçay. Il épouse

---

(1) Mort le 19 mai.
(2) Depuis duchesse d'Orléans et morte en 1821.

une troisième fille de M. de Sassenage qui a été élevée en Dauphiné et qui y est encore. Les Bérenger et les Sassenage sont parents, et ce mariage avait paru si convenable au Roi qu'il en a parlé plusieurs fois à M. de Sassenage. En faveur du mariage le Roi accorde à M. de Bérenger la survivance de la place de M. de Sassenage de chevalier d'honneur de Mme la Dauphine. Le contrat sera signé le 25 à Marly. M. de Bérenger a eu quatre garçons et deux filles; deux des garçons sont morts, celui-ci est actuellement l'aîné; des deux filles, l'une a épousé M. d'Ormieux et l'autre M. de Soyecourt, veuf en premières noces de Mlle de Saint-Aignan. MM. de Sassenage ont des terres considérables en Dauphiné. Le père de celui-ci, qui avoit épousé la fille de M. le duc de Chevreuse, avoit été premier gentilhomme de la chambre de M. le duc d'Orléans, régent. C'étoit à lui que ce prince, en parlant d'une conversation qu'il avoit eue avec M. de Chevreuse sur la religion, disoit : « Votre diable de beau-père m'a fait des questions auxquelles je n'ai pu répondre. »

Le mariage de M. de Conflans avec Mlle Portail fut fait avant-hier. Le père et la mère de Mlle Portail sont brouillés et ne se voyent point, il a donc fallu prendre un arrangement qui leur convînt à l'un et à l'autre. Le jour du mariage a été chez Mme de Caraman, sœur de M. Portail, et il n'y eut que Mme d'Armentières la mère, M. d'Armentières, M. Portail et les deux mariés. Hier le souper fut chez M. d'Armentières ; .Portail ne s'y trouva point; à cela près tous les Portail, Mme Portail et tous les Fontaine; on sait que son père s'appelle M. Fontaine.

Du samedi 24, Dampierre. — On mande de Lorraine que le roi de Pologne a supprimé par arrêt de son conseil deux brochures qui paroissent dans le public; S. M. a envoyé cet arrêt au conseil souverain par le procureur général; le conseil souverain a refusé d'enregistrer et a nommé un conseiller pour faire des informations et donner des conclusions sur ces libelles.

La flotte de M. Dubois de la Motte est arrivée sans aucun accident et promptement au cap Finistère, qui est environ à 300 lieues de Brest; elle en a encore 5 ou 600 à faire jusqu'au lieu de sa destination, mais dans ce trajet elle n'a plus besoin d'escorte; M. Dubois de la Motte a fait tirer un coup de canon qui étoit le signal convenu pour annoncer qu'il étoit en sûreté. Aussitôt M. de Macnemara, qui n'avoit d'autre commission que de le conduire en lieu sûr, a ouvert les paquets contenant les ordres qui regardoient son escadre; ces ordres portent de revenir à Brest. Il a fait partir aussitôt une frégate pour annoncer son retour. Le courrier qui arriva hier apporta la nouvelle de l'arrivée de cette frégate et de tout ce que je viens de marquer. Ils n'ont trouvé dans leur route que quelques bâtiments anglois qui sont allés aussitôt donner avis de notre passage.

Du lundi 26, Dampierre. — Le Roi signa hier le contrat de mariage de M. de Dreux avec Mlle [de Pezé.].

Voilà les nouvelles que je reçois du Parlement d'aujourd'hui :

MM. les gens du Roi ont rendu compte de l'état actuel de toutes les affaires courantes, les refus de sacrements, qui sont quant à présent au nombre de dix-sept. Après ce compte on a fait lecture d'une requête présentée par M. le procureur général afin d'être reçu appelant comme d'abus d'un monitoire de M. l'évêque d'Auxerre qui regardoit les confesseurs de son diocèse. Ce monitoire contient des défenses d'entendre en confession, à moins que l'on ne rapporte un billet de confession de son curé.

Du mardi 27, Dampierre. — Voilà les nouvelles du Parlement d'aujourd'hui :

On a ordonné un délibéré sur le registre sur l'appel comme d'abus interjeté par M. le procureur général de la seconde interdiction du sieurs Cerveau, prêtre habitué de Saint-Étienne du Mont.

A l'égard de l'huissier Goulé, appariteur de l'officialité, comme cette affaire est annexée avec l'interdiction de Cerveau, il a été compris dans le délibéré.

On a permis, sur la requête de M. le procureur général de s'assemblées à la Faculté de théologie, seulement pour l'exercice des étudiants en théologie et pour soutenir les thèses, et on a ordonné au surplus l'exécution de l'arrêt du 14 mai, en réitérant des défenses de faire aucunes assemblées générales en Sorbonne, seulement que pour l'instruction des étudiants en théologie.

L'assemblée des chambres remise à mardi.

On trouvera ci-après un extrait des nouvelles de Marly du 26 mai.

M. le cardinal de la Rochefoucauld eut hier une audience d'environ un quart d'heure; il avoit eu auparavant une grande conférence avec M. de Séchelles.

Mme de Beuvron accoucha hier fort heureusement d'un garçon à Jouy.

Le fils de M. de Champcenetz, premier valet de chambre du Roi, épouse Mlle Pernon, fille du député du commerce de Lyon; elle est fort riche. C'est Mme de Pompadour qui a fait ce mariage.

Du mercredi 28, Dampierre. — Le Roi donna hier ses ordres pour la place que l'on doit faire entre les Tuileries et le Cours; il remit les plans avec ses bons à M. le duc de Gesvres et à M. le prévôt des marchands, qui furent une demi-heure avec S. M., les plans sur la table. M. le prévôt des marchands emporta les plans et l'on assure que l'on va agir avec toute la diligence possible.

Le Roi revient aujourd'hui à Versailles après la chasse. La Reine y est venue dîner. Mgr le Dauphin et Mme la Dauphine dînent à Marly avant d'en partir.

On trouvera ci-après la liste des voyages que le Roi fera avant d'aller à Compiègne :

Le dimanche 1er juin à Choisy, jusqu'au lundi au soir. Le mardi 3 à Trianon, jusqu'au mercredi. Le jeudi 5 retourne à Trianon, où il restera jusqu'au samedi après souper. Le lundi 9 à Crécy, jusqu'au vendredi 13, retourne à Crécy le 16 jusqu'au 21. Le 1er juillet à la Meutte, le 2 à Compiègne.

M. le duc de Mazarin a pris congé aujourd'hui; il va

en Espagne trouver M. le duc de Duras, son beau-père.

M. de Zurlauben, qui vient d'obtenir la grande croix de Saint-Louis, a fait son remercîment; c'est une grande croix surnuméraire.

La première assemblée du Clergé commença dimanche 25, chez M. le cardinal de la Rochefoucauld; il n'y fut question que de la remise des procurations des députés aux agents généraux pour les examiner. Ils en rendirent compte hier matin à l'assemblée. On délibéra pour envoyer les agents à Versailles pour savoir le jour que le Roi daignera recevoir les hommages de l'assemblée pour la messe du Saint-Esprit et pour le sermon d'ouverture; on a reçu la réponse des agents sur le jour que le Roi a donné. M. le cardinal de la Rochefoucauld a nommé les commissaires pour les différents bureaux; ensuite on s'est séparé jusqu'au dimanche matin 1ᵉʳ juin, que toute l'assemblée se trouvera à Versailles pour haranguer le Roi. Les séances commenceront le lendemain. C'est M. le cardinal de la Rochefoucauld qui a officié pontificalement à la messe du Saint-Esprit pour l'ouverture de l'assemblée. Tous les évêques y ont communié de sa main en étole, et tous les députés du second ordre de même. On ne dit point *Confiteor, Misereatur, Indulgentiam corpus*, etc., pour les évêques, mais on le dit pour le second ordre. M. l'évêque du Puy (Pompignan) a prêché. Sa division étoit la perpétuité de l'Église dans son ministère et dans sa doctrine. Son discours étoit très-solide, théologique et épiscopal; il y a eu même des endroits traités avec noblesse et élévation; il n'est pas possible de parler avec plus de réserve et de modération dans des circonstances aussi délicates.

Du jeudi 29, *Dampierre*. — La procession du saint Sacrement a commencé à dix heures un quart; la Reine n'y a point été, elle a été la recevoir à la porte de la chapelle et l'y a reconduite.

Du vendredi 30, *Dampierre*. — Mᵐᵉ la marquise d'Escars (Berwick) est morte; elle étoit fort riche; elle s'appeloit Verthamon de la Ville-aux-Clercs, du même nom que le premier président de la Cour des aides; elle avoit environ soixante-dix ans.

M. le cardinal de la Rochefoucauld eut hier une longue audience du Roi, qui lui marqua beaucoup de bonté.

La Sorbonne a présenté un mémoire au Roi; elle réclame contre tout ce qu'a fait le Parlement vis-à-vis d'elle; cela devient vif.

M. de Rambures est mort; il avoit cinquante-sept ans; il étoit fort riche, le nom de sa mère étoit de Mesmes; sa femme est Vérac; elle est fort riche. M. de Rambures avoit hérité de tous les biens de la maison de Rambures, à la mort de Mme de Caderousse et de Mme de Polignac. Le nom de Rambures est Fontenilles. Il a une fille qui vient d'épouser M. de Ligny, une autre fille à marier, et un garçon qui a environ dix à douze ans. Il étoit frère de M. l'évêque de Meaux, premier aumônier de Mme Adélaïde. Il étoit fort incommodé de la goutte depuis longtemps. Il venoit fort peu à la Cour.

M. de Lowendal est mort il y a trois jours; il avoit cinquante ans; il étoit maréchal de France, chevalier de l'Ordre et colonel d'un régiment d'infanterie allemande de son nom. Son père étoit grand-maréchal et ministre du feu roi de Pologne, électeur de Saxe. Son grand-père étoit maréchal général des armées en Danemark, et fils naturel de Frédéric III, roi de Danemark. M. de Lowendal a reçu tous ses sacrements avec beaucoup de piété. C'est M. le curé de Saint-Sulpice qui l'a assisté à la mort et qui lui a représenté qu'il pouvoit y avoir quelque difficulté par rapport à la légitimité de son mariage. M. de Lowendal, ne voulant manquer à aucune règle de l'Église, a renouvelé son mariage dans ses derniers moments. Il laisse ses affaires en mauvais état; il avoit acheté une terre près d'Orléans, nommée la Ferté, 600,000 livres; il n'en a pu payer que le quart; vraisemblablement on sera obligé de la vendre. Il avoit un revenu considérable, mais des bienfaits du Roi, et il faisoit une très-grande dépense.

JUIN.

Audience du Roi aux députés de l'assemblée du Clergé. — Détails de cérémonial. — La Reine à Saint-Cyr. — Procès du maréchal de Belle-Isle contre ses vassaux. — Refus de sacrements; sermon scandaleux. — L'assemblée du Clergé accorde le don gratuit. — Revue de la maison du Roi. — Le guet des gardes du corps. — Présentations. — Le marquis de la Ferté. — Ce qu'on appelle des plaisirs dans les gardes du corps. — Détails sur les gardes du corps. — Pension de retraite non demandée. — Emprunts du clergé. Réduction de l'intérêt à 4 p. 100. Taux de l'intérêt hors de France. — Mort de M. de Polignac et de l'évêque de Marseille. — Considération étrange en vertu de laquelle on destine souvent à l'église les enfants. — Nouvelles du Parlement. — Ce que le clergé a donné au Roi depuis 1700. — Refus de sacrements. — La maison de Conflans. — L'assemblée du Clergé. — Mariages. — Morts. — École des chevau-légers. — Baptême d'une cloche. — Consommation du bois et du charbon à Paris. — Arrêts du Parlement. — Grande quantité de canons et de mortiers en France. — Mariages et successions; nouvelles diverses de la Cour. — Culture des fruits. — Évêché donné. — Abbaye donnée à l'abbé de Bernis. — Retraite d'un chef de brigade et brigades données. — Audiences. — Le traitement à dîner. — Intendance de Rouen donnée. — L'emprunt du Clergé. — Présentations et révérences. — Mort de l'évêque de Dijon. — La quadrature du cercle. — Déplacements continuels du Roi. — Bouchardon fait le modèle en terre de la tête du Roi. — Départ de l'ambassadeur de Sardaigne à propos de l'affaire de Mandrin. — Mariage de M. de Tessé. — Mort et croissance extraordinaire. — Dupleix à Paris. — Nouvelles du Parlement. — Évêchés donnés.

Du dimanche 1ᵉʳ, Dampierre. — M. le duc de Penthièvre s'est démis purement et simplement de sa charge de grand veneur, en faveur de M. le prince de Lamballe, son fils; il a remercié le Roi ce matin.

Voilà la copie d'une lettre que je reçois de Versailles d'aujourd'hui :

Le Roi a donné aujourd'hui audience au Clergé dans sa chambre du balustre. J'ai mis des huissiers de la chambre dans l'œil-de-bœuf et ceux de l'antichambre dans l'antichambre, deux huissiers de la chambre à la porte de la chambre où je n'ai laissé entrer que tous les gens connus. Le Roi étoit dans son fauteuil, le dos à la cheminée, son capitaine des gardes et son premier gentilhomme de la chambre derrière son fauteuil. On a ouvert les deux battants de toutes les portes quand le Clergé a passé, même à la chambre du Roi. S. M. a toujours resté assise et n'a mis son chapeau qu'un moment avant que M. le cardinal de la Rochefoucauld commençât sa harangue. Le Roi a répondu son chapeau sur la tête, toujours assis. La réponse faite, M. le cardinal de la Rochefoucauld s'est approché du fauteuil, a présenté et nommé les députés ; quand ils se sont retirés, le Roi a ôté son chapeau. S. M. est venue tout droit de la messe par le grand appartement se mettre dans son fauteuil. Quand le Clergé est venu chez Mgr le Dauphin faire sa harangue, les huissiers ont ouvert tous les battants. Mgr le Dauphin les a reçus debout, et s'est assis dans son fauteuil quand la moitié a été entrée ; il a mis son chapeau, a écouté la harangue et a répondu le chapeau sur la tête et assis. Quand ils se sont retirés, il a ôté son chapeau à la troisième révérence. Il n'y avoit derrière son fauteuil que le premier gentilhomme de la chambre.

Du lundi 2, Dampierre. — On trouvera ci-après la copie d'une lettre que je viens de recevoir de Versailles, datée d'aujourd'hui.

Nous avons été reçus hier, mon cher frère (1), avec les honneurs accoutumés, et selon le cérémonial écrit dans tous les procès-verbaux imprimés de nos assemblées. M. le Cardinal a parlé avec force, dignité, modération, sagesse et sentiment ; il a bien prononcé son discours et de façon à être entendu de tout le monde. Les harangues à la Reine, à Mgr le Dauphin et à Mme la Dauphine ne le cèdent en rien à celle du Roi ; il a eu un applaudissement général. Le Roi a été ému et touché. S. M. nous a reçus avec toutes sortes de marques de bonté ; sa réponse n'avoit été entendue que de M. le Cardinal ; le Roi s'en est douté ; en rentrant dans son cabinet, il a dit à M. de Saint-Florentin : « J'ai parlé trop bas, ils ne m'ont point entendu ; je vais vous dicter ma réponse, écrivez-la, et vous la remettrez par écrit au Cardinal, afin que le Clergé puisse la voir. »

Les termes de cette réponse sont à peu près ce que je vais marquer, mais je tâcherai d'en avoir une copie.

« J'ai toujours compté sur la fidélité et sur l'attachement du Clergé de mon royaume pour ma personne. Je recevrai volontiers les représentations qu'il voudra me faire et qui seront sûrement accompagnées

---

(1) Cette lettre est, par conséquent, de l'archevêque de Sens.

de prudence, de modération et de sagesse. Vous pouvez l'assurer de ma bienveillance et que je lui accorderai toute ma protection. »

Du mardi 3, Dampierre. — Dès le lendemain que le Roi fut parti pour Marly on commença à démeubler le cabinet du conseil et on a travaillé aussitôt à exécuter le projet de joindre ce cabinet avec celui qu'on appelle des Perruques, parce que c'étoit là que le Roi avoit coutume de se poudrer. Les entrées de la chambre n'entroient point dans ce dernier cabinet. La cheminée placée dans le mur de refend qui séparoit ces deux cabinets va être portée dans le gros mur qui sépare de la grande galerie ; elle sera vis-à-vis les fenêtres qui donnent sur la cour de marbre, et la grande glace qui étoit dans cette place, du côté de la grande galerie, sera portée dans le cabinet des Perruques et se trouvera en face du mur qui sépare le cabinet du conseil d'avec la chambre à balustre.

J'ai déjà parlé dans mon journal des différentes entrées de chez le Roi. Les entrées de la chambre entrent au lever immédiatement avant que tout le monde entre ; elles entrent dans le cabinet du conseil toute la matinée ; elles y entrent aussi l'après-dînée au débotté, aussi avant que tout le monde entre ; elles entrent aussi dans ce cabinet quand le Roi revient de vêpres ou du salut ; mais après cela elles n'entrent plus, et au coucher elles n'ont aucune distinction. Le changement de l'appartement intérieur du Roi dans ce moment a donné occasion à des contestations. J'ai prié M. de Gesvres de vouloir bien m'en mander le détail ; on le trouvera ci-après.

Le Roi faisant travailler à son grand appartement a couché dans la pièce où est la grande pendule (1). Après sa chambre à coucher, il

---

(1) La pendule faite par Passement ; « elle est, dit le duc de Luynes, tome XIII, page 141, dans le cabinet du Roi, par delà sa chambre à coucher. » Cette pièce porte aujourd'hui le nom de *salon des pendules* et celle à la suite le nom de *cabinet des chasses*. (*Notice du musée impérial de Versailles*, par Eud. Soulié, 1860, in-12 ; IIe partie, page 207.)

y a un carré qu'on appelle le cabinet des chiens, qui a tenu lieu d'œil-de-bœuf ; j'y ai mis, après que la garde-robe a été entrée dans la chambre du Roi, un huissier pour le garder, car avant cela les garçons le gardent. Il n'y entre que les grandes entrées et le service de la garde-robe. Quand l'huissier de la chambre est à cette pièce, les entrées de la chambre et le service de la chambre y entrent ; mais les courtisans restent sur l'escalier ou dans la cour de marbre.

Après le lever du Roi, les huissiers de la chambre du Roi vont garder la salle du trône (1), qui devient chambre du Roi, et l'huissier du cabinet s'empare de la porte de cette pièce où le Roi couche, et alors cette pièce devient cabinet du conseil, où les personnes qui ont les entrées du cabinet du conseil entrent. Quand le Roi sort de son arrière-cabinet, alors tout le monde sort de cette pièce, qui devient cabinet des Perruques. Quand le Roi est poudré et accommodé, il entre dans l'intérieur ; alors cela redevient cabinet du conseil, et ceux qui ont attendu dans la pièce des chiens restent dans cette pièce où le Roi couche, laquelle change à tout moment de dénomination. Quand le Roi va à la messe le matin, les grandes entrées et tout son service font le tour et vont l'attendre dans le trône ; le Roi passe un petit corridor intérieur où il y a une porte qui donne dans la pièce du trône. Il n'y a que le grand chambellan, le premier gentilhomme de la chambre et le capitaine des gardes qui ont l'honneur de le suivre et les princes du sang qui s'y trouvent.

On présente tous ceux qui veulent être présentés dans la salle du trône ; on ne présente pas dans la chambre où le Roi couche. Quand le Roi soupe dans les cabinets, il donne l'ordre dans la pièce des chiens. Quand S. M. soupe au grand couvert, il passe par le petit corridor intérieur ; il donne l'ordre dans le trône et va par la galerie chez la Reine ; un huissier de la chambre marche avec deux flambeaux d'huissier devant le Roi, depuis la chambre où il couche jusques chez la Reine, passant par le corridor et le ramenant de même. Les personnes qui ont l'honneur de suivre le Roi ne passent dans le corridor qu'à sa suite ; la porte est toujours fermée à double tour quand le Roi y a passé. Quand la Reine vient le matin chez le Roi, elle passe par cette porte ; aussitôt qu'on l'a averti, le premier valet de chambre va ouvrir la porte ; la Reine s'en retourne comme elle est venue sans personne à sa suite, un premier valet de chambre porte sa queue. Mgr le Dauphin passe par les cours quand il vient au lever du Roi. Mesdames ont suivi le Roi un jour en revenant de la messe, ont passé par le corridor à sa suite, leurs dames d'honneur les

---

(1) Ou salon d'Apollon, contigu au salon de la Guerre.

suivant et rien de plus. Quand le Roi va le soir chez Mme la Dauphine, et qu'il fait beau, il passe par les cours avec son appareil ordinaire. Quand il pleut, il passe par la salle du trône, traverse les appartements, descend par le petit escalier accompagné de son capitaine des gardes, et de tout ce qui le suit quand il va au grand couvert.

Du mardi 4, Dampierre. — Mme de Luynes reçut à Versailles, il y a trois jours, une visite des officiers en corps de la compagnie de Charost; ils crurent devoir cette marque d'attention à la mémoire de feu M. le duc de Charost. Ils la prièrent d'aller voir faire l'exercice à pied de cette compagnie à Marly. Mme de Luynes y alla avant-hier; elle y fut reçue avec toutes sortes de politesses. M. le duc de Béthune, qui est fort incommodé depuis longtemps, lui parut en beaucoup meilleure santé; l'exercice et une occupation qui lui plaît peuvent bien y contribuer. Elle vit faire l'exercice pendant une heure et demie; elle me mande qu'on ne peut le faire avec plus de précision; c'étoit sur la terrasse devant le gros pavillon de Marly. La compagnie lui parut fort belle en hommes; on dit aussi qu'elle est très-belle en chevaux.

Mme de Luynes avoit été ce même jour, le matin, à la suite de la Reine à Saint-Cyr; la Reine a bien voulu y donner le voile noir à Mlle de la Taille. Le P. Griffet prêcha à cette cérémonie. Mme de Luynes me mande que le sermon fut très-bon et le compliment à la Reine charmant. La Reine ne revint qu'à deux heures et demie. Mme de Chastellux eut l'honneur d'y suivre la Reine avec Mme de la Tournelle, sa fille, qui n'avoit point encore eu l'honneur de monter dans les carrosses.

Il y a eu, depuis quinze jours environ, une nouvelle élection de supérieure à la maison de Saint-Louis de Saint-Cyr. Le temps de Mme de Mornay est fini; elle est redevenue maîtresse des novices, et Mme Duhan, qui étoit maîtresse des novices, a été élue supérieure.

Le mariage de M. de Mérinville avec Mlle de l'Hôpital se fait aujourd'hui à la Thuillerie, chez M. Boulogne, grand-père de la mariée; c'est le nonce qui fait la cérémonie du mariage.

Je dois avoir parlé ci-dessus du procès de M. le maréchal de Belle-Isle contre des vassaux de Gisors, qui ont prétendu s'exempter de la mouvance du duché et qui, pour cette exemption, ont allégué des raisons différentes. Il y en a quelques-uns dont les raisons ont été admises et l'exemption reconnue; les autres n'étant pas dans le même cas, M. de Belle-Isle a soutenu son droit contre eux. Ils prétendoient que leurs contestations devoient être jugées par le parlement de Rouen. M. de Belle-Isle a demandé qu'elles le fussent au conseil. Cette affaire y fut rapportée le 3 par M. Boulogne. Il intervint un arrêt dont on trouvera ci-après la copie. Si M. de Belle-Isle n'a pas obtenu totalement ce qu'il demandoit, au moins on lui a accordé le plus essentiel et ce qu'il désiroit principalement.

Extrait sur l'affaire de M. le maréchal de Belle-Isle.

M. le maréchal de Belle-Isle a demandé l'enregistrement au parlement de Rouen des lettres d'érection du duché de Gisors, et a rempli toutes les formalités nécessaires. Plusieurs seigneurs de fiefs et habitants et plusieurs officiers royaux ont formé différentes oppositions à cet enregistrement. Le parlement de Rouen a rendu un arrêt le 18 juillet 1752, en conséquence de ces oppositions. M. le maréchal de Belle-Isle a demandé que cet arrêt fût cassé et qu'il fût passé outre à l'enregistrement sans préjudice du droit des parties. Il a représenté qu'il falloit mettre une grande différence entre les oppositions des parties et le fond de leurs prétentions. Des parties opposantes, les uns prétendent devoir être distraits de la mouvance et de la directe du duché de Gisors; les autres, qui sont les officiers royaux, demandent à être indemnisés à cause du tort que leur fait l'érection du duché. M. le maréchal de Belle-Isle répond que toutes les mouvances lui ont été cédées par des contrats d'échanges dans la forme la plus authentique, et qu'il n'y a que le conseil qui puisse être juge de l'exécution des contrats passés avec S. M. Le même raisonnement répond aux demandes des officiers royaux. M. le maréchal de Belle-Isle a en sa faveur un arrêt du conseil du 1er octobre 1726, qui évoque généralement toutes contestations nées ou à naître, et deux arrêts aussi du conseil rendus en 1736 et 1752 contre les sieurs Camusat père et fils, qui soutenoient qu'on n'avoit pu faire de leur fief un arrière-fief de la couronne par la cession de la mouvance à M. le maréchal de Belle-Isle; enfin il y a deux autres arrêts du conseil de 1750 et 1751 auxquels les officiers royaux ont déféré. Ces arrêts portoient que les titres et mémoires des parties adverses seroient présentés à un commissaire nommé qui en dresseroit des procès-verbaux pour être rapportés au conseil. M. le maréchal demandoit lui-même que les indemnités pour les officiers royaux fussent liquidées, et ce fut sur ses requêtes qu'intervinrent lesdits deux arrêts; enfin M. le maréchal de Belle-Isle a soutenu que la démarche qu'il avoit faite de présenter ses lettres d'érection au parlement de Rouen ne donnoit aucun droit aux prétentions des opposants, parce qu'il s'agissoit de deux objets différents, comme il est dit au commencement de ces mémoires, le fond des prétentions et les oppositions. M. de Belle-Isle n'a jamais demandé au parlement de Rouen de juger le fond de ses prétentions; il savoit qu'elles devoient être portées au conseil; il demandoit seulement l'enregistrement et que l'on n'eût point d'égard aux oppositions. Le parlement de Rouen ayant jugé autrement, il a demandé que l'arrêt fût cassé. Le détail ci-dessus prouve que M. le maréchal de Belle-Isle a sujet d'être content, quoique l'arrêt de Rouen n'ait pas été cassé.

On trouvera ci-après les nouvelles du Parlement du 3 juin 1753 :

MM. les gens du Roi ont donné à l'assemblée des chambres une requête pour informer de ce que le 17 de mai de la présente année 1755, il a été fait un refus de sacrements par l'évêque d'Orléans au lit de la mort au nommé Croye, vitrier, sur la paroisse de Saint-Pierre de Meung près Orléans, lequel est décédé sans avoir reçu les sacrements.

L'arrêt a permis d'informer.

MM. les gens du Roi ont donné aussi une requête pour informer d'un sermon scandaleux prêché dans l'église de l'abbaye Saint-Antoine par le nommé Pradine, porte-Dieu de la paroisse Sainte-Marguerite, dans lequel il fut dit, entr'autres choses, que la déclaration du 2 septembre étoit une loi nouvelle obtenue par surprise du Prince; et que ce qu'il y a de bien triste, c'est que l'Église renferme dans son sein des ennemis domestiques qui sont conduits par des prêtres sans ordre et sans mission; puissent-ils être confondus, puissent-ils périr, et comme Coré, Dathan et Abiron descendre tout vivants dans l'enfer.

L'arrêt a aussi permis d'informer.

On a entendu le procureur du Roi d'Auxerre aux chambres assemblées ; on a sursis à faire droit sur son affaire, parce qu'on a mandé à la quinzaine le lieutenant criminel d'Auxerre.

On a continué l'assemblée des chambres à midi.

Du samedi 7. — Le Roi habite presque toujours à Trianon depuis le retour de Marly. Il y reçut hier la nouvelle du don gratuit accordé par le Clergé. M. de Brou le père, conseiller d'État, avoit déjà fait un discours à l'ouverture de l'assemblée ; il en fit un second hier pour faire la demande au Clergé. Il ne prononça point ces deux discours, il les lut. On remarque dans celui-ci le mot essentiel de *don gratuit,* dont le refus fut la principale cause de ce qui donna lieu à la séparation de l'assemblée de 1750 et à l'exil de ceux qui la composoient. On ne sait point quelles ont été les réponses de M. le cardinal de la Rochefoucauld, parce qu'il ne veut point les donner par écrit. On a seulement remarqué que dans sa réponse à M. de Brou il y avoit à peu près ces termes : que plus les secours demandés seroient libres et volontaires, plus ils seroient fréquents et abondants.

Le président répond toujours que la demande est au-dessus des forces du Clergé, et ce n'est pas sans raison ; elle n'est pas impossible puisqu'on l'accorde, mais le Clergé est déjà fort endetté d'avance ; je l'ai expliqué ailleurs. Aussitôt après la demande, on se retire pour délibérer, et comme tout est prévu et concerté, cette délibération n'est que pour la forme. Aussitôt la demande accordée, il part un agent du Clergé (ce fut hier l'abbé de Jumilhac) ; il va trouver le Roi en quelque lieu qu'il soit, et quand même S. M. seroit dans son conseil, il a le droit de l'interrompre pour rendre compte de sa commission. Le Roi reçut hier l'abbé de Jumilhac avant que de partir pour la revue de sa maison.

Cette revue étoit dans le Champ de Mars près du jardin de Marly, à l'ordinaire. Elle commença entre quatre et cinq heures après midi et dura jusqu'à sept heures. Les grenadiers à cheval, qui ont toujours la droite de la maison, et les gardes du corps étoient habillés de neuf. M. le maréchal de Noailles, qui étoit à cheval, commandoit la maison. Ce que l'on appelle le guet des gardes du corps, qui est un détachement de chaque compagnie pour servir à la garde du Roi pendant trois mois, étoit en bataille à la droite des grenadiers. Il est à remarquer qu'il y a à ce détachement un timbalier et quatre trompettes, lesquels sont tous cinq montés sur des chevaux à longues queues. Tous les gardes du détachement (1) sont montés sur des coureurs. Voici donc l'ordre de la ligne : d'abord, le guet des gardes du corps à la droite des grenadiers à cheval ; les grenadiers à cheval à la droite de la ligne ; les quatre compagnies des gardes du corps, les deux des mousquetaires, celle des chevau-légers, et ensuite celle des gendarmes qui formoient la gauche.

Il y a un nombre prodigieux de surnuméraires dans les deux compagnies des mousquetaires. Ces surnuméraires étoient à pied sous les armes en uniforme, mais sans soubrevestes ; il y en avoit 143 dans les Noirs. La Reine, Mme la Dauphine, M. le duc de Bourgogne, Madame et Mesdames allèrent à la revue ; Mesdames étoient avec la Reine. Outre les trois carrosses de la Reine, il y en avoit un du Roi que l'on avoit donné pour supplément.

Du dimanche 8. — Il y a eu aujourd'hui deux présentations, celle de Mme de la Ferté (Rabodanges) et celle de Mme de Mérinville (l'Hôpital). On trouvera ci-après un détail sur Mme la marquise de la Ferté.

Mme la marquise de la Ferté, fille du duc de la Ferté, avoit épousé M. de la Carte, maître de la garde-robe de feu Monsieur ; elle en avoit eu un fils, qui est le marquis de la Ferté. Mme la marquise de la Ferté a

---

(1) C'est improprement que je me sers du mot de détachement. Dans la maison du Roi-Cavalerie, ce qui reste auprès de sa personne est toujours censé la troupe et a toujours timbales et trompettes, et ce qui va en campagne sans le Roi n'est regardé que comme un détachement. (*Note du duc de Luynes.*)

épousé en secondes noces M. de Bouteville, page du feu Roi, qu'on appeloit le beau page. M. le marquis de la Ferté fut colonel du régiment de la Marche; Mme de la Ferté, sa mère, le fit enfermer comme fou, ce qui lui fut accordé assez injustement. Il fut mis dans un couvent d'où il ne pouvoit sortir; enfin les moines eurent pitié de lui; ils lui donnèrent le détail de la sacristie pour l'amuser; il alloit porter des lettres à la poste pour gagner quelque argent. Mme de Bouteville sa mère étant morte, M. de Rabodanges devint son tuteur. Il étoit son grand-oncle et son héritier; M. de Rabodanges, voyant que M. le marquis de la Ferté n'étoit pas fou, craignit que le crédit de quelque ami ne lui fît faire un mariage avantageux; il lui fit épouser sa fille qui avoit douze ou treize ans, après avoir fait lever la lettre de cachet. Le mariage conclu, il le fit interdire et l'envoya à sa terre de la Loupe. M. de Rabodanges emmena sa fille avec lui à Rabodanges, voulant les tenir séparés, afin qu'ils n'eussent point d'enfants. Au bout de dix ans, cette fille s'ennuya de la vie qu'elle menoit; elle alla trouver son mari, devint grosse et accoucha d'un garçon. Elle a fait lever l'interdiction de son mari, et elle gouverne fort bien ses affaires. M. le marquis de la Ferté est très-riche et a de fort belles terres.

Du mardi 10. — J'ai marqué dans mon journal, à l'occasion de la revue du Roi, que le guet des gardes du corps avoit un timbalier et quatre trompettes. Ce timbalier et ces quatre trompettes sont ce que l'on appelle des plaisirs; ce sont des charges; ils sont attachés au guet des gardes du corps; ils ne quittent jamais la personne du Roi, et ne vont en campagne qu'avec S. M. Il y a outre cela, à chaque compagnie des gardes du corps, un timbalier et un trompette à chaque brigade, et il y a six brigades par compagnie. La compagnie écossoise, qui est Noailles, est toujours la première et ne roule point avec les trois autres. Les trois autres prennent leur rang de leurs capitaines; ainsi celle qui est aujourd'hui Luxembourg est la dernière ; elle étoit la première ou la seconde des trois lorsqu'elle étoit Harcourt ; et c'est actuellement celle que l'on appelle Béthune (Charost) qui est la première des trois. A la revue, ce fut M. de Balincourt, premier lieutenant de la compagnie de Noailles, qui marcha et salua le Roi à la tête du guet, mais ce fut par un malentendu, parce que ce devoit être le premier exempt de la compagnie de Noailles.

Dans toute la maison du Roi, le poste d'honneur est toujours de rester auprès de S. M. Dans les gendarmes et chevau-légers, le capitaine-lieutenant ne commande jamais la cornette en campagne, mais est employé dans l'armée ; c'est le premier sous-lieutenant qui reste auprès du Roi. Lorsque le Roi va à l'armée, il étoit d'usage que le guet des gardes du corps rentrât dans les compagnies ; les exempts y rentroient aussi ; il n'y avoit que les chefs de brigade de quartier qui restoient auprès du Roi avec le capitaine de quartier. Cet usage a été changé dans les dernières compagnies. La différence d'équipages qu'il convient d'avoir pour suivre le Roi ou pour servir dans la troupe a décidé cet arrangement, parce que les exempts de quartier, quoique rentrés dans la troupe, n'en servoient pas moins le Roi, et de là ce nouveau règlement s'est étendu jusqu'aux gardes du corps, de sorte que le Roi étant en campagne, le guet des gardes du corps ne rentre plus dans la troupe et demeure ensemble comme ici.

Il y avoit aujourd'hui, au dîner de la Reine, un homme dont l'histoire est assez singulière ; c'est un gentilhomme de Berry protégé par M. le cardinal de la Rochefoucauld ; il a très-bien servi et est connu pour un très-brave officier ; il a fait un fort bon mariage et est allé s'établir avec sa femme à Saint-Domingue, où il jouit d'environ 60,000 livres de rente. Son nom est Viet. Il ne faut pas compter les revenus de Saint-Domingue comme ceux d'ici. Ce gentilhomme dit qu'il faut 133,000 livres de rente de ce pays-là pour en faire 100,000 ici. Il étoit employé à

Saint-Domingue et il y avoit un petit commandement. Il fut fort étonné de recevoir une lettre par laquelle on lui marquoit que le Roi lui avoit accordé la permission de se retirer et une pension comme il le désiroit. Il se trouvoit fort content et fort heureux, il n'avoit jamais demandé sa retraite ; il tomba malade à l'extrémité, de douleur, sur cette nouvelle ; dès qu'il a été guéri, il est venu ici avec sa fille, qui est grande et bien faite. Il représente l'injustice qu'on lui a faite sur un très-faux exposé et n'a d'autre désir que de retourner à Saint-Domingue.

J'ai marqué dans l'article du Clergé qu'il va travailler, suivant l'ordre du Roi, à renouveler les contrats de rente sur l'hôtel de ville dont il est garant ; que le principal de ces rentes montoit à 10 millions, et que l'origine étoit un emprunt que le feu Roi avoit fait sur la ville de Paris ; le principal est de 16 millions au lieu de 10, et l'emprunt est bien plus ancien, puisqu'il a été fait pour payer la rançon de François Ier.

A l'égard des 16 millions que le Clergé donne au Roi, il n'est pas douteux qu'il faut qu'il les emprunte. Ces emprunts se font ordinairement avec assez de facilité, parce que rien n'est mieux payé que ce qui est assis sur le Clergé ; mais jusqu'à présent ces emprunts se faisoient au denier vingt (1), qui est le denier courant depuis bien des années ; M. de Séchelles veut réduire ce denier (2) à 4 pour 100, c'est-à-dire au denier vingt-cinq. Il a déclaré aux agents du Clergé qu'il aimoit beaucoup mieux que le Roi ne touchât point les 16 millions que de consentir à des emprunts à un autre denier qu'au denier vingt-cinq. En conséquence de cette détermination, un gros commerçant génois vint il y a quelques jours chez M. de Séchelles, et lui demanda s'il étoit bien décidé à ne point souffrir d'autre denier que le denier vingt-cinq.

---

(1) A 5 pour 100 ; c'est-à-dire que l'intérêt est égal au vingtième du capital.
(2) C'est-à-dire l'intérêt.

M. de Séchelles l'en assura très-positivement. Le commerçant ne se contenta pas de cette première réponse, il lui demanda une parole positive; M. de Séchelles la lui donna telle qu'il pouvoit la désirer. Le commerçant lui dit que puisque cela étoit, il porteroit dès le lendemain une somme très-considérable. On croit qu'il est en état d'y porter 3 ou 4 millions. Cette réduction au denier ving-cinq est d'autant plus raisonnable, qu'elle devroit avoir été ordonnée il y a longtemps; en effet, elle doit suivre la proportion de l'argent qui se trouve dans le royaume. En 1606, Henri IV se fit rendre compte de l'argent qu'il y avoit dans le royaume, et on trouva qu'il y avoit 150 millions; on régla l'intérêt de l'argent au denier seize (1). La même opération fut faite sous le cardinal de Richelieu, environ trente-cinq ans après; il se trouva 300 millions en argent monnoyé; on remit l'intérêt de l'argent au denier dix-huit (2). M. Colbert, étant devenu surintendant des finances, voulut savoir la quantité d'argent monnoyé qu'il y avoit dans le royaume; il s'y trouva 500 millions, l'intérêt fut mis au denier vingt. Depuis ce temps, c'est-à-dire depuis environ quatre-vingts ans, ce même denier a subsisté, et on convient qu'il y a 1,600 millions actuellement dans le royaume; il s'en faut beaucoup comme l'on voit que la proportion soit gardée. Ce pourroit être cependant un avantage réel de baisser le denier, si l'on n'en trouvoit un plus considérable dans les pays étrangers; mais à 4 pour 100 il sera encore le plus favorable de tous, puisque partout ailleurs il est à 3 1/2, à 3 et jusqu'à 2 1/2. Il y a d'ailleurs un avantage réel pour le Roi. Les sommes que les fermiers généraux payent d'avance à S. M. leur produisent un bénéfice considérable, parce qu'on leur paye l'intérêt sur le pied du double du denier courant. Ainsi le denier courant étant

---

(1) C'est-à-dire à 6 fr. 5 sols pour 100.
(2) C'est-à-dire à 5 1/2 pour 100.

baissé de 20 à 25, le Roi ne payera que sur le pied de douze et demi au lieu du denier dix (1). On estime que, par cet arrangement, le Roi gagnera environ 2 millions de rente. Il n'est pas douteux que le denier vingt-cinq deviendra celui de tout le royaume. La ville de Lyon en retirera dans ce moment-ci un profit considérable. Elle paye 900,000 livres tous les ans à la République de Gênes pour emprunt fait à la République, et ce à raison du denier vingt. M. le contrôleur général a mandé que l'on fît le remboursement aux Génois, ou bien la réduction au denier vingt-cinq, réduction qui ne peut manquer d'être acceptée, puisque ce sera encore le denier le plus favorable, suivant ce qui vient d'être expliqué.

Du mercredi 11. — On apprit hier la mort de Mme de Polignac; elle est morte à Paris, le septième jour de sa petite vérole; elle avoit environ trente-cinq ans. Elle étoit fille de feu M. de Louvois (Courtenvaux) et de Mlle de Noailles (Mancini). Elle étoit sœur de M. de Courtenvaux d'aujourd'hui, par conséquent nièce de M. le comte d'Estrées. Elle vivoit dans une grande union avec son mari, neveu de feu M. le cardinal de Polignac. Ils habitoient presque toujours dans une maison de campagne à Claye, à six lieues de Paris. Ils ont eu plusieurs enfants; il ne leur reste que deux garçons et une fille. L'aîné des garçons, dont la figure n'est pas si bien que celle du cadet, est destiné à l'Église; quoique cette raison soit fort souvent décisive en pareil cas, il faut juger que c'est ici une vocation qui s'est trouvée conforme aux désirs de sa famille.

On apprit hier la mort de M. l'évêque de Marseille (Belsunce); il avoit quatre-vingt-quatre ans. Il étoit aimé et respecté dans tout son diocèse; son zèle et ses soins infatigables pendant le temps de la peste honoreront à

---

(1) C'est-à-dire à 8 pour 100 au lieu de 10 pour 100.

jamais sa mémoire. Livré entièrement aux devoirs de l'épiscopat, qu'il remplissoit avec charité, prudence et édification, il avoit conservé son diocèse en paix. Les entreprises de la justice séculière sur celle de l'Église, qui ont mis et mettent encore tous les jours le trouble dans un grand nombre de diocèses, s'étoient étendues jusqu'à lui. J'en ai parlé ci-dessus dans mon journal. Le respect dû à son âge, sa naissance et sa piété, n'avoient point empêché qu'on ne cherchât à lui donner du chagrin ; on dit qu'il en est mort, et cela est aisé à croire. Tout affecte à quatre-vingt-quatre ans, et d'ailleurs comment un pasteur aussi attaché à l'Église et aussi zélé pour son troupeau, n'auroit-il pas senti la plus vive douleur de l'état présent des affaires?

On trouvera ci-après l'arrêté du Parlement d'hier

L'assemblée des chambres a renvoyé à l'audience du 27 de ce mois la demande des cinq chanoines du chapitre d'Orléans, pour qu'ils ne fussent pas tenus des dettes que leurs confrères ont contractées depuis la saisie de leur temporel. On a ordonné une information à l'occasion des visites faites dans les monastères de Saint-Charles et de Saint-Loup, par M. l'évêque d'Orléans, dans le mois de mai dernier. On a décrété de prise de corps le père gardien des Capucins de Troyes, le père Zélou, vicaire, et le frère Jean-Baptiste, quêteur. A l'égard de tous les autres Capucins, ils ont été décrétés d'assignés pour être ouïs, à l'exception des frères Gauthier et Bernard, qui étoient absents pendant la rébellion.

L'assemblée des chambres remise à midi.

Du jeudi 12. — Mme de Selles la mère est morte. Son mari étoit trésorier de la marine. Elle laisse deux garçons et une fille. L'aîné des garçons a été intendant des menus plaisirs et a vendu cette charge à M. de Cindré pour acheter celle de trésorier de la marine qu'avoit son père ; il a épousé Mlle Renard, sœur de Mme de l'Hôpital Sainte-Mesme. Le cadet est conseiller au Parlement, il a épousé Mlle de Lamouroux, fille du trésorier des États de Languedoc. La fille de Mme de Selles est veuve ; elle avoit épousé M. le marquis de Thiers d'Antragues, dont elle a eu une fille qui a épousé M. du Tillet, président au Parlement.

M. le contrôleur général me disoit il y a quelques jours que le mot de don gratuit n'a pas toujours été observé avec la dernière exactitude, mais c'étoit dans des temps où cela ne faisoit aucune difficulté. Il étoit toujours censé alors que le Clergé donnoit librement et volontairement ; et comme ce n'étoit point une question, tantôt on mettoit don gratuit, tantôt on ne le mettoit pas.

Il est parlé dans le second discours de M. de Brou du terme prêt à expirer des contrats de rentes sur l'hôtel de ville. Pour entendre cet article, il faut savoir que le feu Roi ayant besoin d'argent emprunta 10 millions de la ville de Paris. La Ville désira que le Clergé fût garant de cet emprunt ; le Clergé souscrivit aux volontés du Roi, qui le désiroit. C'est toujours le Clergé qui a payé l'intérêt de cette somme ; cet intérêt a été réduit suivant les réductions qu'ont essuyées les rentes sur l'hôtel de ville ; mais comme l'engagement du Clergé n'étoit que pour dix ans, on a soin de le renouveler à chaque expiration des dix années.

Depuis 1700, le Clergé a donné 252 millions au Roi, sans compter les 16 du moment présent. Ces dons se payent sur-le-champ et ne se font que par des emprunts. Depuis grand nombre d'années, le Clergé n'emprunte jamais qu'il ne prenne aussitôt des arrangements, non-seulement pour payer l'intérêt de ce qu'il emprunte, mais même pour en rembourser le fonds. Ces arrangements ne font aucun tort l'un à l'autre, chacun est distinct et séparé. Des 252 millions, le Clergé en a remboursé 200, et les 52 doivent être remboursés dans l'année 1772. J'ai déjà observé que les 16 millions d'aujourd'hui n'en font pas partie.

Du samedi 14. — M. l'abbé d'Ecquevilly mourut il y a quelques jours. Il étoit frère aîné de feu M. d'Ecquevilly, père de celui qui commande aujourd'hui le vautrait. Cet abbé et son frère étoient tous deux fils d'une Marillac, sœur du conseiller d'État.

Du mardi 17. — On trouvera ci-après les nouvelles que je reçois du Parlement d'aujourd'hui.

Les chambres ont décrété de prise de corps le curé de Saint-Pierre de Meung-sur-Loire pour le refus de sacrements au vitrier de la même ville. Il est ordonné que l'information sera continuée, dans laquelle Dangleberne, chanoine de Meung, et Mauclerc, secrétaire de l'évêque d'Orléans, seront entendus.

Ordonné que les *Réflexions sur la notoriété des faits et du droit* seront brûlés par la main du bourreau.

Du mercredi 18. — J'allai avant-hier à Conflans voir M. l'archevêque. J'ai trouvé qu'il a toujours la même tranquillité d'esprit. Je ne connoissois point la maison; elle est fort belle, le jardin est bien planté et la vue est charmante. Cette maison, qui est dans Conflans, n'a point de justice; elle est de la justice de Bercy et chargée de 33 livres de cens et rente pour le seigneur de Bercy. Elle appartenoit autrefois à M. de Villeroy; elle passa ensuite au président Verdun; le président le Jay l'acquit du président Verdun en 1641; ensuite Mme de Senecey (la Rochefoucauld) l'acheta; après Mme de Senecey elle passa à M. le duc de Richelieu, père du maréchal de Richelieu; M. de Harlay (Champvallon), archevêque de Paris, l'acquit de feu M. de Richelieu avec les deniers provenant de l'indemnité de la vente du terrain du Louvre, et depuis ce temps elle est restée à l'archevêché.

Je dois avoir marqué, à l'occasion de l'assemblée de 1750, que les frais de ces assemblées sont considérables; entre autres, on donne 15,000 livres au secrétaire d'État qui a le département du Clergé; c'est M. de Saint-Florentin. Les archevêques ont 27 livres par jour, les évêques 24 livres et les députés 15 livres.

C'est dans les différents bureaux de l'assemblée que l'on traite toutes les matières qui peuvent intéresser le Clergé. La règle et l'usage étoient anciennement que tout bénéfice, soit à charge d'âmes ou non, qui venoit à vaquer dans l'espace de temps qu'on appelle les mois de rigueur, ne pouvoit être donné qu'au plus ancien des gradués; dans l'assemblée de 1740 ou 41, on représenta les inconvénients de cette règle par rapport aux curés, le plus ancien gradué pouvant n'être nullement propre à être curé; l'usage a été changé; on n'est plus obligé de donner au plus ancien gradué, on peut choisir pour les cures un sujet convenable, pourvu que ce soit entre les gradués.

On donne part du mariage de M. le comte de Champagne avec Mlle de Maridor. M. de Champagne est veuf de Mlle de Donges, qui étoit dame de Mme la Dauphine et dont j'ai marqué la mort.

M. de Choiseul, veuf de Mlle Romanet, épouse Mlle Thiroux de Beauregard (1).

Les articles du contrat de mariage de M. le comte de Tessé avec Mlle d'Ayen furent signés hier à l'hôtel de Noailles. Lorsque Mme de Tessé obtint, à la mort de son mari, la charge de premier écuyer pour son fils, il lui fut accordé en même temps une pension de 10,000 livres sur les revenus de cette charge; mais cette pension ne fut assurée que par un *bon* de la Reine. M. de Tessé a demandé et obtenu, à l'occasion du mariage, le *bon* du Roi pour confirmer cette grâce.

Du jeudi 19. — Il y a deux ou trois jours que M. de Beuzeville mourut à Paris; il avoit environ soixante ans. Il étoit maréchal de camp de 1734. Il venoit rarement dans ce pays-ci, quoiqu'il eût épousé une fille de M. le chancelier; il demeuroit ordinairement dans ses terres, mais il est mort à Paris; il laisse au moins deux garçons.

Il y a quelques jours que l'on apprit la mort de M. de Varneville; il étoit de Normandie et y avoit une terre où

---

(1) De Monregard, d'après la *Gazette*.

il est mort. Il n'y avoit que deux ou trois ans qu'il étoit marié. Il étoit chef de brigade et maréchal de camp depuis 1748.

M. de Vernassal mourut hier à Paris; il étoit lieutenant-général de 1733. Il avoit été longtemps lieutenant des gardes du corps et s'étoit retiré depuis plusieurs années. Il avoit obtenu sa brigade pour son fils, qui fut tué (1) en [1745]. Il ne lui reste qu'un petit-fils. M. de Vernassal étoit un bon homme et un fort honnête homme qui avoit toujours été aimé. Il avoit quatre-vingt-treize ou quatre-vingt-quatorze ans.

L'école des chevau-légers se continue toujours avec le même succès, et quoiqu'il en coûte environ 5 ou 600 livres pour y entretenir son fils pendant deux ans, qui est le temps à peu près nécessaire pour apprendre les exercices différents, M. de Chaulnes est plus embarrassé à refuser des sujets qu'à en trouver. C'est M. de Lubersac, officier supérieur de la compagnie, qui a la principale confiance de M. de Chaulnes pour le gouvernement de cette école, et M. de Vézanne, major de la même compagnie, qui dirige toutes les opérations de finances nécessaires pour la recette et la dépense, et qui entre dans tous les détails. Ils cherchent l'un et l'autre à augmenter et perfectionner tout ce qui peut servir à l'instruction des jeunes gens. Ils viennent de faire construire un abreuvoir pour leur apprendre à nager, et pour leur donner toutes les connoissances nécessaires sur le détail de l'artillerie. M. de Vézanne a fait faire toutes les pièces nécessaires pour apprendre en détail ce qui regarde l'artillerie ; il y a une pièce de canon de 24, une de 16, une de 12, une de 8, une de 4, une autre pièce de canon de 4 à la suédoise, un obus et deux ou trois mortiers. Toutes ces pièces sont faites, dans la plus grande exactitude, sur la propor-

---

(1) Au siége d'Oudenarde.

tion du sixième des véritables pièces; elles sont montées sur leurs affûts; les roues et même jusqu'aux clous desdites roues sont dans cette même proportion du sixième; les boulets sont aussi dans la même proportion, et toutes les pièces particulières qui servent à l'usage des canons, obus et mortiers. Il y a aussi un pierrier avec un panier pour les pierres. Toutes ces pièces d'artillerie sont ornées comme celles du Roi; les mesures y sont dans la plus grande précision. On a eu même attention, pour faciliter l'instruction, d'avoir un canon, un mortier et un pierrier qui s'ouvrent en deux parties, pour que l'on puisse connoître de quelle manière le dedans est construit. Les piles de boulets et bombes, et tout ce qui est nécessaire au service de chaque pièce, y est joint comme dans un parc d'artillerie. Il y a aussi trois pontons, et une espèce de rivière représentée par des planches peintes avec tout l'accompagnement indispensable, planches, madriers, cordes, toujours dans la même proportion. Il y a encore, outre cela, dix autres pontons qu'on peut joindre avec ceux-là pour les établir sur la pièce d'eau destinée à l'instruction des chevau-légers. On a fait faire aussi les brouettes, chariots, etc., la forge avec tous les outils nécessaires; on ne peut rien voir de mieux exécuté. M. d'Argenson a été si content de cet ouvrage, qu'il fait faire une artillerie pareille pour l'École Militaire, dont l'établissement sera auprès des Invalides, et qui est actuellement commencée à Vincennes. Toutes ces différentes pièces ont été exécutées sous la direction de M. Berthier.

Du vendredi 20. — M. de Monlis, qui avait acheté le Vésinet de M. le maréchal de Noailles, est mort; il avoit été employé dans les vivres.

On a baptisé aujourd'hui une cloche aux Capucines, à Paris; elle a été tenue par M. de Gesvres et Mme de Beauvilliers, au nom de Mgr le Dauphin et de Mme Adélaïde; c'est M. de Meaux qui a fait la cérémonie. M. de Gesvres a été prendre Mme de Beauvilliers chez elle et l'a menée aux

Capucines; M. de Gesvres avoit envoyé ses gardes et ses suisses pour garder le couvent; le guet à cheval gardoit les dehors.

On sait que l'usage est que les parrains et marraines donnent, en pareil cas, ce que l'on appelle des langes pour les cloches, c'est-à-dire des étoffes, dont on les enveloppe après la bénédiction. Ces étoffes, qui sont ordinairement belles, servent ensuite à faire des ornements pour l'église. Ici c'est le Roi qui a payé pour Mgr le Dauphin et Mme Adélaïde. Ces sommes se payent sur les Menus et sont données sur-le-champ, sur l'ordre du premier gentilhomme de la chambre. M. le duc de Gesvres étoit convenu avec la supérieure des Capucines qu'il lui seroit remis une somme de 6,000 livres; qu'elle payeroit sur cela tous les frais, tant pour les langes que pour le salaire des gens qu'on a été obligé d'employer, et pour les aumônes qu'on a coutume de faire; c'est ainsi que tout a été exécuté. M. le duc de Gesvres marchoit, comme de raison, à la droite de Mme de Beauvilliers, puisqu'il représentoit Mgr le Dauphin. Il y a une cérémonie après la bénédiction, c'est que l'évêque, le parrain et la marraine doivent chacun faire sonner la cloche; on y attache pour cela trois cordons qui sont présentés successivement à l'évêque, au parrain et à la marraine; ils sont assis, et tirent ces cordons sans se lever.

Du dimanche 22. — Le Roi a signé aujourd'hui deux contrats de mariage, celui de M. de Tessé et celui de M. de Choiseul. M. de Champagne a demandé l'agrément de son mariage. Le contrat de celui-ci ne sera point signé par le Roi.

M. de Vernassal, qui vient de mourir, avoit quatre-vingt-treize ans; il jouissoit du gouvernement de Rocroy, qui vaut 15,000 livres de rentes. La survivance de ce gouvernement fut accordée il y a trois ans à M. de la Rivière, sous-lieutenant alors, commandant des mousquetaires noirs, qui se trouve actuellement en jouissance.

JUIN 1755.

Lorsque M. de Bernage fut fait prévôt des marchands, on consommoit 400,000 voies de bois à Paris, et 200,000 voies de charbon; mais cette consommation est fort augmentée. On compte l'année d'avril en avril; depuis avril 1754 jusqu'en avril 1755, on a consommé 545 ou 550,000 voies de bois, et 250,000 voies de charbon.

On trouvera ci-après l'arrêté du Parlement d'hier.

Les chambres ont rendu arrêt sur l'affaire de Langres, par lequel les nommés Juré, prêtre confesseur, Neret, grand vicaire, et Vinet, baillif du duché-pairie, ont été décrétés de prise de corps. Le geôlier des prisons ducales décrété d'ajournement personnel, et le curé de Bruffière d'assigné pour être ouï.

Sur l'affaire du chapitre d'Orléans, il est ordonné, avant faire droit, que la contumace sera instruite contre Huart, chanoine, qui ne se présente pas pour la confrontation. L'assemblée remise à vendredi.

Il y a en France un prodigieux nombre de canons et de mortiers. M. de Belle-Isle me contoit aujourd'hui un détail sur cela qui mérite d'être écrit. En 1748, lorsque la paix fut conclue, M. le maréchal de Belle-Isle fit conduire à Mont-Dauphin 94 pièces de canons de 24 et 60 mortiers. Mont-Dauphin est une place appartenant à la France, située au plus haut des Alpes et d'où il y a trois chemins pour entrer en Italie.

Lorsque la guerre se déclara, en 1741, il y avoit dans la seule ville de Metz 800 affûts de canons de 24; actuellement, il y a encore 128 pièces de 24 et environ 120 autres de différents calibres.

Du lundi 23. — M. de Champagne, qui se marie, a déjà été marié deux fois; sa première femme, qui n'avoit pas une figure agréable, étoit sœur de M. de Donges, et sa seconde femme, qui étoit dame de Mme la Dauphine, étoit fille de M. Donges, et par conséquent nièce de la première.

M. de Beuzeville, qui vient de mourir, a un frère qui est commandeur de Malte et une sœur qui est veuve depuis dix ou douze ans; elle avoit épousé M. Benehart (1), qui est Maillé-Brézé; elle en a eu un fils qui est mort.

La fille de M. le chancelier (2) et de Mlle Roujault étoit la seconde femme de Beuzeville; il avoit épousé en premières noces une Mlle de la Vieuville, fille d'un homme d'affaires et cousine germaine de M. le Fèvre, trésorier des Menus, et de la femme de M. Palu. M. de Beuzeville avoit eu de ce premier mariage un fils qui est mort. Les biens de cette première Mme de Beuzeville, qui étoient fort considérables, passèrent par la mort de son fils à M. le Fèvre, et par la mort de M. le Fèvre à deux gardes du corps qui n'avoient pas chacun 100 écus de rentes et qui se sont trouvés héritiers de deux millions. Entre autres biens de cette Mme de Beuzeville étoit la terre du Landy, qui est du coté de Villeroy. Cette terre du Landy, a été vendue; c'est M. Richardeau qui l'a achetée. Ce M. Richardeau étoit mousquetaire et connu par un jardin fruitier dans le faubourg Saint-Antoine qu'il avoit fait couper de beaucoup de petits murs et qui lui a valu des sommes immenses par la prodigieuse quantité de fruits qu'il avoit trouvé le moyen d'y avoir par des soins infatigables et une application continuelle. M. de Beuzeville avoit deux fort belles terres, Moulin-Chapelle et Beuzeville, la première valant 17,000 livres de rente et l'autre 40,000. Il n'y a que trois ou quatre mois qu'on le détermina à vendre Moulin-Chapelle pour l'arrangement de ses affaires. Ainsi il ne reste plus dans cette succession que la terre de Beuzeville, qui est en Normandie, près de Carentan, dans le diocèse de Coutances. Cette terre, dont le revenu est en pâturages, est d'une habitation fort incommode; il faut passer un bras de mer qu'on appelle le Grand-Vey pour y arriver, et par conséquent il faut observer la marée, et les chemins par terre sont impraticables l'hiver pour les voitures, et

---

(1) On prononçait et on écrivait Bénard.
(2) Lamoignon.

même mauvais l'été. Les reprises de Mme de Beuzeville et le bien de M. le commandeur de Beuzeville sont sur cette terre, et par conséquent il reste fort peu de revenus présentement au fils aîné. Je ne parle point des cadets, parce que l'on sait qu'en Normandie ils ont fort peu de chose.

Il y a demain une présentation. Mme de Cambis (Gruyn) présente Mme de Forbin. Mme de Forbin est Caze, sœur du mari de Mlle de Lescarmotier (1). M. de Forbin est Janson, mais avec cette différence qu'il y a eu dans la branche de Forbin des gens de robe, et qu'il n'y en a point eu dans celle de Janson.

Mme Caze (Lescarmotier) dont il vient d'être parlé est connue depuis longtemps par sa grande beauté; elle est fille d'un secrétaire de M. le premier président Pelletier. Mme Lescarmotier étoit encore plus belle que sa fille (2). Outre M. Caze, fermier général, il y a encore à Paris un autre M. Caze qui n'est point son parent; celui-ci est marié et a épousé une femme fort jolie. Il y a quelque temps qu'un officier attaché au roi de Prusse vint à Paris, et fit connoissance avec M. et Mme Caze; il fut si touché de la réception qu'ils lui firent, qu'étant retourné à Berlin, il les recommanda au roi son maître; le roi de Prusse a écrit deux lettres au Roi en faveur de M. et Mme Caze, et sur cette recommandation il a été accordé à M. Caze un intérêt dans les fermes de 4 sous pour livre.

Le Roi vient de donner à M. de Montaigu, ci-devant ambassadeur à Venise et frère aîné du feu chevalier de Montaigu, menin de M. le Dauphin, la permission de se faire faire un habit de l'équipage du cerf.

---

(1) On prononçait Fourbin, Lescarmoutier.
(2) Susanne-Félix Lescarmotier, femme de Anne-Nicolas-Robert de Caze, était, d'après la Chenaye-Desbois, fille de Jean-Baptiste Lescarmotier, écuyer, conseiller-secrétaire de Sa Majesté, maison, couronne de France et de ses finances, et de Susanne Coellot de Monthereux.

M. de Bauvet a monté aujourd'hui dans les carrosses du Roi ; il est capitaine des carabiniers.

M. l'ancien évêque de Mirepoix travailla hier avec le Roi. L'évêché de Marseille, qui vient de vaquer par la mort de M. de Belsunce, fut donné à M. l'évêque de Glandève, dont le nom est Belloy.

L'abbaye de Saint-Arnould de Metz, vacante aussi par la mort de M. de Marseille, a été donnée à M. l'abbé de Bernis, ambassadeur de France à Vienne, qui est ici par congé depuis quelques jours, et dont on est extrêmement content ; cette abbaye vaut au moins 27 à 28,000 livres de rentes.

Du mardi 24. — M. de Calvière, chef de brigade, qui a une mauvaise santé, s'est retiré avec au moins 12,000 livres de rente des bienfaits du Roi. Il avoit 3,000 livres comme cordon rouge ; le Roi lui donne trois autres mille livres de gratification annuelle jusqu'à ce qu'il ait la plaque. On lui donne en outre 6,000 livres de pension de retraite ; il a outre cela un gouvernement. Il est très-instruit sur toutes les sciences ; il a beaucoup de mémoire, il parle bien et a beaucoup de douceur et de politesse.

M. d'Espaux, frère de celui qui est chef de brigade de la compagnie de Villeroy, vient d'être fait chef de la brigade vacante par la retraite de M. de Calvière. Ce M. d'Espaux étoit lieutenant-colonel de Penthièvre. C'est M. de la Ferrière qui a eu la brigade vacante par la mort de M. de Varneville. Il y avoit longtemps que le Roi avoit eu la bonté de promettre une brigade vacante ; M. de la Ferrière répondit toujours qu'il n'avoit nulle inquiétude, qu'il n'avoit point oublié ce que le Roi avoit eu la bonté de lui promettre.

M. le baron de Scheffer qui s'en va à Stockholm pour la diète, et qui ne reviendra que l'année prochaine, a pris congé aujourd'hui, mais dans une audience particulière.

M. le chevalier de Lastic, frère du chef de brigade, vient d'avoir la place de premier gentilhomme de la chambre de M. le duc de Penthièvre, vacante par la retraite de M. de Saint-Pern.

M. de Soulanges, frère de l'abbesse de Ville-Chasson-Moret, eut l'honneur de souper hier avec le Roi dans les cabinets.

M. de Van Eyck, ci-devant envoyé de Liége, vient d'être chargé des affaires de Bavière dont M. de Grevembrok, ministre de l'électeur Palatin, avoit été chargé depuis M. de Grimberghen. M. de Van Eyck n'avoit point encore pris son nouveau caractère, il l'a pris aujourd'hui dans une audience publique. Il a eu tout le traitement d'envoyé. Les carrosses du Roi ont été le prendre à Paris et l'y ont remené, et à son arrivée ici il étoit accompagné du carrosse de la Reine, suivi par ses carrosses à lui, et précédé par celui de l'introducteur, suivant l'usage ; il a eu aussi ce qu'on appelle le traitement à dîner, c'est-à-dire une grande table dans la salle des ambassadeurs, servie aux dépens du Roi. C'est l'envoyé qui prie les ministres étrangers et ses amis à ce dîner, un maître d'hôtel du Roi de quartier vient demander l'heure du dîner pour faire servir, et c'est l'introducteur qui répond que M. l'envoyé dînera à telle heure. C'est toujours un mardi que se font ces dîners, parce que c'est le jour des ministres étrangers. Entre ceux-ci il y avoit hier à Versailles M. le baron de Hutten ; c'est un jeune homme d'une figure assez agréable ; il est neveu et ministre de l'évêque de Spire (1). Ces MM. de Hutten sont d'une grande et ancienne noblesse (2).

M. de la Bourdonnaye, intendant de Rouen, se retire.

---

(1) Le séjour ordinaire de l'évêque de Spire est à Bruschall, qui est à six lieues de Spire. (*Note du duc de Luynes.*)

(2) On a remarqué que depuis l'empereur Henri VI, dit l'*Oiseleur*, mort en 1313, jusqu'à l'empereur Charles VI, mort en 1740, il y a eu 36 tournois dans lesquels on voit toujours des Hutten dont quelques-uns ont commandé des quadrilles et qui étoient regardés comme des gens considérables. (*Note du duc de Luynes.*)

Il y a vingt-trois ou vingt-quatre ans qu'il gouverne cette intendance avec une sagesse, une douceur et une justice qui l'ont fait aimer et estimer. Il y a trois ans qu'il est conseiller d'État. Il ne prend le parti de se retirer que parce que sa vue est extrêmement affoiblie et qu'il regarde avec raison comme devoir essentiel de pouvoir lire lui-même certains mémoires et papiers, et de n'être pas obligé de s'en rapporter à des secrétaires. M. Feydeau de Brou qui a épousé Mlle Boucaut, et qui est fils du conseiller d'État, vient d'être nommé à cette intendance. Il étoit avocat général de la chambre royale, où il s'est déjà acquis une grande réputation. J'ai parlé ci-dessus du beau discours qu'il fit à la séparation de cette chambre; M. de Brou a remercié aujourd'hui. Il étoit le seul des gens du Roi de la chambre royale qui n'eût encore reçu aucune marque des bontés de S. M. M. Amelot, qui étoit avocat du Roi de cette chambre avec lui, a été fait président du grand conseil, et M. de Boynes, qui faisoit les fonctions de procureur général, a été fait intendant de Franche-Comté lorsque M. de Beaumont, qui avoit cette intendance, a passé à celle de Lille qu'avoit M. le contrôleur général.

Quoique le Clergé ne reçoive de l'argent qu'à raison de 1 p. % d'intérêt, on lui en a apporté de tous côtés, et l'assemblée a été obligée d'ordonner au receveur général de ne plus recevoir aucune somme présentement des particuliers. Il y a déjà 12 millions de reçus, et l'on veut garder les quatre autres millions pour que les communautés qui auront des emplois à faire, et qui ont beaucoup de peine à faire lesdits emplois, puissent profiter de cette circonstance.

Du mercredi 25. — Mme de Forbin fut présentée hier. Son mari étoit dans le service, mais il a eu un oncle qui lui a laissé son bien à condition qu'il quitteroit le service. Aujourd'hui il n'est plus rien; il demeure en Provence. Il y a au moins seize ans qu'il est marié. Mme de Forbin, immédiatement après sa présentation, présenta à la Reine et à Mme la Dauphine deux de ses enfants, dont l'un a quinze ans et l'autre treize à quatorze. Ils sont bien faits et d'une jolie figure, surtout le cadet. Elle les a mis tous deux dans les chevau-légers, et ils furent présentés avec le petit uniforme de cette compagnie.

MM. de Beuzeville firent hier leurs révérences en manteaux.

On apprit hier la mort de M. l'évêque de Dijon; il étoit Bouhier, frère de feu M. Bouhier, premier président de ce parlement.

J'ai parlé ci-dessus du pari fait par M. le chevalier de Causans pour la quadrature du cercle. Tout le monde auroit désiré que l'on n'eût plus agité cette question, et le Roi avoit ordonné que l'argent fût rendu de part et d'autre; mais M. de Causans n'a pas eu l'esprit satisfait, il a voulu absolument être jugé. Il vient de donner encore un nouvel imprimé portant pour titre : *La Quadrature du cercle, démontrée à l'Académie royale des sciences, le 14 mai 1755*. A ce titre on croiroit qu'il va rapporter un jugement rendu en sa faveur. On trouvera ci-après ce jugement, copié mot à mot dans ledit imprimé. M. le chevalier de Causans prétend encore avoir des moyens pour réfuter ce qui a été jugé (1).

---

(1) *Extrait des registres de l'Académie royale des sciences, du 16 mai 1755.*

M. le chevalier de Causans ayant lu mercredi dernier, 14 mai 1755, à l'Académie un mémoire manuscrit de sa composition sur la quadrature du cercle, et l'Académie ayant fait aujourd'hui vendredi, 16 du même mois, une seconde lecture de cet écrit, la compagnie y a remarqué plusieurs propositions manifestement fausses, d'autres inintelligibles, et un abus très-fréquent des termes; elle a jugé que le rapport de douze et demi à seize donné par l'auteur pour le rapport exact du cercle au carré circonscrit, non-seulement n'est pas exact, mais qu'il est beaucoup moins approchant qu'un grand nombre d'autres rapports connus qui ne sont eux-mêmes que des approximations; et qu'enfin M. le chevalier de Causans n'a point résolu le problème de la quadrature du cercle. En foi de quoi j'ai signé le présent certificat.

A Paris, ce 16 mai 1755. Signé Grandjean de Fouchy, secrétaire perpétuel de l'Académie royale des sciences.

Le Roi part aujourd'hui pour Choisy; il reviendra vendredi souper ici et repart samedi pour Bellevue, d'où il reviendra dimanche ici voir Mme la Dauphine et prendre Mesdames; il couchera deux nuits à la Meutte et en partira avec Mesdames, le mardi 1er juillet, pour Compiègne. Il chassera en arrivant. Pendant le petit séjour que le Roi a fait ici, il a bien voulu donner quelques heures à Bouchardon, fameux sculpteur, qui est chargé de faire la statue de S. M. pour la nouvelle place. Bouchardon a modelé ici en terre la tête du Roi.

Du jeudi 26. — Le départ de l'ambassadeur de Sardaigne, hier, à six heures du matin, fait une grande nouvelle. Il paroît que c'est la prise et la prompte exécution de Mandrin qui donne lieu à ce départ précipité. L'ambassadeur alla lundi dernier, 23, à Versailles, chez M. Bouillé et fut enfermé trois ou quatre heures avec lui. Avant-hier mardi, il retourna à Versailles; il ne vit que M. Bouillé, et il ne le vit qu'un moment; hier il partit seulement avec deux ou trois domestiques. Il n'y a que peu de jours qu'un de ses enfants, qui n'a que huit ans, est arrivé ici d'Italie. On prétend qu'il avoit demandé, au nom du Roi son maître, qu'on lui remît entre les mains tous ceux qui avoient contribué à la prise de Mandrin, pour en faire telle justice qu'il jugeroit à propos. L'ambassadeur avoit aussi demandé qu'on suspendît l'exécution de Mandrin jusqu'au retour du courrier qu'il avoit envoyé à Turin. On a envoyé d'ici un courrier à Valence pour ordonner que cette exécution fût suspendue, mais il est arrivé trop tard.

Le mariage de M. de Tessé s'est fait aujourd'hui. C'est M. le curé de Saint-Roch qui les a mariés dans sa paroisse; il a fait une exhortation fort courte et a dit la messe, après laquelle on est monté dans son logement, qui est grand et beau. C'est là que les parents ont signé le contrat, et où l'on a été rendre visite à la mariée et à la famille. Toute la famille et tous ceux qui avoient été priés étoient dans le chœur. La compagnie étoit fort nombreuse; on avoit envoyé grand nombre de billets pour assister à la célébration seulement. La noce se fait à l'hôtel de Noailles, où il y a un grand dîner et point de souper. Demain, un grand souper chez M. le comte de Noailles, à Versailles. La mariée, qui a quatorze ans, est grande pour son âge, bien faite et a une figure agréable. C'est M. de Froulay, frère du marié, qui a tenu le poêle de son côté, et le second fils de M. d'Ayen du côté de sa sœur. Le mariage s'est fait à midi. La cérémonie s'est passée avec beaucoup de décence et très-dignement.

Du vendredi 27. — Il y a deux ou trois jours que le fils de M. le président de Guipeville mourut, âgé d'environ huit ans. On a remarqué une chose assez singulière dans cette maladie, c'est que cet enfant a crû d'un pied la veille de sa mort. M. le président de Guipeville est de la première des requêtes du palais; il a épousé une fille de M. le président de Nassigny, frère de M. le contrôleur général.

M. Dupleix est enfin arrivé; il a débarqué au port de Lorient et est à Paris depuis trois jours. Il n'avoit pas encore vu hier M. le contrôleur général; il doit le voir en particulier avant que de voir qui que ce soit; il doit même encore après cela voir très-peu de monde pour éviter des propos que l'on fait tenir souvent très-injustement. La grande question est de savoir s'il a travaillé utilement pour la Compagnie, et si les grandes dépenses qu'il a faites étoient nécessaires et avantageuses. Ce qui est certain, c'est qu'il connoissoit parfaitement le pays et les petits souverains avec qui il étoit obligé de traiter, et qu'il a été bien persuadé de l'utilité de ses projets puisqu'il a employé une grande partie de son bien à les faire réussir.

Du samedi 28. — Il y a eu ce matin deux agréments de mariage : M. d'Asfeld avec Mlle de Villeperrot, et M. de Rochemore avec Mlle de Sourches, fille du grand prévôt.

M. de Waldner (1) a remercié de l'agrément d'un régiment.

Il y eut hier un souper de famille chez M. le comte de Noailles. Il y avoit une illumination aux écuries de la Reine ; la mariée paroît réussir fort bien.

Voilà les nouvelles que je reçois du Parlement d'hier, 27 :

> Les chambres ont converti l'ajournement personnel d'Huart, chanoine d'Orléans, en décret de prise de corps, faute par lui de s'être présenté à la confrontation.
> On a ordonné que les récollements vaudront confrontation à l'égard du frère Thomas, capucin de Troyes.
> Ordonné aussi que l'on en viendra aux chambres assemblées, sur l'opposition du chapitre d'Auxerre aux changements faits par M. l'évêque d'Auxerre dans le collége de Varsy.
> L'assemblée des chambres continuée à la huitaine sur les affaires d'Orléans.

Du lundi 30. — Hier M. l'évêque de Mirepoix travailla avec le Roi.

L'Évêché de Dijon vacant par la mort de M. Bouhier, a été donné à M. l'abbé d'Apchon. L'évêché de Glandève à M. l'abbé de Tressemannes, chanoine d'Aix, parent de M. du Muy. L'abbaye de Fontaine-Daniel, qu'avoit M. l'évêque de Dijon, a été donnée à M. l'abbé Galiffet, grand vicaire d'Aix.

JUILLET.

Départ de la Cour pour Compiègne. — Mariage. — Nouvelles de la Cour. — Nouvelles du Parlement. — Pavillon de Mme de Pompadour à Compiègne. — Nouvelles diverses. — Mme de Pompadour à Séchelles. — Nouvelles du Parlement. — De quoi on parle à la Cour. — Premières nouvelles des hostilités des Anglais. — Mort d'Helvétius. — Lettre de la Reine. — Spectacles. —

---

(1) Le manuscrit porte Valtener. Nous ferons remarquer, une fois pour toutes, que nous rectifions les noms propres chaque fois qu'il nous est possible de le faire avec certitude, mais que dans certains cas la vérification est impossible.

Fonte de la statue de Louis XV par Guibal et Ciflé. — Arrêté du Parlement dans l'affaire des chanoines d'Orléans. — Nouvelles de la Cour. — Réponse de la régence d'Angleterre aux protestations du gouvernement français. — Préparatifs de guerre. — Nouvelles du Parlement. — La Reine à Ourscamps. — Départ de l'ambassade d'Angleterre. — Nouvelle de l'arrivée de nos troupes en Canada. — Préparatifs de guerre. — On rétablit les fortifications et le port de Dunkerque. — Morts. — Arrivée à Lorient des vaisseaux de la Compagnie. — Mort de Mme de Mazarin. — Affaire de l'ambassadeur et de l'ambassadrice de Hollande. — Nouvelles du Parlement. — Réductions dans les dépenses du Roi.

Du mercredi, 2 juillet. — J'ai parlé ci-dessus de ce qui s'est passé à Nancy au sujet d'un arrêt du conseil du roi de Pologne, qui en avoit cassé un de la cour souveraine de Nancy. Le refus qu'a fait cette cour d'enregistrer l'arrêt du conseil avoit fort irrité le roi de Pologne, et cette affaire avoit duré longtemps ; enfin l'arrêt a été enregistré.

La Reine est partie ce matin, à dix heures un quart, pour Compiègne. Elle avoit dans son carrosse Mmes de Luynes et de Villars sur le devant, Mmes de Fitz-James et de Talleyrand aux portières. Outre ces dames, il y en a encore eu cinq autres qui ont suivi la Reine dans ce voyage : trois du palais, Mmes d'Aiguillon, de Flavacourt et de Périgord, et mesdames de la Suze et de Brienne.

Le Roi et Mesdames sont partis hier de la Meutte.

Le mariage de Mlle de Sassenage avec M. de Bérenger s'est fait ce matin à la paroisse Notre-Dame, à midi et demi ; c'est mon frère qui a fait les fiançailles et le mariage, assisté, suivant l'usage, du curé de la paroisse ; il a aussi dit la messe. M. de Bérenger n'a plus ni père ni mère ; c'est M. de Castellanne qui lui tenoit lieu de père. Il y avoit de son côté Mme d'Orçay, sœur de feu M. de Bérenger, le frère du marié, et sa sœur, qui a épousé M. de Soyecourt. C'est le frère qui a tenu le poêle, et du côté de Mlle de Sassenage c'étoit mon fils. On s'est assemblé, entre onze heures et midi, à l'appartement de M. de Sassenage. Il n'y a point de dîner ; on se rassemblera à six heures ; il y a un souper entre huit et neuf, et les mariés iront loger dans une maison que M. de Sassenage a achetée dans l'avenue de Versailles, presque vis-à-vis celle de Mme de Lauraguais.

Du jeudi 3, Dampierre. — Mme la Dauphine s'amusa hier à faire habiller devant elle M. le duc de Bourgogne en houzard; cet habillement couleur de rose et argent lui sied fort bien.

On trouvera ci-après les extraits des lettres que je recevrai de Compiègne pendant mon voyage de Dampierre (1).

De Compiègne, le 2 juillet. — Mesdames sont venues au devant de la Reine à l'entrée de la forêt, et ont monté dans son carrosse; elles m'ont fait rester à ma place et se sont mises aux portières. Le Roi est venu voir la Reine à son arrivée.

De Compiègne, le 3 juillet. — La Reine, en revenant de la messe aux Carmélites, a été voir le nouvel appartement de madame Adélaïde; sa chambre est magnifique, et il y a de jolis cabinets qui communiquent avec le Roi. De là, la Reine a été chez Mgr et Mme la Dauphine; ils ont une salle des gardes, une antichambre et un salon en commun; de cette dernière pièce on entre dans la chambre de Mgr le Dauphin. Il y a un beau cabinet qui communique avec le Roi et beaucoup de commodités. De l'autre côté, Mme la Dauphine a une pièce pour jouer, une chambre admirable, trois croisées sur la terrasse, un joli cabinet, et un autre plus petit avec une porte sur la terrasse; le tout très-bien meublé et prêt à habiter. Le Roi y est venu et en a fait les honneurs à la Reine.

De Compiègne, le 4. — Le fils de Martin, apothicaire de la Reine, est arrivé aujourd'hui de Chantilly, désolé d'un accident qui est arrivé à son premier garçon, son parent. Dans le moment qu'il venoit de sortir de son laboratoire, il a cassé une grosse bouteille d'esprit-de-vin

---

(1) Nous imprimons en gros caractères ces lettres de la duchesse de Luynes, parce que pendant toute cette période elles continuent les Mémoires.

où le feu a pris. Un homme qui étoit avec lui s'est enfui de peur, et ce garçon, sans penser qu'il avoit de l'eau auprès de lui, a couru dans le jardin. Des gens qui l'ont rencontré l'ont jeté dans le fossé, mais il est brûlé depuis les épaules jusqu'en bas, et Martin ne croit pas qu'on puisse le sauver. La Reine a renvoyé Martin à Chantilly.

De Compiègne, le 5. — M. de Montarant se retire de la Compagnie des Indes; il ne reste que M. Silhouette et M. de Moras (1). Mme la comtesse de Tresmes mourut avant-hier à Paris; elle avoit quarante et un ans.

On trouvera ci-après les nouvelles du Parlement du 4 juillet :

Les chambres ont décrété d'ajournement personnel le sieur Pradines, prêtre provençal, porte-Dieu de Sainte-Marguerite, au sujet du sermon par lui prononcé à l'abbaye de Saint-Antoine, le jour des Rogations dernières, dans lequel il est accusé d'avoir mal parlé des juges.

De Compiègne, le 6. — Le petit pavillon de Mme de Pompadour est fait; il est bâti à l'italienne avec des ornement au-dessus; il est de la même forme et distribué comme celui de Fontainebleau.

Le cardinal Besozzi est mort à Tivoli, le 18 du mois dernier. Il avoit soixante-quinze ans; il étoit Milanais; il avoit été créé cardinal en 1743. C'est le dixième chapeau vacant.

M. de Maupeou, colonel d'infanterie et frère de Mme de Laval, épousa Mlle de Maucomble, fille d'un gentilhomme verrier près Beauvais et Bruyères. Mlle Maucomble est fort riche. C'est M. le premier président qui fait ce mariage.

De Compiègne, le 7. — Hier, après le salut, le Roi donna audience d'une demi-heure à M. le cardinal de la Rochefoucauld.

Le Roi chasse comme à l'ordinaire. Mme de Pompadour

---

(1) Ces trois Messieurs étaient commissaires du Roi avec M. de Séchelles. La compagnie avait encore à sa tête six syndics et neuf directeurs.

doit demain lui donner à souper pour la première fois dans le nouveau pavillon qu'elle a fait bâtir. On commence aujourd'hui à planter le jardin du château.

De Compiègne, le 8. — On a signé aujourd'hui le contrat de mariage de M. d'Asfeld avec Mlle Pajot de Villeperrot. On a demandé l'agrément du mariage de M. de Maupeou, frère de Mme de Laval et cousin de M. le premier président, avec Mlle de Maucomble, fille de Picardie et fort riche.

De Compiègne, le 10. — Le pavillon de Mme de Pompadour est bâti dans la plaine, du côté de la rivière, joignant presque le petit village qui est en face des fenêtres du Roi.

M. l'ambassadeur d'Espagne vient de présenter au Roi M. le comte de Torre-Palma, qui va ministre plénipotentiaire d'Espagne à la cour de Vienne; il part dès demain pour s'y rendre.

Le sieur Sallior, huissier de la chambre de la Reine, est mort le 5. On dit aussi le sieur Godard, huissier du cabinet, mort.

Mgr le Dauphin arriva hier pendant le grand couvert, il mangea chez lui et vint après à la conversation.

Mme de Pompadour va aujourd'hui à Séchelles passer quelques heures pour voir le lieu, sans y dîner, parce qu'elle ne mange point le matin. Les ministres et beaucoup de courtisans s'y trouveront.

De Compiègne, le 12. — Mme de Pompadour a trouvé Séchelles assez vilain, petit et mal meublé. Elle en a été fort surprise, et a dit qu'elle le croyoit d'une grande magnificence. Le Roi en a fait des plaisanteries à M. de Séchelles, en lui disant que cela n'étoit même pas assez beau pour un intendant. M. de Séchelles lui a répondu qu'il en étoit très-content et qu'il n'avoit aucun désir de l'augmenter ; cette circonstance fait que je suis fort aise que Mme de Pompadour y ait été.

Le président Hénault a reçu aujourd'hui une lettre du maréchal de Belle-Isle de Bizy ; elle est fort touchante ; il a été fort longtemps sur le tombeau de sa femme, à laquelle il compte être bientôt réuni.

Du dimanche 9, Dampierre. — Voilà les nouvelles que je reçois d'aujourd'hui du Parlement :

Hier, à l'assemblée des chambres, les gens du Roi ont rendu compte que la Faculté de théologie avoit exécuté le dernier arrêt dans tous ses points, et que les thèses seront soutenues comme le Parlement l'a ordonné ; sur quoi la Cour a marqué aux gens du Roi sa satisfaction des soins qu'ils ont pris à ce sujet et les a excités à continuer de veiller à l'exécution de ses arrêts. Ensuite on a condamné trois imprimés à être brûlés par la main du bourreau.

De Compiègne, le 15. — M. d'Argenson nous a dit à dîner que M. de Joyeuse quittoit le service, que l'on donnoit son régiment à M. de Vaubecourt, et la place de ce dernier dans les grenadiers de France à M. de Lastic, fils du chef de brigade.

M. le prince de Conty est ici d'hier, et M. le comte de Clermont.

M. de Lamballe fit hier son remercîment pour la charge de grand veneur ; il va prêter serment, ensuite faire une fois les fonctions de grand veneur à la chasse, ensuite s'en retourne avec M. son père à Saint-Léger. M. de Penthièvre est toujours de la même tristesse. Le Roi a ordonné de laisser entrer avec M. de Lamballe son gouverneur, et en l'absence du gouverneur le sous-gouverneur.

De Compiègne, le 17. — Il y a ici deux députés du Clergé, qui sont M. de Meaux et M. l'abbé de Montjoye ; ils viennent apporter une requête de M. l'évêque d'Orléans.

De Compiègne, le 18. — Vous savez que c'est à la Cour où l'on parle le moins des affaires intéressantes. Je sais cependant qu'il est arrivé hier au soir un courrier de M. de Mirepoix (1), qui, par ce qui en a déjà transpiré, n'a rien

---

(1) M. le duc de Mirepoix, ambassadeur extraordinaire en Angleterre.

apporté d'agréable. Je crois que les Anglois ont attaqué le tout ou partie du convoi de M. Dubois de la Motte, et que nous y avons perdu plus ou moins, auquel cas voilà la guerre déclarée. Ce seroit un grand malheur.

La Reine a appris ce matin la nouvelle de la mort de M. Helvétius, arrivée hier au soir. Elle a été toute la matinée en pleurs, et est véritablement affligée (1). Elle a parlé au Roi de M. Delavigne pour la place de médecin consultant; on paroît résolu à les supprimer toutes à mesure qu'elles vaqueront; cela est fort cher, et assez raisonnable à faire (2).

La flotte angloise a attaqué la nôtre auprès du banc de Terre-Neuve; on ne sait point encore le détail de l'action, mais voilà les hostilités commencées, et l'on craint bien que cela n'ait de grandes suites. On dit tout bas que l'on nous a pris deux vaisseaux; cela mérite confirmation.

Mme de la Mosson, veuve de M. de Bonnier, a épousé M. de Castelmore, ci-devant aide-major de la gendarmerie, officier estimé et que l'on dit très-aimable.

Les troupes de Hesse et de Hanovre, à qui les Hollandois ont remis les places de sûreté, n'annoncent rien de bon. Le cardinal de la Rochefoucauld doit revenir ici dimanche, comme à son ordinaire.

De Compiègne, le 19. — Le vaisseau de M. Hocquart et

---

(1) *Lettre de la Reine au duc de Luynes.*

Compiègne, le 14 juillet 1755.

« Vous avez bien raison de dire que c'est un ami que je perds dans mon pauvre Helvétius, car jusqu'au dernier moment il étoit occupé et attendri quand on lui parloit de moi. Il est mort comme un saint, et il y avoit longtemps qu'il étoit dans la grande piété jointe à ses charités immenses, mais c'est vous entretenir bien tristement. »

(2) M. Helvétius mourut à Versailles le 17, âgé de soixante et onze ans. Il étoit premier médecin de la Reine, médecin de la faculté de Paris, l'un des médecins consultants du Roi et inspecteur général des hôpitaux de Flandre. M. Delavigne avoit la survivance de la charge de premier médecin de la Reine depuis plusieurs années. (*Note du duc de Luynes.*)

celui *du Lys* (ce dernier étant de transport) s'étant un peu égarés au point du jour, ils ont aperçu 13 vaisseaux qu'ils ont pris pour être de l'escadre de M. Dubois de la Motte; ils se sont avancés pour pouvoir les rejoindre; c'étoient des vaisseaux anglois qui les ont entourés, et après quelques défenses, où le chevalier de Rostaing a été tué, ils ont été pris avec les 800 hommes de troupes qui faisoient partie du régiment de Languedoc et de celui de la Reine. Cela fait ici le plus grand mouvement; on est sans cesse occupé de conseils et de comités, et on ne doute pas que cela ne mène à une guerre ouverte; il se peut cependant que l'Angleterre désavoue cette prise, et offre de la réparer. Le chevalier de Brienne arriva hier au soir ici; il sera fort aise de savoir que son régiment n'a pas été pris; on sait qu'il est arrivé à Louisbourg.

J'arrive dans le moment de l'audience publique de l'envoyé de Danemark qui remplace M. de Reventlaw; il est jeune et a une figure agréable. La Reine trouve même qu'il ressemble un peu à M. de Richelieu. Il se nomme M. le baron de Wedel-Fries. La Reine a dîné entre la messe et l'audience. Nous avions six dames assises, qui étoient Mmes de Mirepoix, de Fitz-James, de Tessé la jeune, Mmes les marquises de Brancas, de Pompadour et Mme de Lède.

M. de la Galaisière arriva hier au soir avec des lettres du roi de Pologne, qui auroit désiré ne venir à Versailles qu'après le retour de Fontainebleau; la Reine ne le veut pas absolument, à cause de la mauvaise saison; elle désire que ce soit presque aussitôt qu'on sera rendu à Versailles. Je ne doute pas qu'on ne vous ait mandé que la statue du Roi est fondue, qu'elle a très-bien réussi, et que le roi de Pologne en est comblé de joie; il espère qu'elle sera en place à la fin du mois d'août.

MM. de la ville de Bordeaux ont présenté à la Reine le plan de leur ville gravé; cela me paroît fort beau.

On exécuta, samedi 12, l'acte d'*Églé*, des *Talents lyriques* de Rameau. Lundi 14, on exécuta l'acte de *Sapho*, tiré du même ballet. M. de Blamont donne, aujourd'hui samedi 19, *les Caractère de l'amour*, opéra de lui. On répéta hier pour la première fois un acte destiné pour les spectacles de Fontainebleau. Le titre est *Palmire*, sujet pastoral ; les paroles sont de M. le duc de la Vallière et la musique de M. de Bury ; on ne doute point que cet acte ne plaise beaucoup. On dit les paroles très-bonnes ; la musique en est charmante, c'est-là-dire agréable et savante.

On a répandu grand nombre de terrassiers vis-à-vis la terrasse du Roi, qui travaillent à former l'enceinte du jardin et potagers projetés. Il y a 52 arpents d'employés. Les terrasses du Roi et de la Reine sont jalonnées ; on doit, d'ici à l'année prochaine, former ces jardins et terrasses. Dans deux ans, on commencera l'aile qui doit faire symétrie avec celle qu'on vient de finir, en abattant l'appartement de la Reine et celui de Mme la duchesse de Luynes. L'aile neuve, bâtie à l'italienne, est admirable.

Du 20. — Il n'est que trop vrai que le voyage est prolongé jusqu'au 18 août ; qu'il est certain qu'on ne reviendra pas plus tôt, mais qu'il ne l'est pas qu'il ne puisse aller jusqu'au 28. Il est fort douteux qu'on y puisse revenir l'année qui vient. On ne parle que de guerre dans ce moment-ci. Il y a sans cesse des conseils, des comités, et l'on compte que M. de Mirepoix arrivera aujourd'hui ou demain. Les partis sont difficiles à prendre, parce qu'il n'y a que des Anglois qui nous ayent offensés ; et jusqu'à ce que les alliés se soient déclarés, il paroît qu'on ne peut se venger que sur l'électorat de Hanovre, où il y a encore bien des difficultés pour y arriver. Voilà les raisonnements généraux que l'on fait et que je ne donne pas pour bons.

Un moment avant que je me misse à table, la Reine est venue à ma fenêtre et m'a dit que sur la prolongation du voyage elle avoit envie de faire venir le roi son père ici, qui le désire, et elle sait que le Roi le trouveroit bon.

En ce cas elle m'a demandé si je voulois bien lui prêter mon appartement. Vous croyez bien que j'y ai consenti, et même tout meublé; l'embarras étoit de savoir où je me mettrois, mais je lui ai dit que je croyois que M. de Penthièvre ne demeureroit pas tout le voyage, ou au moins M. le prince de Lamballe; ainsi s'il vouloit me le céder aussi tout meublé, l'arrangement seroit fait; et si le roi de Pologne vient, je crois que cela se passera comme cela. La Reine est charmée de ces expédients.

M. le prince de Lamballe prêta hier serment pour la charge de grand veneur. M. le duc de Penthièvre est toujours dans la même tristesse.

Du lundi 21, Dampierre. — On trouvera ci-après l'extrait d'une lettre que je reçois de Commercy, du 16; c'est au sujet de la fonte de la statue que le roi de Pologne va ériger à Nancy pour le Roi.

« Je ne perds pas un moment à vous apprendre l'heureux succès de la fonte de la statue que le roi de Pologne doit ériger à l'honneur du Roi, son gendre. Elle a parfaitement réussi hier à huit heures du soir. J'en ai reçu l'agréable nouvelle aujourd'hui à cinq heures du matin. Les sieurs Guibal et Cifflé, qui en sont les auteurs, l'ont annoncé au Roi avec M. Heré, son premier architecte. Le Roi est dans la plus grande joie de donner au Roi son gendre la plus grande marque de son amour. Il est bien surprenant de voir deux hommes, dont l'un a toute sa vie été sculpteur en pierre et l'autre ciseleur, entreprendre un ouvrage de cette conséquence. Mais il est vrai qu'ils sont habiles l'un et l'autre dans leur métier. Ils ont enfin réussi, et les parieurs contre eux n'ont pas beau jeu; vous voyez, Monsieur, que nous pouvons en Lorraine nous passer de toutes sortes d'ouvriers. Tout Lunéville dispersé dans la plaine, au moment de la nouvelle du succès, jeta des cris d'allégresse et de Vive le Roi !

De Compiègne, le 21. — M. de Bauffremont vient de mourir; cela n'a pas fait le plus petit effet ici (1) et à peine le savoit-on; on m'a dit seulement qu'on avoit pris

---

(1) Il avait épousé l'héritière de la maison de Courtenay, branche de la maison royale de France.

dans ses billets d'enterrement le titre de très-excellent (1).

Voilà les nouvelles que je reçois du Parlement, datées d'hier, 20.

L'assemblée des chambres vendredi fut occupée à entendre finir la plaidoirie sur les demandes des cinq chanoines d'Orléans contre le surplus du chapitre et ordonna un délibéré.

Hier samedi, les chambres ont rendu arrêt en jugeant le délibéré par lequel arrêt, après avoir mis hors de cour sur les demandes des cinq chanoines qui tendoient à profiter des fruits des prébendes des trois chanoines décrétés de prise de corps, il a été ordonné que la mainlevée provisoire précédemment accordée aux cinq chanoines des revenus de leurs prébendes demeurera définitive en conséquence, qu'ils seront payés en entier de la totalité desdits revenus. Ordonné en outre que lesdits cinq chanoines, et même leurs successeurs dans leurs prébendes, seront affranchis de toute participation aux frais, dépens et amendes pour cause de procès criminel, au sujet des refus de sacrements. Ordonné pareillement que la succession du feu chanoine Coignou sera payée en entier du revenu de la prébende jusqu'au moment de sa mort, sans participation aux dépens dudit procès criminel. Les chanoines, c'est-à-dire ceux qui ont concouru au refus de sacrements, condamnés à tous les dépens envers toutes les parties.

Du mardi 22, Compiègne. — Il arriva hier matin un courrier d'Espagne qui apporta la nouvelle d'une algarade (c'est le mot qu'on m'a dit) que les Anglois avoient faite aux Espagnols, et dont ils sont fort piqués. On n'a pas pu nous dire ce que c'étoit, mais la circonstance est favorable pour réunir toutes les forces françoises et espagnoles. On prétend même qu'il seroit très-pressé d'envoyer quelqu'un en Espagne, mais cela n'est pas encore décidé. Cette grande affaire fait un peu taire sur celle du Clergé, dont il n'est plus question ici.

M. d'Autun est venu ici samedi et s'en est retourné dimanche ; il n'a pas vu le Roi, il a vu les ministres. M. de

---

(1) M. de Bauffremont mourut à Paris le 18. Il avoit soixante-treize ans; il étoit lieutenant général et chevalier de l'ordre de la Toison d'or. (*Note du duc de Luynes.*)

Meaux y a fait aussi un petit voyage sur l'affaire d'Orléans.

Le maréchal de Belle-Isle compte partir d'ici le 30 au plus tard, et assure qu'il ne voit rien qui puisse le retarder. Je crois qu'en cas d'événement tous leurs arrangements sont faits.

M. le prince de Condé a eu une fluxion très considérable sur le visage, avec de la fièvre; il a été saigné deux fois du bras et une fois du pied depuis avant-hier. Il est beaucoup mieux aujourd'hui, et ce ne sera rien.

Autre lettre. — Il me paroît qu'il n'y a point encore de parti pris. On parle beaucoup de guerre ici. Il n'y a rien eu de fait sur la députation de M. de Meaux.

Extrait d'une troisième lettre de Compiègne, du 22. — Depuis le dernier événement, il n'est rien survenu de ce côté-là. La régence d'Angleterre s'est contentée de dire que c'étoit un malentendu, sans proposer ni satisfaction ni réparation d'aucune façon. L'on parle d'une augmentation de 10 hommes par compagnie d'infanterie.

Du jeudi 24. — Il est toujours beaucoup question de préparatifs de guerre; on fait une augmentation dans l'infanterie et dans la cavalerie; on augmente les bataillons de quatre compagnies, c'est-à-dire on les remet sur l'ancien pied de 17 compagnies. On augmente les compagnies de cavalerie de 5 hommes. On fait aussi une augmentation de 5,000 hommes dans les compagnies de marine, c'est-à-dire de 50 hommes par compagnie. On prétend aussi que l'ordre est déjà envoyé à Brest, Rochefort et Toulon pour armer 24 vaisseaux de guerre ou frégates. On dit aussi que les Malouins ont reçu ordre d'armer, de même que les armateurs de Dunkerque et de la Rochelle, qu'on leur fait la remise entière des droits de l'amirauté. Voilà bien des opérations à la fois depuis huit jours environ. M. le maréchal de Belle-Isle a travaillé plusieurs fois avec le Roi et il y a eu des séances de deux heures. Les munitionnaires ont reçu aussi leurs ordres, de même que le corps d'artillerie. On ne sait d'ailleurs rien de plus depuis la première nouvelle de la prise de nos deux vaisseaux de guerre. Le détail de cette affaire ne paroît pas encore. Les camps de Flandre, qui devoient être le 7 de septembre, sont avancés au 25 du mois prochain. On prétend qu'il y a actuellement en Flandre plus de 70,000 hommes ; ce n'est que courriers qui partent et qui arrivent. Il y a ici un monde prodigieux, militaires, financiers (à cause des fermes qui vont se renouveler à Fontainebleau), traitants ; outre cela, le conseil et tous les plénipotentiaires, à l'exception de l'ambassadeur de Sardaigne, qui n'est pas encore arrivé et qu'on attend d'un jour à l'autre.

On ne parle de rien encore pour la maison du Roi, ni même pour les milices. On va jusqu'à dire que Dunkerque va être rétabli. Les politiques disent que le Roi ne l'a point rétabli dans la dernière guerre à cause que nous avions les premiers déclaré la guerre aux Anglois, qui n'étoient d'abord qu'auxiliaires contre nous, mais que ce qui vient de se passer est non-seulement une hostilité bien marquée, mais une infraction au dernier traité garanti par les Hollandois, l'Empereur, etc.

M. le maréchal de Noailles arriva hier au soir ici.

Du vendredi 25, Compiègne. — M. de Mirepoix arriva hier, à deux heures après minuit.

Le maréchal de Noailles a été bien reçu et a demandé au Roi combien il le garderoit ; le Roi a répondu le plus qu'il pourroit. On l'a bien logé, mais très-haut, ce qui l'incommode beaucoup. C'est au-dessous de Mesdames où a logé Mgr le Dauphin.

Le Roi viendra à Saint-Jacques cet après-midi, je crois pour vêpres et le salut. C'est Mme de Paulmy qui quête aujourd'hui.

Depuis ma lettre écrite, je sais que la Reine a reçu des nouvelles du Roi son père, et qu'il ne viendra point ici, qu'il partira aussitôt qu'il saura le retour à Versailles.

JUILLET 1755. 209

On trouvera ci-après les nouvelles que je reçois du Parlement.

Le prêtre confesseur, le grand-vicaire et le bailli de Langres, qui avoient été décrétés de prise de corps, se sont rendus prisonniers à la Conciergerie avant-hier matin 23, et ont été interrogés le même jour.

Hier 24, les chambres assemblées ont rendu arrêt par lequel ils ont renvoyé ces trois décrétés en état d'ajournement personnel. Ainsi voilà encore un procès à faire qui durera quelque temps, pendant lequel ces trois personnes ne feront point les fonctions de leur état.

Du samedi 26, Compiègne. — Nous partons à trois heures pour Ourscamps (1). Mesdames vont avec la Reine, et je n'en serai pas plus à mon aise parce qu'il faudra être à la portière. Dans le second carrosse il y aura Mme de Villars et Mme de Tessé, Mmes de Flavacourt et de Périgord de semaine, Mmes de Monconseil et de Mérinville, qui ont demandé avec instance de profiter de l'occasion de monter dans les carrosses, n'y ayant point encore été. La Reine a demandé à Mme Adélaïde de se charger de Mme de la Tour-du-Pin ; cela fera le même effet que si elle alloit dans les carrosses de la Reine. Mesdames pourront la mener à la chasse tant qu'elles voudront.

Je viens de présenter M. de Mirepoix qui ne le put être hier, parce qu'il ne vit le Roi qu'à sept heures et demie. Je crois qu'il n'aura pas appris grand'chose, ayant envoyé plusieurs courriers particuliers fort instruits de tout ce qu'il savoit. Je vis hier M. de Durfort qui étoit avec lui à Londres ; il me dit que dans les huit jours qu'ils y avoient passé depuis la nouvelle, M. de Mirepoix avoit été comme à l'ordinaire monter à cheval dans le parc, mais que d'ailleurs il n'a vu personne chez lui, et qu'à son départ il ne s'étoit présenté personne et qu'on n'avoit marqué aucun désir de le retenir. Il a donné ordre qu'on vendît ses meubles dans les vingt-quatre heures,

---

(1) Il y avait une importante abbaye de Bernardins à Ourscamps. On prononçait ce nom Orcamp.

et que si on ne trouvoit pas d'acquéreurs on les donnât.

A 8 heures du soir. — Nous arrivons d'Ourscamps, où M. de Gesvres, M. de Noyon et le général de Cîteaux ont reçu la Reine. Ce dernier l'a haranguée à la porte de l'église et sous le dais; on l'a conduite sur le drap de pied, on a dit le salut et on est revenu à la maison; il y avoit une collation dont on n'a point mangé. On est reparti à six heures.

Autre lettre du 26. — Le Roi travailla hier, après le salut, avec M. le prince de Dombes, dont la santé paroît toujours fort chancelante, ensuite avec M. le cardinal de la Rochefoucauld, M. le garde des sceaux et M. Rouillé, où se trouva M. le duc de Mirepoix, qui m'a paru en meilleure santé que quand il est parti. Le secrétaire d'ambassade, qui étoit resté ici depuis la mort de milord Albemarle, partit hier pour s'en retourner en Angleterre. M. de Bussy, qui étoit allé à Hanovre, est attendu ici incessamment. Il n'est pas douteux que l'augmentation n'aille suivre dans la cavalerie et dans les dragons.

Du dimanche 27, Compiègne. — Le Roi a dit ce matin qu'il étoit arrivé à Bayonne un petit bâtiment parti de Louisbourg et envoyé par le capitaine de notre vaisseau de guerre *le Dauphin Royal,* qui s'y étoit retiré et qui étoit dans le commencement de la dernière affaire avec nos deux vaisseaux pris. Ce petit bâtiment a trouvé le moyen de passer au milieu de l'escadre de l'amiral Boscawen, qui étoit encore à la même hauteur de mer entre Louisbourg et le banc de Terre-Neuve. Ce capitaine marque qu'il ne doute point que le reste de notre flotte qui marchoit devant lui, et par conséquent devant les deux vaisseaux pris, ne soit arrivée à sa destination et que les troupes dévoient être débarquées. C'est toujours un objet de rempli et deux mille sept ou huit cents hommes de plus en Canada. Mais savoir à présent comment notre flotte pourra revenir. Les marins qui sont ici, et même en assez grand nombre, disent que le vent qui leur sera propre pour mettre en mer sera contraire aux Anglois pour les attendre. Voilà tout ce qu'on a dit aujourd'hui de nouvelles de mer. Le Roi a même paru en parler avec assez de gaieté.

Il y a toujours un monde prodigieux ici : beaucoup de gens de marque en officiers généraux, qui n'y viennent guère dans les autres voyages. Ils paroissent suivre tour à tour M. d'Argenson et M. le maréchal de Belle-Isle. Ces deux derniers travaillent perpétuellement ensemble et en particulier. On dit que M. le duc d'Orléans a déjà demandé à servir sous le maréchal de Belle-Isle. On ne parle point des autres princes jusqu'à présent. On travaille à force à Dunkerque; il y a quatre mille ouvriers et quatre bataillons qui y vont pour la même opération. On a trouvé le secret d'y amasser insensiblement un millions de gabions qui font une grande avance pour l'ouvrage présent. Il est question de s'en servir en place de pierre pour élever, sur les fondations des forts et des parapets du port, une hauteur suffisante pour lâcher la grande écluse qui donnera la superficie d'eau qu'il faut pour que les vaisseaux de guerre puissent y entrer comme ils faisoient autrefois. On prétend même que le port peut recevoir quinze vaisseaux de guerre, et même vingt en cas de nécessité. On compte que cet ouvrage peut être fait en moins de quatre mois. L'augmentation des troupes ne s'étend pas encore sur la cavalerie, elle est sûre pour l'infanterie. On a appris aussi par *le Dauphin royal* qu'il y avoit déjà 1,800 hommes de troupes de débarquées, sur quoi il n'y en avoit que 57 un peu malades de la mer, et on prétend qu'ils en perdent beaucoup sur la flotte angloise.

On vient d'apprendre la mort de M. le duc de Caumont; il mourut à Bagnères le 14. Il avoit environ quarante et un ans.

M. l'évêque d'Alais mourut aussi à Alais, le 21. Son nom étoit de Montclus; il avoit soixante-seize ans; il avoit l'abbaye de Saint-Gilles dans le diocèse de Nîmes.

Du lundi 28, *Compiègne.* — M. Aubert, procureur général du parlement de Douai, partit lundi pour aller à Douai pour une affaire qui regardoit la Constitution qu'il a finie au mieux, et pris des mesures pour que cela n'arrive plus. Le Roi lui a donné 20,000 francs de brevet de retenue sur sa charge.

M. de Soubise devoit arriver le 30 ou le 31, mais il est allé à Dunkerque; il fait marcher des troupes et fait travailler à force; il arrivera pour la chasse de Saint-Ouen. En revenant de Dunkerque avec M. l'intendant, il trouva un courrier avec ordre de retourner à Dunkerque. Le régiment de la Couronne partit avant-hier de Douai pour s'y rendre; on y fait marcher aussi plusieurs autres régiments qui étoient dans les villes voisines. On a évacué les places de Tournai, Furnes, la Knoque, Ypres et autres, où l'on n'a laissé que 7 à 800 hommes dans chacune; on a mené tout à Namur, ce qui y compose 12 à 14,000 hommes, tous les mortiers et canons. On a emporté les serrures, les portes, toutes les ferrailles des maisons et les palissades.

Du mardi 29, *Compiègne.* — Tout le monde est en peine, amis et ennemis, du vaisseau *le Lys;* on craint qu'il n'ait péri, ce qui seroit un grand malheur. On dit chez M. le chancelier qu'il est arrivé un courrier de Londres, envoyé par l'ambassadeur d'Espagne, qui y est; que cet ambassadeur revenoit et qu'il devoit même arriver à Douvres aujourd'hui. Ce seroit une bonne nouvelle que le roi d'Espagne rappelât son ambassadeur, mais il faudroit qu'il eût prévu ce qui arrive aujourd'hui, car il ne peut avoir eu le temps d'en être instruit et de lui avoir envoyé des ordres; tout cela mérite confirmation. M. de Mirepoix n'avoit point de meubles à Londres, il s'étoit accommodé avec milord Albemarle pour lui laisser à Paris sa maison toute meublée, et milord Albemarle lui avoit laissé la sienne aussi toute meublée à Londres. Ainsi il n'étoit question que de quelques provisions de vins qu'il a laissées à des personnes de sa connoissance et à ses domestiques; cela va à fort peu de chose.

Du mercredi 30, Compiègne. — On vient d'apprendre dans le moment, par un courrier qui est arrivé de Lorient, que six vaisseaux de la Compagnie y étoient entrés chargés de 20 millions. Ils n'ont rencontré personne en chemin, c'est-à-dire point d'escadre angloise. On attend encore plusieurs autres vaisseaux. Il est vraisemblable que M. du Guay (1), qui est avec son escadre à Cadix depuis qu'il a quitté Lisbonne, va peut-être croiser pour les protéger.

Mgr le Dauphin arriva avant-hier ici à neuf heures; tout le monde l'a trouvé changé en bien pour la santé; il dit même qu'il commence à rengraisser.

Mme de Mazarin mourut le 27, à Paris; elle avoit soixante ans. On ne sait encore qu'une partie de son testament. M. de Saint-Florentin est exécuteur testamentaire, M. de Soubise légataire universel; elle laisse à Mme de Mazarin, sa petite-fille, en tout 18,000 livres. On attend Mme la duchesse de Mazarin demain. M. le chancelier vient de congédier le conseil, qui ne reviendra plus ici. Il y a très-longtemps que M. le prince de Conty n'y est venu. M. le duc d'Orléans n'y vient pas trop. Il y a plusieurs jours que M. le comte de Clermont en est parti; il revint hier la nuit et repartit à deux heures après midi. M. le Premier est parti avec Mme de Beringhen; ils ne reviendront point.

Le conseil de Hollande a jugé l'ambassadeur et l'ambassadrice de Hollande. L'ambassadrice est séparée de corps et de biens d'avec son mari, qui est condamné à lui donner 8,000 livres de pension si elle veut rester à Paris, et 12,000 livres si elle veut retourner en Hollande, ce

---

(1) Le comte du Guay, chef d'escadre, commandeur de l'ordre de Saint-Louis, depuis (1757) lieutenant général des armées navales.

qu'on ne croit pas qu'elle fasse ; elle étoit encore hier sous la clef, elle va avoir sa liberté. M. le prince de Pons est au moment de plaider parce que l'ambassadeur ne laisse point voir la maison que M. le prince de Pons veut vendre.

Hier, les chambres assemblées ont rendu arrêt par lequel, sur la plainte du procureur général du Roi au sujet d'un sermon séditieux prêché le 6 juillet à Saint-Pierre des Avers de Paris, il a été permis d'informer. Le sermon a été prêché par un jacobin nommé Reynaud. Autre arrêt qui a déclaré nulle une sentence par laquelle le bailliage d'Orléans a reçu le procureur du Roi audit siége appelant comme d'abus de l'ordonnance de M. l'évêque d'Orléans pour refuser les sacrements aux religieuses de Saint-Loup et Saint-Charles, et néanmoins enjoint aux officiers dudit bailliage de continuer de veiller à l'exécution de la déclaration du Roi. On a reçu le procureur général appelant comme d'abus de la même ordonnance.

Du jeudi 31, *Compiègne.* — La grande nouvelle du jour est le retranchement que le Roi fait dans sa dépense pour supprimer les extraordinaires. Il n'y aura plus de voyages de Choisy, de Crécy, de Bellevue, etc., le Roi se réservant seulement d'aller quelquefois à Choisy haut le pied. On n'y passera point en allant à Fontainebleau. On arrête aussi les bâtiments de tous les côtés. Il n'y a pas jusqu'aux ouvriers qui sont ici dans la plaine, que l'on renvoie samedi. On parle aussi de supprimer deux équipages de chasse, les grands chiens et le chevreuil ; cela retranchera aussi beaucoup de cheveaux, on parle de 800. On se flatte que cela fera un bon effet à Paris et dans les provinces, et on assure que le Roi n'a pas eu de peine à cette réforme.

M. le comte d'Estrées est arrivé hier au soir. M. de Soubise est arrivé ce matin et a fait sa révérence au Roi après le lever ; il vient de Dunkerque, où il a fait établir une batterie qui met ce lieu-là hors d'insulte, et l'on parle de rétablir le port. M. d'Affry, qui y étoit il y a un mois, dit qu'il y avoit dix-sept pieds d'eau, et que les vaisseaux de 50 canons pouvoient y entrer. On ne dit point que

M. de Soubise doive commander d'autres camps que celui qu'il devoit commander. Il ne paroît pas qu'on ait le dessein de faire autre chose cette année que de se mettre sur la défensive, par où on peut juger qu'on négocie. Il seroit à souhaiter qu'on réussît par cette voie.

Mme de Mazarin a laissé pour 5,000 livres à prendre dans sa vaisselle, au prix de la Monnoie, à M. d'Haraucourt, à son choix; à M. de Saint-Florentin un diamant de 6,000 livres; des legs à plusieurs autres de ses amis. Elle s'étoit réservé la disposition de 100,000 livres de sa dot; elle a hérité de 60,000 livres de Mme de Tallard; on croit qu'il y aura de quoi payer ses dettes et ses legs; elle a ordonné qu'on l'enterrât sans cérémonie dans la paroisse où elle mourroit.

AOUT.

Le roi de Suède donne des lettres de noblesse à M. Couturier. — Testament de Mme de Mazarin. — Efforts pour augmenter la marine. Tentatives d'alliance avec la Prusse et l'Espagne. — Le Roi garde auprès de lui le maréchal de Belle-Isle. — Le Roi vient à Versailles voir la Dauphine. — Le Roi de Prusse à Wesel. — Réforme des voyages et autres dépenses extraordinaires. — Spectacles à Compiègne. — Nouvelles du Parlement et de la Sorbonne. — Exil de Mme d'Estrades. — Nouvelles diverses de la Cour. — Nouveaux canons. — Nouvelles du Parlement. — Retour de M. Godeheu. — Épreuve des nouveaux canons. — Nouveaux canons de Gribeauval. — Ventilateur pour les mines. — Course d'un partisan sous Louis XIV. — Nouvelles du Parlement. — Le président Hénault et d'Alembert nommés membres de l'Académie des belles-lettres de Stockholm. — Nouvelles de Dunkerque. — Le roi d'Espagne reste neutre. — Arrivée à Versailles du roi de Pologne. — Mort de l'ancien évêque de Mirepoix. — M. de Chambors blessé mortellement à la chasse par le Dauphin. — Mort de Mme de Parabère. — Nouvelles du Parlement. — Dupleix créé marquis. — Changements dans les ambassades. — Le chevalier de Méril. — Académie de France à Rome. — Testament de l'ancien évêque de Mirepoix. — La succession du prince Charles. — Le Parlement prorogé. — Privilége du parlement de Toulouse. — Le Roi donne la feuille des bénéfices au cardinal de la Rochefoucauld. — Réformes dans les équipages de chasse et dans les écuries. — Tableaux de Joseph Vernet. — Places vacantes dans le Parlement. Diminution du prix des charges. — Organisation du Parlement et ordre qui s'observe dans la suite des procès. — Cherté des vivres en Canada. —

Nouvelles de Madrid. — Arrêt du Parlement sur l'affaire des chanoines d'Orléans.

Du vendredi 1ᵉʳ août, Compiègne. — J'ai montré au maréchal (1) la lettre de M. Couturier; il m'a dit qu'il ne croyoit pas trop qu'on lui accordât une approbation signée du Roi pour les lettres de noblesse que le roi de Suède a accordées à son père, parce que ces grâces-là qu'on accorde dans les pays étrangers ne font pas jouir ici des prérogatives de celles que le Roi donne par des lettres de noblesse. Cependant le maréchal en a déjà parlé.

M. Couturier est un gros commerçant de Marseille qui étoit avec M. de Sinclair lorsque ce dernier fut assassiné. M. Couturier ayant rendu des services à la Suède, le roi de Suède, en récompense, lui a accordé des lettres de noblesse. Il a demandé qu'elles passassent sur la tête de son père, ce qui lui a été aussi accordé. Ce qu'il demande aujourd'hui est de pouvoir obtenir de jouir en France de ces prérogatives. Il y a eu une lettre de M. Rouillé favorable à sa demande; il voudroit des lettres patentes; il paroît, par ce qui est dit ci-dessus, qu'il est difficile d'y réussir.

Le Roi vient de faire quarante gardes de la marine. Il paroît que nous persistons jusqu'à présent à vouloir tourner nos forces du côté de la mer, avec d'autant plus de raison que toutes les conquêtes que nous faisons sur terre, il faut les rendre après nous être épuisés d'hommes et d'argent. Au lieu que par le commerce nous en tirerons des avantages réels et que nous pourrons balancer la puissance des Anglois.

Mᵐᵉ la duchesse de Mazarin, qui vient de mourir, laisse à M. de Soubise une somme de 20,000 livres pour faire une rente de 2,000 livres à quelqu'un qu'elle lui a confié; 1,200 livres à chaque enfant de Mᵐᵉ de Guémené, pour

---

(1) Le maréchal de Belle-Isle.

avoir une boîte d'or; à Mme de Marsan, sa croix de diamants avec ses reliques; son beau meuble de chenille à Mme de Mazarin, sa petite-fille; trois beaux morceaux de tapisserie qui viennent du cardinal Mazarin, à Mme la princesse de Rohan la jeune; à une bâtarde de son mari et de la Minier, 6,000 livres pour la marier, à condition qu'elle n'épousera ni domestique ni artisan; à sa première femme de chambre, 800 livres de pension; à la seconde, 600 livres et à la troisième 400 livres; à sa femme de garde-robe, 300 livres; trois quarts de sa garde-robe à ses deux premières femmes de chambre; le quatrième quart à sa troisième femme de chambre; des pensions honnêtes à ses autres domestiques; deux chevaux à M. d'Haraucourt (on disoit qu'elle l'avoit épousé); 150 livres de pension au frère Joseph, feuillant; des legs à trois chirurgiens qui avoient eu soin d'elle; 3,000 livres à M. de la Case, son médecin; un legs de 5,000 livres à son procureur; un legs à son intendant. Elle dit qu'elle espère que Mme sa petite-fille étant aussi riche respectera ses dernières volontés, et qu'elle connoît trop la probité de M. de Soubise pour douter qu'il accepte son legs aux conditions qu'elle le lui laisse. M. de Soubise a pris les pleureuses et a drapé. Mme de Mazarin laisse 300 livres aux Feuillants, autant aux Capucins, et aux Capucines de même. Elle a été enterrée sans aucune cérémonie à sa paroisse, comme elle l'a ordonné. Elle ordonne qu'on paye toutes ses dettes et donne deux ans à M. de Soubise pour les payer. On ne lui connoît que sa maison qu'elle a achetée; que 50,000 livres de Mme de Courcillon; 50,000 livres que lui doit M. de Soubise; 60,000 livres qu'elle a eues de Mme de Tallard et son mobilier; elle avoit pour 25,000 livres de vaisselle.

Du samedi 2, Compiègne. — M. de Chavigny m'a montré une lettre de M. de Vergennes qu'il venoit de recevoir du 2 de juin. Il a été très-bien reçu du Grand Seigneur et de son nouveau grand vizir. Il est très-content de l'idée et de la considération que l'on a de l'empereur de France, et on lui a donné tous les présents et les honneurs des ambassadeurs, quoiqu'il n'ait présentement que le titre de ministre plénipotentiaire. Le jour qu'il fit son entrée pour avoir son audience, il partit à trois heures du matin et elle ne finit qu'à midi. Il avoit 400 chevaux à sa suite.

L'on est bien déterminé à faire les derniers efforts pour augmenter notre marine par toutes sortes de voies, encourager et multiplier nos armateurs en supprimant tout droit d'amirauté, et promettant en outre des récompenses proportionnées.

L'on enverra incessamment en Espagne quelqu'un de convenable ; on en usera de même envers le roi de Prusse, et on a dépêché un courrier à Constantinople. Ce sont là les trois points d'appui principaux, qui doivent être accompagnés de grand nombre d'autres dans l'Empire, dans le Nord et en Italie. La partie militaire n'est pas négligée.

Hier, les chambres assemblées ont rendu un arrêt qui supprime une thèse de Sorbonne dans laquelle on dit avoir trouvé plusieurs propositions relatives tant à la bulle de condamnation des erreurs de Baïus, qu'au formulaire, qui tendent à soutenir les refus de sacrements. Le même arrêt ordonne qu'il sera informé à la requête du procureur général du Roi contre tous ceux qui ont signé la thèse ou participé à icelle.

Du dimanche 3, Compiègne. — Notre maréchal a reçu de bonnes nouvelles de sa belle-fille ; ainsi il ne sera point obligé d'aller à Paris. Il part demain pour aller à Verdun.

Je rouvre ma lettre pour vous dire que le Roi ne veut pas que notre maréchal parte, et qu'il compte le retrouver ici. En conséquence, il a envoyé des courriers pour toutes les postes et les lieux où on l'attendoit. Si on lui avoit dit cela il y a trois jours, cela lui auroit ôté de l'embarras, mais cela est fait...

Du lundi 4, Versailles. — Le Roi est arrivé ici à midi

et demi, comme il l'avoit dit; il a entré aussitôt chez Mme la Dauphine, où toute la famille royale étoit rassemblée. Mgr le duc de Bourgogne est charmant, il a bonne grâce, tourne bien ses pieds, et l'habit de hussard lui sied à merveille. Le Roi a resté une demi-heure chez Mme la Dauphine, ensuite il a traversé la cour pour aller voir ses bâtiments. Le cabinet du conseil est fait pour ce qui regarde la maçonnerie; il sera tapissé pour le retour et servira de passage. Le Roi, après avoir tout vu, a entré dans sa garde-robe, où il a resté près d'une demi-heure. Mgr le Dauphin et tout ce qui s'est trouvé dans Versailles l'a attendu dans le cabinet où il couche; M. Rouillé y étoit. Le Roi, en rentrant dans ce cabinet, lui a donné des lettres; n'y ayant ici aucun bureau, M. Rouillé a dit qu'il les alloit envoyer à Compiègne. Aussitôt le Roi a descendu et a monté dans son carrosse, et Mgr le Dauphin a été se mettre à table. Pendant ce temps, le Roi a rentré, soit qu'il eût oublié d'aller chez Mme la comtesse de Toulouse, à qui il avoit donné rendez-vous, soit qu'il eût oublié quelque chose à écrire, ce qui est le plus vraisemblable. Il a fait demander M. Rouillé, qui étoit déjà parti pour Jouy. Il avoit aperçu M. de Verneuil, qui a son cachet, il l'a fait chercher et on l'a trouvé. M. de Verneuil, comme de raison, n'a point voulu dire ce qui s'étoit passé dans ce petit travail, mais il faut qu'il ait été bien court, car à peine a-t-on su chez Mgr le Dauphin que le Roi étoit rentré, que M. de Verneuil est arrivé et a dit que le Roi venoit de repartir.

M. Gabriel compte que le travail de l'École Militaire ne sera pas totalement interrompu, et assure toujours qu'à Pâques il y aura 224 gentilshommes établis dans ce lieu.

Du mercredi 6, Dampierre. — Un homme fort instruit me dit avant-hier qu'étant à Wesel il y apprit que lorsque le roi de Prusse est venu à Wesel il passa par les États de Hanovre; il avoit demandé des chevaux de poste qui l'attendoient dans un bois, fort près de l'endroit où le roi d'Angleterre faisoit la revue de ses troupes; quelques officiers généraux hanovriens, l'ayant su, demandèrent permission au roi d'Angleterre d'aller faire leur cour au roi de Prusse à son passage; il le trouva très-bon. A cette nouvelle, plusieurs officiers subalternes demandèrent la même permission et l'obtinrent; c'étoit si près qu'ils y allèrent à pied. Jusque-là rien de singulier, mais ce qui l'est beaucoup et très-remarquable dans les circonstances présentes, c'est qu'il n'y eut pas la moindre honnêteté faite de part et d'autre entre les deux rois.

Du lundi 4, Compiègne. — On prétend que ce qu'on vient de faire à Dunkerque rend cette place absolument hors d'insulte, et je crois qu'on travaille aux écluses pour rendre au port l'eau qu'il convient pour les plus gros vaisseaux.

La réforme des voyages et des bâtiments est vraie, ainsi que des opéras de Fontainebleau. A l'égard des chasses et écuries, rien n'est décidé; je crois qu'il y aura de la la réforme. On dit qu'il n'y aura plus d'extraordinaire dans les voyages du Roi, et que ce sera les gens des cabinets qui iront à la Meutte, Choisy et Trianon. Il est sûr qu'il n'y aura plus de voyages de Crécy, ni de Bellevue (1); cela fera un très-bon effet dans les négociations et dans le public.

Du mardi 5. — On a continué, au concert de la Reine, l'opéra des *Caractères de l'amour*, de M. de Blamont. Lundi, 28 juillet, on exécuta l'acte de *l'Amour constant*; samedi, 2 août, l'acte de *la Jalousie*. Hier, lundi 4, ce fut un autre ballet de M. de Blamont intitulé *le Caprice d'Erato*; les paroles sont de M. Tanevot (2), premier commis de M. de Boulogne; cet acte est imprimé et connu.

M. le duc de Gesvres a reçu ici, à la musique de la

---

(1) C'est-à-dire chez Mme de Pompadour.
(2) D'après le *Dictionnaire des théâtres* de M. de Léris, les paroles de ce divertissement sont de Fuzelier.

chambre, un basson et un hautbois étrangers; le basson est un nommé de Vallière, il est Piémontois.

Du jeudi 7, Dampierre. — Les personnes qui ont eu l'honneur de suivre le Roi à la Meutte sont M. le marquis de Villeroy, M. le marquis de Croissy, M. d'Ecquevilly, M. le duc de la Vallière, M. le duc de Luxembourg, M. le marquis de Gontaut et M. le prince de Soubise. Il y a eu neuf personnes qui ont eu permission d'aller faire leur cour au Roi à la Meutte chacune un jour, et outre cela M. de Richelieu et M. le comte de Noailles, qui ont permission d'y aller autant qu'ils le voudront.

On trouvera ci-après l'arrêté du Parlement d'hier :

Le syndic de la Faculté de théologie, ainsi que le grand-maître d'études nommé de la Haye, ancien professeur de Sorbonne, grand vicaire de Séez, qui réside à Séez depuis quelques jours, ont été décrétés d'ajournement personnel, et le nommé Bachelet, bachelier de la maison de Sorbonne, qui a soutenu la thèse dénoncée au Parlement et a comparu ce matin au greffe devant M. Tubeuf, conseiller député à cet effet, a été décrété d'assigné pour être ouï.

On ne dit pas que la Sorbonnique de Navarre, qui a été soutenue vendredi dernier, 1er août, ait été dénoncée.

On trouvera aussi ci-après copie d'une lettre que je reçois de Paris d'hier.

M. le premier président a envoyé chercher M. le grand-maître de Navarre, ex-syndic de la Faculté, et par arrêté de la Cour l'a prié de faire les fonctions de syndic. Je dis par arrêté, parce qu'on a mis en délibération si on le lui ordonneroit. Il s'est rendu à la demande de M. le premier président, et c'est son attention aux désirs de la Cour qui fait que la Sorbonnique de Navarre ne sera pas dénoncée, parce qu'en sa qualité de maître des études des bacheliers il a signé la thèse, et si on le décrétoit, il ne pourroit faire les fonctions de syndic. Quand nos bacheliers ont vu ce qui se passoit, ils sont allés au nombre de vingt-quatre, aujourd'hui, sans avoir consulté personne, à la maison de Faculté. Cette maison est le lieu où sont les registres et les officiers de la Faculté et où l'on devroit s'assembler aux *prima mensis,* au lieu de le faire en Sorbonne, s'il y avoit une salle capable de contenir tous les docteurs, et là ils se sont effacés de dessus la liste où ils avoient pris jour pour soutenir leur majeure, et se sont effacés de telle sorte qu'il est impossible de pouvoir rien lire. Nous nous sommes trouvés plusieurs à la maison de Faculté, où nous n'avons pu nous empêcher de blâmer leur conduite, car si le Parlement en est informé, il fera ce qui sera en lui pour les biffer de dessus le catalogue des bacheliers ; au lieu que s'ils ne se fussent pas présentés pour soutenir, ils en eussent été quittes pour payer l'amende ordinaire et auroient soutenu dans la licence la plus prochaine ; car si on ne rend pas la liberté à la Faculté, il n'y en aura pas l'an prochain. Nous aurions dû avoir fait cent cinquante examens, et il n'y en a pas un seul de commencé.

Extrait d'une lettre de Paris, du 8.

Avant-hier au soir, Mme d'Estrades vouloit aller de la Meutte à Paris ; elle demanda à Mme de Pompadour : « A quelle heure faut-il revenir pour souper ? » — « A l'heure ordinaire, comtesse. » Elle partit ; au bas de la montagne des Bons-Hommes elle trouva un courrier qui lui remit une lettre de Saint-Florentin, qui lui marquoit de la part du Roi qu'elle eût à remettre sa charge dont S. M. lui conservoit cependant les appointements, et qu'elle ne revînt plus à la Cour.

Du vendredi 8, Compiègne. — Pour la plupart des dames, elles ne sont occupées que de la place qui vaque ; on nomme Mmes de Châteaurenaud, la baronne de Montmorency, Mme de l'Hôpital, Mme de la Rochechouart (Charleval) et Mme de Civrac. Je crois que Madame Adélaïde influera beaucoup sur cela, et que le Roi ne lui donnera que ce qui lui sera agréable. Cette nomination faite, dans trois jours on n'en parlera plus.

C'est M. de Prémeny, fils ou neveu de M. de Léry, qui est nommé pour commander à la place de M. Godeheu (1) ; il commandoit ci-devant à Bengale.

On vient de me dire qu'il ne pouvoit entrer dans le port de Dunkerque que des vaisseaux de deux à trois cents tonneaux, ou chargés de trente canons.

---

(1) A Pondichéry.

M. le prince de Conty vient d'arriver ici; M. le cardinal de la Rochefoucauld y doit venir dimanche.

M. de Choiseul, frère de celui qui est mort de la petite vérole et qui avoit épousé Mlle Lallemant de Betz, épouse Mlle de Montrevel, fille de Mme de Montrevel ; c'est un mariage de goût; elle a 60,000 livres de rente et vingt-six ans ; elle n'est pas jolie. Pour lui, il n'a rien. Le Roi a assuré le douaire.

Du 9. — Mme de Civrac a la place de dame d'atours qu'avoit Mme d'Estrades. Madame Adélaïde l'a voulu à l'exclusion de toute autre, suivant en cela la volonté de feu Madame, qui la lui avoit promise en cas qu'elle vînt à vaquer. D'un autre côté, Mme la comtesse de Toulouse en a écrit très-fortement.

M. de Soulanges épouse Mlle de Saint-Georges, nièce de la baronne de Montmorency. On lui donne une place de dame chez Mesdames.

Du 10. — Le Roi fait continuer les ouvrages qu'on fait ici dans la plaine, mais il les paye de sa cassette. M. de Gesvres donne ce soir une petite fête à la maréchale de Duras : grand souper, cavagnole et petit feu d'artifice chinois.

Je vais faire demander à M. de Soulanges l'agrément de son mariage avec Mlle de Saint-Georges, nièce de M. de Kerfily, premier mari de Mme la baronne de Montmorency. Le baron sort d'ici pour prendre l'heure; il en fait les honneurs.

La Reine part toujours le 16 d'ici, et le Roi le 19. Chemin faisant, il doit tirer dans la plaine de Saint-Denis, et revenir coucher à la Meutte, et le surlendemain tirer à Montrouge chez M. de la Vallière; ensuite il reviendra à Versailles, où il doit rester jusqu'au 26, qu'il va à Choisy jusqu'au 29. Après le voyage, les équipages de grands et de petits chiens vont s'établir pour chasser à Sénart. S. M. dit hier à Dampierre, avant la chasse, qu'Elle prendroit une douzaine des chiens du daim pour envoyer à l'Infant. Elle y doit joindre aussi des chevaux; c'est autant de réformé d'avance, supposé que les retranchements aient lieu.

L'on doit faire ici, mercredi, l'épreuve de petits canons que l'on destine à être mis à la tête de nos bataillons quand ils marchent, ainsi qu'en usent les étrangers.

On trouvera ci-après l'arrêté du Parlement d'hier :

On a ordonné un plus amplement informé d'un an contre le P. Thomas, capucin de Troyes.

Sur la revendication de M. l'évêque de Langres, des sieurs Neret, grand vicaire, Juré, prêtre, et du curé de Bussière, on a ordonné que le procès seroit instruit en la Cour et que le prélat seroit tenu de donner des lettres de vicariat à un conseiller clerc de la Cour. Il en a donné à l'abbé Macé, conseiller de grand'chambre.

On a converti le décret d'ajournement personnel en décret de prise de corps contre l'abbé Pradine, porte-Dieu de Sainte-Marguerite, qui a prêché le sermon scandaleux à l'abbaye de Saint-Antoine.

Pareille conversion contre le nommé Simonneau, prêtre de Troyes, pour avoir refusé les sacrements au sieur Jorry et à sa femme.

On a ordonné que les récollements vaudroient confrontation aux capucins de Troyes qui sont en contumace.

On a ordonné que les récollements vaudroient confrontation au curé de Meung, diocèse d'Orléans.

On a aussi ordonné que les récollements vaudroient confrontation au sieur Huart, chanoine d'Orléans.

Le lieutenant criminel d'Auxerre avec le greffier du bailliage ont été décrétés de prise de corps pour avoir manqué à faire exécuter les arrêts du Parlement.

On a aussi décrété de prise de corps un curé du diocèse d'Auxerre, pour avoir prêché contre l'ancien évêque d'Auxerre, M. de Caylus.

Comme le lieutenant criminel d'Auxerre étoit aux pieds de la Cour depuis deux mois environ, il fut arrêté sur-le-champ et conduit à la Conciergerie par des huissiers du Parlement; il court risque d'y rester une bonne partie de l'hiver et de ne pas remettre sur son corps la robe qu'il avoit hier, parce que, suivant toute apparence, il perdra sa charge par l'événement de ce procès. Les conclusions de M. le procureur général tendoient au décret d'ajournement personnel.

Le crime qu'on lui impute, et à son greffier, est d'avoir voulu favoriser deux curés du diocèse d'Auxerre dans l'instruction du procès commencé contre eux, pour avoir prêché séditieusement au sujet des affaires présentes, et avoir outragé dans leurs sermons la mémoire du feu archevêque d'Auxerre. Il paroît que le lieutenant criminel, en faisant ses informations contre les deux curés, n'a fait faire lecture aux témoins que d'une des deux plaintes faisant l'objet du procès, c'est-à-dire de celle qui ne contenoit que les faits les moins importants, et a gardé le silence sur l'autre plainte plus capitale; mais que néanmoins il a fait faire mention de la lecture des deux plaintes dans les informations, et que l'un des témoins ayant déposé des faits relatifs à l'information capitale sans en avoir ouï lecture, on a trouvé le secret de rendre cette partie de sa déposition inutile en la rayant, sans trop de formalités de la rature. Le lieutenant criminel répondit très-mal à l'assemblée des chambres et convint de n'avoir fait lecture que d'une seule plainte, après avoir dit qu'il les avoit fait lire toutes les deux. On assure qu'il a au moins 20,000 livres de rente. On le dit très-ami de M. l'évêque d'Auxerre d'aujourd'hui.

Du 11. — M. de Séchelles vint hier à la conversation, après le grand couvert, pour apprendre au Roi l'arrivée de M. Godehen; le Roi le savoit déjà. Il est arrivé dans un vaisseau de la Compagnie; c'est le second qui arrive, et il a dit qu'il y en avoit quatre qui le suivoient. La maladie du pays l'avoit pris à un point, qu'il croit que s'il avoit été quinze jours de plus, il en seroit mort.

Du 13. — Le Roi est sorti à une heure et demie pour aller dans la plaine voir des épreuves de petits canons. On avoit mis à une certaine distance des toiles où il y avoit des soldats peints. D'environ trente coups qu'ils ont tirés, il n'y en a eu que quatre qui ont été dans les toiles; le reste a passé par-dessus; je voyois cela de mes fenêtres, et cela ne nous a pas paru faire un grand effet. Le maréchal est médiocrement content de cet essai, dont je crois qu'on ne fera pas un grand usage; nos canons valent mieux que ceux-là. Il est un peu plus content d'une machine pour ôter la fumée dans les mines; en quatorze minutes on l'a ôtée au point d'y porter une lumière dans le fond.

Du 14. — Il est arrivé encore un courrier d'Espagne dont on ne dit mot, et l'ambassadeur continue à se baigner pour sa sciatique. On prétend qu'il ne seroit pas de l'intérêt des Espagnols de se déclarer quant à présent, n'étant pas en état de se défendre contre les Anglois, qui sont en force, et qui leur tomberoient sur le corps.

L'ambassadeur de Sardaigne parut hier au lever du Roi, qui lui demanda comment il se portoit. Cela se passa très-bien. Il y a encore reparu ce matin.

On fit hier devant le Roi l'épreuve de deux pièces de canon de 3 livres de balles. Ces pièces ont été faites sur le rapport de M. de Gribeauval, capitaine de mineurs, lequel avoit été envoyé en Prusse par la Cour. Elles n'ont que trois pieds huit pouces de longueur; le fond de l'âme diminue de diamètre à un pied de la culasse, ce qui fait que la charge se trouvant dans un cylindre de deux pouces et demi, au lieu de trois pouces deux lignes qu'a le reste de l'âme, elle s'enflamme successivement et fait toujours long feu. Il y a sur le champ de lumière une espèce de petit chapiteau de fonte à charnière qui ferme très-bien la lumière. La volée est bien dégagée de matière jusqu'au bourrelet, auquel est un bouton de mire. L'affût est assez bon et demanderoit un grand détail. La chose que j'y crois le plus à remarquer est le coin de mire qui est mis sur la plate-forme à coulisse, et y est arrêté par une vis sans fin dont la manivelle est à la tête du coin; mais cela est encore sujet à s'échapper un peu et demanderoit une petite perfection, laquelle seroit aisée.

L'avant-train est très-bon; en ce qu'il porte un fort grand coffre où sont les munitions; mais encore la cheville ouvrière en est-elle trop foible du collet, et sujette à casser aisément comme il est arrivé. L'écouvillon n'en vaut rien du tout, en ce que le bout de la hampe est brisé par une charnière de cuivre et par là sujet à beaucoup d'inconvénients. L'on pense que ces pièces ne peuvent pas réussir, et je le crois.

Ce même jour on fit aussi l'épreuve d'un ventilateur simplifié pour l'usage des mines par M. Bugie, officier de mineurs. Le Roi en a paru très-content, et cette machine ne paroît sujette à aucun inconvénient. L'on a pompé la fumée de la poudre que l'on avoit brûlée dans la mine, qui formoit l'effet du camouflet, en 17 minutes, et l'on sait que c'est tout ce que l'on peut faire que d'y rentrer 24 heures après le camouflet; ainsi cette machine est très-utile en ce cas, et l'on sent aisément qu'elle a encore l'avantage de pouvoir fournir l'air au mineur lorsqu'il en manque, puisqu'il n'y a qu'à retourner le ventilateur pour changer les tuyaux. Elle a l'avantage sur toutes les machines faites à cet usage, de ne faire presque point de bruit. Tout ce détail est fait par un ingénieur.

Du vendredi 15, *Dampierre.* — Je ne me souviens plus si l'on parla beaucoup dans le temps de l'expédition d'un fameux partisan nommé le Pasteur Jacob (1). Ce qui est certain, c'est que j'ignorois le détail de cette entreprise; il m'a été conté depuis par un officier qui étoit de ce détachement; je l'ai écrit d'après lui, je lui ai montré et il en a paru content. Peu s'en fallut qu'il n'arrivât à cet officier une aventure désagréable et peut-être funeste dans cette course; il étoit jeune et fatigué, il s'endormit si profondément dans la basse-cour d'une abbaye où le détachement avoit couché que ce ne fut que par hasard qu'un dragon le trouva dans un vieux corbillard de l'abbesse.

En 1712, le Roi, piqué de l'entreprise de M. de Grovenstein, qui étoit venu faire des courses en Champagne et y avoit levé quelques contributions, avoit résolu de tirer vengeance de cette insulte et d'user de représailles: Le Pasteur Jacob, fameux partisan, qui avoit un régiment espagnol, proposa à M. le maréchal de Villars de lui confier un détachement de 500 dragons et l'assura qu'il iroit jusqu'auprès de Berg-op-Zoom piller la ville de Tholen;

---

(1) Il se nommait Jacques ou Jacob Pasteur, avait rang de colonel de dragons au service d'Espagne et fut nommé maréchal de camp en 1716. (*Voy. Chronologie historique militaire* de Pinard, 1764, in-4°, tome VII, page 1, et *Journal de Dangeau*, tome XIV, pages 215, 216 et 220.

cette ville est dans une île formée par l'embouchure de l'Escaut. M. le maréchal de Villars ayant approuvé ce projet, dès le lendemain du combat de Denain, le Pasteur Jacob fit la revue des 500 dragons commandés pour le détachement, et fit mettre à part tous les dragons dont l'âge ou la force ne lui parurent pas en état de soutenir la fatigue, ou qu'il ne trouva pas assez bien montés. Il les renvoya au camp (1). Il avoit dejà ordonné au commandant de deux compagnies franches, qui faisoient 300 hommes, de se rendre un tel jour et à telle heure dans le lieu qu'il leur avoit indiqué. Il partit aussitôt sans communiquer à personne son projet. L'officier qui commandoit immédiatement après lui, le voyant entrer dans le pays ennemi et marcher toujours en avant, crut devoir lui représenter que s'il lui arrivoit quelque malheur et qu'il vînt à leur manquer, il se trouveroit très-embarrassé sur ce qu'il auroit à faire, n'étant pas instruit de son projet. Le Pasteur Jacob lui répondit qu'il n'eût aucune inquiétude, qu'il ne lui arriveroit rien, mais qu'en tout cas il lui étoit impossible de lui dire ce qu'il vouloit faire. Ce partisan étoit Hollandois ; il connoissoit le pays dans le plus grand détail, il savoit les places où il y avoit des garnisons et le nombre de troupes qui y étoient ; il étoit instruit de tous les quartiers des ennemis et il avoit des espions dans tout le pays. On le voyoit entretenir, embrasser même des gens qui ne paroissoient que des mendiants ; quelquefois il leur donnoit de l'argent. Il avoit averti les dragons de faire manger leurs chevaux dans les grains pour leur donner plus de force, parce qu'ils en avoient besoin, encore plus en revenant qu'en allant, et qu'ils feroient bien plus de diligence. Il marchoit en plein jour et envoyoit devant lui un officier avec quel-

---

(1) Il vouloit même renvoyer le cornette qu'il trouvoit trop jeune, mais cet officier répondit avec fermeté au Pasteur qu'il vouloit y aller et que rien ne le feroit changer. (*Note du duc de Luynes.*)

ques dragons pour qu'on lui tînt prête toute la subsistance dont sa troupe avoit besoin; aussi trouvoit-il en arrivant tous les fourrages nécessaires et toutes les provisions pour la subsistance de sa troupe. On faisoit tuer les vaches et volailles, on ne payoit rien, mais on ne faisoit aucun désordre. Le cinquième ou sixième jour de sa marche, il avoit envoyé dans une abbaye où il avoit voulu faire entrer une de ses filles que l'abbesse avoit refusée. Il fit demander toutes les subsistances nécessaires, et fit dire à l'abbesse de faire ouvrir toutes les portes de sa maison; l'abbesse, qui avoit de l'esprit et de la fermeté, fit tenir tout prêt pour la troupe, mais fit fermer les portes du dedans de sa maison, et lorsque le Pasteur arriva, elle alla au-devant de lui et lui dit qu'elle le croyoit trop honnête homme pour vouloir, par esprit de vengeance, faire une insulte à une communauté; que pour elle, il ne pouvoit pas la regarder comme coupable du refus qu'elle avoit fait de sa fille, puisque ce refus avoit été fait par la pluralité des voix, et non par son seul avis. Le onzième jour de marche, le détachement arriva à la nuit fermée au bord de l'Escaut, au delà duquel est la ville de Tholen. Le Pasteur fit mettre sa troupe en bataille; en avançant pour gagner le bord de l'Escaut, on fut assez étonné de s'entendre crier *qui vive?* on répondit *France* de part et d'autre. C'étoient les 300 hommes de compagnies franches qui étoient arrivés exactement au rendez-vous à l'heure marquée et qui étoient couchés sur le ventre. Il s'agissoit de passer cette rivière fort large; il y a un bac dans cet endroit, mais le bac étoit de l'autre côté auprès de la maison du batelier. Le Pasteur Jacob demanda dans la troupe quatre dragons qui sussent nager. Il s'en trouva dix pour un empressés de gagner la récompense qu'il leur avoit promise; il en fit passer seulement quatre tout nus ne portant que leurs sabres. L'ordre étoit donné que deux lui amenassent le petit bateau qui est toujours à côté du bac sans faire aucun bruit, et que les deux autres restassent à la maison du batelier pour empêcher que qui que ce soit n'en sortît. L'ordre fut exécuté avec la plus grande exactitude. Aussitôt le bateau arrivé, le Pasteur Jacob y fit passer douze hommes des compagnies franches. L'ordre étoit que quatre, l'épée à la main, lui amenassent sans bruit le batelier et le bac et que les huit autres restassent autour de la maison du batelier pour empêcher le bruit. Le batelier arrivé avec le bac, le Pasteur Jacob lui fit plusieurs questions : quelles troupes il y avoit dans la ville, combien de portes, si elles étoient fermées, quelle garde on y faisoit, et le menaça de le faire pendre à un arbre qui étoit sur le bord de la rivière, s'il ne lui disoit pas la vérité. Le batelier promit tout et tint parole; il dit qu'il y avoit deux portes qui restoient toujours ouvertes, un pont-levis toujours baissé, une sentinelle sur le rempart, mais toujours endormie sur une chaise, et dans la ville une garde bourgeoise de 130 hommes fort peu alertes. Aussitôt le Pasteur fit passer successivement dans le bac les deux compagnies franches. L'ordre étoit de piller toutes les maisons en faisant le moins de bruit qu'il seroit possible, de n'y entrer qu'en force pour éviter d'y être accablé par le nombre et de revenir au premier coup de tambour. Pendant ce temps-là les 500 dragons restoient toujours en bataille; au point du jour ils virent la ville et commençoient à murmurer de n'avoir point de part au pillage. Le Pasteur, qui étoit resté avec les dragons, fut instruit de leurs plaintes; il passa dans les rangs et les assura que tout le butin seroit partagé. Les compagnies franches, en arrivant à la porte de la ville, envoyèrent devant eux un détachement de huit grenadiers. Il faisoit un beau clair de lune; on aperçut la sentinelle qui dormoit; il fut aussitôt tué de plusieurs coups et tomba dans le fossé. Les 300 hommes entrèrent, une partie se mit en bataille sur la place, les autres pillè-

rent avec assez d'ordre, de sorte que quand on fut obligé
de se retirer, il n'en resta que cinq ou six dans la ville.
Ce qui obligea à une plus prompte retraite, fut une
troupe de paysans armés hors de la ville qui s'avançoient
pour y entrer. La retraite se fit avec assez de tranquillité ;
un capitaine des compagnies franches se chargea de l'ar-
rière-garde avec huit ou dix hommes ; il y eut quelques
coups de fusils tirés de part et d'autre et trois ou quatre
grenadiers des compagnies franches blessés. Pendant le
pillage on avoit aperçu un grand nombre de chevaux qui
étoient en pâture auprès de la ville, les dragons demandèrent la permission de les aller enlever. On en détacha
trente avec un officier. L'officier fut tué par un paysan qui
étoit dans un fossé. On emmena 108 belles juments toutes
déferrées, mais il n'en arriva que 56 à Namur. Une partie
du butin fut perdue par la précipitation de la retraite,
et le reste fut caché en différents lieux en entrant dans Namur, parce qu'on savoit qu'il devoit être partagé. Il n'y eut
de profit que sur la vente des 56 juments ; chaque dragon
eut 105 sols, chaque cornette 15 livres et chaque officier
à proportion. Les deux compagnies franches étoient venues de Maubeuge où elles avoient leur quartier. Il sortit
30 escadrons des ennemis après le détachement. Le détachement arriva de Tholen le sixième jour à Namur.

Mme de Bligny est morte ; elle étoit Barillon, et avoit
épousé un M. le Camus qui étoit maréchal de camp. Elle
étoit riche et n'a qu'un fils officier aux gardes, qui s'appelle M. le Camus, et qui a épousé Mlle Augeard, fille
fort riche, dont le père étoit secrétaire de confiance de
M. Chauvelin, garde des sceaux. Ce M. de Bligny étoit le
Camus en son nom, neveu du cardinal le Camus, frère de
l'ancien lieutenant civil.

Du samedi 16. — On trouvera ci-après les nouvelles
que je reçois du Parlement d'avant-hier :

Samedi dernier on étoit convenu, aux chambres assemblées, de remettre l'affaire d'Orléans à la semaine d'après la Saint-Serge, mais ce

projet de retardement n'ayant pas subsisté, M. Lambelin a été prié d'en commencer le rapport lundi, qui a été continué mardi. Hier, en visitant les pièces de la procédure, on a trouvé une nullité dans la confrontation d'un témoin qui n'a point été interpellé de déclarer s'il entendoit parler du chapitre de Sainte-Croix d'Orléans ; et comme Messieurs du Parlement veulent bien assurer l'arrêt qui jugera le fond de cette affaire, on a déclaré la confrontation en question nulle et ordonné qu'elle sera recommencée ; au moyen de cet incident, il es peu certain que cette affaire finisse avant les vacances.

Il y a plusieurs de Messieurs du Parlement qui voudroient qu'il n'y eût point de vacances ; et s'ils peuvent parvenir à faire le plus grand nombre, on prétend que la Compagnie demandera au Roi des lettres-patentes pour continuer le service jusqu'à la Saint-Simon, au moyen de quoi il n'y auroit pas de chambre des vacations. Le prétexte de ce zèle pour le service est que, pendant l'année, les affaires générales ayant emporté beaucoup de temps aux affaires particulières, il faudroit employer utilement le temps des vacances à juger les procès retardés. Ce seroit aussi le moyen de tenir le Parlement assemblé auss longtemps que le Clergé.

Un curé du diocèse de Troyes, accusé de libertés criminelles avec de jeunes filles qu'il disposoit à la première communion, a été amené à la Conciergerie il y a quelques jours. Le bailliage de Troyes l'a condamné à faire amende honorable et aux galères pour neuf ans. M. le procureur général est appelant de cette sentence *à minima*.

Du mercredi 20. — Le Roi a donné le logement de Mme la comtesse d'Estrades à M. le comte et à Mme la comtesse de Tessé. M. le président Hénault a été nommé par la reine de Suède membre de l'Académie des belles-lettres que la reine de Suède (1) a établie ; il est le premier étranger qui y ait été admis. M. d'Alembert est aussi nommé membre de cette académie.

On trouvera ci-après l'extrait d'une lettre de Dunkerque du 10, que j'ai reçue aujourd'hui.

Le premier mouvement qui s'est fait dans cette province a été de tirer toutes les troupes des places du centre pour garnir toute la côte depuis Boulogne jusqu'ici. Nous sommes le seul régiment de dragons qui ait marché ; nous composons cette garnison avec huit bataillons.

---

(1) Louise-Ulrique, sœur du roi de Prusse, née le 24 juillet 1720, reine depuis 1751.

A mon arrivée ici j'y ai trouvé qu'on construisoit deux batteries à droite et à gauche de l'entrée du canal; celle de la gauche a été rétablie sur les ruines de l'ancien Risban. Cette batterie a été bientôt faite; elle est composée de 14 pièces de canon et de 6 mortiers. Pour la batterie de la droite du canal, on est obligé d'en faire les fondations sur le bord de la mer avec des fascines, des piquets et de très-grosses pierres; cet ouvrage est très-coûteux; l'on ne peut y travailler que dans les marées basses et deux fois par jour; et, quoiqu'elle soit déjà élevée de six pieds, la mer la couvroit hier quand elle a été dans son plein. Cette batterie doit porter la même quantité de pièces que celle du vieux Risban. Je doute qu'elle soit finie avant la fin ce de mois. On travaille à un ouvrage qui deviendroit bien plus utile si l'on pouvoit s'en servir incessamment; c'est une écluse de chasse faite pour nettoyer le chenal et rendre l'entrée du port plus susceptible de recevoir de gros vaisseaux. Cette écluse de chasse reçoit ses eaux du canal de la Grande Moer. La dépense journalière de ces travaux dont je viens de parler passe 1,000 écus par jour. Vous savez depuis longtemps ce qui s'est dit sur les évacuations des places de la Barrière; il est certain que depuis Ostende jusqu'à Namur exclusivement, toutes les munitions de guerre ont été portées dans ledit Namur. Le même fonds de troupes existe dans les autres places ainsi qu'elles étoient dans le mois de mars dernier. On a mandé à M. de Baumont, qui est ici pour les travaux, que l'adjudication des palissades de Tournay étoit faite. Il nous est arrivé depuis huit jours des vaisseaux de Saint-Domingue, de Cadix, de Londres et de Danemark. Ceux qui viennent de Saint-Domingue ont rencontré à la hauteur des Sorlingues près de vingt vaisseaux de guerre anglois qui les ont laissés passer en leur demandant seulement s'ils n'avoient point connoissance de vaisseaux de guerre françois. Ceux de Cadix nous ont assuré qu'on armoit à Cadix sept vaisseaux de guerre et cinq à la Corogne, et que la cour d'Espagne avoit envoyé à Cadix neuf millions pour travailler à un armement. Tel est le rapport des vaisseaux qui arrivent d'Espagne. Ceux de Londres commercent ici comme s'il n'étoit question de rien. Les Dunkerquois en font de même. Nous savons par eux qu'il y a près de quarante vaisseaux de guerre anglois qui sont à l'entrée de la Manche et à la hauteur de Brest. Ceci est un fait constaté par dix capitaines de vaisseaux marchands qui les ont vus. Les Danois ne nous ont rien appris. Les commerçants de cette ville qui sont en correspondance avec la Hollande, et même qui en arrivent, nous assurent que les Hollandois ne veulent point la guerre; qu'ils ne font point d'augmentation; qu'ils désirent fort la paix, ou du moins la neutralité. Les ordres pour camper au camp de M. de Soubise sont arrivés. M. de Soubise doit arriver ici le 15, et M. de Crémille doit l'y joindre.

L'arrivée du roi d'Angleterre à Londres est fixée au 27. Il faudra qu'il parle guerre, s'il veut être bien reçu. Les Anglois rassemblent tous les matelots qu'ils peuvent et complètent leurs vaisseaux de guerre.

Extrait d'une autre lettre de Compiègne, le 17. On vous a mandé le retour du courrier que nous avions dépêché en Espagne, d'abord après la nouvelle reçue de l'hostilité de l'amiral Boscawen contre nos vaisseaux près le banc de Terre-Neuve. Il paroît, par ce que mande M. le duc de Duras (1), que le roi d'Espagne, avec bien des compliments, persiste à vouloir garder la neutralité, qui est tout ce qu'il peut faire de pis dans la circonstance présente.

L'on a déterminé d'ordonner l'augmentation très-nécessaire de dix maîtres par compagnie dans toute la cavalerie; l'on va remonter tous les dragons à pied et porter également toutes les compagnies à quarante. Nous avons deux mois bien précieux à passer, pour d'une part prendre toutes les mesures que nous avons en main et faire toutes les démarches nécessaires, et de l'autre pour voir arriver dans nos ports nos pêcheurs de la morue, neuf vaisseaux de la compagnie des Indes riches de plus de 15 millions, ceux de toutes les Échelles du Levant et ceux de nos colonies de la Martinique, d Saint-Domingue, etc. Il nous reste après le retour de M. Dubois de la Mothe et celui de M. du Guay. Les dernières nouvelles qu'on en a reçues sont de la rade de Cadix.

Il est aussi arrivé hier au soir des lettres de Québec du 30 juillet dernier, qui apprennent que M. Dubois de la Mothe y étoit arrivé avec toute son escadre en très-bon état; qu'il n'étoit mort que sept hommes des troupes, et qu'il n'y avoit que soixante-trois malades. Ils ignoroient encore la destinée de *l'Alcide* et du *Lys* dont ils étoient fort en peine. M. Dieskau mande que M. de Vaudreuil (2) ayant reçu nouvelle de la marche des Anglois contre les forts Duquesne et de Niagara, venoit de lui donner ses ordres pour aller s'y opposer et les combattre partout où il les trouveroit. M. Dieskau ajoute que sa petite armée est composée de 4,000 hommes avec un train d'artillerie; que ses troupes ont la plus grande volonté, et il ne doute point de les battre. Nous avons calculé que cette bataille (car il y en aura certainement une) aura pu être vers le 10 ou le 15 d'août, et je ne doute pas que nous ne la gagnions (3).

---

(1) Ambassadeur à Madrid.
(2) Gouverneur du Canada sous le titre de : Gouverneur et lieutenant général pour le Roi dans *la Nouvelle France, îles et terres en dépendantes*.
(3) Ces calculs furent déjoués; l'affaire eut lieu du 8 au 11 septembre et nous y fûmes vaincus.

Du jeudi 21, Versailles. — Le roi de Pologne, duc de Lorraine, arriva avant-hier au soir, entre six et sept heures.

M. Marcot (1) mourut hier à dix heures du matin; le Roi ne le sut que pendant le grand couvert. On ne sait pas précisément son âge : les uns disent soixante et onze ans ou soixante-douze, les autres soixante-quatorze ou soixante-quinze. Ses héritiers sont deux neveux, dont il y en a un qui est banquier en cour de Rome. M. Marcot étoit veuf depuis deux ou trois ans. Il s'étoit brouillé avec sa femme le jour même de son mariage; il lui donnoit une pension et elle demeuroit à Montpellier. Il n'a voulu voir ni médecins, ni chirurgiens, excepté M. Ponce à Paris qui le fit saigner malgré lui, mais il étoit trop tard. Il avoit eu grand soin d'emporter son argent quand il partit d'ici, et on croit qu'il en avoit beaucoup. Il ne dépensoit pas plus de 1,000 livres par an. Il avoit été six ou sept ans avec 7,000 livres d'appointements ou pension, et depuis dix ans il en avoit eu 14 ou 15,000. Il avoit ici un cabinet où personne n'entroit que lui; il y plaçoit souvent son argent, et n'étoit éclairé que par une lampe. On lui avoit donné en présent 200 livres de bougie, il les avoit vendues. Il avoit dans son antichambre quelques bûches qui y étoient toujours restées depuis plusieurs années.

M. du Theil, secrétaire du cabinet, ci-devant employé dans les négociations, mourut aussi hier. Il avoit la plume chez Mgr le Dauphin, ce qui vaut 6,000 livres et la charge 8,000 livres; mais celle-ci s'achète et l'autre se donne. Il avoit un brevet de retenue de 200,000 livres. On croit que la plume sera donnée à M. Tercier, qui est dans les affaires étrangères, et qui cependant n'achètera pas la charge. On assure que la Reine et le roi de Pologne s'y intéressent.

---

(1) Eustache Marcot, docteur de la faculté de Montpellier, médecin ordinaire du Roi et des enfants de France.

M. l'archevêque de Rouen, qui a été sondé le jour de la Saint-Jean par le frère Cosme, qui lui a trouvé la pierre, se prépare à l'opération. Tout est arrangé pour aujourd'hui.

M. l'ancien évêque de Mirepoix (1) mourut hier ici à quatre heures du matin. Il avoit, à ce que l'on dit, quatre-vingt-trois ou quatre-vingt-quatre ans. Il a été enterré aujourd'hui à la paroisse Notre-Dame. On ne dit point encore qui aura la feuille des bénéfices; beaucoup de gens nomment M. le cardinal de la Rochefoucauld.

La Reine arriva samedi dernier de Compiègne; elle trouva Mgr le Dauphin dans la plus grande douleur. Il arrivoit de la chasse à tirer. En déchargeant son fusil, il l'appuya sur l'épaule d'un page qui cacha entièrement un écuyer du Roi qui étoit de service auprès de lui; il se nomme M. de Chambors. Le coup porta entièrement dans le bras de l'écuyer et le cassa auprès de l'épaule. Mgr le Dauphin courut à lui, l'embrassa et lui parla d'une manière si touchante, que M. de Chambors lui dit : « Ah Monsieur! la douleur où je vous vois ne sert qu'à augmenter ce que je souffre! » Cette douleur en effet a été si vive que l'on étoit inquiet de la santé de Mgr le Dauphin. La blessure s'est trouvée si considérable, que par l'avis des plus habiles chirurgiens qu'on a fait venir de Paris, et de M. de la Martinière que le Roi envoya sur-le-champ, il fut décidé qu'il n'étoit pas possible de couper le bras; malgré les soins extrêmes que l'on a eus du blessé, il mourut le 20 sur les huit heures. Le Roi lui avoit donné 4,000 livres de pension reversible à sa femme et à l'enfant dont elle accouchera ; elle est grosse de quatre mois (2).

---

(1) Jean-Baptiste Boyer.

(2) Cette femme s'appelle le Petit d'Aveine. Elles sont trois sœurs qui ont chacune 10 ou 12,000 livres de rente. — M. de Saumery de Normandie en a épousé une; il y en a une troisième à marier. M. de Chambors a une sœur mariée à M. le chevalier de Mauerbe, à qui le Roi a donné un logement dans le cul-de-sac autrefois appelé de Saint-Vincent, et présentement Dauphin,

En considération de ce malheureux accident, le Roi a conservé à Mme de Manerbe la jouissance du logement en cas qu'elle devînt veuve. Le père de M. de Chambors a eu la croix de Saint-Louis et 2,000 livres de pension avec un brevet de comte. MM. de Chambors sont une grande noblesse de Bretagne ; leur nom est Boissière.

Du vendredi 22. — Le frère Cosme a sondé M. l'archevêque de Rouen avant que de faire l'opération ; ni lui ni aucun des chirurgiens ne lui ont trouvé la pierre, par conséquent on n'opérera point. C'est un malheureux état que d'être aussi incertain de son sort.

Mme de Parabère est morte; elle avoit soixante-deux ans. C'étoit une femme grande et bien faite, et qui sans être fort belle avoit une figure noble et agréable. Elle étoit fille de M. le marquis de la Vieuville. Mme de Parabère laisse un fils qui n'est point marié, et une fille qui est Mme de Rottembourg, veuve sans enfants.

Voilà l'arrêté du Parlement d'aujourd'hui.

L'assemblée des chambres a décrété d'assigné pour être ouï le P. Raynaud, jacobin, accusé d'avoir parlé contre le Parlement en prêchant dernièrement à Paris.

Les chambres ont mandé MM. les gens du Roi et les ont chargés de se retirer vers ledit seigneur Roi pour lui demander la prolongation du Parlement et qu'il n'y eût point de vacances cette année.

J'ai parlé ci-dessus du retour de M. Dupleix. On a été longtemps incertain du jugement qui seroit porté sur sa conduite dans l'Inde ; mais il paroît que l'on en est content, puisque le Roi lui a accordé le titre de marquis.

M. le comte de Noailles partit hier pour aller à Turin. Il doit aller de là à Parme et être trois ou quatre mois dans son voyage. Ce n'est plus un mystère que M. l'abbé de Bernis va en Espagne et que M. le duc de Duras en re-

---

parce que Mgr le Dauphin y a passé une fois à pied. (*Note du duc de Luynes.*)

vient. Il paroît aussi certain que M. le duc de Nivernois va à Berlin. On dit que ce sera comme voyageur, mais ayant des lettres de créance. M. de Durfort doit aller remplacer à Venise M. l'abbé de Bernis.

J'ai oublié de marquer que M. de Bréhan, frère du grand-père de Mme d'Aiguillon, est mort; il étoit conseiller au grand conseil. Il laisse une fille, héritière des deux tiers de son bien, qui a épousé M. du Bois de la Mothe, chef d'escadre, lequel est actuellement en Canada ou en chemin pour revenir. La succession de M. de Bréhan est très-considérable. On dit qu'il avoit 500,000 écus en or et 50,000 livres de rente.

On me racontoit, il y a quelques jours, un fait arrivé pendant la régence qui mérite d'être écrit. On n'a point oublié l'affaire de M. le duc et de Mme la duchesse du Maine. On sait qu'il y eut plusieurs personnes impliquées dans cette affaire, entre autres un abbé Brigaud. Lorsque cet abbé sut qu'il pourroit bien être envoyé à la Bastille comme les autres, son premier soin fut que l'on ne pût trouver chez lui aucuns papiers qui eussent rapport à l'affaire. Il alla donc chez le chevalier de Ménil qu'il connoissoit peu, mais qu'il savoit être un parfaitement honnête homme. Il lui dit que, connoissant sa probité, il croyoit ne pouvoir remettre en meilleures mains la cassette qu'il lui apportoit où étoient ses dispositions testamentaires et des papiers de famille; qu'il alloit faire un voyage et vouloit la mettre en sûreté. Le lendemain il lui rapporta sous le même prétexte un rouleau de papiers. L'abbé Brigaud fut arrêté, on sut que ses papiers étoient chez M. le chevalier de Ménil. Le chevalier de Ménil, aussitôt qu'il avoit su ce qui étoit arrivé à l'abbé Brigaud, avoit examiné le rouleau de papiers, et voyant qu'il s'agissoit des affaires de Mme la duchesse du Maine, il les avoit tous jetés dans le feu. M. le Blanc fit avertir le chevalier de Ménil de se rendre chez lui, et lui ayant demandé publiquement s'il n'avoit point de papiers à l'abbé, le chevalier répondit hardiment que non. Ceux qui étoient présents étant sortis, le chevalier resta et s'étant approché de M. le Blanc, qui étoit seul alors, il lui dit que ce n'étoit plus comme à un ministre qu'il avoit l'honneur de lui parler ; qu'il connoissoit sa probité ; qu'il avoit eu des papiers ; qu'il les avoit examinés, et que voyant de quoi il étoit question, il les avoit jetés au feu. M. le Blanc en rendit compte à M. le duc d'Orléans, qui loua le procédé et crut cependant nécessaire de faire conduire M. le chevalier de Ménil à la Bastille. On a toujours honte de s'avouer parent des malheureux ; il se trouva un homme de même nom que le chevalier qui crut bien faire sa cour en disant à M. le duc d'Orléans qu'il n'étoit point de ses parents. « Tant pis pour vous, lui répondit M. le duc d'Orléans, car c'est le plus honnête homme que je connoisse. » J'oubliois de marquer que ce fut par le conseil de M. l'abbé Dubois, depuis cardinal, que M. le chevalier de Ménil fut mis à la Bastille ; car ce n'étoit pas le sentiment de M. le duc d'Orléans.

M. le cardinal de la Rochefoucauld me contoit, il y a quelques jours, quelques détails sur l'Académie de peinture établie à Rome ; elle a été établie du temps de M. Colbert, mais il n'y avoit point alors de maison appartenante au Roi et destinée à cette académie ; on en louoit une. Ce fut du temps de M. d'Antin que la maison où elle est actuellement, et qui est fort belle, fut achetée. Elle a eu pour directeur un M. Poerson, qui mourut à Rome en 1725. C'étoit un homme médiocre pour la peinture, mais qui se conduisit dans cette place d'une manière à mériter de grands éloges. Dans l'année 1709 et les deux suivantes, l'état du royaume étoit si malheureux qu'il ne fut pas possible d'envoyer les fonds ordinaires à Rome. M. Poerson sentit combien il étoit essentiel à l'État de ne pas laisser tomber l'académie ; il employa tout son argent et son crédit et la maintint dans la même situation. Il en a été bien remboursé, mais cette action n'en est pas moins mémorable. Cette académie coûte environ 50,000 livres par an au Roi. Il y a en bas un magnifique appartement, meublé de tapisseries des Gobelins, tapis de la Savonnerie et autres ouvrages de France, le portrait du Roi sous un magnifique dais, et dans les salles différents ouvrages de peinture et de sculpture des plus habiles maîtres françois. Cet appartement est à la disposition de l'ambassadeur de France et ne sert que pour les fêtes. Il y a un suisse de la livrée du Roi. Le directeur a un carrosse et des domestiques de la même livrée et est traité honorablement dans Rome. Il a 6,000 livres d'appointements pour lui et est outre cela chargé de l'entretien des plumes, crayons, couleurs, etc., et de la nourriture des douze élèves qui sont dans cette académie, dont six peintres, trois sculpteurs et trois architectes; ils doivent être deux ans à tout voir sans travailler, et pour être reçu il faut avoir fait trois chefs-d'œuvre dans l'académie de Paris. M. Detroy a été directeur de cette académie; c'est présentement M. Nattier.

Le premier courrier qui porta au Roi la nouvelle de la blessure de M. de Chambors fut dépêché samedi 16 par M. le Premier. Il arriva le dimanche matin. Le second courrier fut un page de la Reine qui fut dépêché le dimanche, à six heures du soir, et qui arriva à deux heures du matin. Le troisième courrier fut M. de Montfaucon, qui partit le lundi à neuf heures du matin. Aussitôt le Roi dit qu'il partiroit ce même jour (1). Son départ avoit déjà été résolu la veille, mais on ne le sut que le lundi, et le Roi fit repartir M. de Montfaucon fort peu de temps après son arrivée.

Du samedi 23. — J'appris hier quelque détail du testament de feu M. de Mirepoix. Il donne 40,000 livres au

---

(1) De Compiègne pour revenir à Versailles.

noviciat des Jésuites; il laisse 16,000 livres à partager entre ses héritiers; il a dix petits-neveux ou nièces, petits-enfants de deux sœurs qui ont été mariées l'une à M. de Champfleury, trésorier de France à Riom, et l'autre à M. de Boisrigaut. Il donne 4,000 livres à une pauvre paroisse dont on ne m'a pas pu dire le nom; 2,000 livres aux Théatins; 150 livres une fois payées à chacun de ses domestiques également; sa bibliothèque à l'abbé d'Héliot, à la charge de payer les pensions de ses frères et sœurs. Il a trois frères religieux, l'un théatin, un feuillant et un chartreux. Il avoit plusieurs sœurs religieuses, je crois qu'il y en a encore de vivantes. Il donne à l'abbé Donnadieu, son aumônier, sa chapelle et 2,000 livres une fois payées. Son abbaye de Corbie, qui valoit, à ce que l'on dit, 65 ou 66,000 livres, est réunie aux économats. M. du Muy espère de pouvoir la porter au moins à 75,000 livres. Le Roi retire des économats Saint-Vandrille, qui vaut 45,000 livres et qui y étoit depuis la mort de M. de Fourcy. M. de Mirepoix a été enterré à Notre-Dame à Versailles. Il y avoit avant-hier à son enterrement MM. les évêques de Chartres, de Beauvais, de Bazas et d'Auxerre en rochet et camail; M. l'évêque de Digne (Jarente), qui étoit ici, ne pus'y trouver faute d'habit long. Il y avoit aussi MM. les abbés de Saint-Cyr, de Marbeuf, de Siougeac, de Berthelot, instituteur des enfants de France, d'Héliot, Donnadieu. et M. l'abbé Couturier, exécuteur testamentaire.

Du dimanche 24. — Il y a quelques jours que M Bocs, procureur général de la cour des aides, est mort. Il laisse deux filles, Mme Talhoüét et Mme du Guesclin. Je ne sais pas quel âge il avoit, mais il étoit fort vieux.

J'ai parlé dans le temps du procès de la succession du prince Charles. M. de la Martinière, qui entend fort bien sa profession et qui n'est pas vraisemblablement au fait des affaires, soutenoit que si les dispositions de M. le prince Charles en sa faveur étoient cassées, il n'y auroit pas de quoi payer les dettes de la succession. Cependant il s'est trouvé par l'événement que les dettes ont été entièrement payées. M. de Brionne même a touché une somme que l'on ne croyoit pas pouvoir lui donner, et malgré tout cela Mme d'Isenghien et Mlle d'Armagnac ont partagé 900,000 livres.

Il y a trois ou quatre jours que Mme de Civrac fit son remercîment au Roi à la porte du cabinet ovale qui sert actuellement de chambre à coucher à S. M. Madame Adélaïde y étoit, et c'étoit elle qui étoit censée la présenter. Mmes d'Antin et de Crussol n'ont fait leur remercîment de la grâce accordée à Mme de Civrac que deux jours après. Il est inutile de dire que Mme de Civrac prêta son serment entre les mains du Roi ; c'est l'usage dans toutes les maisons de filles de France qui ne sont pas mariées et qui n'ont point de maison entièrement à elles.

L'ancien mur du cabinet du conseil, du côté de la cour des cerfs, est démoli et reporté huit ou neuf pieds plus avant vers cette cour. La cheminée qui étoit dans ce mur a été portée dans le mur mitoyen avec la galerie ; et dans la place où étoit cette cheminée on a fait une grande porte fenêtre qui entre sur une terrasse donnant sur cette petite cour des cerfs. Ce changement met dans la nécessité de refaire toutes les dorures de ce cabinet ; mais cet ouvrage ne pouvant être terminé dans ce moment, on s'est contenté de fermer l'ouverture de la nouvelle fenêtre et de mettre des tapisseries dans le cabinet du conseil et dans la pièce d'après, qui faisoit la nouvelle chambre à coucher du Roi. Ces deux pièces ne servent plus que de passage. C'est là que l'on attend le moment d'entrer dans le cabinet ovale (1) qui est réputé cabinet du conseil, quoique le Roi y couche, mais le conseil ne se tient point dans ce cabinet ovale, il se tient dans le cabinet qui est par delà.

---

(1) C'est la salle que l'on nomme aujourd'hui salon des pendules. *Voy.* au 15 septembre suivant.

Mme la Dauphine présenta, le 21, Mme de Tessé (Noailles) comme ayant l'honneur de lui être attachée; elle est une de ses dames.

Mgr le Dauphin obtint avant-hier le cordon rouge pour M. le chevalier de Manerbe, beau-frère de M. de Chambors. M. de Chambors père avoit épousé en premières noces Mlle de la Fontaine-Solare, autrement dit la Boissière, sœur du lieutenant de roi de Dieppe, qui lui-même a épousé Mlle de Boulainvilliers, sœur de Mme la présidente de Rieux, dont il a eu deux filles, l'une mariée à M. de Sesmaisons, l'autre à M. de Vandeuil. M. de Chambors qui vient de mourir et Mme de Manerbe sont du premier mariage. M. de Chambors a épousé en secondes noces Mlle Sarrefield, qui est vivante. J'ai marqué que M. de Chambors le père avoit obtenu un brevet de comte. Ce qui l'a engagé à demander cette grâce, c'est qu'il a une terre auprès de Try qui relève actuellement de l'Isle-Adam; c'étoit anciennement un comté, mais elle a été fort démembrée. C'est peu de chose aujourd'hui. Il pourra appliquer le titre de comte sur cette terre, ou sans en faire aucune application l'ajouter à ses titres.

Il y a eu aujourd'hui une audience publique donnée à la Ville, suivant l'usage ordinaire.

Les États de Languedoc ont eu aussi audience publique. M. l'évêque de [Rieux] portoit la parole; le député de la noblesse est M. le comte de Rieux, et celui du tiers état s'appelle Mérinville.

MM. les gens du Roi sont venus ici aujourd'hui pour demander à S. M. de vouloir bien proroger le Parlement. C'est la suite de l'arrêté qu'on trouvera ci-dessus. Cette grâce leur a été accordée; par conséquent, il n'y aura point de chambres des vacations. J'ai appris à cette occasion que le parlement de Toulouse a le droit de se proroger lui-même, sans demander les ordres de Sa Majesté.

M. le cardinal de la Rochefoucauld travailla hier au

soir avec le Roi. On sut après le travail que le Roi lui avoit donné la feuille des bénéfices. Ce choix paroît universellement approuvé. Les sentiments de ce prélat pour la bonne doctrine ne peuvent être équivoques. Il joint à un nom illustre une grande politesse, une douceur et une égalité d'humeur qui le font aimer et respecter. Il est instruit et a toujours eu une conduite irréprochable.

Du mardi 26. — Le Roi ordonna hier à M. le duc de Penthièvre de réformer l'équipage du chevreuil. Il ordonna aussi de faire une réforme de 50 chevaux dans les deux manéges de la grande écurie, et qu'on en choisît 25 des meilleurs pour être employés à l'École Militaire.

Il y a quatre jours qu'on exposa dans la galerie quatre tableaux de Vernet dont deux représentent la vue de Toulon, les deux autres la vue de Marseille. Dans une des vues de Toulon on voit la pêche du thon et dans une de celles de Marseille on voit le portrait d'un ancien soldat nommé Annibal qui est né en 1638, la même année que Louis XIV.

M. Rosset, député de la chambre des comptes de Montpellier, est venu ici pour remercier d'un portrait que le Roi a donné à cette chambre.

Du vendredi 29. — M. le cardinal de la Rochefoucauld a donné la feuille des bénéfices qu'avoit M. l'abbé d'Héliot à M. l'abbé de Radonvilliers, qui lui est attaché depuis plusieurs années.

J'ai marqué dans ce journal qu'il y a actuellement dans le Parlement au moins quarante places vacantes, tant présidents que conseillers, par la mort des titulaires ou par leur avancement à d'autres charges. Il se présente quelques sujets pour remplir les charges qui se trouvent vacantes ; mais comme l'intention de la Cour est d'en supprimer un grand nombre, on a accordé fort peu d'agréments. Le prix de ces charges est diminué considérablement, apparemment à cause du grand nombre de celles qui sont à remplir et de la diminution des affaires. Il y a quelques jours qu'un conseiller du Parlement me disoit qu'il ne se trouvoit pas quelquefois dans l'année deux cents procès à juger aux enquêtes. Il ne sera pas inutile d'expliquer ici l'ordre qui s'observe dans la suite des procès.

Le Parlement est composé de la grande chambre, de cinq chambres des enquêtes et de deux chambres des requêtes. Suivant l'usage ordinaire, les procès se portent en première instance aux bailliages, et pour Paris au Châtelet. Quiconque n'est pas privilégié doit suivre cet ordre, et tout procès survenu à l'occasion d'une contestation sur les clauses d'un acte passé sous le scel du Châtelet de Paris doit être porté de tout le royaume au Châtelet de Paris. L'appel des jugements du Châtelet se porte à la Grand' Chambre ou aux Enquêtes. Il y a un grand nombre d'exceptions aux règles générales de la procédure en troisième instance, soit par les attributions particulières, soit par les *committimus*. Les hôpitaux de Paris ont leurs attributions particulières à la grande chambre directement. Il y a des attributions au grand conseil; il seroit trop long d'entrer dans tous ces détails. A l'égard des différents *committimus*, il y en a de plusieurs espèces; les grandes dignités, les grandes et petites charges de la maison du Roi, de la Reine, etc., en un mot tout ce qui a le titre de commensaux de la maison du Roi, a droit de *committimus* au grand sceau, et en vertu de ce droit peut faire assigner aux Requêtes du palais sa partie adverse. Il y a deux tribunaux des requêtes, les requêtes de l'hôtel et les requêtes du palais. Les requêtes de l'hôtel sont composées de MM. les maîtres des requêtes qui servent par quartier. Ils rendent deux sortes de jugements, les uns en première instance comme les Requêtes du palais, les autres au souverain lorsqu'il s'agit de constitutions sur les arrêts du conseil. Dans le premier cas, la voie d'appel est ouverte, dans le second le jugement est définitif. Lorsqu'il s'agit de plaider aux Requêtes de l'hôtel en première instance, les avocats du Parlement y plaident; lorsque c'est au souverain, il n'y a que les avocats au conseil. Dans ce dernier cas il faut qu'ils soient au moins sept pour prononcer un jugement définitif. C'est le plus ancien d'eux qui préside. La façon de prononcer est de dire : « Messieurs les maîtres des requêtes ont ordonné, etc. » On préfère ordinairement les Requêtes du palais aux Requêtes de l'hôtel, à cause du changement des juges, qui se renouvellent tous les trois mois. Tout le monde sait que ce sont les avocats qui plaident les causes; il est pourtant permis quelquefois aux parties de plaider elles-mêmes. Le jugement d'un procès se fait à l'audience; là le président de la chambre prononce un jugement définitif ou un appointement (1). « Il y a plusieurs sortes d'appointements; le premier est un appointement en droit qu'on donne en première instance quand les parties ont fait quelques demandes où il s'agit du droit. Le second est l'appointement en faits contraires, quand il ne s'agit que de faits qu'il est permis à chacun de vérifier; le troisième à écrire et produire et donner cause d'appel comme quand on appointe une cause sur le rôle à la grande chambre. L'appointement au conseil étoit autrefois une espèce de délai que les juges donnoient aux parties pour instruire plus parfaitement le procès et pour prendre conseil des avocats; d'où vient que dans plusieurs provinces les juges subalternes qui ne peuvent juger sur les plaidoyers faits en la cause, mettent encore dans leurs appointements, que les parties corrigeront et remettront. Le quatrième à ouïr droit en matière criminelle après le récollement et la confrontation. On dit aussi un appointement en droit et joint, quand on forme incidemment

---

(1) *Appointement*, en termes du palais, se dit des règlements ou jugements qui établissent la contestation des parties, où l'on rédige leurs qualités et les conclusions des demandes sur lesquelles seulement les parties doivent écrire et produire, et les juges prononcer. (*Dict. de Trévoux.*)

quelques demandes qui sont appointées et jointes au procès. Il y a aussi des appointements à mettre en matières sommaires et provisoires qui obligent à mettre et produire les pièces dans trois jours par-devant un rapporteur nommé (1). »

Les Requêtes du palais ne prononcent que des sentences. L'appel d'une sentence se porte toujours à la grande chambre ; alors on plaide de nouveau, et il intervient un arrêt soit définitif, soit d'appointement. J'ai dit que l'on appointe quelquefois à la première ou à la seconde des Requêtes ; si aucune des parties n'appelle de l'appointement, il demeure à la même chambre et y est jugé sur le rapport d'un conseiller nommé par le président. Les parties peuvent appeler de ce jugement d'appointement, et en appellent ordinairement ; dans ce cas, l'appel n'est plus porté à la grande chambre, mais à l'une des cinq chambres des Enquêtes, comme il sera expliqué ci-après.

Le jugement de la grande chambre à l'audience ou sur l'appointement et celui des Enquêtes sur l'appel des appointements sont en dernier ressort, et on ne peut revenir contre ces arrêts ; il y a cependant un moyen, c'est la requête civile ou la demande en cassation. La requête civile n'enlève point le jugement de l'affaire au tribunal où l'arrêt a été prononcé ; il ne s'agit que de la production de nouvelles pièces décisives ; le tribunal qui a jugé peut admettre ou rejeter cette requête ; s'il l'admet, il rend un nouveau jugement sur le vu des nouvelles pièces produites. La demande en cassation se porte au conseil du Roi, soit au conseil des dépêches, soit au conseil privé, qu'on appelle autrement conseil des parties. Là, on ne juge point le fond de l'affaire ; elle est renvoyée à un autre Parlement si la demande en cassation est admise. Lorsque l'on forme une demande en cassation,

---

(1) Extrait du *Dictionnaire de Trévoux*.

la requête est présentée à M. le Chancelier et ensuite par son ordre au maître des requêtes, qui en fait son rapport au bureau des conseillers d'État ; si elle est rejetée unanimement et qu'il n'y ait pas une seule voix pour l'admettre, elle n'est point portée au conseil ; si au contraire une seule voix est pour admettre ladite demande, le même maître des requêtes rapporteur en fait le rapport au conseil des dépêches ou au conseil privé. Il reste encore à juger sur cette demande ; quelquefois l'arrêt est confirmé, quelquefois on le juge susceptible de cassation. Dans ce dernier cas, l'affaire n'est pas jugée au fond, elle est renvoyée à un autre Parlement. Il y a sur ce renvoi une règle écrite : Le renvoi du parlement de Paris va à celui de Rouen, celui de Rouen va à celui de Rennes, celui de Rennes à Bordeaux, celui de Bordeaux à Toulouse, etc., et jamais de réciprocité, c'est-à-dire de Rouen on ne renvoie jamais à Paris, etc.

J'oubliois de dire que la requête civile ne peut pas être admise après un an révolu à compter du jour de l'arrêt. Tous les procès qui doivent être portés aux Enquêtes sont sur un état qui est remis au premier président de la première des Enquêtes (1). Il en fait cinq lots les plus égaux qu'il est possible, attention très-nécessaire, parce qu'il y a des affaires qui, étant d'une plus longue discussion, rapportent davantage aux juges.

On apprend par une lettre du Canada que le pain y vaut 5 sols la livre, une poule 4 livres, les pigeons 4 livres la paire, un dindon 24 livres, un cochon 60 livres, un veau 60 livres, un mouton 36 livres, point de bœuf que du bœuf salé, et on ne compte que pour six mois de vivres dans l'Isle Royale où est le bataillon d'Artois.

On trouvera ci-après l'extrait d'une lettre de Madrid du 4.

---

(1) La même règle s'observe dans les deux chambres des requêtes. (*Note du duc de Luynes.*)

Je ne sais encore quel parti nous prendrons, mais ce qu'il y a de sûr c'est que le Roi et la Reine ont parfaitement bien reçu les représentations que M. de Duras leur a faites dans une audience secrète qu'il a eue en conséquence des dépêches qu'il avoit reçues par un courrier extraordinaire, immédiatement après la nouvelle du combat des Anglois avec les deux vaisseaux françois; et une personne de conséquence m'a assuré que le Roi mon maître avoit été très-choqué de la façon dont les Anglois se sont comportés dans cette occasion. On parle fortement de remettre toutes nos troupes sur le même pied où elles étoient avant la paix, et nous avons un assez bon nombre de vaisseaux dont la meilleure partie sera armée en très-peu de temps quand on voudra.

Le Roi a donné le logement de M. de Tessé à Mme de Bassompierre; celui de Mme de Bassompierre, par augmentation, à Mme de Saint-Sauveur; et celui de M. Helvétius au château à M. de la Vigne, qui conserve le sien au grand commun pour sa famille.

Du samedi 30. — M. Pothouin, fameux avocat, mourut il y a quelques jours à Paris; il avoit quatre-vingt-un ans; il avoit été fort consulté sur les affaires présentes entre le Clergé et le Parlement.

On trouvera ci-après le jugement rendu hier par les chambres assemblées, au sujet du chapitre d'Orléans et l'enregistrement pour la prolongation indéfinie pour le Parlement.

Les chambres ont enregistré la déclaration du Roi qui proroge indéfiniment les séances du Parlement. Ensuite on a procédé au jugement du procès du chapitre d'Orléans et des chanoines contumaces, dont voici à peu près l'arrêt.

Le chapitre condamné en 4,000 livres d'aumônes applicables moitié à l'Hôtel-Dieu d'Orléans et l'autre moitié à l'hôpital, et en 100 livres d'amende.

Ordonné qu'il sera fait annuellement et à perpétuité, le 3 octobre, un service pour le repos de l'âme de défunt Coignou, chanoine de Sainte-Croix d'Orléans, dans l'église de Saint-Pierre Lentin, pour quoi sera pris sur les revenus saisis dudit chapitre une somme de 1,200 livres qui sera remise à la fabrique de Saint-Pierre Lentin.

Ordonné qu'il sera posé dans un lieu apparent de l'église Sainte-Croix une lame de cuivre sur laquelle sera inscrit le présent arrêt.

Les emprunts par le chapitre au sujet du procès sont déclarés nul avec défense d'en faire sans être autorisé par lettres patentes ou arrêt de la Cour.

Ordonné que les 3,000 livres tirées de la caisse du chapitre pendant le procès n'entreront point dans les comptes du chapitre, mais seront supportées par les chanoines en particulier autres que les cinq non compris au procès.

Enjoint à Colbert, doyen, de tenir la main à ce que les suffrages ne soient pas gênés dans les délibérations capitulaires.

Ordonné que la requête d'intervention du chapitre sera supprimée.

Vallet, d'Hillerin et d'Imbercourt, chanoines contumaces, bannis à perpétuité hors du royaume, ce qui sera exécuté par effigie sur un tableau attaché à un poteau planté à cet effet sur la place du Martroy d'Orléans.

Huart, chanoine contumace, condamné à être blâmé (1).

Après l'exécution entière du présent arrêt, mainlevée au chapitre des revenus.

Ordonné que l'arrêt sera imprimé, lu, publié, affiché à Paris et à Orléans.

Par un arrêté particulier, les gens du Roi sont chargés de donner requête contenant appel comme d'abus de la déclaration du chapitre d'Orléans portant que les sacrements ne doivent être donnés aux membres du chapitre qu'en vertu d'une délibération, comme aussi chargés de s'informer des usages des différents chapitres du ressort au sujet de l'administration des sacrements, pour, sur leur rapport, être fait par la Cour tel règlement qu'il appartiendra à cet égard.

SEPTEMBRE.

Procès du maréchal de Richelieu. — Baptême et mort de Madame. — Bataille de la Belle-Rivière. — Départ du roi de Pologne. — Place de Nancy et l'architecte Héré. — Voyages du Roi; dépenses qu'ils occasionnent. — Nouveau bail des fermiers généraux. — M. du Guay capture une frégate anglaise. — Ce que la France peut avoir de bâtiments de guerre dans le port de Lisbonne. — Refus de sacrements à Troyes; un chanoine arrêté. — Le bail des fermes. — Audience du Roi au Clergé. — Les Anglais capturent nos bâtiments de commerce. — Le Roi renvoie en Angleterre la frégate prise par M. du Guay. — Matelots anglais arrêtés à Dunkerque et relâchés. — Mlle Châtelain se fait carmélite. — Testament de M. de Tallard. — La Reine va voir l'archevêque de Rouen. — Grâces accordées à la maison de Duras. — Anecdote sur le Régent. — Anecdote sur Mme de Puisieux

---

(1) A être blâmé par la Cour, toutes les chambres assemblées, y étant à genoux.

et Mazarin. — Ambassadeurs nommés. — Nouvelles diverses de la Cour. — Capture de bâtiments français par les Anglais. — M. de Saint-Séverin se retire du conseil d'État. — Madame Adélaïde prend le titre de Madame. — Chevaux grecs pour le duc de Bourgogne. — Détails sur l'administration des bâtiments. — Départ de la Cour pour Fontainebleau. — Anecdote sur un mousquetaire noir. — Le roi d'Espagne mécontent des Jésuites à cause des missions du Paraguay. — Nouvelles du Parlement. — La Cour à Fontainebleau. — Arrivée du marquis du Quesne du Canada. — Ce qu'on nomme une chambre. — Élection à l'Académie française et lettre du comte de Clermont. — Vente d'une charge et arrangements. — Nouvelles du Canada. — Musique et spectacles à Fontainebleau. — Audience du Roi au Parlement.

Du lundi 1er. — Il y a trois jours que M. de Richelieu a perdu son procès tout d'une voix. Il n'y a eu qu'un ou deux conseillers qui ont ouvert un autre avis et qui sur-le-champ se sont réunis à la pluralité. M. le maréchal de Richelieu prétendoit que les terrains sur lesquels on a bâti plusieurs maisons faisoient partie des biens substitués par M. le cardinal de Richelieu vendus postérieurement à la substitution. Les acquéreurs ou propriétaires prouvoient que les prix des ventes des terrains ou maisons avoient été employés à payer des dettes antérieures à la substitution. M. de Richelieu prétendoit au contraire que les effets mobiliers étoient plus que suffisants pour payer les dettes. Les propriétaires persistoient dans leur calcul. Si M. le maréchal de Richelieu avoit gagné, cela auroit causé la ruine de plusieurs bons bourgeois, et on prétend que cela lui auroit fait un avantage de 5 millions. On compte que les frais que M. de Richelieu est condamné à payer iront à 150,000 livres; mais M. de Richelieu se flatte de retirer cette somme des poursuites qu'il est autorisé à faire contre les particuliers qui ne se sont pas mis en règle pour justifier l'emploi de leur argent.

On attend aujourd'hui, à Versailles, un courrier de M. le duc de Duras par lequel il demande son rappel.

M. de Montciel, lieutenant-colonel du régiment de cavalerie de la Vieuville, ci-devant Fleury, a été nommé pour aller à Stuttgard, et M. d'Aigremont, capitaine d'infanterie, pour aller à Trèves. Ils ont pris congé aujourd'hui.

Du mardi 2, Versailles. — Madame, fille de Mgr le Dauphin, est morte ce matin à minuit et demi. Sa maladie a été courte; elle eut un peu de fièvre le samedi; hier à dix heures Mgr le Dauphin y étoit encore, à onze heures trois quarts, pendant que la Reine étoit chez Mme de Villars; Mme de Butler y monta de la part de Mme de Marsan qui s'étant trouvée mal étoit hors d'état d'y venir elle-même; elle demanda à la Reine ses ordres pour le baptême de Madame, qui en conséquence fut tenue par M. l'abbé de Rohan, fils de Mme la princesse de Guéméné, et par Mme de Marsan, et nommée Marie-Zéphirine.

On sait depuis quatre jours, par les nouvelles d'Angleterre, que M. de Crèvecœur qui commande les troupes que nous avons en Canada, et qui a toujours servi dans ce pays, a remporté une grande victoire sur les Anglois (1); on n'a encore aucunes nouvelles directes de ce combat parce que les Anglois étant maîtres de toutes les contrées maritimes de l'Amérique, sont bien plus à portée que nous d'en avoir des nouvelles. Nous sommes obligés de faire le tour par le golfe Saint-Laurent, et l'action dont il s'agit s'est passée fort loin de Québec, vers le lac Ontario. Tout ce qu'on sait jusqu'à présent, c'est que le général anglois nommé Braddock a été tué, qu'il y a eu un grand nombre d'officiers anglois tués ou blessés, qu'ils ont aussi perdu beaucoup de soldats et qu'on a pris toute leur artillerie, leurs bagages et la caisse militaire. Ces troupes angloises sont le premier renfort qu'ils ont envoyé en Amérique. Il y avoit deux régiments écossois ou à la solde d'Écosse qui ont abandonné leurs officiers et n'ont songé qu'à fuir.

---

(1) Il s'agit de la victoire de la Belle-Rivière, livrée le 9 juillet et gagnée non pas par M. de Crèvecœur, mais par M. de Beaujeu, qui y fut tué, ainsi que le général Braddock.

Du mercredi 3. — Le corps de Madame fut transporté hier au soir, accompagné de 12 gardes, aux Tuileries. On avoit d'abord dit qu'on observeroit le même cérémonial que pour feu Mgr le duc d'Aquitaine, mais il a été depuis réglé qu'on suivroit ce qui s'est passé pour feu Madame, première fille de Mgr le Dauphin.

Du jeudi 4, *Versailles.* — Le roi de Pologne est parti ce matin pour Lunéville; il est allé dîner à Bondy et coucher à Lusancy. Il a beaucoup de peine à marcher, et sa vue s'affoiblit; à cela près il est en très-bonne santé. Depuis qu'il est ici, la Reine a toujours dîné avec lui; elle le voyoit plusieurs fois dans la journée; elle établissoit son jeu à six heures et demie, et à sept heures elle donnoit ses tableaux à jouer à une de ses dames, retournoit chez le Roi son père et n'en sortoit qu'à huit heures trois quarts. Le roi de Pologne a toujours le même goût pour la perfection des arts et pour les découvertes utiles au bien public. Il est toujours dans le même régime de se lever fort matin, de se coucher à dix heures au plus tard, de bien dîner, de fumer plusieurs fois dans la journée et de ne point souper. Il a été voir ici auprès du grand réservoir, au bout de l'aile neuve, le plan en relief de la nouvelle place; il paroît n'avoir pas trop approuvé le projet. Sa place de Nancy sera entièrement finie cette année pour la maçonnerie et la couverture. Il nous contoit il y a quelques jours que la première idée de cette place lui vint un soir en se couchant. Son premier architecte, le sieur Héré, anciennement manœuvre servant les maçons, qu'il a créé et fait ce qu'il est en encourageant et perfectionnant son talent pour le dessin, étoit à son coucher; il lui dit qu'il lui étoit venu une idée; il crayonna devant lui son projet et lui ordonna d'y mettre des ouvriers le lendemain. Dès le lendemain matin il y eut vingt ouvriers. Depuis ce moment l'ouvrage n'a pas été discontinué et tous les ouvrages ont toujours été payés exactement.

Depuis avant-hier mardi, la Reine ne joue plus et ne doit recommencer à jouer que samedi ; c'est demain que se fera le convoi à Saint-Denis. Il y a une compagnie des gardes françoises aux Tuileries pour le temps que le corps de Madame y reste. Les troupes de la garde à cheval de la maison du Roi sont commandées demain pour le convoi; le corps à Saint-Denis, le cœur au Val-de-Grâce. Il y aura une compagnie des gardes françoises à Saint-Denis. C'est Mme la princesse de Conty et Mme la princesse de Chimay (Beauvau) qui conduisent le corps et le cœur. Il n'y a point eu de concert chez la Reine depuis Compiègne ; c'est l'usage de la Reine pendant le séjour du Roi son père ici.

Notre victoire en Amérique se confirme toujours de plus en plus et paroît considérable, mais c'est toujours par l'Angleterre qu'on est instruit.

Le Roi, qui ne devoit revenir ici de Choisy qu'aujourd'hui après dîner, en revint avant-hier à une heure après midi sur la nouvelle de la mort de Madame; il coucha ici et repartit hier sur les trois heures pour Choisy où il restera jusqu'au samedi ; il y retournera mardi prochain jusqu'au vendredi. Il a dit qu'il ne feroit plus de voyages au retour de Fontainebleau que d'aller se promener à Trianon. J'ai vu une lettre où l'on mande savoir de quelqu'un qui est de presque tous les voyages du Roi et à portée d'être instruit de certains voyages, que les voyages du Roi pendant le courant de l'année ne vont pas à plus de 1,200,000 livres de dépenses extraordinaires. Il est vraisemblable qu'on n'y comprend pas Compiègne ni Fontainebleau.

Du samedi 6, Versailles. — M. le duc de Tallard est tombé en apoplexie; on l'a laissé plusieurs heures dans cet état sans secours, l'accident n'ayant pas paru aussi considérable dans le premier moment; il est fort mal. M. de Sassenage est parti ce matin ; on lui a dit qu'il arriveroit vraisemblablement trop tard.

Une femme de chambre de la Reine, nommée Mlle Chatelain, est allée aujourd'hui aux Carmélites pour s'y faire religieuse. Sa place est donnée à la femme du sieur Najac, contrôleur de la bouche de la Reine.

On dit que l'escadre de M. du Guay est rentrée dans nos ports.

On trouvera ci-après les nouvelles du Parlement d'hier.

Les chambres assemblées viennent de décréter d'assigné pour être ouï le curé de Saint-Fargeau, accusé d'avoir prêché séditieusement au sujet des affaires présentes.

On assure que le Clergé ira en députation dimanche à Versailles pour faire ses représentations au Roi contre l'arrêt d'Orléans.

Du dimanche 7, Versailles. — Le bail des fermiers généraux finit au mois d'octobre prochain. L'arrangement pour le renouvellement est fait. Il y a actuellement 40 fermiers généraux et beaucoup de sous-fermiers. Dans les 40 fermiers généraux il y en a quatre dont on n'est pas content qui se retirent, restent 36. On en ajoute vingt et on supprime tous les sous-fermiers. Sur les vingt et les quatre qu'il faut remplacer, il y a huit *bons* du Roi qui auront leur effet; restent seize qui seront choisis par un conseil des fermiers généraux, M. le contrôleur général à la tête. M. le contrôleur général remet aux fermiers généraux le détail de toutes les places subalternes à remplir et a déclaré qu'il n'en donneroit aucune. La ferme générale est augmentée de 10 millions par an; le bail est de six ans suivant l'usage. Dix millions pendant six ans en font 60, et ces 60 millions sont payés sur-le-champ par les fermiers généraux. Le Roi en payera l'intérêt à 4 pour 100; ce sera 2,400,000 livres pour la première année, mais comme pendant cette première année, qui échoira en octobre 1756, les premiers 10 millions d'augmentation seront dus, le Roi ne payera que 2 millions d'intérêt; cet intérêt diminuera de 400,000 livres tous les ans.

M. le duc de Tallard mourut hier après midi à Paris.

Outre les vaisseaux ou frégates que M. du Guay a ramenés dans nos ports, il a ramené aussi un petit bâtiment anglois qui portoit en Amérique le gouverneur de la Caroline. Il n'a été question d'aucun combat ; ce bâtiment est revenu avec l'escadre ; M. du Guay l'a laissé retourner en Angleterre, M. du Guay n'a pu rester que fort peu de temps à Lisbonne, parce que son escadre étoit de neuf vaisseaux ou frégates, et que par les traités nous ne pouvons avoir que six vaisseaux ou frégates en même temps dans le port de Lisbonne. On n'a jamais pu obtenir aucune concession à cette règle.

Il y a un chanoine de Troyes, âgé de soixante-dix-sept ans, qui vient d'être conduit à la Conciergerie. Le vicaire d'une paroisse de Troyes avoit été appelé pour administrer les sacrements à une fille malade ; ce vicaire fit les questions ordinaires ; la fille répondit qu'elle étoit soumise à l'Église, mais non pas à la Constitution. Le vicaire, craignant d'être poursuivi, se retira et n'a plus paru. Le vieux chanoine passoit dans la rue, les parents l'appelèrent ; il fit les mêmes questions, reçut les mêmes réponses et fit le même refus. Aussitôt il fut décrété, arrêté et conduit en prison.

Du lundi 8. — L'arrangement des fermes générales n'a été arrêté qu'aujourd'hui ; le voici tel qu'il est réellement, au moins tel qu'on me l'a assuré.

Le prix des fermes générales dans le bail qui expire étoit de 102,500,000 livres; elles sont augmentées de 7,500,000 livres, ainsi elles sont à 110 millions. L'usage ordinaire est que les fermiers généraux remettent au commencement du bail 32 millions comptant, dont le Roi paye l'intérêt au denier dix, et ces 32 millions servoient à rembourser pareille somme du précédent bail. Dans ce bail-ci les fermiers généraux donnent 60 millions, dont le Roi ne payera l'intérêt qu'au denier 25 pendant le cours du bail. Ainsi le Roi, après avoir remboursé les 32 millions du bail courant, peut encore disposer des

28 millions, secours très-important dans les circonstances présentes.

Le Roi a reçu aujourd'hui debout la députation du Clergé dans la nouvelle chambre à coucher, où il n'y a pas de lit depuis le travail fait au cabinet du conseil. Voici les noms des députés : MM. les abbés de Jumilhac et de Crillon, agents, M. le cardinal de la Rochefoucauld, MM. les archevêques de Narbonne et d'Auch, MM. les évêques d'Amiens et de Bayeux, MM. les abbés Blèves, Montéclair, Lacroix et Guillot de Montjoie. Il y avoit beaucoup de monde à cette audience. M. le cardinal de la Rochefoucauld a parlé fort bas et a remis au Roi un mémoire qui ne paroît pas fort long. Tout ce qu'on a pu savoir de ce discours, c'est que le Clergé avoit de grandes et importantes représentations à faire au Roi, mais que les circonstances présentes étoient trop importantes pour qu'il pût remettre à ce moment à implorer sa protection, qu'elle lui étoit plus nécessaire que jamais, et que S. M. trouveroit dans le moment qu'il avoit l'honneur de lui présenter l'explication, des moyens de rendre les effets de cette protection véritablement utiles aux intérêts de l'Église, etc. Voilà à peu près le sens du discours, il n'a pas duré plus de trois minutes. Immédiatement après, le Roi a passé pour le conseil des finances.

M. de Lassurance, contrôleur de Marly, est tombé aujourd'hui en apoplexie et paralysie; il a été saigné plusieurs fois et a pris vingt-cinq grains d'émétique. Il est mieux dans ce moment et la connoissance est revenue.

Du jeudi 11. — On sait depuis deux ou trois jours qu'une escadre angloise a pris dix de nos vaisseaux marchands, qu'elle a conduits à Spithead, mais on n'a touché à rien de ces vaisseaux. Les matelots et tout l'équipage sont très-bien traités; c'est dans la Manche que ces vaisseaux ont été pris. On ne sait encore dans ce moment-ci aucun autre détail. On présume jusqu'à présent que ce qui a donné occasion aux Anglois de prendre ces vaisseaux, c'est la nouvelle qui sera venue en Angleterre de la frégate que l'escadre de M. du Guay a conduite dans nos ports. Cette frégate portoit le gouverneur de la Caroline; elle n'étoit montée que d'environ 15 canons. Elle fut rencontrée par une frégate de 50 canons qui s'étoit détachée de l'escadre de M. du Guay. Elle étoit commandée par un capitaine de vaisseau anglois qui fut obligé d'amener. La frégate françoise n'ayant pu à cause du vent arriver au port de Brest avec l'escadre, entra dans celui de Nantes. Aussitôt que le Roi en a été instruit, il a ordonné que l'on renvoyât la frégate angloise dans les ports d'Angleterre avec tout l'équipage. Il est vraisemblable que dans l'intervalle de la prise au renvoi, les Anglois ont cru devoir user de représailles. On a été instruit de la prise de nos vaisseaux marchands par l'arrivée à Dunkerque d'un de ces vaisseaux sur lequel les Anglois avoient fait monter un pilote et quatre matelots. Ce bâtiment ayant essuyé une violente tempête près des côtes d'Angleterre, le pilote françois a représenté aux Anglois qu'il n'y avoit pas d'autre moyen d'éviter le péril que d'entrer dans le port de Dunkerque. Ils prirent en effet ce parti sur-le-champ; à l'instant de leur arrivée les Anglois furent mis en prison, mais aussitôt que M. l'Intendant en fut instruit, il les fit sortir et les a fait reconduire en Angleterre, sans attendre d'ordre de la Cour. Il en a rendu compte et sa conduite a été approuvée.

J'ai marqué ci-dessus que Mlle Chatelain, femme de chambre de la Reine, est entrée aux Carmélites. Cette résolution n'a pas été exécutée sans répandre beaucoup de larmes. La Reine avoit beaucoup de bonté pour Mlle Chatelain. Cette fille, qui a été bien élevée, sait l'italien, la musique, et joue des instruments; elle étoit fort attachée à la Reine, et outre ce elle a une sœur qui est femme de chambre de Mme la Dauphine, laquelle aime beaucoup Mlle Chatelain. Mlle Chatelain étant allée chez Mme de Villars qui lui demanda si elle n'avoit point de regret de quitter la Reine, elle n'y répondit que par une abondance de larmes. En même temps elle lui disoit : « Madame, il faut cependant que je vous avoue que cette douleur n'est point triste. » Quelques jours avant que Mlle Chatelain fût déterminée à parler de sa résolution, elle alla à Paris, à l'église Notre-Dame, faire ses dévotions; elle vouloit se faire carmélite, mais elle n'avoit point encore pris son parti sur aucune maison en particulier. Elle demanda un confesseur à Notre-Dame; on lui indiqua le grand péniténcier; à ce nom elle fut effrayée; elle s'adressa à un autre prêtre qui étant prêt de dire la messe n'avoit pas le temps dans le moment; ce prêtre lui proposa le grand pénitencier et la rassura contre la prévention que ce nom lui avoit donné; il lui parla de la sagesse et de la vertu de cet ecclésiastique, qui en effet est digne d'éloge, et lui dit qu'indépendamment des cas réservés, il confessoit toutes sortes de personnes. Mlle Chatelain se rendit à ces raisons; elle alla au grand pénitencier, et lui confia son projet de se faire carmélite. Cet ecclésiastique est supérieur des Carmélites de la rue Saint-Jacques; il proposa, comme on le peut croire, de donner la préférence à sa maison, et cette aventure imprévue détermina Mlle Chatelain, qui en effet est entrée aux Carmélites de la rue Saint-Jacques.

Je n'ai point encore parlé du testament de M. de Tallard. Je n'en sais pas tout le détail, mais seulement quelques articles. Il institue son héritière Mme de Sassenage; il substitue son bien aux deux filles aînées de Mme de Sassenage, Mmes de Maugiron et de Talaru, et ne parle point de la troisième qui est Mme de Béranger, ni de la quatrième qui n'est pas mariée. Il avoit un mobilier considérable, il aimoit les tableaux, les livres, les estampes; il avoit plusieurs tableaux qu'il avoit achetés à vie. Il s'étoit occupé pendant plusieurs années à rendre le plus parfait qu'il est possible un chandelier de cristal de roche; il en fait présent au Roi, disant qu'il pourra assortir avec deux parfaitement belles girandoles que le Roi a depuis longtemps.

Du samedi 13, *Versailles*. — Le gouvernement de Franche-Comté est donné à M. le maréchal de Duras et celui qu'il avoit du château Trompette est donné à M. le duc de Duras.

Du dimanche 14. — J'ai toujours oublié de marquer que la Reine alla le mardi 9 de ce mois voir M. l'archevêque de Rouen, pour qui elle a beaucoup de bonté. M. l'archevêque de Rouen souffre depuis longtemps et l'on a jugé qu'il doit avoir la pierre. Il se fit sonder le 24 juin par le frère Cosme, feuillant, d'une grande réputation pour ces opérations. On lui trouva la pierre; il se détermina à se faire faire l'opération et s'y prépara. Le jour pris et tous les préparatifs faits, il fallut sonder de nouveau ; on ne trouva plus la pierre et le frère Cosme eut la sagesse de ne vouloir pas absolument hasarder l'opération sur les connoissances qu'il avoit eues le 24 juin. M. de la Martinière et plusieurs autres chirurgiens croyent cependant qu'en pareil cas il faut faire l'opération, mais le frère Cosme dit qu'il mourroit plutôt sur un échafaud que d'adopter un pareil sentiment. Sa grande expérience et le succès de ses opérations peuvent au moins faire balancer en sa faveur. M. l'archevêque de Rouen a été encore sondé une fois depuis, et l'on n'a point trouvé la pierre; cependant il est toujours dans la même persuasion, et le frère Cosme aussi, que la même cause subsiste, et il est toujours déterminé à l'opération. En attendant, on lui a prescrit un régime et quelques remèdes. Il va peu en carrosse et n'ose pas se hasarder à venir à Versailles. C'est dans ces circonstances que la Reine s'est déterminée à aller le voir; elle a choisi la maison de Mme de Saissac à Passy, qui étoit autrefois à feu Mme de Lauzun. La Reine n'avoit à sa suite que Mme de Luynes et ses dames. Mme de Saissac, qui est fort âgée et d'une mauvaise santé ne s'y trouva point. Ce petit voyage étoit censé ignoré.

Mme la maréchale de Duras fit hier ses remercîments ; elle en a beaucoup à faire en même temps. Le Roi a donné à M. le maréchal de Duras le gouvernement de Franche-Comté, vacant par la mort de M. le duc de Tallard, et un brevet de retenue de 50,000 écus, pareil à celui qu'avoit M. le duc de Tallard ; à M. le duc de Duras le gouvernement du château Trompette à Bordeaux qu'avoit M. le maréchal son père ; outre cela le Roi fait M. le duc de Duras pair de France. Cette pairie n'aura point lieu pour M. le maréchal, qui n'est que duc héréditaire et qui a donné la démission de son duché en faveur de son fils. M. de Durfort, de même maison que M. de Duras, est nommé ambassadeur à Venise, comme je l'ai dit ci-dessus, et Mme de Durfort, sa femme, a eu le bel appartement qu'avoit M. le duc de Tallard dans le pavillon qui est au bout de l'aile des Princes, qu'on appeloit anciennement la surintendance. On pourroit ajouter aux compliments que l'on fait à Mme la maréchale de Duras, celui du rétablissement de la santé de M. le duc de Duras, qui a pensé mourir d'une colique à Madrid. Depuis la conquête de la Franche-Comté, il n'y a eu que trois gouverneurs françois ; M. le maréchal de Duras est le quatrième. M. le maréchal de Duras, son père, eut le premier ce gouvernement en 1674 (1) ; ensuite M. le maréchal de Tallard en 1704, et après lui M. le duc de Tallard qui vient de mourir, et qui avoit la survivance de son père. M. le maréchal de Duras avoit fort peu de bien par lui-même et même par sa femme ; le Roi avoit donné 20,000 livres de pension à M. le maréchal alors duc de Duras ; M. le maréchal de Duras remet au Roi ces 20,000 livres de pension.

Cette date de 1704 mérite d'être remarquée ; c'étoit

---

(1) Il fut fait duc en 1689 et mourut le 12 octobre 1704, âgé de soixante-quatorze ans.

l'année de la malheureuse bataille d'Hochstet donnée le 13 août. On sait qu'au lieu d'éviter un combat, démarche qui auroit obligé les ennemis de se retirer du côté du Mein faute de subsistances, l'électeur de Bavière, qui commandoit l'armée du Roi, se détermina à attaquer le prince Eugène. Ce fut le renfort amené par M. le maréchal de Tallard qui décida cette bataille. M. de Tallard y perdit son fils aîné, qui mourut des blessures qu'il avoit reçues à cette occasion. M. de Tallard y fut aussi blessé et fait prisonnier; il fut conduit en Angleterre. Il y étoit dans le moment de la mort du maréchal de Duras. Le malheur arrivé à M. de Tallard, auquel on jugeoit alors qu'il pouvoit avoir donné occasion, sembloit faire croire qu'il étoit moins à portée d'obtenir une grâce considérable, cependant le Roi lui donna le gouvernement de Franche-Comté. Monseigneur étoit à Meudon lorsque ce gouvernement fut donné; le Roi étoit dans l'usage de lui mander sur-le-champ toutes les grâces qu'il accordoit; il lui envoya donc dire sur-le-champ ce qu'il venoit de faire pour M. de Tallard. Dans le moment que le courrier du Roi arriva, Monseigneur étoit dans son cabinet tête à tête avec M. le duc d'Orléans (depuis régent). Monseigneur, après avoir assuré le courrier de sa reconnoissance et de son respect pour le Roi, étant demeuré seul avec M. le duc d'Orléans, circonstance bien remarquable, il lui demanda ce qu'il pensoit de cette grâce. M. le duc d'Orléans, qui avoit beaucoup d'esprit et une plaisanterie vive et caustique, lui dit : « Monseigneur, cela ne surprend point; cela est juste; il faut bien que le Roi donne quelque chose à un homme qui a tout perdu. » Le lendemain matin, M. le duc d'Orléans vint à son ordinaire au lever du Roi; le Roi lui dit sur-le-champ : « Mon neveu, ne vous corrigerez-vous jamais de vos bons mots et de vos mauvaises plaisanteries sur les grâces que je fais? »

On pourroit dire, comme à l'aventure de Mme de Puisieux avec le cardinal Mazarin, qu'il falloit que le Roi fût bien servi ou que Monseigneur ou M. le duc d'Orléans le fussent bien mal. Mme de Chevreuse, veuve du connétable de Luynes et qui avoit toujours été fort attachée à la Reine-mère Anne d'Autriche, avoit été exilée et étoit à Montargis; toutes ses démarches étoient exactement observées. Mme de Puisieux, grande tante de M. de Puisieux d'aujourd'hui, femme de beaucoup d'esprit, étoit allée dans ses terres et revenoit par Montargis; elle y vit Mme de Chevreuse qui lui remit une lettre pour la Reine-mère. Mme de Puisieux arrivée à Paris, y acheta un manchon d'une grande beauté et singulier; elle vint aussitôt faire sa cour à la Reine-mère. La Reine-mère, soit qu'elle se doutât de quelque chose ou non, s'approcha d'elle et après quelques moments de conversation elle loua la beauté de son manchon et le lui demanda. La Reine y sentit une lettre; elle fit encore quelques moments de conversation avec d'autres dames tenant toujours le manchon; elle passa ensuite dans son cabinet où elle resta très-peu de temps; elle revint avec le même manchon, parla à plusieurs personnes, et enfin elle dit à Mme de Puisieux : « J'oubliois de vous rendre votre manchon, » et elle le lui rendit. Mme de Puisieux alla immédiatement après chez le cardinal Mazarin, dont l'appartement étoit fort près de celui de la Reine-mère; aussitôt qu'elle entra, le cardinal lui dit : « Madame, vous vous mêlez de beaucoup de choses, vous venez de rendre à la Reine une lettre de Mme de Chevreuse. » Mme de Puisieux, sans paroître embarrassée, lui dit : « Cela est vrai, Monseigneur; si la Reine étoit aussi bien servie que Votre Éminence, vous n'en auriez jamais rien su. »

M. l'abbé de Bernis a remercié aujourd'hui pour l'ambassade de Madrid. M. d'Affry est aussi nommé pour l'ambassade de Hollande; il avoit déjà été en Angleterre et en Hollande à l'âge de vingt ans, voulant s'appliquer aux négociations. Il resta six mois en Hollande, et M. de Fénelon eut ordre de lui communiquer ses dépêches ; c'étoit sous le ministère de M. le cardinal de Fleury. Les bruits de guerre déterminèrent M. d'Affry à revenir en France, voulant absolument servir. Il avoit depuis ce temps-là perdu de vue le projet de se livrer aux négociations, mais on l'en a jugé digne, et on peut croire que c'est avec raison, car il a beaucoup d'esprit.

Du lundi 15, *Versailles.* — M. le maréchal de Duras a prêté serment aujourd'hui dans la chambre du Roi à balustre, qui est entre le cabinet du conseil et le cabinet ovale. Il a ôté son épée; on a décidé que c'étoit l'usage. Mme de Civrac prêta serment hier dans la même chambre.

La place de contrôleur de Marly de feu M. de Lassurance est donnée à M. de Moranzel, contrôleur de Fontainebleau, en cas qu'il lui convienne de l'accepter. Le frère de M. de Lassurance, qui a le contrôle de Saint-Germain, a eu 2,000 livres de pension.

Mme la princesse de Chimay (Beauvau) a été avec Mme la princesse de Conty au convoi de Madame; elle a été nommée par Mme la princesse de Conty et avertie de sa part, suivant la prétention des princes et princesses, mais elle a été aussi avertie par un billet de M. de Dreux de la part du Roi. Ce dernier avertissement a infiniment déplu aux princes du sang ; ils ont eu des conférences ensemble à cette occasion, et on croit qu'ils feront des représentations. La même chose arriva du temps de M. le cardinal de Fleury à Mme la princesse de Rohan d'aujourd'hui avec Mme la Duchesse. Il y eut ordre de retirer le billet d'invitation envoyé de la part du Roi. Il y a eu dans une autre occasion des protestations de Mme de Tallard et d'une autre duchesse dont j'ai oublié le nom, pour un avertissement de la part des princesses sans en avoir de la part du Roi. Il paroît que Mme la Marquise prend cette affaire vivement, pour les intérêts de la dignité.

Mme de Pompadour est allée dîner aujourd'hui à Ecquevilly, à sept lieues d'ici, avec Mmes de Brancas douairière et de Châteaurenaud.

Tous les sols accordés dans les fermes sont supprimés sans exception ; mais M. de Séchelles compte remettre entre les mains du Roi, tous les ans, une somme sur le nouveau bail, sur laquelle S. M. pourra faire telles gratifications qu'il jugera à propos.

On dit que les bâtiments marchands saisis par les Anglois dont on ne convient pas du nombre, l'ont été non comme marchands, mais comme portant des provisions de bouche en Amérique.

M. le duc de Béthune va à Paris, résolu de se mettre entre les mains du frère Cosme ; on croit qu'il sera obligé de se faire faire l'opération.

Le Roi est allé dîner à Trianon, il revient travailler ici et soupe au grand couvert.

Du mardi 16. — Il n'y aura ni spectacle ni concert à à Versailles pour Mme la Dauphine pendant Fontainebleau.

M. de Montazet, frère de l'évêque d'Autun, a obtenu aujourd'hui l'honneur de monter dans les carrosses du Roi.

M. de Saint-Séverin a obtenu aujourd'hui la permission qu'il demandoit de se retirer du conseil d'État. Le Roi lui conserve tout ce qu'il avoit, ce qui peut aller à 40,000 livres, en comptant les appointements de ministres et les pensions.

Depuis la mort de Madame, fille de Mgr le Dauphin, on ne savait pas si Madame Adélaïde seroit nommée Madame tout court, parce que ce nom peut changer si Mme la Dauphine accouche d'une fille. Cependant on annonça il y a quelques jours Madame Adélaïde sous le nom de Madame, chez Mme la Dauphine, et encore hier au grand couvert.

J'ai toujours oublié de marquer qu'il y a une augmentation de 140 hommes par bataillon dans les compagnies des gardes.

On vient d'imprimer à l'Imprimerie royale un livre en trois volumes in-4° avec une petite carte à la tête du premier volume, où l'on distingue les anciennes limites de l'Acadie, et toutes les prétentions des Anglois; ce livre a pour titre : *Mémoires des commissaires du Roi et de ceux de S. M. Britannique sur les possessions et les droits respectifs des deux couronnes en Amérique.* Les commissaires françois soutiennent que l'Acadie n'a été cédée à l'Angleterre que suivant ses anciennes limites.

Du mercredi 17. — Le Roi conserve les entrées à M. de Saint-Séverin. Il donna l'ordre hier à M. de Gesvres pour les entrées. Comme il y a entrées des ministres et entrées de la chambre, et que le Roi ne s'étoit point expliqué, M. de Gesvres, qui est ami de M. de Saint-Séverin, lui demanda si ce n'étoit pas celle du ministre ; le Roi y consentit.

Il y a quelques jours que M. le Premier et M. le garde des sceaux présentèrent au Roi 19 petits chevaux d'environ trois pieds de haut et même au-dessous. Il y en a dix noirs et neuf de différent poil ; ils sont tous entiers et ont tous leurs crins. M. le garde des sceaux les a tous fait venir de l'île de Métélin, une de celles de l'Archipel. Ces 19 petits chevaux sont destinés pour Mgr le duc de Bourgogne. Il y en a beaucoup de cette taille dans l'île ; ils sont sauvages et on les prend dans des filets. Ceux-ci jusqu'à présent, au moins quelques-uns, paroissent assez difficiles. Il ont été mis à la petite écurie. M. le Premier en a choisi six qu'il a fait mettre à une petite calèche avec un cocher d'environ douze ans, et un postillon à peu près du même âge. Il les a fait voir aujourd'hui à la Reine, de sa fenêtre sur la terrasse.

Il paroît que si M. de Moranzel accepte Marly, la place de Fontainebleau est destinée à M. Hazon. Tous les grands contrôles, comme je l'ai dit ailleurs, sont de 6,000 livres : Paris, où il y en a deux, le Louvre et les Tuileries ; Versailles, où il y en a deux, le château et les dehors, Marly, Meudon, etc. Il y a des contrôles de moindre valeur : Saint-Germain, Chambord, etc. Il y en avoit un anciennement à Monceaux; mais comme il n'y a rien à faire, ou du moins très-peu de chose, on l'a réuni au contrôle de Saint-Germain. On donne pour cela 1,500 livres à M. de Lassurance, outre les 1,000 écus qu'il a comme contrôleur de Saint-Germain. On sait que M. de Marigny, directeur général des bâtiments, est celui de qui tout dépend. Immédiatement au-dessous de lui est M. Gabriel, premier architecte. Il y a une place d'architecte ordinaire que l'on croit qui sera donnée à M. Soufflot, qui est fort estimé de M. de Marigny, et qui a été à Rome avec lui. Ce M. Soufflot est actuellement chargé de la construction de la nouvelle église de Sainte-Geneviève. Outre le premier architecte et l'architecte ordinaire, il y a trois intendants des bâtiments et trois contrôleurs généraux; les trois premiers sont MM. Billaudel, de Cotte et Hazon; celui-ci est contrôleur de l'École Militaire. Les trois contrôleurs généraux sont M. Gabriel, qui a conservé cette place quoique premier architecte, M. d'Isle et M. Mollet. Il y a outre cela un contrôleur des Invalides, mais il est payé sur le fond des Invalides et dépend du secrétaire du département de la guerre.

Du vendredi 19, *Versailles*. — Il y a quatre ou cinq jours que Mme la comtesse de Brionne accoucha à Paris d'une fille.

Il y a trois jours que M. Lieutaud a été déclaré médecin des enfants de France. Il avoit été appelé en consultation dans la petite vérole de Mgr le Dauphin; il est regardé comme très-habile; il étoit médecin de la charité de Versailles.

Le Roi partit avant-hier au soir d'ici pour aller faire médianoche à Choisy; il arrive aujourd'hui à Fontainebleau. La Reine partira demain avec Mesdames.

Avant-hier, il y avoit ici à l'ordre un mousquetaire noir dont la grande volonté pour le service mérite d'être remarquée; c'est M. de Courtomer. Il avoit acheté la compagnie des gendarmes anglois, et en cette qualité il a commandé la gendarmerie. Il eut une attaque d'apoplexie il y a quelques temps ; sa famille et ses amis le crurent hors d'état de continuer le service ; ils lui persuadèrent de vendre sa compagnie ; il se rendit à leurs pressantes sollicitations. Sa santé étant rétablie, il a été au désespoir d'avoir quitté le service, et pour y rentrer il a demandé à être mousquetaire. Il y a grande apparence que le Roi ne laissera pas longtemps son zèle sans récompense.

M. de Senozan est conseiller d'État à la place de M. Chauvelin ; M. de la Galaisière a la place de conseiller d'État ordinaire ; M. d'Auriac (1) est continué premier président du grand conseil. M. de Bacquencourt (2), conseiller au grand conseil, a permission de consigner pour être maître des requêtes.

Il est arrivé à Cadix trois vaisseaux, deux de la Vera-Cruz et un de Carthagène ; leur chargement est estimé 600,000 piastres.

M. le duc de Duras arrive à Paris demain ou après-demain.

Le P. Ravago, jésuite, qui avoit été nommé confesseur du roi d'Espagne peu de temps après son avénement à la couronne, fut remercié le 30 du mois dernier. Le roi d'Espagne a nommé pour remplir cette place dom Manuel Quintano Bonifaz, grand inquisiteur, qui refusa il y a quelque temps l'évêché de Cordoue. Le roi d'Espagne a conservé au P. Ravago les honneurs qui sont attribués aux confesseurs, le carrosse que le Roi lui entretient, ses entrées au palais et la place qu'il avoit de conseiller au conseil suprême de l'Inquisition. Il y a grande apparence que les jésuites auroient mieux aimé un traitement moins honorable et que la société eût conservé la place de confesseur du Roi. Le roi d'Espagne paroît être mécontent

---

(1) Guillaume Castanier d'Auriac, conseiller d'État ordinaire.
(2) Dupleix de Bacquencourt.

des jésuites. On sait que cette société s'est livrée avec zèle au travail des missions et y a fort bien réussi, principalement dans le Paraguay. Une expérience d'un grand nombre d'années a fait connoître aux missionnaires que plus les nouveaux chrétiens avoient de commerce avec les Européens et plus il étoit difficile de les affermir dans la foi. Les mœurs déréglées et licencieuses de ceux qu'ils voyent professer la même croyance les scandalisent et leur font penser que la religion n'est pas aussi sainte qu'elle l'est en effet ; ils ne font pas la distinction de la pureté du dogme avec les abus de la pratique. Cette expérience a déterminé les jésuites à désirer qu'aucun étranger n'entre dans le Paraguay qu'avec leur agrément. Ils se sont chargés de la conduite de ce pays, de l'agrément du roi d'Espagne, et ont grand soin de lui faire payer exactement toutes les sommes qu'il a coutume d'en tirer. Cette conduite a maintenu les habitants du Paraguay dans une grande ferveur, mais elle excite depuis longtemps la jalousie contre les jésuites. Il y a quelques années que le roi d'Espagne et le roi de Portugal ayant eu quelques contestations par rapport à leurs possessions dans l'Amérique méridionale, sont convenus d'un partage de ces contrées, mais il s'est trouvé de grandes difficultés dans l'exécution. Les habitants soumis aux Espagnols n'ont point voulu passer sous la domination des Portugais. Ceux du Paraguay, en particulier, font une grande résistance, ce qui déplaît infiniment au roi d'Espagne, et il attribue cette résistance aux jésuites.

On trouvera ci-après l'arrêt du Parlement d'avant-hier.

Les chambres ont enregistré l'édit de continuation du droit de 4 sols pour livre et arrêté qu'il sera fait au Roi une députation en la forme ordinaire, à l'effet de l'assurer du zèle avec lequel son parlement s'empressera toujours de concourir au succès des vues dudit seigneur Roi pour le soutien de sa gloire personnelle et la défense de l'État, et le supplier de considérer comme un effet du même zèle les représentations que son Parlement ne pourra se dispenser de lui faire, lorsque les circonstances le permettront, à l'effet d'obtenir dudit seigneur Roi la suppression desdits droits, conformément aux intentions de bonté qu'il a toujours marquées à son Parlement pour le soulagement de ses peuples. A l'effet de quoi les gens du Roi ont été chargés de savoir le jour et l'heure que S. M. voudra bien recevoir la députation.

Du samedi 20, Dampierre. — On trouvera ci-après l'extrait des lettres que je recevrai de Fontainebleau pendant le voyage.

De Fontainebleau, le 19. — Le Roi est arrivé après avoir pris un cerf; le second a été pris à Villeroy où le Roi n'a point été; il est revenu ici manger des œufs chez Mme de Pompadour à sa maison; le Roi court demain avec les petits chiens.

Le Roi a dans son petit cabinet un meuble blanc brodé de vert rehaussé d'or. On a doublé le logement du capitaine des gardes. On a mis M. de Livry où étoit le conseil et le conseil où étoit M. de Livry.

M. le comte de Gramont a vendu 40,000 livres son régiment à M. de Boufflers le menin; M. le comte de Gramont a une promesse d'être fait maréchal de camp.

De Fontainebleau, le 20. — La Reine est arrivée ici avant six heures; elle a été près d'une heure et demie au dîner, qui a été fait sur le grand chemin entre la croix et la vieille poste. Le Roi s'est trouvé dans la chambre de la Reine pour la recevoir.

Du 21. — Je viens d'apprendre que M. du Quesne, qui commandoit en Canada et qui a été relevé par M. de Vaudreuil, est arrivé à Brest par la frégate *la Gloire,* après avoir fait une très-longue route par Terre-Neuve, chemin assez difficile et dangereux, mais qu'il connoissoit; il n'a point été inquiété dans sa route, et il ne savoit rien de l'affaire de M. de Contrecœur. Il dit que les habitants du Canada sont enchantés des secours qu'on leur envoie; qu'ils marquent la plus grande volonté du monde et qu'ils ne demandent qu'à combattre. Ce n'est qu'hier au soir que M. de Machault a rendu compte au Roi de cette nouvelle.

Du 22. — On apprit hier que le vaisseau *le Dauphin,* de la compagnie des Indes, est arrivé à Brest très-richement chargé.

M. de Moranzel n'a point voulu du contrôle de Marly; il reste ici, et c'est M. Soufflot à qui on l'a donné. On l'a présenté ce matin à la Reine. M. de Montmorin le fils a eu aujourd'hui les entrées de la chambre comme gouverneur de Fontainebleau.

Mme la baronne de Breteuil est accouchée d'un garçon.

Du mardi 23, Dampierre. — Il y a environ deux ou trois mois qu'on avoit choisi ce qu'on appelle une cham-

SEPTEMBRE 1755.

bre pour l'enfant dont Mme la Dauphine doit accoucher, c'est-à-dire les femmes destinées à servir cet enfant. On sait que cet enfant a sept ou huit femmes attachées à son service. La mort de Madame, fille de Mgr le Dauphin, faisoit juger que la chambre attachée à cette princesse prendroit le service de l'enfant qui va naître, préférablement à la nouvelle chambre ; cependant il a été décidé que ce seroit la nouvelle chambre, et cela parce que Mgr le Dauphin a paru avoir de la peine à recevoir si promptement les personnes attachées à Madame sa fille qu'il aimoit beaucoup. On laisse les appointements à la chambre de feu Madame, et on a remis au temps d'une autre couche de Mme la Dauphine à les replacer.

De Fontainebleau, le 23. — Les gens du Roi sont venus ce matin ; ils ont vu le Roi et ont demandé le jour qu'il plairoit à S. M. recevoir la députation du Parlement. Le Roi leur a répondu qu'il suffisoit que le premier président et deux présidents à mortier vinssent, et leur a donné jour vendredi à midi.

Du samedi 27, Dampierre. — L'Académie françoise élut le 22 de ce mois M. l'abbé Boismont, grand prédicateur, à la place de feu M. l'ancien évêque de Mirepoix. La séance de l'académie étoit de 25. M. le comte de Clermont avoit écrit à l'académie pour s'excuser de venir à l'élection, attendu qu'il étoit obligé d'aller à Fontainebleau. On a fait registre de cette lettre.

M. le comte de Béthune, fils de feu M. le comte de Béthune et de Mlle de Gesvres la seconde femme, et par conséquent frère de père de feu Mme la maréchale de Belle-Isle, achète de M. le baron de Montmorency la survivance de chevalier d'honneur de Madame Adélaïde. Il lui en donne 157,000 livres, c'est-à-dire 150,000 livres pour la survivance, et 7,000 livres, pour une année de revenu. Le baron s'engage à faire avoir à M. de Béthune 7,000 livres de rente du Roi dans un an, sinon il les lui donnera sur son bien. M. de Béthune aura l'exercice de la charge une fois par jour, à la volonté de M. le baron de Montmorency.

Mme de Rochechouart-Faudoas marie sa seconde fille à M. d'Antigny, frère de Mme de Talleyrand la jeune. On sait que l'aînée des filles de Mme de Rochechouart a épousé M. du Châtelet. En faveur de ce mariage-ci, le Roi a bien voulu promettre la seconde place qui se trouvera vacante de dame de Mme la Dauphine à la mariée, et une place de menin à M. d'Antigny.

M. le duc de Béthune, qui souffre depuis longtemps, et que l'on avoit soupçonné d'avoir la gravelle comme M. son père, s'est enfin déterminé à se faire sonder par le frère Cosme. On lui a trouvé une pierre de la grosseur d'un marron d'Inde. Malgré cela il a voulu se mettre en chemin pour Fontainebleau; les douleurs excessives l'ont obligé de revenir. Son appartement dans la galerie de Diane sera occupé par M. le maréchal de Belle-Isle, à qui le Roi a fait écrire par M. d'Argenson de se rendre à Fontainebleau au 1er octobre.

On me mande de Fontainebleau que M. le garde des sceaux est venu avant-hier matin rendre compte au Roi de l'arrivée à Brest de M. Dubois de la Mothe avec quatre vaisseaux; les trois autres, commandés par M. de Salverte, étoient fort près de lui et en sûreté. On en attend encore trois commandés par M. de Montlouet. M. Dubois de la Mothe a rapporté un détail sur l'affaire de M. de Contrecœur (1). M. de Contrecœur n'avoit que 850 hommes quand il a marché aux Anglois, savoir 250 hommes de troupes réglées et 600 sauvages. Les sauvages n'ont voulu combattre qu'avec leurs haches et ont refusé toutes autres armes. Les Anglois, qui étoient au nombre de 2,000, ont eu 1,700 hommes restés sur la place, tant tués que blessés; 300 se sont sauvés dans les bois. Les sauvages les pour-

---

(1) Nous avons déjà dit précédemment que c'est M. de Beaujeu et non pas M. de Contrecœur qui commandait notre armée à cette bataille.

suivent, et on ne doute pas qu'ils ne soient pris ou ne meurent de faim. Nous avons eu 50 à 60 hommes de tués, moitié Canadiens et moitié François, et trois officiers tués, entre autres M.' de Beaujeu.

La musique a commencé à la messe, à Fontainebleau, dimanche dernier, et les concerts chez la Reine mercredi 24. On exécuta *le Polygone* et le troisième acte du ballet des *Caractères de la Folie;* la musique est de M. de Bury et les paroles de M. Duclos, de l'Académie. Il n'y a point de comédie italienne cette année à Fontainebleau; il y aura deux concerts et deux comédies françoises par semaine. On joua le 24 *la Réconciliation normande,* en cinq actes, de Dufresny, et pour petite pièce *le Sicilien* de Molière.

Du dimanche 28, *Dampierre.* — On me mande de Fontainebleau que la frégate nommée *l'Opiniâtre*, commandée par M. Molien, qui faisoit partie de l'escadre de M. Dubois de la Mothe, percée pour 72 canons et montée seulement de 20, est rentrée dans nos ports après avoir essuyé un combat de douze heures contre deux frégates angloises, l'une de 30 et l'autre de 40 canons; elle n'a perdu qu'un seul homme; les deux frégates ont été obligées de prendre le large et on les croit fort maltraitées.

Le Roi vient de faire une promotion dans la marine. M. le chevalier de Crenay est vice-amiral du Ponent et grand'croix de Saint-Louis. Il y a deux lieutenants généraux : M. de la Galissonnière et M. Dubois de la Mothe, et trois chefs d'escadre, M. de la Clue, M. le chevalier de Bauffremont et M. du Quesne.

La députation du Parlement a eu audience du Roi le 26 au matin; elle étoit composée de M. le premier président et de MM. les présidents de Molé et de Novion. Il n'a été question que des 4 sols pour livre et de l'espérance que le Roi voudroit bien soulager son peuple de cet impôt quand il le pourroit. La réponse a été que le Roi étoit content de son Parlement et qu'il étoit et seroit toujours occupé du bien et du soulagement de ses sujets, mais que les circonstances l'avoient forcé de faire continuer cet impôt.

Après l'audience publique, M. le premier président en eut une d'un quart d'heure tête à tête avec le Roi.

Du lundi 29, *Dampierre.* — Le sixième vaisseau de la Compagnie des Indes, nommé *le Machault*, est arrivé à Lorient ayant passé avec pavillon blanc au milieu d'une escadre angloise sans qu'on lui ait rien dit. On en attend encore cinq autres.

On a nouvelle de Constantinople que Saïd-Effendi a été nommé secrétaire d'État; c'est celui qui est venu deux fois en France, la première en 1719 avec son père, et la seconde en 1739 avec le caractère d'ambassadeur.

On mande de Fontainebleau que l'affaire de M. de Béthune est un peu sur le côté et qu'elle y a fait beaucoup de bruit.

OCTOBRE.

Mort du prince de Dombes. — Audience du Roi au clergé. — Nouvelles diverses de la Cour. — L'*Orphelin de la Chine* et réflexions de la Reine. — Accident chez le Roi. — Audience du Roi au Grand Conseil. — Nouvelles diverses de la Cour. — Nouvelles du Parlement. — Affaire du Grand Conseil et du Parlement. — Aventure d'un capitaine anglais à Calais. — Retour de la Cour à Versailles. — Mort subite. — Déclaration du Roi pour le Grand Conseil. — Résistance du Parlement à cette déclaration. — Nouvelles diverses de la Cour. — Discours et motions de l'abbé Chauvelin au Parlement. — Morts. — Le comte d'Eu nommé gouverneur de Languedoc. — Réponse du Roi au clergé. — Audience du clergé pour la clôture de l'assemblée et discours de l'évêque d'Autun. — Députation du clergé chez le chancelier; difficultés. — Les religieux du Liban. — Gouvernement du Liban. — Produit des quêtes faites par les religieux du Liban en Espagne et en France.

Du vendredi 3, *Dampierre.* — M. le prince de Dombes est mort le 1ᵉʳ de ce mois à Fontainebleau un peu après minuit. On a porté sur-le-champ son corps à l'hôtel du Maine, où il y a eu une espèce de chapelle ardente où l'on a dit des messes. Le droit des princes du sang est de n'être pas portés à la paroisse.

Extrait d'une lettre de Fontainebleau du 30 septembre. — M. le prince de Dombes se trouva mal le 29 à six heures du matin ; il étoit sujet à des vapeurs ; il en eut un accès fort violent avec des crispations et des convulsions. La gorge se serra et il perdit la parole. M. de la Vigne et M. Senac furent appelés à neuf heures. Deux saignées, les vésicatoires, plusieurs prises d'émétique, des topiques, rien n'a fait effet. La nuit fut affreuse. L'affaissement a succédé aux convulsions. On juge que c'est une apoplexie. M. le curé a été appelé et sur quelques signes, comme serrer la main, il lui a donné l'absolution et l'extrême-onction.

A la fin de la lettre on mande qu'il expire dans le moment. M. le duc d'Orléans demande les carabiniers, M. le comte de Clermont le Languedoc, en rendant Champagne et Brie que M. le comte de la Marche demande. On croit les Suisses pour M. le prince de Conty ; quelques-uns disent que le Languedoc sera donné à M. de Richelieu.

Le septième vaisseau de M. du Bois de la Mothe, nommé *l'Apollon*, est arrivé dans nos ports ; il est de 50 canons ; c'est un vaisseau-hôpital. On prétend que l'amiral Boscawen est retourné en Angleterre avec 2,000 malades sur son escadre.

M. le chevalier de Crenay a prêté ce matin serment au Roi pour sa charge de vice-amiral.

Du 5, Fontainebleau. — Mgr le Dauphin partit hier pour retourner à Versailles. M. de Leucourt, qui avoit le régiment d'Anjou-cavalerie, a donné sa démission.

Le colonel du régiment des Cravates nommé Vormser, qui étoit Alsacien, vient de mourir d'une fièvre maligne ; il étoit protégé par M. le cardinal de Soubise.

Le Roi ne fait point donner d'eau bénite à M. le prince de Dombes, ni aucune cérémonie.

Du 6. — M. le cardinal de la Rochefoucauld est venu aujourd'hui en députation présenter au Roi les remontrances du Clergé ; le Roi a répondu à la petite harangue que lui a faite M. le cardinal : « Je lirai vos remontrances, et je vous ferai savoir ma réponse. » Les députés étoient : M. cardinal de la Rochefoucauld ; MM. les archevê-

18.

ques d'Embrun et de Sens, MM. les évêques de Montpellier et de Langres. Il y avoit quatre députés du second ordre : MM. les abbés de Murat, de Chalabre, Dudon et de Beauteville, et les deux agents à la tête.

M. de Moras prit hier congé pour aller à Lorient.

Mme de Soulanges fut présentée hier par Mme la baronne de Montmorency.

Le parti de la guerre paroît prendre le dessus, le roi d'Angleterre ayant comme été forcé de donner à la chambre des Communes M. Fox au lieu de M. Robinson, à qui le roi d'Angleterre a fait un bon traitement ; il lui a donné une charge dans sa maison avec une forte pension. Un pareil changement paroît de plus en plus éloigner toutes les voies d'accommodement.

M. le prince de Dombes fut transporté hier sur les sept heures du soir ; on le conduit à la ville d'Eu ; c'est M. le comte d'Eu qui l'a décidé, parce que s'il avoit été à Sceaux, qui est leur sépulture, il n'auroit pu se résoudre d'y rentrer. M. le prince de Dombes n'a point fait de testament ; il a dit à M. le comte d'Eu qu'il s'en rapportoit à lui pour la récompense de tous ses gens, et qu'il étoit persuadé qu'il en useroit bien. M. le comte d'Eu est parti tout seul dans une chaise de poste un quart d'heure après la mort pour se rendre à Sceaux. Il y avoit une chaise à deux qui le suivoit avec deux gentilshommes. On prit le deuil hier dimanche pour onze jours. Le convoi doit passer par Melun, Brie-Comte-Robert, par le faubourg Saint-Antoine, les boulevards, Saint-Denis et s'arrêter à Saint-Brice, village sur la route de Beaumont. M. de Montmoran, ci-devant écuyer de M. le duc du Maine, M. de Bonneguise, frère de M. l'évêque d'Arras, M. de Termes et M. de Rannes, ses quatre gentilshommes, suivent en voiture. Quatre pages et six palefreniers à cheval devant et derrière le corbillard, son aumônier et le vicaire de Fontainebleau en voiture. M. le duc de Penthièvre s'est trouvé à la levée du corps qui n'a point été porté à l'église.

Du 7. — Nous aurons demain *l'Orphelin de la Chine*. La Reine a dit au Roi qu'on lui avoit dit qu'il y avoit quelques endroits suspects sur la religion et aussi sur l'indépendance. Une heure après, il lui a envoyé M. de Saint-Florentin pour qu'elle ordonnât ce qu'elle vouloit que l'on retranchât ; elle a dit qu'elle ne l'avoit pas lu, et que tout ce qu'elle désiroit étoit que l'on ôtât ce qu'il pourroit y avoir d'équivoque sur la religion et sur l'autorité du Roi, et elle lui en a parlé ce matin.

Du mercredi 8, Dampierre. — Il arriva il y a trois jours un accident effrayant chez le Roi. M. de Lautrec, lieutenant-colonel des carabiniers, se trouva mal dans la chambre du Roi. Il étoit fort affligé de la mort de M. le prince de Dombes; il venoit de présenter un placet au Roi, à la porte du cabinet, à l'ordinaire, lorsque le Roi y rentroit au sortir du prie-Dieu; il dit : « Je me trouve mal, cela passera dans un moment. » On voulut le soutenir, mais on ne put empêcher qu'il ne tombât sur les genoux ; on le porta aussitôt dans le cabinet ovale, où on le déshabilla ; on le saigna du bras et du pied, mais il ne vint point de sang, il étoit mort. Il avoit dîné la veille chez M. de Gesvres, chez qui il avoit dit qu'il étouffoit et qu'il se sentoit mal par tout le corps. En le déshabillant dans le cabinet ovale, on lui trouva un collier de sel sous son col. Ce M. de Lautrec n'étoit point parent de M. de Lautrec, le chevalier de l'Ordre que nous connoissons et dont le nom est Voisins. On lui avoit disputé son nom; il avoit fait ses preuves au parlement de Toulouse qui les a reçues et reconnues; il descendoit d'un frère du dernier comte de Toulouse. Le chevalier de l'Ordre perdit son procès. M. de Lautrec, qui vient de mourir, n'étoit pas d'une famille riche, il avoit été obligé d'entrer page de M. le prince de Dombes. Son fils aîné est lieutenant dans les carabiniers.

Il n'y a rien de changé au départ du Roi de Fontainebleau. On avoit dit qu'il y retourneroit peut-être avec Mesdames suivant le temps des couches de Mme la Dauphine; ce qui fait croire que cette nouvelle n'est pas vraie, c'est que tous les équipages de chasse ont ordre de revenir.

Lettre de Fontainebleau, du 8. — Le Roi a donné audience au grand conseil : M. d'Auriac, premier président, M. de Villeneuve, président, M. Lambert, doyen, et M. Bergeret, sous-doyen. L'audience étoit dans la chambre du Roi, les huissiers en dehors. On n'a laissé entrer que les grandes entrées. Le capitaine des gardes y étoit, mais comme courtisan. M. le duc de Gesvres derrière le fauteuil. Aucun prince n'y étoit. Les députés attendoient dans l'appartement de Mme la Dauphine ; M. d'Argenson a été au-devant d'eux, et M. de Dreux les a été chercher et reconduits. M. d'Auriac a très-bien parlé. Le Roi a répondu qu'il étoit content du zèle du grand conseil et qu'il leur en donneroit des marques. Ils sont fort contents. Le discours de M. d'Auriac a été ferme et fort sur l'entreprise qu'a faite le Parlement sur une juridiction indépendante.

Du 10, Fontainebleau. — M. le comte d'Eu vient d'arriver; il verra le Roi aux entrées familières; il verra la famille royale et s'en retournera. Il ne parlera au Roi de rien sur la dépouille de son frère, le Roi ayant encore dit hier qu'il attendroit jusqu'à Versailles pour lui donner le temps de se remettre et de voir les grâces qu'il vouloit demander.

Le Roi a donné l'abbaye de Saint-Gilles à M. l'abbé de Coriolis.

Le grand conseil a des lettres patentes qui le confirment dans tous les droits qu'il a toujours eus. Les lettres patentes seront enregistrées au grand conseil.

Les régiments sont donnés. M. de la Trémoille a le régiment d'Anjou-Cavalerie, et M. de Tessé celui de Royal-Cravate; ils donnent chacun 100,000 francs pour rembourser des régiments.

M. de Courtomer est mort; il avoit épousé Mlle Carbray, fille de condition anglaise, qui a élevé Mme la princesse de Bauveau.

Il n'y a eu aucun suisse à l'enterrement de M. le prince de Dombes, M. de Penthièvre n'ayant voulu aucune cérémonie. Tous les officiers de la garde seulement qui étoient ici ont été à l'enlèvement du corps à la suite de M. de Penthièvre qui y a assisté en grand manteau et pleureuses avec toute sa maison. Tout ce qui étoit à pied a quitté le convoi à l'entrée de la forêt. M. le prince de Dombes n'a pas eu de tenture dans sa maison; il étoit dans un lit de damas cramoisi, un poêle noir sur lui. Il y avoit des gardes suisses qui gardoient la maison deux heures le matin et deux heures l'après-midi. Tout le monde y entroit pour jeter de l'eau bénite.

Du samedi 11, Dampierre. — M. le maréchal de Tonnerre m'a écrit aujourd'hui pour me donner part de son mariage avec Mlle de la Rochefoucauld.

Voilà l'arrêté du Parlement d'avant-hier :

Les chambres assemblées ont ordonné hier une information sur la dénonciation qui leur a été faite d'une lettre circulaire de M. l'évêque de Troyes au clergé de son diocèse tendant à faire perpétuer les refus de sacrements faute de billet de confession et de soumission à la Constitution.

Dans la même assemblée on a enregistré deux déclarations du Roi qui produiront 18 millions par forme de taxe sur les secrétaires du Roi et autres officiers de chancellerie, moyennant 4 p. 100 d'intérêt que le Roi leur payera.

Du lundi 13, Dampierre. — On sait depuis quelques jours que les Anglois ont pris un de nos vaisseaux de la Compagnie des Indes ; il s'appelle *l'Astrée ;* on dit que sa cargaison n'est pas fort riche.

Je n'ai point encore parlé de l'affaire du grand conseil avec le Parlement. J'espère pouvoir en mettre le détail quand je serai plus instruit. Il faut seulement dans ce moment en donner une idée. M. de Lorière est conseiller au grand conseil ; son fils devoit une somme de 14,000 livres à un officier. L'officier, ennuyé de n'être pas payé, a été chez M. de Lorière pour parler à son fils. La porte lui ayant été refusée, il y a eu des paroles vives et même des voies de fait. On a rendu plainte de ces violences et l'affaire a été portée au Châtelet. Le grand conseil, en conséquence de ses priviléges, a ordonné que la procédure fût apportée à son greffe ; elle y a été portée en effet, et c'est ce qui a donné occasion aux démarches du Parlement, le Parlement prétendant que le Châtelet, comme justice en première instance, dépendoit de lui et que les procédures, faites au greffe du Châtelet ne pouvoient être portées qu'à celui de la grande chambre ; en conséquence il a rendu arrêt portant que dans toute l'étendue de sa juridiction on ne reconnût point le grand conseil. C'est à l'occasion de cet arrêt que le grand conseil a fait une députation au Roi.

M. le prévôt des marchands est continué pour deux ans, et le Roi a déclaré qu'à l'avenir on ne pourra être prévôt des marchands que trois prévôtés qui font six ans.

Il est venu une frégate angloise sous le canon de Calais. Le capitaine a monté dans son canot et est venu faire des emplettes dans la ville. On l'a très-bien reçu. Pendant qu'il y étoit on a été très-étonné d'entendre tirer. C'étoit la frégate angloise qui tiroit sur une des nôtres qui rentroit. La nôtre, connoissant le terrain, s'est sauvée et est rentrée dans le port. Le capitaine est sorti tranquillement de Calais et est retourné à sa frégate. On désapprouve fort la conduite du commandant de Calais.

Du mercredi 15, *Versailles.* — La Reine et Mesdames arrivèrent ici avant-hier.

Le Roi vint coucher hier à Choisy, où il restera jusqu'au 17 qu'il doit revenir ici.

Il y a quelques jours qu'un gentilhomme attaché à M. le comte d'Eu, nommé Vitry, qui étoit en Provence, vint voir M. le comte d'Eu à l'occasion de la mort de M. le prince de Dombes. Il avoit suivi M. le prince de Dombes à la campagne de Hongrie; il avoit été blessé à Belgrade et avoit une jambe coupée; malgré cela il étoit d'une adresse et d'une légèreté extrêmes. Non-seulement il montoit à cheval sans secours, mais il montoit même à un arbre. M. le comte d'Eu lui proposa une partie d'échecs; il demanda un moment pour quelques besoins; on fut étonné de ne le voir point revenir, on alla le chercher et on le trouva mort.

On parloit à cette occasion des charges de M. le prince de Dombes, et entre autres de celle de colonel général des Suisses. Toutes les fois que M. le prince de Dombes venoit prendre l'ordre du Roi en cette qualité, le Roi lui donnoit l'ordre non-seulement pour le régiment des gardes suisses, mais même pour la garde montante, et en conséquence M. le prince de Dombes rendoit cet ordre aux capitaines de la garde. En l'absence de M. le prince de Dombes M. de Zurlauben, colonel du régiment des gardes suisses, prenoit le mot du Roi pour le régiment, et outre cela le Roi donnoit le mot au capitaine de la garde suisse. Immédiatement après la mort de M. le prince de Dombes, M. de Paulmy, au sortir du cabinet du Roi, vint dire à M. de Zurlauben que le Roi lui donneroit le mot non-seulement pour le régiment, mais pour la garde, ce qui fut exécuté, et en conséquence M. de Zurlauben donna le mot aux capitaines des gardes.

J'ai appris à cette occasion que lorsque M. le duc de Gramont, en 1745, fut tué à la bataille de Fontenoy, le Roi travailla avec M. de Chabannes, lieutenant-colonel des gardes, et avec M. de Vaudreuil major, pour les places vacantes dans le régiment, ce qui n'étoit pas encore arrivé. M. de Biron n'étoit pas nommé dans ce moment.

Du vendredi 17, Versailles. — J'ai parlé ci-dessus de lettres patentes accordées au grand conseil. Ce ne sont point des lettres patentes, c'est une déclaration du Roi datée de Fontainebleau du 10 octobre. Il est rappelé l'édit du 3 juillet 1498, par lequel le roi Louis XII augmenta le nombre des officiers du grand conseil (1) et leur donna la même autorité qu'aux différentes cours établies dans le royaume. Il est dit encore que les cours de justice ayant refusé de reconnoître cette autorité du grand conseil et voulant qu'il leur fût demandé permission pour l'exécution desdits arrêts du grand conseil, le roi Henri II, en 1555, ordonna que les huissiers, etc., chargés de l'exécution des arrêts, décrets, etc., décernés par le grand conseil, les exécuteroient sans demander aucune permission, défendant à toutes cours de justice et autres juges d'y apporter aucun empêchement, et en cas de contravention, casse, révoque et annule tout ce qui auroit été fait par lesdites cours de justice sans autre déclaration ; voulant que ceux qui auroient fait lesdits empêchements soient ajournés au grand conseil et condamnés aux dépens et à l'amende. Le Roi ajoute que le grand conseil a toujours joui de l'exécution de cet arrêt dans les matières qui lui sont attribuées ; que malgré cette multitude de titres en faveur du grand conseil, le Parlement de Paris ayant rendu le 2 octobre dernier un arrêt qui défend aux justices inférieures de reconnoître les ordres et les poursuites faites par les gens du grand conseil que préalablement la cour de Parlement n'en ait été informée pour statuer ce qu'il appartiendra, le Roi ordonne de nouveau l'exécution des édits

---

(1) Le Grand Conseil a été établi par Charles VIII en 1492.

de 1498 et de 1555 et maintient les officiers du grand conseil dans tous leurs droits, fonctions, prérogatives, etc., casse, révoque et annule l'arrêt du Parlement du 2 octobre dernier. Cette déclaration a été enregistrée au grand conseil le 14 octobre. Malgré cela, dans l'arrêté d'hier, le Parlement a fait défendre à toutes juridictions inférieures d'enregistrer le présent édit.

Le Parlement, surpris de voir paroître la déclaration qui casse son dernier arrêt, dans le temps que personne n'ignore les remontrances qu'il fait sur le fond de sa contestation avec le grand conseil, et qui sont en état d'être présentées au Roi, se plaint qu'on ait affecté de se dépêcher de surprendre de la religion du Roi cette déclaration, qu'il compte bien que le Roi n'auroit jamais donnée s'il avoit vu les remontrances. Dans ces circonstances, le Parlement a arrêté de faire une députation au Roi pour le supplier de recevoir les remontrances sur le fond de la contestation avec le grand conseil, et de vouloir bien écouter les représentations de son Parlement sur la déclaration; et pour que l'enregistrement donné en fait de la déclaration dans les siéges et bailliages du royaume par le grand conseil, ne le soit qu'avec connoissance de cause, le Parlement a chargé les gens du Roi de prévenir les bailliages et siéges royaux du ressort de surseoir à cet enregistrement jusqu'à ce que le Roi ait expliqué ses intentions sur les remontrances du Parlement. Le Parlement prétend que cette déclaration porte à faux dans ses motifs en ce qu'elle ne paroit donnée que pour conserver au grand conseil le droit de faire exécuter ses arrêts dans le royaume sans être obligé d'avoir recours au *pareatis* ou permission du Parlement ou des juges royaux.

Le Parlement déclare qu'il ne conteste pas ce droit au grand conseil, mais qu'il lui dispute celui de juger les affaires criminelles des membres du grand conseil, ce que les rois n'ont jamais accordé au grand conseil par aucun titre en forme de loi; et que par une conséquence nécessaire de cette contestation sur ce prétendu droit du grand conseil, le Parlement est très-fondé à soutenir que le grand conseil ne peut ni ne doit faire déplacer les minutes de ces procès criminels hors des greffes royaux. Le Parlement dit avoir dans ses registres nombre d'arrêts sur les procès criminels intéressant des officiers du grand conseil, et que le grand conseil n'en a que deux seuls où il a connu des procès criminels de ses membres; mais que comme le grand conseil n'a jamais eu aucun titre pour le faire, ces deux exemples ne sont que deux abus qu'il faut plutôt oublier que suivre.

Le Parlement a supprimé aujourd'hui un écrit intitulé : *Remontrances des curés de la ville et fauxbourgs d'Auxerre à Mgr l'évêque d'Auxerre*, comme imprimé sans permission, au préjudice des règlements sur le fait de la librairie.

Du dimanche 19, Versailles. — Voilà la disposition des logements que le Roi vient de faire dans le château.

Le logement de M. le prince de Dombes donné à Mlle de Sens. Celui de Mlle de Sens à M. le prince de Conty pour Mme la comtesse de la Marche, quand M. le comte de la Marche se mariera. Celui de M. l'évêque de Mirepoix à M. le cardinal de la Rochefoucauld. Celui de Mme la comtesse de Saint-Séverin à Mme la duchesse de Brancas douairière et à M. le comte de Saint-Séverin. Mme la comtesse de Toulouse et M. de Penthièvre ont sur leurs deux têtes le pavillon de l'Arsenal avec les dépendances qui appartenoient à Mme la duchesse du Maine.

Du mardi 21, Versailles. — M. des Ports (1), comte de Bernis, dont la mère est Nigry, et lequel est parent de M. l'abbé de Bernis ambassadeur de France à Madrid, vient d'épouser Mlle de Narbonne-Pelet, nièce du même abbé de Bernis. Mlles de Narbonne-Pelet sont trois sœurs d'une très-ancienne noblesse. Leur père s'appeloit Ver-

---

(1) Pons Simon-Frédéric de Pierre, seigneur des Ports, comte de Bernis.

bron-Salgas. C'est par leur mère qu'elles sont nièces de
M. l'abbé de Bernis. Elles ne sont pas riches. Mme la princesse de Rohan (Courcillon) avoit fait venir chez elle
l'aînée, et même depuis les deux autres; elle les traitoit
avec grande distinction; c'est elle qui contribue beaucoup au mariage en assurant à cette aînée une somme
considérable.

Il paroît que l'on veut faire partir incessamment les
nouveaux ministres nommés pour aller dans les cours
étrangères. On croit que M. de Nivernois partira le premier. M. d'Affry doit partir aussi incessamment pour la
Hollande.

Avant-hier le Roi reçut les remerciments de M. d'Auriac,
qui lui fut présenté dans le cabinet du conseil par M. le
chancelier. Il remercia S. M. de la grâce qu'il lui a faite
de le continuer à la tête du grand conseil.

M. le comte de Broglio fut présenté aussi dans le
même cabinet par M. Rouillé; il arrive de Dresde par
congé, et doit y retourner incessamment. M. de Gesvres
présenta aussi M. de Bernage, qui a été continué encore
pour deux ans prévôt des marchands, et qui venoit remercier le Roi. Immédiatement après, M. de Gesvres fit
entrer les gens du Roi. Le Roi s'avança au fond du cabinet,
du côté de son ancienne chambre à coucher, et écouta
debout le discours de M. Joly de Fleury qui fut fort court;
c'étoit pour demander l'heure et le jour qu'il plairoit à
S. M. de recevoir la députation de son Parlement. Le Roi
répondit qu'il feroit savoir ses volontés par M. le Chancelier. Les gens du Roi s'étant retirés, le Roi appela M. le
procureur général et lui parla environ deux ou trois minutes auprès de la fenêtre. Il paroît que S. M. est peu
contente et avec raison de la conduite du Parlement dans
l'affaire du grand conseil. J'ai parlé ci-dessus de la déclaration du Roi et de l'arrêté du Parlement.

M. l'abbé Chauvelin continue à parler avec la même
vivacité dans le Parlement. On sait que l'assemblée du

Clergé devoit finir au 25 de septembre, suivant le premier arrangement fait de l'agrément du Roi. Peu de jours après ce terme, M. l'abbé Chauvelin dit aux chambres assemblées que le terme de quatre mois que le Roi avoit donné pour l'assemblée du Clergé étant expiré, il avoit été étonné de voir encore un grand nombre de carrosses vis-à-vis les Grands-Augustins ; que le devoir du Parlement étant d'empêcher les assemblées illicites, il avoit cru devoir lui rendre compte de ce qu'il avoit remarqué. En conséquence, il fut arrêté que M. le premier président devant aller à Fontainebleau, demanderoit au Roi si c'étoit par son ordre que l'assemblée continuoit. M. le premier président, à son retour, rendit au Parlement les ordres qu'il avoit reçus de S. M. ; mais comme il ne parloit point au Parlement de l'assemblée du Clergé, M. l'abbé Chauvelin crut devoir lui en renouveler le souvenir. Le premier président répondit qu'il n'avoit point oublié cet article et que le Roi lui avoit dit, en présence de M. le procureur général, que c'étoit par son ordre que l'assemblée devoit continuer jusqu'au 19 d'octobre. M. l'abbé Chauvelin demanda que M. le procureur général fût entendu pour confirmer ce qui venoit d'être dit, mais cet avis ne passa pas.

Du mercredi 22, Versailles. — M. le marquis de Canisy a prêté ce matin serment pour la lieutenance du Roi de la ville et du bailliage de Caen ; il a payé 1,800 livres pour son serment, comme c'est l'usage. M. de Canisy est héritier de Mme de Forcalquier ; il a épousé une Mlle de Vassy en Normandie ; elle est fort riche.

M. le duc de Duras a fait sa révérence aujourd'hui.

Du jeudi 23. — M. de Richelieu vient de faire ce matin son remercîment pour le gouvernement de Guyenne. M. de Mirepoix a la lieutenance générale de Languedoc ; il ne payera point les 50,000 écus de brevet de retenue à M. de Richelieu, ces 50,000 écus sont portés sur le gouvernement de Guyenne.

L'affaire des carabiniers n'est pas encore décidée.

Mme la duchesse d'Aiguillon a perdu sa fille.

Le fils aîné de M. de Sourches vient de mourir et une de ses filles est à toute extrémité. Il reste à M. de Sourches de son mariage avec Mlle de Maillebois, deux garçons et une fille outre celle qui se meurt. Il a quatre filles de son premier mariage avec Mlle de Biron, dont une seule à marier.

Mlle de Conflans vient de mourir ; elle n'avoit que cinq ou six ans ; elle étoit fille unique de M. de Conflans le marin. Il y avoit un arrangement de famille projeté pour la marier avec le second fils de M. d'Armentières.

Le Roi, qui a pris des eaux aujourd'hui, recevra ce soir une petite députation du Clergé, à qui il doit remettre sa réponse aux représentations que le Clergé a pris la liberté de lui faire.

Dimanche prochain est la grande députation du Clergé pour la clôture de l'assemblée. Le travail continuera encore quelques jours après, mais ce sera sans cérémonie, il n'y aura plus ni rochet ni camail.

Du vendredi 24, Versailles. — M. de Mirepoix a fait aujourd'hui son remercîment pour la lieutenance générale de Languedoc et le commandement de cette province. M. le maréchal de Richelieu avoit demandé le gouvernement de Languedoc qui vaut 160,000 livres ; il avoit offert de donner 74,000 livres pour le commandant de cette province ; mais le Roi ayant désiré que M. le comte d'Eu lui remît le gouvernement de Guyenne et les carabiniers pour les réunir à la place du ministre et secrétaire d'État de la guerre, et voulant bien traiter M. le comte d'Eu en considération du sacrifice qu'il lui faisoit, lui a donné le gouvernement de Languedoc, qui vaut 40,000 livres plus que celui de Guyenne.

Voilà l'arrêté du Parlement d'hier :

Les chambres se sont assemblées. On a jugé les Capucins de Troyes. Les trois contumaces sont condamnés au bannissement, savoir : le gardien pour neuf ans et les deux autres pour trois ans.

A l'égard des sept autres, voici leur arrêt :

Injonction au frère Léonard de Troyes de porter honneur et respect aux arrêts du Parlement ; plus amplement informé de trois mois des frères Gelas de Paris, André de Paris et Charles de Flandre ; hors de cour à l'égard d'Antoine de Cambray et Jean-François de Reims ; Michel-Ange renvoyé d'accusation.

Il paroît que les différents bailliages du ressort ne sont pas disposés à enregistrer la déclaration du grand conseil ; du moins on sait déjà que ceux des environs de Paris font des difficultés.

Du samedi 25, *Versailles.* — M. le maréchal de Richelieu desiroit fort d'avoir le gouvernement de Languedoc. Outre la lieutenance générale de cette province il en a eu le commandement depuis plusieurs années ; il y est connu et aimé ; par cette raison il l'auroit préféré à la Guyenne, mais le Languedoc vaut 160,000 livres et la Guyenne n'en vaut qu'environ 120. Le gouverneur de Languedoc n'y commande pas, à moins d'une commission particulière. Le commandement de Languedoc vaut 74,000 livres, sans compter les places de fourrages et autres droits. M. de Richelieu avoit offert de remettre au Roi les 74,000 livres et d'aller continuer à y commander et à tenir les États ; cet arrangement n'a point été accepté.

Avant-hier au soir, M. le cardinal de la Rochefoucauld avec la petite députation du Clergé vint recevoir la réponse que le Roi avoit promis de faire aux représentations du Clergé. Le Roi, après avoir répondu, donna sa réponse par écrit et dit à M. le cardinal de la Rochefoucauld qu'il ne vouloit point qu'elle fût imprimée. M. le cardinal de la Rochefoucauld prit la liberté de lui représenter qu'il étoit impossible qu'elle ne fût pas mise dans le procès-verbal de l'assemblée, et le Roi y consentit. Je n'ai point vu cette réponse ; on m'a dit à peu près ce qu'elle contenoit : Que le Roi regarderoit toujours la constitution *Unigenitus* comme une décision de l'Église universelle en matière de doctrine et comme loi de l'État ; qu'il vouloit que sa déclaration du 2 septembre fût exécutée et qu'il empêcheroit toujours les magistrats d'entreprendre sur l'autorité spirituelle. Il y a aussi un article sur les interprétations qu'on a mal à propos données à la déclaration, mais je ne le sais pas assez pour pouvoir l'écrire positivement.

Du dimanche 26. — Le Clergé a eu aujourd'hui une audience publique du Roi pour la clôture de l'assemblée. A l'ouverture de l'assemblée, le Clergé harangue non-seulement le Roi, mais la Reine, Mgr le Dauphin et Mme la Dauphine ; il ne harangue point Mesdames, ni les petits-enfants de France. A la clôture de l'assemblée, il n'y a de harangue que pour le Roi. A l'une et à l'autre de ces audiences publiques, ils ont les honneurs des armes et les deux battants. Les audiences publiques, comme je l'ai déjà dit, sont dans la chambre du Roi, le dos du fauteuil à la cheminée. Le Clergé s'assemble dans la salle des Ambassadeurs ; c'est là que le grand maître et le maître des cérémonies vont le prendre et marchent devant. M. de Saint-Florentin, qui a le Clergé dans son département, va le recevoir dans l'OEil-de-bœuf. Les quatre agents, savoir les deux sortants et les nouveaux, marchent les premiers. C'étoit aujourd'hui M. l'évêque d'Autun (Montazet) qui portoit la parole ; il marchoit entre M. le cardinal de la Rochefoucauld qui étoit à sa droite et M. de Saint-Florentin à sa gauche. Il ne s'est point pressé pour commencer son discours ; il a attendu que la plupart des prélats fussent entrés ; il a parlé ensuite pendant environ un quart d'heure. Le son de sa voix est sonore et agréable ; son discours étoit très-bien composé. Il a commencé par les louanges du Roi, sa bonté, sa générosité à l'égard de ses ennemis, sa sagesse, son amour pour ses peuples et pour la paix ; il a représenté la fidélité inviolable et la soumission du Clergé, le zèle qu'il a montré pour concourir au bien de l'État, en consultant plutôt ses sentiments que ses moyens ; il est entré ensuite dans le détail des malheurs de l'Église, des évêques fidèles, soumis et attachés à leurs devoirs, que le Clergé voyoit avec douleur tombés dans la disgrâce de leur souverain, des prêtres exilés, proscrits, enfermés pour avoir obéi à la voix de leurs supérieurs légitimes, des Parlements abusant de la portion d'autorité qui leur a été confiée et voulant décider et disposer de l'administration des choses saintes. Il a encore représenté avec force, mais de la manière et du ton le plus propre à toucher, tous les malheurs que pouvoient présager les bornes arbitraires données à une autorité que l'Église tenoit de Dieu seul, et le trouble qu'éprouvoit l'ordre établi par le souverain maître des empires; il a fait sentir que cet ordre étoit nécessaire à entretenir pour le soutien même des États; que les deux puissances y devoient concourir également en usant des pouvoirs que Dieu a donnés à chacune et non en travaillant à se détruire. Enfin il a cherché à intéresser les sentiments personnels du Roi; il lui a rappelé le titre ancien et honorable de fils aîné de l'Église, les assurances de protection qu'il a toujours bien voulu lui donner, l'humanité, la bonté, la douceur qui faisoient son caractère ; il a ajouté : « Aurons-nous donc, Sire, la douleur, en nous en retournant dans nos diocèses, de ne pouvoir y apporter que des assurances de protection et de bonté de V. M. pendant que l'Église est dans les gémissements et dans la douleur, que ses ennemis triomphent, que l'incrédulité même, déjà trop répandue dans votre royaume, semble prendre de nouvelles forces, que les pasteurs sont accablés et n'osent élever la voix, et que leurs fidèles ministres sont obligés de chercher une retraite dans les pays étrangers? » Ce discours a été prononcé d'un ton si pathétique et sans affectation, que plusieurs des auditeurs qui étoient en grand nombre n'ont pu s'empêcher de répandre des larmes.

Du lundi 27. — Mme la duchesse de Duras fit hier ses révérences à la suite de Mme la maréchale de Duras.

Hier, la grande députation du Clergé alla chez M. le chancelier pour la signature du contrat du don gratuit de 16 millions. Cette visite, qui est d'usage, donna occasion à deux questions. Les conseillers d'État sont tous assemblés chez M. le chancelier et toute l'assemblée s'y rend en corps, excepté M. le cardinal de la Rochefoucauld à cause de sa dignité. Lorsqu'il a été question, dans deux séances différentes, que le Clergé rendît compte à M. le chancelier du travail qui avoit été fait au bureau de la juridiction et à celui du département des diocèses; cela s'est fait par une petite députation composée de quatre prélats et de quatre du second ordre; alors le chancelier, le garde des sceaux et les conseillers d'État reçoivent cette petite députation assis; ils ne se lèvent point, ils ôtent seulement leurs chapeaux; mais lorsque cette petite députation se retire, le chancelier et tout le conseil se lèvent; il reconduit les députés d'abord jusqu'à la porte de sa chambre, sans prendre la main sur eux, et lorsqu'ils sont sortis il les reconduit encore jusqu'à la porte de la seconde pièce. M. le chancelier et le conseil ont prétendu que ce devoit être de même lorsque le Clergé vient en corps. En pareil cas on demande toujours des exemples, parce que sur des faits qui se répètent tous les cinq ans, il semble que l'usage doit décider ; mais ce qu'il y a eu de singulier ici, c'est que dans les registres du Clergé, il est marqué que le chancelier et le conseil se sont toujours levés en pareilles occasions, et que dans les registres du conseil le contraire précisément est écrit. Le conseil convient qu'en 1735 M. d'Armenonville, qui étoit alors à leur tête, se leva pour l'assemblée; mais ils disent que c'étoit une nouveauté, qu'ils n'en avoient jamais vu d'exemple auparavant et qu'il n'y en a point eu depuis. Cette question fut traitée hier chez le Roi, qui demanda à quelques-uns des conseillers d'État ce qu'ils avoient vu en pareil cas. Aucun ne s'en souvint assez pour pouvoir l'assurer. Cependant comme il paroissoit que la plus commune opinion étoit qu'on ne s'étoit point levé, le Roi en donna l'ordre. MM. du Clergé, avertis de ce qui avoit été résolu, se déterminèrent à ne point aller chez le chancelier et à retourner à Paris; cependant avant que de prendre ce parti ils voulurent en rendre compte au Roi. Le Roi étoit au conseil d'État; M. le cardinal de la Rochefoucauld et M. l'archevêque de Narbonne lui firent demander la permission de lui parler; le Roi permit qu'ils entrassent, et sur leurs représentations envoya M. de Saint-Florentin dire à M. le chancelier que par provision il falloit se lever, et que l'on examineroit les raisons de part et d'autre dans une autre occasion pour décider. Voilà la première difficulté.

La seconde difficulté a été pour une signature. J'ai déjà dit que les cardinaux ne s'y trouvoient point; il est d'usage que le chancelier signe le premier, et après lui celui qui se trouve président de l'assemblée; c'étoit M. l'archevêque de Narbonne; mais M. le garde des sceaux y étoit, et il prétendit devoir signer après le chancelier. Après quelques représentations de part et d'autre, qui ne peuvent pas mériter le nom de contestations, il fut convenu que M. de Narbonne ne signeroit qu'après le garde des sceaux, sur le fondement que la place de chancelier et de garde des sceaux n'en font qu'une qui se trouve aujourd'hui partagée sur deux têtes. Il fut dit en même temps que le Clergé feroit toutes les protestations qu'il jugeroit nécessaires.

Il s'est élevé encore ces jours-ci une contestation entre le Parlement et le Châtelet. M. de Puisieux, comme tuteur de MM. de Genlis, ses parents, a demandé que leurs affaires qui alloient de droit au bailliage de Chauny, fussent évoquées au Châtelet de Paris; en conséquence, il y a eu des lettres patentes expédiées; elles ont été adressées au Parlement et y ont été enregistrées. Le Châtelet ne veut point les reconnoître et prétend que c'est à son tribunal auquel les lettres patentes devoient être adressées directement.

Du jeudi 30, Versailles. — M. le comte d'Eu a prêté serment aujourd'hui pour le gouvernement de Languedoc; il a donné 14,000 francs pour ce serment.

Du vendredi 31, Versailles. — Les RR. PP. du mont Liban sont ici depuis quelques jours ; ils viennent d'Espagne et de Portugal. Je dois avoir marqué le séjour qu'ils ont fait ici avant que d'aller en Espagne ; ils sont venus pour demander des charités dans les royaumes catholiques ; ils n'ont qu'une maison en Europe qui est à Rome ; ils en ont seize ou dix-sept au mont Liban, y compris quelques hospices qu'ils ont sous la domination des Turcs, car le mont Liban n'est point soumis à la Porte ottomane, il est gouverné par un prince indépendant. Ce prince, quoiqu'il soit idolâtre, traite très-bien les chrétiens, et ceux-ci convertissent souvent des païens, mais presque jamais des Turcs. Outre les quinze ou seize couvents de religieux maronites, il y a six couvents de filles conduits par les mêmes religieux, dont un de filles Sainte-Marie, un autre d'Ursulines et quatre du même ordre qu'eux. Leur fondateur est saint Antoine. Ils sont soumis à un patriarche qui a le titre de nonce du Saint-Siége. Le couvent où demeurent les deux religieux maronites qui sont ici est composé d'environ quarante-cinq religieux ; ils ont une église assez grande et bâtie de belles pierres ; ils avoient des ornements assez riches qu'ils ont vendus et en ont fait faire de simples, mais honnêtes.

Le couvent où demeure le patriarche est à vingt-cinq lieues de celui où demeurent ces deux bons religieux. On compte en tout que le mont Liban peut avoir cent lieues de circuit. Les PP. Maronites sont fort pauvres ; ils ont des dettes, et se voyant pressés par les créanciers ils ont eu recours à la charité des royaumes catholiques. La régularité de leur conduite, leur grande piété et simplicité, enfin leurs malheurs et l'honneur de la religion ont engagé la Reine à s'intéresser vivement à ce qui les regarde ; elle les a honorés de sa protection et recommandation dans les différents diocèses du royaume où ils ont été faire la quête. Elle a encore plus loin porté ses bontés pour eux ; elle les a recommandés et fait recommander à tous ceux qui pouvoient leur rendre service en Espagne et en Portugal. Mais il s'en faut beaucoup qu'ils aient trouvé dans ces deux royaumes des charités aussi abondantes qu'en France ; ils m'ont dit qu'ils n'avoient eu que 13,000 livres de notre monnoie, tous frais faits, de l'Espagne et du Portugal, dont la plus grande partie a été donnée par les rois, reines et infants, et presque tout le surplus par des François établis dans ces deux royaumes ; au lieu que leurs quêtes en France ont monté environ à 60,000 livres tous frais déduits. Il est vrai qu'il leur en a coûté fort cher en Espagne pour vivre, quoique très-simplement. On leur a donné de grandes marques de considération, on pourroit même dire de respect, car l'infant de Portugal, oncle du roi régnant, a baisé le bas de leurs robes ; il leur a donné aussi des secours d'argent, mais ils en ont trouvé peu d'ailleurs dans ce royaume, quoique très-riche. Ils partent incessamment pour aller à Rome, à Naples et même en Sicile, s'ils y peuvent espérer quelques secours charitables. La Reine a bien voulu leur donner une lettre pour le Pape et une pour Mme la princesse d'Ardore, ci-devant ambassadrice en France. Je dois avoir marqué ci-dessus que M. le prince d'Ardore porte à Naples le nom de marquis de Saint-Georges.

Je n'ai point marqué la mort de M. de Boissimène ; j'ai parlé de sa singulière histoire dans le temps que j'en ai été instruit, et depuis ce temps j'ai marqué la commission honorable dont il avoit été chargé par l'Espagne ; il m'en a communiqué les pièces originales, et j'ai gardé copie de quelques-unes avec son agrément. Il avoit quatre-vingt-six ans ; son fils et ses petits-enfants le pressoient beaucoup d'aller demeurer avec eux à Chartres ; il étoit malade et avoit peine à se résoudre à ce voyage ; enfin il y a consenti et y est mort presque en arrivant. Ses petits-enfants sont tous deux dans le service : l'un est dans l'artillerie et l'autre dans les gardes du corps, compagnie de Villeroy.

NOVEMBRE.

Mort du prince de Pons et du maréchal de la Mothe. — Le comte de Saulx nommé chevalier d'honneur de la Reine. — Nouvelles du Parlement. — Défaite du baron Dieskau en Canada. — Les salines de Rozières. — Nouvelles diverses de la Cour. — Nouveaux refus de sacrements. — Lettre du Clergé au Pape et débats dans l'assemblée du Clergé sur les affaires religieuses; les tolérants, les intolérants et les feuillants. — Refus de sacrements; arrêtés du Parlement. — Nouvelles diverses de la Cour. — Ce que rapporte une compagnie des gardes et détails sur la solde. — Naissance du comte de Provence. — L'ouverture du ventre. — Annonce de l'accouchement de la Dauphine à la Ville. — Fête dans la maison du gouverneur de Paris. — Cérémonies dans lesquelles le gouverneur de Paris jette de l'argent au peuple. — Tremblement de terre à Lisbonne. — Mariage des protestants. — Déclaration du roi d'Angleterre à la Hollande au sujet des hostilités contre la France. — Réponse du gouvernement hollandais. — Généalogie de la famille de Broglie. — Mariage de M. de Cambis. — Aventures sur mer. — Un enfant qui a la tête transparente. — Projet de mariage du prince de Monaco. — Troupes de la république de Gênes. — Audience du Roi au Parlement. — Représentations du cardinal de la Rochefoucauld au Roi au sujet de l'archevêque de Paris et réponse du Roi. — Difficultés à Nancy à propos de l'érection de la statue du Roi. — Réception du comte d'Eu comme colonel général des Suisses. — *L'Observateur hollandois.* — Les Anglais continuent à capturer nos bâtiments sans que la guerre soit déclarée. — *Te Deum* à Notre-Dame; révérences, réponses et difficultés.

Du dimanche 2. — M. le prince de Pons mourut hier à Paris; il avoit soixante ans. Il étoit chevalier de l'Ordre depuis 1724 et lieutenant général de la promotion de 1744, le 2 mai. M. le prince de Pons avoit épousé Mlle de Roquelaure, sœur de Mme la princesse de Léon; il en avoit eu M. le comte de Marsan, mort le 2 mai 1743, un autre garçon mort le 13 janvier 1727, M. le prince Camille, Mme la comtesse de Béjar, Mme la princesse de Turenne et une troisième fille qui est chanoinesse de Remiremont (1).

Ce fut M. l'évêque de Dijon (d'Apchon) qui officia hier.

---

(1) A l'enterrement de M. le prince de Pons, les princes lorrains, ses parents, avoient des manteaux dont la queue étoit portée par un gentilhomme. Celui de M. de Brionne étoit porté par deux pages de la grande écurie. (*Note du duc de Luynes.*)

M. l'abbé de la Tour-du-Pin prêcha; la quêteuse étoit Mme la duchesse de Montmorency-Tingry.

Du mardi 4. — M. le maréchal de la Mothe mourut avant-hier à Paris; il avoit soixante-huit ans; il étoit chevalier de l'Ordre et chevalier d'honneur de la Reine.

La Reine a demandé ce matin au Roi de vouloir bien nommer pour son chevalier d'honneur M. le comte de Saulx, menin de Mgr le Dauphin, fils de M. le comte de Tavannes, qui commande en Bourgogne, et neveu de M. l'archevêque de Rouen; cette grâce vient d'être déclarée (1).

Le Roi ayant fait mander les gens du Roi par M. le chancelier, ils sont venus aujourd'hui; le Roi leur a dit qu'il vouloit que les remontrances de son Parlement lui fussent remises dimanche prochain; qu'il ne vouloit point de grande députation, mais seulement la moitié.

M. Angran, procureur général du grand conseil, est venu apporter au Roi un arrêt de la chambre des vacations du Parlement de Rouen qui défend aux justices inférieures de son ressort d'enregistrer la dernière déclaration du Roi. S. M. a répondu à M. Angran qu'il vouloit que sa déclaration eût sa pleine et entière exécution, et qu'il manderoit le président de la chambre des vacations avec deux conseillers et les gens du Roi pour venir recevoir ses ordres.

M. le prince de Pons avoit 25,000 livres de pension du Roi, sur quoi S. M. avoit bien voulu en donner six à Mme de Marsan, sa fille, qui est chanoinesse de Remiremont. La famille a représenté au Roi le mauvais état des affaires de M. le prince de Pons, et S. M. a bien voulu accorder à M. le prince Camille, son fils,

---

(1) La Reine avoit pris cet arrangement avec M. l'archevêque de Rouen à la mort de M. le maréchal de Nangis, et s'il n'eût pas sur-le-champ son ex, ce fut parce que le Roi ne put refuser M. de la Mothe aux instantes sollicitations de Mme de Ventadour. (*Note du duc de Luynes.*)

15,000 livres de la pension vacante par la mort de son père et 5,000 livres d'augmentation à Mme de Marsan ; ainsi le Roi payera pendant la vie des deux enfants de M. le prince de Pons les mêmes 25,000 livres dont le père jouissoit.

Du vendredi 7. — On trouvera ci-après l'arrêté du Parlement du 5 :

La Cour, en délibérant sur ce qui a été dit par les gens du Roi, a arrêté qu'ils retourneront par devers le Roi à l'effet de lui représenter que son Parlement, pénétré du plus profond respect pour les volontés dudit seigneur Roi, désireroit être en état de lui donner des preuves en se rendant auprès de sa personne au jour qu'il voudra bien indiquer pour recevoir ses remontrances et écouter ses représentations ; mais qu'il ne peut se dispenser de supplier ledit seigneur Roi de considérer :

1° Que son Parlement a arrêté le 2 octobre dernier de très-humbles et très-respectueuses remontrances sur les entreprises des gens du grand conseil et que l'importance et la multiplicité des objets n'ont permis de les fixer que le 27 du même mois ;

2° Qu'avant que lesdits objets fussent fixés, il a été surpris à la bonté dudit seigneur Roi en faveur des gens du grand conseil une déclaration sur la forme et le fond de laquelle son Parlement n'a pu se dispenser d'arrêter, le 16 octobre dernier, qu'il seroit préalablement fait des représentations audit seigneur Roi ;

3° Que son Parlement ayant supplié ledit seigneur Roi de lui faire savoir le jour, le lieu et l'heure qu'il lui plairoit recevoir lesdites représentations préalables, ledit seigneur Roi a répondu que son intention étoit de recevoir les représentations en même temps que les remontrances ;

4° Que quelque important qu'il fût que ledit seigneur Roi voulût bien écouter incessamment lesdites représentations, néanmoins, pour se conformer à ses intentions, son Parlement n'a pas cru devoir insister, et se livrant entièrement au travail qu'exigent lesdites remontrances, il a continué au 12 de ce mois la délibération pour fixer lesdites représentations ;

5° Enfin que l'importance desdites remontrances et la nécessité de les soutenir par des preuves incontestables mettent son Parlement dans l'impossibilité de les présenter avant la fin de ce mois.

On dit qu'il y a arrêt du parlement d'Aix contre l'enregistrement de la déclaration du grand conseil.

Il y a de mauvaises nouvelles d'Amérique. Nos ministres les ignoroient entièrement avant-hier ; ils n'en furent instruits que par les lettres d'Angleterre. Elles disent qu'il y a eu un combat le 7 de septembre ; que l'affaire a été très-vive ; que M. Dieskau, qui commandoit nos troupes de débarquement, a été tué (d'autres disent blessé de plusieurs coups et prisonnier) ; que M. de Saint-Pierre, qui commandoit sous lui, a été blessé à mort, et que de 1,100 hommes que nous avions à cette affaire, il y en a eu 500 tués ou blessés. La circonstance d'avoir été instruit de bonnes nouvelles de l'Amérique d'abord par l'Angleterre, peut faire ajouter foi à cette malheureuse nouvelle. Ce qui pourroit en faire douter, c'est que l'on mande de Paris qu'il y a huit jours que l'on parle de cet événement. On y dit même notre perte encore plus considérable, et les actions de ce moment sont tombées au point de n'avoir plus de prix.

M. Dieskau étoit Allemand ; il prenoit le titre de baron et on le disoit homme de condition. Il devoit sa fortune à M. le maréchal de Saxe à qui il avoit été attaché. M. de Saxe lui avoit même donné une commission de confiance. On sait qu'il avoit été élu duc de Courlande par les états assemblés à Mittau. Cette élection n'ayant pu se soutenir, M. de Saxe, qui aimoit autant à avoir de l'argent qu'à le dépenser, songea à tirer parti du titre de duc de Courlande ; il demandoit 500,000 roubles (1) au nouveau duc pour lui donner une abdication qui assurât ses droits. Ce fut le baron Dieskau qui s'est chargé de cette négociation. Je ne sais quel en fut le succès, mais on croit que le maréchal de Saxe en tira quelque dédommagement.

L'assemblée du Clergé, qui avoit continué ses séances en n'observant plus le grand cérémonial, finit totalement avant-hier.

---

(1) Le rouble vaut environ 100 sols monnoyés de France. (*Note du duc de Luynes.*)

Mme de Bonnac fut présentée avant-hier; elle revient de Hollande; elle est fille de M. de la Grandville.

Le corps de M. le maréchal de la Mothe a été porté au Fayel, mais la cérémonie de le porter en dépôt à la paroisse fut faite suivant l'usage, et c'est le maréchal de Duras qui a mené le deuil.

Mme de Saint-Georges est morte à Paris âgée de près de cent ans. Son mari, officier des mousquetaires, est mort à peu près au même âge. Le nom de Mme de Saint-Georges étoit la Cour des Chiens; elle laisse son bien à M. de Besson, son neveu, dont le père s'étoit acquis de la réputation dans l'artillerie et la marine et avoit apporté de Barbarie en France les pintades dont il en lâcha plusieurs dans l'île Fouquerolles avec des paons, et ces animaux devinrent sauvages. Ce M. de Besson le père avoit épousé une Berrier de la Ferrière, arrière-petite-fille de l'ancien premier président de Novion.

Du samedi 8, Dampierre. — On trouvera ci-dessus dans mon journal un article assez long et détaillé par rapport au sieur Gauthier, homme de génie et de talent connu et protégé de M. le maréchal de Belle-Isle. On lira dans cet article les cruels effets de la jalousie des ennemis du sieur Gauthier, à l'occasion des salines de Rozières. Cependant les grands avantages qui revenoient à la Lorraine par le projet du sieur Gauthier ont enfin décidé en sa faveur; il a eu l'entreprise des salines de Rozières. Non-seulement il donnera, dans peu d'années d'ici, le sel à presque moitié meilleur marché qu'on ne le fournit présentement, mais il diminue prodigieusement la consommation de bois, qui étoit une charge importune et désavantageuse pour tous les seigneurs voisins, et au lieu de 50 à 60 mille cordes que les entrepreneurs achetoient dans le pays et que l'on étoit forcé de leur vendre, cette consommation n'ira guère qu'à 5 ou 6 mille cordes par an.

On trouvera ci-après la copie d'une lettre que je reçois de Versailles.

M. le prince Camille, M. le prince de Turenne et M. d'Estouteville ont fait aujourd'hui leurs révérences en manteau à l'occasion de la mort de M. le prince de Pons. Les princesses de Lorraine les feront demain en mantes. C'est aussi demain que M. de Saulx prête son serment.

On vient d'apprendre que le fils aîné du duc de Rochechouart est mort; son père y perdra plus de 30,000 livres de rente; mais il sera délivré d'une grande inquiétude, et la famille auroit toujours craint qu'on ne lui eût fait faire quelque mauvais mariage. Il avoit quatorze ou quinze ans.

La députation du Parlement eut audience du Roi hier matin. La harangue avoit pour motif que le Roi devoit accorder à son Parlement au moins la même grâce que sa bonté et son équité lui faisoient accorder à tous ses autres sujets, qui étoit de les entendre avant que de les juger. Cela étoit tourné avec égards et avec respect. Le Roi leur a donné jusqu'au 27 de ce mois pour les remontrances.

Les mandés du Parlement de Rouen à la suite de la Cour disent que la chambre des vacations a été bien vite, qu'ils sont persuadés que si le Parlement avoit été à Rouen, il ne se seroit pas conduit ainsi. Il y aura ce soir comité chez M. le chancelier où on les entendra.

Avant-hier, au retour de la chasse, M. le duc de Montmorency alla essayer un cheval du côté du bassin de Neptune; il fit une chute, se blessa assez considérablement et fut saigné deux fois dans la soirée. On espère cependant que cela n'aura pas de suite.

Les gens du Roi du Parlement de Rouen ont ordre de rester à la suite de la Cour sans y paroître. Ce sera M. le chancelier qui leur donnera les ordres du Roi.

Du lundi 10. — Le Roi a donné l'abbaye de Saint-Vandrille à M. le cardinal de la Rochefoucauld. S. M., à la prière de M. le cardinal de la Rochefoucauld, a accordé sur cette abbaye une pension de 10,000 livres à la cathédrale de Bourges.

Extrait d'une lettre de Versailles d'aujourd'hui.

Il y a eu deux refus de sacrements nouveaux, l'un à Sainte-Marguerite à Paris, le malade n'ayant jamais voulu dire s'il avoit été confessé et si c'étoit à un prêtre approuvé. On a décrété le prêtre d'ajournement personnel, car vous savez qu'il n'y a ni curé ni vicaire dans cette paroisse. L'autre est à Orléans, le malade n'ayant pas voulu recevoir la visite de son curé. Le présidial a ordonné à un des chanoines qui s'est séparé du chapitre, de porter les sacrements, ce qui a été fait ; ainsi voilà les abus recommencés comme à l'ordinaire.

On parle toujours de ce second combat dans l'Amérique où nous avons eu l'avantage; mais il n'y a rien de certain.

J'ai marqué la séparation de l'assemblée du Clergé et la lettre que ce corps respectable a écrite au Pape ; cette lettre n'a été que la suite de la diversité d'opinions qui s'est trouvée dans l'assemblée ; elle est, comme l'on sait, composée de trente-deux prélats et de trente-deux du second ordre. M. l'abbé d'Apchon étoit un de ceux du second ordre de cette assemblée ; ayant été nommé à l'évêché de Dijon et sacré pendant l'assemblée, il a été joint aux prélats. Ce qui fait l'objet des questions présentes sur l'administration des sacrements et sur la déclaration du Roi a été discuté dans le plus grand détail et avec la volonté la plus sincère de concourir au bien de la paix, sans manquer aux devoirs essentiels de l'épiscopat ; c'est cette conciliation qui a souffert de grandes difficultés. M. le cardinal de la Rochefoucauld a fait tout ce qui a dépendu de lui pour réunir les suffrages à une même voix. La plupart des principaux prélats de cette assemblée ont gardé et gardent encore un silence inviolable sur le détail des délibérations dont il est vraisemblable que le Roi étoit instruit par M. le cardinal de la Rochefoucauld ; on a su cependant qu'il y a eu cinq articles arrêtés par l'assemblée et approuvés par tous. Je n'ai pas pu bien savoir ce que contiennent ces articles. On m'a dit qu'ils regardoient l'administration des sacrements et les questions qu'il convient de faire aux malades en danger de mort. Dix-sept des prélats ont voulu que l'on s'en tînt à ces cinq articles ; les seize autres ont jugé qu'il pouvoit y avoir des inconvénients si l'on y donnoit quelques explications; en conséquence, ils ont dressé quatre autres articles pour l'intelligence des cinq premiers. Il y a eu scission aussi dans le second ordre. A la tête des dix-sept sont M. le cardinal de la Rochefoucauld, M. l'archevêque de Narbonne et mon frère. On dit qu'à la tête des autres est M. l'évêque de Langres et M. l'évêque d'Amiens. On m'a assuré que la différence de ces quatre articles aux cinq premiers est si imperceptible qu'il faut avoir étudié cette matière à fond pour en juger; mais enfin les dix-sept qu'on a appelés *les tolérants* n'ont jamais pu ramener les seize qu'on appelle *les intolérants*. On a donné aussi des noms de plaisanterie à ceux du second ordre, et comme il y a eu quelques-uns de ceux du second ordre qui des intolérants ont passé aux tolérants, on les a appelés *feuillants*, parce qu'on a supposé que la feuille des bénéfices de M. le cardinal de la Rochefoucauld a pu les déterminer. Il falloit cependant convenir de quelque chose; tout ce qu'on a pu faire a été d'écrire d'un commun consentement une lettre au Pape; cette lettre a été remise entre les mains du Roi, qui s'est chargé de l'envoyer. Je n'ai point vu cette lettre, mais je sais que le Clergé y expose l'état de la question et la diversité des opinions et demande l'avis du Pape. Ce n'est pas sans peine que M. de la Rochefoucauld est parvenu à faire consentir sur l'unanimité de cette lettre, mais enfin elle est écrite du consentement de toute l'assemblée.

M. le comte d'Eu a prêté serment aujourd'hui pour la charge de général des suisses; il a quitté son épée et son chapeau.

On a signé le contrat de mariage de M. de Bréhant avec Mlle de Baudry.

Le Roi a cassé l'arrêt du Parlement de Rouen.

Mmes de Marsan, de Turenne et de Mirepoix ont fait leurs révérences, après le salut, dans le cabinet.

Du mardi 11. — On trouvera ci-après l'arrêté du Parlement d'aujourd'hui :

Hier les chambres furent assemblées depuis trois heures jusqu'à dix heures du soir.

On commença par recevoir la dénonciation ou plainte de M. le procureur général au sujet du refus de sacrements fait samedi et dimanche derniers au sieur Cousin, marchand mercier faubourg Saint-Antoine, par le porte-Dieu et le desservant de Sainte-Marguerite.

Le porte-Dieu a refusé, faute de billet de confession, et le desservant parce que le malade n'a pas voulu se livrer à une conversation particulière avec lui, et a déclaré qu'ayant été confessé par un prêtre approuvé du diocèse, il avoit satisfait à tout ce qu'il falloit pour recevoir les sacrements. Sur la plainte de M. le procureur général, il y a eu un premier arrêt qui a ordonné qu'il seroit informé sur-le-champ et que le malade seroit entendu en déposition, même récollé.

En conséquence, l'information a été commencée pendant que Messieurs sont restés assemblés ; mais comme on ne put entendre que deux témoins, dont l'un est l'huissier qui a fait la sommation avec deux prêtres, et l'autre un voisin du malade, on a ordonné par un second arrêt qu'il seroit fait aujourd'hui nouvelle sommation au desservant pour faire cesser le scandale résultant du refus de sacrements et de satisfaire à tout ce qui est de son ministère auprès du malade. La délibération a été continuée à demain 12 novembre, sept heures du matin.

Le Parlement a usé de modération envers le desservant en ordonnant la nouvelle sommation, car il doit être prouvé par les dépositions des deux témoins entendus que ce desservant a dit qu'il persisteroit à refuser les sacrements tant que le malade ne voudra pas l'entendre en particulier, et que c'est un plan pris dont on ne démordra pas.

Le malade et autres témoins seront entendus aujourd'hui, et si le desservant continue de refuser, comme il y a apparence, gare le décret de prise de corps pour demain matin.

On dit que les autres prêtres de Sainte-Marguerite feront de même. Le malade a été autrefois attaché à M. le cardinal de Noailles qui l'aimoit beaucoup. On dit aussi que feu M. Colbert, évêque de Montpellier, le considéroit beaucoup.

Il y a eu 12 voix hier pour décréter le desservant contre 31 qui ont fait l'arrêt.

Du mercredi 12. — M. de Lastic partit hier pour aller à Verdun voir son fils, qui est à l'extrémité d'une fluxion de poitrine. Mme de Brancas est allée à Paris pour les couches de sa petite-fille, qui est en travail.

Voilà les nouvelles que je reçois du Parlement d'aujourd'hui :

Les chambres ont décrété de prise de corps ce matin le desservant et deux porte-Dieu de Sainte-Marguerite, et ordonné la continuation des informations ; et attendu le scandale résultant de la persévérance du refus de sacrements au malade, il est enjoint au vicaire et à tous les autres prêtres de la paroisse successivement de remplir à l'égard du malade les fonctions de leur ministère en satisfaisant à ce qu'exigent d'eux les canons reçus dans le royaume, la déclaration du Roi du mois de septembre 1754 et les arrêts et règlements de la Cour. Les gens du Roi sont chargés de l'exécution de cet arrêt et d'en rendre compte demain à dix heures aux chambres assemblées.

On espère qu'un vieux prêtre de Sainte-Marguerite pourra administrer le malade aujourd'hui.

Il y aura aussi demain chambres assemblées et travail de commissaires pour les représentations et quelques nouveaux articles qu'on veut ajouter aux remontrances concernant la déclaration du grand conseil.

Du vendredi 14. — Le malade du faubourg Saint-Antoine est mort après avoir été administré. Voici l'histoire : Les marguilliers de Sainte-Marguerite voyant tous leurs prêtres évadés pour ne pas administrer Cousin, ont été à Conflans représenter le besoin de leur paroisse à M. l'archevêque, qui a ordonné au vicaire de Conflans d'aller à cette paroisse donner les sacrements à ceux qui en auroient besoin, excepté à Cousin. L'huissier qui a fait les premières sommations au desservant, sachant le vicaire de Conflans arrivé, a été aussi lui faire une sommation ; il a pris le parti d'administrer et a mieux aimé encourir l'interdiction que le décret de prise de corps.

Du dimanche 16. — M. de Saulx a demandé d'avoir l'honneur quelquefois de suivre Mgr. le Dauphin chez le Roi et d'y entrer à sa suite, comme quand il étoit menin. Le Roi lui a accordé. Il en a joui aujourd'hui.

On a signé aujourd'hui le contrat de mariage de M. de Cambis avec Mme de Chimay ; la noce se fera mardi 18, à Bellevue. Mme de Pompadour a donné de très-beaux diamants ; Mme de Mirepoix donne les habits. On donne à Mme la princesse de Chimay un logement au Luxembourg.

Mme de Soyecourt (Bérenger) est accouchée d'une fille.

Du lundi 17. — M. de Vaudreuil s'est retiré; on lui a donné le gouvernement de Gravelines, qui vaut 18,000 livres de rente. M. de Guers est lieutenant-colonel et M. de Cornillon vient d'être déclaré major; il vient de me dire qu'une compagnie des gardes ne valoit que 9,000 livres de rente, et que la majorité en vaut 17 à 18,000. Dans les 9,000 livres que vaut une compagnie des gardes est compté ce qu'on appelle le logement. Toutes les maisons des faubourgs sont taxées. Ceux qui sont exempts, par leur état ou par des charges, ne payent rien lorsqu'ils habitent eux-mêmes leurs maisons, mais lorsqu'ils les donnent à loyer ils payent la taxe. Du total de ces taxes on donne à chacun des trente-trois capitaines aux gardes 2,500 livres pour le logement de leur compagnie. Sur cette somme, les capitaines sont obligés de loger les cent trente soldats de leur compagnie (y compris les sergents) ou de leur donner 20 livres par an à chacun des soldats qu'ils ne logent point et 40 ou 50 livres à chacun des six sergents. Ils doivent fournir des meubles et ustensiles nécessaires, et s'il y a du superflu, c'est le profit du capitaine. Les soldats ont 7 sous de paye, sur quoi les retenues déduites il leur reste un peu plus de 6 sous. On leur donne tous les ans trois paires de souliers, une paire de bas, une paire de guêtres; le surplus est aux frais du capitaine; ils sont habillés de neuf tous les trois ans; la seconde année on répare et raccommode les habits; la troisième on les retourne.

Mme la Dauphine est accouchée d'un prince; on trouvera ci-après la copie du détail que m'a envoyé M. de Gesvres.

Les douleurs prirent à Mme la Dauphine à trois heures du matin; on me vint chercher; je descendis chez elle, sans passer par chez le Roi; je trouvai S. M. déjà arrivée dans la chambre de Mme la Dauphine que je trouvai sur son lit de travail. J'envoyai un de mes pages avertir l'hôtel de ville que Mme la Dauphine étoit en travail. Au bout d'une heure, Mme la Dauphine accoucha de Mgr le comte de Provence. D'a-

bord que Mme de Marsan m'eut dit que c'étoit un prince et me l'eut
fait voir je reçus l'ordre du Roi pour envoyer apprendre à la ville
cette agréable nouvelle. Je fis sur-le-champ partir à cheval M. de
Fiennes, officier de mes gardes, pour porter la nouvelle. Mon page,
qui avoit porté la nouvelle des douleurs, et M. de Fiennes eurent le
présent accoutumé.

Peu de temps après, le Roi envoya M. de Danteville, chef de brigade des gardes du corps, auprès de Mgr le Dauphin en porter la
nouvelle de sa part, et ensuite M. de Dreux y alla aussi de la part
du Roi pour enregistrer la naissance de Mgr le comte de Provence.
Le Roi reçut l'après-midi les visites de toutes les princesses et dames
de la Cour, qui passèrent par devant S. M., qui étoit debout dans son
cabinet du conseil. J'en avois fait ranger la table. On entroit par l'appartement du Roi et on sortoit par la galerie. Les hommes ne passèrent point et ne firent point de révérences. Il y eut le soir un bouquet d'artifice; j'allai chercher la Reine quand il fut prêt à tirer. Le
Roi vit le feu de dedans sa grande chambre; j'avois fait éteindre toutes
les bougies. La Reine, Mgr le Dauphin et Mesdames étoient dans cette
même chambre, et Mgr le duc de Bourgogne dans le cabinet du conseil. Toutes les dames et les hommes virent le feu de l'appartement du
Roi; il étoit à l'esplanade.

Du mercredi 19. — Avant-hier on tira à huit heures
un petit feu d'artifice dans la place d'Armes vis-à-vis
la grille; il fut fort court et assez vif; un prodigieux
nombre de fusées. On n'avoit pas eu le temps de préparer autre chose. Le même jour, M. de Blamont, maître
de musique de la chapelle, fit exécuter un *Te Deum* à la
messe du Roi, et hier la musique de la chapelle en fit
exécuter un à la messe. C'est dimanche qu'on chantera
un *Te Deum* à Notre-Dame et que l'on tirera le feu de la
ville. Tout cela ne se fait qu'après une lettre de cachet
que le Roi écrit au gouverneur de Paris. J'ai vu celle
écrite à M. de Gesvres; elle est à peu près dans ces termes:
« Mon cousin, je ne doute pas de la satisfaction que vous
avez eue de l'heureux accouchement de ma fille la Dauphine et de la naissance du prince mon petit-fils; je
compte qu'en conséquence vous en donnerez part à ma
bonne ville de Paris. » Aussitôt la nouvelle du travail, le
gouverneur envoie un de ses pages à l'hôtel de ville, et

se rend ensuite chez Mme la Dauphine. Il voit arriver l'enfant dans le grand cabinet, et quoiqu'il le voie, le cérémonial est qu'il demande à la gouvernante quel est l'enfant dont Mme la Dauphine est accouchée; il ne suffit pas qu'elle lui montre, il faut qu'elle lui dise, et aussitôt il fait partir un officier de ses gardes pour aller à la Ville. Cet officier, comme j'ai déjà dit ailleurs, a une pension de 500 écus de la Ville quand cet enfant est un dauphin ou un duc de Bourgogne; il a une gratification pour chacun des autres princes; il en a aussi pour une princesse quand c'est le premier enfant. C'est ce qu'on appelle *l'ouverture du ventre*. Lorsque le page du gouverneur arrive à la Ville et que le prévôt des marchands est averti, celui-ci fait avertir les échevins et tout ce qui compose le corps de Ville. Tous s'assemblent à l'hôtel de ville et y demeurent jusqu'à ce qu'ils aient la nouvelle de l'accouchement. Cette nouvelle leur arrive par trois voies différentes : 1° par l'officier des gardes du gouverneur; 2° par l'officier des gardes du Roi : c'est un exempt pour une princesse; un chef de brigade pour un prince; enfin, par le grand-maître ou le maître des cérémonies qui vient assister à l'enregistrement de la naissance qui se fait sur les registres de l'hôtel de ville. J'ai dit ailleurs que l'officier des gardes du Roi reçoit de la Ville le présent d'une tabatière plus ou moins belle, suivant la naissance qui est annoncée.

Le jour du *Te Deum* à Notre-Dame et du feu à la Grève, il y a, à l'hôtel de ville et dans la maison du gouverneur de Paris, une espèce de fête; on y donne à boire et à manger, de la viande froide et du vin, et l'on y danse une partie de la nuit. Cette dépense de rafraîchissements pour le peuple est assez considérable. L'usage ancien étoit qu'elle se fît aux frais du gouverneur pour ce qui se donnoit dans sa maison; il n'y a qu'environ quinze ou seize ans que M. de Maurepas représenta au Roi qu'il n'étoit pas trop juste que ces frais fussent à la charge de M. le duc de Gesvres ; en conséquence, le Roi ordonna que la ville enverroit chez les gouverneurs tous les rafraîchissements nécessaires, et cela s'est toujours pratiqué depuis.

Les jours de *Te Deum* à Notre-Dame et de feu de la Ville, le gouverneur doit assister à l'un et à l'autre ; alors il marche en grande représentation, accompagné de ses gardes. Dans ces occasions de représentation, il jette toujours de l'argent dans les rues ; ce sont des pièces de 24 sols, des petits et gros écus ; devant la statue d'Henri IV sur le pont Neuf il jette toujours quelques pièces d'or. Quand il y a des occasions où il se rend en cérémonie au palais, l'usage est aussi qu'il y jette toujours de l'or ou point d'autre monnaie que des écus ou petits écus. Il n'y a point de ces promenades en cérémonie du gouverneur de Paris, où il ne dépense environ 1,000 écus. Pendant la dernière guerre où les *Te Deum* se renouveloient souvent, M. de Gesvres prenoit quelquefois des prétextes pour ne s'y pas trouver.

J'oubliois de dire que le jour de l'accouchement de la Reine ou de Mme la Dauphine, non-seulement le canon des Invalides et de la Bastille tire dans le moment que la nouvelle est arrivée, mais aussi la cloche de la Ville sonne en tocsin jusqu'à minuit ; celle du palais sonne aussi au moment de cette même nouvelle.

On eut hier des nouvelles d'un horrible accident arrivé à Lisbonne ; cette ville capitale du Portugal, riche et bien peuplée, vient d'être détruite presque entièrement en une nuit par un tremblement de terre. La famille royale s'est sauvée en chemise ; notre ambassadeur a fait de même et celui de l'Espagne, nommé M. de Paralada, en sortant de sa maison pour se sauver de la même manière, a été écrasé par le massif des armes d'Espagne qui étoient sur le frontispice de son palais et qui lui est tombé sur la tête. Ce tremblement s'est fait sentir le même jour à Madrid ; on l'a senti le même jour à Bayonne et même jusqu'à Bordeaux. Il a fait aussi périr beaucoup de monde à Cadix. Tous les habitants de cette dernière ville, à la première secousse, vouloient sortir de la ville; le commandant a fait fermer les portes; cet ordre a été fort utile, car il n'en a péri que 50 ou 60 dans la ville; mais il y en avoit déjà mille ou environ de sortis; ils s'étoient retirés sur une chaussée qui avance dans la mer; l'agitation étoit si violente, que la chaussée a été inondée et tous ceux qui étoient dessus ont péri.

On trouvera ci-après la copie d'une lettre de Madrid au sujet du tremblement de terre.

Les lettres du précédent ordinaire auront sans doute fait mention d'un tremblement de terre que nous avons essuyé le 1er de ce mois vers les dix heures du matin. Il fut violent; quelques bâtiments s'en ressentirent, mais il n'y eut de malheurs que la mort de deux enfants qui furent écrasés par une croix de pierre qui tomba du frontispice d'une église. Il fut à peu près de même à l'Escurial, d'où le Roi et la Reine revinrent le même jour. Toute l'Espagne l'a ressenti plus ou moins, et il y a eu des endroits où des édifices ont été ruinés et où il a péri quelques personnes en petit nombre. Tout cela n'est rien eu égard à ce que nous avons appris de Lisbonne. Cette florissante ville est ruinée de fond en comble par un débordement de la mer, par le tremblement de terre et par le feu, qui a pris à une maison, et qui, par un vent violent, a consumé le reste, faute de secours.

La famille royale se trouvoit heureusement à une maison de campagne et est restée saine et sauve; mais rien de plus touchant que ce que ce malheureux Roi (1) écrit à celui d'Espagne : « Mon frère, la main de Dieu s'est appesantie sur moi; je me trouve sans ma capitale, sans palais, sans trésors, sans sujets et sans savoir si j'aurai à manger pour aujourd'hui et demain. Je suis campé moi et ma famille sous des baraques. » L'Infant Don Petro (2) fait un plus long détail à la Reine sa sœur. Il lui dit que la mer se retira et que les eaux baissèrent considérablement avec un bruit affreux, et qu'elles remontèrent avec tant de violence qu'elles submergèrent tout le bas de la ville, où est le Palais, qui fut submergé et d'abord ruiné par les secousses. La célèbre

---

(1) Joseph Ier, marié à Marie-Anne-Victoire d'Espagne, sœur du roi d'Espagne Ferdinand VI, marié à Marie-Madeleine-Josèphe-Thérèse-Barbe, sœur du roi de Portugal Joseph.

(2) Frère du roi de Portugal.

patriarchale qui y étoit jointe, la douane, la contractation des Indes, enfin tout le bas eut le même sort, tandis que les hauteurs étoient ruinées par les secousses. Le feu prit à une maison et fut si fort animé par les vents violents, que l'embrasement devint dans peu général, faute de secours, parce que ceux qui n'étoient pas enterrés sous les ruines générales cherchoient leur salut dans la fuite vers la campagne. Ce prince, qui écrit du 4, dit que l'on sentoit encore des mouvements du tremblement, que la ville brûloit encore et qu'il avoit la douleur de n'avoir pu ni par prières, ni par offres, ni par promesses, ni par menaces, engager personne entre tant de peuple épars dans la campagne à aller donner des soins pour couper le feu et en préserver ce qui pourroit l'être encore; qu'il avoit aussi celle de voir l'affreuse misère de tout ce peuple dispersé, mourant bientôt de faim, dans l'impossibilité de le secourir. La famille royale est sur le point de se voir dans la même extrémité, d'autant que les nouvelles qu'on reçoit des pays voisins présentent le même tableau.

L'ambassadeur d'Espagne a péri avec nombre de sa maison : son fils, âgé de quatorze ans, et son gouverneur ont eu le bonheur de se sauver, et furent recueillis par l'ambassadeur de France, ainsi que le reste qui put se sauver de l'hôtel; il les amena avec lui et toute sa maison à sa maison de campagne, où il n'est pas à son aise, mais où enfin il existe.

Le gros commerce de cette ville fait assez comprendre les pertes immenses que feront toutes les nations de l'Europe; les Angloïs en supporteront la plus forte partie, puisqu'on assure qu'ils possédoient plus des trois quarts de ce commerce. On calcule en gros que la moitié des habitants a péri, sans y comprendre un grand nombre qui se sont sauvés blessés ou estropiés.

Plus il nous viendra de relations et plus elles seront funestes. Le roi d'Espagne a d'abord envoyé de l'argent, et l'ordre à toutes les frontières d'y porter des vivres. Dieu veuille que ces secours arrivent à temps!

Nous savons que le tremblement de terre s'est fait sentir faiblement à Bayonne et à Bordeaux, partout à la même heure. Dieu nous en préserve! On ajoute que les bâtiments qui étoient dans la rivière de Lisbonne y ont péri.

Nous apprenons par le courrier ordinaire de Cadix que cette ville s'est vue au moment de son entière ruine; après les violentes secousses du tremblement de terre, la mer grossit et battit si impétueusement, qu'elle ruina partie des fortifications et entra dans la ville. Dieu s'apaisa et fit retirer les eaux, qui en même temps avoient submergé la langue de terre par où cette ville tient au continent; tout ce qui a eu le malheur de s'y trouver a péri.

A Séville, toutes les églises sont fermées et menacent ruine; quantité de maisons sont écroulées, et beaucoup d'autres ne tiendront pas longtemps; il a péri 24 personnes; toutes les villes et villages des environs ont également souffert. Le nonce du pape en Portugal, en écrivant le 4 à celui d'ici, date sa lettre : « De l'endroit où fut autrefois Lisbonne ». J'ajouterai que le roi d'Espagne a fait remettre 4,000 pistoles d'or au secrétaire de l'ambassade en Portugal pour secourir la maison du feu comte de Peralada; que S. M. Catholique a fait son fils, qui n'a que neuf à dix ans, gentilhomme de la chambre avec 500 pistoles de pension, et qu'elle a donné ordre à tous les intendants qui sont à portée des frontières de Portugal de fournir sur les demandes de S. M. Très-Fidèle tout l'argent, les grains et autres secours qui seroient en leur pouvoir.

Du jeudi 20. — Le Roi a accordé à M. de Baye le cordon rouge et la permission de le porter dès ce moment; c'est une grâce particulière, quoiqu'il n'y ait point de cordon vacant. Cette même grâce avoit été accordée de la même manière à M. de Streef, qui étoit attaché au roi de Pologne et qui commandoit la même compagnie de cadets. Il mourut il y a environ deux ans. M. de Baye est capitaine de cavalerie et brigadier. Le roi de Pologne, duc de Lorraine, lui a donné à Lunéville le commandement de sa compagnie de cadets. M. de Baye est fils de Mme de Pleneuf et frère de Mme de Prie. On n'ignore pas les raisons que le roi de Pologne peut avoir à s'intéresser à ce qui regarde la famille de Mme de Prie. M. de Baye a épousé une sœur de Mme de Montconseil, Mmes de Monconseil et de Baye, et M. de Curzay, qui commandoit les troupes françoises en Corse, sont tous trois enfants d'un M. de Curzay, frère de Mme de Pleneuf. Mme de Montconseil a été dame d'atours de la feue reine de Pologne Opalinska.

Il paroît depuis peu un imprimé écrit avec beaucoup d'esprit et de sagesse au sujet des mariages des protestants. L'auteur représente que lors de la révocation de l'édit de Nantes, en 1635, il fut défendu aux protestants de se marier autrement qu'en face de l'Église; et il fut dit que tout mariage qui seroit contracté autrement seroit regardé comme illégitime et les enfants bâtards. Il ajoute que depuis soixante et dix ans que cette règle subsiste, la plupart des protestants n'ont pas voulu se soumettre à cette loi, et qu'ils ont mieux aimé se marier dans des lieux inconnus et sans formalité de justice ni de religion catholique ; c'est ce qu'ils appellent *se marier au désert;* que quelques autres se sont soumis à la loi et aux épreuves préalables qu'elle exige ; et qu'aussitôt après leur mariage ils sont retournés à leurs premières erreurs ; que l'utilité des mariages dans un État est trop connue pour entrer sur cela dans aucun détail ; que cette utilité est encore plus grande parmi les protestants que parmi les catholiques, puisque leur religion les excluant des monastères et des ordres sacrés, la propagation chez eux doit être bien plus considérable que chez les catholiques ; que même cette espèce de sujets peut être, par une autre considération, d'une grande utilité à l'État, puisque ne pouvant prétendre à aucunes charges, emplois ni dignités dans l'État, ils sont forcés, en quelque manière, de se livrer entièrement à l'agriculture, au commerce et à tous les arts utiles. Ils payent aussi régulièrement que les catholiques, et sans murmurer, toutes les charges de l'État ; cependant ils y éprouvent un traitement rigoureux puisque leurs mariages n'étant autorisés ni par l'Église ni par le prince, leurs enfants n'ont point d'état ; et leurs successions peuvent toujours être disputées devant les tribunaux séculiers ; que la sévérité de cette loi a fait sortir et fait sortir encore tous les jours un grand nombre de sujets fidèles dont la perte doit être regrettée ; que l'expérience prouve que l'exécution exacte de la loi de 1685 n'a produit aucun effet utile ; qu'elle a donné occasion à beaucoup de sacriléges et qu'elle a fait peu de conversions ; que la force et l'autorité sont faites pour réprimer les abus, mais non pour convertir les cœurs ; qu'on ne peut en venir à bout que par les instructions, les exhortations et les exemples, et que c'est de Dieu seul qu'il faut attendre le succès. L'auteur cite plusieurs autorités respectables pour prouver que l'on doit distinguer dans le mariage le contrat civil et le sacrement; que le premier peut être autorisé par les lois du prince, en expliquant l'édit de 1685; qu'on ne donneroit par là aucune atteinte à la religion, puisqu'on ne permettroit aucun exercice ni public ni particulier aux protestants; qu'on empêcheroit seulement la profanation du sacrement. Toutes les expressions sont ménagées avec tant d'art dans cet écrit que le Clergé même ne peut s'en offenser.

J'oubliois de marquer que l'auteur prétend qu'il y a environ trois millions de protestants dans le royaume et que depuis soixante-dix ans il s'est bien fait 150,000 mariages sans aucune forme qui ait pu autoriser la légitimité. On ne prétend pas qu'il n'y ait beaucoup de réponses à ses raisonnements, mais il paroît qu'on regarde aujourd'hui cette affaire comme digne d'une grande considération.

Du samedi 22. — On apprend par une lettre de Rotterdam du 18 de ce mois qu'il y a eu en cette ville un tremblement de terre qui a duré trois minutes et a fait échouer plusieurs navires dans le port les uns contre les autres; il n'y a eu qu'un seul vaisseau danois qui ait péri, encore par la faute du capitaine, qui ne s'y est pas trouvé; il n'y a pas eu d'autre dommage.

Le colonel York, ambassadeur d'Angleterre, a demandé à Leurs Hautes Puissances une audience pour leur donner part que le roi d'Angleterre poursuivoit avec vigueur la guerre contre les François dans le Canada et qu'il approuvoit toutes les prises faites sur la nation françoise, qu'il exhortoit LL. HH. PP. à veiller à leurs intérêts, et qu'il apprenoit avec peine que les Hollandois restoient dans l'inaction au lieu d'augmenter leurs troupes de terre et de mer. Que le roi seroit au désespoir d'être obligé d'agir contre les vaisseaux françois qui se trouveroient dans leurs ports; qu'il avoit appris qu'on bâtissoit plusieurs vaisseaux de ligne sous le nom de quelques particuliers françois, et qu'il espéroit que l'étroite alliance qui régnoit depuis si longtemps auroit toujours la même force.

Le président de semaine de LL. HH. PP. répondit en peu de mots qu'ils avoient résolu d'observer en entier le traité d'Aix-la-Chapelle, dont ils étoient garants ; qu'ils étoient surpris et trouvoient extraordinaire que la nation angloise attaquât des vaisseaux françois sans aucune déclaration de guerre, et qu'elle cherchât à allumer une nouvelle guerre et à replonger toute l'Europe dans ce malheur.

M. de Broglio le fils fut présenté hier ou avant-hier par son père, qui n'a été présenté lui-même que depuis quinze jours. Pour entendre la généalogie de MM. de Broglio il faut un petit détail. Le premier maréchal de Broglio avoit un frère, nommé M. de Revel, qui avoit épousé une sœur de feu M. le duc de Tresmes, père de M. le duc de Gesvres d'aujourd'hui. Le premier maréchal de Broglio, mort en 1727 à l'âge de quatre-vingts ans, n'eut le bâton de maréchal de France qu'en 1724. Il avoit épousé une fille de M. de Basville, premier président du parlement de Paris; il en eut sept enfants : 1° [le marquis de Broglio] qui fut tué au siége de Charleroy en 1693 (1); 2° le marquis de Broglio ; 3° le comte de Buhy, qui fut ambassadeur en Angleterre, et depuis maréchal de France ; il s'appeloit le maréchal de Broglio ; 4° l'abbé de Broglio abbé des Vaux-de-Cernay, agent du Clergé en 1710 jusqu'en 1720, et promoteur à l'assemblée du Clergé en 1723; il est vivant. Les cinquième et sixième enfants furent tous deux chevaliers de Malte; l'un mourut en 1751, l'autre en 1719. Le septième fut une fille qui épousa M. Riquet

---

(1) *Voy. Journal de Dangeau*, tome IV, p. 362.

de Bonrepos et qui mourut en 1699, ne laissant qu'une fille unique.

M. le marquis de Broglio, le second des enfants de M. le maréchal, fut d'abord destiné à l'église, et fut bachelier en théologie ; mais il quitta l'habit ecclésiastique à la mort de son frère aîné ; il épousa une des quatre filles de M. Voisin, depuis ministre et chancelier de France ; il en eut un fils et une fille. Le fils est M. de Broglio, présenté il y a quinze jours ; la fille est Mme de Lignerac. Ce M. de Broglio, frère de Mme de Lignerac, a épousé une fille de feu M. de Besenval (1), colonel des Suisses ; c'est de ce mariage qu'il a eu ce fils qu'il présenta hier et avant-hier et qui a une jolie figure.

J'ai dit que le grand-père de ce jeune homme étoit le fils du premier maréchal de Broglio, et que le comte de Buhy, nommé depuis maréchal de Broglio, étoit le troisième fils du premier maréchal. Ce second maréchal de Broglio avoit épousé Thérèse Gillette Loquet de Grandville, dont il a eu trois garçons et une fille ; cette fille a été mariée à M. de Bussy-Lameth. Des trois garçons, l'un est M. le duc de Broglio, marié deux fois, la première avec Mlle du Bois, morte à Vincennes le 15 décembre 1751, et en secondes noces, le 9 avril 1752, avec Mlle de Thiers, sœur de Mmes de Béthune. [Les deux autres sont :] M. le comte de Broglio, actuellement ambassadeur à Dresde, qui n'est point marié, et M. de Revel, qui a épousé Mlle Savalette.

J'ai marqué que M. le marquis de Broglio avoit épousé Mlle Voisin. Des quatre filles de M. Voisin, l'aînée avoit épousé M. de La Rochepot et est morte sans enfants ; une autre épousa M. de Leuville, mort en Bohême, et mourut le 28 février 1748 ; des deux autres filles, l'une épousa M. de Broglio et l'autre M. le comte depuis duc de Châtillon, qui ne laissa qu'une fille, qui étoit Mme la duchesse de Rohan, dame de Mme la Dauphine.

---

(1) On prononçait Beuzeval.

Du dimanche 23, *Paris*. — Mme de Cambis, la nouvelle mariée (Chimay), a été présentée aujourd'hui par Mme de Cambis (Gruyn). Ce mariage a été fait à Bellevue par Mme de Pompadour. Il y avoit 30 ou 40 personnes à la noce. Tous les ministres et secrétaires d'État y étoient. Ce fut le curé de Meudon qui fit le mariage dans la chapelle de Bellevue; le repas fut un dîner. Il y eut une table de 30 couverts et une autre de six personnes. On commença à jouer avant le dîner, on joua encore après, et tout le monde s'en alla à six heures. La mariée avoit couché à Bellevue, et après le mariage les mariés vinrent coucher à Versailles. M. de Cambis le nouveau marié s'appelle d'Orson; sa mère est Bernis; elle n'est ni sœur ni nièce de l'abbé de Bernis, mais de même famille. La grand'mère maternelle de M. de Cambis (d'Orson) étoit Baschi, sœur de M. du Cayla. M. du Cayla avoit épousé une d'Estrades, sœur de feu M. d'Estrades. M. d'Estrades avoit épousé, comme on le sait, une Mlle le Normand, sœur de M. de Tournehem et de M. le Normand, père de M. d'Étiolles et de Mme de Baschi; ainsi Mme de Baschi est belle-sœur de Mme de Pompadour, et Mme d'Estrades, qui a été dame d'atours de Mesdames, est par son mari cousine germaine de Mme de Pompadour. Tout ce détail d'alliance ne fait pas une véritable parenté entre Mme de Pompadour et M. de Cambis, mais une raison d'y prendre intérêt.

J'ai parlé de M. de Bernis, qui a épousé Mlle Pelet de Narbonne, amie de Mme la princesse de Rohan, et j'ai dit qu'il est de même nom que l'abbé de Bernis; ce M. de Bernis, nouveau marié, est plus proche parent de M. de Cambis que l'abbé de Bernis.

Il est arrivé depuis peu deux aventures sur mer qui méritent d'être racontées. Quoique les Anglois actuellement ne prennent pas beaucoup de nos vaisseaux marchands, ils profitent cependant de toutes les occasions de s'en rendre maîtres.

Un vaisseau françois qui venoit de Louisbourg, destiné pour Bayonne, fut pris le 1ᵉʳ novembre dans la baie de Biscaye par un vaisseau de guerre anglois, qui en retira l'équipage françois à l'exception du capitaine, du charpentier et du mousse, et mit neuf Anglois y compris un lieutenant pour le conduire dans un port d'Angleterre. La nuit du 17 au 18 dudit mois il s'éleva une si furieuse tempête que le lieutenant anglois, qui ne savoit où il étoit, consulta le capitaine françois, qui lui dit qu'ils étoient à la hauteur de Boulogne, quoiqu'ils fussent près de l'île de Wight, et que s'il doutoit de la vérité de ce qu'il avançoit, il pouvoit descendre dans sa chambre où il trouveroit une carte qui le dirigeroit dans ses observations. Aussitôt que le lieutenant anglois fut descendu avec six hommes de son équipage, le capitaine françois ordonna à son charpentier de se ranger du côté du coffre aux armes et de se saisir dans l'instant de quelques pistolets, pendant qu'il amuseroit les trois Anglois qui restoient sur le pont. Le charpentier s'acquitta de sa commission avec tant de promptitude, qu'après avoir mis deux pistolets à sa ceinture, deux qu'il donna au mousse, tous deux forcèrent les trois Anglois à aller accompagner leurs six camarades qui étoient à examiner la carte. Le capitaine ferma l'écoutille, et pendant qu'il dirigeoit la manœuvre de son vaisseau avec son charpentier, le mousse, âgé au plus de quinze ans, contenoit les neuf Anglois le pistolet à la main; ils eurent le bonheur de conduire le vaisseau dans la rade de Calais; on leur envoya du monde qui firent descendre dans une chaloupe les neuf Anglois, qui furent conduits par un détachement, la baïonnette au bout du fusil, au milieu des huées de plus 2,000 personnes de la populace chez le commandant, et de là chez le commissaire de la marine, qui les fit conduire en prison, à l'exception du lieutenant, qui a la ville pour prison. Comme les vivres étoient dans la cale, les trois François obligèrent les neuf Anglois à leur donner des vivres pendant les 60 heures ou environ que ces derniers furent prisonniers; et comme le lieutenant vouloit profiter de cet incident pour forcer sa prison, le mousse le contint tellement avec ses pistolets, qu'il rendit ses efforts infructueux.

Une aventure d'une espèce différente est ce qui arriva il y a quelques jours dans la Méditerranée; elle a été mandée à M. de Kniphausen, ministre de Prusse, par un correspondant qui est comme consul du roi de Prusse à Marseille. Un bâtiment marchand, nommé *la Marie Sirène*, qui avoit été à la pêche de la morue et qui revenoit chargé de cette marchandise, fut arrêté près de Gibraltar par *le Bristol*, vaisseau anglois. Comme ce vaisseau étoit plus fort que lui, il fut obligé de souffrir qu'on le visitât. Le capitaine anglois ne se contenta pas de cette visite; il exigea que le capitaine françois lui fît une obligation de 30,000 livres en lettres de change payables à vue. Il fallut bien subir la loi, ne pouvant mieux faire. Ce vaisseau françois ayant recouvré sa liberté et continuant sa route pour Marseille, trouva *le Jacques Marguerite*, petit bâtiment anglois moins bien armé que lui et beaucoup plus foible; il l'attaqua et le prit. Il lui conta ce qui venoit de lui arriver et lui dit qu'il sentoit bien que de l'avoir attaqué pendant la paix entre les deux nations étoit une injustice, mais qu'il venoit d'essuyer le même traitement, et qu'outre cela on l'avoit rançonné, qu'il lui falloit un dédommagement, et que de trois choses l'une, ou qu'il lui donnât des lettres de change pour les 30,000 livres, ou qu'il l'alloit conduire à Marseille, et que s'il vouloit faire la moindre résistance il le couleroit à fond. L'officier anglois fut obligé de se soumettre et donna l'obligation des 30,000 livres. Le capitaine françois, dès qu'il fut à Marseille, alla faire sa déclaration de ce qui venoit de se passer.

Du lundi 24, *Paris.* — On apporta hier, chez M. d'Argenson, un enfant de sept mois dont il a déjà été parlé dans les nouvelles publiques comme d'un phénomène. Cet enfant a la tête prodigieuse, et ce qu'il y a de singulier, c'est que sa tête est absolument transparente. On voit avec une bougie tout l'intérieur de la tête comme on verroit dans un globe de cristal rempli d'eau. On n'y peut presque pas distinguer aucun os et point du tout la cervelle. Lorsque l'on appuye le doigt sur la tête de l'enfant, on sent la peau plier sans que cela fasse aucune douleur à l'enfant; on lui ôta son bonnet sans qu'il criât. Les sieurs Sénac et la Martinière et plusieurs de messieurs de la faculté l'examinèrent pendant longtemps et avec grande attention. Excepté la tête, les autres parties de son corps ne sont que comme elles doivent être. Il tette bien, ne se plaint point et paroît en bonne santé; il est cependant vraisemblable qu'avec un pareil accident il ne vivra pas longtemps. C'est l'enfant d'un paysan.

Mme de Brignole (Balbi) écrivit hier à Mme de Luynes pour la prier de vouloir bien présenter son respectueux hommage à la Reine et lui dire tout son regret de ce que sa mauvaise santé l'a empêchée de lui faire sa cour depuis longtemps, et de ce que, même dans ce moment, elle ne peut venir prendre congé de S. M., étant obligée de partir très-promptement pour Gênes. On ignore le sujet de ce voyage si prompt; ce que l'on sait seulement c'est qu'il a été fort question du mariage de M. le prince de Monaco avec la fille unique de Mme de Brignole, qui aura, à ce que l'on dit, 8 à 9 millions quand elle aura rassemblé toutes les successions qu'elle doit recueillir. On regardoit ce mariage comme fait, et il est rompu. La république n'a jamais voulu donner son consentement; elle regarde les biens de ses habitants comme la force de son état, et trouve un trop grand inconvénient à les laisser sortir par des mariages de filles avec des étrangers. Il est pourtant vrai que M. de Monaco est moins étranger qu'un autre étant Grimaldi par sa mère, mais son habitation n'est point à Gênes. Il avoit déjà été question du mariage de Mlle Brignole avec le fils du connétable Colonne; et ce mariage a aussi manqué, par le refus du consentement de la république.

Je vis hier un état exact des troupes que la république de Gênes a sur pied actuellement; le total ne monte qu'à 4,800 hommes ou environ, et il faut encore supposer que les corps sont complets.

M. Bouret, fermier général, marie sa fille à M. de la Haye-des-Fossés, neveu de feu M. de la Haye, fermier général. M. Bouret a marié sa première fille à M. de Villemorien, fils de la belle Mme le Gendre qui étoit à Mme de Modène.

Du mardi 25, Paris. — Mme de Fontenay, abbesse de Cordillon, est morte en son abbaye, le 9, âgée de soixante-douze ans; elle avoit été nommée à cette abbaye en 1751. A la mort de Mme de Froulay, elle avoit refusé l'Abbaye aux Bois en 1745.

Le Roi vient de donner l'abbaye de Saint-Amand à M. le cardinal d'York.

M. le marquis de Brassac, chambellan du roi de Pologne, duc de Lorraine, fit hier compliment, de la part du roi de Pologne, sur la naissance de Mgr le comte de Provence.

M. Duvelaer est mort à Paris, le 13; il étoit directeur de la Compagnie des Indes.

M. Thiroux de Gerseuil est mort en Bourgogne en revenant des eaux de Cauterets; il avoit soixante-six ans. Il étoit intendant général des postes et conseiller honoraire à la première chambre de la cour des aides.

Du jeudi 27. — Mardi dernier 25, les gens du Roi vinrent demander au Roi le jour et l'heure que le Parlement viendroit apporter ses remontrances au Roi. S. M. donna jour au jeudi 27. Le Roi avoit ordonné qu'il ne vînt que la moitié de la grande députation. Celle-ci étoit composée de tous les gens du Roi et de tous les présidents; ils étoient en tout trente-cinq ou trente-six. Le Roi les a reçus dans sa grande chambre assis dans son fauteuil. M. le duc de Gesvres avoit fait découvrir. Il n'y avoit dans la chambre du Roi que le chancelier, les ministres et toutes les grandes entrées, qui consistoient en M. de Bouillon grand chambellan, M. le duc de Gesvres, M. de Maillebois et le premier valet de chambre de quartier. M. de Luxembourg étoit derrière le fauteuil, comme capitaine des gardes de quartier, avec le grand-chambellan et le premier gentilhomme de la chambre. M. d'Argenson, le grand-maître, le maître et l'aide des cérémonies allèrent chercher le Parlement dans la salle des Ambassadeurs, où ils attendoient que le Roi les envoyât chercher; ils le conduisirent dans la chambre du Roi, où M. le président fit des représentations au Roi; il donna, après avoir parlé, des remontrances par écrit. Le Roi répondit : « Je lirai les remontrances ; je réfléchirai sur ce que vous me dites et je vous ferai savoir ma volonté. » Ces messieurs, qui avoient amené le Parlement, le reconduisirent où ils l'avoient pris.

Le Roi a envoyé savoir des nouvelles de Mme la comtesse de Lauraguais, qui est en couches.

Du vendredi. — M. d'Affry part demain matin pour la Hollande. M. de Nivernois seroit déjà partie pour la Prusse, s'il n'étoit pas enrhumé; il prit congé il y a trois ou quatre jours.

J'ai ouï dire que les remontrances du Parlement sont très-fortes, remplies à l'ordinaire de beaucoup de protestations de zèle, d'attachement et de fidélité, mais représentant la nécessité d'arrêter les attentats du grand conseil contre l'autorité des parlements.

Dimanche dernier il y eut un *Te Deum* à Notre-Dame, à l'occasion de la naissance de Mgr le comte de Provence. Les prélats qui ont été de l'assemblée du Clergé y ont été invités de la part du Roi, suivant l'usage. Cette circonstance donna lieu à de très-humbles représentations que M. le cardinal de la Rochefoucauld vint faire, la veille, au Roi, au nom du Clergé, par rapport à M. l'archevêque de Paris; il prit la liberté de remontrer à S. M. combien il paroissoit peu convenable que, dans une occasion aussi solennelle, les prélats de l'assemblée qui représentoient le Clergé de son royaume se trouvassent dans un lieu où la place de l'archevêque diocésain ne se trouvoit vacante que parce qu'il étoit dans la disgrâce de S. M. Le Roi ne répondit autre chose sinon qu'il croyoit le Clergé de son royaume trop rempli de zèle et d'attachement pour sa personne, pour manquer d'assister aux actions de grâces qu'il souhaitoit être rendues à Dieu pour la naissance de son petit-fils.

Du dimanche 30, Dampierre. — Je mettrai ces jours-ci le détail que j'attends sur la fête que le roi de Pologne a dû donner le 26 de ce mois, à Nancy, pour la statue du Roi qu'il a voulu absolument faire poser sur son pied, quoiqu'elle ne soit pas encore achevée. En attendant, on trouvera la copie de deux bulletins sur ce qui s'est passé dans le transport de cette statue de Lunéville à Nancy. Il y a eu à cette occasion deux contestations dont il n'est point parlé dans ces bulletins. On sait qu'il y a depuis longtemps une primatiale établie à Nancy pour la maison de Lorraine, mais cette maison n'a jamais pu obtenir que Nancy fût érigé en évêché. Nancy est du diocèse de Nancy est du diocèse de Toul. A l'entrée de Nancy, du côté de la Malgrange, est la chapelle de Bon-Secours, construite ou plutôt rebâtie par le roi de Pologne Stanislas, et ornée avec goût et magnificence. C'est là que la feue reine de Pologne Opalinska est enterrée. Le primat de Lorraine, qui a sa maison et son église primatiale dans Nancy, est M. l'abbé de Choiseul, aujourd'hui archevêque de Besançon, et outre cela grand-aumônier du roi de Pologne, duc de Lorraine; le roi de Pologne vouloit que le jour de la grande fête dont je viens de parler, M. l'archevêque de Besançon entonnât le *Te Deum* dans la chapelle de Bon-Secours. M. l'évêque de Toul s'y est opposé et a soutenu que c'étoit aller contre ses droits ; qu'il vouloit entonner le *Te Deum* à Nancy, et qu'il ne permettroit point qu'on le chantât le même jour à Bon-Secours. Je marquerai ce qui aura été réglé sur cette première contestation.

La seconde est entre le régiment du Roi et les gardes du roi de Pologne. Le régiment du Roi-Infanterie est en garnison à Nancy. L'usage est, en pareille cérémonie, que les troupes se mettent en bataille autour de la statue. Le roi de Pologne vouloit que cette fonction fût remplie par les gardes. Le régiment du Roi a représenté que cet honneur étoit dû au plus ancien corps, et par conséquent lui appartenoit, la création des gardes de Lorraine étant de beaucoup postérieure à la sienne. On trouvera encore ci-après ce qui aura été réglé.

On trouvera ci-après la relation de la réception de M. le comte d'Eu. On a cherché les exemples de ce qui s'est pratiqué à la réception de M. le duc du Maine et de M. le prince de Dombes et on n'a trouvé rien d'écrit. Cependant il étoit de tradition dans les gardes suisses que pour le moment de la réception, le Roi devoit être seul dans le bataillon carré avec son capitaine des gardes, et que les gardes du corps devoient être en dehors ; c'est ce qui a été pratiqué en effet, excepté que le major des gardes du corps, le grand-écuyer, les deux secrétaires d'État de la guerre s'y sont aussi trouvés ; c'est une marque de confiance que le Roi donne aux Suisses et qui leur est bien due depuis la journée de Meaux (1).

Hier le Roi, après avoir entendu la messe, est descendu chez Mme la Dauphine, et un quart d'heure après est monté à cheval dans la cour royale pour se rendre dans la place entre la grille royale et les écuries où le régiment des gardes suisses en entier, excepté la garde ordinaire, qui étoit dans la première cour, formoit un fort

---

(1) 29 septembre 1567. Attaqué à Meaux par les protestants, Charles IX fut ramené à Paris par les 6,000 suisses du colonel Louis Pfiffer.

grand bataillon presque carré sur trois hommes de hauteur; le premier rang en dehors, la baïonnette au bout du fusil, tout le corps des officiers et les sergents dans le centre, le major et les aides majors à cheval. M. le comte d'Eu est arrivé à la troupe avec deux écuyers à cheval et n'y a resté qu'un moment. Il est sorti et est venu attendre le Roi dans la cour royale et l'a suivi. Le Roi étoit précédé de ses pages, écuyers, gardes-du-corps, officiers, etc., suivi de M. le duc de Luxembourg, du major des gardes-du-corps, tous deux ayant le grand uniforme bleu; de M. le comte de Brionne; de MM. d'Argenson et de Paulmi, et de quelques autres seigneurs ; quand S. M. est entrée dans le centre, les officiers, les drapeaux et les sergents ont approché et ont formé une double enceinte autour du Roi et les tambours ont cessé de battre. Le Roi, ayant M. le comte d'Eu auprès de lui et à cheval, a ôté son chapeau un instant, l'a remis, et a dit au colonel, M. de Zurlauben, et aux officiers : « Messieurs, je vous donne M. le comte d'Eu pour votre général; obéissez lui en tout ce qu'il vous ordonnera pour mon service. » Aussitôt les tambours et autres instruments de guerre se sont fait entendre. Après quoi, le Roi, suivi et accompagné comme il étoit arrivé, a été se placer vis-à-vis la petite écurie, le dos du côté de la chancellerie, et a vu défiler le régiment par compagnie. M. le comte d'Eu, à cheval à la tête de la générale, l'épée à la main, a passé et a salué le Roi, qui a ôté son chapeau et a fait de même à tous les drapeaux. Ensuite M. le comte d'Eu est revenu se mettre à côté du Roi et à sa droite et a toujours eu son chapeau à la main, quoiqu'à cheval, jusqu'à ce que le régiment fût entièrement passé.

Après cette cérémonie, le Roi a été monter en voiture à la petite écurie pour aller dîner à la Meutte, et est revenu le soir pour faire médianoche dans ses cabinets.

M. le comte d'Eu avoit fait assembler le régiment des gardes suisses le matin à Clagny, où les officiers et les soldats ont trouvé des rafraîchissements de toute espèce. Après la réception du général, cette troupe y est retournée et il y a eu plusieurs tables bien servies pour les officiers et des vivres pour les soldats, à qui ce prince a donné 250 louis, mais il n'a point été à ce dîner, ce qui a fait que les capitaines n'y ont point été non plus (1).

Il y eut avant-hier un grand comité chez M. le chancelier où tous les ministres se trouvèrent; c'étoit pour la lecture des remontrances du Parlement; on dit qu'il faut trois heures pour les lire.

Les Anglois continuent à nous faire la guerre sans nous la déclarer, circonstance fort bien remarquée dans une petite brochure qui paroît depuis quelque temps, que l'on appelle *l'Observateur hollandois* (2), et dont il y a déjà quatre feuilles, et où les injustices des Anglois sur tous les points y sont mises dans le plus grand jour. J'ai parlé dans le temps d'un procédé bien différent de la part du Roi, lorsque le gouverneur de la Caroline fut pris et qu'on le renvoya en Angleterre avec les Anglois prisonniers. On a su depuis que le bâtiment qui porta ces prisonniers ne put point approcher de la flotte angloise, vraisemblablement parce que celui qui la commandoit craignoit une trop grande révolu-

---

(1) On me mande de Versailles que le Roi est entré dans le bataillon carré suivi de ses courtisans, et point de MM. les gardes du corps. Le bataillon s'est refermé. (*Note du duc de Luynes.*)

(2) *L'Observateur hollandois* est un recueil de 46 lettres, parues de 1755 à 1759 et rédigées par Moreau (Jacob-Nicolas), historiographe de France, mort en 1803, écrivain distingué et très-opposé aux philosophes. L'abbé de la Ville, premier commis des affaires étrangères, paraît avoir donné à Moreau les renseignements qui lui étaient nécessaires pour écrire sur *les affaires présentes de l'Europe*. Les lettres de l'*Observateur hollandois* sont un des principaux documents de l'histoire de cette époque. Quelques ouvrages de bibliographie disent que le recueil des lettres de Moreau se compose de 47 numéros; nous ne connaissons aucun exemplaire qui en contienne plus de 46. Le titre exact est : l'*Observateur hollandois* ou... lettre de M. Van** à M. H** de la Haye sur l'état présent des affaires de l'Europe. A la Haye, 1755-1759, pet. in-8°.

tion des esprits en faveur de la France; car lorsque les prisonniers arrivèrent dans des chaloupes, il y eut dans la flotte beaucoup de cris de : Vive le roi de France! et l'on avertit le commandant françois de la route qu'il devoit tenir pour s'en retourner et ne pas rencontrer d'autres vaisseaux anglois qui pourroient l'insulter, parce qu'il n'avoit point de passe-ports. Malgré ces précautions qui furent prises par le commandant françois, il trouva deux bâtiments anglois qui le poursuivirent jusque sur nos côtes; il ne put même entrer dans le port de Brest, il fut obligé de relâcher dans un port à huit ou dix lieues de cette ville.

Depuis quelques jours il y a eu un de nos vaisseaux pris par les Anglois; il se nomme *l'Espérance*, il étoit percé pour 73 canons et n'étoit armé que de 22. Il a été pris dans la Manche, après s'être défendu pendant plus de quatre heures contre l'amiral Wef; il étoit même au moment de prendre ce vaisseau amiral, qui heureusement fut secouru à temps par un autre vaisseau de la même escadre. Ce vaisseau, commandé par M. de Bouville, revenoit de Québec, où il étoit resté depuis le retour de M. Dubois de La Mothe. Les Anglois l'ont conduit à Plymouth. Comme ce vaisseau étoit fort vieux et criblé de coups on y a mis le feu après avoir retiré les agrès.

J'ai parlé du *Te Deum* chanté dimanche dernier à Paris. Le Clergé s'y rendit en corps avec les cérémonies ordinaires; le Parlement y étoit en place, le conseil y étoit aussi, la chambre des comptes, etc. On ne pouvoit pas dire que ce fût le conseil en corps, mais le chancelier, le garde des sceaux et plusieurs conseillers d'État. Le Clergé fit les révérences de cérémonie suivant l'usage. Le Parlement et la chambre des comptes se levèrent lorsque le Clergé fit les révérences de cérémonie suivant l'usage. Le Parlement et la chambre des comptes se levèrent lorsque le Clergé entra, et répondirent à ses révérences aussi suivant l'usage. Le chancelier, le garde des sceaux et les conseillers d'État ne se levèrent point et ne répondirent que par un signe de tête. Cette singularité a donné occasion à des représentations du Clergé, qui ont été faites par M. le cardinal de La Rochefoucauld. Je marquerai ce qui aura été décidé ; mais il y a lieu de croire que cette manière de recevoir les révérences du Clergé est une suite de ce que j'ai détaillé ci-dessus au sujet de la visite de cérémonie rendue au conseil chez M. le chancelier par le Clergé, et sur laquelle le Roi a accordé la provision au Clergé. Je renvoye à cet article où l'on trouvera la différence entre une députation du Clergé et le corps du Clergé. Il y a plus, c'est que lorsque la députation du Clergé apporte à M. le chancelier et au conseil les comptes du temporel du Clergé, on peut dire en quelque manière que le Clergé paroît alors devant ses juges. Au lieu que lorsque le Clergé vient en corps apporter au conseil le contrat qu'il vient de faire avec le Roi, il n'est plus question de juges ni de jugement, c'est le premier ordre de l'État auquel le souverain permet en quelque manière de traiter avec lui, et dans ce cas le conseil n'est que le ministère public à qui le Roi a donné ses pouvoirs pour donner la dernière forme au contrat du Clergé ; par conséquent, si le conseil est en droit de ne pas se lever dans le premier cas, il paroît démontré qu'il doit se lever dans le second.

DÉCEMBRE.

Dépenses pour la guerre et la marine. — Transport de la statue du Roi de Lunéville à Nancy. — Nouvelles diverses. — Brochure sur les affaires du Parlement et du Grand Conseil. — Abondance de l'argent à Paris. — Nouvelles d'Angleterre. — L'archevêque de Sens élu à l'Académie des sciences ; le président Hénault élu à l'Académie des inscriptions et belles-lettres. — Lettre circulaire du clergé aux évêques. — Arrêté du Parlement. — Nouvelles d'Amérique. — Armements de l'Angleterre. — Détails sur le tremblement de terre. — Présentation des députés de Lorraine. — Ordonnance pour l'augmentation de la cavalerie. — L'artillerie et le génie réunis en un seul corps. — Difficultés. — Baptême des cloches de Saint-Louis de Versailles. — Morts. — Pertes du commerce à Lisbonne. — Audience du Roi au Parlement. — Mort de Mlle Briçonnet. — La chambre des comptes de Montauban refuse de recevoir un président nommé par le Roi. — Résistance du parlement de Dijon à la déclaration du Roi relative au Grand Conseil. — Mort de M. d'Avaucourt. — Changements dans les contrôles. — Pensions à Mme des Alleurs et à la maréchale de Lowendal. — Divers mariages du maréchal et de la maréchale de Lowendal. — Tapisseries des Gobelins. — Contestation entre le comte de Charolais et le prince de Conty à propos de chasse. — Le comte de Dunois nommé mestre de camp. — Lettre de la Reine. — Mort de Mme de Belloy. — Projet d'hôpital. — Difficultés pour le fauteuil pour les gens titrés chez les princesses du sang. — Le maréchal de Belle-Isle nommé commandant des côtes depuis Dunkerque jusqu'à Bayonne. — Le tremblement de terre.

Du lundi 1er, Dampierre. — On trouvera ci-après l'extrait d'une lettre que je reçois de Versailles du dernier novembre.

M. de Séchelles dit hier que depuis le commencement de l'année, il avoit porté au Roi le bordereau de l'argent comptant qu'il avoit donné pour la guerre et la marine, et que cela alloit à 100 millions ; cela est bien considérable, mais il n'est pas au bout pour les dépenses.

M. d'Argenson rendit compte hier à la Reine que le Roi avoit donné à Mme la maréchale de la Mothe 8,000 francs de pension.

Copie de deux bulletins de Lunéville, du 17 et du 20 novembre, sur ce qui s'est passé dans le transport de la statue du Roi à Nancy.

La statue pédestre de Louis XV partit le 16 de Lunéville, à huit heures et demie du matin, et arriva à Nancy vers les huit heures du soir sans accident. Elle étoit tirée par 32 chevaux et avoit à passer deux ponts sur la Vezouze, un sur le Panon et deux sur la Meurthe, avec beaucoup de pontceaux sans que rien ait fléchi sous cet énorme poids. Beaucoup de monde à pied et à cheval l'a conduite à sa sortie de Lunéville. Les habitants des villages et toute la ville de Rozières sont venus au passage en si grand nombre que les voyageurs ne pouvoient passer. M. de la Galaisière se rendit hier exprès à Nancy pour donner les ordres nécessaires et relatifs à la cérémonie de l'érection le 26, que l'on veut rendre la plus éclatante et la plus auguste qu'il sera possible.

Du 20 novembre.

J'ai marqué que le 16 la statue pédestre de Louis XV partit de Lunéville à huit heures et demie du matin et arriva le soir à huit heures à Nancy sans accident. Elle y arriva, en effet jusqu'à la porte Saint-

Georges, mais comme il fallait toute la largeur de la porte pour son entrée dans la ville, on ne l'y introduisit que le lendemain matin; et on se disposa pour l'élever. Le 18, à midi, elle fut posée sur son piédestal à demeure; et de quatre Vertus qui devoient être sur les degrés, une à chaque angle, il y en avoit déjà trois de posées. Le même jour nous reçûmes la nouvelle des heureuses couches de Mme la Dauphine, à l'occasion desquelles on a chanté aujourd'hui un *Te Deum* dans la chapelle du château de Lunéville. Si le beau temps qui commence aujourd'hui continue à nous favoriser, la fête du 26 à Nancy sera belle, et il se fait et pour le public et pour le particulier des préparatifs étonnants.

Du mardi 2, Dampierre. — On trouvera ci-après les nouvelles que je reçois de Versailles d'hier, 1er du mois.

Le régiment du Roi étoit dans le milieu de la place à Nancy, il a gagné son procès contre les gardes du roi de Pologne.

Vous savez que M. de Launay a trois filles, sa femme étoit fort amie de M. d'Angervilliers. Les trois filles sont Mme d'Atis; Mme de Toulougon et Mme de Villette. M. de Villette est trésorier de l'extraordinaire des guerres, charge qu'avoit M. de Launay son beau-père. Il avoit une fille mariée à M. de Roissy, neveu de Duvernay, elle vient de mourir aussi bien que son mari, et une autre fille mariée à M. le marquis de Prie. M. et Mme de Villette se sont brouillés et se séparent. M. de Villette donne 25,000 liv. de pension à sa femme, lui laisse ses diamants et les meubles de son appartement; elle ira loger où elle voudra. M. et Mme de Prie restent avec M. de Villette. Mme de Villette est fort amie de M. de Luxembourg, de Mme de la Marck, et de Mme de la Vallière, qui alloient souvent souper chez M. de Villette.

M. le prince de Conty a travaillé ce matin avec le Roi. Mme de Baschi (1) a écrit à Mme de Pompadour, mais elle n'entre dans aucun détail; le peu qu'elle dit fait horreur. M. Rouillé n'a eu qu'une lettre qui le renvoie à un premier détail qu'il n'a pas reçu; il compte n'en avoir que samedi prochain.

Le Roi a décidé que le conseil se lèvera pour le Clergé.

Du vendredi 5, Dampierre. — Mme de Langheac vient de mourir. Son père et sa mère étoient Melun. Elle avoit des biens considérables; en épousant M. de Langheac, elle lui avoit donné par son contrat de mariage la jouis-

---

(1) Femme de l'ambassadeur de France à Lisbonne.

sancé d'une partie de ses biens pendant la vie du mari, mais il en revient dès à présent beaucoup aux deux filles du premier mariage (1); on estime que l'aînée aura 40,000 livres de rentes et la cadette 20.

J'ai marqué ci-dessus qu'il y a eu une difficulté à Nancy pour le *Te Deum* entre M. l'évêque de Toul et M. le primat de Lorraine. On me mande que cette affaire a été accommodée par un *mezzo termine*: l'un a officié un jour et l'autre l'autre.

Du samedi 7, Dampierre. — Il paroît depuis deux jours une brochure qui contient tous les arrêts et arrêtés du Parlement faits à l'occasion des contestations de ce tribunal avec le grand conseil, et le discours de M. le premier président au Roi en lui présentant les remontrances et les remontrances. Ce qu'il y a de singulier, c'est que dans le même temps que cette brochure imprimée se répand dans le public et que le Parlement vraisemblablement n'est pas fâché qu'elle y paroisse, on publie un arrêt du Parlement qui supprime cette brochure et ordonne que tous les exemplaires en seront apportés au greffe de la Cour. Les remontrances sont bien écrites et supposent un grand travail et beaucoup de recherches, mais elles sont longues. Elles contiennent 128 pages petit in-12 (2). L'objet est de faire voir les prérogatives du Parlement, le frivole des prétentions du grand conseil et l'abus qu'il fait de ses prérogatives et priviléges.

Du lundi 8, Dampierre. — On trouvera ci-après l'ex-

---

(1) Elle avoit épousé en premières noces un petit M. de Melun que j'ai vu colonel du régiment Royal-Piémont. Je l'ai vu fort peu riche; il le devint par la mort de M. le duc de Melun auparavant prince d'Épinoy, tué à Chantilly par un cerf; M. le duc de Melun lui laissa tout son bien, Mme de Langheac qui vient de mourir a eu de son mariage avec feu M. de Melun deux filles; l'une est Mlle de Melun qui est actuellement à Versailles avec Mme de Marsan. La cadette est à Lyon avec une Mme de Melun qui est abbesse. (*Note du duc de Luynes.*)

(2) Les remontrances sont imprimées chez l'imprimeur du Parlement. (*Note du duc de Luynes.*)

trait d'une lettre de Versailles que je reçois aujourd'hui.

On n'a point eu de nouvelles du Portugal samedi; on dit que c'est les inondations qui arrêtent les courriers. On me dit hier que la loterie étoit entièrement remplie il y a déjà quatre ou cinq jours. M. de Séchelles en envoya demander avant-hier dix billets, et on ne put pas lui en donner. Il y a beaucoup de notaires qui sont au désespoir parce qu'ils avoient beaucoup d'argent, qu'ils comptoient y placer; cela fait un si grand murmure à Paris, que M. de Montmartel a été obligé de demander une garde à sa porte, qu'on lui a donnée; cela prouve bien qu'il y a une grande abondance d'argent.

On apprend par les nouvelles de Londres du 24 du mois dernier que M. Pitt, trésorier de la guerre, a été remercié; on ignore qui le remplacera.

Les lettres de Boston du 15 octobre ne disent rien de nouveau, seulement que Johnson avoit avec lui 9,000 hommes, mais que les François étoient si bien retranchés qu'il n'osoit les attaquer; qu'il avoit eu l'intention de couper la communication entre Québec et l'armée françoise; d'autres ajoutent que les François y étoient en plus grand nombre qu'on ne pensoit.

On a donné ordre à Londres d'assembler les six régiments de milice de ville pour la semaine prochaine.

On fait défiler tous les jours des troupes dans les provinces de Kent et de Sussex; on dit qu'elles seront commandées par le duc de Marlborough. Le régiment de cavalerie d'Écossois gris fait la patrouille sur le bord de la mer dans Sussex, et on prend toutes les précautions comme si on attendoit une invasion de la part de la France.

Le désastre arrivé à Lisbonne cause ici une tristesse incroyable parmi les négociants qui sont fortement intéressés dans ce commerce.

Ce soir il court un bruit sourd que Johnson a été battu; mais on n'en donne aucun détail.

Mon frère a été nommé pour remplir la place vacante

DÉCEMBRE 1755.

à l'académie des sciences par la mort de M. l'ancien évêque de Mirepoix, et M. le président Hénault pour remplir celle vacante à l'académie des inscriptions et belles-lettres par la mort de ce même prélat. On trouvera ci-après un plus grand détail dans une lettre de mon frère:

M. l'ancien évêque de Mirepoix avoit placé dans trois académies, comme précepteur de Mgr le Dauphin : l'Académie des sciences, l'Académie des inscriptions et belles-lettres et l'Académie françoise. Dans l'Académie des sciences je lui succède ; dans celle des inscriptions et belles-lettres, le Président, et dans l'Académie françoise l'abbé de Boismont. Mon élection se fera aujourd'hui. On écrit au ministre, qui est M. d'Argenson, que l'élection est faite en faveur d'un tel sous le bon plaisir de S. M.; il marque par une lettre que le Roi a agréé et tout est fait. L'élu se présente à la première séance qui suit, prend sa place sans harangue ni compliment; il dit seulement à ses nouveaux confrères ce que la politesse dicte, en pareille circonstance. J'ai été mercredi et jeudi chez tous MM. les académiciens et j'ai fait soixante-quatre visites. M. de Mairan, ancien secrétaire de l'Académie des sciences et membre ancien de cette compagnie, m'a dirigé. M. de Saint-Florentin, que j'ai vu hier, m'a dit que j'en avois trop fait, qu'on n'alloit que chez les honoraires et les principaux officiers ; si j'ai erré, je me suis trompé en règle ; il vaut mieux en faire trop que trop peu, et il n'y a en cela que les planches à craindre ; peut-être M. de Saint-Florentin ne s'en souvient-il pas bien.

Du lundi 15. — On me dit hier que M. l'évêque d'Amiens a donné sa démission et s'est retiré, je crois, à Sept-Fonds.

M. le cardinal de la Rochefoucauld travailla hier avec le Roi; M. le prince de Conty y a travaillé aujourd'hui.

Jeudi prochain, le Roi recevra une députation du Parlement qui lui apporte des remontrances au sujet de la lettre circulaire du Clergé qui a été imprimée (1). On y a mis des notes scandaleuses. On dit que les remontrances sont composées de huit articles.

On trouvera ci-après l'arrêté du Parlement du 12 du présent mois.

---

(1) La lettre circulaire du clergé aux évêques contenait un extrait du procès-verbal de l'assemblée du clergé; il y était question de la bulle.

Les gens du Roi ayant rendu compte aujourd'hui aux chambres de la lettre circulaire de l'assemblée du clergé à eux remise il y a huit jours, et ayant conclu à ce que la dite lettre soit portée au Roi, il a été arrêté de faire une députation au Roi en la forme ordinaire pour remettre ledit imprimé de la lettre circulaire à S. M. et lui faire à cet égard de très-humbles représentations, pour la rédaction desquelles on a nommé des commissaires qui s'assembleront dans l'après-midi chez M. le premier président. L'assemblée continuée à demain pour entendre les représentations qui auront huit objets.

Il arriva il y a quelques jours dans nos ports une frégate nommée *la Syrène*, commandée par M. le chevalier de Tourville. M. le chevalier de Rohan (Guéméné) étoit sur ce bâtiment. M. le chevalier de Tourville est parti de l'Amérique le 25 octobre dernier. Il a rapporté que M. le baron Dieskau, que l'on avoit cru mort, est mieux de ses blessures. Il est prisonnier; nous le savions; mais les prétendus avantages remportés par les Anglois sur nous, le siége et la prise du fort Frédéric sont des chimères débitées par le parti anglois qui veut la guerre.

C'est aujourd'hui celui qui a le plus de crédit. Les partisans de la princesse de Galles sont pour la paix, et c'est par cette raison qu'elle a eu défense de venir à la Cour; car quoique le Roi d'Angleterre ne désire pas la guerre, que ce ne soit pas même son intérêt en quelque manière, puisque ses États d'Hanovre pourroient souffrir des suites de la guerre, et que d'ailleurs, à son âge, il lui soit plus avantageux de rester en paix, cependant il est emporté par le parti contraire; il a cependant seul le pouvoir de faire la paix; il peut aussi déclarer la guerre; mais il ne peut pas la faire sans les subsides qui lui sont accordés par le Parlement. Il paroît jusqu'à présent qu'il se porte à la guerre pour plaire à la nation, et peut-être dans la crainte de quelque révolution fâcheuse.

On a donc appris par M. le chevalier de Tourville que les Anglois n'avoient seulement pas tenté d'attaquer le fort Frédéric, qui est fort avant dans les terres, et dont le siége auroit été aussi difficile que la marche pour y arriver; et qu'à l'égard de nos troupes nous avons débarqué en Amérique 1,770 hommes, et qu'il en reste encore 1,693. On dit même que les Anglois ont perdu autant et même plus que nous dans le combat où M. Dieskau a été fait prisonnier. Ce qui est à désirer présentement, c'est de pouvoir transporter dans ce pays-là 7 à 800 hommes de recrues ou de nouvelles troupes qu'on y désire fort. Cette entreprise ne doit pas paroître impossible, puisqu'il vient d'arriver tout à l'heure de Louisbourg une frégate qui n'a rencontré personne en chemin; on en a eu la nouvelle par un courrier arrivé cette nuit. Cette frégate, armée en flûte et ayant 20 canons, étoit montée par des officiers du port. Elle partit de Brest, il y a deux mois et demi chargée d'une grande quantité de munitions de bouche pour Louisbourg. Elle a fait le trajet d'aller et venir sans aucun accident; tout étoit en bon état à Louisbourg.

L'Angleterre continue ses préparatifs de guerre, sans cependant la déclarer encore. Le subside accordé pour l'entretien de 50,000 matelots doit paroître d'autant plus extraordinaire que dans les grandes guerres soutenues par le roi Guillaume et par la reine Anne, le nombre des matelots n'a jamais monté qu'à 40,000; mais il ne faut pas se faire illusion sur ce nombre de matelots. On évalue tout en matelots en Angleterre; lorsque l'on dit : 4 livres sterling par mois pour chaque matelot, l'entretien des officiers supérieurs et inférieurs, l'approvisionnement et l'entretien du vaisseau y sont compris. Ils comptent treize mois dans l'année, et chaque mois sur le pied de 28 jours. Quelque prodigieuse que paroisse la puissance de l'Angleterre sur mer, on peut cependant estimer qu'elle n'est en état d'armer que 90 vaisseaux de guerre, sans les frégates, et que ses troupes de terre ne montent qu'à 24 ou 25,000 hommes. La France aura vraisemblablement d'ici à trois ou quatre mois 48 ou 60 vaisseaux de guerre, sans compter les frégates et autres bâtiments. Le Roi a plus de

200,000 hommes de troupes sur pied, et l'on n'en compte que 100,000 nécessaires pour garnir toutes les places et toutes les frontières.

On trouvera ci-après un détail que je reçus hier sur le tragique événement de Lisbonne. On ne peut pas savoir encore au vrai le nombre des habitants qui ont péri ; on dit par estimation de 8 à 13 mille personnes. Ce tremblement s'est fait sentir, comme je l'ai dit ci-dessus, sur toute la côte de l'Océan ; il est certain qu'il y a eu une commotion violente dans toutes les eaux. Les nouvelles d'Arras constatées par un procès-verbal apprennent qu'il y a eu le même jour, 1ᵉʳ novembre, un ébranlement prodigieux, que les bâteaux se sont choqués les uns contre les autres avec une si grande violence, qu'il y a eu des anneaux auxquels ils étoient attachés qui se sont enfoncés dans la muraille, et qu'on a vu s'élever une espèce de jet d'eau, qui a duré peu de temps, mais assez pour effrayer beaucoup tous ceux qui en ont été témoins. La Loire s'est débordée et a emporté une partie des ponts de Tours. Les eaux du Rhône se sont étendues jusqu'à une lieue et demie hors de leur lit. A Auxonne, les cloches ont sonné sans que personne y touchât ; l'on a cru s'apercevoir du tremblement même jusqu'à Dijon.

Copie de la lettre de Lisbonne du 19 novembre 1755.

– Le tremblement du 1ᵉʳ novembre de cette année a produit de si terribles effets à Lisbonne et a eu des suites si funestes, que cette ville si riche se trouve ruinée de toutes façons pour bien des années. L'air avoit paru chargé d'un brouillard rougeâtre et malsain, au lever et au coucher du soleil, dans les derniers jours d'octobre.

Quelques personnes ont prétendu que la veille de la Toussaint on avoit pu s'apercevoir de quelques mouvements, avant-coureurs de la terrible secousse qui se fit sentir un peu avant dix heures du matin. Elle ne parut d'abord que comme un ébranlement causé par un carrosse, et les commencements ne furent pas des plus forts ; sa durée fut au moins de cinq minutes ; quantité de maisons en furent abattues et il en est peu dans la ville et dans la campagne qui n'aient été ébranlées jusqu'à s'entrouvrir, et dont les planchers et les plafonds ne se soient enfoncés. L'heure et la solennité du jour ayant attiré bien du monde dans les églises dont la plus grande partie ont été renversées, il s'est trouvé bien des misérables ensevelis sous leurs ruines. L'ancienne cathédrale, les Dominicains, les Carmes, la Trinité, le dôme de Saint-Vincent et celui de Saint-Antoine, la Grâce en partie, Saint-Roch, maison professe des Jésuites dans laquelle étoit la magnifique chapelle de Saint-Jean, l'ouvrage le plus riche du monde en cette espèce, Notre-Dame de Lorette, église nationale des Italiens, l'église même et quantité d'autres ont été du nombre des plus maltraitées. Une seconde secousse suivit de près la première; elle ne fut pas longue. Une heure après, la mer fournit un spectacle plus effrayant que funeste à ceux qui se trouvoient à portée de l'apercevoir. Une lame d'eau qui venoit de la mer et qui présentoit un front terrible fit une crue de six pieds plus haute que les plus hautes marées, qui pénétra dans les deux douanes et y corrompit bien des marchandises que les ruines et le feu ont achevé de perdre totalement. L'eau se retira avec la même rapidité qu'elle avoit crû, et fut trois pieds au-dessous des plus grandes marées. Une seconde lame suivit, mais parut beaucoup plus trouble et plus irritée que la première. L'effet fut cependant moindre ; il n'y eut d'autre accident que quelques câbles de vaisseau rompus sur mer, quoiqu'on y ressentît le tremblement comme sur terre, où l'on essuya une secousse de plus d'une minute qui fut la dernière bien décidée, car depuis on en a ressenti plusieurs tous les jours plus ou moins marquées, et l'on en ressentoit encore le 16. Quelques grandes pertes qu'eût causées le tremblement, si on en excepte celle des hommes, dont on ne sait pas au juste le nombre, qu'on porte assez généralement de huit à dix mille hommes, mais qui peut être plus considérable, le malheur eût été supportable si l'incendie n'eût suivi. Les feux qui se trouvoient allumés dans les cuisines en furent la première cause, et il éclata d'abord dans la maison du marquis de Louriçal; le couvent des dominicains sur la place du Rocio parut peu après en flammes ; le château qui est absolument ruiné, et enfin plusieurs autres quartiers de la ville. On a su depuis, à la vérité, que des bandes avoient fomenté l'incendie et même mis le feu à plusieurs endroits pour éloigner les habitants et voler plus commodément. Ils répandirent dès le deuxième jour qu'on devoit bombarder la ville, que le château étoit plein de poudre, etc., et ces bruits leur donnèrent lieu de faire leurs coups dans les églises et jusque dans l'hôtel de Bragance, garde-meuble de la couronne, où étoient la plupart des bijoux du Roi, qui furent enlevés et ont été retrouvés depuis à plusieurs voleurs qui ont été arrêtés et exécutés. L'incendie s'est porté depuis le château jusqu'au quartier de Bairalte, ce qui fait la plus grande moitié et la plus peuplée de la ville, et où presque tous les négociants étoient logés. Le palais, le beau théâtre, la patriarchale, les douanes pleines de marchandises, ont été entièrement consumées, et on convient assez que 500 millions de cruzades, qui font 250 millions de livres, ne répareroient pas les pertes qui ont été faites. Dans cette affreuse calamité, S. M. Très-Fidèle et ses ministres ont conservé le sang-froid nécessaire pour donner à propos les ordres qui ont entretenu l'abondance et la paix. La campagne a été tranquille, et si la ville a été en partie pillée, la vengeance a suivi de près. L'avantage et la situation de Lisbonne la fera ressortir plus belle de dessous ses cendres et ses ruines ; les seuls particuliers en souffriront beaucoup, surtout ceux qui avoient fait de grands crédits, usage assez général ici, qui se trouveront les victimes de leur bonne foi, selon toutes les apparences.

Les députés de Lorraine (1) eurent l'honneur hier de haranguer le Roi et la Reine ; ils sont quatre ; M. Thiboult, lieutenant général de police de Nancy, est à la tête de cette députation. Il a fait des compliments fort courts et qui ont paru bien. Il a présenté une relation imprimée de la fête donnée à Nancy, le 26 du mois dernier, pour l'érection de la statue pédestre de Louis XV et une médaille d'or où est représentée d'un côté la tête du roi Stanislas avec cette inscription : *Stanislaus primus, rex Poloniæ, magnus duc Lithuaniæ, Lotharingiæ et Barri*. Au revers est la statue pédestre de Louis XV sur son piédestal, avec cette légende : *utriusque immortalitati*, et pour exergue : *civitas Nanceyana*. 1755. La relation fait d'abord la description des ornements de la place de Nancy, commencés en 1752. Ils furent présentés par M. de Fleury, comme gouverneur de la province, et par M. d'Argenson.

L'ordonnance pour l'augmentation de la cavalerie paroît enfin depuis deux jours ; il y a longtemps qu'on l'attendoit ; elle est datée du 1ᵉʳ décembre ; elle ne contient que quatre articles : 1° les compagnies de 30 maîtres seront mises à 40 ; les capitaines seront chargés de

---

(1) Les députés étoient : le sieur Breton, conseiller, pour la noblesse ; le sieur Puisseur, conseiller, pour le tiers état, et le sieur Richer, conseiller, trésorier de l'hôtel de ville de Nancy. (*Note du duc de Luynes.*)

cette augmentation; elle sera faite au 10 mars prochain. 2° Le Roi donne 60 livres pour chaque homme; 91 livres pour l'habillement et 30 livres pour les menus équipages de cheval; outre cela, le Roi fournit l'armement des chevaux. 3° A mesure que les hommes seront présentés dans chaque compagnie, ils seront payés de leur solde du jour de la revue, et l'augmentation de masse sera établie à compter du 1er mars prochain. 4° Des 10 chevaux, le Roi en fournira 5 dans le courant du mois de mars prochain, et les 5 autres quand il plaira à S. M. de leur donner. A la fin de cette ordonnance est le mandement de M. de Turenne comme colonel général de la cavalerie; c'est l'usage.

Il paroît aussi une ordonnance datée du 8 de ce mois pour unir l'artillerie avec le génie. Elle est composée de 22 articles; les bataillons des régiments Royal-Artillerie, les compagnies de mineurs et d'ouvriers, les officiers d'artillerie et les ingénieurs ne feront qu'un seul corps qu'on nommera corps royal de l'artillerie et du génie.

Mme de Froulay prit son tabouret hier; ce fut Mme de Luynes qui la présenta partout. Elles n'allèrent point chez les princesses du sang. J'ai parlé ci-dessus de la question qui s'est agitée depuis peu sur le cérémonial pour les gens titrés chez les princesses du sang, depuis le refus qui fut fait à M. le comte d'Egmont, grand d'Espagne, de lui donner un fauteuil chez Mme la duchesse d'Orléans. On pouvoit croire que ce refus singulier ne s'étendroit point jusqu'aux femmes titrées. Il étoit même constant, de l'aveu des princesses du sang, qu'elles donnoient toujours un fauteuil aux femmes titrées lorsqu'elles leur étoient présentées. Les princes du sang ne font point difficulté sur cette distinction chez eux pour les gens titrés le jour de leur présentation; ils conviennent aussi de l'honneur qu'ils leur font de les reconduire. Malgré toutes ces circonstances, lorsque Mme de Crussol (d'Antin) a été présentée comme duchesse, Mme la duchesse d'Orléans a déclaré qu'elle ne lui donneroit point de fauteuil; ainsi Mme de Crussol ne lui a pas été présentée, et l'on a discontinué d'aller chez les princesses. Cet usage subsiste et subsistera jusqu'à ce qu'il y ait quelque chose de réglé.

Mme la duchesse d'Aiguillon présenta hier Mme de Bréhant (Baudry).

Immédiatement après les présentations, le Roi travailla avec M. le cardinal de la Rochefoucauld. M. l'évêque d'Amiens (la Motte), prélat d'une grande édification, honoré et estimé dans son diocèse, a donné la démission de son évêché; il se retire à Sept-Fonds.

On vient de faire imprimer sans permission la lettre que l'assemblée du Clergé a écrite aux évêques du royaume, et on y a ajouté des notes qui ne peuvent avoir été composées que par un janséniste très-déclaré, qui traite d'ouvrage frivole et peu intéressant tout ce que le Clergé a fait, puisque bien loin de songer à éteindre le schisme, il n'a travaillé qu'à soutenir la Constitution, décret obscur qui ne fait rien à la foi, qui est au moins inutile, et qui condamne cent et une propositions précieuses; c'est le terme dont l'auteur se sert.

M. le duc de Fleury, au nom du Roi et de Mgr le Dauphin, et Mme de Luynes au nom de la Reine, de Mme la Dauphine et de Mesdames, ont tenu les six nouvelles cloches que M. du Muy vient de faire faire pour la paroisse de Saint-Louis (1). La première se nomme *Louise;* la seconde *Joséphine;* la troisième *Adélaïde;* la quatrième *Louise-Victoire;* la cinquième *Sophie-Philippine* et la

---

(1) Ces cloches pèsent 14 milliers. M. du Muy a payé la livre sur le pied de 32 sols; mais outre ce prix, il y a encore des frais à faire, et il compte que le total des six cloches lorsqu'elles seront mises en place reviendra à 10,000 écus, en comptant la diminution qu'il y a eu sur le poids par la matière qu'il a donnée d'une des deux premières cloches de Saint-Louis, laquelle s'est trouvée cassée. Il reste encore une de ces deux premières cloches, ainsi il y en aura sept à Saint-Louis comme à la paroisse Notre-Dame. (*Note du duc de Luynes.*)

sixième *Marie*. La cérémonie dura une heure. Le Roi a donné 72 aunes de mousseline pour les langes et 30 aunes d'étoffe d'or. On ne laissera pas cette étoffe à la paroisse; le Roi la retire, et fait faire un ornement complet avec du velours et du galon d'or ; on croit qu'il coûtera 25,000 francs.

Une de nos frégates nommée *la Maline*, montée de 20 canons, partie il y a deux mois et demi pour porter des provisions de bouche à Louisbourg, est arrivée ces jours-ci dans nos ports; elle étoit escortée par des officiers du port. Un courrier en a apporté la nouvelle cette nuit à M. le garde des sceaux. Elle n'a rien rencontré dans son chemin et a laissé tout en bon état à Louisbourg.

Du mardi 16. — Il y a quelques jours que l'on a appris la nouvelle de la mort de M. de Vernick ; il est mort à Stuttgard ; il avoit cinquante-cinq ans. Il avoit eu une grande maladie dont sa tête étoit très affoiblie, d'abord c'étoit folie, et ensuite enfance. Il étoit chargé des affaires du duc de Wurtemberg, qui lui donnoit 24,000 livres par an ; il étoit aussi chargé de celles du duc des Deux-Ponts, dont il touchoit 8,000 livres. Il avoit été gouverneur du prince de Nassau-Sarrebrück, dont il avoit 8,000 livres de pension. Il étoit luthérien ; c'étoit un philosophe qui étoit peu dans la société ; il aimoit beaucoup à lire et à raisonner ; ce n'étoit point un homme agréable ; il ne paroissoit faire aucune dépense.

On a appris ces jours-ci la mort de M. le comte de Mailly d'Aucourt ; il est mort au château de la Roche de Vaux dans le Maine ; il avoit quatre-vingt-quatre ans ; il avoit été page de Louis XIV en 1694. De trois garçons qu'il a eus, il ne lui restoit que M. le comte de Mailly, père de Mme de Voyer ; le second est mort jeune ; il étoit dans l'état ecclésiastique, et le troisième est mort à Vienne après la dernière campagne de Hongrie.

Hier ou avant-hier, Mme de Beringhen mourut à Paris ;

elle étoit Lavardin. Mme de Beringhen pouvoit avoir soixante ou soixante-deux ans.

Du mercredi 17. — J'ai parlé de tous les malheurs de Lisbonne. Ce tragique événement n'a point fait directement un grand tort au commerce de France; mais il a influé sur le commerce de toute l'Europe et sûrement beaucoup sur celui d'Angleterre. Les Anglois y ont perdu considérablement, malgré tout ce que l'ambassadeur d'Angleterre a cherché à répandre dans le public; notre compagnie des Indes est en relation de commerce avec un gros négociant hollandois qui est quelquefois en avance avec elle de 2 ou 3 millions; dans ce moment-ci ce négociant, dont je ne sais pas le nom, a pour 2,500,000 livres d'effets appartenant à la compagnie des Indes. Il envoya un courrier, il y a 4 ou 5 jours, à M. de Moras pour lui dire qu'il n'oublioit point sa dette de 2,500,000 livres à notre compagnie; qu'il étoit même prêt à la payer si l'on vouloit; qu'il avoit outre cela encore entre les mains 2 ou 3 millions d'effets de commerce, qu'il ne pouvoit point trouver de lettre de change à cause du malheur de Lisbonne; que cependant il étoit obligé de payer dans les premiers jours de janvier 126,000 livres; que la Compagnie lui rendroit un service essentiel si elle vouloit bien avoir assez de confiance pour lui avancer cette somme, et qu'il demandoit qu'on voulût bien lui envoyer en or, par un courrier, dès le lendemain ou le surlendemain. M. de Moras a envoyé un courrier avec les 126,000 livres.

Un des plus gros commerçants de Lisbonne s'est trouvé à Paris dans le moment des malheurs de sa patrie et y a appris qu'il avoit tout perdu. M. le chevalier de..... et M. de la Cerda, témoins de sa douleur et de l'embarras où il se trouvoit, n'ont pas perdu un moment à lui donner tous les secours qui ont dépendu d'eux. Le premier, qui étoit le chevalier de Malte, a vendu une fort belle croix de diamants, et l'autre sa vaisselle pour lui en remettre le prix.

Du jeudi 18. — Hier Mgr le Dauphin demanda un carrosse à six chevaux avec des gardes, sur les six heures. Il dit qu'il ne vouloit point de menin avec lui. Le Roi lui demanda où il comptoit aller, et il répondit qu'il n'en savoit encore rien. On croyoit qu'il pouvoit avoir la curiosité d'aller voir les nouvelles cloches de Saint-Louis; il parla tout bas chez le Roi à Mme Adélaïde, qu'on appelle Madame, et ensuite ils parlèrent au Roi; de là ils montèrent en carrosse, Mme Adélaïde n'ayant avec elle que Mme de Montbarrey (Mailly), et ils allèrent faire une visite à Mme la comtesse de Toulouse, à sa petite maison auprès de la paroisse.

Le Roi a donné aujourd'hui audience à la députation du Parlement; elle n'étoit composée que de M. le premier président, du président Molé et du président de Novion. Il n'y a eu aucun cérémonial; ils ont attendu dans la chambre du premier valet de chambre qui les a été avertir et fait entrer dans le cabinet du conseil. Le Roi y étoit seulement avec ses ministres; il n'y avoit ni premier gentilhomme de la chambre, ni capitaine des gardes; Mgr le Dauphin y est resté. Le Roi étoit debout. M. le premier président a parlé pendant près d'un quart d'heure et a ensuite remis un papier au Roi. Les remontrances du Parlement dévoient être composées de huit articles, mais je n'en sais pas encore le détail; on m'a dit seulement qu'il y a été parlé de l'interprétation de la déclaration du 2 septembre 1754, interprétation qui a été instamment demandée par le Clergé et qu'il est dit assez positivement dans les remontrances que la déclaration du Roi est si sage, qu'elle n'a besoin d'aucune interprétation, et que si le Roi croyoit devoir accorder cette grâce au Clergé, le Parlement se verroit avec douleur dans l'impossibilité d'enregistrer cette interprétation. MM. les présidents sont repartis immédiatement après l'audience.

Mlle Briçonnet est morte à Paris, ces jours-ci, âgée de soixante-dix-sept ans; elle étoit sœur du gros chevalier

Briçonnet. Elle avoit eu une figure agréable et une très-forte santé. On prétend qu'elle buvoit encore cinq ou six bouteilles de vin par jour.

Du vendredi 19. — Il doit avoir été parlé ci-dessus dans ce journal de M. de Saint-Michel, lieutenant général de Marseille, qui a été poursuivi juridiquement par le parlement d'Aix. Ne pouvant plus demeurer à Marseille ni exercer sa charge, il est venu ici implorer les bontés de S. M. ; il a représenté sa malheureuse situation ; enfin, après deux ans de temps ou environ de séjour ici, le Roi a bien voulu lui donner la place de premier président de la chambre des comptes de Montauban. On vient d'apprendre que ce tribunal a déclaré qu'il ne recevroit point M. de Saint-Michel, quand même on leur enverroit des lettres de jussion. La chambre des comptes de Montauban dit, pour justifier son refus, que ce magistrat est ce que l'on appelle *in reatu*, qu'il a été accusé de faux et poursuivi criminellement. Ce refus, qui en effet est en règle, sembleroit prouver la nécessité de casser par un arrêt du conseil tout ce qui a été fait par le parlement d'Aix contre M. de Saint-Michel. Il faut qu'il y ait des raisons pour ne pas donner cet arrêt du conseil.

La déclaration du Roi au sujet du grand conseil a été envoyée à plusieurs justices inférieures ; elle a été refusée par quelques-unes et enregistrée dans d'autres. De celles-ci, il y en a quelques-unes qui sont dépendantes du parlement de Dijon ; ce parlement ayant été instruit de l'enregistrement a envoyé le biffer dans lesdites justices.

M. d'Avaucourt, homme de qualité de Bretagne, parent de M. de la Vallière, est mort ; il avoit épousé en premières noces la fille de feu Monseigneur et de Mlle Raisin, dont il avoit eu 100,000 écus qu'on lui avoit donnés par contrat de mariage en cas qu'elle mourût sans enfants. Il avoit été lieutenant de gendarmerie. M. d'Avaucourt en secondes noces avoit épousé la veuve de M. le Mairat, maître des requêtes ; elle étoit mère de la seconde femme de M. de Vatan. M. d'Avaucourt avoit épousé en troisièmes noces Mme de Bonnefond, dont le mari fut assassiné à Paris, dans la rue des Quatre-Fils.

Du samedi 20. — La mort de M. d'Isle (1) a donné occasion à plusieurs changements dans les contrôles. Celui de Paris qu'il avoit, a été donné à M. Soufflot, contrôleur de Marly, et la place de premier architecte qu'avoit M. d'Isle a été aussi donnée à M. Lécuyer, contrôleur de Versailles, ce qui n'empêche point qu'il ne conserve sa place de contrôleur. Le contrôle de Marly, a été donné à M. Billaudel, qui avoit celui de Meudon et celui de Choisy. Celui de Meudon a été donné au fils de M. d'Isle, qui étoit inspecteur à Paris sous son père, et le contrôle de Choisy a été donné à M. Hazon, qui avoit celui de l'École militaire. Celui-ci a été donné à M. Blondel, architecte de Paris. M. de Luzy, qui avoit été anciennement inspecteur à Vincennes et ensuite contrôleur et qui étoit redevenu inspecteur quand M. d'Antin jugea à propos de supprimer ce contrôle, vient d'être rétabli dans la place de contrôleur de Vincennes. M. Pluyette, qui avoit été inspecteur de la Meutte sous M. d'Isle, vient d'être fait dessinateur des jardins. M. de Lassurance, frère de celui qui est mort contrôleur de Marly, est depuis longtemps contrôleur de Saint-Germain ; on l'avoit chargé depuis quelque temps du contrôle de Monceaux où il alloit de temps en temps. M. Galant, inspecteur de Versailles, pour qui le Roi a des bontés et qui est fort aimé de tous ceux qui le connoissent, demandoit depuis longtemps une récompense de ses services ; le Roi vient de lui donner le contrôle de Monceaux qui vaut 1,000 écus ; on veut qu'il y fasse son séjour ; il y a cependant peu d'ouvrages à y faire, le château de Monceaux n'étant point habité ; on l'entretient seulement de réparations et de couverture.

---

(1) Jean-Charles Garnier, seigneur d'Isle, contrôleur général des bâtiments du Roi, mort le 12 décembre 1755.

M. de Lassurance, contrôleur de Saint-Germain, avoit seulement 1,500 livres pour le contrôle de Monceaux et étoit obligé d'y aller faire des voyages ; par le présent arrangement, en lui ôtant ce contrôle, on lui donne les 2,000 écus de pension qu'avoit M. de Lassurance, son frère, contrôleur de Marly ; ainsi il y gagne 500 livres et les frais de voyages, et M. Galant a 1,000 écus d'appointements comme contrôleur de Monceaux ; il n'avoit ici comme inspecteur que 1,800 livres, y compris une pension du Roi de 600 livres ; il garde la charge qu'il a de chef de gobelet chez Mme la Dauphine.

Du dimanche 21. — Mme des Alleurs, qui est revenue de Constantinople après la mort de son mari, représente depuis qu'elle est ici la triste situation dans laquelle elle se trouve ; son mari a vécu honorablement à Constantinople, et quoique l'on pense communément que cette ambassade peut être avantageuse, surtout lorsqu'on y demeure quelques années, M. des Alleurs, bien loin d'y profiter, a laissé beaucoup de dettes. Mme des Alleurs restant donc avec trois enfants sans bien, n'ayant pour ressource qu'environ pour 70 ou 75,000 livres de meubles ou d'effets à Constantinople et à peu près la même somme ici en appointements dus à son mari, a imploré les bontés du Roi ; elle a de l'esprit, elle parle bien et pense très-noblement ; son nom et sa naissance joints aux services qu'a rendus son mari et dont on a été très-content, la rendoient digne, elle et ses enfants, des grâces de S. M. Feu M. des Alleurs avoit eu 5,000 livres de pension dont moitié reversible à sa femme après lui ; on vient de faire un arrangement ; le Roi se charge des effets appartenant à M. et Mme des Alleurs à Constantinople, desquels il disposera à sa volonté. Il ne payera point ce qui est dû des appointements de M. des Alleurs, mais il se charge de payer toutes ses dettes et il donne à Mme des Alleurs 9,500 livres de pension, ce qui fait en total 12,000 livres, y compris les 2,500 livres dont je viens de parler.

Mme d'Armentières (Jussac) a présenté aujourd'hui sa belle-petite-fille, laquelle est fille de M. le président Portail et de Mlle de Vatan.

Mme la maréchale de Lowendal (Szembeck) a fait aujourd'hui ses révérences; elle n'avoit pas paru depuis la mort de son mari; c'est Mme de Luynes qui l'a menée partout. Mme la maréchale de Lowendal a obtenu, il y a déjà quelque temps, une pension de 14,000 livres pour elle et ses trois filles; elle a outre cela un garçon qui est au collége et qui a eu le régiment de son père. Le régiment valoit considérablement lorsqu'il étoit à quatre bataillons; présentement il n'est que de deux; mais à cause de l'augmentation qu'on vient de faire et dont j'ai parlé, Mme la Maréchale croit qu'il pourra valoir 17,000 livres de rente. Mme de Lowendal avoit déjà 6,000 livres de pension; le Roi avoit voulu les donner à M. de Lowendal après la bataille de Fontenoy; mais comme il vouloit être maréchal de France, il remercia, et M. d'Argenson lui dit que ce seroit donc pour Mme de Lowendal. Elle compte aller en Pologne l'année prochaine; elle y a eu du bien, mais elle ne peut le donner à aucun de ses enfants, feu M. de Lowendal n'ayant jamais été naturalisé Polonois. Elle mènera avec elle deux de ses filles, et si elle peut marier ses filles à un Polonois, elle espère, par des arrangements, qu'il pourroit lui rester à elle 16 ou 17,000 livres de son bien de Pologne dont elle jouira ici.

La maison de Szembeck, dont Mme la maréchale de Lowendal descend, est d'une origine très-noble et très-ancienne en Allemagne; une de ses branches est établie en Pologne depuis plus de deux cents ans. Elle est illustrée dans la République depuis cent trente ans et alliée aux plus puissantes maisons. Le père de Mme la maréchale de Lowendal, comte de Szembeck, avoit une dignité de la Couronne; il avoit trois frères dont deux étoient primats du royaume et le troisième grand chancelier de la Couronne. La mère de Mme de Lowendal étoit la comtesse de Tarlo, la plus illustre maison de la Pologne ; par là elle est alliée à toutes les grandes maisons. Son premier mari étoit le comte Bzecowski, fils du grand général de la Couronne, mort il y a trois ou quatre mois palatin de Volhynie ; elle s'étoit démariée avec lui en 1729. Elle s'est remariée en 1732 avec le comte Braniski, alors grand porte-étendard de la Couronne et grand maître d'artillerie, depuis palatin de Cracovie et petit général de la Couronne, et actuellement grand général de la Couronne, respectable par sa naissance, par ses dignités, et par toutes les qualités les plus éminentes, aimé et révéré de toute la nation. C'est cet homme estimable à tous égards qu'elle a quitté en 1735 pour M. de Lowendal, alors général major au service de Saxe, grade qui revient à peu près à celui de brigadier ; il avoit été marié clandestinement en premier avec une comtesse de Linange ; ce mariage a été cassé à cause de l'incompabilité. Il s'est remarié avec Mlle de Schmettau, proche parente du feu feld-maréchal de Schmettau, qu'il a quittée pour Mme Braniski et qui existe encore, demeurant à Dresde et prenant le titre de Mme la maréchale de Lowendal. En Danemark, on croit que le père du maréchal de Lowendal étoit bâtard du comte de Guldenleu, fils naturel du roi de Danemark ; ce qui est certain, c'est que s'il étoit né en légitime mariage, il auroit dû porter le nom de Guldenleu ; car en Allemagne, en Pologne, en Hongrie, en Danemark, en Suède et en Russie, on ne change point de nom ; toutes ces circonstances sont véritables.

M. de Marigny présenta au Roi, le 17 de ce mois, plusieurs pièces de tapisserie et un tableau aussi en tapisserie. Quatre de ces pièces représentent : la première, Jason assoupissant le dragon, enlevant la toison d'or et partant avec Médée. La seconde, le mariage de Jason et de Créüse, fille du roi de Corinthe. La troisième, Créüse consumée par le feu de la robe fatale dont Médée lui avoit fait présent. La quatrième, Médée poignardant les deux fils qu'elle avoit eus de Jason et embrasant Corinthe. Ces quatre morceaux sont d'après les tableaux de feu M. Detroy ; les trois premiers ont été exécutés par M. Cozette et le dernier par M. Audran. Des quatre autres pièces, trois ont été exécutées par M. Audran ; elles représentent : la première, la scène V du quatrième acte de l'opéra de *Roland*. La seconde, la scène IV du cinquième acte d'*Armide*; ces deux sont d'après feu M. Coypel. La troisième représente l'entrée de Marc-Antoine à Éphèse, d'après M. Natoire, directeur de l'académie de peinture à Rome. La huitième pièce, qui est le tableau, représente la Sainte Famille; il a été exécuté par M. Cozette d'après un tableau de M. Parrocel; ce tableau a 3 pieds 2 pouces de haut sur 2 pieds 5 pouces de large.

Le 16 de ce mois, M. le marquis de Soragna, gentilhomme de la chambre de l'infant don Philippe, duc de Parme, vint ici faire compliment au Roi, de la part de ce prince, sur la naissance de Mgr le comte de Provence. C'est un des plus grands seigneurs de ce pays-là ; l'Infant mande que c'est ce qu'ils ont de mieux, mais qu'il est fort timide. Il a depuis quelque temps son fils ici à l'école des chevau-légers. Le Roi a donné à M. de Soragna les entrées de la chambre ; il fut présenté par M. de Masones (1), ambassadeur d'Espagne.

Du jeudi 25, *Dampierre.* — On me mande de Versailles que Mme de Tessé la belle-fille (d'Ayen), a quêté aujourd'hui et très-bien ; elle a une jolie figure et beaucoup de grâce. C'est l'évêque de Bazas (Saint-Sauveur) qui a officié.

Il y a une contestation assez vive entre M. le comte de Charolois et M. le prince de Conty. M. de Charolois, pour détruire les loups et les renards dans les forêts appartenant à M. le prince de Condé, les a fait empoisonner, c'est-à-dire mettre des gobes (2) d'espace en es-

---

(1) Don Jaime Masones de Lima et Sotomayor, ambassadeur extraordinaire et plénipotentiaire du roi d'Espagne.

(2) *Gobe*, morceau empoisonné.

pace dans des carrefours. Cela se fait ordinairement avec précaution ; on compte les gobes ; on fait aussi afficher dans les villages circonvoisins pour que l'on ne mène ni chiens ni autres animaux dans les forêts pendant ce temps. L'Isle-Adam, appartenant à M. le prince de Conty, est très-voisine de la basse-forêt de Montmorency appartenant à M. le prince de Condé, et qui a été empoisonnée comme les autres. C'est là que M. le prince de Conty chasse continuellement avec la permission de M. le prince de Condé. M. le prince de Conty voulant y courre de bonne heure, il y a quelques jours, fit partir son équipage à sept heures du matin ; à neuf heures il apprit que la forêt étoit empoisonnée ; c'étoit la première nouvelle qu'il en avoit eue. Il s'est plaint, et M. de Charolois est venu aujourd'hui parler au Roi de cette affaire. M. le prince de Conty, ne pouvant plus courre de quelque temps dans la basse-forêt, le Roi lui a donné 20 cerfs à prendre cet hiver dans Senart, en lui recommandant de ne courre que de jeunes cerfs.

Du samedi 27. — M. d'Argenson travailla avant-hier avec le Roi ; dans ce travail S. M. eut la bonté d'accorder au comte de Dunois, mon petit-fils, qui est dans sa seizième année, un brevet de mestre de camp à la suite du régiment de colonel général des dragons, et le commandement de ce régiment en l'absence de M. de Goyon, qui en est colonel-lieutenant. Cette double grâce est très-grande dans les circonstances présentes, le Roi ayant regardé, peut-être avec raison, comme un abus, les brevets de mestre de camp accordés surtout à de fort jeunes gens, et ayant bien résolu de n'en point accorder. Quoique les circonstances puissent être regardées comme favorables, puisqu'il ne s'agit que du commandement d'un régiment qui a toujours pour véritable commandant le colonel général, et que d'ailleurs ce n'est qu'en l'absence du colonel-lieutenant, cependant M. d'Argenson nous a dit que le Roi avoit refusé cette grâce plusieurs fois, quand il lui en avoit rendu compte. Nous avions eu recours aux bontés de la Reine qui nous en a donné une grande preuve dans cette occasion ; elle a bien voulu en parler elle-même au Roi avec beaucoup d'instance ; elle en a parlé avec une extrême vivacité à M. d'Argenson, et enfin elle a été jusqu'à le charger de dire au Roi qu'elle se mettoit à genoux pour obtenir cette grâce. J'étois hier à Dampierre ; je savois le travail de M. d'Argenson, et j'en ignorois le succès ; à une heure après midi, il arriva un page de la Reine avec une lettre de la main de S. M. dont on trouvera ci-après la copie. On ne peut pas ajouter plus de grâce à un bienfait.

Copie de la lettre de la Reine du 27 décembre 1755.

M. Dunois est colonel. Le Roi a eu la bonté de m'accorder cette grâce hier, et je suis ravie de vous l'annoncer. Ce n'est pas absolument ce que l'on demandoit, mais c'est même mieux pour lui ; mais comme j'aurois de la peine à vous l'expliquer, contentez-vous que je vous assure de l'extrême plaisir que j'en ressens et de ma satisfaction de vous donner cette marque de mon amitié.

Une nouvelle marque de bonté de la Reine que je ne dois pas oublier, c'est qu'elle voulut que ce fût sa lettre qui m'apprît la grâce ; elle n'en dit rien dans le moment à Mme de Luynes, quoiqu'elle le sût d'avant-hier par M. d'Argenson, qui lui en vint rendre compte au sortir du travail, et je ne reçus la lettre de Mme de Luynes pour cette grâce que dans le moment que j'étois prêt à monter dans ma chaise pour venir ici.

Mme de Belloy, si connue par sa charité pour les pauvres et par une grande quantité d'onguent qu'elle distribuoit, est morte ces jours-ci après une longue maladie. Elle étoit sœur de M. Landais, de Mme Dufays et de Mme des Adrets. M. Landais étoit magnifique, fort riche et donnoit des fêtes. Le mari de Mme Dufays étoit fort connu de M. le cardinal de Rohan et passoit sa vie chez lui. Mme des Adrets est la mère de Mme de la Chau-Montauban ; son mari est attaché à M. le duc d'Orléans. M. de Belloy dont la femme vient de mourir étoit Berthelot de Pleneuf. Cette Mme de Belloy étoit grand'mère de M. de Chamousset (1), qui a fait imprimer depuis un an ou deux plusieurs mémoires au sujet des souscriptions proposées pour la fondation d'un hôpital où toute personne auroit un asile assuré dans le cas de maladie, et des secours suivant leur condition; hôpital qu'on ne doit pas nommer ainsi puisqu'il n'auroit pas eu l'humiliant de ce nom, qui est d'être nourri et traité par charité; on y auroit été traité pour son argent, et même dans des chambres particulières, suivant le prix. Beaucoup de gens y auroient été mieux que chez eux, tous les secours nécessaires aux malades se trouvant réunis tant en remèdes qu'en médecins, etc. Malgré ces avantages, il a paru que le public ne prenoit pas à cette exécution, et jusqu'à présent le projet ne s'exécute point.

J'ai déjà parlé ci-dessus des difficultés faites par les princesses du sang, ou plutôt par Mme la duchesse d'Orléans, sur les honneurs et distinctions qu'elles ont coutume d'accorder aux femmes titrées, qui est le fauteuil, honneur qui n'a jamais fait de difficulté et qui n'en feroit point encore s'il ne s'étoit pas élevé une question au sujet de cette même distinction pour les hommes titrés chez les princesses du sang, car des princes du sang aux hommes titrés, nulle contestation. Il est même certain qu'à toutes visites de cérémonie, les hommes et femmes titrés devroient avoir ce même honneur; mais comme l'usage du temps et du pays est de choisir ce qui est plus commode, les hommes et femmes titrés se sont contentés d'avoir cet honneur le jour de leur présentation. Outre

---

(1) Claude Humbert Piarron de Chamousset, maître des comptes. Le titre de son livre est : *Plan d'une maison d'association dans laquelle, au moyen d'une somme très-modique, chaque associé s'assurera dans l'état de maladie toutes les sortes de secours que l'on peut désirer.* — 1754, in-4°.

le fauteuil, il y a la reconduite, comme je crois l'avoir déjà dit. J'ai observé que : à toutes visites cette reconduite étoit de règle, de même qu'il l'est que le prince et la princesse du sang ne donnent point la main et passent toujours devant. Feu M. le duc d'Orléans, père de celui-ci, instruit de cette règle, ne manquoit jamais de reconduire les gens titrés jusqu'à la porte de son antichambre, quelque prière qu'on pût lui faire ; il répondoit toujours : « Je le dois. » Feu M. le Duc, père de M. le prince de Condé, reconduisoit toujours les hommes titrés ou offroit de les reconduire. A l'égard du fauteuil pour les hommes titrés chez les princesses du sang, quoique plusieurs des hommes titrés actuellement vivants se souviennent d'avoir eu cet honneur, il n'y a rien d'écrit, et l'on n'ose pas affirmer sur sa mémoire ; d'ailleurs ce pourroit n'être pas encore un titre suffisant quand l'on veut disputer. Enfin la difficulté a été faite par Mme la duchesse d'Orléans à l'occasion de M. le comte d'Egmont. Elle s'est étendue jusqu'aux dames titrées à l'occasion de Mme la duchesse de Beauvilliers (Desnos de la Feuillée) et de Mme de Crussol, lorsqu'il a été question de la présenter comme duchesse. Comme elle avoit été présentée comme non titrée dans le temps de son mariage, Mme la duchesse d'Orléans a dit qu'elle la connoissoit et qu'elle ne lui donneroit point de fauteuil. De sorte que ce qui ne devoit jamais être une question en est devenue une, et il s'agit aujourd'hui de trouver un arrangement dont toutes les parties puissent être contentes, d'autant plus que les gens titrés ont encore d'autres prérogatives et qu'ils ne jouissent pas de quelques-unes par rapport aux princes du sang. On traite aujourd'hui cette affaire à l'amiable ; le premier pas de cet accommodement, qui ne prouve pas qu'il soit encore bien avancé, c'est que M. le duc d'Orléans et M. le prince de Conty sont convenus qu'aucun homme ni femme titrés n'allât chez eux leur rendre les respects ordinaires au commencement de l'année où nous allons entrer.

Du dimanche 28. — M. le maréchal de Belle-Isle arriva hier de Bizy; il avoit désiré de pouvoir y aller pour finir quelques affaires et arrangements, et il avoit toujours été retenu jusqu'au départ de M. de Nivernois pour Berlin, et vraisemblablement parce que le Roi désiroit qu'il ne s'éloignât pas d'ici ; enfin il étoit parti dans l'espérance d'y rester neuf jours ; il n'a pu y être que six ; on lui a envoyé ordre de revenir. Il fut hier déclaré commandant de toute la côte de l'Océan, depuis Dunkerque jusqu'à Bayonne. Il n'y a qu'un seul exemple d'un commandement si étendu ; ce fut le commandement qui fut donné en 1693 à Monsieur, frère du Roi, depuis la Saône jusqu'à la Garonne.

On apprit hier la mort de M. l'abbé de Rochechouart (Faudoas), frère de M. l'évêque de Laon, du ministre du Roi à Parme et du menin de Mgr le Dauphin.

M. le baron de Pink fut présenté avant-hier 26 ; il est commandeur de l'ordre Teutonique ; il a des commanderies en Alsace.

Mmes de Beuzeville, de la Luzerne et de Livry ont fait aujourd'hui leurs révérences. Mme de Beuzeville n'avoit point paru depuis la mort de son mari.

Dans le temps que M. le prince de Condé a commencé à entrer en jouissance du gouvernement de Bourgogne, je n'ai point marqué que le Roi eût donné quelque chose à M. le duc de Saint-Aignan, soit que cela n'ait pas été fait dans le moment ou que je l'aie ignoré jusqu'à présent ; j'ai appris aujourd'hui qu'il a 20,000 livres de pension à prendre sur la province de Bourgogne, et ce à compter du jour qu'il a remis le gouvernement à M. le prince de Condé.

M. Chauvelin fut présenté il y a cinq ou six jours par M. Rouillé ; il arrive de Turin où il est ambassadeur.

Du mardi 22, *Dampierre*. — On trouvera ci-après la copie d'une lettre que je reçois de Madrid au sujet des tremblements de terre.

Il paroît que le tremblement de terre du 1er novembre n'est point encore fini, car il s'est fait sentir le 15 à Villaréal, dans le royaume de Valence, et on m'écrit de Malaga qu'il y avoit eu le 27, à onze heures et demie du matin, une secousse qui a été presque aussi forte que celle du 1er, mais qu'il n'en étoit résulté aucun accident, si ce n'est l'ébranlement de quelques vieilles maisons qu'on avoit fait étayer, et qu'on avoit par précaution défendu que les carrosses [allassent] dans la ville, ce qui a aussi lieu à Cordoue, Séville et autres lieux. Mais ce qui pensa causer beaucoup de désordre à Malaga, c'est le bruit qui se répandit que la mer entroit dans la ville, en sorte que les deux tiers des habitants, femmes, hommes, religieux et autres s'enfuirent à perte d'haleine hors la ville et se réfugièrent sur la montagne; heureusement la mer resta avec son mouvement régulier, et c'eût été réellement un autre événement bien extraordinaire qu'une crue d'eau dans la Méditerranée aussi considérable que celle qu'on a éprouvée à Lisbonne et à Cadix. Au surplus il paroît que le tremblement de terre n'a pas seulement attaqué l'Europe, mais qu'il s'est étendu aussi en Afrique, car on me mande de Cadix, du 2 de ce mois, qu'on avoit des nouvelles de Barbarie que le 16 et le 19 novembre, il s'y étoit fait sentir avec tant de violence que Fez avoit beaucoup souffert ainsi que les deux Salé; que Méquinez, qui est la principale ville de l'empire de Maroc et la résidence du souverain, avoit été presque entièrement ruinée et qu'il y avoit péri beaucoup de monde. A quoi on ajoute qu'un camp de six mille Maures qui étoit aux environs avoit été englouti avec tout ce qui s'y trouvoit, hommes, femmes, enfants, chameaux, chevaux et bestiaux, en sorte qu'il n'en est resté aucune trace. Je ne vous garantis pas, du reste, ces nouvelles, mais je vous les mande telles qu'on me les écrit et j'apprends qu'on les mande aussi à plusieurs autres personnes.

EXTRAORDINAIRE.

1755.

Travail du prince de Conty avec le Roi. — Anecdotes sur le maréchal de Noailles et M. de Belle-Isle. — Affaires religieuses. — Analyse d'une lettre du Pape à l'archevêque de Sens. — Lettre de Louis XV à l'archevêque de Paris. — Esprit d'examen en 1755. — Le Roi traite seul les questions religieuses; son embarras à une audience donnée au premier président. — Travail du prince de Conty avec le Roi. — Lettre du duc de Luynes à sa sœur sur le mariage de M. de Sassenage. — Un vice-amiral qui ne connaît pas M*me* de Pompadour. — Puissance des bureaux constatée par Louis XV.

Du dimanche, 19 janvier. — Il y a trois ou quatre mois que M. le prince de Conty obtint une pension de 4,000 livres pour son secrétaire, M. Molen. Cette grâce a donné occasion à plusieurs raisonnements; mais comme on a toujours ignoré quel pouvoit être le sujet du travail que M. le prince de Conty fait avec le Roi depuis six ou sept ans, travail avec le portefeuille, sans que M. le prince de Conty paroisse chargé de rien, on peut bien ne former que des conjectures incertaines par rapport à la pension de 4,000 livres. Ce qui passe pour constant, c'est que dans le temps de la plus grande vivacité des négociations de M. le prince de Conty au sujet des affaires du Parlement, il y eut une lettre ou même un paquet envoyé par le Roi à M. le prince de Conty qui fut perdu; on peut juger de l'alarme que cette aventure mit dans le commerce secret; peut-être est-ce à l'occasion de ce paquet que le secrétaire aura rendu des services importants.

M. le maréchal de Belle-Isle me contoit aujourd'hui quelques détails sur la campagne de 1735, qui pourront mériter quelque jour d'être placés dans l'histoire particulière de ce siècle. On sait que notre armée étoit commandée par MM. les maréchaux d'Asfeld et de Noailles. M. le maréchal alors comte de Belle-Isle y servoit en qualité de lieutenant général ; et comme l'on connoissoit sa grande expérience et qu'il étoit infiniment au fait du pays, on regardoit ses conseils comme très-utiles. Il fut question d'un détachement ; M. de Belle-Isle fut appelé à un conseil secret par les deux maréchaux. Le détachement fut résolu ; il devoit être commandé par un lieutenant général. Au lieu de suivre cet arrangement, M. de Noailles voulut y aller lui-même, et n'ayant point suivi le plan qui avoit été déterminé, il fit plusieurs fautes ; M. d'Asfeld en fut instruit et en parla à M. de Belle-Isle, qui les sentit plus vivement que personne et en parla tout naturellement à M. d'Asfeld. M. d'Asfeld manda à M. de Noailles ce qu'il pensoit de sa conduite, et pour appuyer son sentiment il y ajouta celui de M. de Belle-Isle. M. de Noailles, déjà assez peiné d'être désapprouvé, le fut encore davantage des réflexions de M. de Belle-Isle et lui en écrivit. M. de Belle-Isle lui fit réponse et lui marqua que c'étoit au général de l'armée et non à lui à donner ou refuser son approbation, mais que puisque M. d'Asfeld l'avoit nommé, il ne pouvoit s'empêcher de dire qu'il avoit été de même sentiment que lui, et lui en détailla les raisons. Voilà le premier événement qui indisposa M. de Noailles contre M. de Belle-Isle.

A la fin de cette même campagne, les troupes étant séparées pour aller dans leurs quartiers, M. de Belle-Isle, qui commandoit un corps de 42 bataillons et de 65 escadrons dans le Hundsruck, avoit déjà fait partir plusieurs régiments ; ce corps étoit aux ordres seuls de M. de Belle-Isle ; mais M. de Belle-Isle étoit aux ordres du maréchal de Noailles. On étoit au mois de décembre ; M. de Noailles avoit compté établir son quartier général à Worms ; il eut avis que cette ville étoit occupée par les troupes autrichiennes; il envoya aussitôt un courrier à M. de Belle-Isle, et lui manda de faire revenir promptement sur leurs pas les troupes qui étoient déjà en marche, pour rassembler l'armée, marcher à Worms et en chasser les ennemis. M. le maréchal de Noailles étoit à Landau ; M. de Belle-Isle en étoit à 20 ou 25 lieues; M. de Belle-Isle répondit que les ennemis ne pouvoient pas avoir occupé Worms; que M. de Wirtemberg, qui commandoit l'armée autrichienne, depuis que le prince Eugène s'étoit retiré, ne s'y établiroit jamais sans avoir un pont de communication sur le Rhin. M. de Noailles répondit qu'il y avoit un pont; M. de Belle-Isle continua à nier le fait dans sa réplique; enfin voyant l'inutilité de ses représentations par écrit, il prit le parti d'aller à Landau. Il y trouva M. de Noailles avec M. le Duc, alors comte de Gramont, et M. de Nangis; il lui expliqua en leur présence qu'il étoit informé positivement par deux magistrats de Worms, qui n'oseroient pas lui avancer une fausseté, que les ennemis n'étoient point dans cette ville; qu'outre cela il y avoit envoyé un homme principal (1) qui y avoit son frère ; et qu'enfin il avoit eu des nouvelles de l'officier général de l'armée ennemie, et que sûrement les Autrichiens n'étoient point dans Worms; ensuite il prit M. de Noailles en particulier, et lui dit qu'il étoit trop son serviteur pour ne pas l'avertir qu'il se feroit tort à lui-même, si dans une saison aussi rude, les chemins étant gâtés par les pluies, qui tomboient encore avec plus d'abondance depuis cinq ou six jours, il faisoit faire un mouvement aussi inutile et aussi fatigant aux troupes du Roi; qu'il y auroit sûrement grand nombre de malades, et qu'il en périroit une partie; que le projet étant d'entrer, l'année d'après, de bonne heure en campagne, les troupes demandoient encore plus d'être ménagées. Ce raisonnement

---

(1) C'étoit M. de Linange. (*Note du duc de Luynes.*)

persuada à la fin M. de Noailles, et il fut résolu de ne rien changer à la destination des troupes. M. de Belle-Isle embrassa M. de Noailles et partit l'après-midi fort content de son voyage. Il s'arrêta à 7 ou 8 lieues de Landau à cause de la nuit et des mauvais chemins ; ce fut là qu'à deux heures du matin, il reçut un courrier de M. de Noailles qui lui manda que toutes réflexions faites, il étoit absolument nécessaire de marcher à Worms et le prioit d'envoyer aussitôt des ordres pour faire revenir les troupes. M. de Belle-Isle répondit qu'il obéiroit et qu'il alloit expédier les ordres, mais qu'il ajouteroit que c'étoit par obéissance et contre son sentiment ; il le marqua en effet à chaque commandant de corps. Quelques-uns étoient déjà à Thionville, d'autres à Metz ; il fallut revenir. Il y eut 15,000 malades, dont environ 12,000 moururent ; on marcha à Worms ; on n'y trouva personne et point de pont ; un détachement des ennemis y étoit venu en effet lever des contributions ; il s'étoit retiré aussitôt, et c'est ce que M. de Belle-Isle avoit prévu.

Après cette inutile levée de boucliers, M. de Noailles établit tranquillement son quartier général à Worms et répandit ses troupes aux environs. M. de Belle-Isle avoit distribué les siennes aussi dans différents quartiers ; il prit en même temps toutes les précautions les plus prudentes pour qu'elles eussent abondamment des vivres, des fourrages, et même de l'argent par les contributions qu'il imposa. L'on n'étoit pas à beaucoup près dans le même état dans les quartiers de l'armée de M. de Noailles ; les troupes y mouroient de faim. M. de Noailles écrivit à la Cour pour représenter cette situation ; il savoit le bon état des quartiers de M. de Belle-Isle ; il demanda que les contributions qu'on y levoit fussent partagées également entre toutes les troupes du Roi qui étoient sur le Rhin. M. de Belle-Isle fut instruit de cette demande, et il partit sur-le-champ pour Worms. M. de Noailles lui dit que le magistrat n'avoit jamais voulu donner les sommes qu'il lui avoit demandées, et lui expliqua l'embarras où il étoit pour les fourrages. M. de Belle-Isle en parut surpris. Les magistrats vinrent le voir le lendemain; il leur fit plusieurs questions sur ce qui avoit été dit par M. de Noailles ; les magistrats répondirent que plusieurs personnes leur avoient fait différentes demandes, et que comme ils n'auroient pu y suffire, ils n'avoient pas donné ce qu'on exigeoit d'eux ; que si on vouloit supprimer toutes ces demandes, ils donneroient 150,000 florins. M. de Belle-Isle alla en rendre compte à M. de Noailles et lui nomma plusieurs personnes qui lui avoient été nommées par les magistrats et qui avoient reçu différentes sommes. Cette conversation n'eut point l'effet qu'on en pouvoit attendre, et le conseil de M. de Belle-Isle ne fut point suivi. Il se trouva qu'un officier de cette armée de M. d Noailles avoit reçu 30,000 florins. La Cour en fut informée ; M. d'Angervilliers écrivit ; les 30,000 florins ont été rendus, et malgré cela l'officier a été depuis employé.

On sait qu'un des principaux talents d'un général d'armée, c'est d'être informé exactement des mouvements des ennemis ; c'est ce que M. de Belle-Isle a toujours fait; il a des correspondances dans toutes les parties du monde et sait en faire usage. Lorsqu'il fut envoyé en 1746 commander l'armée du Roi en Provence, il jugea qu'il étoit essentiel de savoir le nombre de troupes autrichiennes qui pourroient s'avancer de ce côté-là ; il connoissoit un cabaretier établi dans un lieu appelé la Maison-Rouge ; c'est un cabaret dans les montagnes du Tyrol, où aboutissent tous les chemins par où les troupes autrichiennes pouvoient s'avancer ; il faut qu'elles passent toutes sous les fenêtres de ce cabaretier. Avant que de partir pour la Provence, M. de Belle-Isle envoya un homme qu'il connoissoit s'établir dans ce cabaret ; il lui recommanda de contrefaire le malade, et seulement de regarder par sa fenêtre tout ce qui se passeroit, de tâcher de s'informer comme par curiosité du nom des régiments et de l'en informer par des chiffres dont ils convinrent. Ces lettres, écrites en style de commerçant, étoient envoyées à un correspondant en Suisse, lequel, par différentes voies indiquées, les faisoit parvenir à Lyon, d'où on les envoyoit par des courriers à M. de Belle-Isle. Cet arrangement coûta environ 12,000 livres à M. de Belle-Isle, mais il fut parfaitement exécuté, et il eut toujours des nouvelles très-régulièrement et très-exactement.

M. de Belle-Isle me contoit encore ce qui lui arriva pendant le temps qu'il commandoit l'armée du Roi en Provence. Il étoit question d'un projet pour entrer dans l'État de Gênes; M. de Belle-Isle écrivit un grand détail à M. d'Argenson et la lettre fut lue au conseil d'État. M. le maréchal de Noailles s'opposa au projet et en détailla les raisons. Comme il s'agissoit d'opérations militaires, M. d'Argenson dit à M. de Noailles qu'il étoit plus en état que personne d'expliquer lui-même ses raisons à M. de Belle-Isle et le pria de se charger de lui écrire. M. de Noailles remit sa lettre à M. d'Argenson; elle avoit vingt-cinq pages; M. d'Argenson y joignit seulement une lettre fort courte renvoyant aux détails contenus dans celle de M. de Noailles. M. de Belle-Isle lut avec beaucoup d'attention cette longue lettre; il trouva que dans la première et la seconde page son projet étoit entièrement désapprouvé; il lut ensuite le détail des raisons sur lesquelles le sentiment de M. de Noailles étoit fondé; il trouva toutes ces raisons en faveur de son projet, et par conséquent une contradiction manifeste des deux premières pages. Il y fit une réponse aussi détaillée, reprenant chaque article en particulier, et y fit sentir la contradiction du raisonnement avec le commencement de la lettre; il envoya cette réponse à M. d'Argenson, et elle fut lue au conseil d'État.

M. de Belle-Isle pendant le siége de Gênes étoit informé, comme je l'ai dit, des mouvements des troupes autrichiennes; mais outre cela il avoit encore des nouvelles de tout ce qui se passoit dans l'armée ennemie. Il étoit convenu de différentes adresses où l'on envoyoit les lettres; elles faisoient plusieurs tours et cascades et lui arrivoient assez à temps pour être au fait de tout. Il ne s'en tenoit pas à ces précautions; il savoit que M. de Braune, général de l'armée autrichienne, ne pouvoit entrer dans l'État de Gênes sans être obligé de prendre un grand nombre de mulets pour le transport des vivres et munitions; il profita de la volonté d'un homme qui s'offrit à aller se présenter à M. de Braune et à offrir de lui fournir le nombre de mulets dont il auroit besoin; M. de Braune accepta ces offres; l'homme convint de fournir 2,500 mulets; M. de Braune compta entièrement sur sa parole, et fit ses arrangements en conséquence; mais lorsqu'il fut question de marcher, les mulets n'arrivèrent point et l'entrepreneur disparut.

De tout temps la méthode de M. de Belle-Isle a toujours été de ne rien ignorer, autant qu'il lui étoit possible, de tout ce qui se passoit dans l'armée ennemie; il a dans l'esprit des ressources qui se trouvent rarement jusqu'à ce point dans un général. On sait combien de fois il a donné de ses nouvelles pendant qu'il étoit assiégé dans Prague. Lorsque les ennemis se rapprochèrent de cette place après le départ de M. le maréchal de Broglie, il étoit important de savoir le nombre de leurs troupes, et cette connoissance étoit d'autant plus difficile, que les listes des troupes autrichiennes sont souvent infidèles; on y marque quelquefois un régiment dont il n'y a qu'un bataillon qui soit en mouvement, et on retrouve le nom de ce même régiment dans un autre corps d'armée, parce qu'il y en a encore un autre bataillon qui porte le même nom. M. de Belle-Isle ne vouloit point replier ses quartiers qu'il ne sût précisément où étoient les ennemis et quelles étoient leurs forces. Il se souvint d'une conversation qu'il avoit eue avec un homme de condition de la cour de

Vienne, intime ami du prince Lobkowitz. Cet homme l'étoit venu trouver à Prague pendant la nuit et lui avoit dit qu'il pourroit être à portée de lui rendre service, mais que ce ne pourroit jamais être qu'une seule fois; qu'il n'avoit qu'à l'employer cette unique fois quand il le jugeroit à propos, qu'il n'auroit peut-être jamais d'autre occasion de le voir, mais qu'il ne l'en serviroit pas moins fidèlement. M. de Belle-Isle trouva le moyen de lui faire tenir une lettre où il lui marquoit son embarras sur le nombre et la position des ennemis. Cet homme lui fit réponse aussitôt et lui marqua que dans trois jours il seroit satisfait. En effet, le quatrième jour, M. de Belle-Isle reçut l'état des troupes et de leurs quartiers. C'étoit l'original même de l'ordre, que l'homme en question avoit pris sur le bureau de M. de Lobkowitz et dont il ne fut jamais soupçonné.

Lorsque les troupes autrichiennes eurent totalement formé le siége de Prague, les moyens de donner des nouvelles devenoient tous les jours plus difficiles; il étoit cependant de la dernière importance que le Roi fût instruit de l'état de son armée. M. de Belle-Isle avoit dans Prague un homme très-propre à être chargé de cette commission; c'étoit un secrétaire de M. de Boufflers, nommé Renault, qui est commissaire des guerres, homme intelligent et capable. La question étoit de lui donner les moyens de sortir de Prague. M. de Belle-Isle étoit en grande liaison d'amitié avec Mme la comtesse Martinitz, sœur du général Palfy; elle étoit dans Prague; elle lui avoit offert d'en sortir quand il le jugeroit à propos et que sa sortie pourroit lui être de quelque utilité. Il lui confia son embarras; Mme de Martinitz ne balança pas un moment; elle annonça son départ à ses parents et amis, s'y prépara pendant quelques jours, demanda un passe-port à son frère, et sortit emmenant M. Renault, chargé de tous les paquets de M. de Belle-Isle; elle fut arrêtée et obligée d'attendre au moins vingt-quatre heures, mais elle eut enfin permission de passer. M. Renault et les paquets arrivèrent à bon port.

M. de Belle-Isle m'a conté aussi une circonstance de sa vie qui prouve bien à quel point il désiroit montrer son zèle pour le service. Il avoit fait la campagne de 1712 sous les ordres de M. le maréchal de Bezons, étant brigadier et mestre de camp général des dragons; il revint à Paris au mois de novembre; s'étant trouvé à dîner avec MM. les maréchaux de Berwick et de Bezons, il entendit dire à M. de Berwick qu'il avoit ordre de partir incessamment pour marcher au secours de Gironne, où commandoit M. le marquis depuis maréchal de Brancas. Cette place étoit assiégée par M. de Staremberg, et il étoit important de la secourir promptement. On avoit envoyé des contre-ordres aux troupes qui se trouvèrent le plus à portée, et quoiqu'elles fussent extrêmement fatiguées et diminuées de la campagne, on les faisoit marcher en Catalogne. On avoit rassemblé 80 bataillons, qui n'en valoient pas 30 effectifs; je ne sais plus combien il y avoit d'escadrons, mais il y avoit sept régiments de dragons qui étoient dans le même état. M. de Berwick devoit partir le 17 décembre; l'armée devoit se mettre en mouvement le 23. M. de Belle-Isle, après avoir demandé l'agrément de M. le maréchal de Berwick, partit aussitôt pour aller à Versailles demander à M. Voisin de vouloir bien l'envoyer commander les dragons dans cette armée. M. Voisin lui répondit que le régiment mestre-de-camp n'y étoit point; cette réponse n'arrêta point M. de Belle-Isle; il dit à M. Voisin qu'ayant l'honneur d'être mestre de camp des dragons, il croyoit être en droit d'espérer de les commander partout où ne seroit point le colonel général. Quelque pressantes que fussent ses sollicitations, M. Voisin lui dit que cela ne se pouvoit pas. M. de Belle-Isle répondit qu'au moins il ne trouveroit pas mauvais qu'il s'adressât au Roi même. Effectivement ce même soir, lorsque le Roi passa à six heures pour aller chez Mme de

Maintenon, suivant sa coutume, il fit sa demande. Le Roi le reçut avec bonté et lui répondit comme il répondoit ordinairement : « Je verrai. » Le lendemain, M. Voisin travailla avec le Roi, et il fut décidé que M. de Belle-Isle n'iroit point. M. de Belle-Isle, extrêmement affligé de cette nouvelle, vit avec grand regret le départ de M. de Berwick ; il falloit bien prendre son parti ; il se résolut à passer l'hiver dans sa société ordinaire. M. de Berwick arrivé en Languedoc y trouva plusieurs régiments de dragons qui étoient en marche pour se rendre à l'armée ; ces régiments étoient en mauvais état ; il s'y attendoit, mais ce qui le surprit, fut le grand nombre d'officiers absents et le peu de discipline qu'on observoit ; il dépêcha un courrier sur-le-champ et manda à M. Voisin qu'il lui falloit nécessairement un officier supérieur pour le corps de dragons qu'il avoit avec lui. M. de Belle-Isle jouoit au brelan à Paris ; on vient le demander ; il sort, il trouve dans l'antichambre un courrier de M. Voisin avec une lettre. Le ministre lui mande que le Roi lui avoit accordé ce qu'il désiroit ; qu'il se rendît sur-le-champ chez lui à Versailles ; qu'il falloit qu'il prît congé du Roi dès le soir même et qu'il partît le lendemain ; que le Roi ayant bien prévu que pour un départ aussi précipité il pouvoit avoir besoin d'argent, il lui envoyoit une ordonnance de 10,000 livres à prendre sur le trésor royal. M. de Belle-Isle rentre, donne sa partie à finir, envoie recevoir les 10,000 livres et part pour Versailles. M. Voisin lui fait des excuses d'avoir refusé sa première proposition, lui demande son amitié, le prie de lui écrire régulièrement comme ami, indépendamment du compte qu'il pourroit avoir à lui rendre comme ministre. M. de Belle-Isle va prendre congé du Roi à la même heure de six heures. Le Roi le reçoit tout au mieux et parle toute la soirée chez Mme de Maintenon de son zèle et de sa grande volonté pour le service. M. de Belle-Isle va souper chez Mme de Lévy ; c'étoit le jour du mariage de Mlle de Mouchy avec

M. Forcadel, qui se faisoit chez Mme de Saint-Simon. Il va
à la noce et part aussitôt après pour Paris, de là tout de
suite pour Rouanne. Il falloit passer la rivière; elle char-
rioit beaucoup; il étoit neuf heures du soir quand il arriva; le batelier ne vouloit pas hasarder de passer;
M. de Belle-Isle le persuade à force de prières et d'argent. Il avoit envoyé un courrier avant lui pour prier
M. de Trudaine, à Lyon, de lui faire tenir un bateau de
poste; il le trouve tout prêt; il arrive en quatorze heures
au Pont Saint-Esprit, et enfin il se rend le 24 mars auprès de M. de Berwick: heureusement l'armée ne marcha
que le 27. M. de Staremberg n'attendit pas l'arrivée de
M. de Berwick, il lui envoya faire des compliments et
des excuses du dérangement qu'avoit pu lui causer un
départ aussi précipité, il lui manda en même temps
qu'il n'avoit jamais eu dessein d'attendre les troupes du
Roi et qu'il se retiroit.

Du mardi, 25 février. — Quelque affligeant que soit
le détail des affaires de l'Église dans les circonstances
présentes, on ne peut s'empêcher de vouloir en être instruit. Il seroit même très-nécessaire d'être en état de répondre aux propos que les jansénistes répandent dans le
public. *La Gazette ecclésiastique* a eu la hardiesse de mettre
que M. l'évêque de Marseille (Belzunce), l'un des plus
respectables prélats de l'Église de France et le plus attaché à la saine doctrine, s'étoit converti (ce sont les
termes de la Gazette) sur un bref qu'il avoit reçu du Pape;
d'autres ont dit que le Pape n'approuvoit point la conduite de M. l'archevêque de Paris. On trouvera ci-après la
réponse au premier article dans une lettre qui vient d'être
imprimée et que je ferai copier dès que je l'aurai; elle
est de M. l'évêque de Marseille. A l'égard du second article, il sera aisé de juger des sentiments du Pape par la
lettre que je vais faire copier ci-après. On sait quel étoit
le zèle et l'attachement de feu M. l'archevêque de Sens
(Languet de Gergy) pour la constitution *Unigenitus*. Ce

digne prélat reçut en 1752 la lettre dont je parle, il en donna dans le temps une copie à une personne de ses amis de qui je tiens ce que je fais copier dans ce livre. Je ne sais si l'original est resté dans la famille de Gergy ou déposé dans les archives de l'archevêché de Sens; ce qui est certain, c'est que je ne la tiens ni de personne de Sens ni de la famille, mais de quelqu'un de très-véridique. Pour mon frère, il ne m'en a jamais parlé, et je crois qu'il l'ignore entièrement. L'original est en latin, la lettre est du 22 novembre.

Dans cette lettre, après beaucoup d'éloges que Sa Sainteté donne au zèle, à la vigilance et à la doctrine du prélat, il lui dit : « Qu'il a depuis longtemps le cœur pénétré de douleur des troubles qui se sont élevés en France par les ennemis de la religion, qui ne cherchent à anéantir la bulle *Unigenitus* que parce qu'elle condamne des hérésies qu'ils voudroient insinuer; que les prières publiques qu'il avoit fait faire à Rome, il y avoit quelque temps, n'avoient eu d'autre objet que de demander à Dieu qu'il fît triompher en France la bonne doctrine, et qu'il accordât la victoire aux défenseurs de la foi; qu'il ne s'en étoit pas borné là, qu'il avoit écrit au Roi une lettre paternelle et familière dans laquelle il l'exhortoit de la manière la plus pressante à ne pas permettre que son Parlement donnât atteinte à l'autorité d'une bulle si nécessaire pour conserver la foi dans son royaume; que le Roi lui avoit fait réponse qu'il soutiendroit avec zèle l'autorité ecclésiastique et qu'il ne souffriroit jamais qu'on y donnât atteinte; qu'il avoit écrit aussi aux cardinaux et prélats de la commission pour les exhorter à ne se point laisser abattre et à avoir toute la fermeté qu'exige la défense de la religion violemment attaquée : « Je n'en ai point reçu de réponse. » Leur ajoutant que pour lui il étoit prêt de verser jusqu'à la dernière goutte de son sang pour soutenir une constitution seule capable de s'opposer aux progrès de l'erreur en France. Il ajoute qu'il est très-satisfait de sa conduite et de celle des autres évêques, qui, quoiqu'ils n'aient pas fait en cette occasion tout ce que prescrivent les saints canons, ont cru sans doute qu'il étoit de la prudence de temporiser. Il finit par lui demander conseil sur ce qu'il doit faire en cette occasion, l'assurant qu'il étoit tout prêt de venir au secours des évêques avec tout le pouvoir que Jésus-Christ lui a laissé entre les mains.

Du samedi, 1ᵉʳ mars. — On trouvera dans mon journal un détail sur les mesures que l'on prend actuellement pour tâcher de parvenir à la paix sur les affaires présentes. Lorsque le Roi donna à M. d'Argenson ses ordres pour la lettre de cachet que M. de Lostanges a remise à M. l'archevêque pour se rendre à Lagny, il lui dit qu'il étoit extrêmement mécontent de M. l'archevêque; il lui montra la lettre qu'il lui avoit écrite et la réponse qu'il en avoit reçue. La lettre étoit tendre, pressante et remplie de sentiments de paix; celle de l'archevêque étoit dans les mêmes sentiments de cette fermeté inébranlable dans laquelle il a toujours persisté. M. d'Argenson prit la liberté de lui dire qu'il ne manquoit à la lettre de S. M. que d'avoir ajouté qu'il seroit à propos d'assembler ses confrères. Le Roi parut frappé de cette réflexion, et en parla dès le soir même à M. de Séchelles, pour qui il marque beaucoup d'estime et de confiance. M. de Séchelles, qui est accoutumé à profiter de tous les moments, jugea qu'il étoit encore temps, et c'est en conséquence que le Roi a parlé aux cardinaux. M. de Séchelles, dans les différentes occasions où le Roi lui a fait l'honneur de lui parler de cette affaire, a pris la liberté de lui dire que S. M., dans sa réponse, n'auroit pas dû se servir du terme de « punir », parce qu'il devoit faire punir, mais jamais dire qu'il punissoit, ni employer le terme de lois du royaume, parce que c'étoit des lois des rois plutôt que celles du royaume. Le Roi a paru faire grande attention à ces réflexions. Il en avoit même été assez touché pour montrer à M. de Séchelles, à minuit, sa dernière réponse, et M. de Séchelles, dont les intentions sont vraies et exemptes de tout soupçon, en avoit été content; mais quelques heures après, cette réponse fut changée. Ce que j'écris ici est de science certaine et peut n'être pas connu de tout le monde.

Du mardi 11. — J'ai marqué dans mon journal la dernière réponse du Roi à M. le premier président. Ce jour-là même M. le prince de Conty eut trois audiences du Roi et lui écrivit deux lettres. Il paroît que le Roi commence à prendre quelque confiance en M. de Séchelles, lequel a pris la liberté de lui dire avec la plus grande douceur et le plus grand respect son sentiment sur les affaires présentes; mais le crédit de M. le prince de Conty se soutient toujours; il agit par le conseil de l'ancien procureur général, comme je l'ai déjà dit, et il suit avec vivacité et exactitude ses conseils et ceux de Pothouin (1).

J'ai parlé de la lettre de M. l'évêque de Marseille, au sujet des calomnies de *la Gazette ecclésiastique*, et de la petite déclaration imprimée qui a suivi cette lettre. J'ai parlé aussi de la lettre de l'assemblée provinciale d'Auch au Roi. Les gens pacifiques pensent que *la Gazette ecclésiastique* est un libelle trop diffamé pour que ces imputations calomnieuses méritassent une réponse, surtout de la part d'un prélat aussi recommandable que M. de Marseille, et que l'assemblée provinciale d'Auch auroit pu remettre à un autre temps à faire imprimer ses sentiments, les circonstances des temps n'étant pas favorables. Des gens d'esprit et de beaucoup de sens, mais fort zélés, pensent autrement. Ce qui est certain, c'est que la lettre du clergé d'Auch a été brûlée et que la vénération que M. de Marseille s'est justement attirée par une conduite également édifiante depuis quarante-quatre ans, a empêché le parlement d'Aix d'agir contre lui personnellement, mais

---

(1) F. S. Pothouin, avocat au Parlement.

son secrétaire vient d'être décrété de prise de corps par ce même tribunal.

Du vendredi 21, *Versailles.* — On trouvera dans mon journal l'arrêt du 18 de ce mois qui fut publié avant-hier. J'ai marqué que M. le chancelier le remit au Roi ; c'étoit un peu avant le conseil de dépêches. M. d'Argenson, par conséquent, y étoit. Le Roi en parut surpris et en parla même à M. d'Argenson : chose très-remarquable, car il ne parle point de toutes ses affaires à aucun de ses ministres, excepté M. de Séchelles. Les termes de cet arrêt méritent grande attention. On voit que le Parlement marche peu à peu, mais assez rapidement, pour décider à son avantage la borne des deux puissances, matières si délicates et si dangereuses qu'elles ne devroient jamais être traitées ; mais l'esprit d'aujourd'hui est de vouloir tout approfondir en tout genre, et de là quelle terrible conséquence pour la religion et pour l'État ! La fermeté et le sang-froid de M. l'archevêque de Paris sont toujours les mêmes et il paroît, malgré les traitements qu'il essuye, que le Roi ne laisse point de l'aimer et considérer.

On a pu voir dans mon journal que M. de Monclar, procureur général du parlement d'Aix, est venu ici, il y a déjà longtemps, pour rendre compte de sa conduite ; il n'avoit point vu le Roi et ne devoit pas naturellement le voir, ni même qui que ce soit de la Cour, et encore moins des ministres, mais malgré cela il étoit souvent chez M. de Saint-Florentin. Il a apparemment désiré d'être présenté au Roi, et ce qui est fort singulier, c'est qu'il l'ait obtenu. Il fut présenté, il y a sept ou huit jours, par M. de Saint-Florentin.

Du mardi, 8 *avril.* — J'ai marqué dans mon journal que l'arrêt du 4 avril dernier est du conseil d'État et non des dépêches. Cela est remarquable. Avant que le Roi eût cessé de parler des affaires présentes à ses ministres, c'étoit au conseil de dépêches qu'elles étoient portées. Soit que le Roi ait voulu en exclure le Chancelier, M. de Béthune et même Mgr le Dauphin, qui ne sont pas du conseil d'État, soit qu'il ait eu quelque embarras de parler de cette affaire à un conseil qu'il avoit cessé d'en instruire, il en parla au conseil d'État, et on en a été surpris avec raison.

Du mercredi 9. — On trouvera dans mon journal la réponse du Roi d'avant-hier au soir et que le premier président n'eut qu'une audience de trois minutes; cette réponse étoit par écrit. Le Roi a bien voulu enfin qu'il fût parlé dans son conseil des affaires du Parlement. En conséquence de la délibération, la réponse fut écrite et remise entre les mains de S. M. Lorsque le Roi fut averti que M. le premier président étoit arrivé et attendoit, il parut embarrassé, et cela fut assez marqué pour que l'on s'en aperçût; il consulta même pour savoir si la réponse n'étoit pas un peu trop forte. Cependant il paroît qu'il n'y a eu rien de changé.

Du lundi 14. — J'ai marqué dans mon journal, au 14, la réponse de S. M. aux gens du Roi; cette réponse fut faite après le conseil d'État. L'usage ordinaire est qu'au sortir du conseil d'État, on appelle l'huissier du cabinet qui entre et qui ouvre la porte aux entrées. Hier le Roi dit qu'on n'appelât point l'huissier, mais qu'on allât avertir M. le chancelier. En même temps il appela ceux qui étoient du conseil et leur dit de s'approcher; il leur dit qu'il tiendroit conseil à Choisy jeudi à midi. Le maréchal de Noailles en parut surpris et lui dit : « Sire, il me semble que Votre Majesté avoit donné ordre pour six heures du soir. » — « Cela est vrai, dit le Roi, mais j'en tiendrai un d'État ce même jour à midi, et un de dépêches le soir à six heures. » En même temps il leur remit un papier contenant quelques articles dont il dit qu'il seroit délibéré dans ce conseil d'État de jeudi matin, ajoutant que d'ici là ils y fissent leurs réflexions.

J'ai déjà marqué dans ce journal ce que l'on peut penser sur le changement de conseil de dépêches au conseil d'État par rapport aux contestations présentes; mais une réflexion qui n'avoit pas été faite d'abord et qui pouvoit bien être la meilleure, c'est que le Roi a mieux aimé que la discussion de ces affaires, discussion assez désagréable, ne fût pas traitée devant Mgr le Dauphin.

Du vendredi 18, Versailles. — M. le prince de Conty a eu encore deux ou trois audiences particulières à Choisy. Le Roi lui avoit mandé d'y venir. Ici, il entre quand il veut par le petit escalier de dégagement. Il paroît que les délibérations et entreprises outrées du Parlement commencent cependant à faire impression, et qu'on les regarde comme insoutenables.

Du mercredi, 7 mai. — M. le prince de Conty travailla le 4 avec le Roi. On compta les minutes; ce travail dura vingt-cinq minutes. On prétend qu'il auroit duré plus longtemps sans l'heure du souper; M. le cardinal de la Rochefoucauld a aussi eu une audience du Roi qui a duré environ un quart d'heure.

Du mardi 27. — On trouvera dans mon journal le mariage de M. de Bérenger avec Mlle de Sassenage. En faveur de ce mariage, le Roi a bien voulu accorder à M. de Sassenage la survivance de sa place de chevalier d'honneur de Mme la Dauphine pour M. de Bérenger.

Voici l'extrait d'une lettre que j'ai écrite à ma sœur, le 26 mai 1755, au sujet de MM. de Sassenage. « Il y a environ un mois que M. de Sassenage nous fit part de son mariage à Mme de Luynes et à moi, mais sous le secret. C'est une grande grâce que celle qu'il vient d'obtenir, et tout ce qui arrive à M. de Sassenage est bien une preuve de la protection particulière que Dieu accorde à ceux qui l'aiment et le servent fidèlement. M. de Sassenage n'a ni le brillant de l'esprit, ni les grâces qui plaisent au monde. C'est un homme de très-grande naissance, qui a beaucoup de probité et de vertu, et qui est dans la plus grande piété; il a quitté le service il y a déjà longtemps. Sa femme, qui est de même maison que lui, n'est pas d'un esprit supérieur ; elle n'a ni charge ni place à la cour. La piété et les bonnes œuvres ont mis une liaison très-grande entre M. de Sassenage et Mmes de Villars et d'Armagnac, toutes deux filles de M. le maréchal de Noailles, et toutes deux dans la piété et les bonnes œuvres. On vouloit mettre de fort honnêtes gens auprès de Mgr le Dauphin. M. de Sassenage fut choisi par l'estime qu'on avoit pour lui et comme un homme d'une grande naissance. Il plut à Mgr le Dauphin à ces deux titres, et outre cela il a quelques talents ; il sait bien la musique, il a de la voix, il joue de la flûte, il est doux dans la société, il joue bien tous les jeux de commerce. M. de la Fare, qui est mort maréchal de France, fut nommé chevalier d'honneur de la première Dauphine et ensuite de la seconde ; il aimoit sa liberté ; il avoit beaucoup d'amis avec lesquels il ne pouvoit vivre autant qu'il désiroit, étant gêné par les assujettissements de sa charge. Il vouloit avoir quelqu'un qui l'aidât, il jeta les yeux sur M. de Sassenage ; il obtint pour lui la survivance de sa charge. M. de Sassenage avoit déjà été nommé chevalier de l'Ordre avant que d'être chevalier d'honneur. M. de Sassenage a eu plusieurs enfants ; il n'a pu élever aucun garçon ; il lui reste cinq filles. La protection et les bontés de Mgr le Dauphin et de Mme la Dauphine, jointes aux autres raisons ci-dessus expliquées, ont fait l'arrangement de la famille de M. de Sassenage. Il a marié l'aînée à M. le comte de Maugiron, homme de condition de Dauphiné ; je ne sais si cette fille a eu des enfants. M. de Maugiron a du bien et un régiment ; je crois même qu'il a eu celui de son beau-père. Mme de Maugiron a une figure qui n'est ni bien ni mal ; elle est née à Paris et est allée dès l'âge de sept à huit ans en Dauphiné, d'où elle n'est revenue que pour se marier. La seconde, qui est grande, mais laide et prodigieusement louche, a épousé M. de Talaru, fils de M. de Chalmazel, premier maître d'hôtel de la Reine et reçu en survivance de cette charge. M. de Talaru est un fort honnête homme qui vit très-bien avec sa femme; ils ont une fille. Il reste trois filles dont l'une est religieuse en Dauphiné. Celle qui épouse M. de Bérenger est l'aînée des trois. Celui qui se marie n'est pas d'une figure fort agréable, il y a quelque chose à redire à ses yeux. »

Du jeudi, 25 décembre. — J'ai toujours oublié de marquer ce qui arriva à M. du Barailh, vice-amiral, quelques jours avant le départ pour Fontainebleau. Mme de Pompadour étoit venue à la toilette de la Reine et l'avoit suivie à la messe. Au retour, elle aperçut dans la galerie M. du Barailh; elle l'appela et lui dit que le Roi étoit extrêmement content des nouvelles preuves qu'il venoit de donner de son zèle et de son attachement, en offrant d'aller s'embarquer où le Roi le jugeroit à propos. M. du Barailh est fort âgé; il fait sa cour assidûment au Roi et à la Reine, mais il est peu répandu dans le monde; il ne connoissoit point Mme de Pompadour; il demanda donc à quelqu'un de sa connoissance qui étoit cette dame qui lui avoit parlé. Il a conté ce fait à plusieurs personnes.

On trouvera dans mon journal, au 19 décembre, que M. Galant, inspecteur de Versailles, a été nommé contrôleur de Monceaux. Tous les habitants du château de Versailles s'y intéressoient. Quelques jours après la mort de M. de Lassurance, il fut question d'une place pour M. Galant; le Roi étant à Choisy, M. de Luxembourg lui en parla; le Roi répondit qu'il en étoit content, qu'il l'aimoit beaucoup, mais que le vent du bureau n'étoit pas pour lui.

ANNÉE 1756.

JANVIER.

Chapitre de l'Ordre. — Le prince Louis de Wurtemberg. — Détails sur la terre de Navarre et la principauté de Bouillon. — Nouvelles diverses de la Cour. — Préparatifs pour la guerre dirigés par le maréchal de Belle-Isle. — Le commandement du littoral de la Méditerranée donné au maréchal de Richelieu. Généraux placés sous ses ordres et sous ceux du maréchal de Belle-Isle. — Ce que l'on paye pour les serments chez le garde des sceaux. — Morts et testaments. — Le duc de Chevreuse légataire universel de Mme de Saissac. — Mécontentement du Roi contre M. Hocquart, capitaine de *l'Alcide*. — *La duchesse de Velours*. — Tragédie d'*Esther*, jouée à Saint-Cyr devant la famille royale, sous la direction de Racine le fils. Nom des actrices. — Mort du cardinal Caraffa. — Tremblements de terre; des religieux exploitent ces calamités. — Nouvelles d'Angleterre et de Hollande et de la guerre. — Mise en défense du littoral de la France; réforme des gardes-côtes. Forces navales; manque de canons. — Plan d'opérations adopté. — Réquisitoire du Roi envoyé au roi d'Angleterre et réponse du ministère anglais. — Mort du confesseur de la Reine; nouveau confesseur nommé. — Réponse du Roi à la députation du Parlement. — Charges achetées et vendues. — Nouvelles diverses. — La *Gazette de France*; quel est le rédacteur de l'article de LA COUR. — Arrêté du Parlement. — Le Dauphin et la Dauphine à Paris. — Pensions. — Traité du roi de Prusse avec l'Angleterre. Refus de la France de traiter avec la Prusse. — La flotte de Toulon. — Intendants des Menus.

Du jeudi 1er. — Il y a eu aujourd'hui chapitre de l'Ordre. Il y avoit treize places vacantes; le Roi nous a dit qu'il avoit à nous proposer neuf nouveaux chevaliers, six françois et trois étrangers; M. de Saint-Florentin a aussitôt lu la liste. Les six françois sont le prince Camille, fils de feu M. le prince de Pons, M. le duc de Fitz-James, M. le duc d'Harcourt, M. le duc d'Aiguillon, M. de Stainville, M. de Baschi. Les trois étrangers sont M. de Saint-Vital, le prince Jablonowski, père de Mme de Talmond, et le prince Louis de Wurtemberg.

Le prince Constantin a officié, Mme la marquise de Brancas (Grand-Homme) a quêté.

Du mardi 2. — La grâce que le Roi accorda hier à M. de Wurtemberg mérite d'être remarquée. M. le prince Louis de Wurtemberg est cadet d'une maison souveraine; il est au service de France et il n'a que vingt-quatre ou vingt-cinq ans; son frère aîné, quoique prince souverain, n'auroit ici aucun rang; il y seroit incognito comme est M. le duc des Deux-Ponts. A plus forte raison, M. le prince Louis de Wurtemberg étant cadet, ne peut avoir aucun rang ici et n'en a aucun en effet. Son carrosse n'entre point dans la cour du Louvre ni du château, et il n'est ici que comme un homme de condition. Il est d'ailleurs au service de France, comme j'ai dit, et enfin il n'a pas l'âge prescrit par les statuts. Cette règle de l'âge est cependant générale pour les chevaliers titrés ou non titrés, et n'a d'exception que pour les enfants de France et pour les princes du sang. Les enfants de France reçoivent le cordon en venant au monde, mais ils ne sont admis et reçus qu'à quatorze ans, et les princes du sang nommés et reçus à quinze.

Le Roi a bien voulu faire, en faveur des princes lorrains, une exception à la règle générale (1); ils sont nommés et reçus à vingt-cinq ans. Quelquefois le Roi donne des dispenses d'âge, cela est rare; M. le maréchal de Richelieu, reçu en 1729 et né en 1696, eut une dispense d'âge, mais seulement d'environ deux ans. Celle que le Roi accorde à M. de Wurtemberg est bien plus considérable; il est vraisemblable qu'il ne lui conviendra pas de prendre rang seulement du jour de sa réception et parmi les chevaliers non titrés, et que par conséquent il sera admis et non reçu.

Du samedi 3. — Mme de Kinski est ici. La Reine la vit

---

(1) Il a fallu même pour cela ajouter un statut à ceux de l'Ordre. (*Note du duc de Luynes.*)

avant-hier dans la galerie ; elle ne sera point présentée. Son nom est Palfi ; c'est de la grande noblesse de Hongrie ; les Kinski sont de Bohême. Elle est veuve du fils de M. de Kinski que nous avons vu ici ambassadeur de la reine de Hongrie (1).

J'ai appris aujourd'hui plusieurs détails, par rapport à M. de Bouillon, qui peuvent mériter d'être écrits. La terre de Navarre est d'un revenu immense en bois ; l'usage est de vendre les bois pour six ans. La dernière vente fut de 1,800,000 livres. M. de Bouillon ayant fait travailler à une rivière qu'il a rendue flottable, ses bois ont beaucoup augmenté ; la dernière vente qu'il vient de faire a monté à 2,250,000 francs, sans compter 50,000 écus qui lui ont été payés sur-le-champ, et en outre un pot-de-vin de 50,000 francs. On prétend que M. de Bouillon n'arrange pas bien ses affaires, cependant personne ne parle mieux d'arrangement que lui. Il compte que dans ce moment-ci il n'a plus aucunes dettes criardes et qu'il jouit de 234,000 livres de rente, et que dans trois ans il aura remboursé toutes ses dettes foncières et aura 200,000 livres de rente de plus.

Bouillon, où il dit avoir tout droit de souveraineté et même d'y battre monnoie, a soixante-quatre paroisses et ne lui vaut que 50,000 livres de rente. Il dit que, lorsqu'il y est, il reçoit le même traitement de la garnison françoise que M. de Monaco lorsqu'il est chez lui. M. le prince de Turenne, son fils, en comptant 30,000 livres que M. de Bouillon lui donne par an, 9,000 livres du Roi comme survivancier, 12,000 livres de Mme de Turenne et ce qu'il a eu de M. le comte d'Évreux et de Mme de Monbazon, jouit à présent de 104,000 livres de rente ; M. de Bouillon dit qu'outre cela il lui donne bien, ou à Mme de Turenne, 2 ou 3,000 louis par an. M. de Bouillon, sachant que M. de

---

(1) Le comte de Kinski avoit été ambassadeur en France en 1729.

la Tour-du-Pin, qu'il reconnoît être de sa maison, vouloit faire un mauvais mariage, lui a donné 30,000 livres de pension viagère. M. de la Tour-du-Pin ne lui a cédé pour cela qu'une terre d'environ 10,000 livres de rente auprès de Paris, dont M. de Bouillon ne jouira qu'après la mort de M. de la Tour-du-Pin. M. de Bouillon l'a fait recevoir chevalier de Malte et lui a fait faire ses vœux.

Les droits de M. de Bouillon dans sa souveraineté ne sont pas exempts de contestations; l'évêque prince de Liége a des prétentions sur Bouillon; la souveraineté même qu'il a n'est pas comme prince de Liége, puisque c'est le chapitre qui a la principale autorité; c'est en qualité de duc de Bouillon. M. de Bouillon, qui compte aller passer quelques mois à Bouillon cette année, a le projet et l'espérance de terminer ces contestations avec le prince de Liége, qui lui cèdera ses droits et prétentions sur Bouillon en gardant sans doute le titre et les prérogatives de souverain. Il compte faire des échanges; ce qui est d'autant plus nécessaire qu'il y a dans la principauté de Bouillon des terres appartenant à M. de Bouillon dont l'évêque de Liége est réellement souverain et qui appartiennent à l'évêque de Liége. M. de Bouillon compte qu'il lui en coûtera 2 ou 300,000 livres. Tout cet arrangement se fera avec l'agrément et par la volonté du Roi.

Du dimanche 4. — Le Roi donna hier audience aux États de Bretagne; ils haranguèrent aussi la Reine; M. l'évêque de Nantes porta la parole.

M. d'Avaugour est mort à Paris le 18 du mois dernier; il avoit quatre-vingt-quatre ans; il étoit le plus ancien brigadier de cavalerie.

Du lundi 5. — Mme la marquise de Broglie fut présentée hier; elle est grande, d'assez bonne mine et n'a point l'air embarrassé (1).

---

(1) Elle est fille de M. de Besenval, colonel des gardes suisses, et de Mlle de Bielinski. Il y a longtemps qu'elle est mariée et a un fils qui a quinze ou

Le Roi donna hier le commandement de la Normandie haute et basse à M. le comte d'Estrées, qui a sous lui M. le duc d'Harcourt, M. de Raymond et M. de Puységur, et le commandement de la Provence à M. le maréchal de Richelieu, qui a sous lui M. le comte de Maillebois, M. le duc de Mirepoix et M. de Graville.

Du jeudi 8. — Il y a environ trois semaines qu'il a été fait, par ordre du Roi, un écrit qu'on appelle une réquisitoire. Il fut lu, le jour de l'an, à tous les ministres étrangers, chez M. Rouillé, sans en laisser prendre copie. Il y avoit avant-hier vingt ou vingt-cinq étrangers, ministres ou autres, chez M. Rouillé, à dîner, et M. le maréchal de Belle-Isle y dînoit; on y parla tout haut des préparatifs que fait la France; et en faisant des questions à M. de Belle-Isle sur l'objet de ces préparatifs, il dit qu'il ne savoit rien, mais qu'il étoit prêt à exécuter tous les ordres qui lui seroient donnés; que le Roi avoit 100,000 hommes de troupes réglées prêtes à être employées où il jugeroit à propos; qu'il y avoit sur l'Océan 240,000 gardes-côtes armés (1), et qu'outre cela le Roi avoit encore un corps de milices considérable dont il pourroit faire usage. Les étrangers demandèrent si c'étoit pour faire une descente en Angleterre. « Pourquoi pas, dit le maréchal, le Roi envoie bien des troupes en Amérique, pourquoi n'en enverroit-il pas à sept lieues de chez lui? »

Du samedi 10. — M. le duc de Béthune, qui est incommodé depuis longtemps et qui croyoit que c'étoit de la gravelle, ainsi que feu M. le duc de Charost, son père, s'est enfin fait sonder par le frère Cosme, feuillant, qui a acquis une grande réputation pour les opérations de la taille, surtout depuis l'heureux succès de M. le cheva-

---

seize ans; mais son beau-père, qui étoit un peu singulier, n'avoit pas voulu qu'elle fût présentée. (*Note du duc de Luynes.*)

(1) Et cela est très-vrai, il y en a 96,000 seulement en Bretagne. (*Note du duc de Luynes.*)

lier de Nesmont. Le frère Cosme a trouvé la pierre à M. de Béthune. Cette triste certitude, soit qu'il se détermine à l'opération ou non, l'a engagé à songer aux affaires de sa famille. Il n'a pour tout héritier qu'un petit-fils qui est M. le duc de Charost, qui a seize ou dix-sept ans. Outre la charge de capitaine des gardes, M. le duc de Béthune a le gouvernement de Calais et la lieutenance générale de Picardie, objet d'un revenu considérable ; il a donné sa démission de l'un et l'autre pour son petit-fils. C'est M. le cardinal de la Rochefoucauld, grand-oncle maternel du petit duc de Charost, qui, en travaillant dimanche dernier avec le Roi, demanda et obtint cette grâce ; elle ne sera publique que lorsque les brevets seront expédiés.

M. le maréchal de Richelieu a le commandement nonseulement de la côte de Provence, mais même de toute la Méditerranée. Le Roi a nommé les officiers généraux qui doivent servir sous les deux maréchaux. Sous M. le maréchal de Richelieu : M. de Maillebois et M. de Graville qui commande en Roussillon, l'un et l'autre lieutenants généraux, M. de Lannion, maréchal de camp ; sous M. de Belle-Isle (1) : M. le comte d'Estrées dans la haute et basse Normandie, M. de Soubise en Flandre, M. de Chaulnes en Picardie, M. de Clermont-Gallerande à la Rochelle, M. de Raymond, maréchal de camp (2), en Normandie où il étoit déjà employé. M. de Lally, lieutenant général, dont le régiment est irlandois, commandera à Boulogne, M. d'Hérouville, M. de Crémille et M. de Voyer ; ces deux derniers suivront M. de Belle-Isle partout.

M. le duc de Charost prêtera serment entre les mains

---

(1) Qui avait le commandement du littoral de la Manche et de l'Océan, depuis Dunkerque jusqu'à Bayonne.

(2) Il a été lieutenant-colonel au régiment de Vexin, ensuite lieutenant-colonel des grenadiers de France, depuis commandant à Louisbourg, pendant quinze ou dix-huit mois, où il a fort bien fait. (*Note du duc de Luynes.*)

du Roi pour la lieutenance générale de Picardie, et entre les mains du garde des sceaux pour le gouvernement de Calais. Ce que l'on donne chez le Roi pour le serment monte à 3,100 livres ou environ, et chez M. le garde des sceaux à 94 livres pour chaque serment ; mais quelquefois cette somme est multipliée trois ou quatre fois, parce qu'il y a plusieurs gouvernements compris dans celui des places, et que au lieu de ne payer que pour un, on fait payer pour plusieurs.

Du dimanche 11. — On a interdit Mme d'Auroy ; elle est Saint-Germain. Le lieutenant civil l'a interrogée ; elle a signé un papier en réponse. On lui avoit dit que si on lui demandoit si elle savoit faire une quittance, elle retînt bien comme il falloit la faire ; moyennant quoi, à toutes les questions du lieutenant civil, elle a répondu qu'elle savoit signer des quittances.

Mme la duchesse d'Ossolinska, sœur de Mme la princesse de Talmond, mourut le 5 à Lunéville ; son père étoit frère de la mère du roi de Pologne, et sa mère étoit sœur de feu M. le comte de Béthune, père de feu Mme la maréchale de Belle-Isle.

Le réquisitoire du Roi a été envoyé aux ministres de France dans les cours étrangères.

Du lundi 12. — On trouvera ci-après une copie des nouvelles que je reçois de Paris d'aujourd'hui :

Les gens du Roi, qui avoient été à Versailles demander au Roi de donner des provisions pour les charges de conseiller au Parlement aux personnes âgées de vingt-cinq ans qui se présentent pour en traiter, ont rapporté une réponse qui ne cadre guère à l'objet de leur mission. Le Roi leur a dit que dans peu la compagnie recevra un édit de suppression des charges vacantes. On ne sait au Parlement si cette suppression se fera en diminuant seulement le nombre des conseillers dans les cinq chambres des enquêtes, ou si elle se fera en diminuant le nombre des chambres, c'est-à-dire en les réduisant de cinq à trois. Comme Messieurs des quatrième et cinquième des enquêtes craignent que la suppression ne tombe sur leurs chambres, et qu'on ne les incorpore dans les trois autres chambres, ils se donnoient bien des mouvements ce matin pour commencer à remuer la Compagnie et l'engager à demander au Roi qu'il n'y ait point de chambres de supprimées, mais qu'on diminue seulement le nombre des conseillers de chaque chambre des enquêtes.

J'apprends dans le moment la mort de Mme la duchesse de Gramont ; elle étoit, comme l'on sait, fille aînée de M. le duc de Gramont, colonel des gardes, et de Mlle d'Humières, et sœur de la première femme de M. le comte de Brionne morte sans enfants. Mme de Gramont laisse un fils. Elle étoit malade depuis bien longtemps. On ne peut refuser les justes éloges que mérite la bonne conduite qu'elle a toujours eue et sa grande piété. M. le duc de Gramont son mari arriva de la campagne il y a environ trois semaines ; le valet de chambre de Mme la duchesse de Gramont n'osoit pas l'annoncer à sa maîtresse et ne le fit que par ordre exprès. Cette nouvelle fit une impression violente à la malade. Je viens d'apprendre que M. le duc de Gramont a été interdit. On n'attend que le moment de la mort de Mme la duchesse de Gramont (Biron), mère de M. le duc de Gramont. Mme de Gramont avoit trente-trois ans.

Du mardi 13. — On trouvera ci-après la copie du testament de Mme de Gramont la jeune, fait en 1752.

Elle fait M. le maréchal de Noailles exécuteur testamentaire et tuteur du comte de Guiche, son fils ; M. Bevière, avocat au Parlement, est son curateur ; M. le comte de Guiche est légataire universel ; s'il meurt sans enfants, la moitié des meubles et immeubles est donnée à M. le comte de Gramont, et l'autre moitié à M. le duc de Gramont son mari ; et si M. le duc de Gramont se remarie et qu'il n'épouse point une personne de sa condition et digne de son rang, la donation n'aura point lieu, et cette seconde moitié passera aussi à M. le comte de Gramont. Elle donne à son intendant qui gouvernoit l'écurie 1,200 livres de pension viagère et 1,000 livres argent comptant ; à son aumônier 400 livres de rente viagère ; à son concierge de Versailles 400 livres ; à son maître d'hôtel, qui étoit à elle depuis trois ans, trois carrosses et sept chevaux, c'étoit tout son équipage ; à son cuisinier 200 livres de rente viagère ; à une femme de charge 500 livres viager ; à sa première femme de chambre 2,000 livres argent comptant et toute sa garde-robe, y compris la toilette d'argent; à sa seconde femme de chambre 300 livres de rente viagère; à un ancien valet de chambre 500 livres de rente viagère; à un nouveau valet de chambre 400 livres de rente viagère; au suisse 200 livres viager; au premier laquais 300 livres viager; au second 300 livres viager et à un postillon 200 livres de rente viagère.

Du mercredi 14. — Mme de Saissac (1) est morte ce matin à huit heures un quart. Mon fils, M. et Mme de Chaulnes et mon frère étoient à l'ouverture du testament; il est olographe et reconnu pardevant notaire et point cacheté. M. l'abbé Foucaut étoit présent, et Bernier (1) pour M. de Grimberghen. On avoit averti M. le maréchal de Duras et M. de Gouffier qui ne s'y sont pas trouvés. Tout ce que je sais jusqu'à présent, c'est : M. de Chevreuse légataire universel et exécuteur testamentaire; elle laisse à M. de Grimberghen son beau chandelier de cristal, avec prière, s'il ne le vend pas, de le laisser à M. de Chevreuse; à Mme de Carignan 30,000 livres d'argent comptant et 600 marcs de vaisselle d'argent; à M. l'abbé Foucaut 2,000 livres de pension, outre 3,000 livres qu'il a déjà sur M. de Chevreuse; elle lui donne outre cela 20,000 livres d'argent comptant, les meubles de la chambre où il loge, et pour 4,000 livres de meubles à choisir dans tous ceux qu'elle laisse et tous ses livres; 12 ou 15,000 livres de rentes viagères à tous ses domestiques. Elle veut être enterrée simplement; que l'on garde son corps quatre jours; elle nomme une femme pour le garder qui n'est pas des siennes; elle ordonne que si cette femme aperçoit des signes de vie et lui rend la santé, elle aura 3,000

---

(1) Jeanne-Thérèse-Pélagie d'Albert de Luynes, fille de Louis-Charles d'Albert, duc de Luynes, mariée en 1698 à Louis de Castelnau de Clermont-Lodève, marquis de Saissac, était grand'tante du duc de Luynes.

(2) Bernier, secrétaire de M. de Grimberghen. (*Note du duc de Luynes.*)

livres de pension, sinon 1,000 livres une fois payées. A
M. l'archevêque de Sens, une pendule. Il y a beaucoup de
codicilles, mais voilà à peu près le résultat du total. Elle
donnoit beaucoup aux pauvres et ne vouloit pas qu'on
en sût rien. Elle jouissoit d'environ 100,000 livres de
rente, mais presque tout viager. Elle laisse deux belles
maisons, l'une à Paris et l'autre à Passy (1); c'est presque
le seul bien-fonds qu'elle ait. Sa dépense journalière étoit
payée tous les mois. Elle donne 10,000 livres au curé de
Saint-Sulpice pour les pauvres honteux et 3,000 livres
au curé de Passy; elle ordonne que les aumônes réglées
qu'elle avoit coutume de faire soient continuées pendant la vie de ceux à qui elle les faisoit. Elle donne à
Mme de Gouffier, sa nièce, 10 actions. Il est dit dans son
testament que si M. de Chevreuse mouroit avant elle,
elle fait Mme de Chevreuse sa légatrice universelle.

Du vendredi 16. — M. de Bulkeley mourut hier à Paris
après une longue maladie, pendant laquelle il n'a voulu
voir que Mme de Bouzols, sa nièce. Il avoit soixante-douze
ou soixante-treize ans. Il étoit frère de la mère de milord
Clare et de feu Mme la maréchale de Berwick, laquelle avoit
épousé en premières noces, comme l'on sait, milord Lucan.
M. de Bulkeley étoit veuf; il avoit épousé Mme Cantillon
(Mahoni), veuve d'un fameux banquier en Angleterre.
M. de Bulkeley laisse un fils, à qui le Roi avoit déjà
donné le régiment irlandois de son père. Il étoit lieutenant général de 1738 et chevalier de l'Ordre depuis 1748.

Mme la duchesse de Gramont douairière mourut aussi
hier, après de longues et cruelles souffrances, de la suite
d'un cancer; elle avoit soixante-quatre ou soixante-cinq
ans; elle étoit veuve de M. le Duc, ci-devant comte de
Gramont. Elle étoit Biron, fille du maréchal et de Mlle de

---

(1) Elle devoit sur ces deux maisons 120,000 livres à M. de Chaulnes pour
reste de payement d'une maison à Surênes, qui est aujourd'hui à M. le prince
d'Isenghien. (*Note du duc de Luynes.*)

Nogent; elle étoit sœur du duc et de l'abbé de Biron et du marquis de Gontaut. Elle laisse trois enfants : M. le duc et M. le comte de Gramont et Mme de Rupelmonde qui est carmélite. Mme la duchesse de Gramont jouissoit de 46,000 livres de rente; elle avoit eu plus de 300,000 livres en mariage. Elle a ordonné qu'on l'enterrât aux Carmélites de la rue de Grenelle où est Mme de Rupelmonde, sa fille.

M. Hocquart, capitaine de vaisseau pris sur *l'Alcide* qu'il commandoit, est revenu en France ayant donné parole aux Anglois de ne point servir contre eux pendant un certain temps. Le Roi lui a fait dire de ne point paroître ici, étant mécontent de sa conduite, qu'il ne devoit point donner de parole n'étant point prisonnier de guerre, et ne pouvant l'être puisqu'il n'y avoit point de déclaration de guerre. M. de Bouville, à qui le Roi a donné une gratification de 4 ou 6,000 livres et 1,000 livres de pension, s'est conduit bien différemment. On lui demanda sa parole pour le laisser revenir, il dit qu'il traiteroit volontiers de sa rançon comme captif, mais qu'il ne donneroit point de parole comme prisonnier de guerre, puisqu'il ne l'étoit pas.

Du samedi 17. — Il mourut il y a quelques jours à Paris une Mme Marsolier, fille de M. le Leu, procureur du Roi des domaines et bois; elle étoit fort connue par sa beauté. Son mari étoit un gros marchand de soie qui a acheté depuis une charge de secrétaire du Roi. Mme Marsolier ne laisse qu'une fille qui sera fort riche. Une des conditions du mariage de Mme Marsolier a été de ne jamais entrer dans la boutique de son mari; elle évitoit même de passer dans la rue Saint-Honoré pour ne pas voir la boutique; cela n'empêchoit pas qu'on l'appelât *la duchesse de Velours*.

Du lundi 19. — Je n'ai point encore parlé de la tragédie d'*Esther*, jouée à Saint-Cyr. Ce fut jeudi dernier, 15 de ce mois. Mgr le Dauphin, Mme la Dauphine et Mesdames dînèrent chez Mme la Dauphine, avec les dames qui devoient avoir l'honneur de les suivre, et partirent un peu après deux heures. En arrivant dans la maison, ils furent reçus à la porte par M. l'évêque de Chartres et par Mme du Han (1), supérieure; ils furent conduits tout au haut de la maison dans la salle du théâtre. La toile étoit baissée, et la salle peu éclairée dans ce moment, mais elle le fut suffisamment quand on eut levé la toile. Cette salle étoit remplie de gradins sur lesquels étoient toutes les pensionnaires, rangées par classes, avec des maîtresses à chaque classe.

Derrière Mgr le Dauphin et la famille royale il y avoit des tabourets et des banquettes pour toute leur suite et pour plusieurs hommes et femmes de la Cour, et de ces places aux gradins il y avoit encore beaucoup d'amis de la maison qui étoient venus voir le spectacle.

Racine, fils du grand Racine et père de celui qui vient de périr à Cadix, étoit à cette pièce; il s'étoit occupé depuis trois ou quatre mois à instruire les pensionnaires; il a même fait un prologue convenable aux circonstances. On le trouvera copié ci-après avec le nom des actrices. La décoration du théâtre étoit très-agréable; il y eut un changement pour représenter les jardins du palais; la perspective en étoit fort bien exécutée. Il n'y avoit d'instruments que deux violoncelles qui accompagnoient les voix et qui étoient derrière les coulisses. Les rôles qui parurent les mieux exécutés furent celui d'*Aman* et celui de *Mardochée*; celui d'*Esther* le fut assez bien aussi en certains endroits. Clérembaut, organiste de Saint-Cyr, et son frère, tous deux fils du grand Clérembaut (2), avoient travaillé l'un et l'autre pour l'exécution de cette pièce. Le premier avoit fait plusieurs changements à la musique

---

(1) Marguerite-Suzanne du Han de Crèvecœur.
(2) Nicolas Clerembaut, organiste du Roi, de l'église royale de Saint-Cyr et de l'église paroissiale de Saint-Sulpice, mort à Paris en 1749.

des chœurs et l'autre avoit dirigé les habillements, lesquels avoient beaucoup d'apparence et réussirent très-bien. On s'étoit servi de toutes les étoffes de la maison, que l'on avoit chamarrées avec du clinquant, et l'on avoit fait usage d'un grand nombre de pierreries fausses qui appartiennent à la maison; elles lui ont été données par Louis XIV, et l'on estime qu'il y en a pour 20,000 livres. Ces pierreries ont été données à l'occasion des deux tragédies d'*Esther* et d'*Athalie*, qui ont été faites par feu Racine, par ordre du Roi, pour Saint-Cyr. La pièce dura une heure et demie. Les chœurs furent fort bien exécutés. Les filles qui chantoient avoient conservé sur le théâtre les distinctions de leur classe. Quoique ce soit l'usage de mettre du rouge sur le théâtre, aucune des actrices n'en avoit et on ne s'en apercevoit point. Mgr le Dauphin, Mme la Dauphine et Mesdames restèrent dans la salle encore environ une demi-heure après la fin de la pièce; ils voulurent voir les actrices; ils firent beaucoup de questions, et l'on eut sujet d'être content des marques de leur bonté. La famille royale descendit pour le salut, où M. de Chartres officia. Il y eut un motet fort bien chanté par les pensionnaires et accompagné par l'orgue. Toutes les pensionnaires sortirent de l'église, rangées par classes, pour aller au réfectoire (1).

Mgr le Dauphin et la famille royale allèrent voir le réfectoire, et la supérieure, par l'ordre de Mgr le Dauphin, donna permission aux pensionnaires de parler pendant le souper. Les actrices ce jour-là devoient manger à une

---

(1) Il y a quatre classes distinguées par des rubans : la bleue, la rouge, la jaune et la noire; celle-ci est la plus considérable et par conséquent la moins nombreuse; ce sont les filles les plus formées et qui doivent sortir les premières. A chaque classe, il y a quatre maîtresses, et dans les quatre classes il y a des distinctions qui sont marquées par des rubans; c'est pour les filles qui ont acquis plus de considération par leur grande sagesse ou par leurs talents; celles-là ont la liberté d'aller seules dans la maison et de mener même une pensionnaire avec elles. (*Note du duc de Luynes.*)

table particulière, et Mgr le Dauphin voulut que cela s'exécutât et demanda six jours de congé, un pour chacun de la famille royale.

PROLOGUE FAIT PAR RACINE LE FILS.

LA PIÉTÉ. . . . . Mlle de Chatenay de Lauty.
L'INNOCENCE. . . . . . Mlle de Monchamp.
LA PAIX. . . . . Mlle de Machault.

LA PIÉTÉ.

Vous voici toutes deux. L'Innocence et la Paix
Dans cet asile saint ne se quittent jamais.

LA PAIX.

O du ciel adorable fille !
Piété, tendre sœur, c'est donc vous que nos yeux...

LA PIÉTÉ.

C'est moi-même qui, dans ces lieux,
Du Roi qui vous protége amène la famille ;
Vous l'allez voir paroître : elle suivoit mes pas.

L'INNOCENCE.

Cet excès de bonté ne nous étonne pas ;
Nous avons vu le Roi lui-même,
Oui, ce grand Roi, jusqu'à nous s'abaisser ;
Aux jeux où je préside il daigna s'amuser ;
Sans doute comme lui sa famille nous aime.

LA PIÉTÉ.

C'est pour vous le prouver qu'elle veut en ce jour
Que d'un spectacle saint, digne de ce séjour,
Vous lui fassiez goûter les charmes.
Esther a parmi vous souvent versé des larmes,
Qu'elle en répande encor ; qu'à son affliction
Votre aimable jeunesse unisse ses alarmes.
Rassemblez promptement vos filles de Sion.

LA PAIX.

Qu'entends-je ! quoi ! devant une assemblée auguste
Des enfants oseroient.... Ah quels pauvres acteurs !
Quels redoutables spectateurs !
Approuvez nos refus, la cause en est trop juste ;
Et quand vous proposez cette témérité,
Vous qui devriez la défendre,
Êtes-vous notre sœur, et cette sœur si tendre,
La charitable Piété ?

LA PIÉTÉ.

Je la suis, et c'est moi qui vous rends favorable
Ces spectateurs si redoutables ;
Je règne dans leurs cœurs.

L'INNOCENCE.

Nous ne répliquons pas,
Vous serez satisfaite. Esther obéissante
Va paroître. Déjà je l'aperçois. Hélas,
Devant Assuérus elle étoit moins tremblante.
A quel nouveau péril vous l'exposez encor !

LA PIÉTÉ.

Je lui réponds du sceptre d'or.

NOMS DES PERSONNAGES DE LA TRAGÉDIE D'ESTHER ET DES DEMOISELLES QUI LES FONT.

Assuérus, roi de Perse. . . . . Mlle de Crécy (1).
Esther, reine de Perse. . . . . Mlle de la Salle.
Mardochée, oncle d'Esther. . . . . Mlle du Moutier.
Aman, favori d'Assuérus. . . . . . . Mlle d'Escaquelonde.
Zarès, femme d'Aman. . . . . Mlle de Maillé-Carman.
Hydaspe, officier du palais d'Assuérus. Mlle de Chabrignac.
Asaph, autre officier d'Assuérus. . . Mlle Charpin.
Élise, confidente d'Esther. . . . . . . Mlle de Beaulieu.
Thamar, Israélite de la suite d'Esther. Mlle du Han de Crèvecœur.

GARDES DU ROI ASSUÉRUS.
{ Mlle de Bayancourt.
Mlle de Baudouin.
Mlle de Sinétry.
Mlle de la Touche.
Mlle de Chourse.
Mlle d'Andéchy.

CHŒUR DE JEUNES FILLES ISRAÉLITES.

Mlles de Fosières.
    de Chaumont.
    de Vallier.
    d'Eyri.
    Saillan.
    Biencour d'Andéchy.

Mlles d'Oradour.
    d'Airon.
    de Vassimon.
    de Jousbert.
    de Cambis.
    Montchamp.

---

(1) Nous avons rectifié l'orthographe de ces noms d'après un manuscrit provenant d'une dame de Saint-Cyr dont nous devons la communication à M. Th. Lavallée.

Mlles du Deschaux.   Mlles de Fontenelle.
　　Lacroix d'Orangis..   de Braux d'Anglure.
　　de Carvoisin.   de la Lande d'Entremont.
　　de Maillé-Brezé.   d'Andrieux.
　　de la Tour.   de Bosredon.
　　de Crécy de Vincelles.   de Machault.

CELLES QUI FONT DES RÉCITS.

Déplorable Sion (1).   Mlles de Crécy de Vincelles.
Pleurons et gémissons (2).   de Beaulieu.
Hélas! si jeune encore (3).   de la Lande d'Entremont.
Dieu, notre Dieu (4), DUO   { de Vallier.
                               { de la Croix.
Un moment a changé (5).   du Deschaux.
O douce Paix (6).   de Crécy de Vincelles.
Que le peuple est heureux (7).   de Beaulieu.
J'ai vu l'impie (8).   de Foubert.
Dieu descend (9).   de la Lande d'Entremont.

DERNIER CHANT (10).

　　Dieu, qui consacrez notre enfance
　　A prier pour nos souverains,
　　Recevez l'encens de nos mains,
Versez vos dons les plus chers sur la France.

Je n'ai point parlé de la mort du cardinal Caraffa; il fut enterré le [17 décembre]. Il étoit né en 1677. Il étoit évêque d'Ostie; on sait que c'est un titre attaché à la place de doyen; il avoit été nommé cardinal par Benoît XIII. On a jugé que la vacance de ce chapeau devoit détermi-

---

(1) Acte I, scène II.
(2) Acte I, scène v.
(3) Acte I, scène x.
(4) Acte II, scène IX.
(5) Acte II, scène IX.
(6) Acte II, scène IX.
(7) Acte III, scène III.
(8) Acte III, scène IX.
(9) Acte III, scène, IX.
(10) Les paroles sont de M. Roy et la musique de Clérembaut. (*Note du duc de Luynes.*)

ner le Pape à faire la promotion des Couronnes, et on croyoit que le Roi ayant envoyé sa nomination, cette promotion seroit pour les Rois, mais on n'en a encore aucune nouvelle.

Les Gazettes ne sont remplies que des nouvelles de tremblements de terre. L'Afrique en a encore plus souffert les funestes effets que l'Europe, et il a péri un nombre innombrable de Maures, tant dans les villes que dans la campagne. Il y a eu encore, le mois dernier, de nouvelles secousses à Lisbonne.

On me mande que ceux qui ont éprouvé de pareils événements, tant au Pérou qu'à Constantinople, croient que les alarmes ne peuvent pas finir de quatre mois d'ici. Plusieurs religieux ont profité de ces tristes circonstances pour s'attirer des aumônes par différentes prédictions. Le nonce et le Clergé se sont joints à l'autorité temporelle pour arrêter de pareils désordres. L'Angleterre a envoyé des secours immenses au Portugal, tant en cruzades qu'en farine, blé, bœufs, riz et biscuits et quelques vaisseaux aux ordres du roi de Portugal. Mais on croit que ces présents ne seront pas plus acceptés que ceux qu'a envoyés l'Espagne.

Mme de Saissac fut enterrée hier; elle avoit ordonné qu'on la gardât quatre jours et que l'on n'ouvrît que sa tête. On a trouvé toutes les parties très-belles et très-saines, et ce qui est fort singulier nulle mauvaise odeur. M. de Grimberghen a reçu aujourd'hui tous ses sacrements avec grande édification; son confesseur et M. le curé ont été extrêmement contents de ses sentiments.

Du vendredi 23. — On trouvera ci-après le réquisitoire du Roi envoyé en Angleterre et la réponse du roi d'Angleterre. Ce réquisitoire a été envoyé à M. de Bonac, notre ambassadeur en Hollande, pour le remettre à M. York, ministre d'Angleterre à la Haye; c'est par cette voie qu'il a passé à Londres et c'est aussi par le même moyen qu'est revenue la réponse du roi d'Angleterre. Il paroît que l'on est très-déterminé à suivre les opérations de la guerre par mer contre l'Angleterre, et à porter en même temps des secours en Amérique. On juge que ce qui est le plus nécessaire pour l'Amérique ce sont des recrues, y ayant un corps de troupes assez considérable. Les sauvages, animés de la plus grande fureur contre tous les Anglois, sont actuellement les ennemis les plus redoutables qu'ils aient dans tout ce pays.

On espère, à ce qu'il paroît, une neutralité entière de la part des puissances de l'Europe; celle des Hollandois est la plus essentielle, mais il est si positivement de leur intérêt de conserver cette neutralité, que l'on ne peut pas croire qu'ils ne s'y déterminent, et même l'Angleterre paroît ne pas compter sur les 6,000 hommes que la Hollande est obligée de lui fournir en vertu d'anciens traités (1). Les traités faits par la Grande-Bretagne pour les 6,000 hommes de troupes de Hesse et 70,000 Russes sont d'une exécution bien difficile ; non-seulement les Russes une fois sortis de leur pays coûteroient des sommes immenses à l'Angleterre, mais il n'y a pas d'apparence que les princes d'Allemagne, que 30,000 Suédois ont fait trembler sous le grand Gustave, laissent passer dans leurs États 70,000 barbares. L'objet principal dont on s'occupe actuellement est de nous mettre à couvert de toute invasion de la part de l'Angleterre, et de lui donner assez d'inquiétudes en différents endroits pour l'obliger à séparer ses forces et à continuer les dépenses immenses qu'elle a déjà été obligée de faire pour augmenter sa marine et soutenir ses colonies.

Le gouvernement d'Angleterre doit prodigieusement, et vient de faire une perte très-considérable par les mal-

---

(1) Par les dernières nouvelles qu'on a de la Hollande, cette république insiste sur l'observation de son ancien traité avec l'Angleterre pour fournir à cette puissance 6,000 hommes en cas d'invasion dans l'un des trois royaumes. (*Addition du duc de Luynes*, datée du 29 janvier.)

heurs arrivés à Lisbonne. Les Anglois, les Portugais même, cherchent à diminuer cette perte, mais les gens sensés et les mieux instruits estiment qu'elle va à 300 millions pour l'Angleterre (1).

Pour parvenir à mettre nos côtes en sûreté, le premier moyen est d'avoir en différents endroits des batteries toujours en état et un nombre suffisant de gardes-côtes disciplinés et propres à bien servir. Les gardes-côtes, qui sont une espèce de milice, s'étoient multipliés à l'infini ; il y en avoit 96,000 seulement en Bretagne, et en tout 240,000 depuis Dunkerque jusqu'à Bayonne. Ce nombre prodigieux n'étoit redoutable que sur le papier ; ils étoient censés avoir des armes, mais ou ils n'en avoient point, ou ils ne savoient pas s'en servir. M. le maréchal de Belle-Isle, dont le commandement depuis Dunkerque jusqu'à Bayonne contient huit cents lieues en comptant le contour des côtes, a suivi le même plan d'opérations qu'il a fait en Provence pendant le temps qu'il a commandé l'armée du Roi ; il a considérablement réduit le nombre des gardes-côtes et a réglé leur service de manière qu'ils sont réellement utiles. Ce même plan a été exécuté en Languedoc par M. le maréchal de Richelieu. M. d'Aiguillon avoit commencé à l'établir en Bretagne, et plus on examine le travail qu'il a fait dans cette province, plus on admire les soins qu'il s'est donnés et son application au travail. C'est le témoignage que lui rendent d'une part la province et de l'autre les ministres, et M. le maréchal de Belle-Isle, qui a vu de

---

(1) Cette perte est aisée à comprendre, l'Angleterre fait le principal commerce du Portugal. Le commerce le plus riche de ce royaume est celui du Brésil ; il y a toujours deux flottes au Brésil prêtes à revenir et deux en Portugal prêtes à partir pour le Brésil. Dans le temps du tremblement de terre, une des flottes du Brésil étoit arrivée, mais les marchandises étoient encore pour la plus grande partie dans Lisbonne ; il n'y en avoit eu qu'une portion peu considérable transportée en Angleterre. La seconde flotte n'étoit pas encore chargée et par conséquent les marchandises dans Lisbonne. Les livres de compte des deux flottes du Brésil étoient aussi dans Lisbonne ; on peut juger de la perte des Anglois par ce détail. (*Note du duc de Luynes.*)

près ce travail, lui donne les justes louanges qu'il mérite. Au lieu de 96,000 gardes-côtes en Bretagne, il n'y en aura plus que 10,000 ; en temps de paix ils s'assembleront comme les milices.

Dans ce moment-ci de guerre il y en aura toujours 1,000 dispersés sur les côtes de la province, tant aux batteries que dans les différents postes. Je dis aux batteries, car dans ces gardes-côtes il y aura des canonniers, et l'on envoie actuellement des détachements du régiment Royal-Artillerie pour instruire ces canonniers et les former. Ces 1,000 hommes serviront pendant cinq jours et seront payés; ils seront remplacés par 1,000 autres hommes qui seront payés de même; ainsi de suite, de manière que les premiers 1,000 hommes ne recommenceront leur service qu'au bout de cinquante jours. Ce même règlement est fait pour toutes les côtes suivant leur étendue. On compte 12 ou 1,300 hommes toujours de service pour la Normandie; et en tout, depuis Dunkerque jusqu'à Bayonne, 6,500 toujours de service, qui feront 13 bataillons. Chaque bataillon a un commandant et un major qui sont payés toute l'année, paix ou guerre; on a choisi des officiers sages et d'expérience. Outre cela, nous aurons dans le courant de février, 45 vaisseaux de ligne bien armés, sans compter beaucoup de frégates, et nous en aurions davantage si le canon nécessaire étoit fourni ; mais les mesures sages qu'on a prises pour cette fourniture font espérer que nous l'aurons d'ici au mois de septembre ou d'octobre. Dans les ports de Toulon et de Marseille on compte 14 vaisseaux de guerre, dont 2 de 74 canons et 8 frégates, et au moins 25 vaisseaux de guerre à Brest avec plusieurs frégates ; outre cela une multitude innombrable de vaisseaux de transport. Le projet du moment est de ne rien hasarder pour notre marine, mais de tenir les Anglois dans une inquiétude continuelle, étant à portée par nos forces de terre et de mer de profiter contre eux de toutes les occasions qui se présenteront, soit contre les trois royaumes de la Grande-Bretagne, soit sur les vaisseaux qui sortiront des ports d'Angleterre, soit dans la Méditerranée sur Minorque et Port-Mahon.

Copie du réquisitoire envoyé en Angleterre.

Il n'a pas tenu au Roi que les différends concernant l'Amérique n'aient été terminés par les voies de la conciliation, et S. M. est en état de le démontrer à l'univers entier par des preuves authentiques.

Le Roi, toujours animé du désir le plus sincère de maintenir le repos public et la plus parfaite intelligence avec S. M. Britannique, a suivi avec la bonne foi et la confiance la plus entière la négociation relative à cet objet.

Les assurances que le roi de la Grande-Bretagne et ses ministres renouveloient sans cesse de vive voix et par écrit, étoient si formelles et si précises sur les dispositions pacifiques de S. M. Britannique, que le Roi se seroit reproché le moindre doute sur la droiture des intentions de la cour de Londres.

Il n'est guère possible de concevoir comment ces assurances pouvoient se concilier avec les ordres offensifs donnés en novembre 1754 au général Braddock, et au mois d'avril 1755 à l'amiral Boscawen.

L'attaque au mois de juillet dernier et la prise de deux vaisseaux du Roi en pleine mer et sans déclaration de guerre, étoient une insulte publique au pavillon de S. M.; et elle auroit témoigné sur-le-champ tout le juste ressentiment que lui inspiroit une entreprise si irrégulière et si violente, si elle avoit pu croire que l'amiral Boscawen n'eût agi que par les ordres de sa cour.

Le même motif avoit d'abord suspendu le jugement du Roi sur les pirateries que les vaisseaux de guerre anglois exercent depuis plusieurs mois contre la navigation et le commerce des sujets de S. M. au mépris du droit des gens, de la foi des traités, des usages établis parmi les nations policées et des égards qu'elles se doivent réciproquement.

Le Roi avoit lieu d'attendre des sentiments de S. M. Britannique, qu'à son retour à Londres elle désavoueroit la conduite de son amirauté et de ses officiers de mer, et qu'elle donneroit à S. M. une satisfaction proportionnée à l'injure et au dommage. Mais le Roi voyant que le roi d'Angleterre, bien loin de punir les brigandages de la marine angloise, les encourage au contraire, en demandant à ses sujets de nouveaux secours contre la France, S. M. manqueroit à ce qu'elle doit à sa propre gloire, à la dignité de sa couronne et à la défense de ses peuples, si elle différoit plus longtemps d'exiger du roi de la Grande-Bretagne une réparation éclatante de l'outrage fait au pavillon françois et des dommages causés aux sujets du Roi.

S. M. croit donc devoir s'adresser directement à S. M. Britannique et lui demander la restitution prompte et entière de tous les vaisseaux françois, tant de guerre que marchands, qui, contre toutes les lois et contre toutes les bienséances, ont été pris par la marine angloise, et de tous les officiers, soldats, matelots, artillerie, munitions, marchandises et généralement de tout ce qui appartenoit à ces vaisseaux.

Le Roi aimera toujours mieux devoir à l'équité du roi d'Angleterre qu'à tout autre moyen, la satisfaction que S. M. a droit de réclamer; et toutes les puissances verront sans doute dans la démarche qu'elle s'est déterminée à faire, une nouvelle preuve bien sensible de cet amour constant pour la paix qui dirige ses conseils et ses résolutions.

Si S. M. Britannique ordonne la restitution des vaisseaux dont-il s'agit, le Roi sera disposé à entrer en négociation sur les autres satisfactions qui lui sont légitimement dues, et continuera de se prêter comme il a fait précédemment à un accommodement équitable et solide sur les discussions qui concernent l'Amérique.

Mais si, contre toute espérance, le roi d'Angleterre se refuse à la réquisition que le Roi lui fait, S. M. regardera ce déni de justice comme la déclaration de guerre la plus authentique et comme un dessein formé par la cour de Londres de troubler le repos de l'Europe.

Réponse au réquisitoire, envoyée par M. Fox à M. Rouillé.

Monsieur, j'ai reçu, le 3 de ce mois, la lettre dont V. Ex. m'a honoré en date du 21 décembre dernier, avec le mémoire dont elle étoit accompagnée. Je n'ai pas tardé à les mettre devant le Roi mon maître et c'est par ses ordres que j'ai l'honneur d'informer V. Ex. que S. M. continue de souhaiter la conservation de la tranquillité publique ; mais quoique le Roi se prêtera volontiers à un accommodement équitable et solide, S. M. ne sauroit accorder la demande qu'on fait de la restitution prompte et entière de tous les vaisseaux françois, et de tout ce qui y appartenoit, comme une condition préliminaire à toute négociation, le Roi n'ayant rien fait dans toutes ses démarches que ce que les hostilités commencées par la France en temps de pleine paix (dont on a les preuves les plus authentiques) et ce que S. M. doit à son honneur, à la défense des droits et possessions de sa couronne et à la sûreté de ses royaumes, ont rendu juste et indispensable.

M. le duc de Charost prêta serment le 18 pour la lieutenance générale de Picardie et du Boulonnois et pour le gouvernement de Calais.

Le P. Radominski, jésuite, confesseur de la Reine, qui étoit fort sujet à l'asthme, en eut une attaque si violente la nuit du 17 au 18, qu'il fut saigné deux fois et mourut le 18 au matin. Il n'avoit que soixante-neuf ans et avoit été confesseur de la feue reine de Pologne, mère de la Reine. La Reine en a été très-affligée, et comme elle est dans l'habitude de ne se confesser qu'en polonois, on lui a présenté un autre jésuite de la même nation qui étoit ici à la maison professe ; il s'appelle le père Biégenski ; il n'a que trente-deux ou trente-trois ans. La Reine voulut bien hier le nommer son confesseur.

Du samedi 24. — Hier le Parlement vint, suivant l'ordre du Roi, pour recevoir la réponse aux représentations qu'il avoit pris la liberté de lui faire. La députation étoit composée de vingt-six personnes, y compris les gens du Roi. On trouvera ci-après la réponse :

« Je n'ai point entendu, par ma déclaration du 10 octobre dernier, donner à mon grand conseil une plus grande autorité, ni une juridiction plus étendue que celle dont il a joui jusqu'à présent. Mon intention est qu'il les exerce dans les matières qui lui sont attribuées, et que les juges inférieurs à mes parlements les reconnoissent et s'y soumettent comme par le passé.

« Mon intention est également que mon grand conseil continue de connoître des accusations qui pourront être intentées contre aucuns de ses membres.

« Je verrai s'il convient d'ajouter quelques nouvelles dispositions à celles déjà prescrites par les ordonnances pour la sûreté des minutes, et j'y pourvoirai, s'il en est besoin, par un règlement que je ferai adresser à toutes mes Cours. »

Aujourd'hui le P. Pignon est mort ; c'étoit le compagnon du P. Radominski et qui étoit fort attaché à ce bon Père ; par cette raison la Reine avoit beaucoup de bonté pour lui.

Du dimanche 25. — Il y a eu aujourd'hui deux présentations : Mme de Champagne et Mme de Roquefeuille. Mme de Champagne est fille de M. de Maridor et de Mlle de Linières

(Colbert); elle a un visage agréable. Le mari de Mme de Roquefeuille est gouverneur de M. le prince de Lamballe, fils de M. le duc de Penthièvre.

Mme de Champagne a été présentée par Mme de Clermont-Gallerande, et Mme de Roquefeuille par Mme la duchesse de Villars. Mme de Roquefeuille signe Remy de Roquefeuille; elle s'appeloit étant fille Mlle de Bauve; son père étoit capitaine de vaisseau; sa sœur a épousé M. de Chapiseau, lieutenant de vaisseau.

Du jeudi 29. — M. de Verneuil vient de vendre sa charge d'introducteur des ambassadeurs à M. de la Live, fils du fermier général; il la vend 100,000 écus, dont moitié payée comptant, et on lui fait la rente de l'autre moitié. M. de Verneuil avoit un brevet de retenue de 40,000 écus. Il achète de M. le comte de Buron la charge de grand échanson. Je me sers du terme ordinaire quand je dis grand; on prétend cependant que ces charges de grand échanson, grand panetier, grand tranchant, qui sont des charges de la couronne, ne devroient avoir que le titre de premiers; elles n'ont plus de fonctions qu'aux sacres, aux obsèques des Rois et au festin royal; elles en ont cependant, une tous les ans, à la cène. Le prix de la charge d'échanson est de 40 à 50,000 livres. Comme le revenu est sur le pied des anciens gages, il est peu considérable.

M. le maréchal de Richelieu et M. d'Egmont demandèrent hier l'agrément du Roi pour le mariage de M. d'Egmont avec Mlle de Richelieu. Mon fils étoit avec son beau-frère; le Roi les reçut avec beaucoup de bonté.

Il y a trois jours que la fille de M. de Staremberg mourut au couvent de Port-Royal, à Paris. M. de Staremberg est, comme l'on sait, ministre plénipotentiaire de la cour de Vienne en France; il est veuf; il aimoit passionnément sa femme; il n'avoit d'autre enfant que cette fille, qui étoit âgée de cinq ans. On prétend qu'elle est morte d'un accident assez singulier; une pensionnaire, vraisemblablement de même âge qu'elle, lui avoit donné un soufflet; la petite de Staremberg se mit dans une telle colère que la fièvre lui prit avec des convulsions.

J'appris hier une anecdote sur la *Gazette de France*. J'ai marqué ci-devant dans mes mémoires que cette gazette, qui a été d'abord faite par M. l'abbé Renaudot, ensuite par M. de Verneuil le père, qui étoit son neveu, depuis par M. de Verneuil le fils, a passé ensuite à M. de la Bruère et est aujourd'hui à M. de Meslé; elle vaut environ 8,000 livres de revenu. Il est aisé de juger que pour faire cette gazette il faut entretenir des correspondances dans les pays étrangers; mais comme il y a toujours un article du lieu où réside la Cour, la correspondance pour cet article est par un homme qui suit toujours la Cour, et cet homme est toujours un musicien du Roi. Cette correspondance vaut environ 600 livres à celui qui en est chargé; c'est un établissement qu'a fait le feu roi en faveur de ses musiciens. C'est actuellement le sieur Godonèche (1), musicien de la chapelle et de la chambre, qui a cette correspondance. Mais outre la correspondance, il y a encore une autre commission qui n'est point attachée aux musiciens, mais que le sieur Godonèche a aussi obtenue et qui rapporte plus que la correspondance; c'est de présenter la gazette au Roi, à la Reine, à la famille et à la maison royale. Le roi donne pour cela 200 livres sur sa cassette; la Reine donne 150 livres. En cette qualité, le sieur Godonèche est passé sur l'état de la maison de la Reine, et jouit de tous les petites revenants-bons qui appartiennent aux commensaux. La famille et la maison royale donnent aussi chacune une certaine somme par an; le sieur Godonèche m'a dit que M. de Penthièvre donnoit 100 livres.

---

(1) Sébastien Godonèche est mentionné dans l'*État de la France* de 1749 comme chantre de la chapelle-musique du Roi.

Les chambres s'assemblèrent, le 24, pour délibérer sur la réponse du Roi aux remontrances; elles remirent leur délibération au mardi. On trouvera ci-après la délibération d'avant-hier mardi; on n'en put avoir des copies que le mardi au soir fort tard, et dès le mercredi au matin elle étoit imprimée. Si on veut bien comparer cette délibération avec la réponse du Roi, on verra qu'elle la contredit dans tous ses points.

Du mardi 27. — Ce jour, la Cour, toutes les chambres assemblées, en délibérant sur la réponse du Roi aux très-humbles et très-respectueuses remontrances de la Cour du 27 novembre 1755, a arrêté qu'il en sera fait registre, sans néanmoins que des termes d'autorité et de juridiction contenus dans la réponse dudit seigneur Roi, on en puisse inférer que les gens du Grand Conseil aient aucun territoire, droit de ressort, ni juridiction proprement dite, leur pouvoir n'étant que précaire et limité à la simple faculté de connoître de certaines causes par attribution et de faire exécuter leurs jugements entre particuliers, sans que, sous ce prétexte, les juges inférieurs puissent être contraints de reconnoître d'autres supérieurs immédiats dans l'ordre de la justice que ceux à qui ils sont tenus, par les ordonnances du royaume et par leur serment, de rendre compte de leur conduite; se réservant ladite Cour de faire en tout temps audit seigneur Roi de très-humbles représentations sur les attributions aux gens du Grand Conseil qui n'auroient pas été régulièrement faites.

Arrêté en outre que, pour empêcher qu'il ne soit rien innové dans l'administration de la justice, pour maintenir l'ordre public, l'état des juridictions et assurer la pleine et entière exécution des lois et ordonnances du royaume, aucun juge du ressort de la Cour ne pourra, en matière criminelle, reconnoître d'autres priviléges que ceux accordés par les ordonnances, édits et déclarations adressés à la Cour et dûment vérifiés en icelle.

Comme aussi nuls officiers des siéges ressortissants en la Cour ne pourront publier, enregistrer et faire exécuter que les ordonnances, édits et déclarations, aussi adressés et vérifiés en la Cour, et arrêts et règlements d'icelle.

Arrêté au surplus qu'aucunes minutes des greffes ne pourront être déplacées, sinon dans les cas prévus par les ordonnances, arrêts et règlements, et que le procureur général du Roi sera mandé à l'instant pour être chargé de donner connoissance du présent arrêté à tous les siéges du ressort, à l'effet de s'y conformer et d'informer la Cour au moins du nom des officiers qui, sous quelque prétexte que ce puisse

JANVIER 1756.

être, auroient contrevenu aux ordonnances du royaume en s'écartant des principes et maximes contenus au présent arrêté.

Fait en Parlement, toutes les chambres assemblées, le 27 janvier 1756.

Du vendredi 30. — J'ai marqué que mon fils alla avant-hier chez le Roi avec M. d'Egmont; il est en grande pleureuse comme légataire universel de Mme de Saissac; par cette raison, il a fait demander permission de ne point paroître en grand manteau. Je crois que ce n'est que dans les deuils de père et mère, grand-père ou grand'mère, mari ou femme, que l'on peut demander permission, parce que ce sont les seuls cas du grand manteau. M. le duc de Gesvres pense de même; ce n'est en effet que dans ces cas que le Roi fait l'honneur d'envoyer faire des complimens. On pourroit dire que les deuils d'héritier ou de légataire universel sont des deuils de reconnaissance et non de respect.

Je n'ai point encore parlé du voyage de Mgr le Dauphin et de Mme la Dauphine à Paris, parce que je voulois savoir quelques détails. Mgr le Dauphin avoit dans son carrosse M. le duc de Fleury, premier gentilhomme de la chambre en année, et les menins de semaine, et dans les autres carrosses les autres menins avec M. de Bauffremont, de Damas, de Montbarrey, de Talleyrand, d'Henrichemont, de Fosseux, de Flamarens et de Saulx. C'est le lundi 19 que Mgr le Dauphin et Mme la Dauphine allèrent à Paris. Mgr le Dauphin avoit trois carrosses, et Mme la Dauphine quatre. Les dames qui eurent l'honneur de suivre Mme la Dauphine étoient Mme la duchesse de Brancas la douairière, Mme la duchesse de Lauraguais, les dames de Mme la Dauphine, les trois filles de M. de Sassenage dont deux sont à Mme la Dauphine, Mme de Conflans (Portail), Mme la comtesse d'Ayen (de Fresne), et Mme de Tessé (d'Ayen), etc. La Ville n'alla point recevoir Mgr le Dauphin à la porte Saint-Honoré; il y avoit seulement à cette porte un détachement des gardes de la Ville avec un drapeau; c'étoient là aussi où étoient les relais de Mgr le Dauphin et de Mme la Dauphine; ils y changèrent même de carrosses. On tira le canon des Invalides et de la Bastille à leur arrivée et à leur sortie. Ils allèrent d'abord à Notre-Dame, où ils furent reçus à la porte par l'abbé de Saint-Exupéry, doyen du chapitre. On chanta le *Te Deum*; de là ils allèrent à Sainte-Geneviève, où il y eut plusieurs prières, et l'abbé donna la bénédiction pontificalement. M. le duc de Gesvres, comme gouverneur de Paris, M. Berryer, lieutenant de police, et M. Bernage, prévôt des marchands, se trouvèrent à Notre-Dame et à Sainte-Geneviève.

Feu Mme de Saissac avoit pour 36,000 livres de rente de domaines du Roi; je crois même qu'elle en tiroit un peu plus que cela de revenu. Ces domaines étant par sa mort rentrés au Roi, S. M. vient d'en donner pour 6,000 livres de rente à Mme de Flavacourt, et autant à Mme de Talleyrand pour marier sa fille.

Outre Mmes de Flavacourt et de Talleyrand, le Roi a encore donné 6,000 livres de pension à M. de Damas, qui a épousé la seconde fille de M. de Rochechouart-Faudoas; pareille pension de 6,000 livres à M. d'Avaray, qui a épousé une des deux filles de M. de Baschi; l'autre est Mme de Lujac; et 12,000 livres de pension à M. le marquis de Gontaut, apparemment pour le dédommager d'un très-joli appartement, grand et bien accommodé, que le Roi avoit eu la bonté de lui donner, il y a quelques années, dans l'hôtel des ambassadeurs extraordinaires, qui étoit anciennement l'hôtel de Pontchartrain. Le Roi a jugé à propos que cette maison fût dorénavant destiné à être habitée par ses contrôleurs généraux des finances, et M. de Séchelles doit y aller loger incessamment. Il loge actuellement dans une belle maison qu'il loue rue Saint-Dominique, faubourg Saint-Germain, appartenant à M. de Chaulnes, laquelle provient de la succession de M. Bonier.

Toutes les pensions dont j'ai parlé dans cet article et

dans celui ci-dessus font la même somme de 30,000 livres qui sont revenus au Roi par la mort de Mme de Saissac. Le Roi, par ces bienfaits, a voulu exécuter des promesses qu'il avoit eu la bonté de faire ; mais il ne veut plus donner aucun de ses petits domaines, et pour cet effet, dès ce moment, il les a réunis aux fermes générales, et les pensions susdites seront payées par les fermiers généraux. J'ai observé ci-dessus que Mme de Saissac tiroit plus de 36,000 livres des domaines dont elle jouissoit. M. de Séchelles a fait cette même observation avec d'autant plus de raison, qu'il a remarqué que l'un de ces petits domaines étoit demandé préférablement à tout autre par plusieurs personnes.

On apprit il y a deux jours que le roi de Prusse a signé un traité avec l'Angleterre ; on ne dit point précisément quel est ce traité (1), mais il paroît certain que le roi de Prusse s'est engagé à ne laisser entrer aucunes troupes étrangères dans l'Empire. La France y trouve quelque avantage puisque cette condition met l'Angleterre dans l'impossibilité de recevoir le secours des 70,000 hommes que la Czarine s'étoit obligée de lui fournir en cas de besoin et qui ne pouvoient passer sans entrer sur les terres de l'Empire ; mais, d'un autre côté, les États de Hanovre sont garantis par cette même condition de toute invasion de la part de la France, puisque Hanovre fait partie de l'Empire. Ce qu'il y a de plus désagréable pour la France,

---

(1) Ce traité a été pendant plusieurs jours ici un problème. On le disoit faux et que c'étoient les Anglois qui le publioient pour donner encore plus de faveur à leurs projets. Cependant toutes les gazettes en parloient, hors celle de France, et en rapportoient les détails ; enfin il paroît que notre ministère commence à en convenir. On dit que ce n'est pas un traité, mais seulement une convention qui peut être désagréable, mais qui ne nous fait aucun tort, et que la négociation de M. de Nivernois sera vraisemblablement malgré cela d'une grande utilité. Ce qui est certain, c'est que depuis la nouvelle de la signature de ce traité ou convention, l'argent est plus commun en Angleterre et que les actions y ont repris faveur. (*Addition du duc de Luynes*, datée du 5 février 1756.)

c'est que le traité a été signé le 16 de ce mois, à Berlin, quatre jours après que M. de Nivernois y est arrivé. M. de Kniphausen, ministre du roi de Prusse en France, dit assez hautement que le roi son maître avoit offert à la France de traiter avec elle pour faire de concert une irruption dans les États de Hanovre, et que cette proposition n'a point été acceptée.

J'ai marqué ci-dessus que nous aurions dans le mois prochain 14 vaisseaux de ligne et 8 frégates à Toulon prêts à mettre à la voile; on vient de m'envoyer le nom de 12 de ces vaisseaux avec le nombre des canons et les noms des commandants. On les trouvera ci-après :

M. le marquis de la Galissonnière, chef d'escadre, *le Foudroyant*, de 80 canons.

M. de Massiac, chef d'escadre, *le Guerrier*, de 74 canons.

M. de la Clue, capitaine de vaisseau, *la Couronne*, de 74 canons.

M. de Vilarzel, *le Redoutable*, de 74 canons.

M. Beaumont le Maître, *l'Achille*, de 64 canons.

M. Villars de la Brosse, *le Triton*, de 64 canons.

M. le marquis de Saint-Aignan, *le Lion*, de 64 canons.

M. du Revest, *le Sage*, de 64 canons.

M. le chevalier d'Ecaux Rémondis, *l'Orphée*, de 64 canons.

M. de Sabran-Gramont, *le Constant*, de 64 canons.

M. de Rochemore la Devèze, *l'Hercule*, de 64 canons.

M. d'Erville, *le Fier*, de 50 canons.

Du samedi 31. — Il y a deux mois que M. de Gagny a vendu sa charge d'intendant des Menus à M. de la Touche. M. de la Touche est neveu de M. Boudré, secrétaire de M. le contrôleur général, et beau-frère d'un premier commis de M. le garde des sceaux, qu'on appelle Cromau. M. de Cury vend aussi sa charge d'intendant des Menus, mais on ne sait point encore à qui. Le prix ordinaire de ces charges est de 200,000 livres et le revenu n'est que de 5,000 livres. L'on offre déjà à M. de Cury un pot-de-vin de 60,000 livres. C'est un ancien établissement que les charges d'intendant des Menus, mais il n'y en avoit que deux; on en a créé une troisième depuis quelques années (1). M. de Cury a acheté de M. du Theil une charge de secrétaire du cabinet. M. du Theil avoit la plume chez Mgr le Dauphin ; elle n'est point encore donnée.

FÉVRIER.

Chapitre de l'Ordre. — Rappel de l'abbé de Guébriant. — Les travées des musiciens à la chapelle; les musiciens n'y trouvent pas de place. Procès de M. de Nesle. — Anecdotes sur Alberoni et le duc de Vendôme. — Anecdote sur M. de Massiac et l'amiral Bing. — Lettre du Dauphin. — Difficultés pour avoir une nourrice pour le comte de Provence. — Escadre de Toulon ; retards dans les fournitures des farines. — Assemblée d'évêques ; les Théatins et les Feuillants. — Le port de Dunkerque. — Mariage de M. de Macnemara. — Mme de Pompadour nommée dame du palais. — Détails sur l'abbé de Guébriant et sur l'électeur de Cologne. — Mme de Tyrconnel. — Arrêté du Parlement au sujet de la déclaration du Grand Conseil. — Mariages et arrangements; noces. — Les billets imprimés pour faire distribuer à toutes les portes et annoncer un mariage sont un abus. — Analyse du traité de Whitehall. — Réponse de la Hollande à notre ambassadeur. — Nouvelles diverses de la Cour. — Nouveaux détails sur les négociations de l'abbé de Guébriant auprès de l'électeur de Cologne. — Arrêts du Grand Conseil et du Parlement. — Affaires du Parlement. — Usage introduit depuis que la Reine a pris l'habitude de souper chez Mme de Luynes. — Détails sur la permission de manger les œufs en carême. — Calcul sur la diminution de la durée de l'hiver et du printemps.

Du lundi, 2 février. — Le contrat de mariage de M. le comte d'Egmont a été signé ce matin par le Roi avant la cérémonie (2).

Il n'y a point eu aujourd'hui de promotion ; il y a eu seulement chapitre pour rapporter les preuves des chevaliers nommés au premier jour de l'an ; c'est M. de Saint-Florentin qui a fait le rapport; l'abbé de Pomponne est

---

(1) La troisième charge d'intendant des Menus a été créée en 1752. C'est M. de Fleury qui étoit de quartier. (*Note du duc de Luynes.*)

(2) C'est Mme la comtesse d'Egmont seule qui a donné part du mariage aux princes du sang, et M. d'Egmont n'a point été chez eux à la signature du contrat.

J'ai marqué dans mon journal, à la fin de l'année dernière, les nouvelles difficultés faites par les princes du sang pour le traitement aux personnes titrées et nommément à M. d'Egmont. (*Note du duc de Luynes.*)

malade. M. de Saint-Florentin a dit à S. M. que le prince Louis de Wurtemberg étoit bien fâché de n'avoir pu se trouver à la cérémonie d'aujourd'hui, mais que des affaires indispensables l'avoient obligé de se rendre à Stutgard auprès du duc de Wurtemberg, son frère; qu'il espéroit que S. M. voudroit bien lui donner la permission de porter le cordon. Il est aisé de juger que cette demande étoit concertée; l'usage est, en pareil cas, de faire partir un courrier après la cérémonie pour porter le cordon; c'est M. de Saint-Florentin, comme secrétaire de l'Ordre, qui expédie ce courrier.

Il n'y avoit que quatre chevaliers à recevoir : M. le prince Camille, M. le duc d'Harcourt, M. le duc de Fitz-James et M. le duc d'Aiguillon. La règle, suivant les statuts de l'Ordre (statut 30), est que « le prévôt et maître des cérémonies dudit ordre....... ira avertir les deux ducs derniers reçus dans l'Ordre, si celui desdits élus qui devra être reçu est prince ou duc; et au cas qu'il ne soit prince ou duc, ira seulement avertir les deux commandeurs plus anciens reçus en icelui, lequel ils amèneront et conduiront entre eux deux, etc. » Suivant ce statut, les deux derniers ducs reçus étoient M. le duc de Nivernois, reçu en 1752, et M. le duc de Fleury, en 1753. M. de Nivernois étant absent, devoit être remplacé par M. de Brionne, et si on avoit pris pour la seconde réception les deux ducs reçus immédiatement avant ceux que je viens de nommer, ce devoit être M. de la Vallière, reçu en 1749, et M. de Chaulnes, reçu en 1751. Cette règle n'a point été suivie aujourd'hui. Les deux premiers qui ont été reçus étoient le prince Camille et M. d'Harcourt; les parrains ont été M. de Brionne et M. le maréchal de Belle-Isle. Les parrains des deux autres étoient M. le duc de Fleury et M. le duc d'Ayen, M. de Fleury à droite parce qu'il est pair et M. d'Ayen ne l'est pas. M. d'Aiguillon prétendoit devoir avoir rang à la Cour du jour de l'érection du duché en 1638, et par conséquent avoir rang avant M. de

Luxembourg; mais les auteurs de feu M. d'Aiguillon son père n'ont jamais eu aucun rang; feu M. d'Aiguillon n'en a eu que du jour de sa réception au Parlement; ainsi le Roi a jugé qu'il ne prendroit son rang que de 1731 (1).

M. de Monteil est nommé pour aller à Cologne à la place de M. de Guébriant qui est rappelé. M. de Guébriant a suivi l'électeur de Cologne à Rome l'été dernier. Il y a eu des difficultés de cérémonial à Rome de la part de M. de Stainville, notre ambassadeur. Il n'a jamais voulu aller voir l'électeur qui y étoit incognito, et a prétendu devoir recevoir la première visite. Il n'a pas même voulu parler à l'électeur en maison tierce. M. de Guébriant a fait tout ce qui a dépendu de lui pour persuader M. de Stainville; et prévoyant la brouillerie, il a pris pour s'absenter un prétexte de curiosité de voir Naples. Étant parti avec l'agent de l'électeur, les ministres de ce prince, jaloux du crédit que M. de Guébriant avoit sur son esprit, ont persuadé à leur maître que c'étoient les mauvais conseils de M. de Guébriant qui étoient cause des procédés de M. de Stainville. L'électeur, fort irrité, a écrit en France, et a demandé le rappel de M. de Guébriant. M. de Guébriant paroît fort satisfait d'avoir quitté cette cour.

Du mardi 3. — Il y eut hier sermon. On sait que c'est le prédicateur du carême; c'est M. l'abbé de Boismont. On trouve sa voix assez éclatante; mais comme il ne sou-

---

(1) Le duché d'Aiguillon fut érigé en août 1599 pour le duc de Mayenne; il fut éteint après lui; il fut rétabli en 1634 sous le nom de Puylaurens pour Antoine de Lage. Mme de Combalet (Vignerot) acheta ce duché et obtint des lettres de rétablissement pour héritiers mâles ou femelles, à son choix, en 1638; elles furent enregistrées le 19 mai de la même année; elle mourut sans postérité en 1675. Sa nièce (fille de son frère, M. de Pontcourlay) fut duchesse-pairc après elle par testament; elle mourut en 1705 sans être mariée. Le neveu de celle-ci, qui étoit le marquis de Richelieu et comte d'Agénois, fut institué héritier du duché d'Aiguillon par sa tante; il mourut en 1730 sans être reçu. Le fils du marquis de Richelieu fut le comte d'Agénois, qui fut mis en possession du titre de duc-pair d'Aiguillon le 10 mai 1731 avec rang de ce jour par un arrêt du Parlement contradictoire avec les ducs et pairs opposants. (*Note du duc de Luynes.*)

tient pas ses finales, on en perd beaucoup. Son sermon a été sur la vie de la Cour (mot qu'il a répété souvent) comparée avec les devoirs du chrétien. On lui a trouvé de l'éloquence; mais Mme la Dauphine a fort bien observé que c'étoit plutôt un discours qu'un sermon. Le compliment, qui étoit une instruction, me paroît avoir été universellement applaudi. Ce fut M. l'évêque de Langres qui dit la grande messe de l'Ordre et Mme de Lislebonne (la Feuillade) qui quêta; elle ne fit aucune révérence à chaque rang de chevaliers en revenant. La Reine étoit en bas au sermon, après lequel elle remonta dans sa niche, parce qu'elle étoit enrhumée. Le Roi resta en bas avec la famille royale après le sermon; il y entendit les vêpres chantées par la grande chapelle, et tout de suite le salut des missionnaires. On sait qu'il n'y a point d'évêque officiant l'après-dînée le jour de la Chandeleur. On sait aussi que le matin la grande messe est chantée en faux-bourdon par la musique de la chapelle. Quoique ce ne soit point un motet, tous les musiciens y sont parce que tous les instruments et voix sont nécessaires pour l'exécution de cette musique. Comme la musique de la chapelle est fort nombreuse, elle occupe et remplit les trois travées qui sont autour du chœur. Le feu Roi même en faisant bâtir la chapelle fit mettre de petites barrières fermant à clef qui séparent ces trois travées du reste de la chapelle; la clef de ces barrières est et a toujours été entre les mains des musiciens. Jamais aucun garde du corps n'est placé dans ces travées, quoiqu'il y en ait dans toutes les autres quand le Roi est à la chapelle. Il paroît donc que le droit, l'usage et la nécessité doivent décider en faveur des musiciens pour ces trois travées; cela n'empêcheroit point que s'il se trouvoit quelque occasion de cérémonie à la chapelle où il n'y eût point de musique, on ne pût faire usage de ces trois travées, pour placer plusieurs personnes. Il sembleroit que dans ces occasions qui sont fort rares, ce seroit au grand maître de la musique de la chapelle, ou en son absence au maître de quartier, à disposer de ces places. Bien loin que cette règle et cette vraisemblance aient été observées lundi dernier 2, jour de la fête, des trois travées de la musique il y en avoit deux où l'on avoit placé un garde du corps à chacune et on y avoit laissé entrer une foule si prodigieuse que les musiciens n'avoient point de place. M. de Rennes, qui étoit en bas auprès du prie-Dieu du Roi, en fut averti et alla en parler à M. le duc d'Ayen. Mais MM. les capitaines des gardes prétendent que les jours de grande cérémonie ils ont droit de donner des places dans les deux travées de côté faisant partie des trois de la musique, et qu'il n'y a que la seule travée du milieu qui doit rester pour les musiciens: Il est vrai qu'il y a eu deux ou trois occasions où les majors des gardes du corps se sont emparés de ces deux travées; mais ce n'a pas été sans inconvénient, et cela est aisé à comprendre; il n'y a aucune séparation entre ces trois travées; par conséquent lorsqu'on est entré dans une on peut aisément passer dans celle du milieu, et c'est ce qui arriva lundi. Il y avoit des gens de toute espèce; il y avoit même une femme qui s'étoit placée sur le siége de l'organiste, une autre personne s'étoit assise sur le clavier; et comme le faux-bourdon n'a de mérite que par l'exactitude, la précision et l'ensemble, les instruments ne pouvant pas jouer, les musiciens ne pouvant voir celui qui battoit la mesure, ils exécutèrent très-mal et d'une manière qui fut remarquée. C'est un fait connu de tous ceux qui étoient présents. Il arriva même une chose singulière; les voix de la musique descendent en bas pour le moment de la procession et remontent ensuite à leur place pour la messe; il y a aussi trois bassons qui descendent avec les voix. Lorsque ces musiciens descendirent et voulurent entrer dans la chapelle par la porte du côté de la sacristie, les gardes ne vouloient pas les laisser entrer; ils représentèrent qu'ils vouloient aller à la procession; un garde leur répondit qu'il n'avoit qu'à aller à celle des Récollets. Lorsque ces mêmes musiciens remontèrent pour aller reprendre leur place en haut, les gardes ne vouloient pas les laisser rentrer. M. de Rennes me contoit que lorsqu'il revint d'Espagne, il y eut un jour de la Pentecôte une grande messe à laquelle il ne fut pas possible aux musiciens de chanter ni l'*Introït*, ni le *Kyrie*, parce qu'ils n'avoient point de place.

Mme de Galiffet fut présentée avant-hier par Mme la comtesse de Noailles. Mme de Galiffet est Lévis (1); elle fut mariée le 19 du mois dernier.

Du mercredi 4. — M. de Nesle a perdu son procès au Châtelet, mais on en a appelé au Parlement; ce procès est au sujet de l'état du prince de Nassau. Mlle de Mailly, sœur de M. de Nesle, épousa le prince de Nassau en 1711. Il y a deux branches de Nassau, Nassau-Siégen et Nassau-Dietz, qui descendent toutes deux de Jean de Nassau, mort en 1706; la branche aînée est catholique; la puînée est protestante et établie en Hollande; le stathouder en est. Le mari de Mlle de Mailly avoit trois frères qui sont morts sans enfants; il n'y en a eu qu'un des trois de marié dont la veuve est vivante. Mme de Nassau-Mailly se brouilla avec son mari; il y eut des accusations violentes de part et d'autre. Elle vint en France; des discussions d'intérêt entre elle et M. de Nesle les ont brouillés ensemble; elle prétend que c'est la cause de ses malheurs et de ceux de son petit-fils. M. de Nassau étant le chef de la branche catholique avoit grand intérêt d'avoir des enfants; il paroît par plusieurs lettres qu'il chercha à se raccommoder avec sa femme, qu'il vint à Paris incognito, qu'elle devint grosse, qu'elle accoucha d'un fils, qui épousa une

---

(1) Le père de Mme Galiffet étoit capitaine aux gardes; sa mère est sœur et héritière de M. de Lautrec, frère de mère de M. d'Arpajon. M. Galiffet avoit toujours été regardé comme fils d'un négociant qui avoit fait fortune aux îles; on sait ce qui est arrivé quand son mariage a été fait avec Mme de Lostanges; depuis il a apporté une généalogie et a prouvé ce qu'il étoit. M. Galiffet est de Provence. (*Note du duc de Luynes.*)

Mouchy, de laquelle il a eu le prince de Nassau d'aujourd'hui. On voit aussi par ces lettres que le prince de Nassau, mari de Mlle de Mailly, parut désirer que la grossesse de sa femme fût heureuse. M. de Nesle soutient les lettres fausses et prétend que le fils dont sa sœur accoucha est bâtard. M. de Nesle a été condamné en 100,000 livres de dommages et intérêts. Si ce jugement est confirmé, il faudra bien qu'on prenne les 100,000 livres sur les biens abandonnés aux créanciers, M. de Nesle n'ayant qu'une pension alimentaire.

On ne doit point être étonné de trouver dans ce journal des anecdotes étrangères à l'histoire du jour; on m'en contoit une hier qui mérite d'être remarquée. M. le président Hénault, dans la cinquième édition de son livre, met ainsi que dans les autres, à la fin de l'année 1708 : « Alberoni, protégé par M. de Vendôme, obtient du Roi une pension de 1,000 écus. » Cette année 1708 est celle où M. le duc de Bourgogne fit la campagne de Flandre et s'empara de la ville de Gand ayant sous lui M. de Vendôme. Il y eut pendant cette campagne grand nombre de lettres écrites avec beaucoup de méchanceté sur la conduite de M. le duc de Bourgogne. On accusa l'abbé Alberoni d'être l'auteur de ces lettres ou au moins d'avoir donné des conseils à ceux qui les écrivoient. Il seroit naturel de penser que le Roi, qui fut mécontent de ces lettres, ôta en conséquence à Alberoni la pension qu'il lui avoit donnée; cependant cela n'est point dit dans l'Abrégé de l'histoire de France. M. de Saint-Aignan dit qu'étant en 1714 ambassadeur de France à Madrid, il reçut une lettre de M. de Torcy qui lui manda que le Roi, sachant les pouvoirs qu'Alberoni avoit acquis sur l'esprit de la reine d'Espagne (Élisabeth Farnèse), désiroit attacher cet abbé aux intérêts de la France. M. de Saint-Aignan eut ordre par cette dépêche de se conduire en conséquence par rapport à cet abbé, et pour l'y disposer mieux de lui annoncer que le Roi lui rendoit la pension de 1,000 écus.

M. de Saint-Aignan parla à Alberoni; Alberoni parut embarrassé de la proposition; se voyant enfin obligé de donner une réponse, il dit après quelques réflexions qu'il n'y avoit qu'un moyen, qui seroit de faire l'arrangement de manière qu'il parût que la pension ne lui avoit point été ôtée et qu'on lui en payât les arrérages. Le Roi ne put s'empêcher de rire de cet expédient. On suivit cependant ce qu'Alberoni désiroit. Mais on voit par ces deux circonstances que la pension avoit bien réellement été retranchée, et il est vraisemblable que lorsqu'elle fut donnée en 1708, c'étoit avant la campagne. Alberoni étoit protégé par M. de Vendôme, qui lui avoit trouvé de l'esprit et qui s'en étoit servi utilement en plusieurs occasions. Sa connoissance avec M. de Vendôme est assez singulière. M. de Vendôme commandoit l'armée du Roi en Italie, en 1705; quelques discussions d'intérêts avec le duc de Parme donnèrent occasion à ce duc d'envoyer un homme de confiance à M. de Vendôme; il jeta les yeux sur l'évêque de Saint-Donain. Cet évêque vint avec une assez grande suite d'ecclésiastiques, desquels étoit l'abbé Alberoni. M. de Vendôme, qui étoit toujours sur sa chaise percée, reçut dans cet état cette espèce d'ambassade, et après avoir traité l'affaire en question, il parla de sa santé; il dit qu'il avoit beaucoup de boutons sur le corps et pour preuve les montra à la compagnie. Alberoni prétendit avoir été si touché de cette singulière marque de confiance de M. de Vendôme et de la bonté avec laquelle il leur avoit parlé, que de ce moment il désira de lui marquer beaucoup d'attachement. L'évêque de Saint-Donain ayant jugé à propos de laisser quelqu'un pour achever la négociation, Alberoni se présenta et eut la préférence. M. de Vendôme avoit alors pour secrétaires Campistron (1) et

---

(1) Campistron, né à Toulouse en 1656, acquit une grande réputation dans la république des lettres et même dans l'armée, principalement à la bataille de Steinquerque; il étoit de l'Académie françoise, où il fut reçu en 1701; il mou-

Magnani qui avoient fait grande connoissance avec Alberoni et qui disposèrent M. de Vendôme à désirer de garder cet abbé auprès de lui.

Du jeudi 5. — J'ai parlé quelque part dans mon journal d'un fait qui m'a été conté par M. de Belle-Isle et qui mérite bien d'être remarqué. C'est ce qui arriva à un chef d'escadre nommé M. de Massiac, qui amena un convoi des îles françoises à Toulon, malgré une flotte angloise très-nombreuse qui étoit dans la Méditerranée; mais il y a vraisemblablement plusieurs circonstances qui n'y sont point marquées et que M. de Belle-Isle m'a contées depuis. Cette flotte marchande étoit composée de 35 tartanes. M. de Massiac n'avoit que deux vaisseaux de ligne et une frégate; la flotte angloise étoit composée de 40 vaisseaux commandés par l'amiral Bing. Cet amiral avoit séparé sa flotte en plusieurs petites escadres, sachant que la flotte françoise devoit revenir des îles et voulant lui fermer le passage de tous côtés. M. de Massiac étoit instruit de cette disposition; il savoit que chacune de ces petites escadres étoit trop forte pour qu'il pût combattre sans désavantage. Il étoit donc question de diriger sa manœuvre de manière à éviter le combat, entreprise fort difficile dans une aussi longue route et vis-à-vis d'un ennemi aussi vigilant, aussi bien instruit et qui avoit tant d'intérêt à prendre une flotte aussi richement chargée. Tous ces obstacles n'arrêtèrent point M. de Massiac; il ne lui auroit fallu que 40 ou 50 jours pour revenir à Toulon avec un vent favorable; il aima mieux être plus longtemps en chemin et éviter tout accident. Son voyage dura quatre mois; il aperçut plusieurs fois les vaisseaux anglois; il trouva le moyen de les éviter. Enfin il arriva à Toulon avec les 35 voiles chargées de 20 millions. C'étoit en 1747; M. de Belle-Isle commandoit alors l'armée du Roi en Provence et avoit

---

rut d'apoplexie à Toulouse, sa patrie en 1723. Il a fait sept tragédies, une comédie et un opéra. (*Note du duc de Luynes.*)

quelquefois des occasions d'écrire à l'amiral Bing. On a marqué dans ce journal une galanterie que lui fit cet amiral par rapport à une provision de liqueur appelée marasquin, venant de l'île de Corfou, que cet amiral envoya exprès chercher à Corfou et dépêcha un petit bâtiment exprès pour apporter ce marasquin à M. de Belle-Isle. M. de Belle-Isle n'avoit demandé qu'un passe-port et étoit étonné de n'avoir point reçu de réponse à sa lettre. Ce fut là la réponse de l'amiral Bing. Dans une des occasions que M. de Belle-Isle eut de faire quelques prières à cet amiral, il y en eut une où il lui envoya un officier; c'étoit quelque temps après l'arrivée de M. de Massiac à Toulon. L'amiral Bing reçut l'officier françois avec toute la politesse imaginable; il lui demanda le nom du commandant de la petite escadre qui avoit escorté les 35 voiles arrivés à Toulon; il lui dit qu'il avoit bien compté prendre cette flotte marchande, ayant partagé la sienne de manière qu'il étoit plus fort partout que l'escorte; qu'indépendamment de son zèle pour sa patrie et du désir qu'il avoit de rendre un service aussi essentiel au Roi et à la nation, il avoit encore un grand intérêt à cette expédition, qu'il savoit que la flotte étoit chargée de 20 millions et que ses droits comme amiral lui en donnoient le tiers; qu'on ne pouvoit donc pas douter qu'il n'eût fait tout ce qui dépendoit de lui; que malgré la douleur et les regrets que tant de motifs devoient lui donner, il voudroit avoir assez de bien pour ériger une statue d'or à un officier qui avoit fait une manœuvre aussi belle et aussi savante. Voilà un témoignage bien flatteur. Ce M. de Massiac commande actuellement la marine à Toulon.

On trouvera ci-après la copie d'une lettre écrite par Mgr le Dauphin à la veuve de M. de Chambors (cet écuyer de quartier blessé à mort à la chasse à tirer); cette lettre est une réponse. Mme de Chambors imploroit la protection de Mgr le Dauphin. Elle étoit prête d'accoucher; elle vient d'accoucher depuis cinq ou six jours d'un garçon. Cette lettre prouve bien la bonté et la sensibilité de Mgr le Dauphin, sentiments bien justes en pareille circonstance, mais toujours dignes d'éloges, et surtout dans un prince.

On trouvera aussi la copie d'un arrêt du grand conseil, au sujet de son affaire avec le Parlement, arrêt qui qui n'a sûrement point été rendu sans l'approbation, ou même l'ordre de S. M. Le réquisitoire est très-bien fait (1).

Copie de la lettre de Mgr le Dauphin écrite à Mme de Chambors, le 30 janvier 1756.

Vos intérêts, Madame, sont devenus les miens; je ne les envisagerai jamais sous une autre vue. Vous me verrez toujours aller au-devant de tout ce que vous pouvez souhaiter, et pour vous et pour cet enfant que vous allez mettre au jour; vos demandes seront toujours accomplies. Je serois bien fâché que vous vous adressassiez pour leur exécution à un autre qu'à moi. Sur qui pourriez-vous compter avec plus d'assurance? ma seule consolation, après l'horrible malheur dont je n'ose seulement me retracer l'idée, est de contribuer s'il est possible à la vôtre et d'adoucir autant qu'il dépendra de moi la douleur que je ressens comme vous-même.

M. le comte de Provence donne de l'inquiétude; le lait de sa nourrice ne s'est pas touvé capable de le nourrir. Il ne s'est pas trouvé aux retenues une seule nourrice dont le lait ne fût trop vieux. On a prétendu n'en point trouver de bonnes à Paris; il s'en est présenté une ou deux ici qui ont été jugées bonnes; cependant on a envoyé en poste en chercher une à quarante lieues d'ici, dans le pays de Caux, en Normandie. L'enfant d'un particulier ne trouveroit pas tant de difficultés à avoir une nourrice.

M. de Monteil a été présenté par M. Rouillé dans le cabinet, comme ministre plénipotentiaire.

Du vendredi 6. — On trouvera ci-après le nombre de

---

(1) Cet arrêt est du 31 janvier; comme il a été imprimé et qu'il est très-long, nous ne le reproduisons pas ici.

vaisseaux que nous avons dans nos ports, prêts à mettre en mer. On trouvera aussi un plus grand détail sur les vaisseaux de l'escadre de M. de la Galissonnière à Toulon. Cette escadre n'est marquée que de 12 vaisseaux et 6 frégates ; mais je crois être sûr qu'elle sera de 14 vaisseaux de ligne. On m'a dit aussi qu'il y auroit 8 frégates ; mais je n'en suis pas aussi sûr que des vaisseaux. L'escadre de M. Perrier (de Salvert), qui est destinée pour aller à Saint-Domingue, qui en a besoin, et peut-être même à nos autres îles, devroit être en mer depuis six semaines. Le retardement des farines en a été la cause. C'est une chose inconcevable, puisqu'il y a un entrepreneur des subsistances pour la marine, qu'il est obligé par son marché de tenir pour six mois de vivres toujours prêts pour tout vaisseau que l'on doit mettre en mer, et que les arrangements que l'on vient d'exécuter étoient prévus et ordonnés dès le mois de septembre ou d'octobre dernier. Actuellement et depuis quelques jours les farines sont prêtes, mais il faut les transporter de Bordeaux à Brest ; le trajet n'est pas long lorsque les vents sont favorables, et ils ont toujours été contraires. Ce retardement est d'autant plus fâcheux que les Anglois n'ont mis en mer une escadre que depuis fort peu de jours, et que la nôtre auroit eu presque une entière sûreté de ne trouver aucuns vaisseaux ennemis si elle étoit partie plus tôt.

VAISSEAUX NOUVEAUX PRÊTS A METTRE EN MER, A BREST.

	Pièces de canon.	Commandants.
Le Tonnant.	80	M. de Bauffremont.
Le Défenseur.	74	M. de Blenac.
Le Sphinx.	70	M. de Choiseul.

VAISSEAUX NOUVEAUX PRÊTS A METTRE EN MER, A ROCHEFORT.

L'Éveillé.	64	M. Porter.
Le Dauphin Royal.	70	M. Saint-André du Verger.
La Diane (frégate).	32	M. le chevalier de Noë.

ANCIENS VAISSEAUX PRÊTS A METTRE EN MER, A ROCHEFORT.

	Pièces de canon.	Commandants.
Le Capricieux.	64	M. Desgouttes.
Le Hardi.	64	M. le chevalier de Macnemara.
Le Juste.	70	M. de Tilly.

ANCIENS VAISSEAUX, A BREST, PRÊTS A METTRE EN MER.

Le Soleil Royal.	80	M. de Conflans.
Le Superbe.	70	M. le chevalier d'Apchier.
....		M. de Châtleger.
		M. le chevalier de Cousage (la Rochefoucauld).

ANCIENS VAISSEAUX, A TOULON, PRÊTS A METTRE EN MER.

Escadre de M. Perrier, 6 vaisseaux.
M. de la Galissonnière, 12 vaisseaux.

Mme la marquise du Luc mourut avant-hier à Paris après une longue maladie; elle avoit environ soixante-huit ans; elle étoit sœur de feu M. de Refuge qui avoit servi dans la gendarmerie. Elle avoit eu un fils et deux filles; il y en a une de morte; l'autre est Mme de Nicolaï, femme du premier président de la chambre des comptes, femme aimable et respectable. Le fils est M. de Vintimille, qui avoit épousé Mlle de Mailly et qui a eu un fils.

J'apprends qu'il y eut avant-hier une assemblée d'évêques chez M. l'archevêque de Cambray. J'ai parlé de la division de sentiments qu'il y eut dans la dernière assemblée, et je dois avoir dit que ceux qui furent pour le sentiment le plus sévère furent appelés *théatins*, parce qu'on prétendoit que c'étoit par respect pour la mémoire de feu M. l'ancien évêque de Mirepoix; les autres furent appelés *euillants* comme étant de même opinion que M. le cardina de la Rochefoucauld qui eut dans ce temps-là la feuil des bénéfices. Ce sont *les théatins* qui se sont assemblés chez M. l'archevêque de Cambray; cet archevêque est regardé dans ce moment comme le chef des évêques de ce sentiment qui sont à Paris.

Je vis hier M. Landré, capitaine des ports de Dunkerque et de Calais ; il a un lieutenant à ses ordres à Calais ; il y va de temps en temps, mais il demeure à Dunkerque. C'est un homme appliqué et capable. Il a succédé dans ces différents emplois à son père et a comme lui le grade de capitaine de vaisseau. Ce fut son père qui fit, par ordre secret de la Cour, entrer les premiers vaisseaux dans le canal de Mardyck ; il fut désavoué et récompensé ; il eut une pension de 3,000 livres. M. Landré a été consulté sur ce que l'on pouvoit faire au port de Dunkerque ; il a donné trois projets, un qui seroit cher et long, c'est-à-dire 8 ou 10 millions en quatre ou cinq ans, mais qui remettoit ce port en aussi bon état qu'il ait jamais été ; un autre pour que l'on puisse y faire entrer des frégates qui y seroient enfermées aux basses marées, mais qui seroient à flot dans les hautes ; un troisième enfin pour rendre l'entrée du port plus large et plus facile. Il paroît qu'on veut non-seulement éviter la très-grande dépense, mais outre cela celle qui pourroit devenir inutile et même désagréable à la paix, supposé qu'on fût obligé de démolir ce qu'on auroit fait, condition que l'Angleterre exigera toujours, rien ne lui donnant plus de jalousie que le port de Dunkerque. Ce port est préférable à beaucoup d'autres parce que la rade est très-grande et très-sûre. Dans le temps que les jetées et les forts qui étoient au bout subsistoient, nos batteries étoient à portée de protéger les vaisseaux qui étoient en rade ; aujourd'hui celles qu'on a établies, et qui sont excellentes pour empêcher les approches du port, ne porteroient que difficilement jusqu'à la rade.

On trouvera ci-après le dernier arrêté du Parlement à l'occasion de l'arrêt du grand conseil. Les justices inférieures doivent être embarrassées de ce conflit de juridiction entre leurs supérieurs immédiats et ceux qui prétendent l'être en quelques parties dans les cas d'attribution.

FÉVRIER 1756.

Arrêté du Parlement du 6.

Sur la dénonciation de l'arrêt du Grand Conseil les chambres ont fait l'arrêté suivant :

La Cour, attendu l'illusion d'un pareil acte et la fidélité constante des officiers des siéges du ressort, dont ils ont donné de nouvelles preuves suivant le compte rendu par les gens du Roi le 27 janvier dernier, a arrêté qu'il n'y a pas lieu de délibérer quant à présent. On examinera à la huitaine les enregistrements faits de la déclaration du Grand Conseil dans trois différents siéges du ressort, les gens du Roi n'ayant point encore actuellement les pièces justificatives.

On a fait aujourd'hui un règlement sur la caisse de Poissy.

Dans ce que j'ai marqué ci-dessus sur la marine, on verra que M. de Macnemara n'est point employé. Il est vieux et infirme ; quoiqu'âgé de soixante-dix ans ou environ, il vient de se marier ; il a épousé une femme qui n'a que deux ou trois ans moins que lui ; c'est la veuve d'un M. Pointe de Sable. Elle est des îles et en a rapporté 12 ou 1,500,000 livres de bien. M. de Macnemara a d'un premier mariage une fille qu'il aime fort, et qu'il a mariée à un lieutenant de vaisseau. Il n'est pas riche et aime beaucoup sa fille ; c'est ce qui l'a déterminé à un second mariage. Mme Pointe de Sable a assuré en se mariant 5 ou 600,000 livres à la fille de M. de Macnemara.

Du dimanche 8. — Mme de Pompadour fut nommée hier matin dame du palais ; elle vint l'après-dîner voir Mmes de Luynes et de Villars. Elle sera présentée aujourd'hui à la Reine avant les vêpres. Dans ce moment-ci elle est surnuméraire ; il n'y a point de surnuméraire dans le palais depuis feu Mme de Montoison.

Du lundi 9. — Ce que j'ai marqué ci-dessus de M. de Guébriant demande un plus grand détail ; je l'écrirai d'après ce qu'il m'a conté lui-même, et je joindrai ce que j'ai su d'ailleurs. Il faut premièrement connoître le caractère de l'électeur de Cologne (1) et sa position par rap-

---

(1) Clément-Auguste de Bavière, frère de l'électeur de Bavière, empereur

port à la France. L'électeur de Cologne est un prince qui n'a point de sentiment à lui ; il est successivement du sentiment de celui qui le gouverne. Cependant il a une grande considération dans la maison dont il est, et est fort uni avec les électeurs Palatin et de Bavière. Il est donc extrêmement essentiel à la France de conserver une liaison intime avec cet électeur. On en a eu l'expérience depuis plusieurs années dans ce qui s'est passé par rapport au projet d'élection d'un Roi des Romains. M. de Guébriant s'étoit acquis un grand crédit sur l'esprit de l'électeur ; il cherchoit à l'amuser, il lui donnoit des fêtes, lui faisoit des présents, enfin il avoit gagné son amitié, et l'électeur ne faisoit rien sans lui. L'électeur avoit un favori qu'on appeloit le baron d'Anxeldheum qui mourut l'année passée ; cette mort fut prompte, et on soupçonna qu'elle n'étoit pas naturelle ; les soupçons tombèrent sur le comte de Metternich, son grand-chambellan. Quelque temps avant que de partir pour aller voyager en Italie, l'électeur prit la résolution de renvoyer le comte de Metternich et de lui ôter tous ses emplois ; il communiqua ce projet à M. de Guébriant, qui lui demanda en grâce de suspendre les effets de sa colère jusqu'à son retour ; il lui représenta qu'en agissant aussi promptement, il perdoit entièrement le comte de Metternich ; et que, quoiqu'il n'eût que des soupçons contre lui, le public le jugeroit coupable ; que M. de Metternich tenoit à beaucoup de gens considérables ; qu'on représenteroit à S. A. Électorale le tort irréparable qu'il feroit à la réputation de ce ministre ; que sa clémence et sa religion en seroient touchées, qu'il voudroit le réparer et qu'il seroit par cette raison obligé de rétablir un homme qu'il n'aimoit pas. L'électeur suivit ce conseil et partit sans faire aucun changement. M. de Guébriant le vit peu

---

sous le nom de Charles VII, né le 16 août 1700, électeur et archevêque de Cologne depuis le 12 novembre 1723.

pendant le voyage ; l'électeur avoit un grand nombre de
voitures et M. de Guébriant ne marchoit qu'un jour après
lui. L'électeur passa d'abord à Munich, où il fut reçu
avec de grandes marques d'amitié. Il y étoit à table avec
l'électrice et l'électeur de Bavière lorsqu'on vint lui dire
que M. de Guébriant venoit d'arriver. L'électeur de Bavière lui manda de venir sur-le-champ ; M. de Guébriant
arriva dans la salle comme l'on étoit au rôti ; l'électrice le
fit mettre à table auprès d'elle. Au sortir de table, l'électeur de Cologne s'enferma avec lui pendant deux heures ;
il lui parla encore avec vivacité contre ses ministres et
surtout contre le comte de Metternich, et lui parut dans la
même douleur et la même colère qu'il étoit avant que de
partir, sur la mort de son favori. M. de Guébriant lui répéta toutes les mêmes raisons qu'il lui avoit déjà expliquées ; et voyant qu'elles ne faisoient pas assez d'impression, il lui ajouta qu'il lui demandoit pour lui-même, ministre de France, de vouloir bien suspendre les effets de sa
colère, ajoutant que la confiance qu'il avoit la bonté de lui
marquer avoit déjà donné beaucoup de jalousie à la cour
de S. A. Électorale et que l'on ne douteroit point que ce
changement dans le ministère ne fût la suite de ses conseils ; que l'on iroit peut-être jusqu'à penser qu'en donnant de pareils conseils il n'avoit fait que suivre les ordres
de France. L'électeur parut déterminé par ces raisons.
M. de Guébriant fut bien étonné, en arrivant à Venise, de
recevoir vingt-quatre ou vingt-cinq lettres de Bonn qui
étoient venues dans un paquet de l'électeur et que ce prince
lui envoya, par lesquelles on lui apprenoit que le comte
de Metternich avoit été renvoyé ; que le baron d'Assburg,
grand-maître de la cour et ministre des affaires étrangères, un de ceux qu'on appelle barons libres ; avoit été
aussi disgracié. Le comte de Bornheim, président de la
chambre des finances et ministre de la guerre, auroit sans
doute eu le même sort, s'il n'étoit pas mort. L'électeur se
douta bien que toutes les lettres qu'avoit reçues M. de

Guébriant parleroient de cet événement; c'est ce qui fit qu'il parut un peu embarrassé quand il revit ce ministre; il continua cependant à le traiter avec la même bonté, et ils arrivèrent à Rome. M. de Guébriant, qui ne voyageoit pas le même jour que l'électeur, comme j'ai dit, alla descendre chez M. de Stainville, qui lui avoit écrit pour le prier instamment de ne point prendre d'autre logement que chez lui. M. de Stainville lui demanda en quelle qualité l'électeur voyageoit; M. de Guébriant lui répondit que c'étoit une espèce d'incognito; qu'il avoit pris le nom de comte de Wert; mais qu'ayant voulu l'appeler de ce nom pendant le voyage, il avoit remarqué que l'électeur en étoit peu content. « S'il voyage comme électeur, dit M. de Stainville, je ne puis comme ambassadeur lui aller faire la première visite; il faut qu'il vienne chez moi; je le recevrai à la descente de son carrosse, je lui donnerai la main, je retournerai quelques heures après chez lui, et il me fera le même traitement. » M. de Guébriant répondit qu'il n'avoit point de conseil à lui donner; que M. de Stainville étoit aussi instruit que lui des égards que la cour de France avoit pour l'électeur; qu'il savoit ce qu'il pouvoit et ce qu'il devoit faire en conséquence; mais que n'ayant aucune commission de lui rien dire sur cela, il le prioit de trouver bon qu'il ne s'en mêlât en aucune manière; qu'il savoit que les étiquettes étoient observées bien exactement à la cour de Rome, mais qu'il avoit imaginé que le soir, après une certaine heure, on pouvoit n'être pas si régulier à observer ces étiquettes; que lui, M. de Stainville, pouvoit écrire s'il le jugeoit à propos pour demander des ordres, et qu'en attendant, sa prudence lui suggéreroit ce qu'il conviendroit de faire. Ce discours ne parut point déterminer M. de Stainville. M. de Guébriant écrivit sur-le-champ ici pour rendre compte de ce qu'il avoit dit. M. de Stainville avoit mené M. de Guébriant chez les cardinaux et dans plusieurs maisons principales; mais il n'avait point encore été chez Mme la marquise Gabrielli (née comtesse de Trotti), qui est une femme fort aimable et qui tient un grand état dans Rome. Mme Gabrielli avoit prié l'électeur de Cologne de venir chez elle, à ce qu'on appelle une conversation; ce sont des assemblées où l'on passe la soirée et l'on joue. Mme Gabrielli écrivit un petit billet à M. de Guébriant et lui manda que quoiqu'elle ne l'eût point encore vu, elle espéroit qu'il viendroit à la conversation où devoit être l'électeur de Cologne. M. de Guébriant instruisit M. de Stainville de cette invitation et le pria de vouloir bien le mener chez Mme Gabrielli. Ils y allèrent ensemble et la trouvèrent qui jouait au minquiat [sic] avec l'électeur. Ils furent reçus avec beaucoup de politesse; mais M. de Guébriant, fut très-étonné de voir que M. de Stainville ne dit pas un mot à l'électeur et parut ne le pas connoître. L'électeur en fut extrèmement piqué; il en parla à M. de Guébriant qui chercha à justifier la conduite de l'ambassadeur de France, en assurant qu'il connoissoit son respect pour S. A. Électorale et le désir qu'il avoit de lui en donner des preuves en toutes occasions, d'autant plus qu'il étoit fort instruit des liaisons de la cour de France avec S. A. Électorale, et que ce n'étoit sûrement que quelque obstacle de cérémonial qui l'avoit arrêté. L'électeur parut peu satisfait. M. de Guébriant sentit l'impression que faisoit cet événement sur son esprit; il écrivit ici pour en rendre compte. Peu de jours après il demanda permission à l'électeur d'aller faire un tour à Naples; cette proposition fut très-bien reçue, et l'électeur lui donna même plusieurs commissions pour cette Cour. Les cardinaux, qui étoient dans le même cas que l'ambassadeur de France, n'avoient pas cru que cette raison dût les empêcher de le voir en particulier, et à des heures et dans des lieux où il n'y a point de cérémonial. Le cardinal Alexandre Albani fut un des plus empressés à chercher des occasions de conférer avec ce prince. Alexandre Albani est ce que l'on appelle protecteur de la cour de Vienne. Instruit des obstacles que la maison d'Autriche avoit éprouvés pour l'élection d'un Roi des Romains de la part des électeurs palatin et de Cologne, sachant que l'électeur de Cologne étoit celui qui avoit du crédit sur les autres, et que cet électeur, ayant donné toute sa confiance à M. de Guébriant, n'agissoit que suivant les vues de la cour de France, il sentoit l'importance d'éloigner ce ministre d'auprès de l'électeur; l'occasion étoit favorable, il en profita; il parla à l'électeur de ce qui s'étoit passé de la part de M. de Stainville comme d'un événement dont il devoit être irrité; mais il lui dit en même temps que M. de Stainville étoit bien jeune et vraisemblablement n'avoit pas l'expérience pour prendre en pareille occasion les partis convenables; qu'il étoit bien juste que S. A. Électorale désirât une réparation proportionnée à cette espèce d'insulte, mais qu'il craignoit qu'il n'eût de la peine à l'obtenir; que M. de Stainville étoit fort protégé en France, qu'il étoit continuellement à souper dans les cabinets, qu'il alloit être fait chevalier de l'ordre du Saint-Esprit, qu'il falloit donc chercher quelque autre moyen pour obtenir ce qu'il désiroit; que ce moyen lui étoit facile; que l'on pouvoit aisément juger que M. de Guébriant, qui logeoit chez M. de Stainville et qui avoit une longue expérience des affaires, avoit été consulté dans celle-ci, et que l'ambassadeur de France n'avoit agi sûrement que de concert avec lui. L'électeur de Cologne auroit pu aisément être en garde contre ce discours; il pouvoit se souvenir que M. de Guébriant, avant que de partir, lui avoit offert d'aller loger ailleurs que chez M. de Stainville et lui en avoit même demandé la permission avec empressement; que cependant il n'avoit jamais pu obtenir cette permission, et que l'électeur lui avoit dit très-expressément de ne songer à aucun changement. Malgré cela, la colère où il étoit contre M. de Stainville lui fit ajouter foi aux propos du cardinal Albani, et il écrivit aussitôt une lettre de sa main au

Roi pour lui demander comme une marque d'amitié de rappeler M. de Guébriant. Cette lettre fut envoyée à M. de Grevembroch (1) avec ordre de la remettre à Mme de Pompadour et de la prier de vouloir bien la remettre au Roi. Il faut remarquer que cette commission ne pouvoit être en meilleures mains, et c'étoit peut-être aussi l'effet des conseils du cardinal Albani. M. de Grevembroch est très-soupçonné d'attachement aux intérêts de la maison d'Autriche ; il est depuis longtemps ici ministre de la cour palatine. Lorsque M. de Grimberghen remit à l'électeur de Bavière les pouvoirs dont il étoit chargé, l'électeur choisit M. de Grevembroch pour son ministre en France ; on jugea ici que cet arrangement n'étoit pas favorable au projet que l'on avoit de rétablir l'ancienne correspondance et amitié avec la cour de Bavière. M. de Guébriant eut ordre d'employer son crédit auprès de l'électeur de Cologne pour que l'électeur de Bavière choisît un autre ministre ; il y réussit en effet, et les affaires de Bavière furent remises entre les mains de M. Van Eyck (2). On peut juger que M. de Grevembroch ne fut pas content. M. de Grevembroch remit exactement la lettre à Mme de Pompadour. L'électeur reçut réponse que l'on feroit tout ce qu'il désiroit, et M. Rouillé écrivit à M. de Guébriant qu'il arrangeât ses affaires sous quelque prétexte pour venir faire un tour en France, et qu'il mandât au comte de Kerversie, son neveu, qui étoit resté à Bonn ministre intérimaire, de se disposer à partir pour la France en donnant quelques raisons spécieuses de ce voyage. M. de Guébriant reçut à Munich, au retour d'Italie, la lettre de M. Rouillé ; il n'étoit point question de rappel ; l'électeur ne lui donna aucun soupçon de ce qu'il avoit écrit ; il prit congé de ce prince et partit pour revenir ici. J'oublie de marquer que M. de Stainville, quoiqu'il eût écrit

---

(1) Ministre plénipotentiaire de l'électeur palatin.
(2) Envoyé extraordinaire du cardinal-évêque prince de Liège.

ici pour demander des ordres par rapport à l'électeur de Cologne, ne reçut aucune réponse pendant les trois semaines que l'électeur séjourna à Rome. M. de Guébriant sut, en arrivant ici, qu'on cherchoit à lui donner un successeur et qu'on avoit en même temps écrit à l'électeur pour le prier de vouloir bien dire quels étoient les motifs de mécontentement qu'il avoit de M. de Guébriant. L'électeur fut quelque temps sans répondre ; enfin il manda que ce mécontentement étoit à l'occasion du manque d'égards qu'il avoit éprouvé de la part de M. de Stainville à Rome. M. de Stainville manda, de son côté, que dans cette affaire M. de Guébriant lui avoit toujours dit qu'il ne vouloit s'en mêler en aucune manière. Les faits étant ainsi éclaircis, M. de Rouillé dit à M. de Guébriant que rien n'étoit si aisé que d'engager l'électeur à le redemander ; M. de Guébriant a toujours répondu que pareille démarche ne convenoit point à la gloire du Roi, qu'il la trouveroit trop humiliante pour lui-même, qu'il n'avoit rien à se reprocher dans sa conduite, qu'il étoit trop heureux que le Roi connût la vérité, qu'il espéroit de la bonté de S. M. qu'elle ne lui ordonneroit pas de retourner à Bonn, qu'il la supplioit très-instamment de vouloir bien jeter les yeux sur quelque autre que lui, qu'il étoit très-content et reconnoissant des bontés dont S. M. l'avoit honoré, que la pension (il y a deux ans) de 2,000 écus qu'elle avoit bien voulu lui accorder étoit la récompense de ses services, qu'il auroit cru manquer à la reconnoissance qu'il devoit, si, après cette grâce, il n'avoit pas continué ces mêmes services, que le ministre en étoit instruit et qu'il se trouvoit trop heureux de n'être plus chargé de cette commission après avoir fait tout ce qui dépendoit de lui pour marquer son zèle, et d'autant plus heureux qu'il avoit paru qu'on étoit content de sa conduite. M. de Guébriant m'a ajouté que depuis le départ de l'électeur de Cologne, M. de Stainville avoit reçu réponse et qu'on avoit approuvé sa conduite. Je crois savoir cependant qu'il y a eu quelques lettres particulières du ministre à M. de Stainville par lesquelles il a pu juger qu'il auroit mieux fait de se conduire autrement.

J'ai voulu savoir quels étoient les usages de la cour de Rome et ce que pouvoit faire un ambassadeur de France en pareil cas. Il est certain que les étiquettes sont observées très-exactement à Rome, et ce seroit ne pas parler exactement de dire qu'à six heures du soir il n'en est plus question; mais dans les maisons particulières, lorsqu'il y a des conversations et que l'on est assis au jeu, on peut ne plus observer les étiquettes; cela est même d'usage. D'ailleurs, à certaines heures de la soirée, on peut rendre des devoirs incognito, et l'ambassadeur de France a grand nombre d'exemples à suivre en pareilles circonstances. Il ne prétend rien de plus que les cardinaux et peut par conséquent faire comme eux. Un cas à peu près semblable se présenta pendant que M. de Saint-Aignan étoit à Rome. La reine des Deux-Siciles, allant à Naples, passoit à Rome, et le prince électoral son frère voyageoit avec elle; on étoit instruit de ce voyage; mais nos ambassadeurs n'avoient point d'ordre pour le traitement. M. de Froulay étoit à Venise, et M. de Puisieux étoit à Naples; ils demandèrent l'un et l'autre à M. de Saint-Aignan ce qu'ils devoient faire. Il leur conseilla d'écrire chacun de leur côté, parce que lui-même n'étoit pas plus instruit. Il fallut cependant prendre son parti; il n'y avoit nulle difficulté par rapport à la reine des Deux-Siciles; il n'étoit question que du prince électoral. M. de Saint-Aignan prit le moment où ils étoient ensemble dans une maison de campagne à quelques milles de Rome; il y alla avec une espèce de cortége, comme ce qu'on appelle entrée de campagne, et après avoir complimenté la Reine, il alla voir le prince électoral qui étoit dans la même maison. Il en fut reçu avec toutes sortes de politesse et de marques de considération particulière. Il le vit souvent depuis, pendant qu'il resta à Rome, et ayant su qu'on trouvoit en France que ses visites étoient trop fréquentes, il profita d'une occasion qui se présenta pour marquer son exactitude à se conformer aux volontés de la Cour. Il sut que le prince électoral avoit la curiosité d'aller voir le palais où est l'Académie de peinture et de sculpture de France; il y envoya toute sa maison et M. son fils pour en faire les honneurs et resta seul chez lui. Il prétend qu'on le désapprouva en cette occasion, mais qu'il se justifia dans la suite et que l'on ne put s'empêcher de trouver qu'il avoit eu raison.

On peut ajouter dans ces circonstances que la commission auprès de l'électeur de Cologne devient plus difficile à bien exécuter pour M. de Monteil, d'autant plus que ce prince avoit paru désirer, de préférence à tout autre, qu'on lui envoyât M. le président Onillon, qui a déjà été à sa cour chargé des affaires de France. On a jugé ici que quelque talent qu'eût M. le président Onillon, il falloit outre cela de la naissance et un nom, ayant à traiter avec des gens considérables. A l'égard de M. de Guébriant, il paroit que le Roi est dans la résolution de lui donner quelque nouvelle marque de bonté, et comme il est susceptible de bénéfice par son état, étant tonsuré et portant ici l'habit ecclésiastique, cette récompense sera vraisemblablement une abbaye. A la cour de Cologne, M. de Guébriant s'appeloit comte et portoit l'habit séculier et quelquefois l'épée.

Du mardi 10. — M. de Sartirane (1) a eu aujourd'hui audience pour donner part de l'accouchement de la duchesse de Savoie, qui est accouchée d'une fille le 31 (2). Cette nouvelle est arrivée d'hier.

La Reine a été, suivant sa coutume, au service de Madame, fondé par Mgr le Dauphin ici, à Notre-Dame. Elle

---

(1) Le comte de Sartirane, ambassadeur du roi de Sardaigne.
(2) Cette princesse est Marie-Thérèse de Savoie qui épousa, en 1773, le 16 novembre, le comte d'Artois. Elle mourut le 2 juin 1805.

l'a entendu de la tribune de Mme la comtesse de Toulouse. La Reine étoit en grand habit, parce qu'elle croyoit qu'il y auroit grand couvert; mais elle s'est déshabillée au retour, sachant qu'il n'y en avoit point. Elle n'a mené que Mme de Luynes et Mme de Villars et ses dames de semaine. Ses dames n'étoient point en deuil. Mme de Luynes et Mme de Villars étoient en habit de velours noir. Mgr le Dauphin, Mme la Dauphine et Mesdames étoient dans le chœur en noir, ainsi que ceux et celles qui ont eu l'honneur de les suivre. La Reine avoit d'abord donné l'ordre à Mme de Luynes qu'elle ne verroit personne cet après-midi, mais un moment après elle a changé de sentiment et a dit qu'elle joueroit. Il y a comédie, mais la Reine n'ira point (1).

Du samedi 14. — Mme de Chaulnes présente demain la veuve de M. de Tyrconnel, qui est mort à Berlin ministre plénipotentiaire du Roi. Elle est du Lys, noblesse de Normandie. C'est une grande femme, jeune, bien faite et d'une figure agréable; elle s'est conduite à Berlin, après la mort de son mari, d'une manière très-digne d'éloges; elle a payé toutes les dettes, même celles où elle n'étoit point obligée. Elle n'a qu'une fille.

On trouvera ci-après l'arrêté du Parlement d'hier.

La Cour, toutes les chambres assemblées, déclare nulles les sentences des bailliages de Crécy, Vitry-le-François et Saint-Pierre-le-Moutier des 5, 7 et 18 novembre dernier, concernant l'enregistrement de la déclaration envoyée par les gens du Grand Conseil; ordonne que les susdites sentences seront rayées et biffées sur les registres comme contraires à l'autorité du Roi dans ses cours et aux lois, maximes et usages du royaume, qui ne permettent en aucun cas de publier aucuns édits ou déclarations qu'ils n'aient été vérifiés en la Cour; enjoint aux substituts du procureur général et autres officiers desdits sièges d'être plus fidèles à leurs devoirs et de ne reconnoître d'autres supérieurs naturels et immédiats, dans l'ordre de la justice, que ceux à qui ils sont tenus de rendre compte de leur conduite par les ordonnances

---

(1) Le Roi ni la famille royale n'ont point été à la comédie ce jour-là. (*Note du duc de Luynes.*)

du royaume et par le serment qu'ils ont prêté à la Cour ; ordonne qu'à la diligence du procureur général du Roi le présent arrêt sera inscrit sur les registres desdits bailliages, à ce que les officiers desdits siéges aient à s'y conformer ; comme aussi ordonne que les dires du substitut du procureur général du Roi au bailliage de Vitry, contenus aux procès-verbaux des 18 et 19 novembre dernier, seront rayés et biffés ; fait défenses audit substitut de récidiver et d'en faire de pareils à l'avenir, et cependant ordonne que ledit substitut sera et demeurera interdit pour trois mois.

On a supprimé ce matin un imprimé intitulé : *Notes sur l'arrêt du Grand Conseil du* 31 *janvier* 1756.

On a ordonné l'apport des charges et procédures faites, en l'officialité de Troyes, contre le curé de la Madeleine, décrété d'assigné pour être ouï, par l'official, sur la plainte du promoteur, pour avoir administré les sacrements au préjudice d'un interdit donné par l'évêque de Troyes, mais dont M. le procureur général avoit appelé comme d'abus.

M. le marquis d'Espiés épouse Mlle d'Arbouville, fille du capitaine aux gardes. Ce M. d'Arbouville, à qui on avoit donné le sobriquet de *Son Impertinence*, avoit épousé Mlle de Saint-Hérem, sœur de M. de Montmorin d'aujourd'hui, gouverneur de Fontainebleau, et de Mme la marquise d'Assé ; cette Mme d'Assé a laissé une fille riche, dont le père est mort. La mère de Mme d'Arbouville s'appeloit Douilly, comme la mère de la maréchale de Lorges et de tous les Curzay ; elle a très-peu de bien ; elle a une pension du Roi de 2,000 livres. S. M., en faveur du mariage de Mlle d'Arbouville, a accordé à M. d'Espiés le gouvernement de Sainte-Menehould sur la démission de M. d'Arbouville, son père. M. le marquis d'Espiés est brigadier des armées du Roi sans troupe ; il a été page de la chambre. Il a eu une sœur, fille d'honneur de Mlle de Charolois, et qui mourut des suites d'une chute qu'elle fit à la chasse, à Fontainebleau, en suivant Mlle de Charolois.

M. de la Chau-Montauban, premier écuyer de M. le duc d'Orléans, marie sa fille à M. le marquis Deschoisy, homme de condition d'Angoumois, que l'on dit riche, et qui a un oncle commandeur de Malte. En faveur du mariage, on a accordé à M. Deschoisy la promesse d'un guidon dont la date est fort éloignée. On fait espérer à M{he} de Montauban une place de dame quand M. le duc de Chartres se mariera. Mme de la Chau-Montauban est des Adretz en son nom ; elle avoit épousé en premières noces un M. des Adretz. Le mariage se fera dans la chapelle du Palais-Royal, le 21, et à sept heures du soir. M. le duc et Mme la duchesse d'Orléans iront souper à Bagatelle où se fera la noce.

La noce de M. d'Egmont soupa le mardi à l'hôtel de Richelieu. Il y avoit deux tables de jeu, une de biribi et une de pharaon. La mariée est fort bien faite, assez grande ; elle a un visage agréable et un très-bon maintien. M. de Richelieu n'a pas voulu donner part du mariage de sa fille par des billets imprimés que l'on envoie à toutes les portes, mais seulement par des billets à la main envoyés aux parents ; c'est en effet la règle. C'est un véritable abus que d'envoyer des billets imprimés partout ; on en reçoit tous les jours sur toutes sortes de mariages et auxquels on n'a aucune raison de prendre part. Lempereur, fameux joaillier, a marié sa fille depuis peu et a envoyé des billets imprimés à toutes les portes.

On trouvera ci-après le précis du traité conclu à Whitehall entre le roi de Prusse et le roi d'Angleterre. On trouvera aussi le précis de l'esprit de la réponse que la Hollande a faite à M. d'Affry, à l'occasion des disputes entre la France et l'Angleterre. Ce qui est entre deux parenthèses est la véritable réponse de la Hollande.

Le traité conclu le 16 janvier 1756 entre S. M. Britannique et S. M. Prussienne contient quatre articles.

Par le premier, on confirme les précédents traités de 1742, 1745 et 1746. Par le second, on s'engage de part et d'autre à s'opposer de toutes ses forces à l'entrée des troupes étrangères dans l'Empire. Par le troisième, les parties contractantes se garantissent réciproquement leurs possessions en Europe. Le quatrième est purement de style et concerne l'échange des ratifications pour lequel on a stipulé six semaines.

Outre ces articles il y en a un qui regarde l'acquittement de ce qui est encore dû aux Anglois de l'emprunt fait sur la Silésie, et un autre qui concerne les vaisseaux pris pendant la dernière guerre aux sujets prussiens, auxquels, pour les dédommager, l'Angleterre payera 22,000 livres sterling. Il doit aussi y en avoir un qui règle le subside annuel que la cour de Londres payera à celle de Berlin. On n'en dit ni la force, ni le temps qu'il doit durer.

Précis de la réponse de la Hollande à M. d'Affry.

La réponse à donner roulera sur la douleur avec laquelle on voit la présente querelle; sur la résolution où l'on est de ne s'en point mêler, dont on donne des assurances positives; sur l'espérance que le Roi persévérera dans ses bonnes dispositions pour les Provinces-Unies; sur celle que S. M. n'attaquera point l'État ni les Pays-Bas, et sur celle qu'elle aura les mêmes ménagements pour les royaumes de S. M. Britannique (1), [puisque dans le cas contraire on ne pourroit se dispenser de remplir les engagements qui existent entre l'Angleterre et la République].

On prit hier le deuil pour quatre jours à l'occasion de la mort de la duchesse de Holstein-Eutin, mère du roi de Suède. Elle étoit parente du Roi du sixième au septième degré. Elle mourut à Hambourg, le 27 décembre dernier; elle avoit soixante-treize ans.

Du lundi 16. — Le Roi signa hier quatre contrats de mariage : celui de M. le comte de Guitaut, guidon des gendarmes, avec Mlle de la Galaisière, fille de M. de la Galaisière, chancelier de Lorraine ; celui de M. le marquis d'Oppède, capitaine de gendarmerie, dont le nom est

---

(1) Objet qui, par divers motifs, intéresse la République.

Forbin ou Janson (c'est la même chose) avec Mme de Beaussan; celui de M. le marquis d'Espiés avec Mlle d'Arbouville; et celui de M. le marquis Deschoisy avec Mlle de la Chau-Montauban. J'ai parlé de ces deux derniers mariages au 14 février.

Par la retraite de M. de Verneuil, M. Dufort a pris le semestre de janvier.

M. de Valory fut hier présenté au Roi par M. Rouillé; il retourne à Berlin pour y remplacer M. de la Touche en qualité de ministre plénipotentiaire. Le roi de Prusse aime beaucoup M. de Valory. On avoit dit que celui-ci s'étoit trop attaché au roi de Prusse; puisqu'on le renvoie auprès de ce prince, il n'est pas douteux que son attachement n'a point été désapprouvé par la Cour. M. de Valory a actuellement soixante-deux ans. Ce fut lorsque M. de Valory fut rappelé qu'on envoya à sa place milord Tyrconnel, qui est mort à Berlin et dont la veuve fut présentée hier.

Il y eut une question sur la présentation d'hier. On demanda si Mme de Tyrconnel devoit avoir un voile. Le voile en grand habit est d'usage pour les veuves, à la Cour, les jours de grandes cérémonies, comme fêtes, mariages, etc. Il y eut différents sentiments, mais enfin il fut décidé que la présentation étant sûrement un jour de grande cérémonie pour celle qui est présentée, et surtout une première présentation (car Mme de Tyrconnel ne l'avoit jamais été), elle devoit avoir un voile, et elle l'eut hier à sa présentation. J'ai dit qu'elle étoit fille du marquis de Lys, gentilhomme de Normandie. Ce marquis de Lys avoit un frère, homme très-singulier, qui étant jeune voulut s'aller promener dans le Nouveau-Monde. Il s'embarqua pour le Pérou; son vaisseau fit naufrage; il perdit toute sa pacotille, eut beaucoup de peine à se sauver et arriva au Pérou sans avoir de quoi subsister. Il étoit fort gai et très-comique; il commença par demander l'aumône; il s'établit ensuite dans un bourg à quelques lieues de

Lima et il y montra à danser ; il trouva de la ressource par son génie et ses talents. Il revint en France, acheta une charge de conseiller, et ensuite une de président au parlement de Rennes, qu'il a exercée jusqu'à sa mort. Il auroit toujours été d'une société agréable et amusante s'il n'avoit pas trop aimé la table.

On trouvera ci-dessus un grand détail sur M. de Guébriant. Il me contoit encore hier quelques circonstances de ses négociations. Lorsqu'il fut envoyé auprès de l'électeur de Cologne, en 1747, il fut informé, bientôt après son arrivée, qu'il y avoit lieu de craindre que l'électeur ne fît un traité avec les puissances maritimes ; il en donna avis et l'on ne crut pas ici que son soupçon fût fondé. Plus M. de Guébriant acquit les bontés et la confiance de l'électeur et plus il chercha à en profiter pour s'instruire de ce qui se passoit à cette cour. Il étoit en grande liaison avec M. d'Assburg, alors ministre de l'électeur, qui vient d'être renvoyé, comme je l'ai dit ; il sut que le traité s'avançoit et il le manda ; il représenta qu'il étoit à craindre que l'électeur ne s'engageât à donner son suffrage pour l'élection d'un Roi des Romains. On crut encore alors n'avoir aucun sujet de craindre un pareil événement. M. de Guébriant ayant été bien informé des pressantes sollicitations du ministre de la Cour de Vienne et de M. de Barkeinstein, ministre des États Généraux, jugea le traité prêt à se conclure ; en ayant été informé encore plus exactement, il le manda ; on ne parut point alors frappé de ses représentations. Enfin le traité fut conclu et signé ; M. de Guébriant en donna avis aussitôt ; on le chargea de tâcher de découvrir ce qui étoit porté dans ce traité. L'entreprise étoit difficile, quoique l'électeur lui marquât et amitié et considération. M. de Guébriant craignoit avec raison de faire aucunes questions ; il pouvoit être mal reçu ; il pouvoit aussi donner occasion de soupçonner la fidélité de celui ou de ceux par qui il étoit instruit. Voici l'expédient dont il se servit. Ayant reçu une lettre du ministre par laquelle il étoit chargé de notifier à l'électeur l'accouchement de Mme la Dauphine, il sentit que c'étoit une occasion d'avoir une audience favorable ; il composa chez lui une lettre supposée venue de Hollande et écrite à lui ministre de France à Bonn ; par cette lettre on lui donnoit avis du traité fait entre l'électeur et les puissances maritimes desquelles il recevoit tous les ans 400,000 florins de Hollande valant environ 800,000 liv. de notre monnoie ; on ajoutoit que l'électeur s'engageoit à donner sa voix à l'archiduc lors de l'élection du Roi des Romains. M. de Guébriant, après avoir dîné avec l'électeur, lui demanda la permission de le suivre dans son cabinet ; il commença par lui donner part de l'accouchement de Mme la Dauphine, et lui montra la lettre qui l'autorisoit à s'acquitter de cette commission. L'électeur lui marqua une extrême joie dans laquelle il fit paroître tout son attachement pour la France et pour la personne du Roi. M. de Guébriant saisit ce moment pour dire à l'électeur qu'il étoit bien étonné que S. A. Électorale, étant dans des dispositions aussi favorables pour le Roi son maître, eût pris des engagements contraires aux intérêts de la France ; que cependant il ne pouvoit presque pas en douter, si ce qu'on lui mandoit de Hollande avoit quelque fondement ; sur cela il lui montra la lettre en question, et lorsqu'il fut à l'article de l'engagement pour donner sa voix à l'archiduc, l'électeur dit avec vivacité que cela n'étoit point vrai, qu'il n'avoit pris aucun engagement, qu'il avoit donné des ordres précis à ses ministres pour qu'il n'y eût pas un seul mot dans le traité qui pût engager sa voix pour l'élection. « Je suis bien persuadé, dit M. de Guébriant, des bonnes intentions de S. A. Électorale ; mais la vivacité que j'ai cru remarquer dans les ministres des puissances maritimes par rapport à cet objet, les fréquentes conférences qu'ils ont eues avec les ministres de V. A. Électorale me donnent bien sujet de craindre qu'il n'y ait quelque terme dans le traité qui puisse être interprété favorablement pour eux et qui mette V. A. Électorale dans l'embarras lorsqu'il sera question de l'élection. » — « Cela ne peut pas être, répondit vivement l'électeur; je vais vous montrer le traité, vous en jugerez vous-même. » Il alla sur-le-champ le prendre dans sa cassette et le donna à lire à M. de Guébriant. M. de Guébriant remarqua un article où il étoit dit que l'électeur ne donneroit sa voix que du consentement des puissances maritimes dans toutes les diètes de l'empire et même dans les diètes électorales. « Voilà, dit-il à l'électeur, voilà précisément, monseigneur, ce que j'avois l'honneur de vous observer; qu'est-ce qu'une diète électorale, si ce n'est celle où il sera question de l'élection? » L'électeur, convaincu et piqué, dit qu'il étoit prêt à conclure un traité avec la France pour prouver indubitablement la sincérité de ses sentiments. M. de Guébriant offrit à l'électeur 300,000 florins d'empire pour subsides de la part de la France, ce qui revient environ à 750,000 livres de notre monnoie. L'électeur accepta cette proposition et vouloit que ce traité fût fait sur-le-champ et daté du 6 février. M. de Guébriant représenta à l'électeur que la France n'exigeroit jamais de lui qu'il manquât à ses engagements; que son traité avec les puissances maritimes devoit finir au 6 juillet; que tout ce que la France désiroit, c'est qu'il voulût bien que ce nouveau traité fût daté du 6 juillet. Ce ne fut pas sans peine que l'électeur consentit à ce retardement. M. de Guébriant, qui n'avoit agi que suivant les pouvoirs qui lui avoient été donnés, rendit compte de sa conduite. Peu de temps après, la paix ayant été signée à Aix-la-Chapelle, on manda à M. de Guébriant que le subside de 300,000 florins étoit bien considérable; que les circonstances étant changées, il suffiroit de donner 100,000 florins. M. de Guébriant fit réponse et on lui donna pouvoir d'aller jusqu'à 150,000 florins, représentant que l'intérêt de la France étoit toujours le même par rapport à l'élection du Roi des Romains. Enfin il eut pouvoir de terminer, et le traité fut signé à compter du 6 juillet.

Il peut y avoir quelque erreur dans les dates sur ce que j'écris; mais tous les faits sont bien réels, comme ils m'ont été racontés.

On trouvera ci-après un arrêt du grand conseil du 14 février qui mérite d'être remarqué. Il est intitulé comme celui du 31 janvier. Cet arrêt est très-remarquable et doit mettre dans l'embarras les justices nférieures qui sont accoutumées à respecter le Parlement comme supérieur immédiat et à lui obéir (1).

M. de Suzy, major des gardes du corps, vient d'obtenir le gouvernement de la ville et de la citadelle de Saint-Jean-Pied-de-Port. C'étoit M. de Bulkeley qui en étoit gouverneur.

Du mardi 17. — On trouvera ci-après l'arrêté du Parlement d'aujourd'hui.

La Cour, toutes les chambres assemblées, en délibérant au sujet d'un imprimé intitulé : *Arrêt du Grand Conseil du Roi du* 14 *février* 1756, attendu l'indécence et la continuité des entreprises des gens du Grand Conseil pour soulever les tribunaux, troubler ou renverser la police essentielle du royaume, comme aussi attendu les attentats multipliés que ledit acte publié par les gens du Grand Conseil contient contre les lois fondamentales de la monarchie et l'autorité souveraine du Roi dans sa cour des pairs, a arrêté que, pour aviser au parti qu'il convient de prendre, les princes et les pairs seront invités et avertis à la levée de la Cour, en la manière accoutumée, de venir prendre leurs places en la Cour, toutes les chambres assemblées, demain mercredi 18 février, à dix heures du matin, et cependant que

---

(1) Cet arrêt étant imprimé, nous ne le reproduisons pas ici. Barbier (t. VI, 251) en donne aussi une longue analyse. En substance, l'arrêt du Grand Conseil, rendu au nom du Roi, déclarait nul ce que le Parlement avait ordonné contre les déclarations rendues par le Grand Conseil le 10 octobre 1755 et le 31 janvier; il annulait la sentence rendue par le Parlement contre le substitut du procureur général au bailliage de Vitry-le-Français; il défendait aux gens de justice d'obéir aux arrêtés du Parlement contraires aux déclarations du Grand Conseil.

le procureur général du Roi sera chargé de veiller à l'exécution des arrêtés rendus par la Cour les 27 janvier et 13 février présent mois, et d'en rapporter les procès-verbaux et certificats en la Cour, toutes les chambres assemblées, mardi prochain, 24 du présent mois, dix heures du matin.

Délibéré entre les avocats que ceux qui plaident ordinairement au Grand Conseil ne s'y présenteront plus.

Du mercredi 18. — M. le chancelier a écrit au premier président et a demandé par ordre du Roi la petite députation ce matin à onze heures; la lettre est partie ce matin à cinq heures. L'ordre étoit donné pour l'audience après la messe du Roi. Le Roi, après la messe, étoit dans son cabinet avec M. le chancelier, les ministres et plusieurs courtisans. L'huissier a apporté une lettre à M. le chancelier. A peine M. le chancelier l'avoit-il ouverte et commencé à lire, que le Roi est arrivé et a pris la lettre, et après l'avoir lue a renvoyé ses enfants et a tenu sur-le-champ son conseil. Une demie heure après il est parti pour aller dîner à la Meutte. Les carrosses du Parlement étoient dans la cour, lorsque le Roi a monté dans le sien; quelques-uns même ont arrêté dans la place d'armes près la grille pour laisser passer S. M. Ils sont venus descendre à la salle des ambassadeurs. Le Roi doit revenir à six heures trois quarts pour la comédie; il y a grande apparence qu'il ne voudra pas voir le Parlement. Les gens du Roi ont été deux ou trois fois chez M. le chancelier lui demander ce que le Parlement devoit faire; M. le chancelier leur a répondu qu'ils feroient ce qu'ils voudroient, qu'il n'avoit rien à leur dire. Ils devroient être 42 parce que c'est la grande députation, savoir 10 présidents à mortier (c'est ce que l'on appelle le grand banc), 14 conseillers de grande chambre, et 2 de chacune des autres chambres, et les quatre gens du Roi. La différence de la grande à la petite députation n'est que sur le nombre des conseillers; à la petite il n'y en a que 7 de la grande chambre et 1 de chacune des autres. Aujourd'hui ils ne sont que 38 parce qu'il y en a de malades. Je n'ai point vu la lettre du premier président à M. le chancelier, mais je sais qu'il y est dit que le Parlement n'a pas voulu entendre la lecture de la lettre de M. le chancelier, parce que ce n'étoit pas la forme dans laquelle ils doivent recevoir les ordres du Roi lorsque les chambres sont assemblées ; qu'ils ont appris par les lettres de quatre princes du sang (M. le duc d'Orléans, M. le prince de Conty, M. le comte de la Marche et M. le comte de Clermont) que le Roi leur avoit défendu de se rendre aux chambres assemblées en conséquence de l'invitation qui leur avoit été envoyée, ainsi qu'à tous les pairs, de s'y trouver aujourd'hui à dix heures du matin. Ces lettres ont été portées par quatre des principaux officiers de chacun aux maisons des dits princes (M. le chevalier de Pons, MM. de Montmorency, de Polignac et de Chabrillant). Je ne sais point quelle est la forme, mais ce que j'ai entendu dire, c'est qu'aucune députation du Parlement, grande ou petite, pas même deux présidents, ne sont jamais venus trouver le Roi sans que les gens du Roi soient venus auparavant recevoir les ordres de S. M. La lettre de M. le chancelier portoit que l'intention du Roi étoit que les mêmes députés qui avoient été en dernier lieu à Versailles s'y rendissent à onze heures. On a donné des bougies, du feu, du chocolat, et du café à Messieurs du Parlement dans la salle des ambassadeurs. M. de Dreux, grand-maître des cérémonies, n'a pas voulu donner d'ordre pour cela ; c'est une attention que l'on a cru de nécessité. Je viens de recevoir mon billet d'invitation.

On trouvera ci-après la copie de l'arrêté du Parlement d'aujourd'hui à huit heures du matin.

Le premier président a assemblé les chambres avant l'heure indiquée, ayant dit avoir reçu une lettre de M. le chancelier ; il a voulu en faire la lecture, on s'y est opposé.

Les gentilshommes du duc d'Orléans, du prince de Conty, du comte de la Marche et du comte de Clermont étant arrivés sur ces entrefaites avec des lettres desdits princes portant qu'ils ont reçu défenses de se rendre au Parlement, l'on a arrêté qu'il seroit fait sur-le-champ au Roi une députation en la forme ordinaire, à l'effet de lui représenter combien les défenses qu'il a plu audit seigneur Roi de faire aux princes de son sang de se rendre à l'invitation qui leur a été faite par la Cour de venir prendre place en icelle, sont contraires aux droits de leur naissance, à l'essence et à la dignité de la pairie et au bien de son service, notamment dans la circonstance actuelle où les lois fondamentales de la monarchie sont attaquées.

Le Parlement a attendu le retour du Roi de la Meutte ; pendant ce temps, les gens du Roi ont vu plusieurs fois M. le chancelier ; ils ont dit qu'il y avoit eu du malentendu sur l'heure de leur arrivée ; qu'ils auroient été ici à onze heures s'ils avoient pu avoir des carrosses ; que la lettre de M. le chancelier n'avoit point été lue aux chambres assemblées parce que la forme étoit qu'elle fût adressée aux gens du Roi et non au premier président. Il me paroît que l'on ne convient pas de la nécessité de cette forme. Quoi qu'il en soit, le Roi a bien voulu donner audience au Parlement. On trouvera ci-après ce que le Roi a dit précisément au Parlement. Le premier président a voulu parler ; le Roi ne lui en a pas donné le temps et s'est en allé.

« Je vous ai mandé pour vous dire que j'ai défendu aux princes et aux pairs de se rendre à l'invitation qui leur a été faite par mon Parlement jusqu'à ce que je sois instruit des causes de cette invitation, et vous viendrez m'en rendre compte samedi prochain à onze heures. »

Du jeudi 19. — Voilà l'arrêté du Parlement d'aujourd'hui. On y pourra remarquer qu'il n'y est nullement question ni de la lettre du chancelier, ni de la réponse verbale du Roi ; ce sont des faits que le Parlement veut ignorer. La grande députation n'a pu dire ce qu'elle avoit ordre de dire ; elle retournera samedi par son ordre et non par celui du Roi. On a grand soin d'éviter de dire que c'est en conséquence des ordres du Roi.

La Cour, toutes les chambres assemblées, délibérant au sujet du récit fait par M. le premier président, attendu que ladite Cour n'a point de connoissance qu'elle ait été mandée pour le jour par ordre du Roi, et que l'objet de la députation en vertu de laquelle les députés de ladite Cour se sont transportés le jour d'hier par devers le Roi n'a point été rempli, a arrêté que pour remplir l'objet de l'arrêté du jour d'hier, les députés se transporteront de nouveau par devers le Roi samedi prochain, onze heures du matin, à l'effet de faire les représentations portées audit arrêté;

Arrêté en outre que les députés seront chargés de représenter audit seigneur Roi l'indispensable nécessité de l'invitation des Princes et des Pairs ordonnée par son Parlement.

Arrêté en outre que par les mêmes députés il sera représenté audit seigneur Roi que des ordres qui ne feroient même que suspendre l'exécution du droit qu'ont les Princes et les Pairs de prendre leurs places en la Cour, porteroient toujours une atteinte formelle aux droits de la pairie et tendroient à rendre ses droits sans aucun effet.

Du samedi 21. — La suite des arrêtés ci-dessus copiés est l'histoire la plus exacte que l'on puisse écrire de l'évènement présent; j'y joins la copie du billet d'invitation que j'ai reçu. C'est la même forme pour tous ceux que les Pairs ont reçus. Les deux greffiers du Parlement, Ysabeau et Dufranc, se sont partagé les différents quartiers de Paris, au moins pour l'intitulation des billets, car il y en a qui commencent par Ysabeau et d'autres par Dufranc; ils ont envoyé ou porté lesdits billets à toutes les portes des pairs, observant l'usage du Parlement, qui est de ne nommer les pairs que du nom de leurs pairies et non pas de celui qu'ils portent ordinairement. Ainsi le billet de M. le maréchal de Belle-Isle étoit adressé à M. le duc de Gisors, celui de M. de Luxembourg à M. le duc de Piney, celui de M. le prince de Soubise à M. le duc de Rohan-Rohan, etc.

Dufranc est venu de l'ordre du Parlement pour avoir l'honneur d'inviter Mgr le Duc, et l'avertir de venir demain mercredi 18 février

1756, dix heures du matin, prendre sa place en la Cour aux chambres assemblées, pour aviser au parti qu'il convient prendre au sujet d'entreprises des gens du Grand Conseil pour soulever les tribunaux, troubler et renverser la police essentielle du royaume et porter atteinte à l'autorité souveraine du Roi dans la cour des Pairs.

Ce mardi, le 17 février 1756.

Le Parlement se regarde comme aux mêmes droits de la Cour des pairs et soutient que la contestation dont il s'agit intéresse la constitution de l'État, puisque l'objet est d'élever un tribunal qui soutient avoir des priviléges contraires à ceux du premier tribunal du royaume et porte par conséquent un préjudice essentiel à ce tribunal. Cette question s'est présentée sous différents points de vue ; les uns ont cru qu'il n'y avoit rien de plus essentiel et de plus pressé que de représenter au Roi l'atteinte que sa défense donnoit aux pairs de France, que la détermination des princes du sang de donner une requête étoit une occasion favorable, que les princes du sang n'agissant en cette circonstance que comme pairs nés du royaume, tous les autres pairs ne pouvoient ni ne devoient balancer à se joindre à eux pour soutenir les mêmes droits, et que le temps ne permettant pas de consulter présentement tous les pairs puisque la requête devoit être présentée le jeudi 19, il falloit députer à M. le duc d'Orléans pour lui demander que les pairs signassent ladite requête.

D'autres, au contraire, ont pensé que l'affaire du moment n'étoit qu'un conflit de juridiction et ne pouvoit par conséquent être mise au nombre des *hautes* et *importantes affaires,* dans lesquelles les pairs sont obligés par leur serment de conseiller le Roi ; que d'ailleurs les magistrats, dont les lumières et les noms même méritent d'être respectés, ne pouvoient cependant être regardés comme la Cour des pairs ; que les pairs avoient, à la vérité, le droit de prendre séance au Parlement toutes les fois qu'ils le vouloient, mais qu'ils ne pouvoient être

convoqués que par le Roi, et que le Parlement même
ne pouvoit les inviter qu'en invitant en même temps le
chancelier et avec l'agrément du Roi; que dans le cas
même du privilége le plus essentiel de la pairie, qui est
le droit des pairs de n'être jugés que par les pairs, ils
ne pouvoient jouir de ce privilége qu'avec l'agrément
du Roi; enfin que lorsqu'il s'agissoit d'un acte signé de
tous les pairs, il valoit mieux ne le point faire que de
ne le pas communiquer à tous et faire approuver par
tous. C'est en conséquence de ces différents sentiments
que la conduite des pairs quoiqu'elle paroisse uniforme
puisque tous ont signé la requête, n'a pas cependant été
la même en effet.

Du lundi 23. — Le Roi, instruit des billets d'invitation
portés aux princes, leur a écrit qu'il leur défend d'aller
au Parlement. Voilà le mot qui fait aujourd'hui le fondement de toutes les démarches du Parlement. Les pairs, par
leur dignité, ont droit de prendre séance au Parlement
quand ils le jugent à propos; suspendre l'exercice de leur
droit par une défense, c'est donner atteinte au droit même.
Le chancelier avoit écrit par ordre du Roi au premier
président que le mercredi 18, jour même de l'assemblée
des chambres et de la convocation des pairs, le Parlement
se rendît à Versailles à onze heures par une petite députation. Le Parlement prétend qu'il faut que les ordres du
Roi soient adressés au Parlement même. Ce qui est certain,
c'est que l'usage ordinaire est que les gens du Roi sont
mandés pour venir recevoir les ordres de S. M. et les
porter au Parlement; de même qu'il est de règle que le
Parlement ne vient point en grande ni petite députation
trouver le Roi sans avoir auparavant envoyé les gens du
Roi recevoir les ordres de S. M. pour le jour et l'heure.
Enfin le Parlement ne vint point prendre lecture de la
lettre du chancelier, et le premier président, au lieu d'é-
crire sur-le-champ pour représenter qu'il faut une autre
forme, écrit au chancelier que les chambres n'ont pas

voulu entendre la lecture de ladite lettre, et qu'ayant appris la défense du Roi aux princes de son sang par les lettres d'excuses de quatre desdits princes, qu'il ne nomme point, ils ne peuvent s'empêcher de faire des représentations au Roi sur le préjudice fait à la pairie. M. de Dreux, grand-maître des cérémonies, étoit averti pour se rendre ici le mercredi à onze heures à l'occasion du cérémonial ordinaire aux petites députations comme aux grandes.

Le Roi attendoit, lorsqu'il apprend par la réponse du premier président qu'il ne sera point obéi. Il part à midi et demie pour la Meutte. La grande députation arrive ; j'ai marqué l'audience et la réponse du Roi. Le Roi reçoit à la Meutte une lettre de M. le duc d'Orléans qui lui marque que lorsqu'il a écrit au Parlement pour s'excuser, il n'a fait que suivre les anciens usages et protocoles. Le Roi lui répond qu'il lui apporte le lendemain jeudi, à six heures après midi, à Versailles, ces exemples et protocoles. Pendant ce temps-là, les princes déterminent entre eux de présenter une requête au Roi au sujet des droits de la pairie. Les pairs qui sont à Paris en sont instruits ; ils s'assemblent chez M. de Gesvres au nombre de douze environ, nombre qui augmenta ensuite jusqu'à seize ou dix-sept ; ils délibèrent qu'il faut signer la requête des princes et députer à M. le duc d'Orléans pour lui en demander la permission. M. le maréchal de Richelieu et M. le duc de Biron sont nommés. Ils vont au Palais-Royal ; ils trouvent M. le duc d'Orléans à table ; ils lui parlent sur-le-champ ; M. le duc d'Orléans accorde la permission. On convient que la requête sera signée le lendemain jeudi 19, à deux heures après midi, au Palais-Royal, et à quatre heures à Versailles chez M. le duc d'Orléans, qui la présentera le soir même au Roi. On écrit tout cet arrangement aux pairs qui sont à Versailles, M. le maréchal de Noailles, M. le maréchal de Belle-Isle, M. de Fleury et moi, et à d'autres qui étoient allant et venant, ou qui ne s'étoient pas trouvés chez M. de Gesvres. Nous apprenons par une lettre qu'il s'agit d'une requête sur les droits de la pairie, sans aucun détail; on ne nous envoie point copie de la requête pour l'examiner. Les pairs qui se trouvent à Paris signent au Palais-Royal et ceux d'ici signent ici chez M. le duc d'Orléans entre six et sept heures du soir.

On nous fit la lecture de la requête; l'examen dura environ une demi-heure; elle demandoit un peu plus de réflexions. Les termes d'affaire essentielle pour la pairie comme intéressant la constitution de l'État, la qualité de membre du Parlement donnée aux Pairs, parurent à plusieurs exiger un changement; mais leurs confrères avoient signé; on leur avoit gardé leurs places; il falloit présenter cette requête à neuf heures; on signa, non sans en sentir et annoncer même les conséquences et le mauvais succès. M. le comte de Charolois, aussitôt qu'il fut averti de la requête, manda à M. le prince de Condé de partir sur-le-champ pour Versailles et d'aller demander les ordres du Roi. Ce ne fut qu'après les avoir reçus, que M. le prince de Condé signa à Versailles chez M. le duc d'Orléans. M. le duc d'Orléans présenta la requête à neuf heures. Le Roi dit qu'il ne falloit point de requête, qu'un mémoire suffisoit. M. le duc d'Orléans demanda la permission de laisser la requête sur le bureau; le Roi dit : « Elle n'y restera pas longtemps », et sans décacheter le paquet il le jeta dans le feu. Cependant les chambres s'assemblèrent le jeudi 19. On verra l'arrêté que j'ai fait copier; il n'y est pas fait mention ni de la lettre de M. le chancelier, ni de l'ordre verbal du Roi. La grande députation n'a pas rempli son objet le 18; le Roi n'a point donné d'ordres pour le jour; arrêté que la même députation retournera le samedi 21 pour exécuter la mission dont elle est chargée. Le Roi fait avertir les gens du Roi le 20; il fait dire par eux au Parlement qu'ils ne se rendent ici que le lundi 23 par une petite députation. On verra l'arrêté du Parlement du 21 en conséquence de cet ordre du Roi. La petite députation est arrivée le matin à onze heures ; le premier président a remis au Roi la copie de l'arrêté d'hier. En conséquence dudit arrêté, le Roi lui a dit qu'il le feroit examiner et lui enverroit ses ordres.

M. le duc d'Orléans dîna hier avec le Roi, et le Roi l'après-midi lui donna dans son cabinet une audience d'environ cinq minutes. Le soir même il remit à S. M. le mémoire qu'elle avoit demandé. On croit que pour des exemples de lettres d'excuses au Parlement il n'a pas pu en rapporter. On remarque deux choses sur la forme dans tout ceci : une députation venir trouver le Roi sans avoir demandé le jour et heure, je l'ai dit, et une invitation et avertissement aux princes et pairs sans parler du chancelier, qui doit être invité en pareil cas, et sans mettre sous le bon plaisir du Roi, style nécessaire. Il est certain qu'il vint à Marly pendant le ministère de M. le cardinal de Fleury une députation trouver le Roi sans avoir envoyé demander jour et heure; M. le cardinal de Fleury étoit à Issy ; le Roi ne voulut pas les voir.

On trouvera ci-après l'arrêté du Parlement du samedi 21 février.

La Cour, toutes les chambres assemblées, en délibérant sur le refus fait par les gens du Roi et sur les ordres dudit seigneur Roi apportés à la Cour, a arrêté que pour donner au Roi la plus grande marque de son obéissance, les députés de la Cour se rendant lundi 23 du présent mois à onze heures du matin auprès dudit seigneur Roi seront chargés de lui faire connoître que les causes de l'invitation des princes et pairs sont :

1° Les droits que les princes et pairs ont de venir prendre en tout temps leurs places au Parlement, droit inaltérable et dont le libre exercice est un attribut essentiel de la pairie.

2° Le droit que le Parlement a d'inviter en tout temps les princes et les pairs de venir prendre leurs places et notoirement lorsque les lois fondamentales de la monarchie sont attaquées.

3° Que l'invitation des princes et pairs arrêtée par son Parlement le 17 de ce mois a eu spécialement pour motif les circonstances actuelles où les lois fondamentales de la monarchie sont ouvertement attaquées, comme il seroit facile de le faire connoître audit seigneur Roi, si toutes délibérations sur le fond de l'affaire dont il s'agit n'étoient actuellement suspendues par les défenses provisionnelles qu'il a plu audit seigneur Roi de faire aux princes et aux pairs de venir prendre leurs places en la Cour du Parlement jusqu'à ce que ledit seigneur Roi fût instruit des causes de ladite invitation, défenses qui sont elles-mêmes contraires auxdits droits des princes et des pairs, qu'elles tendroient à rendre sans effet.

A arrêté en outre que les députés, pour se conformer aux ordres du Roi, seront chargés de lui présenter une expédition en forme du présent arrêté comme contenant les causes de l'invitation des princes et pairs.

Du mardi 24. — Samedi dernier, 21, j'appris que M. le maréchal de Coigny s'est démis de son duché en faveur de M. de Coigny, son petit-fils; Mme de Coigny prit son tabouret avant-hier.

Mme d'Egmont fut aussi présentée avant-hier par Mme sa belle-mère. Mme de Luynes donna le même jour un bal dans son appartement à Mme de Tessé la jeune. La Reine vint après le grand couvert dans le cabinet et s'amusa quelque temps à voir danser. Après son départ on mit une table de cavagnole dans le même cabinet; le bal dura jusqu'à quatre heures un quart et le jeu un quart d'heure de plus.

Voilà l'arrêté du Parlement de cejourd'hui que je viens de recevoir.

Les chambres ont arrêté de faire registre de la réponse du Roi et continuer la délibération à vendredi, lequel jour, si le Roi n'a point encore fait savoir sa volonté, on continuera la même délibération au vendredi suivant.

On a fait lecture aux chambres des procès-verbaux faits en la Cour au sujet de la convocation des pairs et des lettres écrites au Parlement par les princes.

Du jeudi 26. — Mme de Kerhoent eut l'honneur de manger avec la Reine chez Mme de Luynes avant-hier. Depuis que la Reine ne mange plus chez elle avec les dames, il est d'usage que d'avoir l'honneur de souper chez Mme de Luynes avec S. M. est la même chose. Mme de Kerhoent est fille de feu Mme de Donges et sœur de feu Mme de Champagne.

Les gens du Roi qui avoient été mandés sont venus aujourd'hui recevoir les ordres de S. M. Le Roi leur a dit d'avertir le Parlement de venir par une petite députation, demain à midi et demi, recevoir sa réponse. Le Roi n'a donné ordre qu'à midi et demi, parce que la police doit demain matin rendre compte au Parlement de la réponse de M. l'archevêque pour la permission de manger des œufs ce carême. On sait que l'usage est que les officiers de police vont tous les ans rendre compte au Parlement des provisions qui sont dans Paris pour le carême ; sur cet exposé le Parlement juge s'il est nécessaire d'envoyer demander la permission de manger des œufs, et s'il le croit convenable, charge les officiers de police d'aller trouver M. l'archevêque. Lorsque M. l'archevêque a accordé cette permission, la police vient en rendre compte au Parlement, et le Parlement donne un arrêt pour permettre la vente publique des œufs. On a observé que cette année il étoit entré dans Paris 90,000 poignées de morue moins que l'année dernière. Ce qu'on appelle une poignée de morue, c'est deux morues ensemble. Cette différence de l'année passée n'est pas étonnante à cause des entreprises des Anglois contre nos pêcheurs dans l'Amérique ; mais ce qui peut d'abord paroître fort singulier, c'est que quoique l'hiver ait été fort doux et que les chantiers de Paris fussent bien remplis, il s'y trouve actuellement beaucoup moins de bois. Cette différence vient de l'impôt qui a été mis sur le bois et dont la perception n'a commencé qu'au 1er de janvier de cette année. Les marchands de bois qui n'avoient aucun profit à en retirer ont voulu au moins avoir celui de débiter leur marchandise ; ils ont averti leurs pratiques que le bois augmenteroit au mois de janvier, et chacun s'est empressé de faire sa provision.

J'apprends par les nouvelles publiques que, suivant le calcul de M. l'abbé de Brancas, l'hiver et le printemps dureront moins cette année que l'année dernière ; qu'ils diminueront chaque année d'environ 30 secondes et que l'été et l'automne augmenteront de ces 30 secondes. Ainsi l'hiver, cette année, ne sera que de 88 jours 20 heures 12 minutes et 33 secondes, et le printemps sera plus court de 29 secondes que l'année dernière; mais l'été et l'automne seront allongés chacun de 30 secondes : on peut ajouter foi ou non à un pareil calcul.

MARS.

Allocution du Roi au Parlement. — Mort de M. de Salière. — Commandement et administration de l'École militaire. — Mort de M. de Creuilly. — Nouvelles diverses. — Tremblement de terre à Versailles. — Maladie de M. de Séchelles. — Arrêté du Parlement. — Mariages et mort. — Les curés du diocèse d'Auxerre dénoncent un mandement de leur évêque à l'avocat du Roi. — Essai de canons et de pontons. — Consigne pour les jardins de Versailles, Trianon et Marly. — Mort du président le Camus. — Lettre sur un projet d'alliance entre la France et l'Autriche attribuée à Stanislas Leczinski. — Lettre du duc de Luynes à ce sujet. — Audience du Parlement et réponse du Roi. — Aventure de M. Morosini. — Diverses nominations. — Affaires du Parlement. — Élection à l'Académie des sciences. — Nouvelles de Brest. — Baptême du fils de M. de Chambors; mot du Dauphin. — M. de Moras adjoint au contrôleur général. — Maladie de M. de Séchelles. — Discours du premier président au Roi. — Anecdotes sur le maréchal de Belle-Isle. — Arrêté du Parlement. — L'archevêque de Rouen nommé cardinal. — Désir du Roi d'être agréable à la Reine. — Tronchin et l'inoculation. — Mort de M. d'Ormesson. — Nouvelles de Brest. — Nouvelles de Lisbonne. — Nouvelles diverses de la Cour. — La tragédie d'*Athalie* jouée à Saint-Cyr devant la famille royale; noms des actrices. — Le duc d'Orléans fait inoculer ses deux enfants. — Arrêté du Parlement. — Morts. — Affaires du Parlement. — Le contrôleur général doit porter une canne à bec de corbin. — Le duc de Chartres et Madem oselle sont inoculés. Détails sur Tronchin. — Pension accordée au président Roujault. — Le duc de Béthune donne sa démission de capitaine des gardes. — Ordre donné au syndic de la Sorbonne. — Note remise par l'ambassadeur de France au gouvernement de Hollande.

Du lundi, 1ᵉʳ mars. — Vendredi dernier, 27 février, la petite députation vint ici suivant l'ordre qu'elle en avoit reçu. Voici ce que le Roi leur dit : « Je vous avois ordonné de me rendre compte des causes de l'invitation que vous avez faite aux princes et aux pairs; je n'ai rien vu dans le procès-verbal que vous m'avez apporté qui pût m'instruire de l'objet qui vous a déterminé à faire cette invitation. Je n'ai point entendu, par les défenses que j'ai faites aux princes et aux pairs de s'y rendre, préjudicier aux priviléges attachés à la pairie, ni au droit qu'ils ont de prendre leur place au Parlement toutes les fois qu'ils le voudront, et je maintiendrai toujours toutes les prérogatives qui leur appartiennent; mais je n'entends pas qu'ils puissent être convoqués par mon Parlement sans qu'il m'ait fait connoître auparavant les raisons qui le déterminent à regarder la convocation comme nécessaire. Mon Parlement m'expose que dans les circonstances actuelles les lois fondamentales de la monarchie sont ouvertement attaquées. Il n'appartient qu'à moi seul de décider d'un objet de cette importance, et je serai toujours très-disposé à prendre sur une matière aussi essentielle l'avis des princes de mon sang, des pairs et des grands de mon royaume et celui de mon Parlement. »

Les chambres s'assemblèrent, samedi 28, sur la réponse du Roi. Il n'y eut rien d'arrêté; la délibération fut remise au premier jeudi de carême.

Le Roi alla hier à Bellevue; il n'en reviendra que mercredi matin.

M. de Salière mourut avant-hier subitement; il avoit soixante-sept ans (1). Il jouissait de 49,000 livres de

---

(1) C'étoit un officier d'un mérite distingué, et qui par cette raison avoit été choisi pour mettre à la tête de l'École militaire. Il s'occupoit avec toute l'attention imaginable des moyens de perfectionner cette école; apparemment qu'on trouva qu'il y avoit trop de roideur dans son attachement à la discipline ou trop de sévérité dans le commandement; on jugea qu'il étoit plus convenable qu'il se retirât, et cette retraite fut honorable parce qu'il méritoit, par ses services, d'être bien traité. Depuis cette retraite, le commandement est resté à M. de Croismare, quoiqu'il ne soit que lieutenant de Roi. M. Pâris du Vernay est toujours à la tête de cette école pour tout ce qui regarde les détails et en est plus occupé que jamais; il ne se mêle point du commandement intérieur de la maison, mais il est consulté sur tout, et avec raison. A l'égard du bâtiment qu'on fait dans la plaine de Grenelle, il est totalement sous la direction de M. de Marigny et de M. Gabriel. (*Note du duc de Luynes.*)

rente de bienfaits du Roi en comptant la grande croix de l'ordre de Saint-Louis qui vaut 6,000 livres, une ancienne pension de pareille somme, 8,000 livres comme inspecteur d'infanterie, 12,000 livres d'augmentation de pension qu'il avoit eue en quittant l'École militaire dont il étoit gouverneur, et le gouvernement de Dieppe qu'il avoit eu à la mort de M. de Manneville. Il étoit lieutenant général de [1744].

M. de Creuilly mourut avant-hier matin; il sonna, son valet de chambre entra et le trouva mort; il étoit sujet à l'épilepsie et en avoit de fréquentes attaques. Il laisse M. le marquis de Seignelay, son neveu, légataire universel. Il substitue tout à M. de Maulevrier s'il meurt sans enfants mâles. Le testament n'est que du 15 décembre dernier; c'est le quatrième qu'il avoit fait et le seul qui ait resté. Il fait M. Lefèvre d'Ainécourt, conseiller au Parlement, son exécuteur testamentaire; il lui laisse un diamant de 5,000 livres. Il laisse peu à ses domestiques; il ne donne que 300 livres de pension à un valet de chambre qui le servoit depuis vingt-quatre ans, 200 livres à son chirurgien et 300 livres une fois payées à son laquais. Il avoit une maison à Passy qui n'étoit qu'à vie. M. de Pont, gendre de M. Lallemant de Retz, avoit acheté cette maison du propriétaire, s'attendant que M. de Creuilly ne vivroit pas longtemps. M. le duc de Montmorency, petit-fils de son frère aîné, a les terres de Normandie. M. de Creuilly avoit soixante-seize ans. On lui a trouvé 150 actions et 49,000 livres d'argent. M. de Creuilly avoit épousé en premières noces une Spinola, sœur de feu Mme la duchesse de Nevers; il n'en a point eu d'enfants. Depuis deux ans ou environ, il avoit épousé en secondes noces une Lascaris d'Urfé, parente de la maison de la Rochefoucauld; il n'en a point d'enfants. M. de Creuilly étoit le second fils de M. de Seignelay, ministre et secrétaire d'État, frère de Mmes de Chevreuse (Colbert), Beauvilliers et Mortemart; il s'appeloit le comte de

Creuilly. Une prétention chimérique de faire revivre le duché d'Estouteville l'avoit engagé à en prendre le titre, à remplir des formalités de justice et à soutenir un procès. Le Roi lui avoit défendu de porter les marques de cette dignité, mais il se faisoit toujours appeler M. d'Estouteville. Il venoit très-rarement à la Cour. C'étoit un homme singulier, avec de l'esprit. Le Roi ne le connaissoit que sous le nom de Creuilly. M. de Creuilly étoit fort riche. Ils étoient trois frères. L'aîné avoit épousé Mlle de Furstemberg dont il ne resta qu'une fille, fort riche, qui fut la première femme de M. de Luxembourg d'aujourd'hui. L'autre frère de M. de Creuilly avoit été d'abord abbé (1), avoit quitté le petit collet et pris le nom de comte de Seignelay. Il avoit épousé en premières noces Mlle de Valsassine dont il a laissé des enfants, et en secondes noces Mlle de Biron qui est vivante et a des enfants.

Du mercredi 3, Versailles. — Mme de Gramont-Falon (Vaudrey) est morte; elle étoit sœur de la veuve de M. Wall; on avoit cru qu'elle épouseroit M. le marquis d'Anlezy.

Mme de Montmorency (de l'Espinay) s'est séparée de son mari qui est frère de M. de Tingry.

M. Mascranni, président de la chambre des comptes, épouse Mlle Doët de Vichy, fille d'un conseiller au Parlement, fort riche. M. Mascranni est de la même famille que feu Mme la duchesse de Gesvres, laquelle avoit eu 97,000 livres de rente en se mariant.

On a vu dans les nouvelles publiques le mariage de M. de Pons avec Mlle de Nogaret, qui se fit (je crois, à Chaillot) il y a dix ou douze jours; voici un éclaircissement sur ce mariage.

---

(1) Il l'étoit encore lorsque M. l'archevêque de Rouen (Colbert) lui laissa par testament sa magnifique bibliothèque. (*Note du duc de Luynes.*)

Copie d'une lettre de M. de......

Il y a à Paris une marquise de Nogaret, parente de M. de Vaudreuil ; elle a marié sa fille avec un marquis de Pons, dont le père a été dans les gardes ; il étoit fils d'une sœur de M. de Saillant, lieutenant-colonel des gardes ; je me souviens que de son temps il passoit pou un homme de condition, mais il n'est pas des Pons de Saintonge, MM. de Pons sont gens inexorables sur cet article ; aujourd'hui la dame de Nogaret prétendoit que le vicomte reconnoissoit son gendre, et l'avoit dit à M. du Vaudreuil. On a voulu éclaircir le fait, le vicomte le renie, et Clairambault (1) me paroît de son avis.

J'ai toujours oublié de parler du tremblement de terre qui se fit sentir ici le 18 février au matin. Plusieurs personnes dans la ville et dans le château s'en aperçurent d'une manière très-marquée ; il y en eut plusieurs autres qui ne le sentirent point. On a remarqué que plus les logements étoient élevés et plus on l'y a senti. L'impulsion a été la même partout, et on l'a observé entre sept et huit heures du matin ; il y a eu deux ou trois secousses, mais fort légères, et qui n'ont causé aucun accident. Ce même tremblement de terre a été remarqué en plusieurs endroits du royaume et des pays étrangers. Dans d'autres lieux du royaume où l'on n'a point senti de tremblement de terre, il y a eu des vents impétueux qui même ont fait du désordre. La cathédrale de Bourges a été endommagée ; le toit de la sainte chapelle du même lieu a été enlevé ; il est tombé sur la voûte et l'a écrasée. On l'a senti aussi à plusieurs endroits dans Paris.

Du vendredi 5, Versailles. — On trouvera ci-après l'arrêté du Parlement d'hier ; en conséquence, les gens du Roi sont venus ce matin ; le Roi, pour toute réponse, leur a dit « : Jeudi à une heure ».

Il avoit couru ici des bruits très-mal fondés sur M. de Séchelles. Le Roi a toujours les mêmes bontés pour lui, mais il n'est que trop vrai que sa santé est affoiblie et

---

(1) Nicolas-Pascal de Clairambault, généalogiste des ordres du Roi.

qu'il auroit grand besoin de repos. Il fait des remèdes qu'il avoit trop différés. Il est à Saint-Ouen, dans la maison que M. le prince de Soubise lui a prêtée; il est mieux et compte venir ici dimanche ou lundi; mais ce n'est pas encore pour y demeurer de suite.

Arrêté du 4 mars 1756.

La Cour, toutes les chambres assemblées, en délibérant sur le récit fait par M. le premier président du 28 février dernier, a arrêté que les arrêtés du 18 et 19 dudit mois seront exécutés selon leur forme et teneur. Ce faisant que les gens du Roi seront chargés de se retirer dans demain par devers le Roi, à l'effet de le supplier de vouloir bien indiquer le lieu, le jour et l'heure qu'il lui plaira de recevoir la députation de son Parlement, lors de laquelle il sera en outre représenté audit seigneur Roi :

1° Que les défenses faites aux princes et aux pairs de venir prendre leurs places au Parlement portent directement atteinte aux droits et aux fonctions de la pairie, qui n'ont plus rien de certain et d'inviolable si le libre exercice peut en être ou arrêté ou même suspendu par de simples défenses;

2° Que ce seroit porter de nouveaux préjudices aux droits solennels et aux fonctions essentielles de la pairie que de les qualifier de priviléges et prérogatives, de laisser subsister des défenses inconciliables avec ses droits, de réserver enfin des ressources pour empêcher à chaque occasion les princes et les pairs de venir au Parlement; que des droits et des fonctions aussi importantes ne peuvent être maintenus par des reconnoissances qui demeurent contredites par le fait, mais seulement par un exercice toujours libre et toujours praticable;

3° Que son Parlement ne peut concilier ce qui paroîtroit résulter de la réponse du Roi : d'une part, que les princes et les pairs peuvent prendre leurs places au Parlement toutes les fois qu'ils le veulent, et de l'autre néanmoins qu'il est des cas où les princes et les pairs ne peuvent prendre leurs places au Parlement, quoiqu'ils le veuillent, jusqu'à ce que le Parlement ait fait connoître audit seigneur Roi les raisons qui rendent leur présence nécessaire;

4° Que le droit qu'a le Parlement d'inviter en tout temps les princes et les Pairs de venir prendre leur séance est une conséquence nécessaire du droit même de la pairie; qu'on ne peut reconnoître dans les membres essentiels de la cour des pairs le droit d'y venir prendre place, qu'on ne reconnoisse en même temps dans le corps le droit de les y appeler; que les princes et les pairs, obligés de conseiller et d'assister ledit seigneur Roi dans ses hautes et importantes affaires, ne sout point cependant assujettis au service journalier dans le Parlement ; qu'ainsi ils ignoreroient presque toujours ce qui doit faire l'objet des délibérations auxquelles leurs obligations, l'intérêt du corps entier et souvent même l'intérêt de la pairie doivent les déterminer à s'y trouver, si le Parlement n'avoit la liberté de les en informer ; que conséquemment cette liberté fait une partie essentielle du droit que ledit seigneur Roi veut leur conserver ; que sans cela il deviendroit illusoire pour les princes et les pairs et pour les autres membres du Parlement qui se trouveroient privés des suffrages des princes et des pairs ;

5° Que les convocations des princes et des pairs pour instruire et juger le procès criminel d'un pair ne doivent pas être confondues, comme on a cherché à le faire entendre audit seigneur Roi, avec de simples invitations semblables à celle que le Parlement a arrêtée, et que les formalités auxquelles lesdites convocations peuvent être sujettes n'ont pas lieu pour de simples invitations ;

6° Que l'invitation des princes et des pairs arrêtée le 17 février dernier étoit et est encore d'une nécessité indispensable pour délibérer avec eux sur les atteintes portées aux lois fondamentales de la monarchie par l'envoi fait aux bailliages et sénéchaussées du royaume d'une déclaration non vérifiée au Parlement et tout ce qui s'en est ensuivi ; que le dit seigneur Roi ne sera pas surpris de ne pas trouver un détail plus circonstancié de ces atteintes, s'il veut bien observer que ce détail ne pourroit être que le résultat de cette même délibération que ledit seigneur Roi a jugé à propos de suspendre par les défenses faites aux princes et aux pairs ;

7° Que son Parlement reconnoîtra toujours que l'autorité souveraine et législative réside dans la personne seule dudit seigneur Roi ; que dans tous les temps il s'est fait un devoir essentiel de donner à tous les sujets dudit seigneur Roi l'exemple de la fidélité et de l'obéissance, mais qu'il ne peut se dispenser de supplier ledit seigneur Roi de considérer que toute décision émanée dudit seigneur Roi, au sujet des lois, doit être revêtue des solennités essentiellement requises pour l'établissement desdites lois, et que le caractère d'immutabilité est tellement propre aux lois fondamentales de la monarchie, que toute décision, quelque solennelle qu'elle puisse être, ne pourroit subsister si elle portoit quelque atteinte auxdites lois fondamentales ; ces principes invariables ont fait dans tous les temps non-seulement la sûreté des droits qui appartiennent aux sujets, mais de ceux mêmes dudit seigneur Roi et des princes de son sang.

Du mardi 9. — J'appris avant-hier que M. de la Ferrière, ci-devant exempt et aide-major des gardes du corps et présentement chef de brigade, a épousé la veuve de M. de la Reynière, qui a trente-neuf ans et est fort riche. Le nom de Mme de la Reynière est Mazade ; son père étoit fermier général ; elle a un frère qui est enfermé à Pierre-Encise, et qui a épousé Mlle de Blaire, sœur de M. de Boismont, intendant de Hainaut. Ce M. de Mazade qui est enfermé a une fille. Mme de la Reynière avoit encore un frère qui étant mort sans enfants l'a faite sa légatrice universelle. Ce père étoit fermier-général. Il a laissé une veuve qui est parente de M. Boulogne ; cette veuve a une figure très-agréable ; elle est jeune et fort riche. M. de la Reynière, premier mari de Mlle Mazade, avoit épousé en premières noces une Mlle Labbé ; il en a eu une fille qui a épousé M. de Beaumont, intendant de Flandre depuis 1754. M. de la Reynière a eu de son second mariage un fils et deux filles ; une de ces filles, qui est l'aînée des trois enfants, a épousé M. de Malesherbes, premier président de la cour des aides et fils de M. le chancelier (Blancmesnil-Lamoignon) ; le fils est fermier général et n'est point marié ; la seconde fille n'a que onze ou douze ans ; elle aura 150,000 livres en mariage indépendamment du bien de sa mère. M. de la Ferrière, qui vient d'épouser Mme de la Reynière, est dans la compagnie de Villeroy ; il est fils d'un gentilhomme du Lyonnois qui a commandé à Lyon avant M. de Rochebaron, et qui avoit été page de Mme la princesse de Conty, fille de Louis XIV. M. de la Ferrière, chef de brigade, dont c'est ici l'article, a été page de la chambre sous M. le duc de Tresmes.

J'ai parlé de la signature du contract de mariage de M. de Guitaut avec Mlle de la Galaisière ; ce mariage devoit se faire à Lunéville, le lundi 1er mars. Le samedi matin 28 février, on trouva Mlle de la Galaisière morte dans son lit, et il parut même qu'il y avoit plusieurs heures qu'elle avoit expiré ; elle avoit, je crois, dix-huit ou dix-neuf ans. On l'a ouverte et on a trouvé, dans une glande auprès de l'œsophage, deux petites coquilles grosses comme une lentille; on croit qu'elle les avoit avalées il y a longtemps; et on doute que cela ait contribué à sa mort.

Il vient d'arriver une nouvelle affaire à Auxerre. M. l'évêque d'Auxerre (Condorcet) a donné un mandement pour la permission de manger des œufs, et dans ce mandement il a recommandé à ses diocésains la plus grande soumission au premier pasteur. Les curés du diocèse ont regardé les expressions de ce mandement comme faisant tort à leur autorité. L'esprit de soumission n'est pas celui qui règne parmi les ecclésiastiques de ce diocèse; ils ont refusé de publier ce mandement; ils ont seulement dit à leur prône que M. l'évêque permettoit de manger des œufs et ont dénoncé le mandement à l'avocat du roi d'Auxerre; l'avocat du roi a injeté appel comme d'abus. M. l'évêque, par une ordonnance, a fait injonction aux curés de publier le mandement, à peine d'être poursuivis extraordinairement à la requête de son promoteur. Le mandement et l'ordonnance ont été dénoncés le 6 au parlement de Paris, qui a rendu un arrêt, les chambres assemblées; le procureur général y a été reçu appelant comme d'abus du mandement et de l'ordonnance. Défenses sont faites d'exécuter l'un et l'autre, excepté dans ce qui regarde la permission de manger des œufs.

M. le duc d'Orléans présenta, le 4, un mémoire au Roi, encore sur la pairie; il dit en même temps à S. M. qu'il y avoit seize pairs du même avis; vraisemblablement il les nomma. Nous savons à peu près le nom de ces seize pairs, mais ni moi ni plusieurs autres pairs qui étoient ici n'avons point entendu parler du mémoire que par ouï-dire.

Vendredi dernier, 5 de ce mois, on fit ici, auprès de la grille royale de Villepreux, une épreuve de canons où le Roi étoit avec M. d'Argenson, M. de Paulmy, M. le maréchal de Belle-Isle, M. de Vallière, etc. Ce sont des pièces à la suédoise que l'on charge très-promptement, et qui sont assez aisées à transporter pour que quatre hommes puissent les tirer dans un terrain uni et de plain-pied. On tiroit de but en blanc; on avoit tendu pour cela une toile qui tenoit exactement l'espace que remplit un bataillon; il y eut plusieurs coups qui portèrent dans la toile ; mais en général il paroît qu'on ne fut pas fort content de l'épreuve, du moins pour tirer de but en blanc.

Avant-hier dimanche, on fit ici sur le canal l'épreuve d'un bateau de cuir qui est une espèce de ponton assez facile à transporter pour qu'on en puisse mettre trois ou quatre dans une charrette. Le projet étoit de voir si on en pouvoit faire usage pour des débarquements; il paroît que cette épreuve n'a pas réussi. Ce bateau n'étant que de cuir seroit aisément percé et exposé à périr; indépendamment de cela, par sa construction, il faut, quand on y monte, garder un équilibre très-difficile à conserver, sans quoi le bateau est en grand danger de tourner. A l'occasion de cette épreuve, on demanda quelques soldats du régiment des gardes pour les différents transports de ce bateau dont on vouloit faire l'épreuve. Un sergent fut chargé de mener le nombre de soldats qu'on avoit demandé; il les mena avec leurs armes et voulut passer par le jardin ; un des Suisses refusa d'abord de les laisser passer, et les ayant enfin laissé passer, il fut mis en prison. J'ai entendu dire à M. le comte de Noailles que les Suisses du jardin ont ordre de n'y laisser entrer qui que ce soit avec des armes, pas même les gardes du corps, et que s'il avoit été averti, il auroit demandé les ordres du Roi et les auroit donnés en conséquence; mais que cette règle, établie du temps du feu Roi pour les jardins de Versailles, Trianon et Marly, étoit si exactement observée, que même à Marly où il y a un corps de garde des gardes françoises sur le grand chemin de la grille royale, et un autre du même régiment, comme l'on sait, auprès de la petite chapelle du commun, les soldats ne peuvent traverser le jardin en armes pour aller d'un de ces corps de garde à l'autre, et sont obligés de faire le tour par le grand chemin. M. le comte de Noailles a ajouté qu'il avoit demandé permission au Roi pour qu'ils traversassent le jardin et que le Roi l'avoit refusée.

Il est mort encore un cardinal; il s'appeloit Bolognetti; il n'avoit que soixante-cinq ans; il est mort le 12 février. Il étoit cardinal de 1743. On est persuadé que la promotion des Couronnes se fera dans cette semaine, d'autant plus que les difficultés qui subsistoient depuis longtemps entre la cour de Rome et celle de Turin d'une part, et de l'autre avec la république de Venise sont terminées.

Du mercredi 10. — M. le Camus mourut il y a cinq ou six jours; il avoit soixante-huit ans. Il portoit le cordon bleu parce qu'il avoit été prévôt-maître des cérémonies de l'ordre du Saint-Esprit; le Roi lui avoit donné cette charge en 1715 sur la démission de M. de Pontchartrain; M. le Camus la vendit en 1721 à M. de Breteuil. M. le Camus avoit été ci-devant premier président de la cour des aides; il étoit le troisième président de cette cour de père en fils; il avoit vendu sa charge à M. de Blancmesnil, aujourd'hui chancelier. Il avoit épousé en premières noces Mlle Baugier, fille d'un homme d'affaires et fort riche. Mlle Baugier avoit eu une sœur aînée qui avoit épousé M. le Mairat, maître des requêtes; elle est morte sans enfants, et Mme le Camus en a hérité. M. le Camus avoit épousé en secondes noces Mlle le Maître, fille d'un conseiller honoraire au Parlement et dont il a eu un garçon, mort l'année passée conseiller au Parlement, une fille qui n'est point mariée et qui est au couvent avec sa mère et une autre fille que M. le Camus a mariée, malgré Mme le Camus, à un Provençal de son nom, capitaine dans le régiment de Conty-Infanterie. M. le présisident le Camus ne laisse point d'enfants de son premier mariage.

Il paroît depuis quelques jours une lettre qui a pour titre : *Lettre d'un Suisse à un de ses amis sur le projet d'union entre les maisons de Bourbon et d'Autriche.* Quoique cette lettre soit datée de Berne, il y a tout lieu de croire qu'elle a été faite à Lunéville, et que c'est l'ouvrage du roi de Pologne. On trouvera ci-après la copie de la réponse que j'ai faite à M. Alliot, conseiller intime de ce prince, qui me l'a envoyée de sa part en me marquant qu'on venoit de la recevoir de Suisse.

« J'ai lu avec plaisir et empressement la petite brochure que vous avez bien voulu m'envoyer. Je suis bien flatté de la bonté du respectable et aimable prince qui vous a chargé de cette commission. On voit dans cet ouvrage que la nation suisse, quoi qu'on en puisse dire, sait raisonner et parler le langage d'une politique sensée. La description de la tranquillité de cet État et des raisons sur lesquelles elle est fondée est admirable et agréable à lire. Le projet de conciliation proposé seroit d'autant plus désirable que l'élection sera difficile à empêcher, qu'on n'y peut mettre obstacle que pour quelques années, et qu'il seroit à souhaiter d'en tirer au moins un parti avantageux ; la France seroit encore bien plus grande et plus redoutée après une telle union. Les inconvénients dans l'exécution sont prévus ; l'auteur, quoique Suisse, ne se laisse point éblouir par son projet. Il n'est pas permis de chercher à découvrir son nom ; mais quel qu'il soit, j'ai grande opinion de son esprit et de son cœur. »

Du vendredi 12, Dampierre. — M. de Durfort, qui est de la même maison que M. le maréchal de Duras et frère de M. de Durfort, ambassadeur à Venise, étoit exempt des gardes du corps depuis plusieurs années et aide-major ; il vient de quitter. On en ignore la raison. Mme la maréchale de Duras, qui s'intéresse fort à tout ce qui regarde MM. de Durfort et en qui ils ont beaucoup de confiance, dit que M. de Durfort a eu raison de quitter ; mais cependant c'est un mystère que je n'ai entendu expliquer à personne. Les uns disent qu'il sera menin de Mgr le Dauphin, les autres gentilhomme de la manche ou même sous-gouverneur de Mgr le duc de Bourgogne. C'est lui que ses amis nomment par plaisanterie *Laurent;* chez Mme de Duras on ne l'appelle point autrement. Lorsqu'il a été question de remplir la place d'aide-major, M. le maréchal de Noailles vouloit qu'elle fût donnée à M. de la Billarderie, neveu de celui qui étoit ci-devant major des gardes du corps ; mais le Roi y a nommé M. de Montaigu, neveu du chevalier de Crénay, vice-amiral, ce qui a fort déplu à M. le maréchal de Noailles (1).

Le Parlement se rendit hier à Versailles ; c'étoit la grande députation ; ils étoient trente-sept. Le Roi leur donna audience dans sa chambre, après la messe. M. le premier président parla pendant un quart d'heure ou environ ; la mémoire lui manqua un moment, et, en tout, son discours n'a pas été aussi approuvé que les autres. Voici la réponse du Roi : « Je réfléchirai sur tout ce que vous venez de me dire et je vous ferai savoir mes volontés. »

J'ai toujours oublié de parler de l'aventure de M. de Morosini ; ce n'est pas celui que nous avons vu ici ambassadeur de Venise, c'est un de ses parents, ou au moins de la même maison. Il est tombé malade à Venise et on l'a cru mort. L'usage est à Venise de revêtir d'une robe de religieux ceux qui meurent ; on les expose dans l'église avec cet habit avant que de les enterrer. M. de Morosini fut mis sur un catafalque assez élevé ; il n'étoit qu'en léthargie ; il se réveilla, et au premier mouvement qu'il se

---

(1) M. de Corn, aide-major des gardes du corps, s'est aussi retiré, et on a nommé à sa place M. de Prisye. M. le chevalier de Lussay a été fait sous-aide-major. M. le chevalier de Ligondès a été fait exempt dans la compagnie de Noailles à la place de M. de Fumereau qui a quitté. (*Note du duc de Luynes.*)

donna, il tomba du haut en bas du catafalque et se tua. Cette aventure tragique est si singulière, qu'on a douté pendant quelques jours de la vérité ; mais elle n'est que trop certaine.

Du lundi 15, *Versailles.* — M. le comte de Maillebois prêta serment entre les mains du Roi, le 7, pour la lieutenance générale du haut Languedoc ; il a eu cette charge sur la démission de M. le maréchal de Maillebois, son père.

M. de Mailly, lieutenant général et premier écuyer de Mme la Dauphine, vient d'avoir le gouvernement de la ville et du château de Dieppe ; ce gouvernement étoit vacant par la mort de M. de Salière.

La place d'inspecteur général d'infanterie qu'avoit M. de Salière a été donnée à M. le comte de Choiseul-Beaupré, menin de Mgr le Dauphin. M. de Choiseul étoit inspecteur surnuméraire.

M. le marquis du Châtelet vient d'être fait grand'croix de l'ordre de Saint-Louis ; il étoit commandeur du même ordre. M. de Valory a obtenu la grande croix honoraire de cet ordre, et M. de Brassac, maréchal de camp, a eu une place de commandeur.

Le Roi a donné le régiment Royal-étranger-cavalerie à M. le comte de Chabot, colonel dans les grenadiers de France, fils de M. de Chabot, ci-devant chevalier de Rohan, frère de feu M. le prince de Léon. M. le comte de Charleval, qui étoit colonel de ce régiment, vient d'en donner sa démission.

Mme de Cernay mourut, le 2, au château de Raimes, près de Valenciennes. Elle étoit la Pierre en son nom ; elle avoit quarante-six ans.

On trouvera ci-après l'arrêté du Parlement du 13. En conséquence de cet arrêté, M. le premier président se rendit seul ici hier matin. Le Roi lui donna audience dans son cabinet, après la messe, en présence de ses ministres qui y étoient tous, excepté M. Rouillé, M. de Paulmy et M. le maréchal de Noailles (1). M. le premier président parla pendant quatre ou cinq minutes, toujours sur le même sujet : les entreprises du Grand Conseil (2). La réponse du Roi fut fort courte : qu'il examineroit et qu'il enverroit ses ordres incessamment.

Arrêté du 13 mars.

Ce jour, la Cour, toutes les chambres assemblées extraordinairement, en délibérant sur un imprimé ayant pour titre : *Arrêt du grand Conseil du* 10 *mars* 1756, ouïs les gens du Roi, a arrêté et ordonné que la délibération de ce jour seroit jointe à celle arrêtée le 17 février dernier, et ce pendant que M. le premier président se retirera dans demain par devers le Roi, à l'effet de lui représenter la nécessité d'accélérer une réponse qui devient de jour en jour plus nécessaire, vu les entreprises multipliées des gens du Grand Conseil.

Avant-hier il y eut une élection à l'Académie des sciences. Il y avoit une place vacante par la mort de M. l'abbé de Gamaches, chanoine de Sainte-Croix de la Bretonnerie ; il mourut le 17 du mois dernier, âgé de quatre-vingts ans ; il avoit été reçu à cette académie en 1732. L'usage de l'Académie des sciences est de présenter deux sujets au Roi pour remplir la place vacante, premièrement celui qui a le plus de voix, et secondement celui qui, après le premier, réunit le plus de suffrages en sa faveur. Le Roi choisit ordinairement celui qui a le plus de voix et donne l'expectative de la première place au second qui est présenté. Dans l'assemblée d'avant-hier toutes les voix ont été en faveur de M. de Pingré, chanoine régulier de Sainte-Geneviève ; les suffrages ont été partagés entre deux autres sujets, M. de Bélidor, fameux ingénieur, et M. de Boisgelou, conseiller au Grand Conseil ; mais M. Bélidor a eu six voix de plus que M. de Boisgelou.

---

(1) On a cru que l'absence de M. le maréchal de Noailles de la cour, pendant quelques jours, a été la suite d'un peu de mécontentement à l'occasion de la place d'aide-major dont j'ai parlé ci-dessus. (*Note du duc de Luynes.*)

(2) Le discours du premier président est quelques pages plus loin.

J'appris hier par un billet de Mme de Mailly (Bournonville) la mort d'un de ses fils qui étoit abbé ; il lui reste encore deux garçons, un dont la conduite n'a pas été bonne, et l'autre qui est fort honnête homme, mais qui est sourd assez considérablement.

On trouvera ci-après l'extrait d'une lettre que j'ai reçue de Brest avant-hier, datée du 4 mars.

> J'ai trouvé à mon arrivée l'escadre de M. Perrier (1) partie. Vous savez qu'elle est composée de trois vaisseaux et de deux frégates. *Le Prudent* et *le Zéphir*, qui avoient été armés à Rochefort, et qu'on avoit soupçonné devoir venir ici se remettre sous le commandement de M. Perrier, ont fait voile de ce port pour leur destination ; on assure ici qu'ils vont les uns et les autres aux îles de la Martinique et de Saint-Domingue. Les vents qui règnent ici depuis plusieurs jours, et les nouvelles que nous avons que l'escadre angloise qui s'est montrée à la vue de ce port avoit enfin quitté cette croisière pour continuer sa mission, nous font espérer que nos vaisseaux auront fait route heureusement.
>
> Des douze vaisseaux dont doit être composée l'escadre de M. le marquis de Conflans, vous savez, Monsieur, qu'on en arme cinq à Rochefort et sept ici. Par les lettres que je reçois de ce port, on me mande que *l'Éveillé*, *le Juste*, *le Dauphin royal* et *l'Inflexible* sont déjà en rade depuis longtemps, et que *le Capricieux* n'attend que le vent pour s'y rendre. On m'annonce par la même lettre que ces vaisseaux sont chargés de 100 pièces de canon de 8 pour Brest, et que la flûte *le Rhinocéros* est en chargement de canons de 36 et de 24 pour ce même port. Nous attendons cette escadre pour les premiers jours du mois prochain.
>
> On presse ici vivement l'armement de sept autres bâtiments. *Le Tonnant* a été caréné ce matin ; c'étoit le seul qui restât à l'être. *L'Arc-en-Ciel* est en rade depuis plusieurs jours. *Le Superbe* y auroit été ce matin sans les vents qui s'y sont opposés. *Le Soleil Royal* y sera positivement du 18 au 20 de ce mois. *Le Défenseur*, *le Bienfaisant* et *le Sphinx* seront prêts pour le même temps. Il ne transpire rien de la destination de cette escadre ; tout ce que l'on en voit paroît opposé à celle qu'on lui avoit d'abord donnée, d'être employée à passer ou à escorter les troupes qu'on envoie au Canada. Chaque vaisseau a ordre de ne prendre que pour trois mois de vivres, et il ne tombe pas

---

(1) Perrier de Salvert, chef d'escadre.

sous les sens qu'on envoie avec des subsistances aussi courtes une escadre à Québec ni même à Louisbourg.

L'Illustre, *le Héros* et *le Léopard*, de 64 canons, et les frégates *la Sirène*, *la Licorne* et *la Sauvage* de 30, qu'on avoit d'abord cru devoir être de l'escadre de M. de Conflans, viennent de recevoir ordre d'armer en flûte et de prendre pour six mois de vivres; l'intention de la Cour est qu'on achève de préférence à tout l'armement de ces bâtiments et qu'ils soient en rade du 10 au 15. On ignore quelle sera leur mission.

La Compagnie fait un armement à Lorient de six gros vaisseaux. L'ordre des temps et des circonstances n'est pas assez favorable pour le commerce de l'Inde, pour pouvoir se persuader qu'il puisse être l'objet d'une dépense aussi considérable; je ne serois pas éloigné de penser que les trois vaisseaux qu'on arme ici en flûte sont destinés à aller se joindre à l'armement qui se fait dans le port de la Compagnie, et que ce soit de Lorient même qu'on se propose de faire partir le convoi qui doit passer les 2,000 hommes qu'on envoie à Québec. Ce projet me paroît d'autant plus plausible qu'il peut être exécuté avec moins d'appareil et beaucoup plus de secret que tout autre. Le ministère même peut se flatter que nos ennemis, uniquement occupés des mouvements du port de Brest, il lui sera plus aisé de les prévenir et de les surprendre par les dispositions qu'il peut faire dans un port, duquel les Anglois n'ont aucune défiance.

Les lettres qui nous viennent de Paris ne parlent que paix ou suspension d'armes; on fait faire à l'Angleterre et à la France un projet d'accommodement sur l'objet de leurs contestations respectives en Amérique, et on fait donner 20 millions à l'Angleterre pour tenir lieu d'indemnité des vaisseaux que les Anglois nous ont pris.

Je reçois dans le moment des lettres de Toulon par lesquelles on me mande que l'armement de l'escadre de M. de la Galissonnière se continue toujours avec la même diligence; qu'il y a trois vaisseaux en rade, mais que les généraux n'y sont pas encore arrivés.

Du mardi 16, Versailles. — J'ai oublié de marquer que Mgr le Dauphin et Mme la Dauphine firent l'honneur à Mme de Chambors, le 20 du mois dernier, d'être parrain et marraine du fils dont elle vient d'accoucher; ils le nommèrent Louis-Joseph-Jean-Baptiste. Ce fut M. l'abbé de Raigecourt, aumônier du Roi, qui fit la cérémonie en présence de M. le curé. On représenta à Mgr le Dauphin que ce n'étoit pas l'usage, en pareil cas, que ni lui ni Mme la Dauphine s'y trouvassent en personne; il répondit que ce n'étoit pas l'usage non plus qu'un Dauphin tuât un homme. Dans les grâces qu'il a désirées pour cet enfant, il a dit à M. d'Argenson que le malheur étoit trop grand et trop singulier pour que ces grâces pussent irerà conséquence.

Du mercredi 17, *Versailles.* — M. de Moras vient d'être déclaré adjoint à la place de contrôleur général. Il ne peut plus par cette raison garder sa place d'intendant des finances ; on ne doute point qu'elle ne soit donnée à M. de Beaumont, neveu de M. de Séchelles, et qui lui a succédé dans l'intendance de Lille. Quelque grande que soit la grâce accordée aujourd'hui à M. de Moras, toute la famille et lui-même ne se dissimulent point les dangers et les inconvénients d'une place qui est presque toujours sujette à des changements. La santé de M. de Séchelles a été dérangée depuis quinze jours ou trois semaines ; on s'est aperçu que la mémoire lui manquoit. Le public sage et sensé, qui connoît combien M. de Séchelles remplit dignement la place qu'il occupe, en a été effrayé. Le Roi, qui aime et estime M. de Séchelles, a été fort inquiet; la famille a été encore beaucoup plus alarmée, non pas dans la crainte de perdre une si grande place, mais par son attachement tendre et sincère à la personne de M. de Séchelles. Mme de Séchelles, Mme Hérault et Mme de Moras désiroient que M. de Séchelles se retirât entièrement, n'étant occupées que de sa conservation. Elles ont obtenu qu'il se feroit saigner et prendroit des remèdes; on l'a mis entre les mains du sieur Fournier, médecin habile ; il a été à Saint-Ouen pendant plusieurs jours dans la maison de M. le prince de Soubise. Les eaux qu'il a prises et les bouillons de vipères ont fait tout l'effet qu'on pouvoit désirer, et il paroît constant qu'un grand besoin d'être purgé a été la principale cause de sa maladie. Il y a quatre ans qu'il eut une forte indigestion, et l'on remarqua pendant vingt-quatre heures ce même manque de mémoire. Cependant beaucoup de gens et le médecin lui-même croient que ceci est une espèce de fausse attaque d'apoplexie, quoiqu'il n'y ait eu ni bouche tournée ni apparence de paralysie. Quoi qu'il en soit, M. de Séchelles, après avoir eu ordre du Roi plusieurs fois de songer avant tout à sa santé, revint ici dimanche et fut reçu avec toutes sortes de marques de bonté. Mais le Roi voulant qu'il eût plus de facilité pour se reposer si sa santé l'exigeoit, au moins pour diminuer son travail, lui a adjoint M. de Moras, son gendre, qui n'a actuellement que trente-six ans.

On trouvera ci-après la copie du discours que M. le premier président fit au Roi, dimanche dernier.

« Sire, un imprimé ayant pour titre : *Arrêt du grand conseil* du 10 de ce mois, publié et affiché hier matin dans Paris avec une affectation inconcevable, a déterminé votre Parlement à s'assembler sur-le-champ, dans la vue de prendre les mesures les plus convenables pour arrêter le progrès d'un système nouvellement imaginé, que les gens du Grand Conseil sont excités à chaque occasion de reproduire aux yeux du public. Mais votre Parlement, toujours pénétré du plus profond respect pour vos volontés souveraines, a cru ne pouvoir prendre de parti qui y fût plus conforme, que celui de me charger de supplier très-humblement Votre Majesté d'accélérer la réponse qu'elle a eu la bonté de lui promettre et qui devient tous les jours de plus en plus nécessaire pour la stabilité des lois et pour mettre fin aux entreprises multipliées par les gens du Grand Conseil.

« L'équité, Sire, qui règne dans votre cœur, doit faire espérer à votre Parlement que cette réponse, en favorisant la réunion de ses membres, le mettra en état de vous rendre le compte le plus exact de ces différentes entreprises.

« Elles sont, Sire, de nature à ne pouvoir jamais vous être présentées comme une simple contestation entre deux compagnies; il n'en est aucune qui n'attaque directement les maximes le plus généralement reçues, qui ne porte atteinte à des lois dans tous les temps respectées et toujours inviolablement observées, qui ne contienne des excès inouïs et sans exemple, et qui ne tende ouvertement à la subversion de l'essence même de la cour des pairs (1).

« Permettez-moi, Sire, que je vous dise de moi que des objets aussi importants ne peuvent être trop tôt exposés sous les yeux de Votre Majesté dans toute leur étendue. »

Du jeudi 18, *Versailles.* — J'écris toujours avec plaisir dans ce journal tout ce qui vient de M. le maréchal de Belle-Isle. Il me contoit il y a deux jours un événement qui prouve bien que notre destinée est entre les mains du Seigneur, dont la providence arrange les plus petites circonstances pour notre conservation quand il le juge à propos. En 1702, la veille de la bataille de Fridlingue, M. de Villars fit passer 24 ou 25 bataillons qui formoient 4 brigades dans une île du Rhin proche Huningue; il y fit passer aussi, quelque temps après, 8 escadrons. Les ennemis avoient 14 pièces de canon qui nous incommodoient beaucoup et qui tirèrent sans cesse depuis une heure après midi jusqu'à la nuit. M. de Belle-Isle, alors capitaine de cavalerie, avoit passé dans l'île avec les escadrons; il étoit à cheval, ayant ses deux jambes placées comme elles le sont ordinairement; fatigué de cette posture, il releva la jambe droite et la mit sur le cou de son cheval; dans ce moment il vint un boulet de canon qui emporta l'étrier, l'étrivière et les deux jambes de derrière du cheval.

---

(1) En effet, les ennemis du Parlement et du jansénisme, voyant qu'ils avaient échoué dans leurs attaques, et que, malgré son exil, cette puissante compagnie n'était devenue que plus forte, essayèrent d'élever contre elle une autre autorité. Le Grand Conseil parut propre à jouer ce rôle. Soutenu actuellement par le Roi, toujours versatile, le Grand Conseil alla d'empiétements en empiétements, et le Parlement, qui comprenait bien le but de ces usurpations, résista énergiquement. C'est ici que commencent les attaques contre le Parlement qui amèneront sa suppression quelques années plus tard.

Je dois avoir déjà marqué ailleurs qu'en 1739, pendant le siége de Traerbach, M. de Belle-Isle étant assis sur un madrier, il arriva un boulet de canon dans le madrier, assez près de M. de Belle-Isle, pour qu'il en sentît la compression, très-légèrement à la vérité, mais assez pour le déterminer à y porter la main, ne sachant ce que c'étoit; il y trouva le boulet qui étoit encore assez chaud pour lui brûler la main.

Le lendemain de la bataille de Fridlingue, c'est-à-dire le 15 octobre, M. de Villars, qui n'étoit pas encore assez instruit de la perte qu'avoient faite les ennemis, détacha pour les suivre M. de la Tour, lieutenant-colonel du régiment de Fourquevaux, avec 150 maîtres. M. de Belle-Isle, qui vouloit tout voir, fut fort aise d'être de ce détachement. M. de la Tour s'avança jusqu'à un petit ruisseau sur lequel il y avoit un pont. Il n'avoit eu encore aucunes nouvelles; il fit sa réflexion et la communiqua à M. de Belle-Isle : que s'il restoit en deçà du pont il ne pourroit rien dire à M. de Villars, ou qu'il parleroit sans rien savoir, comme il n'arrive que trop souvent; que s'il passoit le ruisseau il trouveroit vraisemblablement les ennemis et pourroit être coupé. Il étoit important de donner des nouvelles; cet objet le détermina. Il passa le pont; la nuit vint; on peut juger qu'après avoir fait les dispositions les plus sages, il étoit fort occupé lui-même de tout voir, autant qu'il étoit possible, et de tout entendre. Il fut averti pendant la nuit que l'on croyoit voir des troupes; il s'en assura, et aussitôt, sans savoir quel étoit le nombre des ennemis, il se résolut à les attaquer, jugeant que c'étoit le plus sûr pour pouvoir faire sa retraite, et qu'il y auroit toujours au moins quelques détachements de ses cavaliers qui porteroient les nouvelles. Les ennemis furent poussés, mais le feu fut assez vif, et lorsque le détachement repassa le pont, au lieu de 150 ils n'étoient plus que 37. M. de Belle-Isle sentoit que son cheval ne vouloit plus aller; la fatigue en effet avoit été grande; mais ce n'étoit pas là la véritable cause; le cheval tomba mort quelque temps après et on lui trouva onze coups de feu sur le corps.

Du samedi 20. — M. de la Touche, ministre plénipotentiaire de France à Berlin et maréchal de camp, eut le 9 son audience de congé. Le roi de Prusse lui a donné son portrait enrichi de diamants; on estime ce présent environ 4,000 florins.

M. de Vergennes vient d'être revêtu du caractère d'ambassadeur de France à Constantinople; il l'a fait notifier aux ministres étrangers qui sont en cette Cour.

On trouvera ci-après l'arrêté du Parlement d'hier.

La Cour, toutes les chambres assemblées, a banni le nommé Pradine, prêtre provençal, ci-devant porte-Dieu de la paroisse de Sainte Marguerite du faubourg Saint-Antoine, pour raison du sermon séditieux par lui prêché à l'abbaye de Saint-Antoine, il y a deux ans.

On a remis à mardi prochain la délibération concernant l'affaire du grand conseil.

Du dimanche 21. — Le Roi déclara hier matin sa nomination au chapeau en faveur de M. l'archevêque de Rouen (1). S. M. écrivit un petit billet à la Reine pour lui apprendre cette nouvelle, et il lui dit quand elle l'alla remercier que son choix étoit fait dès le mois d'octobre dernier.

Ce qui est certain, c'est qu'au mois de décembre, il y a eu une lettre du Roi écrite au Pape au sujet du chapeau; peut-être étoit-ce pour presser la nomination. Quoi qu'il en soit, c'étoit un secret entre le Pape et le Roi, et M. de Stainville lui-même n'en savoit rien. Le Roi ne vouloit apprendre cette nouvelle à la Reine que lorsque la nomination seroit faite; mais le Pape a parlé, et il y avoit quinze jours que les lettres de Rome nommoient M. l'archevêque de Rouen. M. le cardinal de la Rochefoucauld, qui est son ami intime depuis longtemps, voyoit cette nou-

---

(1) Nicolas de Saulx-Tavannes, grand-aumônier de la Reine.

velle se répandre, ne la croyant pas vraisemblable ; ce qui prouve bien qu'il n'en avoit nulle connoissance ; et on peut juger que cette nomination est l'ouvrage du Roi seul. M. l'archevêque de Rouen lui-même, bien loin d'avoir sollicité cette grâce, ne l'imaginoit pas ; ce furent les termes dans lesquels il me parla lorsque je lui fis part des démarches que Mme la Dauphine vouloit faire en faveur de mon frère. Ce n'est pas que tout ne soit en faveur de M. l'archevêque de Rouen et ne le rende très-digne de cette place : la maison de Saulx-Tavannes est une ancienne noblesse de Bourgogne, dont il est fait honorable mention avant 1135 ; la conduite toujours prudente et sage de M. l'archevêque de Rouen dans le gouvernement de ses deux diocèses (1), les bontés de la Reine, la place qu'il occupe dans sa maison, les honneurs dont il est revêtu, son ancienneté dans l'épiscopat, auroient dû faire regarder cette grâce comme ne pouvant lui manquer ; mais la situation de sa santé sembloit s'y opposer. On sait qu'il souffre de la pierre depuis longtemps, que le frère Cosme l'a sondé et lui a trouvé une pierre, qu'il a été au moment de faire l'opération, qu'il a été longtemps depuis sans oser sortir de chez lui et sans pouvoir même faire le voyage de Paris à Versailles ; quoiqu'il soit beaucoup mieux et qu'on puisse même espérer qu'il n'est plus question de pierre, il n'ose pas encore hasarder d'aller à Rouen ni même à Gaillon. Il est aisé de conclure qu'il lui est impossible d'entreprendre le voyage de Rome ; cependant l'intérêt de la France demande qu'il y ait, dans le cas d'un conclave, le plus grand nombre qu'il soit possible de cardinaux françois. L'âge de M. le cardinal de Tencin ne lui permet plus de songer à ce voyage ; M. le cardinal de Soubise, qui a toujours eu une santé délicate et qui est actuellement entre la vie et la mort, ne peut pas être

---

(1) Châlons et Rouen. L'archevêque de Rouen avait été évêque de Châlons de 1721 à 1733.

compté dans le nombre de ceux qui iront à Rome; il ne resteroit donc que M. le cardinal de la Rochefoucauld seul, si la promotion des Couronnes ne se faisoit point, et en cas qu'elle se fasse, M. de Beauvais et mon frère. Toutes ces considérations n'ont point arrêté le Roi; il a voulu faire plaisir à la Reine et honorer un digne prélat.

Je n'ai point encore parlé de M. Tronchin; c'est un fameux médecin de Genève, disciple de l'illustre Boerhave, mort en 1738 dans sa soixante-et-dixième année. C'est M. le duc d'Orléans qui a désiré que M. Tronchin vînt à Paris, et il paroît être certain que c'est dans l'intention de faire donner la petite vérole par inoculation à sa fille Mademoiselle et même à M. le duc de Chartres. M. Tronchin passe pour avoir acquis une grande réputation sur les précautions que demande l'inoculation. Ce système d'inoculer, soutenu dans un livre de M. de la Condamine et pour lequel cet illustre académicien est allé à Rome, a grand nombre de partisans; on le regarde comme très utile à un État pour prévenir le nombre immense d'accidents qui arrivent par cette cruelle maladie. Tous les avis cependant ne sont pas réunis; les uns regardent l'inoculation comme un remède dont l'effet est presque certain pour le moment où on en fait usage lorsqu'on prend les précautions nécessaires, et qui prévient avec certitude une maladie terrible dans ses suites, et qu'on pourroit avoir sans préparation, et qui a d'ailleurs l'avantage de ne point donner cette maladie lorsqu'on n'en a point le germe en soi. D'autres regardent ce remède comme une vraie maladie, dont il arrive à la vérité peu d'accidents, mais qui n'en est pas cependant exempte. Ceux qui pensent ainsi jugent qu'il n'est pas permis, suivant la religion, de prévenir volontairement l'ordre de la Providence en se donnant un mal dont quelques-uns meurent, quoique le plus grand nombre en guérisse; ils ajoutent que si l'inoculation est un remède, il n'est pas permis de faire usage de remèdes décisifs pour la vie et la mort que tout au plus dans le cas d'une maladie sans ressource, et par conséquent encore moins pour prévenir un mal dont on a à la vérité le germe en soi, mais que l'on n'aura cependant jamais étant par quelque autre accident prévenu de la mort avant l'âge où le germe de cette maladie devroit éclore suivant l'ordre de la Providence, et qu'ainsi c'est risquer de faire mourir à cinq ans (pour donner un exemple) celui qui auroit la petite-vérole à cinquante, mais qui mourra à quarante-cinq d'une autre maladie ou par quelques accidents.

M. d'Ormesson mourut avant-hier au soir; il avoit soixante-quinze ans et étoit malade depuis deux ans; à la suite de cet état il est mort d'apoplexie. Il étoit frère de feu Mme la chancelière Daguesseau. M. d'Ormesson avoit épousé une fille de feu M. de la Bourdonnaye, sœur de celui d'aujourd'hui; elle est encore vivante.

M. d'Ormesson qui vient de mourir étoit conseiller d'État ordinaire et au Conseil Royal, intendant des finances et chef du conseil de la maison de Saint-Louis de Saint-Cyr; c'étoit un magistrat éclairé, sage et vertueux. Il avoit eu une fort belle figure quoiqu'elle ne fût pas fort animée. Il laisse plusieurs enfants. M. d'Amboisle est son fils aîné; il a épousé Mlle du Tillet dont la mère est d'Ormesson. M. d'Amboisle a depuis deux ans la survivance de la place de chef du conseil de Saint-Cyr et l'exerçoit avec son père. M. d'Ormesson laisse encore quatre autres enfants; l'un est le président d'Ormesson qui a épousé Mlle Lucas, fille d'un homme de robe très-riche; l'autre est le chevalier d'Ormesson, chevalier de Malte, qui a été longtemps exempt des gardes du corps et qui a quitté; il y en a un troisième qui est abbé et une fille qui a épousé M. de Barentin, intendant d'Orléans.

Du lundi 22, Dampierre. — On trouvera ci-après la copie d'une lettre que je reçois de Brest, du 12.

On vient de recevoir des nouvelles de M. de Perrier par un bâtiment anglois dont cet officier s'est emparé, le 26 février, par le 47° de latitude et par le 5° de longitude sur le méridien de l'île de Fer. Ce bâtiment, qui est environ du port de 150 tonneaux, est entré d'hier au soir, 11 mars, dans la rivière de Morlaix, qui est un petit port à dix lieues d'ici. Le pilote qui avoit été chargé d'amariner cette prise, écrit par l'ordinaire de ce matin à M. le comte du Guay, commandant la marine à Brest, pour lui apprendre sa relâche et lui rendre compte qu'il a laissé l'escadre à cent cinquante lieues environ dans l'Ouest-Sud-Ouest d'Ouessant avec bon frais pour continuer sa route.

On continue à armer avec la même diligence les vaisseaux *le Héros*, *le Léopard* et *l'Illustre*. Ces bâtiments, chargés de six mois de vivres, n'auront que leur seconde batterie. Le premier sera prêt pour aller en rade le 14, et les deux autres ne tarderont pas à l'y suivre. *La Sirène*, *la Licorne* et *la Sauvage*, frégates de 30 canons, paroissent désignées pour avoir une mission commune avec ces autres bâtiments. La première de ces frégates est déjà en rade depuis trois jours. La destination de ces vaisseaux ne paroît plus douteuse depuis que les ordres de la Cour pour recevoir les deux bataillons de la Sarre et de Royal-Roussillon sont arrivés dans ce port. On dispose ici les casernes de la marine pour le logement de ces troupes, et quoique les deux bataillons de ces deux régiments aient ordre de venir à Brest, il n'y aura cependant que les seconds bataillons qui s'embarqueront.

Les ordres qui ont été donnés pour l'embarquement des troupes sont : que le premier régiment arrivera ici le 22, qu'il y passera la nuit, et que le second bataillon, destiné à passer sur les vaisseaux de transport, s'embarquera le 23 pendant que le premier s'en retournera sur ses derrières pour laisser les logements au second régiment qui doit arriver le 24 ; celui-ci fera le même mouvement le lendemain de son arrivée, et le 25 les deux bataillons se trouveront sans tumulte et sans confusion entièrement établis à bord. Après cette opération, le départ du convoi ne pourra plus être retardé que par les vents. Les vaisseaux se rendront à leur destination sous la protection de leur seconde batterie. Et si ce moyen de faire passer des troupes dans le Canada n'est pas tout à fait exempt d'inconvénients, c'est au moins celui qui paroît préférable dans l'état présent où est la marine de France et le plus favorable au projet qu'on a de la rétablir.

Les lettres de Saint-Malo, de l'ordinaire de ce matin, rapportent que les Anglois se sont emparés en Amérique de dix bâtiments qui avoient fait voile du Cap pour revenir en France et d'un vaisseau négrier qui revenoit de la côte de Guinée avec une cargaison de 500,000 fr. pour le compte de M. Houdet. La frégate *la Pomone*, commandée par M. de Saurcin, partie du port de Toulon pour l'Amérique l'année dernière et dont on étoit en peine, mouilla heureusement sous Belle-Isle hier matin ; les difficultés de rentrer dans la Méditerranée ou les vents qui peuvent l'avoir contrariée dans sa navigation lui ont fait préférer sans doute les ports du Ponent à celui dont elle avoit été expédiée. On présume qu'elle profitera des premiers vents pour gagner Rochefort. On travaille toujours à l'armement de l'escadre de M. de Conflans. Les vaisseaux *L'Arc-en-Ciel, le Superbe, le Bienfaisant* et *le Sphinx* sont en rade; ce général se propose toujours d'y aller du 18 au 20; les autres bâtiments seront prêts pour le même temps. On attend ici mercredi prochain, 18 du courant, M. le marquis de Curzay; cet officier vient présider à l'embarquement des troupes.

Du mardi 23, Dampierre. — J'ai parlé au 17 mars (p. 464) de la place d'adjoint de M. de Moras; c'est le premier exemple d'un adjoint à la place de contrôleur général. L'adjoint, faisant toutes les mêmes fonctions que le contrôleur général, a une commission comme lui, car cette place n'est qu'une commission, et il doit être reçu comme lui à la chambre des comptes, sans quoi ses signatures ne feroient point foi à ladite chambre. On n'a pu trouver aucun modèle à suivre pour cette commission; il a fallu composer une formule nouvelle.

J'ai oublié de marquer que Mme d'Oppède fut présentée le dimanche 14 par Mme de Janson (Nicolaï). Mme d'Oppède est fille de M. de Beaussan, intendant d'Orléans, et elle avoit épousé en premières noces son cousin germain, fils de M. de Beaussan, écuyer du Roi et de Mlle de Marescot, aussi cousine germaine de son mari. L'écuyer du Roi étoit frère de l'intendant.

On trouvera ci-après l'extrait d'une lettre de Madrid, du 8 mars 1756.

Les nouvelles de Lisbonne continuent d'être assez favorables, et il paroît que le terrain se raffermit. M. de Baschi m'écrit du courrier dernier qu'il comptoit aller bientôt habiter sous des toits, ayant fait réparer sa maison. Suivant les détails que j'ai appris de gens qui viennent de ce pays, qui s'y sont trouvés pendant les malheurs et qui en ont examiné avec attention les circonstances, il y a péri aux environs de 50,000 âmes, quoiqu'on ait affecté de débiter à la Cour, pour éviter de chagriner le roi de Portugal sur un mal sans remède, qu'il n'étoit question que de 8 à 12,000.

Mme de Bauffremont (Courtenay) fit, le 12, ses révérences; elle n'avoit point paru à la Cour depuis la mort de M. de Bauffremont, son mari.

M. de Durfort, qui étoit aide-major dans les gardes du corps et qui s'est retiré depuis quelques jours, vient d'être nommé mestre de camp à la suite du régiment Dauphin-Cavalerie.

M. des Issars a obtenu la place de colonel dans les grenadiers de France qu'avoit M. de Chabot. M. des Issars étoit sous-lieutenant dans le régiment du Roi-Infanterie. C'est le fils de celui qui a été ambassadeur à Dresde.

Mme de Vernicourt mourut le 12 à Paris; elle étoit Chaillou en son nom. M. de Vernicourt est maréchal de cam .

M. de Trudaine fit signer avant-hier le contrat de mariage de son fils avec Mlle de Périgny. Mlle de Périgny n'a rien actuellement que 6,000 livres de pension que lui donne Mme Chamillart; elle aura, dit-on, 200,000 livres de rente, étant seule héritière de sa mère, qui est fille de M. de Courson, conseiller d'État, et sœur de M. de Morvau qui n'a point d'enfants et de Mme de Gourgues qui en a plusieurs. Mme de Périgny est héritière de Mme de Solon et de Mme la comtesse de Chamillart. M. de Périgny a beaucoup joué et mangé tout son bien; il a son père et sa mère en Bourgogne, qui sont riches; il est maître des requêtes.

M. de Trudaine remercia en même temps pour la place de conseiller au Conseil Royal qui vient de lui être donnée. Cette place étoit vacante par la mort de M. d'Ormesson. La place de conseiller d'État qu'avoit aussi M. d'Ormesson a été donnée à M. de Moras, et la place de chef du conseil de Saint-Cyr est remplie par M. d'Amboisle, fils de M. d'Ormesson, qui en avoit la survivance depuis deux ans et qui l'exerçoit avec son père, comme je l'ai dit. La place d'intendant des finances qu'avoit M. de Moras a été donnée à M. de Beaumont, qui a été intendant à Besançon et qui l'étoit actuellement à Lille. Il est neveu de M. de Séchelles;

on en dit beaucoup de bien ; il est fort doux, fort poli et entend bien les affaires. M. de Séchelles avoit gardé jusqu'à présent sa place de conseiller d'État ; elle vient d'être donnée sur sa démission à M. Chauvelin, ci-devant intendant de Picardie (1). L'intendance de Lille est donnée à M. de Caumartin, qui étoit intendant de Metz, et l'intendance de Metz est donnée à M. de Bernage, intendant de Moulins.

Mme Roujault, belle-mère de M. le chancelier, est morte ; elle étoit fort âgée et malade depuis longtemps. M. le chancelier, qu'on appeloit alors M. de Blancmesnil, né le 8 mars 1683, avoit épousé en premières noces Mlle d'Aligre, sœur du président à mortier ; elle mourut sans enfants le 8 janvier 1714. M. de Blancmesnil épousa en secondes noces Mlle Roujault, fille du seigneur de Villemain, maître des requêtes, qui avoit été intendant de Berry, de Hainaut, de Poitou et de Normandie. Elle mourut le 2 novembre 1734, laissant un fils, qui est M. de Malesherbes, dont la femme est Grimod de la Reynière, trois filles mariées : Mme de Beuzeville, Mme de Senozan et Mme d'Auriac, et une fille religieuse, aux Filles Sainte-Marie. Mme Roujault étoit Maynon en son nom.

M. le maréchal de Tonnerre m'a mandé aujourd'hui la mort de sa sœur, Mme de Courtivron ; il l'avoit engagée à venir à Paris ; elle demeuroit toujours en Bourgogne. A la mort de Mme la maréchale de Tonnerre, elle s'étoit mise dans le couvent des filles de Miramion en attendant qu'elle pût venir se loger avec son frère, et c'est dans ce couvent qu'elle est morte. M. de Courtivron étoit président à mortier de Dijon. Elle a un fils qui a été capitaine dans le régiment Mestre-de-camp-cavalerie et qui s'est marié par inclination ; sa femme est morte sans enfants.

---

(1) Frère de l'abbé Chauvelin, conseiller au Parlement, et du chevalier Chauvelin ci-devant envoyé du Roi à Gênes et présentement ambassadeur à Turin. — (*Note du duc de Luynes.*)

Le nom de M. de Courtivron étoit le Compasseur. Mme de Courtivron avoit soixante-quatorze ans.

La Reine alla samedi 22 de ce mois à Saint-Cyr; elle avoit dit assez positivement qu'elle n'iroit point; il ne devoit y avoir que M. le Dauphin, Mme la Dauphine et Mesdames. Toute la maison de Saint-Louis de Saint-Cyr désiroit extrêmement être honorée de la présence de la Reine et avoit demandé cette grâce avec instance dans le temps qu'on y joua *Esther*. La Reine n'arriva qu'à quatre heures; elle alla sur-le-champ entendre le salut où M. l'évêque de Chartres officia. Elle monta ensuite dans son petit fauteuil à la salle du théâtre; elle étoit arrangée comme pour la tragédie d'*Esther* dont j'ai parlé. La représentation d'*Athalie* dura environ deux heures un quart. La pièce est si belle qu'on la voit toujours avec plaisir. On peut dire qu'elle fut très-bien exécutée pour des pensionnaires de couvent; toutes savoient leur rôle si parfaitement, qu'elles n'eurent nul besoin d'être soufflées. Ceux qui l'ont vu jouer par les comédiens ont trouvé une grande différence dans l'exécution, et cela doit être; il y eut cependant des endroits fort bien joués; et celle qui fit le grand prêtre paroît avoir du talent. Celle qui jouoit le petit Joas joua fort bien aussi. On trouvera ci-après les noms des actrices. La Reine ne rentra que sur les huit heures. Ce voyage empêcha qu'il n'y eût de concert. J'oubliois de marquer que les chœurs à Saint-Cyr furent assez bien exécutés par les voix, mais l'accompagnement étoit trop fort; les instruments n'étoient point d'accord, et peu de régularité dans l'accompagnement.

NOMS DES PERSONNAGES DE LA TRAGÉDIE.

JOAS, roi de Juda................	Mlle de Cambis.
ATHALIE, veuve de Joram......	Mlle d'Escaquelonde.
JOAD, grand-prêtre.............	Mlle de Crécy.
JOSABETH, tante de Joas.......	Mlle de la Salle.
ZACHARIE, fils de Joad.........	Mlle d'Entremont.

MARS 1756. 477

SALOMITH, sœur de Zacharie...	Mlle de Beaulieu.
ABNER......................	Mlle de Carman.
AZARIAS....................	Mlle d'Andechy.
ISMAEL.....................	Mlle de Capville.
AUTRES CHEFS DES PRÊTRES ET DES LÉVITES.	Mlle de la Touche. Mlle de Surhin. Mlle de Bayancourt.
NATHAN, sacrificateur de Bal...	Mlle du Moutier.
NABAL, confident de Nathan...	Mlle de Chabrignac.
AGAR.......................	Mlle de la Tour.
TROUPES DE PRÊTRES ET DE LÉVITES.	Mlle de Boisbasset. Mlle de Hitry. Mlle de Perdreauville. Mlle de Sinéty. Mlle de la Tour-Fondue. Mlle de Mézières.
SUITE D'ATHALIE.	Mlle d'Esthérazy. Mlle de Chourse. Mlle de Mérinville. Mlle de Chaumont. Mlle d'Arot. Mlle de l'Egret.

CHŒUR DE JEUNES FILLES DE LA TRIBU DE LÉVI.

Mlles du Deschaux.	Mlles de Fosières.
de Lanty.	de la Croix.
de Maillé-Brezé.	de Vallier.
de la Vie.	de Charpin de Genneliue.
de la Bigue.	de la Rolière.
de Murat.	de Saillan.
de la Rolière.	de Champagne.
d'Escolard.	d'Airon.
de Corvol.	M. d'Oradour.
de Vassimou.	Mlle de Jousbert.
de Crécy.	M. de Demonville.
de Bosredon.	M. d'Audrieux.
de Chaumergy.	M. le Vicomte.

CELLES QUI CHANTENT EN PARTICULIER.

O mont de Sinaï (1).	Mlle de Jousbert.

---

(1) Acte I, scène IV.

Il venoit révéler (1).	Mlle du Deschaux.
Vous qui ne connoissez (2).	M. de Charpin.
O bienheureux mille fois (3).	Mlle de Crécy de Vincelles.
O palais de David (4).	M. de Beaulieu.
Qu'ils pleurent, ô mon Dieu (5).	M. de Beaulieu.
De tous ces vains plaisirs (6).	Mlle de la Vie.
Ils boiront dans la coupe (7), duo.	M. de la Vie. Mlle de Vallier.
Sion ne sera plus (8).	M. de Jousbert.
Dieu protége Sion (9).	M. de Crécy de Vincelles.
Triste reste de nos rois (10).	Mlle de Beaulieu.
D'un père et d'un aïeul (11).	M. du Deschaux.

Du jeudi 25. — M. de Malesherbes vient d'avoir 6,000 livres de pension; il fit avant-hier son remercîment.

On prétend que M. le duc d'Orléans est venu hier prendre congé du Roi pour six semaines, et que c'est aujourd'hui qu'il doit faire inoculer ses deux enfants; il dit que les aimant également, il seroit bien fâché qu'on pût croire qu'il voulût faire une épreuve sur sa fille pour être plus en sûreté sur son fils.

On trouvera ci-après l'arrêté du Parlement d'avant-d'hier.

La Cour, toutes les chambres assemblées, a arrêté que les gens du Roi se retireront par devers le Roi, à l'effet de lui représenter qu'attendant avec autant de confiance que de respect la Réponse que ledit seigneur Roi a bien voulu promettre de faire incessamment à son Parlement, ne peut néanmoins se dispenser de lui faire connoître que la délibération continuée au 18 février dernier ne peut être plus long-

---

(1) Acte I, scène IV.
(2) Acte I, scène IV.
(3) Acte II, scène IX.
(4) Acte II, scène IX.
(5) Acte II, scène IX.
(6) Acte II, scène IX.
(7) Acte II, scène IX.
(8) Acte III, scène VIII.
(9) Acte III, scène VIII.
(10) Acte IV, scène VI.
(11) Acte IV, scène VI.

temps différée sans compromettre de plus en plus les lois fondamentales de la monarchie; la police générale du royaume, l'essence et les droits de la pairie et de la cour des Pairs, et sans faire subsister des désordres et des troubles que son Parlement ne peut trop tôt faire cesser ;

Arrête que les gens du Roi rendront compte vendredi prochain de la réponse qu'ils auront reçue.

Cinq imprimés ont été supprimés le matin comme contraires au bon ordre et à la police publique. Deux de ces imprimés sont ceux que le Grand-Conseil a fait brûler; mais comme le Parlement ne reconnoît pas la brûlure du Grand-Conseil pour une flétrissure contre ces deux imprimés, attendu que le Grand-Conseil n'a point de police, l'arrêt intervenu au Parlement fera mention du réquisitoire de M. l'avocat général, dans lequel il est dit : que les deux imprimés n'ont point encore été flétris.

Du samedi 27. — M. de Monnin, lieutenant général des armées du Roi, mourut le 19 de ce mois; il avoit quatre-vingt-deux ans.

M. de la Briffe, intendant de Caen, est mort. Sa femme étoit Thoynard; il en a laissé un fils et une fille. Sa femme est vivante. Mlle de la Briffe, sa fille, vient de mourir; elle avoit dix ans.

MM. les gens du Roi devoient se rendre à Versailles le 25, suivant l'arrêté du Parlement du 23. On sait que les gens du Roi sont les avocats généraux et le procureur général. Il n'y a actuellement que deux avocats généraux qui exercent, qui sont M. Joly de Fleury et M. Séguier. Le procureur général est aussi M. de Fleury. L'avocat et lui sont les deux fils de l'ancien procureur général. Dans le temps que les deux fils étoient prêts à monter en carrosse, ils apprirent la mort de leur père, qui est mort subitement âgé de quatre-vingts ans ; ils prirent le parti de rester, et M. de Séguier vint ici seul. Le discours qu'il fit au Roi contenoit les mêmes choses à peu près qui sont dans l'arrêté. Voici quelle fut la réponse du Roi: « J'ai déjà dit à mon Parlement que je lui ferois savoir mes intentions incessamment, et je le ferai. »

L'usage est que lorsque les gens du Roi sont venus recevoir les ordres de S. M., en vertu de l'arrêté des chambres, ils entrent aux chambres assemblées pour rendre compte de leur commission; M. Séguier ayant exécuté seul cette commission, et les substituts de M. le procureur général ignorant si la volonté de la Compagnie seroit de demander les gens du Roi ou seulement M. Séguier, ils firent représenter aux chambres que si elles demandoient les gens du Roi, le doyen des substituts étoit en droit de représenter le procureur général. Cette demande fut examinée, et il a été arrêté que sans préjudice des droits des substituts M. Séguier seul entreroit.

M. Séguier, entré, a prononcé le discours suivant, et fait le rapport de ce qu'il avoit dit au Roi et de la réponse de Sa Majesté.

Discours de M. Séguier, avocat général, du 26 *mars* 1756.

Messieurs, si quelque chose diminue la satisfaction que nous avons de remplir par nous-même la mission dont nous avons été chargés en commun, c'est le chagrin que nous ressentons du malheureux événement qui nous force à paroître seul devant vous. Nous avons perdu le magistrat éclairé qui consacra toutes ses veilles au maintien des lois, de l'autorité royale et des droits des citoyens. Vous l'avez entendu, Messieurs, et ces voûtes augustes retentissent encore de ses oracles. Avec quelle force n'a-t-il pas soutenu l'immutabilité des lois fondamentales de la monarchie? Avec quel art n'a-t-il pas rapproché les esprits les plus opposés? Avec quelle solidité n'a-t-il pas établi les principes que l'on vous conteste? Connoissances sublimes, érudition profonde, vues politiques, il réunit toutes les qualités d'un homme d'État. Mais pourquoi vous faire ici son éloge? il étoit fait d'avance. Rappelez-vous sa vie; l'éloge des grands hommes est dans le souvenir seul de leurs actions. Vous l'avez admiré; vous avez vu la France entière l'admirer avec vous. Aussi savant, aussi profond que le chancelier Daguesseau, on n'a pu décider lequel étoit supérieur en lumière; tous deux ont étonné, et tous deux retraceront réciproquement dans l'avenir l'idée l'un de l'autre. Quels seroient nos regrets si de telles pertes étoient irréparables; mais le magistrat que nous pleurons a transmis à sa famille ce zèle infatigable dont la continuité n'abolit point l'action, cet amour pour le bien public dont l'amour est dans la constance et l'égalité. Vous retrouverez le père tout entier dans les fils. Quel riche héritage à partager! quel précieux monument à recueillir ! Que ne nous est-il pas permis de puiser dans une source aussi féconde ! Nous n'avons point été témoins de ses travaux illustres. La voix du public, dont nous sommes les échos, nous reporte à ces instants où vous l'avez vu de plus près. Malheureux de n'avoir pu nous former sous un si grand modèle, nous sentons plus que le public la perte qu'il partage avec nous; elle n'est pour eux qu'un objet de regret; elle nous impose un emploi difficile dont la douleur de ses enfants ne leur a pas permis de s'acquitter. Le sentiment intime de ce qui nous manque nous montre notre malheur dans toute son étendue. Pleins d'une juste défiance, nous avons cru devoir profiter de quelques réflexions que notre collègue avoit tracées; nous n'avons pas craint d'y joindre les nôtres; rassuré par le mérite des premières, nous avons espéré de remplir avec plus d'exactitude les ordres dont la Cour a bien voulu nous honorer.

En exécution de votre arrêté du 23 mars 1756, nous nous sommes transportés à Versailles le jour d'hier, sur les onze heures; nous avons été introduits dans le cabinet du roi où il étoit avec M. le Chancelier et M. le comte d'Argenson; nous avons eu l'honneur de lui dire : « Sire, votre Parlement nous a chargés de nous rendre auprès de V. M.; c'est un devoir d'autant plus glorieux à remplir que nous sommes plus à portée d'assurer V. M. d'une entière et parfaite soumission. Animé de la plus vive confiance et pénétré du plus profond respect, votre Parlement a attendu la réponse que vous aviez bien voulu promettre de faire incessamment à ses très-humbles et très-respectueuses représentations; mais en même temps, Sire, votre Parlement croit qu'il est indispensable de vous faire connoître l'importance dont il est que la délibération, continuée au 18 février dernier, ne soit pas plus longtemps différée. Vous connoissez, Sire, les objets qui ont déterminé cette délibération. Votre Parlement, Sire, est trop attaché à son devoir et au bien de votre service pour ne pas voir avec douleur compromettre de plus en plus les lois fondamentales de la monarchie, l'essence et les droits de la pairie et de la cour des pairs, et il ne pourra jamais pouvoir risquer de vous déplaire en ne cessant de vous le représenter. On profite même du silence de votre Parlement, silence qui n'a d'autre principe que la soumission avec laquelle il attend les ordres de V. M.; on profite de cette respectueuse inaction pour multiplier des actes qui, en donnant atteinte à des lois si inviolables, renversent également l'ordre et la police de votre royaume. Comment votre Parlement pourroit-il voir tranquillement de pareils désordres subsister sous ses yeux? Il tient, Sire, de votre personne sacrée l'autorité nécessaire pour les réprimer; mais il n'a jamais fait usage du pouvoir dont il est dépositaire que pour affermir dans le royaume la puissance du souverain. Quelles preuves n'a-t-il pas données, dans tous les temps, de son zèle et de sa fidélité? Ces sentiments sont les mêmes qui l'animent aujourd'hui ; ils se transmettent d'âge en âge dans les cœurs de tous les magistrats qui le composent et qui le renouvellent; ils ne peuvent que s'accroître encore, s'il est possible, pour la personne de Votre Majesté.

« Ce sont là, Sire, les objets que votre Parlement nous a chargés de représenter à V. M. Votre Parlement ne doute pas qu'elle n'y donne toute l'attention qu'ils méritent ; mais il croiroit avoir quelques reproches à se faire s'il montroit moins de zèle dans une circonstance où il est persuadé qu'il ne peut trop tôt faire cesser des troubles si préjudiciables à votre autorité. »

Le Roi nous a fait l'honneur de nous dire : « J'ai déjà dit à mon Parlement que je lui ferois savoir mes intentions incessamment, et je le ferai. »

Sur quoi, la matière mise en délibération, a été arrêté qu'il sera fait registre du compte-rendu par les gens du Roi, et a continué sa délibération mardi prochain, 30 du présent mois, à dix heures du matin.

L'avis de remettre la délibération à mardi prochain a été ouvert par M. le président Molé et a eu 83 voix contre 56. Ces derniers étoient bien du même avis que M. le président Molé de remettre à mardi prochain ; mais ils marquoient une impatience (1) qui ne se trouve pas dans l'avis de M. le président Molé.

Du dimanche 28. — Le contrôleur général porte toujours une canne à bec de corbin, quand même il ne seroit pas dans l'usage d'en porter et que même il n'en auroit pas de besoin. M. de Séchelles n'avoit point de canne quand il fut fait contrôleur général, et le Roi voulut qu'il en empruntât une sur-le-champ. Par la même raison, M. de Moras vient de prendre une canne. Il paroît que cet usage de la canne est établi depuis M. Colbert; on regarde que c'est une distinction pour le contrôleur général, qui ne porte ni petit manteau, ni épée.

J'ai marqué que M. le duc d'Orléans étoit venu prendre congé du Roi pour six semaines, et ce que l'on jugeoit en être la cause. Cette cause est très-réelle, puisque M. le duc de Chartres et Mademoiselle ont été ino-

---

(1) Ils voulaient que le Parlement cessât ses fonctions jusqu'à ce que le Roi eût répondu.

culés le 24 de ce mois. Cette opération n'a point encore fait l'effet qu'on en attend; mais on prétend que cet effet peut bien être sept ou huit jours à se déclarer. M. Tronchin, médecin de Genève, ne quitte point M. le duc de Chartres et Mademoiselle; il y a aussi auprès d'eux un autre médecin que l'on appelle Kerpatry; c'est un Anglois qui a acquis la plus grande réputation à Londres pour l'inoculation. M. le duc d'Orléans, instruit de son habileté, l'avoit demandé il y a déjà quelque temps; mais voyant qu'il n'avoit aucune réponse, et jugeant que la situation des affaires entre la France et l'Angleterre pourroit empêcher qu'on donnât permission à ce médecin de venir en France, que peut-être même il ne seroit pas instruit du désir qu'on avoit qu'il y fît un voyage, M. le duc d'Orléans prit le parti d'écrire à Genève pour avoir M. Tronchin. Cependant le gouvernement d'Angleterre, instruit de ce que souhaitoit M. le duc d'Orléans, a envoyé ici M. de Kerpatry. Il y a aussi au Palais-Royal un chirurgien Écossois de naissance, nommé Ostie, qui a été plusieurs années dans les hôpitaux de Londres et a étudié la manière dont se fait l'inoculation, et qui en a traité plus de 1,500 avec grand succès. M. Tronchin a continuellement chez lui un grand concours de gens qui viennent le consulter, et on ne peut y entrer que chacun à son rang. Il trouve le séjour de la France fort agréable, et convient qu'il ne se couche jamais sans avoir 40 louis de plus dans sa poche (1). Il va dans quelques maisons; mais ce n'est que par permission de M. le duc d'Orléans. Il est vraisemblable que présentement que l'inoculation est faite, il ne sort plus du tout; il prétend qu'il a inoculé 20,000 personnes, et qu'il n'en est pas mort une seule de ces 20,000; mais il fait de grandes difficultés pour entreprendre ceux qu'on

---

(1) On lui donne un louis par chaque consultation. (*Note du duc de Luynes.*)

lui propose, et il examine l'âge, la figure et le tempérament; il veut être instruit de tout et refuse de traiter les personnes qu'il trouve ou malsaines ou trop délicates. M. Tronchin s'est marié en Hollande; il a épousé la petite-fille du fameux de Witt, qui fut assassiné, comme l'on sait, par les ordres du prince d'Orange, ou au moins par le parti de ce prince. Le fils de M. de Witt n'avoit que cette fille qui étoit dangereusement malade, lorsque M. Tronchin passa à la Haye; il remit sa fille entre les mains de M. Tronchin, qu'il savoit être habile médecin; M. Tronchin vint à bout de la guérir; le père lui avoit promis tout ce qu'il voudroit, même la moitié de son bien, s'il venoit à bout de cette guérison. M. Tronchin ne demanda pour toute récompense que d'épouser la fille dont il étoit devenu amoureux. Avant que de faire cette demande, il voulut avoir le consentement de la fille, qui le lui donna volontiers, à condition qu'il quitteroit la médecine; il y consentit, mais les biens de cette fille ayant été confisqués par les États, il a été obligé de reprendre sa profession; il est aujourd'hui fort riche.

Du lundi 29. — M. le président Roujault (1), beau-frère de M. le chancelier, a eu aujourd'hui une pension de 2,000 livres. M. Roujault, son père, intendant de Poitiers et ensuite de Valenciennes, avoit eu 6,000 livres de pension; c'étoit un homme de mérite et estimé. A sa mort, on demanda cette pension pour le fils. L'exil du Parlement à Pontoise empêcha qu'il n'obtînt la totalité de cette pension; il n'en a eu que la moitié, et l'autre moitié fut donnée à sa mère. Aujourd'hui M. le Chancelier demandoit les 1,000 écus de la mère pour le fils; on n'a donné que 2,000 livres; ainsi M. Roujault aura 5,000 livres de pension.

---

(1) Vincent-Étienne Roujault, président de la quatrième des Enquêtes depuis 1722.

M. le duc de Béthune, qui est incommodé depuis longtemps, et qui s'étant fait sonder il y a quelque temps par le frère Cosme, n'est malheureusement que trop certain d'avoir la pierre, envoya avant-hier au Roi sa démission de la charge de capitaine des gardes. L'état de souffrance dans lequel est M. de Béthune l'a jeté dans la plus profonde tristesse; il ne voit personne, ne s'amuse de rien et a même de la peine à s'occuper. Il est dans la plus grande piété, mais souvent accompagnée de scrupules qui, quoique sans fondement, augmentent le malheur de sa situation. La famille auroit fort désiré qu'il eût été possible d'espérer la compagnie pour le duc de Charost, son petit-fils; mais il est bien jeune; il a une santé délicate et paroît peu en état de monter à cheval. M. le cardinal de la Rochefoucauld, grand-oncle de ce jeune homme, qui a remis au Roi la démission de M. de Béthune, a parlé au Roi et a bien vu qu'il n'y avoit nulle espérance d'obtenir cette grâce. Le Roi, d'ailleurs, lui a parlé dans les termes les plus remplis de bonté sur M. de Béthune, voulant qu'il ne se pressât point de donner sa démission, et le laissant absolument le maître de faire sur cela tout ce qui paroîtroit convenable aux principes de religion qui font la règle de sa conduite. Ce sont ces principes vraisemblablement qui ont déterminé M. de Béthune, voyant qu'il ne pouvoit pas remplir les devoirs de cette charge.

Le syndic de Sorbonne vint avant-hier ici demander les ordres du Roi. Il s'est présenté quelques docteurs qui n'ont point reçu la constitution *Unigenitus* et qui cependant demandent le bonnet de docteur et à soutenir la thèse qu'on appelle *la Resumpte*, qui est la première après avoir pris le bonnet de docteur. Le syndic, jugeant que le Parlement prendroit le fait et cause des docteurs s'ils étoient refusés, et qu'il auroit pour prétexte l'observation de la déclaration du Roi qui impose silence; d'une autre part, ayant des ordres antérieurs à la déclaration de ne recevoir au bonnet de docteur que ceux qui auront signé la Constitution, est venu ici demander à M. le Chancelier ce qu'il devoit faire. M. le Chancelier, de qui je sais ce détail, en a rendu compte à S. M., et en conséquence on a expédié un nouvel ordre au syndic de n'admettre à *la Resumpte* que ceux qui auront reçu la Constitution.

Voici la copie d'un papier remis au comité secret d'Hollande par M. d'Affry, le 4 de ce mois :

Le Roi a fait examiner avec la plus sérieuse attention la réponse que les États Généraux ont fait remettre dans une conférence, le 4 du mois de février, au comte d'Affry, son ministre plénipotentiaire auprès de leur république. S. M. y a vu avec satisfaction le désir que Leurs Hautes Puissances témoignent de voir terminer par une conciliation amiable les différends qui se sont élevés entre la France et l'Angleterre.

Toute la conduite de S. M., après le traité d'Aix-la-Chapelle de 1748, est un monument public et éclatant de son amour pour le maintien du repos de l'Europe. Le Roi n'a point varié dans ses principes, et le danger d'une nouvelle guerre n'existeroit point si le roi de la Grande-Bretagne n'avoit pas commencé et ne continuoit pas à exercer les hostilités les plus injustes et les plus irrégulières contre les possesseurs et les sujets de S. M. Le Roi est persuadé que les États Généraux sont très-éloignés d'entrer dans une guerre pour un objet qui ne les oblige pas. S. M. ne connoît que des traités défensifs entre Leurs Hautes Puissances et l'Angleterre, et le roi de la Grande-Bretagne étant évidemment l'agresseur, le Roi a lieu de se promettre de l'équité et de la prévoyance des États Généraux, que bien loin de fournir directement ou indirectement aucun secours à la cour de Londres, ils rempliroient au contraire, s'ils en étoient requis, les engagements défensifs qu'ils ont contractés avec V. M. Elle est disposée à entrer dans toutes les mesures qui auront particulièrement pour motif et pour fin le repos et la prospérité de la République. Le Roi, depuis son avénement au trône, s'est constamment intéressé à l'indépendance et à l'honneur des États Généraux, et S. M., toujours animée des mêmes sentiments d'estime et d'affection pour Leurs Hautes Puissances, désire bien sincèrement que la République, seule arbitre de son sort, continue à se conduire sur les maximes d'impartialité et de sagesse qui seules peuvent maintenir cet honneur et cette indépendance dont elle est si sagement jalouse. Les conjonctures n'étant pas les mêmes qu'en 1733, lorsque le Roi conclut une convention de neutralité avec les États Généraux par rapport aux Pays-Bas autrichiens, toutes prétentions à cet égard sont actuellement superflues. S. M. n'a pu voir qu'avec une extrême surprise ce que les États Généraux ont inséré dans leur réponse au sujet du continent de la Grande-Bretagne et de l'Irlande ; il n'y a point de puissance sur la terre qui soit en état de gêner les opérations que le Roi se propose d'entreprendre pour tirer une légitime vengeance d'un ennemi qui l'a injustement attaqué, contre la foi des traités et contre la bienséance des procédés. Au reste, S. M. ne juge pas à propos de s'expliquer sur l'objet des préparatifs qui annoncent son juste ressentiment.

L'article suivant a été lu par M. d'Affry dans ladite conférence avec le comité secret, sans qu'il en ait donné copie.

Le Roi s'attend que Leurs Hautes Puissances s'expliqueront avec plus de précision sur le parti qu'elles se proposent de suivre dans la conjoncture présente. S. M., forcée de tirer vengeance d'un ennemi qui l'a injustement attaquée, désire sincèrement ne pas multiplier les calamités de la guerre, mais elle ne pourroit plus compter au nombre de ses amis une puissance qui, bien loin de remplir à son égard des engagements défensifs, feroit cause commune avec son ennemi et lui fournirait des secours.

TABLE ALPHABÉTIQUE

DES NOMS ET DES MATIÈRES

MENTIONNÉS DANS CE VOLUME.

A.

Académie de France à Rome, 239, 426.
ADÉLAÏDE (Madame). *Voy.* FRANCE (Marie-Adélaïde de).
AFFRY (M. d'), 214, ambassadeur en Hollande, 263, 284, 320, 429, 430, 486, 487.
AICREMONT (M. d'), envoyé de France à Trèves, 252.
AIGUILLON (Duc d'), 33, 373, 404.
AIGUILLON (Duchesse d'), dame du palais de la reine, 197, 286, 338.
Aiguillon (Duché d'), 405.
Aix (Archevêque d'). *Voy.* BRANCAS.
Ajax, opéra, 152.
ALBEMARLE (Milord), ambassadeur d'Angleterre, 6, 7, 41, 212.
ALBERONI (Anecdote sur le cardinal), 409.
ALBESAT (Mme d'), 80.
ALLEURS (M. des), ambassadeur à Constantinople, 13, 14, 16, 344.
ALLEURS (Mme des), 344.
ALLIOT (M.), conseiller du roi Stanislas, 458.
ALSACE (Thomas-Philippe d'), cardinal, archevêque de Malines, 98.
Amiens (Évêque d'). *Voy.* MOTTE.
AMPUS (M. d'), 27.
Anet (Terre d'), 4.
Angleterre (Roi d'). *Voy.* GEORGES II.
ANGRAN (M.), procureur général du grand conseil, 295.
ANLEZY (M. d'), gouverneur du prince de Condé, 22.
ANNE D'AUTRICHE, reine de France, 263.
ANNIBAL, centenaire, 244.
ANSEL, vicaire de Saint-Étienne du Mont, 21, 30, 51.
ANTIGNY (M. d'), 272.
ANTIN (Duc d'), 87.
ANTIN (M. d'), surintendant des bâtiments de Louis XIV, 6.
APCHON (Claude-Marc-Antoine d'), évêque de Dijon, 196, 294, 300.
ARBOUVILLE (Mlle d'), 428, 431.
Archevêque (M. l'). *Voy.* BEAUMONT.

TABLE ALPHABÉTIQUE DES NOMS ET DES MATIÈRES.

Argenson (Marc-Pierre de Voyer de Paulmy, comte d'), ministre secrétaire d'État de la guerre, 37, 118, 119, 185, 201, 211, 272, 277, 320, 327, 336, 348, 349, 366, 368.

Armagnac (Charles de Lorraine, comte d'), dit *le prince Charles*, grand écuyer de France, 241.

Armentières (Mme d'), née Jussac, 345.

Artaud (M.), missionnaire de la chapelle du roi, 32.

Asfeld (M. d'), 195, 200.

Athalie, tragédie, 476.

Aubert (M.), procureur général du parlement de Douai, 212.

Audran (M.), artiste de la manufacture des Gobelins, 347.

Aulède (Mme d'), 33, 34.

Auriac (M. Castanier d'), premier président du grand conseil, 268, 277, 284.

Auroy (Mme d'), née Saint-Germain, 379.

Ausonne, avocat, 52.

Autun (Évêque d'). *Voy.* Montazet.

Avaray (M. d'), 400.

Avaucourt (M. d'), 342.

Avaugour (M. d'), brigadier de cavalerie, 376.

Ayen (Louis de Noailles, duc d'), 7, 8, 10, 407.

Ayen (Duchesse d'), née Brissac, 113.

Ayen (Comte d'), fils des précédents, 8, 10, 23, 81.

Ayen (Comtesse d'), née de Fresne-Daguesseau, 81, 113.

Ayen (Mlle d'), 183.

B.

Bachi (M. de), ambassadeur en Portugal, 373.

Bacquencourt (M. de), conseiller au grand conseil, 268.

Bade (Princesse de), 22, 29.

Baillon (M.), maître des requêtes, intendant de la Rochelle, 41.

Balainvilliers (M. de), 80.

Balbi (Mme de), 29.

Balincourt (Maréchal de), 33.

Barail (M. du), maréchal de camp, 50.

Barailh (M. de), vice-amiral du Ponent, 132, 137, 372.

Bart (M.), vice-amiral du Levant, 132, 136.

Bassompierre (Mme de), 249.

Baudry (M. de), intendant des finances, 126, 144.

Baudry (Mlle de), 301.

Bauffremont (M. de), 205.

Bauffremont (Mme de), née Courtenay, 474.

Bauvet (M. de), capitaine des carabiniers, 190.

Baye (M. de), brigadier, 310.

Bayeux (Évêque de). *Voy.* Rochechouart-Montigny.

Bazèque (M. de la), gouverneur de Lille, 40.

Beaujeu (M. de), 273.

BEAUMONT (Christophe de), archevêque de Paris, 3, 17, 25, 26, 39, 45, 46, 47, 52, 53, 74, 80, 86, 90, 91, 182, 303, 366, 368, 446.
BEAUMONT (M. de), intendant de Lille, 464.
BEAUSSAN (Mme de), 431.
Beauvais (Évêque de). *Voy.* GESVRES.
BEAUVAU (Princesse de), 132, 136.
BEAUVILLIERS (Duchesse de), dame d'honneur de Madame, 185.
BÉLESTAT (Mme de), née Châteaurenaud, 100.
BÉLIDOR (M.), ingénieur, 461.
BELLEGARDE (M. de), ambassadeur de Pologne, 51.
BELLE-ISLE (Louis-Charles-Auguste Fouquet, marquis de), maréchal de France, 33, 75, 107, 140, 148, 149, 150, 154, 171, 187, 200, 207, 211, 216, 218, 272, 352, 354-364, 377, 378, 391, 411, 412, 466.
BELLE-ISLE (Marie-Casimire-Thérèse-Geneviève-Emmanuelle de Béthune, duchesse de), femme du précédent, 49, 57, 74.
BELLOY (Jean-Baptiste de), évêque de Marseille, 190.
BELLOY (Mme de), 349, 350.
BELZUNCE (Henri-Xavier de), évêque de Marseille, 58, 59, 61, 74-76, 78, 81, 82, 179, 364, 367.
BENOÎT XIV, pape, 40.
BÉRENGER (M. de), 160, 197, 370.
BÉRINGHEN (Henri-Camille, marquis de), premier écuyer du roi, appelé *M. le Premier*, 213, 266.
BÉRINGHEN (Mme de), 82, 213, 339.
BERNAGE (M. de), intendant de Metz, 475.
BERNAGE DE SAINT-MAURICE (M. de), prévôt des marchands, 163, 187, 279, 284.
BERNIER, secrétaire du prince de Grimberghen, 381.
BERNIÈRES (Mme de), née Lourailles, 36.
BERNIS (Abbé de), 190, 237, 238 ; ambassadeur à Madrid, 263.
BERNIS (M. des Ports, comte de), 283, 315.
BERNSTORFF (M. de), envoyé de Danemark, 76.
BERTHIER (Le P.), prédicateur, 156.
BERTHIER (M.), 185.
BESOZZI (Cardinal), 199.
BÉTHUNE (Comte de), chevalier d'honneur de Madame Adélaïde, 271.
BÉTHUNE (Marquis de), 107, 113.
BÉTHUNE (Paul-François, duc de), lieutenant général des armées du roi, capitaine des gardes du corps, 119, 170, 265, 272, 274, 377, 485.
BEUVRON (Mme de), 163.
BEUZEVILLE (M. de), maréchal de camp, 183, 187, 188, 193.
BEUZEVILLE (Mme de), 352.
BEZONS (Armand Bazin de), évêque de Carcassonne, 14.
BEZONS (Mme de), née Briqueville de la Luzerne, 46.
BIEGENSKI (Le P.), confesseur de la reine, 395.
BIGNON (M.), 2, 3.
BILLARDERIE (M. de la), 459.
BILLAUDEL (M.), intendant des bâtiments du roi, 267, 343.

Biron (Duc de), 442.
Blamont (François Colin de), surintendant de la musique du roi, 204, 220, 305.
Blancmesnil (M. de Lamoignon de), chancelier de France, 16, 38, 59, 74, 115, 119, 213, 289, 324, 369, 436, 475, 486.
Bligny (Comtesse de), 43, 231.
Blondel (M.), architecte, 343.
Blondel de Gagny, intendant des Menus, 402.
Bochard de Saron (M. le président), 38.
Bocs (M.), procureur général de la cour des aides, 241.
Boisgelou (M. de), conseiller au grand conseil, 46.
Boismont (Abbé), de l'Académie française, 271, 405.
Boismont (M. de), intendant du Hainaut, 41, 113.
Boissimène (M. de), 293.
Bolognetti (Cardinal), 457.
Bonac (Mme de), 298.
Bonifaz (Manuel Quintano), confesseur du roi d'Espagne, 268.
Bontemps (Mme), 92.
Boscawen (Amiral), 137, 210, 275.
Bouchardon, sculpteur, 194.
Boufflers (Duchesse de), dame du palais de la reine, 41, 96.
Boufflers-Remiancourt (Marquis de), menin du dauphin, 270.
Bouhier (Claude), évêque de Dijon, 193, 196.
Bouillé (M.), 194.
Bouillon (Charles-Godefroy de la Tour d'Auvergne, duc de), grand chambellan, 119, 320, 375, 376.
Boulogne (Évêque de). Voy. Henriau.
Bourbon-Busset (Mme de), 39.
Bourdonnaye (M. de la), intendant de Rouen, 191.
Bouret (M.), fermier général, 319.
Bourges (Archevêque de). Voy. Rochefoucauld.
Bourgogne (Louis de France, duc de), petit-fils de Louis XIV, 409.
Bourgogne (Louis-Joseph-Xavier de France, duc de), petit-fils de Louis XV, 174, 198, 219, 266, 305.
Bourlamaque (M. de), aide des cérémonies, 118.
Bournelle (Mme de), 77.
Bouville (M. de), capitaine de vaisseau, 325, 383.
Bouzols (Mme de), dame du palais de la reine, 125.
Boyer (Jean-François), ancien évêque de Mirepoix, 55, 57, 83, 190, 196, 236, 240, 271.
Braddock, général anglais, 252.
Brancas (Abbé de), 446.
Brancas (Duchesse douairière de), née Clermont, dame de Madame, puis de la dauphine, 41, 264, 283.
Brancas (Duchesse de), dame d'honneur de la dauphine, 41.
Brancas (Jean-Baptiste-Antoine de), archevêque d'Aix, 35.
Brancas (Marquise de), née Gizeux de Grandhomme, 41, 203, 374.
Brassac (M. de), maréchal de camp, 460.

BRASSAC (Marquis de), chambellan du roi Stanislas, 319.
BRÉHANT (M. de), conseiller du grand conseil, 159, 238, 301.
BRÉHANT (Mme de), née Baudry, 338.
BRENET l'aîné, peintre, 133, 134.
BRENET le jeune, sculpteur, 134.
BRETEUIL (Baronne de), 270.
BRETEUIL (Mlle de), 32.
BRÉZÉ (Mme de), 16.
BRIÇONNET (Mlle), 341.
BRIENNE (Chevalier de), 109, 127, 203.
BRIENNE (Mme de), 197.
BRIFFE (M. de la), intendant de Caen, 479.
BRIGAUD (Abbé), 238.
BRIGNOLE (Mme de), née Balbi, 318.
BRIONNE (Comtesse de), 267.
BRISSAC (Duc de), 33.
BROGLIE (Comte de), 284, 313.
BROGLIE (Famille de), 313, 314.
BROGLIE (Marquise de), née Bésenval, 376.
BROU (M. de), conseiller d'État, 173. *Voy.* FEYDEAU.
BRUNET, vicaire de Saint-Étienne du Mont, 12, 21, 30, 51.
BUGIE (M.), officier de mineurs, 226.
BULKELEY (M. de), 36, 382, 435.
BURON (Comte de), grand échanson, 396.
BURY (M. de), surintendant de la musique en survivance, 204, 273.
BUSCQ (Mme de). *Voy.* CARIGNAN (Princesse de).
BUSSY (M. de), 210.

C.

CAILLARD, chanoine d'Orléans, 38, 40, 43.
CALVIÈRE (M. de), chef de brigade, 190.
CAMBIS (M. de), 303.
CAMBIS (Mme de), née Chimay, 315.
CAMBIS (Mme de), née Gruyn, 189, 315.
Cambrai (Archevêque de). *Voy.* SAINT-ALBIN.
CAMILLE (Prince), 295, 299, 373, 404.
CAMUS (Chevalier le), 42.
CAMUS (M. le président le), 42, 457.
CANISY (Marquis de), 285.
CANY (Marquis de), 22.
Caprice d'Erato (Le), opéra, 220.
CARACCIOLI (M. de), lieutenant général, 29.
Caractères de l'Amour (Les), opéra, 204, 220.
Caractères de la Folie (Les), opéra, 273.
CARAFFA (Cardinal), 388.
CARIGNAN (Princesse de), 90.

CARLINGFORD (Milord), 7.
CASTÉJA (M. de), gouverneur de Toul, 156.
CASTEL (Le P.), jésuite, 37.
CASTELMORE (M. de), 202.
CAUMARTIN (M. de), intendant de Lille, 475.
CAUMONT (Duc de), 211.
CAUSANS (Chevalier de), 193.
CAYLUS (Charles-Gabriel de Pestel de Lévis de Tubières de), évêque d'Auxerre, 55.
CAZE (Mme), née Lescarmotier, 189.
CERDA (M. de la), ministre de Portugal, 156.
CERNAY (Mme de), 460.
CERVEAU, prêtre de Saint-Étienne du Mont, 3, 35, 51, 76, 85.
CHABANNES (M. de), 6, 8.
CHABOT (Comte de), colonel, 460.
CHABOT (Mme de), née Vervins, 102, 106, 113.
CHABRERIE (Mme de la), née Touzard, 118.
CHALABRE (M. de), exempt des gardes du corps, 48.
CHAMBORS (M. de), écuyer du roi, 236, 240, 243.
CHAMBORS (Mme de), 412, 463.
CHAMOUSSET (M. de), maître des comptes, 350.
CHAMPAGNE (Comte de), 183, 186, 187.
CHAMPAGNE (Mme de), née Maridor, 395.
CHAMPCENETZ (M. de), le fils, 163.
Chancelier (Le). *Voy.* BLANCMESNIL.
CHAPELLE (M. de la), premier commis des affaires étrangères, 13.
CHARDIN fils, peintre, 134.
CHARLES (Prince). *Voy.* ARMAGNAC.
CHARLEVAL (Comte de), colonel, 460.
CHAROLOIS (Charles de Bourbon-Condé, comte de), 3, 28, 33, 155, 347, 443.
CHAROST (Duc de), 378, 394.
Chartres (Évêque de). *Voy.* FLEURY.
CHARTRES (Louis-Philippe-Joseph d'Orléans, duc de), 482, 483.
CHASTELLUX (Mme de), 170.
CHATEAUBRUN (M. de), de l'Académie française, 93.
CHATEAU-MÉLIAND (Mme de), 132.
CHATEAURENAUD (Mme de), 264.
CHATEAUVILLAIN (Duc de), 160.
CHATELAIN (Mlle), femme de chambre de la reine, 255, 258.
CHATELET (M. du), 460.
CHATELET (Mme du), née Rochechouart, dame de la dauphine, 92, 160.
CHATRE (Mme de la), 16.
CHAULNES (Duc de), 33, 46, 155, 184, 381, 400.
CHAULNES (Duchesse de), 46, 381, 427.
CHAUMONT (Mlle de), 80.
CHAU-MONTAUBAN (M. de la), premier écuyer du duc d'Orléans, 428.
CHAU-MONTAUBAN (Mlle de la), 431.
CHAUVELIN (Abbé), 284, 285.

CHAUVELIN (Chevalier), ambassadeur à Turin, 352.
CHAUVELIN (M.), conseiller d'État, 268, 475.
CHAVIGNY (M. de), 16, 217.
CHAZERON (M. de), lieutenant général, 6, 8.
CHESNELAYE (M. de la), 49.
CHEVREUSE (Marie de Rohan, duchesse de), 263.
CHEVREUSE (Marie-Charles-Louis d'Albert, duc de), fils du duc de Luynes, 97, 381, 396, 399.
CHIFFREVILLE (Mlle de), 32.
CHIMAY (Princesse de), dame de Mesdames, 103, 254, 264, 303.
CHOISEUL (M. de), 183, 186, 223.
CHOISEUL-BEAUPRÉ (M. de), menin du dauphin, 460.
CIVRAC (Mme de), dame d'atours de Madame Adélaïde, 223, 242, 264.
CLARE (Milord), lieutenant général, 32, 125.
CLÉREMBAUT, organiste de Saint-Cyr, 384.
CLERMONT (Louis de Bourbon-Condé, comte de), 3, 29, 33, 155, 201, 213, 271, 275.
CLUE (M. de la), capitaine de vaisseau, 31, chef d'escadre, 273.
COETLOGON (Comte de), lieutenant général, 8, 50.
COFFIN (La veuve), 24, 25.
COIGNY (M. de), 102, 106, 113, 154.
COIGNY (Maréchal de), 445.
COIGNY (Mme de), 445.
COISLIN (Mme de), née Mailly-Rubempré, 29.
COLBERT (Abbé), doyen d'Orléans, 40, 41, 44, 50, 59.
COLOGNE (Clément-Auguste de Bavière, électeur de), 417-424, 433.
Compiègne (Travaux de), 204.
CONDÉ (Louis-Joseph de Bourbon, prince de), 33, 41, 87, 113, 207, 348, 352, 443.
CONDÉ (Charlotte-Godefride-Élisabeth de Rohan-Soubise, princesse de), 41, 89.
CONDORCET (Jacques-Marie de Caritat de), évêque d'Auxerre, 20, 455.
Conflans (Maison de), 182.
CONFLANS (M. de), 146, 161.
CONFLANS (Mlle de), 286.
Conseil d'État (Arrêt du), 104.
CONSERANS (Famille de), 17.
CONSTANTIN (Le prince), premier aumônier du roi, 2, 374.
Contrôleur général (Le). *Voy.* SÉCHELLES.
CONTY (Louise-Élisabeth de Bourbon-Condé, princesse douairière de), 254, 264.
CONTY (Louis-François de Bourbon, prince de), fils de la précédente, 7, 33, 44, 45, 55, 57, 83, 87, 88, 110, 201, 213, 223, 275, 283, 328, 347, 351, 354, 367, 370.
COQUELIN (Abbé), 15, 21, 25, 30, 81.
COQUEREAU, avocat, 94.
CORIOLIS (Abbé de), 278.
CORN (M. de), aide-major des gardes du corps, 459.
CORNILLON (M. de), major des gardes, 304.
COSCIA (Cardinal), 54.

Cosme (Le frère), chirurgien, 236, 237, 260, 265, 272, 377, 485.
Cotte (M. de), architecte du roi, 28, 267.
Courcillon (Mme de), 217.
Courtivron (Mme de), 475.
Courtomer (M. de), 20, 267, 278.
Couturier (M.), commerçant de Marseille, 216.
Coypel, peintre, 347.
Cozette (M.), artiste de la manufacture des Gobelins, 347.
Crenay (Chevalier de), chef d'escadre, 132, 136, vice-amiral du Ponent, 273, 275.
Créquy (Marquis de), lieutenant général, 8.
Creuilly (M. de), 449.
Crèvecoeur (M. de), commandant au Canada, 252, 270, 272.
Croissy (M. de), 112.
Croissy (Mme de), 132.
Cury (M. de), intendant des Menus, 402, secrétaire du cabinet, 403.

D.

Dalembert, de l'Académie des sciences, 232.
Damas (M. de), 400.
Dandasne, avocat, 33.
Danois (Mlle le), 82.
Danteville (M. de), chef de brigade des gardes du corps, 305.
Dauphin (M. le). *Voy.* Louis de France.
Dauphine (La). *Voy.* Marie-Josèphe de Saxe.
Delavigne (M.), premier médecin de la reine, 202, 249, 275.
Deschoisy (Marquis), 428, 431.
Detroy, directeur de l'Académie de France à Rome, 240, 347.
D'Huez, peintre, 134.
Dieskau (M. de), 44, 297, 332.
Dombes (Louis-Auguste de Bourbon, prince de), grand veneur de France, 4, 155, 159, 210, 274, 275, 276, 278, 280, 283.
Dormenan (Mlle de), demoiselle de Saint-Cyr, 20.
Dreux (Chevalier de), grand-maître des cérémonies, 118, 162, 277, 305.
Dubois (Cardinal), 239.
Dubois de la Motue (M.), chef d'escadre, 130, 162, 202, 203, 234, 238, 272, lieutenant général des armées navales, 273, 275, 325.
Duclos (M.), de l'Académie française, 273.
Dufort (M.), introducteur des ambassadeurs, 40, 49, 113, 159, 431.
Duhan (Mme), supérieure de la maison de Saint-Cyr, 170, 384.
Dumoulin (Jacques Molin, dit), médecin consultant du roi, 101, 124, 141.
Dunkerque (Travaux de), 232-234.
Dunois (Charles-Marie-Léopold d'Albert de Luynes, comte de), 348, 349.
Dupleix (M.), gouverneur de Pondichéry, 99, 142, 195, 237.
Duras (Jean-Baptiste de Durfort, duc de), maréchal de France, 260, 261, 264, 298.

Duras (Angélique-Victoire de Bournonville, maréchale de), femme du précédent, dame d'honneur de Madame, 41, 223, 261, 289.
Duras (Duc de), 164, 237, 249, 251, 260, 261, 268, 285.
Duras (Duchesse de), 289.
Durfort (M. de), 209, 238, 458, 474.
Durfort (Mlle de), demoiselle de Saint-Cyr, 20.
Duvelaer (M.), directeur de la compagnie des Indes, 319.

E.

Ecquevilly (Abbé d'), 181.
Egmont (Comte d'), 351, 396, 399, 403, 429.
Egmont (Comtesse d'), 445.
Egmont (Mme d'), née Duras, dame du palais de la reine, 41.
Elbeuf (Princesse d'), 10.
Emmery (Terre d'), 18.
Escars (Marquis d'), née Berwick, 165.
Espaux (M. d'), chef de brigade, 190.
Espiés (Marquis d'), 428, 431.
Esther, tragédie, 383.
Estouteville (M. d'), 299.
Estrades (Mme d'), dame d'atours de Mesdames, 222, 232.
Estrées (Abbé d'), 45.
Estrées (Comte d'), 214, 377, 378.
Étampes (M. d'), 21, 22.
Eu (Louis-Charles de Bourbon, comte d'), 4, 276, 278, 280, 286, 291, 301, 322, 323.

F.

Faure (M.), médecin ordinaire du roi, 140.
Ferdinand VI, roi d'Espagne, 268.
Ferrand (M.), conseiller au parlement, 135.
Ferrière (M. de la), chef de brigade, 190, 453.
Ferté (Mme de la), née Rabodanges, 174.
Ferté-Imbault (Mme de la), 22.
Feydeau de Brou (M.), intendant de Rouen, 192.
Fiennes (M. de), 305.
Fimarcon (Mme de), née Haillet, 54.
Fitz-James (Duc de), 87, 373, 404.
Fitz-James (François de), évêque de Soissons, 99.
Fitz-James (Victoire-Louise-Sophie de Goyon de Matignon, duchesse de), dame du palais de la reine, 197, 203.
Flavacourt (M. de), 22.
Flavacourt (Hortense-Félicité de Mailly-Nesle, marquise de), dame du palais de la reine, 197, 209, 400.
Flavacourt (Mlle de), 22.

DES NOMS ET DES MATIÈRES.   497

FLESSELLES (Mlle de), 113.
FLEURY (André-Hercule de), cardinal, 140, 149.
FLEURY (André-Hercule de Rosset, duc de), premier gentilhomme de la chambre du roi, 33, 336, 338.
FLEURY (Pierre-Augustin-Bernardin de Rosset de), évêque de Chartres, premier aumônier de la reine, 20, 94, 383, 385, 476.
FONTENAY (Mme de), abbesse de Cordillon, 319.
FONTENILLE (Antoine-René de la Roche de), évêque de Meaux, premier aumônier de Madame, 9, 201, 207.
FONTENILLE (Mme de), 9.
FONTETTE (M. de), intendant de Caen, 135.
FORBIN (Mme de), née Caze, 189, 192.
FORCALQUIER (Mme de), 41.
FOURNIER, médecin, 464.
FRAGONARD, peintre, 133.
FRANCE (Anne-Henriette de), nommée *Madame Henriette*, puis *Madame*, deuxième fille du roi, 426.
FRANCE (Marie-Adélaïde de), nommée *Madame Adélaïde*, troisième fille du roi, 90, 150, 174, 185, 186, 194, 197, 198, 209, 222, 242, nommée *Madame*, 265, 267, 280, 305, 341, 383, 385, 427.
FRANCE (Marie-Louise-Adélaïde-Victoire de), nommée *Madame Victoire*, quatrième fille du roi, 16, 21, 90, 102, 150, 174, 194, 197, 198, 209, 267, 280, 305, 383, 385, 427.
FRANCE (Sophie-Philippine-Élisabeth-Justine de), nommée *Madame Sophie*, cinquième fille du roi, 90, 150, 174, 194, 197, 198, 209, 267, 280, 305, 383, 385, 427.
FRANCE (Louise-Marie de), nommée *Madame Louise*, sixième fille du roi, 90, 150, 174, 194, 197, 198, 209, 267, 280, 305, 383, 385, 427.
FRANCE (Marie-Zéphirine de), nommée *la petite Madame* et *Madame*, fille du dauphin, 252, 253, 254, 264, 271.
FRÉDÉRIC II, roi de Prusse, 218, 219, 401, 429, 431, 468.
FRESNE (Mlle de), 10, 23.
FRESNE-DAGUESSEAU (M. de), 57.
FRISE (Comte de), maréchal de camp, 103.
FROULAY (M. de), 195.
FROULAY (Mme de), 337.
FUMEL (M. de), 33.
FUMEREAU (M. de), exempt des gardes du corps, 459.

G.

GABRIEL, premier architecte du roi, 219, 267.
GALAIZIÈRE (M. de la), chancelier de Lorraine, 203, conseiller d'État, 268.
GALAIZIÈRE (Mlle de la), 430, 454.
GALANT (M.), contrôleur de Monceaux, 343, 372.
GALIFFET (Abbé), 196.
GALIFFET (Mme de), née Lévis, 408.

GALISSONNIÈRE (M. de la), lieutenant général des armées navales, 273, 414.
GAMACHES (Abbé de), 461.
GAUTHIER, ingénieur, 298.
Gazette de France (Détails sur la), 397.
GENDRE (Mlle le), 49. *Voy.* LEGENDRE.
GENOIN (M. de), 144.
GEOFFRIN (Mme), 22.
GEORGES II, roi d'Angleterre, 220, 234, 276, 332, 429.
GESVRES (Étienne-René-Potier, cardinal de), évêque de Beauvais, 33, 99.
GESVRES (François-Joachim-Bernard Potier, duc de), premier gentilhomme de la chambre du roi, gouverneur de Paris, 33, 97, 118, 119, 163, 168, 185, 220, 223, 266, 277, 284, 304, 320, 399.
Gisors (Duché de), 171.
GISORS (M. de), 76, 112, 113, 150.
GISORS (Mme de), 49, 113.
GIZEUX (M. de), maître des cérémonies, 118.
GODARD, huissier du cabinet, 200.
GODEHEU (M.), commandant à Pondichéry, 99, 222, 225.
GODONÈCHE, musicien de la chapelle, 397.
GONTAUT (Marquis de), 400.
GOUAULT (Abbé), vicaire général du diocèse de Troyes, 98.
GOURGUES (Mme de), 42.
GOUYON (Abbé de), aumônier de Madame Adélaïde, 20.
GOYON (M. de), colonel en second du régiment colonel dragons, 348.
GRAMONT (Comte de), menin du dauphin, 270.
GRAMONT (Duchesse de), née Biron, 382.
GRAMONT (Duchesse de), née Gramont, 380.
GRAMONT-FALON (Mme de), née Vaudrey, 450.
GRASSE (Jacques de), évêque de Vence, 99.
GREVENBROECK (M. de), ministre de l'électeur palatin en France, 110.
GRIBEAUVAL (M. de), capitaine de mineurs, 226.
GRIFFET (Le P.), jésuite, 29, 107, 170.
GRIMALDI (M. de), ambassadeur d'Espagne en Hollande, 32.
GRIMBERGHEN (Louis-Joseph d'Albert de Luynes, prince de), 110, 389.
GRIMOD DE BEAUREGARD (M.), 156.
GUAY (Comte du), chef d'escadre, 213, 234, 255, 256, 258.
GUÉBRIANT (M. de), envoyé à Cologne, 405, 417-424, 426, 432.
GUERCHY (Mme de), 30.
GUERS (M. de), lieutenant-colonel, 304.
GUILLERIN, chanoine d'Orléans, 3.
GUIPEVILLE (M. le président de), 195.
GUITAUT (Comte de), guidon des gendarmes, 430, 454.

H.

HARCOURT (Duc d'), 87, 373, 404.
HAUTEFEUILLE (Mme d'), 52.

HAYE DES FOSSÉS (M. de la), 319.
HAZON (M.), intendant des bâtiments du roi, 266, 267, 343.
HÉLIOT (Abbé d'), 244.
HELVÉTIUS (M.), premier médecin de la reine, 202.
HÉNAULT (Le président), surintendant de la maison de la reine, 37, 58, 59, 125, 200, 232, 331.
HENRIAU (Jean-Marie), évêque de Boulogne, 3.
HENRICHEMONT (M. d'), 49.
HENRICHEMONT (Mme d'), née Châtillon, 49.
HENRIETTE (Madame). *Voy.* FRANCE (Anne-Henriette de).
HERBOUVILLE (Mme d'), 15.
HÉRICOURT (Abbé d'), 33, 87.
HESSE-CASSEL (Georges, prince de), 99.
HOCQUART (M.), capitaine de vaisseau, 202, 383.
HOLSTEIN-EUTIN (Duchesse de), 430.
HÔPITAL (M. de l'), 154.
HÔPITAL (Mlle de l'), 170.
HUART, sous-chantre d'Orléans, 44.
HUTTEN (Baron de), 191.

I.

IMBERCOURT (D'), chanoine d'Orléans, 3.
Infant (L'). *Voy.* PHILIPPE (Don).
ISENGHIEN (M. d'), 15, 41.
ISENGHIEN (Mlle d'), 15.
ISLE (M. Garnier d'), architecte, 267, 343.
ISSARTS (M. des), le fils, 474.

J.

JABLONOWSKI (Le prince), 373.
JACOB (Le pasteur), 227.
JANSON (Mme de), née Nicolaï, 473.
JARZÉ (Mme de), dame de la princesse de Condé, 22.
JARZÉ (Mlle de), 22.
JOLY DE FLEURY (M.), premier avocat général, 38, 284, 479.
JOYEUSE (M. de), colonel, 201.
JOYEUSE (Mme de), 46.
JUMILHAC (Abbé de), 173.

K.

KERHOENT (Mme de), 445.
KÉROUART (Mme de), 10.

KERPATRY, médecin, 483.
KINSKI (Mme de), 374.
KNIPHAUSEN (M. de), envoyé de Prusse, 402.
KOPPEL (Baron de), 50.

L.

LAMBALLE (Prince de), 166, 201, 205.
LAMBLIN (M.), conseiller au Parlement, 41, 50.
LA MONNOYE, avocat, 88.
LANDRÉ (M.), capitaine des ports de Dunkerque, 416.
LANGERON (Bailli de), lieutenant général des galères, 136.
LANGERON (M. de), 8.
LANGHEAC (Mme de), 328.
Langres (Évêque de). Voy. MONTMORIN DE SAINT-HÉREM.
LARMOY (Comte de), capitaine de la compagnie des gendarmes anglais, 20.
LASSAY (M. de), 4.
LASSURANCE (M. de), architecte contrôleur de Marly, 257, 264, 267, 343.
LASTIC (Chevalier de), premier gentilhomme de la chambre du duc de Penthièvre, 190.
LASTIC (M. de), le fils, 107, 126, 201, 302.
LAURAGUAIS (Comte de), 15.
LAURAGUAIS (Comtesse de), née d'Isenghien, 41, 320.
LAURAGUAIS (Diane-Adélaïde de Mailly-Nesle, duchesse de), dame d'atours de la dauphine, 41.
LAUTREC (M. de), 2, 276, 277.
LAVILLE (Abbé de), du bureau des affaires étrangères, 12.
LÉCUYER (M.), architecte, 343.
LÈDE (Marquise de), 203.
LEGENDRE (M.), fermier général, 10.
LEGENDRE (Mlle), 113. Voy. GENDRE.
LEMAIRE (M. le président), 114.
LEMOINE (François), peintre, 6.
LE MOYNE, sculpteur, 5.
LEMPEREUR, joaillier, 429.
LENGLET-DUFRESNOY (Abbé), 35.
LÉPINOY (Mlle de), 32.
LEUCOURT (M. de), colonel, 275.
LEVIGNAN (Mlle de), 123.
LIEUTAUD (M.), médecin des enfants de France, 267.
LIGNY (M. de), 107, 113.
LIGNY (Mme de), née Rambures, 132, 136.
LIGONDÈS (Chevalier de), exempt des gardes du corps, 459.
LIRONCOURT (M. de), 143.
Lisbonne (Tremblement de terre à), 307-310, 334-336, 473.
LISLEBONNE (Mme de), née la Feuillade, 2, 3, 406.
LIVE (M. de la), introducteur des ambassadeurs, 396.

Livry (Louis Sanguin, marquis de), premier maître d'hôtel du roi, 144, 270.
Livry (Mme de), 49.
Lopès (M.), avocat, 123.
Lorière (M. de), conseiller au grand conseil, 279.
Lostanges (M. de), 46, 366.
Louis XIV, 181, 227.
Louis de France, dauphin, fils de Louis XIV, 262..
Louis XV, 1-25, 29-33, 38-45, 48-57, 66, 74, 80-83, 89, 90, 94, 99-119, 126, 132, 133, 137, 144, 150, 156, 160-168, 173-177, 186, 189, 190, 194, 197-204, 207-226, 232, 236-244, 249, 254-267, 270-291, 295, 299-310, 319-326, érection de sa statue à Nancy, 327, 328, 331, 336-338, 341-343, 347, 349, 354, 364-378, 383, 393-396, 399-406, 427, 430, 436-448, 451, 455-461, 465, 468, 479-487.
Louis de France, dauphin, fils de Louis XV, 3, 29, 90, 97, 150, 160, 163, 167, 185, 186, 198, 200, 213, 219, 236, 243, 252, 271, 275, 305, 341, 369, 370, 383-385, 399, 412; sa lettre à Mme de Chambors, 413, 426, 427, 463.
Louise (Madame). *Voy.* France (Louise-Marie de).
Lourailles (Mme la présidente de), 15.
Lowendal (Maréchal de), 165, 345.
Lowendal (Mme la maréchale de), 345, 346.
Luc (Marquise du), 415.
Lucé (M. de), chargé des affaires de France en Lorraine, intendant de Strasbourg, 47, 48.
Lussan (M. de), 141.
Lussay (Chevalier de), sous-aide-major des gardes du corps, 459.
Luxembourg (M. de), capitaine des gardes, 320, 372.
Luynes (Charles-Philippe d'Albert, duc de), 33, 75, 97, 182, 202, 349, 370, 437, 442; sa lettre à M. Alliot, 458.
Luynes (Marie-Brulart, duchesse de), dame d'honneur de la reine, femme du précédent, 21, 47, 49, 74, 75, 96, 170, 197, 204, 205, 209, 260, 318, 337, 338, 345, 349, 370, 417, 427, 445.
Luynes (Paul d'Albert de), archevêque de Sens, premier aumônier de la dauphine, 94, 125, 160, 167, 197, 301, 330, 331.
Luzy (M. de), contrôleur de Vincennes, 343.

M.

Macé (Abbé), 87.
Machault (Jean-Baptiste de), seigneur d'Arnouville, garde des sceaux, 57, 136, 151, 266, 270.
Macnemara (M. de), lieutenant général de la marine, 31, 127, 130, 162, 417.
Madame. *Voy.* France (Marie-Adélaïde de).
Madame (La petite). *Voy.* France (Marie-Zéphirine de).
Mademoiselle. *Voy.* Orléans (Louise-Marie-Thérèse-Bathilde d').
Mahomet V, sultan, 16.
Maillé (M. de), 22, 23.

MAILLEBOIS (Maréchal de), 460.
MAILLEBOIS (Maréchale de), dame d'honneur de Mesdames, 146.
MAILLEBOIS (M. de), 119, 320, 460.
MAILLY (M. de), premier écuyer de la dauphine, 460.
MAILLY (Mme de), née Bournonville, 462.
MAILLY D'AUCOURT (Comte de), 339.
MAINE (Louis-Auguste de Bourbon, duc du), 4, 238.
MAINE (Anne-Louise-Bénédicte de Bourbon-Condé, duchesse du), 4, 238.
MALESHERBES (M. de), 478.
MALEZIEU (M. de), 150.
MANDRIN, 154, 194.
MANERBE (Chevalier de), 243.
MANERBE (Mme de), 236, 237.
MARCHE (Louis-François-Joseph de Bourbon-Conty, comte de la), 275, 283.
MARCOT (M.), médecin ordinaire du roi, 235.
MARETS (Mme des), 47, 49.
MARIDOR (Mlle de), 183.
MARIE-JOSÈPHE DE SAXE, dauphine de France, 90, 118, 146, 155, 160, 163, 167, 174, 193, 194, 198, 219, 243, 304, 322, 383-385, 399, 406, 427, 463.
MARIE LECZINSKA, 7, 20, 21, 49 ; ses lettres à la duchesse de Luynes, 74, 75, 90, 96, 99, 100, 106, 146, 163, 164, 167, 170, 174, 176, 192, 197-199, sa lettre au duc de Luynes, 202, 203-205, 208-210, 223, 236, 252-254, 258, 260, 266, 267, 270, 280, 292-295, 305, 318, 327 ; sa lettre au duc de Luynes, 349, 372-376, 395, 406, 417, 426, 427, 445, 468, 469, 476.
MARIGNY (Marquis de), 133, 267, 346.
MARSAN (Mme de), née Rohan-Soubise, gouvernante des enfants de France, 89, 252, 301, 305.
Marseille (Évêque de). *Voy.* BELZUNCE.
MARSOLIER (Mme), 383.
MARTIN, apothicaire de la reine, 198.
MARTINIÈRE (M. de la), premier chirurgien du roi, 236, 260, 318.
MASCRANNI (M. de), président de la chambre des comptes, 450.
MASONES (M. de), ambassadeur d'Espagne, 32, 347.
MASSIAC (M. de), chef d'escadre, 411, 412.
MAUCOMBLE (Mlle de), 199, 200.
MAUPEOU (M. de), premier président au parlement de Paris, 1, 8, 9, 15, 16, 30, 32, 38, 39, 44, 45, 80, 89, 94, 107, 108, 119, 156, 199, 273, 285, 341, 369, 436, 459, 460, 461, 465.
MAUPEOU (M. de), colonel d'infanterie, 199, 200.
MAUREPAS (Jean-Frédéric Phélypeaux, comte de), 138.
MAZARIN (Cardinal), 263.
MAZARIN (Duc de), 163.
MAZARIN (Mme de), 213, 215, 216, 217.
Meilleraye (Terre de la), 46.
MELFORT (M. de), 17.
MÉNARS (Mlle de), 126.
MÉNIL (Chevalier de), 238.
MÉRINVILLE (M. de), 155, 170.

Mérinville (Mme de), née l'Hôpital, 174, 209.
Mesdames. *Voy.* France (Anne-Henriette, Marie-Adélaïde, Marie-Louise-Adélaïde-Victoire-Sophie et Louise-Marie de).
Metz (Évêque de). *Voy.* Saint-Simon.
Meuriset, vicaire de Saint-Étienne du Mont, 12, 30, 51.
Mirepoix (Évêque de). *Voy.* Boyer (Jean-François).
Mirepoix (Duc de), lieutenant général, ambassadeur à Londres, 16, 97, 201, 204, 208, 209, 210, 212, 285, 286.
Mirepoix (Mme de), dame du palais de la reine, 7, 203, 301, 303.
Modave (Mme de), 17, 18.
Molé (M. le président), 44, 102, 114, 273, 341.
Molen (M.), secrétaire du prince de Conty, 354.
Molien (M.), capitaine de frégate, 273.
Molin. *Voy.* Dumoulin.
Mollet (M.), architecte, 267.
Monaco (Prince de), 318.
Monclar (M. de), procureur général du parlement d'Aix, 368.
Monconseil (Mme de), 209.
Monet, peintre, 133.
Monlis (M. de), 185.
Monnin (M. de), lieutenant général, 479.
Montaigu (M. de), 189, 459.
Montaran (M. de), 199.
Montazet (Antoine de Malvin de), évêque d'Autun, 206, 288.
Montazet (M. de), 265.
Montbarrey (Mme de), 341.
Montciel (M. de), ministre de France à Stuttgard, 251.
Montclus (Louis-François de Vivet de), évêque d'Alais, 211.
Monteil (M. de), envoyé à Cologne, 405, 413, 426.
Montesquieu (M. le président de), 36-38, 93.
Montesson (Mme de), 88.
Monteynard (Mme de), 100.
Montfaucon (M. de), écuyer du dauphin, 240.
Montfort (Milord), 12.
Montijo (M. de), 150.
Montillet (Jean-François de Châtillard de), archevêque d'Auch, 60.
Montjoye (Abbé de), 201.
Montlouet (M. de), chef d'escadre, 272.
Montmartel (M. Paris de), 27, 330.
Montmorency (Baron de), menin du dauphin, 271.
Montmorency (Duc de), 48, 299.
Montmorency (Mme de), née de l'Espinay, 450.
Montmorency-Tingry (Duchesse de), 295.
Montmorin (M. de), 45, 106, 270.
Montmorin (Mme de), 154.
Montmorin de Saint-Hérem (Gilbert de), évêque de Langres, 3, 29, 301, 46.
Montplaisant (M. de), prévôt de la ville de Paris, 44.
Montrevel (Mlle de), 223.

MONTSALAIS (Mme de), 33.
MORANZEL (M. de), architecte, contrôleur de Fontainebleau, 264, 266, 270.
MORAS (M. de), 199, 276, 340, 464, 473.
MOREAU DE SAINT-JUST (M.), conseiller au Parlement, 80, 143.
MORNAY (Mme de), supérieure de Saint-Cyr, 21, 170.
MOROSINI (M. de), 459.
MORTEMART (Duc de), 87.
MOSSON (Mme de la), 202.
MOTHE (M. de la), maréchal de France, chevalier d'honneur de la reine, 295, 298.
MOTHE (Mme la maréchale de la), 327.
MOTTE (Louis-François-Gabriel d'Orléans de la), évêque d'Amiens, 301, 331, 338.
MUY (Marquis du), 55.
MUZANCÈRE (Pierre-Charles Mauclerc de la), évêque de Nantes, 376.

N.

NAJAC, contrôleur de la bouche de la reine, 255.
Nantes (Évêque de). *Voy.* MUZANCÈRE.
Narbonne (Archevêque de). *Voy.* ROCHE-AYMON.
NARBONNE-PELET (Mlle de), 283.
NASSAU-MAILLY (Mme de), 408.
NASSAU-SARREBRUCK (Prince de), 50.
NASSAU-USINGEN (Prince de), 23, 126.
NATOIRE (M.), peintre, 347.
NATTIER, directeur de l'académie de France à Rome, 240.
Navarre (Terre de), 375.
NESLE (M. de), 408, 409.
NEUVILLE (Le P.), prédicateur, 36.
NICOLAÏ (Le président de), 8.
NICOLAÏ (Mme de), 8.
NIVERNOIS (Duc de), 2, 33, 113, 238, 284, 320, 352, 402.
NIVERNOIS (Duchesse de), 40, 49, 113.
NOAILLES (Adrien-Maurice, duc de), maréchal de France, capitaine des gardes du corps du roi, 7, 8, 124, 174, 208, 355-358, 459, 461.
NOAILLES (Philippe, comte de), gouverneur de Versailles, 25, 97, 195, 196, 237, 456.
NOGARET (Mlle de), 450, 451.
NOINVILLE (M. de), 23.
NOVION (M. le président de), 273, 341.

O.

OPPÈDE (Marquis d'), capitaine de gendarmerie, 430.
OPPÈDE (Marquise d'), née Beaussan, 473.

Orléans (Évêque d'). *Voy.* PARIS.
ORLÉANS (Philippe, duc d'), régent du royaume, mort en 1723, 161, 239, 262.
ORLÉANS (Louis, duc d'), fils du régent, premier prince du sang, 93.
ORLÉANS (Louis-Philippe, duc d'), fils du précédent, 3, 33, 87, 211, 213, 275, 351, 442, 443, 444, 455, 478, 482, 483.
ORLÉANS (Louise-Henriette de Bourbon-Conty, duchesse d'), femme du précédent, 350.
ORLÉANS (Louise-Marie-Thérèse-Bathilde d'), fille des précédents, nommée *Mademoiselle*, 482, 483.
ORMESSON (M. d'), conseiller d'État, 471.
Orphelin de la Chine (L'), tragédie, 276.
OSSOLINSKA (Duchesse), 379.
OTHMAN III, sultan, 102.
OUDRY, peintre, 143.

P.

PAJOT DE VILLEPERROT (M.), maréchal de camp, 6.
PAJOT DE VILLEPERROT (Mlle), 195, 200.
Palmire, opéra, 204.
PALUN (Mme de la), 124.
PANGE (M. de), 32.
Pape (Le). *Voy.* BENOÎT XIV.
PARABÈRE (Mme de), 237.
PARALADA (M. de), ambassadeur d'Espagne à Lisbonne, 307.
Paris (Archevêque de). *Voy.* BEAUMONT.
PARIS (Nicolas-Joseph), évêque d'Orléans, 9, 15, 201.
Parlement (Affaires du), 3, 25, 30, 34, 50, 58, 70, 76, 77, 78, 81, 82, 83, 86, 89, 92, 94, 97, 109, 111, 113, 114, 115, 118, 119, 124, 125, 127, 134, 144, 145, 151-153, 156, 162, 172, 180, 182, 187, 196, 199, 201, 206, 209, 214, 221, 224, 231, 237, 244-250, 255, 269, 278, 282, 286, 296, 299, 301, 302, 320, 332, 379, 395, 398, 417, 427, 435, 437, 439, 444, 445, 452, 461, 468, 478, 480-482.
PARROCEL (M.), peintre, 347.
PASTEUR (Jacob), partisan, 227-231.
PAULMY (M. de), ministre d'État, 119, 280.
PAULMY (Mme de), née la Marche, 107, 208.
PELLETIER (Mlle), 28.
PENTHIÈVRE (Louis-Jean-Marie de Bourbon, duc de), 3, 132, 155, 160, 166, 201, 205, 244, 276, 278, 283, 397.
PÉRIGNY (Mme de), née de Lorne, 118.
PÉRIGNY (Mlle de), 474.
PÉRIGORD (Mme de), dame du palais de la reine, 197, 209.
PERNON (Mlle), 163.
PÉROUSE (Pierre-Annet de), évêque de Gap, 99.
PERRIER DE SALVERT (M.), chef d'escadre, 414, 461, 471.

PERSAN (Mme de), née la Frezelière, 19.
PERSEVAL (Mme de), 49.
PERTH (Duc de), 16, 17.
PERTH (Milady), 11, 15, 16, 17, 21.
PEZÉ (Mlle de), 162.
PEZEUX (Mme de), 40.
PHILIPPE (Don), infant d'Espagne, duc de Parme, 224, 347.
PICNON (Le P.), jésuite, 395.
PINCRÉ (M. de), chanoine de Sainte-Geneviève, 461.
PINK (Baron de), 352.
PITT (M.), trésorier de la guerre en Angleterre, 330.
PLESSIS-CHATILLON (Mme du), 132.
PLUMARTIN (M. de), 42.
PLUYETTE (M.), dessinateur des jardins, 343.
POERSON, directeur de l'académie de France à Rome, 239.
POLASTRON (Chevalier de), 143.
POLIGNAC (Mme de), née Louvois, 179.
Pologne (Roi de). *Voy.* STANISLAS LECZINSKI.
POMPADOUR (Marquise de), 152, 163, 199, 200, 203, 220, 222, 264, 270, 303, 315, 328, 372; dame du palais de la reine, 417.
POMPIGNAN (Jean-Georges le Franc de), évêque du Puy, 164.
POMPONNE (Abbé de), chancelier de l'ordre du Saint-Esprit, 2, 403.
PONCET DE LA RIVIÈRE (Mathias), évêque de Troyes, 2, 15, 25.
PONS (Marquis de), 450, 451.
PONS (Prince de), 214, 294, 295, 299.
PONT-CHAVIGNY (Marquise de), 88.
PORTAIL (Mlle), 146, 161, 345.
PORTS (M. des). *Voy.* BERNIS.
POTHOUIN (M.), avocat, 249.
PRÉMENY (M. de), commandant à Pondichéry, 222.
Premier (M. le). *Voy.* BÉRINGHEN.
Premier président (Le). *Voy.* MAUPEOU.
Prévôt des marchands (Le). *Voy.* BERNAGE DE SAINT-MAURICE.
PRIE (Mme de), 310.
PRISYE (M. de), aide-major des gardes du corps, 459.
PROVENCE (Louis-Stanislas-Xavier de France, comte de), 304, 320, 347, 413.
PRUDHOMME (M.), ancien garde du corps, 36.
PRULÉ (M. de), 23.
PRULÉ (Mme de), née Noinville, 113.
Prusse (Roi de). *Voy.* FRÉDÉRIC II.
PUISIEUX (M. de), 11, 13, 14, 22, 29.
PUISIEUX (Mme de), 263.

Q.

QUESNE (M. du), commandant en Canada, 270, chef d'escadre, 273.

R.

Racine (Louis), 384.
Radominski (Le P.), confesseur de la reine, 394.
Radonvilliers (Abbé de), 244.
Raffetot (Mme de), 92.
Raigecourt (Abbé de), aumônier du roi, 463.
Ramburés (Marquis de), 9, 107, 165.
Rambures (Mlle de), 113.
Rameau, compositeur de musique, 204.
Randan (Duc de), lieutenant général, 126.
Ravago (Le P.), jésuite, 268.
Ravignan (Mme de), 27.
Réconciliation normande (La), comédie, 273.
Reine (La). *Voy.* Marie Leczinska.
Rennes (Évêque de). *Voy.* Vauréal.
Rewentlaw (M. de), envoyé de Danemark, 203.
Reynière (Mme de la), 454.
Rians (Mme de), dame de Mesdames, 132.
Ribellerie (Mlle de la), 80.
Richelieu (Louis-François-Armand de Vignerot du Plessis, duc de), maréchal de France, 203, 221, 251, 275, 285, 286, 287, 374, 377, 378, 391, 396, 429, 442.
Richelieu (Mlle de), 396.
Ricouart (Mme), née Pontcarré, 114.
Rieux (Comte de), 243.
Rivière (M. de), commandant des mousquetaires noirs, 186.
Roche-Aymon (Charles-Antoine de la), archevêque de Narbonne, 291, 301.
Rochechouart (Abbé de), 352.
Rochechouart (Duc de), 299.
Rochechouart (Jean-François-Joseph de), évêque de Laon, 33, 75.
Rochechouart (M. de), lieutenant de vaisseau, 44.
Rochechouart (Mme de), 272.
Rochechouart-Montigny (Pierre-Julien-Jules-César de), évêque de Bayeux, 56.
Rochefoucauld (Frédéric-Jérôme de Roye de la), cardinal, archevêque de Bourges, 51, 53, 83, 89, 90, 163, 164, 165, 167, 199, 202, 210, 223, 236, 239, 243, 244, 257, 275, 283, 287, 288, 290, 291, 299, 300, 320, 326, 338, 370, 378, 468, 485.
Rochefoucauld (Mlle de la), 278.
Rochemore (M. de), 195.
Rohan (Abbé de), 252.
Rohan (Comte de), grand écuyer et grand veneur de l'infant don Philippe, 100.
Rohan (Duc de), 33.
Rohan (Princesse de), née Courcillon, 264, 284.
Rohan-Soubise (Duc de), 33.

Roi (Le). *Voy.* Louis XV.
Roissy (Mme de), 56.
Roquefeuille (Mme de), 395, 396.
Rosily (Abbé), 106.
Rosset (M.), député de la chambre des comptes de Montpellier, 244.
Rostaing (M. de), 44.
Rouen (Archevêque de). *Voy.* Saulx-Tavannes.
Rouillé (M.), ministre des affaires étrangères, 3, 11, 13, 210, 216, 219, 284, 352, 377, 413, 431.
Rouillé d'Orfeuille (Mme), 47.
Roujault (M. le président), 484.
Roujault (Mme), 475.
Routh (Le P.), jésuite, 37.
Royer, maître de musique de la chambre et des enfants de France, 12.
Rozen (M.), capitaine de cavalerie, 50.
Ruffec (Duchesse de), 91, 92, 93, 103, 106.
Ruvigny de Cosne (M.), secrétaire de l'ambassade d'Angleterre, 40.

S.

Sabran (Mme de), née la Jaille, 8.
Saïd-Effendi, 274.
Sailly (Marquise de), née Souvré, 101.
Saint-Aignan (Duc de), 352, 425.
Saint-Albin (Charles de), archevêque de Cambrai, 56, 415.
Saint Contest (M. de), 13.
Saint-Fargeau (M. de), avocat général du Châtelet, 28, 38.
Saint-Florentin (Comte de), ministre secrétaire d'État, 11, 14, 113, 182, 213, 215, 222, 276, 291, 368, 372, 403, 404.
Saint-Georges (Mme de), 298.
Saint-Georges (Mlle de), 223.
Saint-Hérem (M. de), menin du dauphin, 49.
Saint-Hérem (Marquise de), née Souvré, 154.
Saint-Just (M. de). *Voy.* Moreau de Saint-Just.
Saint-Michel (M. de), lieutenant général de Marseille, 342.
Saint-Pern (M. de), premier gentilhomme de la chambre du duc de Penthièvre, 191.
Saint-Pierre (M. de), 297.
Saint-Quentin, garçon de la chambre du roi, 149.
Saint-Romain (M. de), maître des comptes, 101.
Saint-Sauveur (Jean-Baptiste-Amédée-Grégoire de), évêque de Bazas, 347.
Saint-Séverin (M. de), 29, 118, 265, 266.
Saint-Séverin (Mme de), 283.
Saint-Simon (Claude de Rouvroy de), évêque de Metz, 58, 92, 146.
Saint-Simon (Louis de Rouvroy, duc de), 55, 57, 92, 103, 126, 146.
Saint-Vital (M. de), chevalier d'honneur de Madame Infante, 373.
Saint-Vrin (Affaire du curé de), 84.

Saissac (Mme de), 260, 381, 389, 400, 401.
Salière (M. de), gouverneur de l'École militaire, 448, 460.
Sallior, huissier de la chambre de la reine, 200.
Salverte (M. de), chef d'escadre, 272.
Sartirane (M. de), ambassadeur de Sardaigne, 426.
Sassenage (M. de), menin du dauphin, chevalier d'honneur de la dauphine, 160, 198, 254, 370.
Sassenage (Mme de), 259.
Sassenage (Mlle de), 197, 370.
Saulx (Comte de), menin du dauphin, chevalier d'honneur de la reine, 295, 299.
Saulx-Tavannes (Charles-Nicolas de), archevêque de Rouen, grand aumônier de la reine, 125, 236, 237, 260, 295, 468.
Saumery (M. de), gouverneur de Chambord, 103, 111.
Sauzey (M. de), lieutenant aux gardes, 10.
Saxe (Maréchal de), 103, 111, 297.
Scheffer (Baron de), envoyé de Suède, 190.
Schomberg (M. de), chambellan du duc d'Orléans, 106.
Séchelles (Maison de), 200.
Séchelles (M. de), contrôleur général des finances, ministre secrétaire d'État, 10, 11, 14, 53, 57, 126, 132, 163, 177, 181, 199, 200, 225, 255, 265, 327, 366, 367, 368, 400, 401, 451, 464, 475, 482.
Séguier (M. de), avocat général du grand conseil, 38, 480.
Ségur (M. de), prévôt de la ville de Paris, 44.
Ségur (M. le président de), 100.
Selles (Mme de), 180.
Sénac (M.), premier médecin du roi, 275, 318.
Senneterre (M. de), 33.
Sénozan (M. de), conseiller d'État, 268.
Sens (Archevêque de). Voy. Luynes.
Sens (Élisabeth-Alexandrine de Bourbon-Condé, Mademoiselle de), 113, 283.
Sicilien (Le), comédie, 273.
Silhouette (M.), 199.
Simonot, curé de la Madeleine de Troyes, 33.
Sinclair (M. de), 216.
Sophie (Madame). Voy. France (Sophie-Philippine-Élisabeth-Justine de).
Soragna (Marquis de), gentilhomme de l'infant Don Philippe, 347.
Soubise (Armand de Rohan-Ventadour, cardinal de), grand aumônier, 35, 51, 53, 83, 89, 469.
Soubise (Charles de Rohan, prince de), capitaine des gendarmes de la garde, 211, 214, 215, 452.
Soufflot (M.), architecte, 267, contrôleur de Marly, 270, 343.
Soulanges (M. de), 191, 223.
Soulanges (Mme de), 276.
Sourches (M. de), 286.
Sourches (Mlle de), 195.
Souvré (M. de), 45.
Souvré (Mme de), 101.

Souvré (Mlle de), 49, 106.
Soyecourt (Mme de), née Bérenger, 303.
Spinelli (Cardinal), archevêque de Naples, 54.
Stainville (M. de), 373, 405, 420-425.
Stanislas Leczinski, roi de Pologne, duc de Lorraine, 161, 197, 203, 204, 205, 208, 235, 253, 310, 321, 458.
Staremberg (Comte de), ambassadeur de la cour de Vienne, 396.
Streef (M. de), 310.
Stringer (Mme), 33.
Stuart (Henri-Benoît), dit *le cardinal d'York*, 319.
Suze (M. de la), 9.
Suze (Mme de la), 197.
Suzy (M. de), major des gardes du corps, 435.

T.

Taff (MM. de), 7.
Taille (Mlle de la), 170.
Talents lyriques (Les), opéra, 203, 204.
Tallard (Duc de), 141, 254, 255, 259, 262.
Talleyrand (Mme de), dame du palais de la reine, 9, 16, 197, 400.
Talleyrand (Mme de), la jeune, 106.
Tanevot, premier commis de M. de Boulogne, 220.
Tencin (Pierre Guérin de), cardinal, archevêque de Lyon, 469.
Tercier (M.), commis des affaires étrangères, 235.
Tessé (Comte de), premier écuyer de la reine, 183, 186, 194, 232, 278.
Tessé (Mme de), née Noailles, dame de la dauphine, 243, 347.
Tessé (Mme de), la jeune, 203, 445.
Tessé (Marquise de), 209.
Theil (M. du), secrétaire du cabinet, 235, 403.
Thiboult (M.), lieutenant général de police de Nancy, 336.
Thiers (Mlle de), 107, 113.
Thiroux de Gerseuil (M.), intendant général des postes, 319.
Thomond (Mme de), 125.
Tingry (Anne-Charles-François-Chrétien de Montmorency-Luxembourg, prince de), 150.
Tonnerre (Maréchal de), 278, 475.
Torcy (Mme de), née Pomponne, 107, 112.
Torre-Palma (Comte de), ministre d'Espagne à Vienne, 200.
Touche (M. de la), intendant des Menus, 402.
Touche (M. de la), ministre plénipotentiaire à Berlin, 431, 468.
Toulouse (Marie-Victoire-Sophie de Noailles, comtesse de), 219, 223, 283, 341, 427.
Tour du Pin (Abbé de la), 295.
Tour du Pin (Mme de la), 132, 209.
Tournelle (Mme de la), née Chastellux, 170.
Tourny (M. de), intendant de Bordeaux, 48 1/126.

TOURVILLE (Chevalier de), lieutenant de vaisseau, 44, 332.
TRACY (M. de), capitaine lieutenant des chevau-légers d'Orléans, 20.
TRÉMOILLE (M. de la), 278.
TRÉMOUILLE (Abbé de la), théologal de Tours, 99.
TRESMES (Comtesse de), 199.
TRESSEMANES (Gaspard de), évêque de Glandève, 196.
TRONCHIN (M.), médecin, 470, 483.
Troyes (Aventure à), 133, 256.
Troyes (Évêque de). *Voy.* PONCET DE LA RIVIÈRE.
TRUDAINE (M.), conseiller au conseil royal, 474.
TRUDAINE (M.), le fils, conseiller à la chambre des requêtes, 474.
TURENNE (Prince de), 299, 337.
TURENNE (Princesse de), 301.
TURGOT DE SAINT-CLAIR (M.), **avocat**, 88.
TURPIN (Mme de), 29.
TYRCONNEL (Mme de), 427, 431.

U.

URSEL (Duc d'), 33.

V.

VALENTINOIS (Duc de), 87.
VALLÉE, chanoine d'Orléans, 3.
VALLIÈRE (De), musicien, 221.
VALLIÈRE (Duc de la), grand fauconnier, 33, 204, 223.
VALORY (M. de), lieutenant général, 40, ministre plénipotentiaire à Berlin, 431, 460.
VAN EICK (M. de), résident de Liége à Paris, 110, 191.
VARNEVILLE (M. de) maréchal de camp, 183, 190.
VAUBAN, 40.
VAUBECOURT (M. de), colonel, 201.
VAUCHELLE (Mme de), née le Gendre, 10.
VAUCHELLE (Mlle de), 10.
VAUCRESSON (M. de), avocat général de la cour des aides, 101.
VAUDREUIL (M. de), gouverneur du Canada, 234, 270, 304.
VAURÉAL (Louis-Guy de Guérapin de), évêque de Rennes, 5, 106, 125, 407.
VENDÔME (Louis-Joseph, duc de), 410.
VERGENNES (M. de), ambassadeur à Constantinople, 16, 27, 217, 463.
VERNASSAL (M. de), lieutenant général, 184, 186.
VERNET (Joseph), peintre, 244.
VERNEUIL (M. de), introducteur des ambassadeurs, secrétaire du cabinet, 23, 126, 219, grand échanson, 396.
VERNEUIL (Mme de), née d'Harville, 45.
VERNICK (M. de), 339.
VERNICOURT (Mme de), née Chaillou, 474.

Versailles (Tremblement de terre à), 451.
VERZURE (M. de), 30.
VÉZANNE (M. de), major des chevau-légers, 184.
VICTOIRE (Madame). *Voy.* FRANCE (Marie-Louise-Thérèse-Victoire de).
VIDELUNE (Mlle de), 34.
VIET (M.), gentilhomme de Berry, 176.
VILLARS (Honoré-Armand, duc de), 33.
VILLARS (Amable-Gabrielle de Noailles, duchesse de), femme du précédent, dame d'atours de la reine, 197, 209, 259, 417, 427.
VILLEGAGNON (M. de), 144.
VILLENEUVE (Chevalier de), 31.
VILLEPERROT. *Voy.* PAJOT DE VILLEPERROT.
VILLEROY (Marquis de), 40, 49.
VILLETTE (M. de), trésorier de l'extraordinaire des guerres, 328.
VITRY (M. de), 280.
VORMSER, colonel du régiment des Cravates, 275.

W.

WALDNER (M. de), colonel, 196.
WEDEL-FRIES (Baron de), envoyé de Danemark, 203.
WEID D'ISSEMBOURG (Comte de), 49.
WIGNACOURT (Mme de), 20.
WURTEMBERG (Le prince Louis de), 373, 374, 404.

Y.

YORK (Cardinal d'). *Voy.* STUART.
YORK (Le colonel), ambassadeur d'Angleterre en Hollande, 312.

Z.

ZURLAUBEN (M. de), 164, 280, 323.

FIN DE LA TABLE.

ERRATA.

Page 270, ligne 27, *au lieu de :* M. de Contrecœur, *lisez* M. de Crèvecœur.
Page 272, lignes 26 et 34. Même rectification.

www.ingramcontent.com/pod-product-compliance
Lightning Source LLC
Chambersburg PA
CBHW071703230426
43670CB00008B/890